BREWER-CARÍAS: EN MI PROPIA DEFENSA

Allan R. Brewer-Carías

EN MI PROPIA DEFENSA

Frente a la infamia de algunos periodistas.
Frente a la condena de la opinión pública, sin juicio ni proceso.
Frente a una acusación política del Ministerio Público basada en
recortes de periódicos.
Frente a la inversión fiscal de la carga de la prueba.
Frente a la violación del derecho a la presunción de inocencia, del
derecho a la defensa y del debido proceso.

**Respuesta preparada con la asistencia
de mis defensores
Rafael Odremán y León Henrique Cottin,
contra la infundada acusación fiscal por el
supuesto delito de conspiración**

Colección Opinión y Alegatos Jurídicos
Nº 13

Editorial Jurídica Venezolana
Caracas, 2006

COLECCIÓN OPINIONES Y ALEGATOS JURIDICOS

Títulos publicados

© by Allan R. Brewer-Carías
www.allanbrewercarias.com
abrewer@bblegal.com

Hecho el Depósito de Ley
Depósito Legal: lf54020063401173

ISBN: 978-980-365-098-8

Editorial Jurídica Venezolana
Avda. Francisco Solano López, Torre Oasis, P.B., Local 4, Sabana Grande,
Apartado 17.598 - Caracas, 1015, Venezuela
Teléfono 762-25-53 / 762-38-42/ Fax. 763-52-39
Email: fejv@cantv.net
http://www.editorialjuridicavenezolana.com.ve

Portada: Justicia: *Dibujo en pluma y tinta marrón de Fra Angelico*
        (aprox. 1420)

Diagramación, composición y montaje por: Francis Gil, en letra
Book Antiqua 11, Interlineado Exacto 12.5, Mancha 19 x 11.5
Primera Edición, 2006

La edición consta de 1000 ejemplares

A MANERA DE PRÓLOGO

PALABRAS DEL DR. FORTUNATO GONZÁLEZ CON MOTIVO DE LAS VIII JORNADAS INTERNACIONALES DE DERECHO ADMINIS- TRATIVO ALLAN R. BREWER-CARÍAS ORGANIZADAS POR LA FUNDACIÓN DE ESTUDIOS DE DERECHO ADMINISTRATIVO, FUNEDA, NOVIEMBRE 2005

Mi maestro y amigo Allan Brewer-Carías me ha pedido que lea un mensaje suyo ante los asistentes a estas *VIII Jornadas Internacionales de Derecho Administrativo* que con periodicidad anual realiza la Fundación de Estudios de Derecho Administrativo, que preside con grande acierto la profesora Belén Ramírez Landaeta. Las circunstancias que vive Allan Brewer-Carías le aconsejan aprovechar las invitaciones que tiene en universidades americanas y europeas para mantenerse a prudente distancia. La persecución contra Allan Brewer-Carías es la demostración más categórica de la profunda quiebra del Estado de Derecho y de la utilización con fines políticos de los mecanismos que se ha dado la sociedad para asegurar la correcta Administración de Justicia, como son el Poder Judicial y el Ministerio Público.

La obra de Allan Brewer-Carías, reconocida en los ámbitos jurídicos y académicos del mundo entero, es el mejor desmentido a la falaz acusación que el régimen, por obra del Ministerio Público, ha hecho en su contra. La doctrina administrativa venezolana tiene el sello del profesor Allan Brewer-Carías y eso no lo puede borrar un proceso que en la perspectiva de la historia, no pasará de ser una costosa tragicomedia. Su vida personal, su trabajo académico y su actividad pública son testimonios categóricos de su inquebrantable apego al constitucionalismo democrático, al cual ha dado una inigualable contribución. Los postulados democráticos que se han conservado en la Constitución de 1999 son, en buena parte, producto del trabajo y de la firmeza de Allan Brewer-Carías como miembro de la Asamblea Nacional Constituyente. Son precisamente sus valores, sus principios y sus luchas los que lo colocan en un forzoso enfrentamiento contra un régimen autoritario que se burla del Estado de Derecho, viola el debido proceso y atenta contra los derechos humanos. Estas Jornadas pondrán sobre la mesa de discusión la dramática contradicción entre la doctrina jurídica que estudiamos y hacemos, y la patética realidad de la administración de justicia en este régimen

La destrucción de esos postulados pasa por el intento de abatir a quienes los han inspirado y tienen la autoridad y el coraje para defenderlos sin desmayo. Por eso el régimen se ensaña ahora contra Allan Brewer-Carías. Es la arremetida de un Estado Mediocre contra los Maestros. *La falta de educación, cuando se tiene poder* –dice Aristóteles– *engendra el desenfreno de la necedad.*

El profesor Allan Brewer-Carías no tiene nada que probar, ni tiene nada que explicar a quienes somos amantes del Derecho. Sus conceptos lo conocemos porque hemos leído su obra, no la traducción que nos pretende ofrecer el representante de la revolución en el Ministerio Público, el fiscal Isaías Rodríguez. Comprendemos su circunstancia y le brindamos la cálida solidaridad de la amistad, alimentados por la lección permanente de su obra y de su ejemplo. No obstante, cumplo con el deber de leer el mensaje que ha enviado a los asistentes a este evento:

PALABRAS INICIALES DEL DR. BREWER-CARÍAS CON MOTIVO DE LAS VIII JORNADAS INTERNACIONALES DE DERECHO ADMINISTRATIVO ALLAN R. BREWER-CARÍAS, NOVIEMBRE 2005

Por supuesto que debía estar hoy, aquí, con ustedes. Demasiada importancia tienen estas Jornadas para el derecho administrativo venezolano y latinoamericano; y por supuesto, para mí. El hecho de que lleven mi nombre me obligaba A estar aquí, particularmente por el honor que ello significa, ya que normalmente, cuando se le da un nombre a eventos de este tipo, es el de personas fallecidas.

Pero gracias a Dios, como lo dije en las Primeras Jornadas, estoy vivo y todavía sintiendo que tengo la vida por delante.

La prudencia, frente al autoritarismo, me ha recomendado demorar mi regreso a Caracas, luego de cumplir compromisos académicos en Europa y mientras los asumo en la Universidad de Columbia de Nueva York como estaba programado desde hace tiempo.

No es normal que en un país regido por el Estado de derecho, el jefe de su Ministerio Público, es decir, quien investiga y acusa penalmente, escriba un libro, especie de autobiografía con pretensiones históricas, en el cual, contra todas las reglas de la investigación científica, refiriéndose a los lamentables sucesos de abril de 2002, haya copiado una maligna reseña periodística, y haya hecho suya la infamia que malvadamente se difundió y que me atribuyó la redacción del famoso decreto del gobierno de transición de aquellos días. Como lo he dicho una y mil veces, un día después de regresar de vacaciones en el exterior, fui efectivamente llamado como abogado para dar una opinión jurídica sobre ese documento que ya estaba redactado, y a quien me pidió la opinión se la di en sentido contrario a lo que contenía el documento y que en definitiva se pretendió adoptar la tarde del 12 de abril de 2002, en un acto en el cual ni siquiera estuve presente. Esa fue toda mi actuación; además, actuación legítima como abogado.

El señor Fiscal General de la República, sin embargo, no consultó las fuentes que debía, los libros que he escrito sobre el asunto, las ruedas de prensa que di desmintiendo la infamia, sino que aceptó como cierta la mentira que se había hecho correr en forma muy parcializada. Al hacer esto, en un libro de su autoría, el jefe del Ministerio Público ya me ha condenado, lo que es inconcebible en un Estado de derecho. Su actitud de condenar a priori, y los vicios que ello acarrea al procedimiento iniciado en mi contra, que lesionan los más elementales principios del sistema de justicia, por supuesto, se ha visto confirmada por la infundada acusación que se ha presentado en mi contra hace unos días.

Por algo Quevedo ya decía hace algunos siglos:

Allí donde no hay justicia,
¡Que grave es tener razón!

No es juego, queridos amigos, que el Jefe del Ministerio Público, quien lleva la responsabilidad de la investigación penal, antes de que esta concluyera y antes de que se hubiera acusado, se hubiera dado el lujo con sus veleidades literarias, de condenar públicamente al imputado. ¿Que garantías puede uno tener de un juicio justo? Ninguna!!.

Y menos si a ello se suma el hecho de que en este caso la Fiscalía ha invertido la carga de la prueba olvidándose de la presunción de inocencia, exigiendo que sean los imputados quienes demuestren su inocencia, y además, negando la evacuación de las pruebas que han promovido mis abogados.

Esa actitud del Fiscal, lamentablemente me ha convertido en un perseguido político; lo que ineludiblemente tengo que asumir. No hacerlo sería irresponsable para con ustedes, mis amigos, mi familia y para conmigo mismo.

Pero no por esta circunstancia he perdido mi optimismo. Jean Paul Sartre decía con precisión, que al hombre no lo hacen, él se hace a sí mismo, y es y será lo que él se haga. Conforme a esta disciplina de la vida, siempre he pensado que el hombre es el único responsable de sí mismo, con el añadido de que cuando se proyecta y se escoge, no escoge sólo su individualidad, sino que escogiéndose a sí mismo, escoge a todos los hombres. Sin embargo, en ese proceso de escogerse, de hacerse y de existir, el entorno social juega un papel fundamental, y dentro de él, la familia y los amigos, a quienes uno se debe, además de deberse a si mismo.

La vida, queridos amigos, por ello es una escogencia permanente. Siempre, en todos los actos de la vida, estamos ante una alternativa. La vida no es un camino derecho, sin opciones; al contrario, siempre, en todo momento, tenemos al menos dos opciones, y tenemos que decidir cuál escogemos.

Lo importante es que lo que decidamos siempre sea pensando en el futuro, pues la vida sigue y el futuro siempre está por delante, pero sin olvidar, por supuesto, que el pasado es el que nos permite entrar seguros en aquél. Como lo decía José Ortega y Gasset en 1932, en su discurso con motivo de la conmemoración de los 400 años de la Universidad de Granada, casa de estudios de la cual tengo el Honor de ser Doctor Honoris Causa:

La vida es una faena que se hace hacia adelante. Nuestro espíritu está siempre en el futuro, preocupado por lo que vamos a hacer, lo que nos va a pasar en el momento que llega. Sólo en vista de ese futuro, para prevenirlo y entrar en él bien pertrechado, se nos ocurre pensar en lo que hemos sido hasta aquí.

No se me olvida, por ello, el juicio que el historiador peninsular Torrente hizo a finales del siglo XIX, sobre los nativos de Caracas, que siempre tenemos que tener presente, precisamente para asumir el futuro:

> *La capital de las provincias de Venezuela ha sido la fragua principal de la insurrección americana. Su clima vivificador ha producido los hombres más políticos y osados, los más emprendedores y esforzados, los más viciosos e intrigantes y los más distinguidos por el precoz desarrollo de sus facultades intelectuales. La viveza de estos naturales compite con su voluptuosidad, el genio con la travesura, el disimulo con la astucia, el vigor de su pluma con la precisión de sus conceptos, los estímulos de gloria con la ambición de mando y la sagacidad con la malicia. Con tales elementos no es de extrañar que este país haya sido el más marcado en los anales de la revolución moderna.*

Y yo agregaría, entre todas las virtudes, una fundamental que nos ha dado la historia y la naturaleza: el optimismo que nos lleva a buscar soluciones a todos los problemas, incluso en medio de las grandes o pequeñas adversidades, aun cuando en algunos casos, alguien -persona, naturaleza o adversidad- pretenda habernos vencido. Por ello, no ceso de tener presente lo que en 1918 dijo Joaquín V. González, fundador de la Universidad de La Plata, y que ahora tengo cada vez más presente por las situaciones personales adversas en las que me encuentro:

> *Ya veis que no soy un pesimista ni un desencantado, ni un vencido, ni un amargado por derrota ninguna: a mí no me ha derrotado nadie; y aunque así hubiera sido, la derrota sólo habría conseguido hacerme más fuerte, más optimista, más idealista; porque los únicos derrotados en este mundo son los que no creen en nada, los que no conciben un ideal, los que no ven más camino que el de su casa o su negocio, y se desesperan y reniegan de sí mismos, de su patria y de su Dios, si lo tienen, cada vez que les sale mal algún cálculo financiero o político de la matemática de su egoísmo. Trabajo va a tener el Enemigo para desalojarme a mí del campo de batalla El territorio de mi estrategia es infinito, y puedo fatigar, desconcertar, desarmar y aniquilar al adversario, obligándolo a recorrer distancias inmensurables, a combatir sin comer, ni beber, ni tomar aliento, la vida entera, y cuando se acabe la tierra, a cabalgar por los aires sobre corceles alados, si quiere perseguirme por los campos de la imaginación y del ensueño. Y después, el Enemigo no puede renovar su gente, por la fuerza o por el interés, que no resisten mucho tiempo; y entonces, o se queda solo, o se pasa al Amor, y es mi conquista, y se rinde con armas y bagajes a mi ejército invisible e invencible.*

9

Esta lección de optimismo y de lucha, tenemos la obligación de transmitirla. Esa es la vida, y de ella tienen que aprender nuestros hijos y los hijos de ellos, pero asumiendo la vida con todos sus retos, sin rutinas agobiantes.

Como escribió Pablo Neruda en su conocido poema *Muere lentamente*, en medio de todas las adversidades, no debemos olvidarnos de ser felices, por lo que no debemos morir lentamente. Decía Neruda:

Muere lentamente quien no viaja,
quien no lee,
quien no escucha música,
quien no halla encanto en sí mismo.

Muere lentamente
quien destruye su amor propio;
quien no se deja ayudar.

Muere lentamente
quien se transforma en esclavo del hábito,
repitiendo todos los días los mismos senderos;
quien no cambia de rutina,
no se arriesga a vestir un nuevo color
o no conversa con quien desconoce.

Muere lentamente
quien evita una pasión
y su remolino de emociones;
aquellas que rescatan el brillo de los ojos
y los corazones decaídos.

Muere lentamente
quien no cambia la vida cuando está insatisfecho
con su trabajo, o su amor;
quien no arriesga lo seguro por lo incierto
para ir tras de un sueño;
quien no se permite,
por lo menos una vez en la vida,
huir de los consejos sensatos...

¡Vive hoy!
¡Arriesga hoy!
¡Haz hoy!
¡No te dejes morir lentamente!
!No te olvides de ser feliz!

Esa es nuestra responsabilidad, la de cada uno de nosotros, en cada momento de nuestra vida.

Gracias queridos amigos por estar aquí, y éxito en las Jornadas.

Noviembre 2005

NOTA INTRODUCTIVA

Nunca me imaginé, cuando hace ya casi 30 años inicié esta *Colección de Opiniones y Alegatos Jurídicos* en la Editorial Jurídica Venezolana, precisamente para respaldar y salir en defensa de un amigo que había sido injustamente acusado por el Ministerio Público de la época, de un delito que nunca cometió; que yo mismo, décadas después, tendría que publicar en esta misma colección, un alegato jurídico en mi propia defensa, ante la injusta acusación que el Ministerio Público de ahora ha hecho en mi contra por el supuesto delito de "conspiración para cambiar violentamente la Constitución", por unos hechos que no realicé. Este libro, en efecto, contiene el **texto del alegato** que en mi defensa y rechazando la injusta acusación que se me ha formulado, mis abogados defensores, **Rafael Odremán** y **León Henrique Cottin**, han presentado el día 8 de noviembre de 2005 ante el respectivo Juez de Control.

Mi agradecimiento, por tanto, en primer lugar a ellos, por su amistad y su invalorable asistencia jurídica en este desagradable caso, así como al profesor **Enrique Gimbernat** de la Universidad Complutense de Madrid y al profesor **Alberto Arteaga** de la Universidad Central de Venezuela, por los dictámenes que en su momento formularon sobre el caso, cuyo texto se transcribe en el alegato, en los cuales se evidencia, con toda contundencia, la magnitud del atropello y violación de mis derechos constitucionales por parte del Ministerio Público.

En efecto, como era de esperarse, porque así había sido ordenado por quienes controlan el poder en Venezuela, el 21 de octubre de 2005 el Ministerio Público me acusó por tal delito de "conspiración para cambiar violentamente la Constitución", con lo cual la "máscara fiscal" del autoritarismo se ha retirado, dando paso al inicio de una clara persecución política oficial en mi contra, utilizando como pretexto el haber atendido a una solicitud que se me hizo, en mi carácter de abogado, el 12 de abril de 2002 para en medio de la crisis política que se originó en Venezuela por la oficialmente anunciada renuncia del Presidente Chávez el 12 de abril de 2002; dar una opinión jurídica sobre un proyecto de decreto de gobierno de transición originado por dicha renuncia, frente al cual, incluso, manifesté una opinión contraria a lo que contenía, particularmente en cuanto a la inconstitucional decisión de disolución de los poderes públicos constituidos que se pretendía, lo cual violaba además los postulados de la Carta Democrática Interamericana.

Ello, incluso, lo ha reconocido públicamente y lo ha escrito y declarado el Sr. Pedro Carmona, pero esa evidencia, por supuesto, parece no servir para el Ministerio Público y lo que me favorece en el expediente se usa amañadamente para buscar condenarme. En todo caso, dar una opinión jurídica como abogado y además, en ejercicio de la libertad de expresión del pensamiento, jamás, en ninguna parte del mundo civilizado, puede ser considerado como delito[1].

En todo caso, esa fue toda mi actuación en aquellos momentos de crisis política de Venezuela adonde, incluso, había llegado un día antes de que ocurrieran los acontecimientos, después de haber estado fuera del país de vacaciones. Ahora, más de tres años después, y basándose casi exclusivamente en "recortes de prensa" que contienen sólo opiniones y comentarios de periodistas, el Ministerio Público me acusa de conspirar para cambiar violentamente la Constitución, pidiendo incluso la privación preventiva de libertad. Absurda acusación contra quien a lo largo de su vida, la única arma que ha tenido ha sido la pluma y la palabra, las cuales como lo enseña la historia, sin duda, siempre los regímenes autoritarios las han considerado como "armas" altamente peligrosas.

Cuando se inició la investigación penal en mi contra en enero de 2005, declaré a los medios de comunicación que iba a enfrentar jurídicamente la injusta e infundada imputación y asumir mi de-

---

1 Recordemos: *Iniquum est damnosum esse cuaiquam officium suum* (Es inicuo que resulte dañino para alguien su propio oficio); *Qui jure suo utitur, neminem laedit* (A nadie perjudica quien usa de su derecho); *Qui jure suo utitur, nemini facit injuriam* (A nadie hace injuria quien usa su derecho); *Neminem laedit qui suo jure utitur* (A nadie lesiona quien usa de su derecho); *Nemo male fecit cum jure suo utitur* (Nadie hizo mal al ejercer su derecho).

fensa, como efectivamente lo he hecho. Acudí durante nueve meses al Ministerio Público, disciplinadamente, a estudiar y copiar a mano el expediente, pero durante todo ese tiempo mi derecho al debido proceso fue sistemática y masivamente vulnerado: la imputación de entonces, como la acusación de ahora, se fundamentó esencialmente en "recortes de prensa" de opiniones y comentarios de periodistas, sin fundamento y totalmente referenciales; la Fiscal del caso invirtió la carga de la prueba olvidándose de que ella era la obligada a probar[2], exigiendo que los imputados probaran hechos negativos, es decir, que probáramos que no hicimos lo que ella pretende que hicimos, pero no hicimos, prueba que como se sabe es imposible[3], violando así la garantía constitucional de la presunción de inocencia[4]; y a la vez, ha negado la evacuación de muchas de las pruebas solicitadas por mis abogados.

Lo más insólito en el caso, es que la Fiscal acusó con un largo escrito que, por supuesto, ya tenía preparado, precisa y coincidencialmente para presentarlo al día siguiente de la decisión del Juez en la cual también nos negaba las pruebas.

Todo estaba arreglado para acusarme, incluso desde hace un tiempo, luego de que el propio Jefe del Ministerio Público, el mismo Fiscal General de la República, también hubiera violentado directamente mi garantía a la presunción de inocencia, al haberme

---

2   **Recordemos**: *Semper necessitas probandi incumbit illi, qui agit* (Siempre la necesidad de probar incumbe a aquél que demanda); *Ei incumbit probatio, qui dicit, non qui negat* (Digesto, libro XXII, Título III, Ley 2ª) (Incumbe la prueba al que afirma, no al que niega); *Onus probando incumbit actori* (La carga de la prueba incumbe al actor); *Probatio incumbit ei qui agit aut qui dicit* (La prueba incumbe al que demanda o al que dice); *Probatio necessitas incumbit illi quit agit; Actoris est probare* (Al actor incumbe probar); *Actori incumbit onus probandi* (Al actor incumbe el peso de probar); *Actore non probante reus est absolvendus; Actore non probante absolvitur reus* (Código Justiniano, Libro II, Título I, Ley 4ª.) (Si el actor no prueba, el reo es absuelto); *Actore non probante, reus, etiamsi hihil probaberit, absolvitur* (No probando el actor, el reo, aunque no pruebe, es absuelto).

3   **Recordemos**: *Factum negatis nulla est probatio. Factum negatis probatio nulla sit* (Del hecho que niega no existe probación alguna); *Negamtis probatio nulla est* (Para los que niegan no existe ninguna prueba); *Impossibilium nulla obligatio est* (No existe obligación alguna de las cosas imposibles).

4   **Recordemos**: *Ovnis praessumitur bonus nisi probetur malus* (Toda persona se presume buena a no ser que se pruebe mala); *Nemo praesumitur malus nesi probetur* (Nadie se presume malo si no se prueba).

condenado públicamente de antemano, violando las más elementales normas legales y éticas que rigen al Ministerio Público, al publicar su libro autobiográfico titulado *Abril comienza en Octubre* (Septiembre 2005), en el cual haciendo suyos malintencionados comentarios periodísticos, da por cierto hechos que son falsos. Al mismo señor Fiscal le dirigí una comunicación personal al respecto que se publica como **Apéndice** a este libro, porque su culpa es extrema, ya que con ello, a sabiendas, ha violado las mencionadas más elementales normas legales y morales que rigen la conducta del Ministerio Público[5].

La acusación en mi contra, ha sido por el delito previsto en el artículo 114 ordinal 2 del Código Penal, que se produce cuando "dos o más personas se ponen de acuerdo (conspiración) para cambiar violentamente la Constitución". Dicha acusación se ha hecho sin prueba alguna, porque por lo demás no las hay ni las puede haber, ya que no participé en conspiración alguna. Incluso, como es sabido, hasta la víspera del 11 de abril de 2002 (hasta el 9 de abril), había estado de vacaciones fuera de Venezuela, por lo que hasta físicamente era imposible que pudiera haber estado conspirado.

La verdad es que en este caso, desde el inicio de la investigación penal, el Ministerio Público ya tenía la decisión de acusarme, sin atender a ninguna defensa que pudiera hacer valer. A pesar de los indicios que desde el primer momento surgieron en ese sentido, sin embargo, preferí actuar conforme a mi formación jurídica y conceder el beneficio de la duda al Ministerio Público. Me he defendido ejerciendo mi defensa con todos los medios a mi alcance, pero lo que sistemáticamente he encontrado ha sido la arbitraria obstaculización de esa defensa por parte de una institución que tiene la obligación constitucional y legal de conducir con imparcialidad las investigaciones a su cargo, de lo cual se apartó sin miramientos de ninguna especie hasta coronar su propósito de tacharme como delincuente político contra la disciplina a la que he dedicado gran parte de mi esfuerzo vital: el constitucionalismo democrático.

Que nadie se llame a engaño: en mi persona lo que se acusa y se persigue, en realidad, es a la disidencia respecto del actual régi-

---

5 **Recordemos:** *Parcitur justae ignorantiae, non scienti au tai qui scire debuit* (Se perdona a la ignorancia justa, no al que sabe o debió saber).

men político venezolano, en la cual me he ubicado desde los primeros intentos del régimen por subvertir el orden constitucional, en 1999, cuando incluso muchos opositores actuales ni se mostraban. La acusación en si misma ya es una condena, cuyo objeto es castigar mi crítica política e ideológica al proyecto con el que se pretende sojuzgar a Venezuela y, además, seguir aterrorizando toda otra forma de disidencia. Se me utiliza como medio de escarmiento para todo compatriota que albergue una posición adversa al régimen, para que de antemano sepa que será castigada. Se quiere ejemplificar la represión en este campo, precisamente persiguiendo a un ex Presidente de la Academia de Ciencias Políticas y Sociales, con más de 40 años de vida dedicada a la docencia y a la investigación jurídica, y a la sólida afirmación del constitucionalismo democrático. Así se amenaza a la comunidad jurídica que mantiene una posición crítica respecto de la nueva institucionalidad autoritaria que se le ha venido imponiendo a nuestro país, la cual, como ocurre en mi caso, las únicas armas de que disponemos son las propias convicciones democráticas y el apego al Estado de derecho, y que en la vida académica sólo se manifiestan mediante la palabra y los escritos. Con esto, por tanto, en Venezuela queda claro que se persigue la disidencia y se penaliza la opinión contraria al régimen, negándose además a los acusados la posibilidad misma de un juicio justo a cargo de jueces independientes.

El Ministerio Público no ha suministrado prueba alguna que compruebe mi participación en actividad delictiva alguna. Ha pretendido atribuirle efectos probatorios a "recortes de prensa" que sólo contienen meras especulaciones y que no han podido sostenerse ni tan siquiera con un testimonio. Para acusar, por tanto, ha pretendido "utilizar" a periodistas, escudando su incompetencia en los comentarios de aquellos. Ha escamoteado pruebas que claramente establecen lo infundado de los cargos que se me imputan. He promovido pruebas para demostrar mi inocencia, a lo cual me he visto compelido al violarse la presunción de inocencia que me ampara como a toda persona sujeta a la Constitución venezolana, pero incluso así, la Fiscal del caso y el Juez de Control se han negado también a admitir esas pruebas. Ello ha sucedido, por ejemplo, con el testimonio promovido del Dr. Pedro Carmona, el cual ha sido negado.

Por ello, es de importancia la declaración que el Dr. Carmona ha formulado bajo juramento ante Notario, en Bogotá, el 23 de febrero de 2006, la cual ha sido consignada en el expediente judicial

17

el 1 de marzo de 2006, texto que también se publica como *Apéndice* de este libro; y en la cual ha sido enfático al señalar que yo no redacté el decreto del gobienro de transición, el cual ya estaba redactado para cuando él me llamó a pedirme opinión jurídica, y que más bien mi opinión jurídica fue contraria a las decisiones políticas contenidas en el mismo.

En suma, el expediente en mi contra muestra que no he cometido delito alguno; pero manipulando opiniones y comentarios sin sustentación alguna, el Ministerio Público ha fabricado premeditadamente una acusación para presentarme y tratarme como un delincuente político. Se castiga, entonces, la firmeza de mi posición ideológica frente a este régimen, que consta en centenares de páginas de libros y artículos escritos en los últimos años denunciando la escalada autoritaria, para pretender amedrentarme y descalificarme.

Ninguno de los elementos con los que se ha armado el expediente de la acusación, ni separados ni evaluados en conjunto, configuran delito alguno, ni constituyen elemento probatorio para poder fundamentar una acusación por un delito que nunca cometí. Y menos aún podrían servir para acusar en un procedimiento en el cual se ha producido una tan masiva y global violación de mis derechos al debido proceso, a la presunción de inocencia y al derecho a la defensa, que vician el procedimiento desde su inicio, no pudiendo dichas violaciones constitucionales ser convalidadas en forma alguna[6], y así lo hemos alegado.

Todo ello confirma que este proceso, en realidad, tiene dos razones de ser: Primero, pretende condenar la disidencia, convirtiéndonos a los acusados en perseguidos políticos, quienes además tenemos que enfrentarnos a un régimen político autoritario con una concentración del poder de naturaleza tal como no se veía desde hace un siglo. Ello obliga a interpretar este proceso como lo que es, como una arbitrariedad más, anunciada incluso por el régimen para perseguir la disidencia y, en particular, para perseguir a quien ha sido su opositor sistemático desde los días de la Constituyente en 1999, que ha dedicado su vida entera a la academia mediante el estudio del derecho, la promoción del Estado de

---

6   Recordemos: *Quod initio vitiosum est, non potest tractu temporis convaleceré* (Lo que al comienzo es vicioso, no puede convalidarse con el transcurso del tiempo).

derecho y la defensa de la efectividad de los derechos humanos, aspectos precisamente que han sido pisoteados en este caso.

Y segundo, pretende absurdamente hacer culpables de los hechos ocurridos en Venezuela el 12 de Abril de 2002, a abogados en ejercicio; hechos entre los cuales están, el que se haya anunciado al mundo entero, por el oficial de más alto rango en el país, General en Jefe y además Jefe del Alto Mando Militar del Presidente Chávez, que a éste se la había solicitado su renuncia, la cual había sido aceptada; el que los propios integrantes del Alto Mando Militar hubieran anunciado públicamente que ponían sus cargos a la orden de las nuevas autoridades, reconociendo entonces públicamente que habría tales nuevas autoridades; el que el Presidente Chávez, por sus propios medios y con protección militar y auxilio espiritual solicitado a altos prelados de la Iglesia Católica, se hubiera presentado en Fuerte Tiuna, sede del poder militar en Caracas; el que el Presidente de la Sala Constitucional y a la vez del Tribunal Supremo de Justicia también hubiera presentado públicamente al país y al mundo su renuncia escrita "a objeto de facilitar la transitoriedad, la continuidad de las instituciones y el respeto al estado de derecho y la seguridad jurídica"; el que el Vicepresidente de la República, llamado por la Constitución a suplir las ausencias del Presidente, no hubiera aparecido en escena; y el que se hubieran efectuado peticiones de asilo en varias Embajadas por personeros del gobierno.

En fin, lo que se pretende es hacer responsable a abogados por hechos militares ocurridos entre militares. Se trata de cambiar y pervertir la historia y pretender responsabilizar de lo ocurrido a quien tiene por arma sólo una pluma de escribir.

Allan R. Brewer-Carías

Marzo 2006

SUMARIO

VI

VII

VIII

IX

X

APÉNDICES:

INTRODUCCIÓN
AL ESCRITO DE 08-11-2005
PRESENTADO ANTE EL JUEZ DE CONTROL
RESPONDIENDO A LA ACUSACIÓN
FORMULADA CONTRA EL PROFESOR
ALLAN R. BREWER-CARÍAS

Ciudadano
Juez Vigésimo Quinto de Primera Instancia en Funciones de Control del Circuito Judicial Penal del Área Metropolitana de Caracas.-
Su Despacho.-

Nosotros, **León Henrique Cottin** y **José Rafael Odreman L.**, abogados en ejercicio, de este domicilio, titulares de las cédulas de identidad N° 2.940.917 y 5.149.054, respectivamente, abogados en ejercicio, domiciliados en Caracas e inscritos en el Instituto de Previsión Social del Abogado bajo los Nos. 7.135 y 18.101, actuando con el carácter de defensores del Dr. **Allan R. Brewer-Carías**, venezolano, abogado, mayor de edad, de este domicilio, titular de la cédula de identidad N° 1.861.982, en el expediente **N° 1183** nomenclatura de ese Honorable Tribunal ante Usted respetuosamente ocurrimos a fin de rechazar en todas sus partes, tanto en los hechos como en el derecho, la acusación que la señora Luisa Ortega Díaz, Fiscal Sexto del Ministerio Público a Nivel Nacional con Competencia Plena ha hecho ante Ud. mediante escrito de fecha 21 de octubre de 2005, siguiendo fundamentalmente lo que ya había expuesto en el acto de imputación efectuado el día 27 de enero de 2005 (**folios 234 a 254, Pieza XIII**), en la cual, en forma errada, le atribuye a nuestro defendido Allan R. Brewer-Carías "la comisión del delito de **CONSPIRACIÓN PARA CAMBIAR VIOLENTAMENTE LA CONSTITUCIÓN** previsto y sancionado en el artículo 143, numeral 2 del Código Penal Vigente (artículo 144, numeral 2 para la fecha de la comisión de los hechos"), por haber supuestamente participado "en la discusión, elaboración, redacción y presentación" del decreto del gobierno de transición que juramentó al ciudadano Pedro Carmona Estanga el 12 de abril de 2002 (en lo adelante "decreto del gobierno de transición"), hecho que negamos enfáticamente por ser completamente falso.

Rechazamos además, los supuestos "elementos de convicción" en los cuales se ha fundamentado la señora Fiscal para formular tan injusta acusación, reducidos básicamente a *"recortes de prensa" de artículos de opinión de periodistas y supuestas trascripciones de videos de entrevistas a periodistas* publicados y efectuadas en abril de 2002, en los cuales incluso sólo en algunos de ellos, en forma referencial pero falsamente, se dice que supuestamente nuestro defendido Allan R. Brewer-Carías habría participado en algunos de los hechos mencionados. Los chismes y referencias de periodistas (que además, no son "noticias" las cuales sólo son las que se refieren a hechos, sucesos o acaecimientos) puestas en boga maliciosamente para desviar la atención, por la envidia, por la maledicencia o por cualquier otra razón innoble, no pueden jurídicamente constituir en sí mismos "elemento de convicción" de nada de lo que en ellas se refieran; y a lo sumo, lo que podrían ser son declaraciones referenciales cuyo contenido el Ministerio Público tendría que haber probado y no lo ha hecho. Sin embargo, en los más de tres años transcurridos desde que se produjeron los hechos de abril de 2002 hasta el acto de imputación, el Ministerio Público ni siquiera citó a dichos periodistas para que diesen razón de sus referencias, que son falsas; y en el único caso en que ello se hizo, en septiembre de 2002, el periodista citado a declarar, director además de un diario de Caracas como lo es Teodoro Petkoff, lo que declaró ante esta Fiscalía con toda la honestidad profesional que lo caracteriza, fue que la referencia que había hecho de nuestro defendido Allan R. Brewer-Carías en una entrevista televisiva el 12 de abril de 2002 había sido "una ligereza" de su parte, pues no tenía razón alguna para atribuirle ningún hecho relacionado con los que se le imputan (**folio 159, Pieza IX, folio 14, Pieza, y folio 63, Pieza XV**) . Los otros periodistas que fueron citados, a petición nuestra, y declararon a lo largo de la investigación fiscal, y todos los que escribieron o emitieron opiniones sobre los hechos imputados indicaron que no estuvieron presentes en los sitios de los acontecimientos, por lo que no fueron testigos de nada, ni indicaron siquiera si alguien identificable les había dado la información conforme a la cual elaboraron sus crónicas, comentarios u opiniones, no constituyendo sus comentarios, por tanto, prueba de nada. Sin embargo, la señora Fiscal, para acusar, utilizó dichos chismes, comentarios o crónicas, como se puede apreciar de la redacción de las páginas 5 a 10 de su escrito de acusación, y elaboró a su vez una crónica imaginativa basándose sólo en los dichos periodísticos que no han sido probados, y por ello, sin que exista prueba alguna en el expediente, atribuyó a nuestro defendido Allan R. Brewer-Carías haberse reunido con Jorge Olavarría "con la finalidad de discutir" lo que sería el decreto del gobierno de transición, lo cual es falso y no está, ni puede ser probado; que quienes llevaron el documento a la oficina de Olavarría lo hicieron "a los fines de que el imputado Alan Randolph Brewer-Carías, hiciese las observaciones correspondientes" lo cual es falso y no está, ni puede ser probado; que nuestro defendido Allan R. Brewer-Carías "jamás observó, en conocimiento perfecto del derecho constitucional, que ese no era el procedimiento gobierno, ni para cambiar la Constitución y se atentara contra las instituciones democráticas", lo cual es falso, pues al contrario, está probado en el expediente que tanto él como Olavarría observaron su inconstitucionalidad y la violación de la Carta Democrática Interamericana; que a raíz de la reunión con Olavarría se haya dado "inicio a una serie de conversaciones y reuniones entre el imputado y el resto de los corredactores del mencionado Decreto, siempre con la intención de cambiar la Constitución", lo cual es falso y no está, ni puede ser probado; que supuestamente durante el día 11 de abril, "una de las personas encargadas de la redacción" del decreto de gobierno de transición y además de "renuncias, destituciones, y diversos escritos" era nuestro defendido Allan R. Brewer-Carías, lo cual es falso y no está, ni puede ser probado; que en Fuerte Tiuna, en la madrugada del día 12 de abril, nuestro defendido Allan R. Brewer-Carías habría ido a "revisar nuevamente el documento que discutió dos días antes" en la oficina de Olavarría" lo cual es falso y no está, ni puede estar probado; que "en esa oportunidad, asume la dirección, le hace observaciones, consideraciones y correcciones" al documento, lo cual es falso y no está, ni puede ser probado; que nuestro defendido" redactó lo que sería la renuncia del Presidente de la República y prestó asesoría en cuanto a la forma de proceder del nuevo gobierno, giró instrucciones, dio conjuntamente con los abogados sugerencias de la forma como se llevaría a cabo la puesta en vigencia del mencionado decreto inconstitucional e ilegal", lo cual es falso y no está probado, ni puede ser probado; que en Fuerte Tiuna" compartió con militares, algunos de los cuales ya se habían pronunciado públicamente desconociendo la legitimidad de los poderes legítimamente constituidos", lo cual es falso, y no está probado ni puede ser probado; que nuestro defendido, en esas reuniones, "asumió la dirección y control jurídico, se adelantaba a los acontecimientos que iban a suceder, hacía anuncios sobre la futura renuncia del Presidente" lo cual es falso y no está probado, ni puede ser probado; que en la mañana del 12 de abril, "antes de dirigirse a Miraflores" nuestro representado habría acudido a algún programa de televisión en CMT, lo cual es falso y no esta probado, ni puede ser probado; que nuestro representado supuestamente recibió una llamada de Pedro Carmona, "quien le expresa la importancia de su presencia en el palacio de Miraflores, a los fines de un asesoramiento de última hora sobre el decreto" y que en el Palacio de Miraflores se reúne "con éste y con los abogados José Gregorio Vásquez López, Cecilia Margarita Sosa Gómez y Daniel Romero Matute, entre otros, reunión ésta que retrazó el acto", lo cual es falso, y no está probado ni puede ser probado.

Sobre los hechos anteriores, la señora Fiscal, incluso llega a decir en su escrito, sola y exclusivamente, que "todos estos hechos fueron reseñados en la prensa nacional, por los diferentes medios de comunicación" (pág. 8), y por ello los da como ciertos; lo cual incluso es falso de toda falsedad, pues no fueron "noticias" de hechos o acaecimientos lo que apareció en la prensa, sino solo comentarios, apreciaciones o chismes de periodistas que no presenciaron, ninguno, los hechos referidos, tal como lo han declarado en el expediente. Ninguno de los supuestos hechos que le atribuye la señora Fiscal a nuestro defendido Allan R. Brewer-Carías, por tanto, está probado, y no puede ser probado. Afirma finalmente la señora Fiscal, que lo que supuestamente nuestro representado declaró en un programa de televisión, es igual a lo que le declaró al periodista Edgar López, y que ello, supuestamente, es "exactamente igual al contenido del decreto de facto puesto en vigencia el 12 de abril de 2002" lo que es completamente falso; que en la noche del 12 de abril nuestro defendido Allan R. Brewer-Carías hubiera estado hablando por teléfono con el ciudadano José Gregorio Vásquez López, quien estaba "reunido con el ciudadano Pedro Carmona Estanca, planificando las estrategias a seguir en el nuevo gobierno" y que nuestro defendido Allan R. Brewer-Carías hubiera estado "orientando al ciudadano José Gregorio Vásquez López, sobre la forma de proceder del nuevo gobierno", lo cual es falso de toda falsedad, y no está probado ni puede ser probado.

Ciudadano Juez: nuestro defendido Allan R. Brewer-Carías no participó en la discusión, elaboración o redacción del referido proyecto de decreto del gobierno de transición de abril de 2002, ni en ninguno de los hechos que los comentarios y chismes periodísticos le atribuyeron y que hace suyos la señora Fiscal. Sólo atendió un requerimiento específico, propio del ejercicio de su profesión de abogado, para dar una opinión jurídica sobre el mencionado documento, el cual como es obvio, cuando se le presentó para que emitiera la opinión jurídica solicitada como abogado, ya estaba redactado. A ninguna persona se la llama para pedirle opinión sobre un documento elaborado por ella misma; sino que, obviamente, se le pide opinión sobre un documento elaborado por otros. Es más, como consta en el expediente (**folios 64-69, Pieza VI;** y **(Folio 150 al 163, Pieza III)**, el texto del documento que se le presentó para que diera una opinión jurídica sobre el mismo en la madrugada del 12 de abril de 2002, es el mismo en cuanto a contenido, contrario a la Constitución de 1999, que el que vio casualmente en la oficina de Jorge Olavarría el día 10 de abril y que el que se leyó en acto público que se celebró en la tarde del día 12 de abril en el Palacio de Miraflores, en el cual no estuvo presente. No pudo, por tanto, nuestro defendido Allan R. Brewer-Carías haber elaborado, discutido ni redactado un texto que ya estaba elaborado, redactado y discutido con anterioridad; y jamás presentó texto alguno a nadie.

Por otra parte, nuestro defendido Allan R. Brewer-Carías no conspiró en forma alguna, ni se alzó para cambiar *violentamente* la Constitución de la República, es decir, en forma alguna convino, pactó o se puso de acuerdo con nadie para cambiar *violentamente* la Constitución, ni se levantó en armas ni en actitud hostil con tal propósito conjuntamente con nadie.

No hay, ni lo puede haber, y por supuesto, no existe ni puede existir elemento de prueba alguna en el expediente que entregó la señora Fiscal ante su Despacho, que conforme a los más elementales criterios de justicia permita que Usted, ciudadano Juez, en sana lógica, pueda darle curso y aceptar la acusación que se le ha hecho sobre su supuesta participación de nuestro defendido Allan R. Brewer-Carías en la "discusión, elaboración y redacción" del mencionado decreto del gobierno de transición, lo cual es falso y negamos enfáticamente; ni para pueda admitirse la acusación de que hubiera "conspirado participando en la elaboración y discusión" del mencionado decreto, es decir, que nuestro defendido Allan R. Brewer-Carías supuestamente haya pactado, acordado o concertado con algunas personas para cambiar violentamente la Constitución, lo que también es falso y negamos rotundamente, no está probado y no lo puede estar.

Para acusar, la señora Fiscal se ha basado, casi única y exclusivamente en las citas de los artículos de opinión y entrevistas contenidas en la denuncia de un ciudadano, militar activo, Coronel del Ejército y abogado llamado Ángel Bellorín (quien declaró ante el Ministerio Público el 11-07-2002 diciendo que, por lo demás, no había imputado ni acusado a nadie (**folios 62 y 63, Pieza XV**), en la cual el denunciante pretendió asignar el carácter de "hecho notorio comunicacional" al contenido de los mencionados *párrafos "entresacados"* del referido conjunto de "recortes de prensa" contentivos sólo de "artículos de opinión" de periodistas, y además, de *textos falseados* del conjunto de entrevistas hechas a periodistas (en ninguno de los cuales hay "noticias" sobre sucesos o acaecimientos), y los cuales, además, en general y en su mayoría, provienen de una sola periodista, léase bien, sí, de una sola periodista, la ciudadana Patricia Poleo, quien le atribuyó a nuestro defendido Allan R. Brewer-Carías, incluso contradiciéndose a si misma en sus artículos de opinión y entrevistas televisivas, sin duda maliciosa y malintencionadamente, el haber tenido participación en la redacción del mencionado decreto del gobierno de transición; y quien por su "rapidez" comunicacional fue la que creó la matriz de opinión en perjuicio de nuestro defendido, luego repetida ciegamente por tantos otros comunicadores[7], y que la

---

7   Por ello, en la nota 65 del libro de Allan R. Brewer-Carías, *La crisis de la democracia venezolana. La Carta Democrática Interamericana y los sucesos de abril de 2002*, Ediciones Libros El Nacional, Caracas 2002 (**Anexo 1**), p. 103, nuestro defendido indicó lo siguiente: "Mi presencia en Fuerte Tiuna en la madrugada del 12 de abril de 2002, a requerimiento de Pedro Carmona para consultarme una opinión como abogado, hizo que *la canaille* se desatara y cuantos tuvieron interés me atribuyeron la redacción del decreto de gobierno de transición, que en la tarde del 12 de abril se leería en el Palacio de Miraflores con la juramentación de Pedro Carmona como Presidente de la República, acto en el cual no estuve presente; documento que ya estaba redactado no sólo al llegar yo a Fuerte Tiuna, sino desde días antes. El decreto, por otra parte, era sólo un texto escrito que reflejaba decisiones políticas cuyos redactores tenían programadas desde antes. Ignoro quienes fueron sus redactores. En todo caso, la matriz de opinión que se generó, nacional e internacionalmente, y que me atribuyó la redacción del documento, se derivó de los reportajes o crónicas que elaboró la periodista Patricia Poleo, en las cuales hizo afirmaciones sobre el tema con base, seguramente, en lo que le dijeron sus interesados "informantes", pues entiendo que ella no estuvo en Fuerte Tiuna esa madrugada del 12 de abril. Véase Patricia Poleo, *El Nuevo País*, 16-04-02, p. 4 y 17-04-02, p. 3. En la interpelación que le hizo la Comisión Especial de la Asamblea Na-

señora Fiscal ahora, en la acusación, en forma absolutamente irresponsable, sin prueba alguna, hace suyos.

Con todo ello, y muy lamentablemente, la señora Fiscal fue víctima de las falsedades y maledicencias, maliciosamente difundidas por periodistas, y de la mala fe del denunciante Bellorín, quien llegó a transcribir en su denuncia supuestos textos de entrevistas de *contenido falso*, pues no se corresponden con lo efectivamente afirmado en ellas por los periodistas, como se puede comprobar de la audición de los videos que forman parte del expediente; con lo que el denunciante Bellorín, buscó convertir al Ministerio Público en su instrumento para la ejecución de una maldad, lo que efectivamente ocurrió con la acusación efectuada.

Pero independientemente del contenido falso que tienen algunas opiniones y referencias de los periodistas narrados en la denuncia cuyos textos "se copiaron" textualmente tanto en la imputación como en la acusación, las opiniones de periodistas, en todo caso, son sólo eso: opiniones, pareceres, dichos, chismes o apreciaciones; y cuando atribuyen a una persona determinadas conductas o actuaciones de las cuales los periodistas u opinadores *no fueron testigos* porque no las vieron, no las sintieron o no las oyeron, entonces aquellas opiniones sólo son referencias; y si éstas son sobre hechos falsos, luego entonces son sólo chismes, mentiras o falsedades, con las cuales nada se puede probar. En este caso, los hechos falsos contenidos en los recortes de prensa o videos de entrevistas a periodistas, son sólo apreciaciones que emanaron de la imaginación de los mismos o de la opinión que se formaron de lo que supuestamente les dijeron o les informaron, sobre los mencionados hechos falsos; y ello no puede constituir elemento de prueba alguno de nada. Lo lamentable es que la señora Fiscal los haya hecho totalmente suyos, agregándole como novela, nuevos e imaginarios hechos.

---

cional a la periodista Patricia Poleo el 10-05-02, llegó a expresar lo siguiente: "Brewer-Carías comenzó hacer el decreto y entre Daniel Carmona e Isaac Pérez Recao le hicieron correcciones al decreto, le dictaban cosas que él tenía que introducir en el decreto y eso terminó siendo pues el adefesio ese que vimos finalmente, eso fue el jueves en la noche para amanecer el viernes". (Véase en Albor Rodríguez (ed), *Verdades, Mentiras y Videos, op. cit.*, p. 44). Se trata de una información falsa y, además, desconsiderada al provenir de una profesional".

31

Sobre falsedades no comprobadas nunca se podría montar una acusación contra un ciudadano que se presume inocente, conforme a lo que establece la Constitución y el Código Orgánico Procesal Penal. La señora Fiscal ha incurrido en falsedades, pues entre otros factores, de mala fe se confió en lo dicho por el denunciante Bellorín en su denuncia y en los dichos de los periodistas; por lo que para acusar a nuestro defendido terminó basándose solamente en las falsedades que estos dijeron, creyendo además, sin comprobarlo, en lo que dijo el denunciante y en lo que pudo haber dicho particularmente una periodista, y luego otros sin soporte fáctico alguno. Las declaraciones referenciales, por si solas, conforme al derecho procesal no tienen valor alguno en la prueba de testigos; teniendo valor sólo si la persona a quien se refiere en la declaración ratifica lo aseverado por el testigo. En consecuencia, las declaraciones referenciales de periodistas, formuladas como opiniones dadas en artículos o entrevistas en los medios de comunicación, menos valor probatorio tienen por si solos en el ordenamiento jurídico procesal del país; y menos aún si ni siquiera indican la persona que supuestamente habría suministrado la información, a los efectos de que puedan ratificar lo aseverado.

Pero la señora Fiscal, en su acusación, llega a afirmar que "alguno de los elementos de convicción que sirven para presentar esta acusación y que aquí se incorporan se identifican con los llamados por la Sala Constitucional del Tribunal Supremo de Justicia como "**Hechos notorios comunicacionales**", en sentencia pronunciada en fecha 15 de marzo de 2000, con Ponencia del magistrado Jesús Eduardo Cabrera, invoco todo su valor a los efectos de esta acusación" (pág. 17). Ignoró, sin embargo, la señora Fiscal, que lo único que podría conformar el llamado "hecho comunicacional" conforme a esa doctrina jurisprudencial, -noción a la cual se refiere la señora Fiscal precisamente para obviar la ineludible necesidad y obligación que tiene en el procedimiento penal de probar los hechos en los cuales pretende basar una acusación-; son sólo las *noticias* sobre sucesos, eventos o acaecimientos, es decir, sobre noticias sobre hechos que además no hubieran sido desmentidas. En cambio, las opiniones de periodistas, como lo ha dicho la misma Sala Constitucional en su doctrina (Sentencia *N° 98 de 15-03-2000*), no son "noticias", sino sólo son opiniones o pareceres los cuales al contrario, sí requieren prueba. Y en este caso, en el expediente que ha consignado la señora Fiscal, no hay prueba alguna, léase bien, no hay prueba alguna, porque no puede haberla, de los hechos falsos que se le atribuyen a nuestro defendido Allan R. Brewer-Carías.

Pasamos de seguidas en este escrito a fundamentar detalladamente y conforme a los propios elementos del expediente que ha sido consignado ante este Juzgado, el rechazo en todas y cada una de sus partes, tanto en los hechos como en el derecho, de la acusación que se ha hecho.

I

TESTIMONIO SOBRE LA ACTUACIÓN PROFESIONAL DEL DR. ALLAN R. BREWER-CARÍAS, COMO ABOGADO DURANTE EL DÍA 11 DE ABRIL DE 2002

Antes de fundamentar detalladamente y conforme a los elementos del propio expediente que cursa ante este Juzgado, el rechazo en todas sus partes, tanto en los hechos como en el derecho, de la acusación efectuada en contra de nuestro defendido Allan R. Brewer-Carías, pasamos a transcribir el texto de la "entrevista" que le hizo el Fiscal José Benigno Rojas ante la Fiscalía el 03-07-2002, la cual consta en los folios 37 y siguientes de la Pieza V del expediente, que ratificamos en su nombre en todas sus partes. En esa declaración resumió su actuación profesional como abogado, el día 12 de abril de 2002, de lo cual se deriva con toda claridad que no participó en la discusión, elaboración y redacción del decreto del gobierno de transición, y no participó en conspiración alguna para cambiar violentamente la Constitución.

El texto es el siguiente:

En el día de hoy miércoles 03 de junio de 2002, siendo a las 10:20 horas de la mañana, comparece, previa citación, por ante esta Representación fiscal, ubicada en la esquina Manduca a Ferrenquín, Edificio sede del Ministerio Público, el ciudadano ALAN RANDOLPH BREWER-CARÍAS, de nacionalidad venezolana, natural de Caracas, donde nació en fecha 13-11-39, de 62 años de edad, de profesión u oficio Abogado, residenciado en Urbanización Chuao, Calle Roraima, Residencias, Lomas de Oro, Apartamento BETA-1, Caracas y titular de la Cédula de Identidad N° V-l.861.982, con el objeto de sostener entrevista con el Doctor JOSÉ BENIGNO ROJAS, Fiscal a Nivel Nacional del Ministerio Público en Materia de Salvaguarda con Competencia Especial en Bancos, Seguros y Mercado de Capitales; y una vez debidamente impuesto de los hechos que se investigan por ante esta Fiscalía, en consecuencia manifestó estar dispuesto a rendir entrevista y seguidamente expone: "El día doce de abril de dos mil dos pasadas la una de la madrugada recibí en mi casa de habitación una llamada telefónica de parte del Doctor PEDRO CARMONA, quien me solicitó me trasladara al Fuerte Tiuna para dar una opinión jurídica sobre un documento que le habían entregado cuando el llegó a ese lugar, es decir, solicitaba mi opinión sobre un tema jurídico que se le había planteado en ese momento y lugar. Eso fue lo que me dijo. Había escuchado y visto en la Televisión durante la tarde y noche del día once de abril, en mi casa, como seguramente hicieron la gran mayoría de los venezolanos, todos los lamentables acontecimientos que se sucedieron al finalizar la marcha cívica, así como las sucesivas apariciones televisadas de oficiales de diversos componentes de la Fuerza Armada Nacional. Debo insistir, que durante toda la tarde y la noche del día once de abril permanecí en mi casa de habitación. En razón de la incertidumbre que percibía, la prudencia me llevó a señalarle al Dr. CARMONA que yo no tenía forma de trasladarme al Fuerte Tiuna, ante lo cual me insistió y me indicó que me mandaría a buscar a mi casa. Efectivamente, aproximadamente a las dos de la madrugada, o después, se presentó en mi casa una persona que se identificó como el Chofer del Dr. CARMONA, acompañado de una persona vestida de militar, quienes me trasladaron al Fuerte Tiuna. Para ese momento no tenía conocimiento exacto del cual era la real situación de la crisis política del País, salvo la apreciación que tenía como todos los venezolanos, de las informaciones recibidas a través de la televisión. Además, había estado fuera de Venezuela, de vacaciones durante las dos semanas precedentes, entre Nueva York y el Estado de Colorado en los Estados Unidos, desde el veintiséis de marzo hasta el ocho de abril de dos mil dos. Cuando llegué a Caracas, en la noche de ese día ocho de abril tuve una información mas exacta que la que había recibido en el exterior sobre el paro nacional convocado para el nueve de abril, y en general sobre los últimos eventos ocurridos en el país. Como es obvio, no participé en reunión alguna en la cual se hubiese tratado o decidido convocar los paros y las marchas que se efectuaron los días nueve, diez y once de abril del año en curso. Antes de salir de viaje el veintiséis de marzo, había estado dedicado a la preparación de diversos documentos de carácter académico que habían ocupado buena parte de mi atención y de mi tiempo, entre ellos, la ponencia sobre "El Régimen Constitucional de los Servicios Públicos", para las VI Jornadas Internacionales de Derecho Administrativo, organizada por la Fundación de Estudios de Derecho Administrativo (FUNEDA), a las cuales asistí durante los días cinco al ocho de marzo; el discurso de orden sobre "Historia del Estado Yaracuy y la Descentralización Política", con motivo del aniversario de la creación del Estado Yaracuy que leí en San Felipe el diecinueve de marzo; el "Discurso de Orden", con motivo de recibir el Premio Francisco de Venanzi a la trayectoria del Profesor Universitario de la Universidad Central de Venezuela, el día quince de marzo; la conferencia sobre "La Democracia Venezolana a la luz de Carta Democrática Interamericana", que di en la Universidad Fermín Toro en Barquisimeto, Estado Lara, el día diecinueve de marzo; y la ponencia sobre "El Paralelismo entre el Constitucionalismo de Cádiz y el Constitucionalismo Venezolano (o de cómo el primero no influyó sobre el segundo)" que debía presentar en el I Simposio Internacional sobre la Constitución de Cádiz de 1812 y el Constitucionalismo Iberoamericano, que se celebró en Cádiz, España entre el veinticuatro y el veintisiete de abril de dos mil dos, al cual asistí como conferencista invitado. Evidentemente, toda esta intensa actividad académica requirió mi atención y dedicación a tiempo completo desde a comienzos del mes de marzo de este año. Consigno en este acto, un ejemplar de la ponencia de Cádiz, constante de ciento dos páginas y otro del estudio sobre la Carta Democrática Interamericana, constante de setenta y nueve páginas. Al llegar al Fuerte Tiuna, fui llevado por el chofer del Dr. CARMONA, a una edificación que no reconocí, porque no soy asiduo visitante de ese lugar, pero que luego supe que era la Comandancia del Ejército. Me subieron en un ascensor, no se exactamente a que piso y me condujeron a un pequeño cubículo donde estaba el Dr. CARMONA, a quien saludé y quien me solicitó que analizara un documento que le habían entregado cuando llegó a ese lugar, a cuyo efecto se me puso en contacto con dos jóvenes abogados de nombres DANIEL ROMERO y JOSÉ GREGORIO VÁSQUEZ, quien fueron los que me mostraron el documento contentivo de un Proyecto para un Gobierno de Transición que le habían entregado al Dr. CARMONA, lo que había motivado su requerimiento para que se me llamara. Reconocí a esos dos abogados Romero y Vásquez por haberlos visto por primera y única vez en mi vida dos días antes, el diez de abril de dos mil dos, en la oficina del Dr. JORGE OLAVARRÍA, quien me había invitado a una reunión con él, a las seis de la tarde de ese día en su oficina. Una vez reunidos Olavarría y yo en su oficina donde no había más nadie, se presentaron esos dos jóvenes abogados antes mencionados, sin que yo tuviera conocimiento previo de su identidad y creo que tampoco Olavarría sabía su identidad. Ignoro porque Olavarría tenía previsto recibir a estas personas e ignoro para quien o para quienes trabajaban. Los dos abogados Romero y Vásquez nos leyeron a Olavarría y a mí un documento escrito que tenían contentivo de un Proyecto de Decreto de Constitución para un Gobierno de Transición. Oída la exposición de esos abogados me causó sorpresa su contenido. Sin embargo, por tratarse de personas a quienes no conocía y a quienes no atribuía influencia especial en ningún círculo, mi reacción fue la de no dar mayor importancia a ese documento, sino considerarlo como un episodio más dentro del escenario de rumores e iniciativas irrelevantes que desde hacía tiempo perturbaba la vida del país.

Después de que el Dr. OLAVARRÍA hizo una ilustrada disertación histórica, yo me limité a hablarles de la existencia de la Carta Democrática Interamericana aprobada por la OEA el once de septiembre de dos mil uno, sobre lo cual me encontraba haciendo un extenso estudio de carácter científico, una de cuyas versiones he consignado anteriormente. Les reflexioné sobre los efectos de la ruptura del orden constitucional, específicamente a la luz de esa Carta Democrática y me di cuenta que ni siquiera conocían de la existencia de ese instrumento internacional, lo cual por lo demás no era de extrañar, ya que había sido poco divulgado. Tenía en mi poder el estudio que estaba haciendo sobre ese documento internacional en el cual, entre otras cosas señalo que no debe admitirse, como cuestión de principio que en un país signatario de ese documento, se produzca una ruptura del orden constitucional que conlleve por la fuerza a un derrocamiento del gobierno. Consigno también en este acto, ejemplar de la página D-2 del Diario El Nacional, publicada el día martes 04 de junio de 2002; ejemplar de la página 2 del Diario El Mundo, publicada el día 03 de junio de 2002 y ejemplar de la página 16 del Diario Ultimas Noticias, publicada el día 04 de junio de 2002, donde aparecen declaraciones del Dr. JORGE OLAVARRÍA sobre esa entrevista. Asimismo consigno copias fotostáticas de sendos e-mail, contentivos de las preguntas de los periodistas y respuestas escritas del Dr. OLAVARRÍA, que originaron las entrevistas publicadas, que me envió por fax el propio Dr. OLAVARRÍA. Volviendo a mi presencia en la madrugada el doce de abril en Fuerte Tiuna, al llegar allí mi primera inquietud era saber lo que realmente estaba ocurriendo allí. En ese lugar imperaba un ambiente de desorden, había mucha gente, la mayoría oficiales, a quienes no conocía y cuyo rango, además, no distinguía ni distingo, que caminaban de un lugar a otro. Algunos decían que el Presidente de la República había renunciado, otros que se había ido del país y otros que estaba retenido. La opinión que como abogado se me había requerido se refería al documento que tenían los dos jóvenes abogados Romero y Vásquez, con quien se me había pedido hablar y que habían entregado al Dr. CARMONA, según éste me informó. El contenido de dicho documento, en cuanto a las decisiones que contenía, puede considerarse que era básicamente el mismo del que esas personas habían llevado y leído en la oficina del Dr. OLAVARRÍA dos días antes. De nuevo las consideraciones fundamentales que formulé en torno al contenido del documento se basaron en la doctrina contenida en la Carta Democrática Interamericana, e incluso glose por escrito el contenido de los artículos 3 y 4 de dicha Carta, que se refieren a los elementos esenciales de la democracia representativa, y a los componentes fundamentales del ejercicio de la democracia, en el entendido de que la Carta tiene un contenido único de preservación de la democracia representativa. Consideraba que en el país ciertamente se habían venido produciendo violaciones por parte del gobierno a la doctrina democrática contenida en dicha Carta; pero en cuanto al contenido sustantivo de las decisiones políticas plasmadas en el documento o proyecto de decreto que se me presentó, aprecie que eran a su vez contrarias a la Carta, porque significaban una ruptura del orden constitucional. Consideré que era inútil argumentar con esos abogados sobre este asunto, porque apreciaba que se presentaban solo como portadores de unas decisiones supuestamente tomadas por otros, que no tenían posibilidades de cambiar o de formular propuestas alternativas. Por tanto, decidí tratar de hablar con PEDRO CARMONA, quien era la persona que me había solicitado mi opinión jurídica. Terminada la reunión con los abogados mencionados y mientras buscaba hablar con el Dr. CARMONA, en los pasillos se insistía en la renuncia del Presidente de la República, lo que oí por boca de diversos oficiales de la Fuerza Armada, que se encontraban en el lugar, a quienes no conocía personalmente. Alguno cuyo nombre y grado desconozco me preguntó sobre la forma jurídica de una renuncia de funcionario, limitándome a señalar que el caso del Presidente de la República estaba prevista en el artículo 233 de la Constitución, que la misma debía revestir la forma de Decreto, por así exigirlo la Ley Orgánica de Procedimientos Administrativos y que el Vicepresidente Ejecutivo se encargaba de la Presidencia. Estando en los pasillos del piso en que me encontraba alguien llamó la atención sobre la aparición del General LUCAS RINCÓN, a través de un televisor que se encontraba en el lugar. Oí y ví la alocución al país y al mundo entero del General LUCAS RINCÓN, Jefe del Alto Mando Militar del Presidente, rodeado de otros oficiales, en la cual anunció que se le había pedido la renuncia al Presidente de la República, que éste la había aceptado y los miembros del Alto Mando Militar también ponían sus cargos a la orden o que igualmente estaban renunciando, y que entregarían sus cargos a los oficiales que designaran unas nuevas autoridades. Ante tal anuncio consideré y así lo expresé a quienes me lo preguntaron, que jurídicamente el país se encontraba en una situación de crisis de gobierno, pues el Jefe del Alto Mando Militar, al anunciar la renuncia del Presidente había omitido toda alusión a la Constitución y a la eventual asunción temporal de la Presidencia por el Vice-presidente Ejecutivo. Por tanto, la renuncia del Presidente de la República fue comunicada al país como un hecho público y notorio y así indubitablemente lo entendió el país. A quien me lo preguntó le señalé que el anuncio significaba jurídicamente hablando había una crisis de gobierno por carencia de titulares del Poder Ejecutivo, pues nada se indicó sobre quien ejercía la Jefatura del Ejecutivo y más bien se anunció que habría unas supuestas nuevas autoridades. Ya al fin de la madrugada insistí en mi propósito de hablar con el Dr. CARMONA para expresarle mi criterio jurídico sobre el punto para el cual había requerido mi presencia, y a tal efecto entré en un salón o despacho donde se encontraba circundado de muchísimos oficiales. Allí me enteré que se acababa de anunciar por televisión en un acto que no presencié, que CARMONA se encargaría transitoriamente de la Presidencia de la República. No estuve presente en reunión alguna en esas horas en las cuales estuve en Fuerte Tiuna en la cual se hubiera tomado la decisión de encargar a CARMONA del gobierno ni de cualquier otra decisión de carácter político. Para mí es inexplicable que el Dr. CARMONA no haya hecho un esfuerzo o no haya tomado la iniciativa de oír la opinión que me había requerido; y yo no tuve ocasión ni oportunidad, por la cantidad de oficiales y personas que lo rodeaban, de hablar personalmente y a solas con PEDRO CARMONA, para formularme mis comentarios y advertencias sobre el documento sobre el cual versaba la consulta que el mismo CARMONA me había solicitado. Se comenzaba a ir la gente del Fuerte Tiuna y la verdad es que mi preocupación inmediata, es que no tenía carro para salir de allí. En medio de la confusión reinante le pedí a los asistentes de CARMONA que me solucionaran el problema de mi traslado para salir de Fuerte Tiuna y me ubicaron en una camioneta donde habían ocho personas, incluido PEDRO CARMONA, a quien dejaron primero en su casa, razón por la cual no me fue posible hablar con él. Llegué a mi casa despuntando el alba e hice un esfuerzo para reconstruir los acontecimientos de la madrugada y las materias sobre las que se me había solicitado opinión. Mi primera conclusión estuvo orientada hacia los postulados de la Carta Democrática Interamericana, algunos de los cuales se mencionaban en aquel proyecto de decreto. Sin embargo, al observarlo en conjunto no cabía duda alguna de dichos postulados resultaban contradictorios con la parte sustantiva de aquel documento, que violaba el principio de la democracia representativa, al pretenderse suspender el funcionamiento del Parlamento, con una serie de secuelas institucionales. Consideré mi deber agotar todo esfuerzo para comunicar personalmente a CARMONA mis conclusiones jurídicas sobre esto. Precisamente por ello, cerca del mediodía del doce de abril del año en curso, fui al Palacio de Miraflores para tratar de hablar con CARMONA. En el desorden allí imperante fui informado que estaba reunido con muchas personas que habían ido al Palacio. Sólo pude entrevistarme con los abogados ROMERO y VÁSQUEZ, quienes se encontraban instalados en la oficina que tradicionalmente correspondía al Ministerio de la Secretaría de la Presidencia, quienes estaban revisando el Proyecto de Decreto antes mencionado. En un momento se hizo presente el Diputado LEO-

POLDO MARTÍNEZ, a quien advertí sobre lo improcedente que era que se suspendiera el funcionamiento de la Asamblea Nacional y sobre las reacciones nacionales e internacionales que se producirían si ello ocurría. En particular, le inquirí sobre si se había consultado esa decisiones que se proyectaba tomar con los partidos y dirigentes políticos, con la CTV y con los Grupos de la Sociedad Civil y solo se me informó que se tenía programada una reunión con dirigentes políticos del país para principios de la tarde de ese mismo día doce de abril. La verdad es que de nuevo percibí que se trataba de decisiones políticas ya adoptadas irreversiblemente. Ignoro por quién o quienes. Al poco tiempo, alrededor de la una de la tarde y ante la imposibilidad de expresarle mi opinión personalmente a CARMONA me retiré del Palacio de Miraflores, con una sensación de frustración. No volví al Palacio de Miraflores ni estuve por tanto en el acto de instalación o proclamación del llamado gobierno de transición, ni avalé con mi firma tal acto; y al salir de allí más bien me enteré de los atropellos a funcionarios y a parlamentarios que se estaban produciendo, lo que condené sin reserva y manifesté mi respaldo a los esfuerzos iniciados por algunos abogados vinculados a la protección de los derechos humanos de defender los derechos de los atropellados. En horas de la tarde del día doce de abril, antes de que se produjera el Acto de Proclamación del llamado Gobierno de Transición, recibí en mi casa de habitación, donde me encontraba, una llamada telefónica del Dr. CARMONA, quien finalmente me solicitó de manera directa le expresa la opinión jurídica que me había solicitado, particularmente sobre el tema de la suspensión de la Asamblea Nacional. Le expresé mi criterio contrario y las reservas que como profesional y ciudadano tenía, precisamente a la luz de la Carta Democrática Interamericana, y que eso en definitiva era una decisión de carácter político. Quedé esperanzado en que tomaría en cuenta mis advertencias y comentarios, pero lamentablemente no fue así. Mi criterio adverso a las decisiones políticas que se adoptaron, particularmente la disolución de la Asamblea Nacional, incluso se la expresé al periodista EDGAR LÓPEZ, el Diario El Nacional, esa misma tarde después de haber visto por televisión el acto de proclamación del llamado gobierno de transición, como el mismo periodista López en una nota que publicó en dicho diario el día 17 de abril de 2002, en la página D-2, la cual igualmente consigno en este acto. A partir de ese momento, durante la noche del doce de abril y el día siguiente trece de abril, dentro del estricto margen del que en la realidad disponía me esforcé en contribuir al restablecimiento del orden constitucional, en que se modificara el decreto mencionado y en particular que se restableciera la Asamblea nacional. En relación con los hechos del día doce de abril de dos mil dos, por tanto, fui consultado estrictamente como abogado especialista en derecho público. Manifesté mis opiniones y como en definitiva no fueron aceptadas me retiré de considerar el asunto que se había sometido al análisis. El Código de Ética Profesional del Abogado nos garantiza a los abogados el derecho de no aceptar un asunto "en que tuviere que sostener principios a sus convicciones personales, incluso políticas" y a "no intervenir en un asunto sino cuando tenga libertad para actuar"; incluso dicho Código nos da derecho a los abogados de rechazar los asuntos "sin exponer las razones para ello". Todo eso lo establece el artículo 13 de dicho Código. Mi posición quedó evidenciada con mi retiro del palacio de Miraflores pasado el mediodía del doce de abril y con el mismo hecho de que no estuve en el palacio de Miraflores durante el acto de instalación del mencionado gobierno de transición ni en el día posterior, ni avalé con mi firma ni con mi presencia su constitución. Lamentablemente, durante la madrugada y la mañana del día doce de abril como antes he señalado no tuve oportunidad de hablar personalmente y a solas con el Dr. Carmona, quien fue la persona que me llamó para requerir mi opinión jurídica. En todo caso, debo señalar que no estuve presente en reunión alguna en la cual estuviese el Dr. Carmona junto con oficiales activos o retirados de la Fuerza Armada u otros civiles, ni antes ni durante el transcurso del día doce de abril, en la cual se hubiese discutido documento alguno o las decisiones políticas que se adoptaron. Ignoro incluso, si esas reuniones tuvieron lugar. Tampoco he frecuentado Fuerte Tiuna ni identifico sus instalaciones. No he tenido, al menos durante los últimos 15 años trato alguno con oficiales activos de la Fuerza Armada. El último oficial activo con el que tuve amistad y la conservo es con el general ahora retirado desde hace lustros, José Antonio Olavarría. Nunca he estado presente en reunión alguna en la cual se hubieran tratado aspectos de la situación política del país donde hubieran estado presentes oficiales activos de la Fuerza Armada ni oficiales que hubieran pasado a retiro en fecha reciente. En definitiva, solo pude expresarle directamente mi parecer al Dr. Carmona, por vía telefónica poco antes de que se leyera el decreto de proclamación del llamado gobierno de transición, advirtiéndole que la disolución o suspensión de la Asamblea carecía de fundamento jurídico y era contraria a los principios de la democracia representativa contenido en la Carta Democrática Interamericana, por lo que además provocaría reacciones internacionales contra Venezuela y el llamado Gobierno de Transición. En todo caso, fue el Dr. PEDRO CARMONA quien me solicitó en la madrugada del día doce de abril mi criterio profesional como abogado y era a él a quien debía dar mi apreciación definitiva sobre el asunto. No se atendió mi recomendación jurídica y como antes dije conforme al derecho que nos garantiza a los abogados el Código de

Ética Profesional, me retiré del asunto sin haber tenido nada que ver con las decisiones políticas contenidas en el acto que pretendió poner en vigor un nuevo orden político e instalar el llamado Gobierno de Transición; ni con sus orígenes, ni con su desarrollo ni con sus consecuencias. Es todo". SEGUIDAMENTE EL MINISTERIO PÚBLICO PASA A INTERROGAR DE LA SIGUIENTE MANERA: PRIMERA: Diga usted, si tiene conocimiento de que personas le suministraron el documento del Decreto que tantas veces usted menciona, al ciudadano PEDRO CARMONA ESTANGA? CONTESTO: No tengo conocimiento directo, lo que se es lo que el Dr. CARMONA me indicó que el documento se lo había dado al él llegar al Fuerte Tiuna el abogado de apellido ROMERO. SEGUNDA: Diga usted, si conoce el nombre del chofer que lo trasladó hasta el Fuerte Tiuna? CONTESTÓ: No se el nombre del chofer. TERCERA: Diga usted por qué motivo aceptó efectuar esa revisión solicitada por el Dr. PEDRO CARMONA ESTANGA? CONTESTO: Como abogado, en una situación extremadamente crítica, consideré mi obligación de atender esa solicitud que me formulaba una persona a quien además conozco desde hace muchos años. TERCERA: Diga usted, el motivo de la reunión con el ciudadano JORGE OLAVARRÍA y quienes estuvieron presentes, además indique quién concertó la reunión con los abogados mencionados por usted como ROMERO y VÁSQUEZ en esa oficina? CONTESTO: Como antes dije fue JORGE OLAVARRÍA el que me invitó a reunirme con él en su oficina, lo que no era nada excepcional, ya que con mucha frecuencia nos reunimos a conversar de historia y de cuestiones constitucionales. Cuando llegué a la oficina de OLAVARRÍA sólo me reuní con él y luego llegaron los otros abogados. No se como se concertó la visita de esos abogados a la oficina de OLAVARRÍA. Solo se encontraban presentes las mencionadas personas. CUARTA: Diga usted, si los ciudadanos mencionados como DANIEL ROMERO y JOSÉ GREGORIO VÁSQUEZ le llegaron a manifestar el motivo del Decreto en cuestión, así como las condiciones de modo, tiempo y lugar en el cual se implementaría el mismo? CONTESTO: No me manifestaron nada de eso. QUINTA: Diga usted, si participó en la redacción del Decreto de Instauración del Gobierno de Transición y en qué consistió su participación? CONTESTO: Como señale, el Proyecto de Decreto se encontraba redactado con anterioridad. Las decisiones que contenía para la instauración de un gobierno de transición estaba en el documento que nos mostraron los mencionados abogados, al Dr. OLAVARRÍA y a mí, en la oficina del Dr. OLAVARRÍA; decisiones que básicamente eran las mismas que contenía el documento que me mostraron los mismos abogados en la madrugada del día doce de abril. Como dije anteriormente mi actuación se limitó fundamentalmente a exponer los principios que contiene la Carta Democrática Interamericana sobre elementos esenciales de la democracia y sobre los componentes fundamentales de su ejercicio, los cuales glose por escrito. SEXTA: Diga usted, que personas civiles reconoció en el interior de la Comandancia del Ejército del Fuerte Tiuna, mientras se encontraba presente allí, así como en el interior del Palacio de Miraflores? CONTESTO: Los únicos civiles que reconocí en Fuerte Tiuna, aparte del Dr. CARMONA, reconocí al Dr. JOSÉ RAFAEL REVENGA y al señor EUGENIO MENDOZA. En Miraflores había muchísimas personas, pero entre las que reconocí y con quienes brevemente intercambié ideas sobre la situación, estaban LEOPOLDO MARTÍNEZ, a quien anteriormente señalé y además CARLOS AYALA CORAO y EDUARDO FERNÁNDEZ, quienes manifestaron serias objeciones sobre lo que se estaba proyectando. SÉPTIMA: Diga usted, si conoce el motivo de la presencia de estas personas que menciona en esos dos lugares? CONTESTO: No. OCTAVA: Diga usted, si participó en alguna de las marchas convocadas el día 11 de abril de 2002? CONTESTO: No participé en ninguna marcha ese día, pero si me acerque por breves minutos hasta la sede de PDVSA en Chuao que queda a pocas cuadras de mi casa. NOVENA: Diga usted, si fue convocado al acto de juramentación del ciudadano PEDRO FRANCISCO CARMONA ESTANGA al Palacio de Miraflores? CONTESTO: No. DÉCIMA: Diga usted, si firmó el Decreto de instauración del Gobierno Transitorio o cualquier otro documento emanado por la Junta de Gobierno de Transición? CONTESTO: No. DÉCIMA PRIMERA: Diga usted, si conoce de vista, trato y comunicación al ciudadano Pedro Francisco Carmona Estanga o a alguno de sus Ministros designados? CONTESTO: Al Dr. CARMONA lo conozco desde hace mucho tiempo, con quien he tenido trato de amistad. En cuanto a los Ministros designados, conozco de vista, trato y comunicación a JOSÉ RODRÍGUEZ ITURBE, quien se graduó en mi misma promoción, este mes hace cuarenta años, y a LEOPOLDO MARTÍNEZ, por ser nieto de un admirado arquitecto como fue LEOPOLDO MARTÍNEZ OLAVARRÍA. DÉCIMA SEGUNDA: Diga usted, si reconoce como el Proyecto de Decreto el cual le fue presentado en la reunión con el ciudadano JORGE OLAVARRÍA, a la cual concurrieron DANIEL ROMERO y JOSÉ GREGORIO VÁSQUEZ y posteriormente presentado a usted para su revisión en la sede del Fuerte Tiuna, el documento que a continuación se le pone de vista y manifiesto. EL DESPACHO DEJA CONSTANCIA QUE SE LE PONE DE VISTA Y MANIFIESTO AL DECLARANTE, EL DOCUMENTO LEÍDO POR EL CIUDADANO DANIEL ROMERO EN EL ACTO DE JURAMENTACIÓN DE PEDRO CARMONA ESTANGA, COMO PRESIDENTE DEL GOBIERNO DE TRANSICIÓN, EL CUAL CURSA EN LA TERCE-

RA PIEZA DEL EXPEDIENTE, Nº MP-C-01-2002. CONTESTÓ: No es exactamente el mismo documento, aún cuando las decisiones que contiene son básicamente las mismas. Les suministro una copia que me entregó posteriormente el Dr. OLAVARRÍA del documento que, según él me informó, fue el que llevaron a su oficina los abogados ROMERO y VÁSQUEZ, y del cual no conservé copia. DÉCIMA TERCERA: Diga usted, si desea agregar algo más a la presente entrevista? CONTESTO: NO. EL FUNCIONARIO DEJA CONSTANCIA DE RECIBIR DE MANOS DEL ENTREVISTADO EL MATERIAL MENCIONADO A LO LARGO DE LA PRESENTE ENTREVISTA. Es todo, terminó, se leyó y conformes firman (En el acta levantada), hay una nota final firmada por el Fiscal Rojas que dice: "Se deja constancia, que la entrevista se efectuó el 3-7-2002".

Sobre esos mismos hechos, nuestro defendido Allan R. Brewer-Carías se refirió ampliamente en su libro *La Crisis de la democracia en Venezuela. La Carta Democrática Interamericana y los sucesos de abril de 2002*, Ediciones Libros *El Nacional*, Caracas 2002. (anexo 1).

Ninguno de los hechos a los cuales se refirió en esa entrevista han sido desvirtuados, y más bien, están corroborados en el expediente, incluso en los mismos "elementos de convicción" que ha aducido la ciudadana Fiscal en su acusación.

En todo caso, en relación con la anterior entrevista, que forma parte del expediente, la señora Fiscal transcribió parte de ella, en el Nº 5 de los "elementos de convicción" para pretender acusar a nuestro defendido el haber supuestamente participado en la "elaboración, discusión y redacción" del decreto del gobierno de transición, y haber incurrido en el delito de conspiración; cuando de la misma, al contrario, lo que se evidencia es todo lo contrario: que no participó en la elaboración, redacción, discusión ni presentación del referido documento, ni en conspiración alguna para cambiar violentamente la Constitución. Lo que dijo nuestro defendido Allan R. Brewer-Carías en la entrevista es que fue llamado como abogado para dar una opinión jurídica sobre el mencionado documento que por supuesto ya estaba redactado, siendo en definitiva su opinión jurídica adversa al mismo y manifestada a quien se la había solicitado.

La señora Fiscal, sin embargo, indica que de dicha entrevista lo que se deduce es la "prueba del conocimiento" que supuestamente nuestro defendido tenía del decreto, lo que no constituye hecho punible alguno; conocimiento que es obvio, desde el momento que el documento se le presentó en la oficina de Olavarría y luego en

Fuerte Tiuna; que es prueba de que nuestro defendido supuestamente se reunió "con los otros corredactores para su discusión" lo cual es falso, y no está probado ni puede ser probado, pues desconoce quienes redactaron el documento; que es prueba de la "presencia" de nuestro defendido en los lugares donde "se elaboró, redactó, discutió y se puso en vigencia" lo cual, de haber ocurrido esos hechos en Fuerte Tiuna o en el Palacio de Miraflores, por supuesto, no constituye delito alguno; deduciendo falsamente que "aún en conocimiento de la existencia del tan mencionado decreto nada hizo para preservar las instituciones democráticas, sino que por el contrario conspiró para cambiar violentamente la Constitución, amén que no colaboró en el restablecimiento de su efectiva vigencia"; afirmación totalmente falsa, pues no estando envuelto en conspiración alguna y desconociendo la identidad de las personas que estaban en esos lugares, sólo podía dar su opinión a quien se la había solicitado, es decir, el señor Carmona, como en efecto lo hizo, advirtiéndole sobre la contrariedad del documento con los principios democráticos.

De esa entrevista, por tanto, no surge elemento alguno para que pueda acusarse a nuestro defendido Allan R. Brewer-Carías de una actividad que nunca realizó y un delito que nunca cometió, siendo lamentable que la señora Fiscal sólo se haya basado para acusar a nuestro defendido, en las falsedades que le suministró un denunciante y en las falsedades de los dichos de algunos periodistas que también le suministró el denunciante; sin que en la Fiscalía se haya realizado labor alguna de comprobación de los mencionados hechos falsos.

De lo dicho anteriormente, puede decirse que en este caso hay unos hechos admitidos y unos hechos controvertidos que son falsos y que no están probados y no podrán comprobarse.

En efecto, tal como resulta de la declaración rendida el 7 de julio de 2002 ante el fiscal José Benigno Rojas, nuestro defendido, el Dr. Allan R. Brewer-Carías sólo ha admitido los siguientes hechos:

A.   El primer hecho admitido es que el día 10 de abril de 2002 fue citado por el señor Jorge Olavarría a su oficina, con quien compartió como Constituyente en 1999, y sin que se lo hubieran comunicado con anterioridad, cuando estaban ellos dos reunidos, llegaron dos personas que se identificaron como Daniel Romero y José Gregorio Vásquez quienes portaban un documento de constitución de un gobierno de transición que le iban a consultar al doctor Jorge Olavarría.

B.   El segundo hecho admitido es que en la madrugada del 12 de abril del 2002, Pedro Carmona Estanga llamó a su casa a nuestro defendido y lo mandó a buscar para hacerle una consulta de tipo legal en Fuerte Tiuna (Comandancia General del Ejército).

C.   El tercer hecho admitido es que el día 12 de abril de 2002 cerca de mediodía, nuestro defendido Allan R. Brewer-Carías se dirigió al Palacio de Miraflores para tratar de hablar con Carmona y expresarle la opinión jurídica que le había solicitado, y al no serle posible siquiera entrevistarse con Carmona, se retiró de ese lugar pasado el mediodía de ese mismo día 12 de abril.

D.   El cuarto hecho admitido es que el mismo día 12 de abril de 2002 en horas del final de la tarde, el Dr. Carmona llamó telefónicamente a nuestro defendido Allan R. Brewer-Carías a su casa de habitación, para conocer la opinión jurídica que le había solicitado en la madrugada y se la dio en forma adversa al decreto.

Esos son los cuatro únicos hechos no controvertidos que existen en este expediente en relación con nuestro defendido, que han sido admitidos, y ninguno de ellos constituye delito alguno. Pero la señora Fiscal, pretende fundamentar su errada acusación contra el Dr. Allan R. Brewer-Carías, por en el sólo hecho de su presencia en Fuerte Tiuna, Comandancia General del Ejército y en el Palacio de Miraflores, "sitios estos, entre otros en lo que se desarrollaron los hechos que motivaron esta investigación" (**folio 236, Pieza XIII**).

La sola presencia de una persona en Fuerte Tiuna o en el Palacio de Miraflores el día 12 de abril de 2002 o cualquier día, no constituye delito alguno. En cuanto a nuestro defendido, como lo ha dicho públicamente en los medios de comunicación, lo ha señalado en la entrevista que sostuvo el 03-07-2002 ante esta Fiscalía (**folios 34 y ss., Pieza V**), en su libro sobre *La crisis de la Democracia en Venezuela. La Carta Democrática Interamericana y los sucesos de abril de 2002,* pp. 101 y ss. (**anexo 1**) y en el documento que consignó ante la Fiscalía en fecha 14-01-2005 (**folio, 143 y ss., Pieza XIII**), efectivamente estuvo en Fuerte Tiuna, en la sede de la Comandancia del Ejercito en la madrugada del día 12 de abril de 2002, requerido como abogado por Pedro Carmona para que le diera una opinión jurídica sobre un documento de decreto de un gobierno de transición, quien lo mandó a buscar con su chofer y por ello debía retornarlo a su casa.

Es falso, por tanto, como lo dice la señora Fiscal, que Carmona le habría "asignado un chofer" a nuestro defendido (pagina 6 de la acusación). Este no llegó a Fuerte Tiuna espontáneamente, como

49

quizás muchas personas llegaron, ni fue llamado por ninguna otra persona que no fuera Carmona, ni fue a ese lugar por sus propios medios. Ni fue llamado como apoyo civil, ni como fuerza militar de choque ni como líder movilizador de masas. Estaba en su casa de habitación como la gran mayoría de los venezolanos atento a lo que estaba ocurriendo. Fue llamado como abogado. No dio declaraciones públicas ni convocó a tomar armas o a tener actitud hostil en contra de la Constitución o la forma republicana de gobierno. Lo llamaron como abogado. Evidentemente, es obvio, no sabía que en Fuerte Tiuna se iba a encontrar a los mismos jóvenes abogados portadores del decreto, así como tampoco lo sabía cuando fue invitado por Olavarría a su oficina. No estuvo en Venezuela los días precedentes al 12 de abril. No estuvo en reunión alguna ni con el Dr. Carmona ni con alguna de las personas que llamó a colaborar con él. No estuvo en reunión alguna con militares activos o retirados. Por tanto, no podía haber estado en ninguna "conspiración". Nadie le ofreció cargos o posiciones. Los cargos públicos que ha ejercido lo fueron en otra etapa de su vida. Está dedicado a la docencia, a la investigación y al ejercicio profesional.

En todo caso, si nuestro defendido Allan R. Brewer-Carías hubiera elaborado, participado, redactado o discutido el decreto del gobierno de transición, no lo hubieran llamado a pedir su opinión jurídica sobre dicho documento. A una persona la llaman para pedirle opinión sobre lo que otros han hecho, no sobre su propia obra.

Adicionalmente, como también lo ha dicho públicamente en los medios de comunicación, lo ha señalado en la entrevista que sostuvo en la Fiscalía (**folios 34 y ss., Pieza V**), en su libro sobre *La crisis de la Democracia en Venezuela. La Carta Democrática Interamericana y los sucesos de abril de 2002*, pp. 115 y ss. (**anexo 1**) y en el documento que consignó ante la Fiscalía en fecha 14-01-2005 (**folio, 143 y ss., Pieza XIII**), efectivamente también estuvo en el Palacio de Miraflores hacia mediodía del 12 de abril con el único propósito de tratar de hablar con Pedro Carmona para expresarle sus consideraciones jurídicas sobre el documento que le había pedido analizara en la madrugada, y que hasta ese momento no había podido expresarle personalmente ni por teléfono. Consideró que el grueso de sus consideraciones jurídicas sólo se las podía formular a Carmona, quien fue el que se las había pedido. Sin embargo, al constatar durante el breve tiempo de su estadía en el Palacio de Miraflores que era imposible la reunión que pretendía con Carmona, dada las múltiples reuniones que éste estaba llevando a cabo, nuestro defendido se retiró del Palacio de Miraflores.

No estuvo durante la tarde del 12 de abril en el Palacio de Miraflores; ni en las discusiones que pudo haber habido sobre el decreto del gobierno de transición, ni estuvo presente en el acto de su lectura, ni firmó documento alguno en relación con dicho decreto.

La presencia tanto en la reunión con Olavarría, en Fuerte Tiuna o en el Palacio de Miraflores, por tanto, no constituyen delito alguno, y son hechos admitidos por nuestro defendido.

Los hechos controvertidos en la investigación penal, en cambio, serían que según la acusación fiscal nuestro defendido habría supuestamente conspirado, participando en la discusión, elaboración y redacción del decreto de constitución del Gobierno de Transición Democrática y Unidad Nacional que el día 12 de abril de 2002 se pretendió dictar para cambiar violentamente la Constitución. Estos hechos son los controvertidos, en este caso, totalmente falsos, y que no están probados en forma alguna en el expediente, ni podrán ser probados, porque no ocurrieron.

II

SOLICITUD DE NULIDAD DE TODAS LAS ACTUACIONES POR LA VIOLACIÓN SISTEMÁTICA Y MASIVA DE LAS GARANTÍAS CONSTITUCIONALES Y LEGALES DEL DR. ALLAN R. BREWER-CARÍAS

El hombre es titular de derechos y garantías previstos en la mayoría de las Constituciones del mundo, incluida la nuestra. La honra, la reputación, la familia, el patrimonio, la integridad personal, la libertad, el trabajo, la vida, son algunos de los derechos fundamentales del hombre consagrados en las Cartas Fundamentales.

Con el solo hecho de vincularlo a un proceso, la investigación penal afecta directamente los derechos fundamentales del hombre contra quien se dirige y por ello la Constitución le coloca al Estado unos límites, que se traducen en garantías, que eviten la innecesaria intromisión de éste en la vida de aquél.

El debido proceso es precisamente aquél que fija las reglas del juego a través de las cuales interactúan los órganos del Estado con los particulares. Es el que permite establecer el marco de la seguridad jurídica. A través de él los sujetos procesales saben a qué atenerse para evitar sorpresas.

El profesor Alberto Suárez Sánchez opina que: "En sentido formal, el debido proceso penal consiste en que nadie puede ser juzgado sino de conformidad **con la ritualidad previamente establecida**, para que se cumpla aquel axioma de que nadie puede ser condenado sin antes haber sido oído y vencido en juicio con la plenitud de las formalidades legales. Implica la existencia previa de los procedimientos de investigación y de juzgamiento a los que deben ser sometidos los imputados, y mediante los cuales se fijan **las competencias, las formas y ritos que han de presidir la realización de toda actuación penal**. Esto indica que desde el punto de vista formal, **el debido proceso es la sumatoria de actos preclusivos y coordinados**, cumplidos por el funcionario competente, **en la oportunidad y el lugar debidos**, con las formalidades legales. Se conjugan conceptos como los de la legalidad y del juez natural, limitados en el tiempo, en el espacio y en el modo"[1] (Resaltado nuestro).

Por su parte Fernando Velásquez Velásquez, citado por Suárez Sánchez dice: "En sentido mas restringido, en cambio, el debido proceso es todo ese **conjunto de garantías que protegen al ciudadano sometido al proceso penal**, que le aseguran a lo largo del mismo una **recta, pronta y cumplida administración de justicia**; que le asegura la libertad y la seguridad jurídica, la racionalidad y la fundamentación de las resoluciones judiciales conforme a Derecho"[2] (Resaltado nuestro).

Finalmente Edgar Saavedra Rojas, también citado por Suárez Sánchez, es del criterio que "Con las precisiones anteriores y sin entrar a establecer cuales son los elementos integrantes de lo que ha de entenderse por debido proceso, se puede decir que por tal debemos comprender las autolimitaciones constitucionales y legales que el Estado se impone a si mismo, para racionalizar dentro de los marcos infranqueables de la legalidad humana el ejercicio del *ius puniendi*, que se logra con el establecimiento de una serie de **garantías mínimas, que son el escudo protector del ciudadano frente a la arbitrariedad del funcionario o la omnipotencia del Estado**"[3]. (Resaltado nuestro).

Nuestra Constitución estableció la garantía del debido proceso, el cual es aplicable **A TODAS LAS ACTUACIONES JUDICIALES** (Artículo 49 de la Constitución), disponiendo que la defensa y asistencia jurídica **SON DERECHOS INVIOLABLES EN TODO ESTADO Y GRADO DE LA INVESTIGACIÓN Y DEL PROCESO**; que toda persona tiene el derecho de **ACCEDER A LAS PRUEBAS Y DE DISPONER DEL TIEMPO Y LOS MEDIOS ADECUADOS** para ejercer su defensa; que **SERÁN NULAS** las pruebas obtenidas mediante violación del debido proceso (ordinal 1°); que toda persona **SE PRESUME INOCENTE** mientras no se pruebe lo contrario (ordinal 2°); que toda persona tiene derecho a ser juzgada **POR SUS JUECES NATURALES CON LAS GARANTÍAS ESTABLECIDAS EN ESTA CONSTITUCIÓN Y EN LA LEY** (ordinal 4°); que ninguna persona podrá ser sancionada

---

1   Alberto Suarez Sánchez. *El Debido Proceso Penal.* Universidad Externado de Colombia. 1998. p. 196.

2   Alberto Suarez Sánchez. *Ob. citada*, p. 224.

3   Alberto Suarez Sánchez. *Ob. citada*, p. 225.

por actos u omisiones que no fueren previstos como delitos, faltas o infracciones en leyes preexistentes (ordinal 6°); que ninguna persona podrá ser sometida a juicio por los mismos hechos en virtud de los cuales hubiese sido juzgada anteriormente (ordinal 7°); y que toda persona podrá solicitar del Estado el restablecimiento o reparación de la situación jurídica lesionada POR ERROR JUDICIAL, RETARDO U OMISIÓN INJUSTIFICADOS (numeral 8°).

Acorde completamente con este mandato constitucional, el COPP contiene diversas normas que lo desarrollan, como son el artículo 1° que dispone que nadie podrá ser condenado sin un juicio previo, oral y público, realizado sin dilaciones indebidas, ante un juez o tribunal imparcial, **CONFORME A LAS DISPOSICIONES DE ESTE CÓDIGO Y CON SALVAGUARDA DE TODOS LOS DERECHOS Y GARANTÍAS DEL DEBIDO PROCESO, CONSAGRADOS EN LA CONSTITUCIÓN DE LA REPÚBLICA, LAS LEYES, LOS TRATADOS, CONVENIOS Y ACUERDOS INTERNACIONALES** suscritos por la República; el artículo 4 que dispone que en el ejercicio de sus funciones **LOS JUECES SON AUTÓNOMOS E INDEPENDIENTES** de los órganos del Poder Público y sólo deben obediencia a la ley y al derecho; el artículo 6° que los jueces no podrán abstenerse de decidir so pretexto de silencio, contradicción, deficiencia, oscuridad o ambigüedad en los términos de las leyes, **NI RETARDAR INDEBIDAMENTE ALGUNA DECISIÓN**. Si lo hicieren, incurrirán en denegación de justicia; el artículo 7° que dispone que toda persona **DEBE SER JUZGADA POR SUS JUECES NATURALES** y, en consecuencia, nadie puede ser procesado ni juzgado por jueces o tribunales *ad hoc*. La potestad de aplicar la ley en los procesos penales corresponde, exclusivamente, **A LOS JUECES** y tribunales ordinarios o especializados establecidos por las leyes, **CON ANTERIORIDAD AL HECHO OBJETO DEL PROCESO**; el artículo 8° que dispone que cualquiera a quien se le impute la comisión de un hecho punible tiene derecho a que **SE LE PRESUMA INOCENTE** y a que se le trate como tal, mientras no se establezca su culpabilidad mediante sentencia firme; el artículo 9° que las disposiciones del COPP que autorizan preventivamente la privación o restricción de la libertad o de otros derechos del imputado, o su ejercicio, **TIENEN CARÁCTER EXCEPCIONAL, SÓLO PODRÁN SER INTERPRETADAS RESTRICTIVAMENTE**, y su aplicación debe ser proporcional a la pena o medida de seguridad que pueda ser impuesta; el artículo 12° que **LA DEFENSA ES UN**

DERECHO INVIOLABLE EN TODO ESTADO Y GRADO DEL PROCESO. CORRESPONDE A LOS JUECES GARANTIZARLO SIN PREFERENCIAS NI DESIGUALDADES; el artículo 13º que dispone que el proceso debe establecer la verdad de los hechos POR LAS VÍAS JURÍDICAS, y la justicia en la aplicación del derecho, y a esta finalidad deberá atenerse el juez al adoptar su decisión; el artículo 18 que el proceso tendrá carácter CONTRA-DICTORIO; el artículo 19 que CORRESPONDE A LOS JUECES VELAR POR LA INCOLUMIDAD DE LA CONSTITUCIÓN DE LA REPÚBLICA. CUANDO LA LEY CUYA APLICACIÓN SE PIDA COLIDIERE CON ELLA, LOS TRIBUNALES DEBERÁN ATENERSE A LA NORMA CONSTITUCIONAL; el artículo 20 que NADIE DEBE SER PERSEGUIDO PENALMENTE MÁS DE UNA VEZ POR EL MISMO HECHO.

De acuerdo con las normas transcritas, el Estado no ejerce de manera absoluta y arbitraria la función punitiva, sino que está sujeto a determinados límites entre los que se puede señalar el juicio legal, porque el destinatario de la acción penal tiene derecho a un proceso que ha de desarrollarse de manera predeterminada, sin que pueda ser sorprendido ni con un delito, ni con una pena no establecidos con anterioridad, ni con un rito desconocido. Esa es precisamente la finalidad del proceso, garantizar a los sujetos procesales la seguridad jurídica, la recta aplicación de la justicia conforme a los trámites previamente establecidos en la Ley.

1. LA NULIDAD POR LA NEGATIVA DE DILIGENCIAS DE DEFENSA

A. *La negativa de testimoniales*

Para desvirtuar las imputaciones hechas contra nuestro defen-dido por señora la Fiscal Sexta, solicitamos ante ella en uso del derecho conferido en el artículo 125.5 del COPP, el interrogatorio de varios ciudadanos que tenían conocimiento personal y directo de hechos que daban cuenta de la equivocación en la que estaba sumida la Fiscalía al pretender atribuirle al Dr. Brewer-Carías la redacción del acta de constitución de gobierno que se leyó en el Palacio de Miraflores el 12 de abril de 2002; es decir, que echaban por tierra los elementos de convicción que había utilizado la Fiscal-ía para imputarle.

Uno de ellos fue el Sr. Nelson Mezerhane, con quien almorzó el Dr. Brewer el propio día 12 de abril de 2002, y con quien estuvo toda la tarde de ese día, precisamente mientras en el Palacio de Miraflores se preparaba el acto de constitución del llamado gobierno de transición, en el cual nuestro defendido no estuvo presente.

Se alegó que si el Dr. Brewer hubiera sido el "cerebro" de la supuesta conspiración, o como dijo algún periodista "el arquitecto jurídico" del régimen transitorio, lo lógico era que él hubiera estado presente no sólo durante la tarde del 12 de abril en el Palacio de Miraflores sino que hubiese sido actor principal en el acto de constitución del gobierno de transición.

Se alegó también que el objeto era demostrar no sólo que el Dr. Brewer no estuvo en el palacio de Miraflores durante la tarde del día 12 de abril de 2002 sino que el Dr. Brewer manifestó su desacuerdo con el mencionado proyecto de decreto y que por ello es obvio que no pudo haber sido él su redactor y en consecuencia no puede atribuírsele tal hecho.

Esta solicitud fue negada por la señora Fiscal Sexta.

También solicitamos la declaración del ciudadano NELSON SOCORRO. Sobre este ciudadano hay que hacer una mención especial. Cursa en el expediente un acta de fecha 27-09-04 en la que el ciudadano Rafael Octavio Arreaza Padilla declaró que supuestamente el 12 de abril de 2002 habría presenciado cuando varios ciudadanos, entre ellos Nelson Socorro, le decían al Sr. Pedro Carmona que tenían serios cuestionamientos contra el decreto; que Carmona les dijo que "Allan" le había dicho que si no se disolvía inmediatamente esa Asamblea mas temprano que tarde esa Asamblea lo disolvería a él; que entonces Carmona llamó por teléfono a Allan y éste le insistió en el mismo tema diciéndole incluso que no debía dar "ni un paso atrás" y que fue así como Carmona se convenció que tenía que hacer lo que supuestamente le recomendaba Allan Brewer-Carías.

Lo supuestamente declarado por el ciudadano Arreaza es absolutamente falso, pero un detalle muy importante lo constituye que la Fiscal Sexta **NO UTILIZÓ SU DECLARACIÓN AL MOMENTO DE IMPUTAR A NUESTRO DEFENDIDO** el día 27 de enero de 2005. La omitió.

Eso nos hizo pensar que la señora Fiscal había advertido la falsedad de dicha declaración, pues más bien parecía una excusa del

Sr. Arreaza para justificar su presencia y participación activa en los actos que allí se celebraban y en los cuales no estuvo presente, repetimos, el Dr. Brewer-Carías.

No obstante la no utilización de dicha declaración en el acto de imputación, nosotros, cumpliendo con el deber de cubrir todos los aspectos de la defensa, solicitamos la citación y declaración de una de las personas que el Sr. Arreaza decía que había estado presente cuando ocurrió lo por él relatado, esto es, el Dr. NELSON SOCO-RRO.

El objetivo era demostrar la falsedad de la versión del Sr. Arreaza que inculpaba al Dr. Brewer y además evidenciar que el Dr. Brewer le había manifestado también al Dr. Socorro su opinión contraria al mencionado decreto.

Esta declaración también fue negada por la Fiscalía. Pero lo mas grave de todo este asunto es que **AHORA, EN EL ACTO CONCLUSIVO DE ACUSACIÓN, LA FISCAL SÍ UTILIZA LA DECLARACIÓN DEL SR. ARREAZA COMO ELEMENTO DE CONVICCIÓN** contra el Dr. Brewer.

Obsérvese la gravedad de lo acontecido: la señora Fiscal omitió la declaración de Arreaza en la imputación, no sabemos con qué deliberado propósito; no obstante la defensa solicitó diligencias para desvirtuar la versión contenida en ella, pero la Fiscal las negó; procede ahora en la acusación a utilizar dicho testimonio contra nuestro defendido.

Mas clara no puede ser la grave violación del derecho a la defensa ejecutada en este caso por el Ministerio Público.

Y se torna mas grave aún si observamos lo siguiente: En fecha 21 de abril de 2005 la señora Fiscal Sexta dictó providencia en la que dijo:

"Visto el escrito presentado ante el despacho fiscal en fecha 31 de marzo de 2005 por el abogado Rafael Odremán L., en su carácter de defensor del ciudadano Allan Brewer-Carías, donde solicita la práctica de algunas diligencias, el Ministerio Público a continuación procede a realizar los siguientes pronunciamientos:

PRIMERO: En cuanto al señalamiento de "...lo irregular de que la declaración del denunciante Ángel Bellorín no cursara en el expediente para antes de que se hubiera efectuado el acto de imputación; y el hecho también irregular de que a pesar de que se anunciaba en dicho oficio el envío de unos anexos (que se dicen recibidos), solo estuviesen incorporados al expediente las declaraciones de Ángel Bellorín y Teodoro Petkoff…". Efectivamente en fecha 14 de febrero de 2005 se recibe comunicación procedente de la Fiscalía nacional en materia de Salvaguarda con competencia especial en bancos, Seguros y mercado de capitales, la misma contenía 9 anexos los cuales se descrien a continuación: DOS (2) de la declaración del ciudadano Ángel Bellorín; TRES (3) de la declaración del ciudadano Teodoro Petkoff, CUATRO (4) del cronograma de entrevistas que realizaría el Fiscal que conducía la causa, para un total de NUEVE (9) folios; mención especial merece este cronograma, el mismo es un plan de trabajo del Fiscal que conducía la causa y que no se corresponde a las actividades de investigación que realiza y realizará la Fiscalía Sexta a Nivel nacional, además de que no contiene elementos criminalísticos de interés para la investigación; razón por la cual esta representación fiscal consideró inoficioso incorporarlo al expediente, pero por cuanto la defensa ha expresado "…que es indispensable que todos los elementos de la causa cursen en un mismo expediente y puedan ser conocidos para poder ejercer el derecho a la defensa del imputado; de lo contrario se violaría dicho derecho si se permite que permanezcan ocultos elementos de la investigación; y el hecho que no conste dicho cronograma en el expediente pudiera constituir un acto violatorio del debido proceso, el Ministerio Público ORDENA la incorporación del mismo a las actas del expediente. **Ahora, en cuanto a la declaración del ciudadano Ángel Bellorín, el Ministerio Público no la utilizó como elemento de convicción para realizar la imputación del ciudadano Allan Brewer-Carías, sólo se fundamentó en la denuncia formulada por éste.**"

Podemos observar entonces que la señora Fiscal se excusa de su mal proceder aduciendo que no importa que la declaración de Ángel Bellorín no cursara en el expediente, porque tal testimonio no había sido tomado en cuenta en la imputación.

De esa manera hace ver la Fiscal que cuando un elemento no haya sido utilizado por ella en la imputación, es porque no tiene importancia.

Sin embargo, con la declaración del Sr. Arreaza no ocurrió así, pues no la utilizó en la imputación, nos negó probar contra ella, y luego la utilizó como elemento para acusar, todo lo cual da cuenta de que la Fiscal no respeta ningún tipo de regla al llevar a cabo la fase preparatoria, no ha actuado de buena fue, lo cual violenta flagrantemente el derecho a la defensa y evidencia que no se busca realmente descubrir la verdad, sino solamente obtener los elementos necesarios para enjuiciar al Dr. Brewer-Carías, violentándose así el deber de objetividad del Ministerio Público.

Solicitamos también el testimonio de YAJAIRA ANDUEZA con el cual se pretendía desvirtuar la opinión que tiene la Fiscalía sobre la presunta autoría del Dr. Allan Brewer-Carías en la redacción del decreto tantas veces mencionado, ya que la mencionada ciudadana fue testigo presencial de la conversación telefónica que el Dr. Brewer tuvo con la Sra. Patricia Poleo la noche del 13 de abril, reclamándole las afirmaciones falsas que esta ya había comenzado a hacer en los medios de comunicación sobre la autoría del Dr. Brewer del mencionado decreto. Esta solicitud corrió con la misma suerte: negada.

De igual manera alegamos que como quiera que a nuestro defendido se le había imputado una presunta "CONSPIRACIÓN" para cambiar violentamente la constitución, lo cual implica evidentemente una actividad anterior al acto mismo, preparatoria de los documentos, borradores o proyectos de decreto, consideramos necesario demostrar la actividad que estaba desempeñando el Dr. Brewer los días inmediatamente anteriores al 11 de abril de 2002, la cual estaba bien alejada de los acontecimientos políticos que ocurrían en el país; que si el Dr. Brewer hubiera sido el "cerebro" de esa conspiración, o como dijo algún periodista "el arquitecto jurídico" del régimen transitorio, lo lógico era que él hubiera participado activamente en los actos inmediatamente anteriores al 11 de abril de 2002 (marchas, paros, declaraciones públicas, etc., o por lo menos la preparación de documentos que eventualmente servirían para la constitución del nuevo gobierno). Pero lo cierto es que el Dr. Brewer se encontraba bastante lejos del país, de vacaciones en la ciudad de Vail, Estado de Colorado, USA, con el Sr. LEOPOLDO BAPTISTA y sus esposas y por ello se solicitó la comparecencia de éste indicando expresamente en el pedimento era para demostrar que el Dr. Brewer no estuvo en labores de redacción de documentos, ni estuvo en contacto, ni siquiera telefónico, con actores del acontecer venezolano en esos días. Así lo plasmamos textualmente en nuestra solicitud.

Al igual que las otras también fue arbitrariamente negada.

Solicitamos también la declaración del ciudadano GUAICAI-PURO LAMEDA para demostrar la falsedad del testimonio del ciudadano Jorge Javier Parra Vegas quien pretende decir que vio a Lameda y nuestro defendido redactando un documento.

Esta diligencia también fue negada.

Pedimos en sede jurisdiccional se respetaran las garantías constitucionales violadas, lo que dio lugar a que se produjeran diversas incidencias sin que se haya reparado hasta el presente la situación jurídica infringida. Se narrarán mas abajo las incidencias surgidas, de las cuales no hay decisión definitivamente firme todavía.

Procedió la señora Fiscal, en consecuencia, a hacer una investigación clandestina, parcializada, en franca violación de los derechos fundamentales de nuestro defendido. Con este proceder de la Fiscal Sexta se violó el debido proceso, se asesinó el derecho constitucional a la defensa, el de igualdad de las partes de nuestro representado y el de la finalidad del proceso previstos en los artículos 12, 13 y 125.5 del COPP y 49.1 de la Constitución; todo lo cual implica, forzosamente, la nulidad de la investigación, pues se ha llevado a cabo a espaldas de nuestro representado y con violación de las reglas del proceso debido.

La defensa es un derecho inviolable EN TODO ESTADO Y GRADO DE LA INVESTIGACIÓN Y DEL PROCESO conforme lo dispone el artículo 49.1 de la Constitución, el cual además prevé que toda persona tiene derecho de acceder a las pruebas y a los medios adecuados para ejercer su defensa. Esta es una garantía constitucional, que no puede ser violada por autoridad ni por ley alguna, de manera que si interpretamos que el imputado tiene derecho a obtener un sobreseimiento en la etapa preparatoria del proceso penal como lo dispone el artículo 318 del COPP, o en la etapa intermedia conforme lo dispone el artículo 330, ordinal 3°, no puede cercenársele el derecho de haber hecho evacuar en la etapa preparatoria las diligencias o pruebas que tiendan a acreditar cualquier causal que haga procedente tal sobreseimiento.

Las diligencias que se solicitaron y que fueron negadas tenían la eficacia probatoria suficiente para demostrar que nuestro defendido no redactó la supuesta acta de constitución del gobierno de transición, y que por ende no se le puede atribuir el hecho por el que se le ha acusado, lo cual constituye la causal de sobreseimiento prevista en el numeral 1° del artículo 318 del COPP, que debería ser aplicada a su favor, y por ello, teniendo derecho a una solución favorable a su caso bien en fase preparatoria o bien en la intermedia, no puede obligársele a esperar hacerlos valer en fase de juicio oral y público o cualquier otra, en detrimento de lo establecido en la Constitución sobre el derecho a obtener las pruebas y medios adecuados de defensa en cualquier estado y grado de la investigación y del proceso. De manera que cualquier otra interpretación que quiera hacerse de los artículos 125.5 y 305 del COPP atentaría contra el sagrado derecho a la defensa de rango constitucional.

En consecuencia solicitamos que sea declarada la nulidad de la investigación y consecuencialmente de su acto conclusivo, conforme a los artículos 190 y 191 del COPP.

B.   *La negativa de acceder a videos, así como de su trascripción*

Aparte de las solicitudes de testimonios se presentó una problemática con el contenido de los videos que fueron utilizados en la imputación.

A los fines de verificar la veracidad o falsedad del contenido de los artículos de opinión supuestamente contenidos en los videos que mencionó la señora Fiscal en la imputación, nuestro defendido solicitó en diversas oportunidades la exhibición de los videos correspondientes, y sólo le fue mostrado el contenido de algunos de ellos.

En fechas posteriores y con el mismo objeto, los defensores solicitamos la exhibición del contenido de tales videos obteniendo en diversas ocasiones respuestas negativas, bien sea porque las cintas no habían sido encontradas, bien porque ante la gran cantidad de imputados existente en la investigación, se hacía difícil encontrar una oportunidad adecuada, o bien porque en ese momento el Despacho tenía otras ocupaciones.

En una oportunidad se nos dijo que "el Dr. Brewer ya ha visto algunos de los videos", lo cual, alegamos, no era una respuesta admisible pues no bastaba con que el imputado revisara -él sólo- los elementos probatorios, sino que tenía derecho a revisarlos con los abogados que conforman su defensa, pues son éstos quienes en definitiva podrían evaluar la pertinencia y eficacia de tales pruebas en el proceso que se lleva adelante.

Nuestra insistencia obedecía, además, **A QUE HABÍAMOS ENCONTRADO INEXACTITUDES ENTRE EL CONTENIDO QUE DE ELLOS CITÓ LA SEÑORA FISCAL Y LO QUE EN REALIDAD TALES VIDEOS CONTENÍAN.**

Por ello, en virtud de que: 1) Aún cuando el imputado había visto algunos de los videos que pretendían ser usados en su contra, no había podido presenciar la totalidad de ellos; 2) Los abogados que conformamos la defensa y quienes somos los encargados de preparar la "defensa técnica" tampoco habíamos podido observar dichos videos en su totalidad y ni siquiera habíamos podido revisar la mayoría de los que fueron mostrados al imputado; 3) No se encontraron en el expediente algunos de los videos cuyo supuesto texto se cita en la imputación; 4) El texto citado por la señora Fiscal en el acto de imputación no se corresponde con el verdadero contenido de algunos de los videos; y, 5) El despacho fiscal refirió en el acta de imputación que los elementos de convicción que allí cita son los "iniciales", lo que significaba que parecía tener la intención de utilizar otros que hasta ese momento no había mencionado, procedimos, el 18 de marzo de 2005, a solicitar mediante escrito cursante a los folios 123 y siguientes de la pieza XVII, la práctica de una diligencia consistente en **ORDENAR EFECTUAR POR TÉCNICOS ESPECIALIZADOS EN ELLO, LA TRANSCRIPCIÓN ÍNTEGRA DE TODOS LOS VIDEOS QUE CURSARAN EN EL EXPEDIENTE CON ENTREVISTAS A PERIODISTAS QUE PRETENDIERAN SER CONSIDERADOS COMO SUPUESTOS ELEMENTOS PROBATORIOS DE LA IMPUTACIÓN FISCAL**.

No obstante, continuamos en innumerables oportunidades solicitando ver los videos, con resultados negativos. Así ocurrió los días 08-03-05, 18-03-05, 31-03-05 y 20-04-05.

Esta solicitud también fue negada arbitrariamente casi un mes después de nuestro pedimento, aduciendo que ello no agregaría nada para la investigación.

De las escueta revisión que nuestro defendido pudo hacer de los videos, sin que pudiera analizarlos en la forma debida con sus defensores, encontró que los textos que transcribió la señora Fiscal en el acta de imputación, de supuestas entrevistas hechas a periodistas, no se corresponden con lo que en las cintas se podía ver y oír; es decir, los textos transcritos en el acta de imputación fiscal no son ciertos, son totalmente falsos.

De esa rápida revisión, nuestro defendido encontró:

En el elemento de convicción Nº 16 tomado en cuenta por la Fiscal al momento de hacer la imputación, textualmente afirmó:

"16.   Programa 30 Minutos, transmitido por Televen el 12 de Mayo de 2002, en el que el periodista Cesar Miguel Rondón entrevistó a Teodoro Petkoff quien afirmó:

"Estamos ante un golpe de estado sui generis, Pedro Carmona, tiene plenos poderes para nombrar alcaldes, gobernadores, se juramentó ante si mismo, destituyó a los Magistrados del Tribunal Supremo de Justicia, al Defensor del Pueblo, Contralor, Fiscal, Asamblea Nacional, tiene poderes dictatoriales. Estamos en presencia de un gobierno de facto, porque no cubre las formas democráticas. Brewer debe explicar ese decreto ante la OEA" (**Folio 248, Pieza XIII**).

Tal trascripción no es correcta, o mejor dicho, es falsa, ya que no se corresponde con lo dicho por Teodoro Petkoff en dicha entrevista televisiva.

En realidad lo que dijo Teodoro Petkoff en dicha entrevista televisiva es otra cosa; esta falsedad fue advertida por el propio Teodoro Petkoff a quien se atribuye haber dicho algo que no dijo en la entrevista efectuada ante la señora Fiscal, realizada el día 02-02-2005, cuando en respuesta a una pregunta de la representación fiscal indicó:

"SÉPTIMA: ¿Diga Usted por que señaló en esa entrevista que Brewer debe explicar ese decreto ante la OEA? CONTESTÓ: **Yo no dije que Brewer debía explicar ese decreto ante la OEA**, dije, *ahora que acabo de oír el programa de nuevo*, 'No se cómo vamos a explicar esta situación ante la OEA', me refería obviamente al golpe de Estado **y no Brewer**. OCTAVA: ¿Diga Usted si tiene conocimiento de quienes elaboraron el decreto que fue leído el día 12 de abril de 2002, en el palacio de Miraflores? CONTESTÓ: No. No estuve allí." (**Folio 33, Pieza XIV**) (**Destacados nuestros**).

La representación fiscal, en esta forma, lesionó el derecho a la defensa de nuestro representado, al indicar como un "elemento probatorio" de su imputación, un supuesto "texto" de una entrevista, cuyo contenido es falso, porque no se corresponde con lo que se ve y se escucha en el video respectivo, que está archivado en el expediente como **Cinta H-30**.

En el **N° 15 del acta de imputación fiscal**, la señora Fiscal indicó como supuesto "elemento probatorio", una entrevista a los periodistas Rafael Poleo y Patricia Poleo, así:

15. *Programa Dominio Público, transmitido por Venevisión, el día 12 de abril de 2002 en el cual entrevistaron al periodista Rafael Poleo, quien afirmó:*

"Carmona estaba encerrado con <u>Brewer-Carías</u>, el General Velasco y Pérez Recao, redactando los decretos" **(folio 248, Pieza XIII)**

Este texto que se atribuye a una entrevista hecha a Rafael Poleo en el acta de imputación fiscal, en realidad, es falso. Lo que dijo Rafael Poleo en dicha entrevista televisiva realizada por el periodista Eduardo Rodríguez, fue lo siguiente:

> **Rafael Poleo**: *"Entonces me entró una llamada de un militar desde Fuerte Tiuna que anunció, que nos informaba que Carmona había llegado y que estaba encerrado con el general Vásquez Velasco y con Brewer-Carías, bajo la dirección de Isaac Pérez Alfonso haciendo los decretos de gobierno y nombrando gabinete"* **(Cinta N-39)**.

En el N° 15 del acta de imputación fiscal, también se indica como supuesto "elemento probatorio", lo supuestamente expresado por la periodista Patricia Poleo, así:

> *"Redactando los decretos estaban el joven Pérez Recao, Daniel Romero y 2 ó 3 más. <u>Brewer llegó para redactar el decreto,</u> llegaron Daniel Romero y Pérez Recao y se lo arrancaron de las manos…"* **(folio 248, Pieza XIII)**

De nuevo, este texto que se atribuye a la periodista Patricia Poleo en el acta de imputación fiscal, en realidad, *es falso*. Realmente lo que dijo Patricia Poleo en dicha entrevista televisiva, que fue realizada por el periodista Eduardo Rodríguez, fue lo siguiente:

> **Patricia Poleo**: *"…y no lo que vimos después, lo que vieron muchos. En la Comandancia General del Ejército que fue este joven (en el diálogo se refiere a Isaac Pérez Recao) y junto con otros más, 2 o 3 personas, diciendo lo que había que hacer, redactándole decreto, etc., mientras Carmona permanecía sentado impasible".*
>
> **Pregunta Eduardo Rodríguez**: *"Las grandes decisiones que contemplaron ese decreto provinieron de quien o de quienes?*
>
> **Respuesta PP**: *Mira, ahí como se dice, este, vulgarmente, se están tirando la pelota unos a otros, no. Allan Brewer-Carías llegó para hacer el decreto y simplemente le quitaron el papel de las manos, por decirlo en alguna manera pues fue en computadora que se redactó, y comenzaron a redactarlo entre Daniel Romero e Isaac Pérez Recao, después Allan Brewer-Carías hizo algunas acotaciones y **dijo que esto no podía ser, que eso era antidemocrático…**"* **(Cinta N-39)**.

Estas opiniones referenciales de Patricia Poleo, quien en declaración ante la Representación fiscal el día 28-03-2005 dijo que no estuvo en Fuerte Tiuna en la madrugada del día 12 de abril de 2002 (**folio 228, Pieza XVII**), son completamente falsas, pues nuestro defendido no se reunió ese día, ni ningún otro con esas personas para propósito alguno.

Sin embargo, dada la importancia que la Representación fiscal le ha atribuido a las opiniones de la periodista Patricia Poleo, es de destacar que esta ciudadana, en esta entrevista, expresó algo distinto a los supuestos hechos que sugirió en sus reportes escritos que se copian en el acta de imputación fiscal (Nº 7 de la imputación), contradiciéndose, pues en esta entrevista dijo que nuestro defendido se había opuesto al texto del documento por su contenido antidemocrático; lo que en definitiva así fue.

En el Nº 17 del acta de imputación fiscal, se indicó como supuesto "elemento probatorio", otra entrevista a la periodista Patricia Poleo, así:

17. *Programa Primera Página, transmitido por Globovisión el día 15 de abril de 2002, en el que el periodista Domingo Blanco entrevista a la periodista Patricia Poleo, quien declaró:*

"Lo lamento por Allan Brewer-Carías, pero el aparece en la Comandancia General del Ejército abrazando a Isaac Pérez Recao y se sentó a redactar los decretos, no estuvo de acuerdo en disolver la Asamblea ni con el cambio de nombre, pero él dejó hacer, todo el tiempo estuvo en la Comandancia General del Ejército" (**folio 249, Pieza XIII**).

En este caso, de nuevo, este texto que se atribuye a la periodista Patricia Poleo en el acta de imputación fiscal, también es *falso*.

Lo que en realidad dijo Patricia Poleo en dicha entrevista televisiva, que fue realizada por el periodista Domingo Blanco, fue lo siguiente, luego de que en el programa se comentaran los reportajes de Patricia Poleo en *El Nuevo País* sobre los eventos de abril de 2002:

Pregunta Domingo Blanco: *El escenario en donde tu relatas la presencia de Allan Brewer-Carías, el rol de Cecilia Sosa, el rol de Daniel Romero y el, eso queda como está?*

Respuesta de Patricia Poleo: *Mira, eso fue entre la Comandancia del Ejército y Miraflores; allí; ellos en la Comandancia del Ejército es que arman ese…; Brewer-Carías llegó allí…; mira, este, yo lo lamento mucho por*

Brewer-Carías pero es que además hay testimonios grabados, y segura-
mente el gobierno de Chávez los utilizará, donde aparece Brewer abrazan-
do a Isaac, aparece Brewer abrazando a todas las personas que estaban en
la Comandancia General, y cuando se sientan a redactar los decretos, por
supuesto que Brewer no estuvo de acuerdo en disolver la Asamblea Nacio-
nal y se los dijo; por supuesto que no estuvo de acuerdo en cambiar inme-
diatamente el nombre a Venezuela, ni en eliminar los poderes públicos,
pero el dejó hacer, o sea cuando estos jóvenes dicen vamos a ponerlo así, e
incluso…" **(Cinta H-30)**.

De nuevo, en este caso, también se trata de una apreciación u opinión de la periodista, quién además declaró en la entrevista que sostuvo ante la Fiscalía el 28-03-2005 (**folio 228, Pieza XVII**) que no estuvo en Fuerte Tiuna esa madrugada del 12 de abril de 2002, siendo falso que nuestro defendido se hubiera sentado con alguna persona a redactar decreto alguno.

Obsérvese que lo que en realidad dice la periodista es que nuestro defendido tenía una *opinión jurídica contraria a lo que se pretendía con el mencionado decreto del gobierno de transición*, cuando señaló con razón, que "**por supuesto que Brewer no estuvo de acuerdo en disolver la Asamblea Nacional y se los dijo; por supuesto que no estuvo de acuerdo en cambiar inmediatamente el nombre a Venezuela, ni en eliminar los poderes públicos…**". Por otra parte, al leer la trascripción verídica de lo que la periodista Poleo dijo en esta entrevista con Domingo Blanco, queda en evidencia que se contradice con otras informaciones referenciales dadas por ella misma, sobre el mismo asunto, lo que demuestra la inconsistencia de sus opiniones, las cuales no pueden servir de elemento de prueba de nada. Así, por ejemplo, en la trascripción de parte de sus reportajes que se copia en el **Nº 7** del acta de imputación fiscal, al contrario de lo afirmado en la entrevista de televisión, dijo que supuestamente nuestro defendido sí habría estado de acuerdo en "eliminar" la Asamblea, lo cual es completamente falso. Al contrario, como en cambio lo dijo la periodista en el programa con Domingo Blanco, nuestro defendido nunca estuvo de acuerdo en tales decisiones contrarias a la Constitución.

En el Nº 18 del acta de imputación fiscal, se indicó como supuesto "elemento probatorio", otra entrevista a la periodista Patricia Poleo, así:

18. Programa 30 Minutos, transmitido por Televen, el día 16 de abril de
2002, en el que el periodista César Miguel Rondón entrevista a Patricia
Poleo quien señaló:

"Pedro Carmona Estanga, se dejó manejar por intereses muy particulares que no eran los intereses del país, Brewer dejó hacer, su error estuvo en que dejó hacer, porque tenía interés en recobrar el poder que una vez tuvo en los tribunales" (**folio 249, Pieza XIII**).

En este caso, el texto que se atribuye a la periodista Patricia Poleo en el acta de imputación fiscal, tal como está trascrito, también es *falso* en su contenido y por estar excesivamente entresacado del contexto de la entrevista, omitiendo lo fundamental de la misma.

En realidad, lo que dijo Patricia Poleo en relación con el Dr. Brewer en dicha entrevista televisiva, que fue realizada por el periodista Cesar Miguel Rondón, fue lo siguiente, luego de que en el programa se comentaran los reportajes de Patricia Poleo en *El Nuevo País* sobre los eventos de abril de 2002:

Pregunta Cesar Miguel Rondón: *Qué pasó? Es la pregunta que todos nos hacemos, un movimiento cívico, político de la sociedad civil, variopinto, multitudinario y profundamente democrático termina muerto en un papelito de evidente carácter fascista, dictatorial? Qué pasó?*

Respuesta Patricia Poleo: *Qué pasó, que bueno que la persona que todos teníamos como la más representativa para que encabezara esa Junta de Gobierno, le falló a los venezolanos, le falló a la sociedad civil, nos falló a todos pues, se trata de Pedro Carmona Estanga; se dejó manejar por unos intereses que no eran los intereses del país, sino unos intereses muy particulares.*

(**Los interlocutores se refieren a las personas que estaban en la Comandancia del Ejército en la noche y Patricia Poleo menciona a "Daniel Romero, quien después fue nombrado Procurador y es el joven quien lee los decretos").**

Pregunta Cesar Miguel Rondón: *¿Él los redactó a la larga?*

Respuesta de Patricia Poleo: *Fue quien finalmente los redactó;* **y en eso Brewer tiene razón; Brewer dice que él no fue el autor del decreto;** *pero también dejó hacer, el error de Brewer estuvo en que dejó hacer porque también tenía sus intereses en recobrar el poder que tuvo en los tribunales venezolanos.*

Pregunta Cesar Miguel Rondón: *Por qué tiene tanta información? ...Suena de novela, tan increíble, tan inverosímil? ...*

Pregunta Cesar Miguel Rondón: (Se refiere a "esa hojita terrible", el decreto) *De qué cabeza sale esa hija?*

Respuesta Patricia Poleo: *Mira, allí se sentaron, eh, se sentó, eh, Daniel Romero a redactar el; primero se sentó Brewer-Carías; cuando... física-*

mente llegaron a un cubículo en la Comandancia General del Ejército y se sentó Brewer-Carías a redactar el documento.

Pregunta Cesar Miguel Rondón: *Pero Brewer se ha desentendido del proceso; él dijo que él asesoró?*

Respuesta Patricia Poleo: *De manera muy irresponsable se ha desentendido porque todo el mundo lo vio en Miraflores hasta el viernes en la tarde; él no puede decir que el estaba desentendido de esto, no; y **además de lo que sí puede decir es que no estuvo de acuerdo en que eso era legal, y que actuó como buen jurista que es y les explicó que esto no podía ser, que aquello no podía ser,** entonces los muchachos se impusieron y dijeron sí va, y elimíname la Asamblea y elimíname el nombre de Venezuela, etc. Y todos los poderes públicos* (**Cinta G-29**).

De nuevo, en este caso, también se trata de una apreciación u opinión de la periodista quién además declaró en la entrevista que sostuvo ante la Fiscalía el 28-03-2005 (**folio 228, Pieza XVII**), que no estuvo en Fuerte Tiuna esa madrugada del 12 de abril de 2002, siendo falso que nuestro defendido se hubiera sentado con alguna persona a redactar decreto alguno.

Contrariamente a lo que expresó en sus reportajes de prensa (Nos. 6 y 10 de la imputación), la periodista Patricia Poleo es enfática en afirmar ahora que "**Brewer tiene razón; Brewer dice que él no fue el autor del decreto**"; con lo cual aquí afirma que nuestro defendido no redactó el decreto, contradiciéndose abiertamente con apreciaciones formuladas en los reportajes escritos donde da una opinión contraria; e incluso en esta misma entrevista donde afirma falsa y contradictoriamente que supuestamente el Dr. Brewer se habría sentado "a redactar el documento".

Por otra parte, en esta entrevista agregó la periodista su apreciación personal de que "también dejó hacer; el error de Brewer estuvo en que dejó hacer..."; lo que significa afirmar que nuestro defendido no redactó decreto alguno, como en efecto es así; sino que otros lo habían redactado y él supuestamente habría "dejado hacer", lo cual es falso, pues el decreto ya estaba redactado, de manera que ni hizo ni dejó de hacer nada; y más bien dió su opinión contraria al mismo.

Pues bien, la trascripción errada que hizo la señora Fiscal en la imputación, se repite igual en la acusación, pretendiendo engañar así al Juez de la Causa.

En el Nº 19 del acta de imputación fiscal, se indicó como supuesto "elemento probatorio", otra entrevista a la periodista Patricia Poleo, así:

19. *Programa La Entrevista, trasmitido por Radio Caracas Televisión el día 16 de abril de 2002, en el que los periodistas Luisiana Ríos y Carlos Omobono entrevistan a Patricia Poleo, quien declaró lo siguiente:*

"*Brewer dice ahora que las cosas no fueron así pero hay muchos testigos, estaba esperando a Pedro Carmona en la Comandancia General del Ejército, el redactaba el documento y por atrás estaba Pérez Recao y Daniel Romero, diciéndole quita esto de aquí y ponle esto allá, hay que eliminar la Asamblea, y él se quedó tranquilo*" (**folio 249, Pieza XIII**).

En este caso, este texto que se atribuye a la periodista Patricia Poleo en el acta de imputación fiscal, tal como está trascrito, también es *falso* en su contenido y por estar excesivamente entresacado del contexto de la entrevista.

En realidad lo que dijo Patricia Poleo en relación con el Dr. Brewer en dicha entrevista televisiva, que fue realizada por los periodistas Ana Virginia Escobar (y no por Luisiana Ríos, como lo afirmó erradamente la señora Fiscal en el acta de imputación) y Carlos Omobono, fue lo siguiente, luego de que en el programa también se comentaran los reportajes de Patricia Poleo en *El Nuevo País* sobre los eventos de abril de 2002, los cuales Carlos Omobono calificó como el "realismo mágico que escribiste":

Respuesta PP: *Se sientan entonces, que ahora Brewer dice que las cosas no son así, pero fueron así, hay muchos testigos, además gracias a Dios que hubo mucha gente allí alrededor buscando cosas, que…*

Pregunta Omobono: *Brewer dice que estaba cumpliendo su actuación profesional, le estaban pagando…*

Respuesta PP: *Si definitivamente eso es muy loable… El se sentó a hacer el documento **y además con las bases democráticas e institucionales y acogidas en la Constitución Nacional**; y por detrás estaba Juancho Mejía, Daniel Romero e Isaac Pérez diciéndole quita y pon; o sea, esta no va, esto si va, vamos, tenemos que eliminar la Asamblea, tenemos que cambiarle el nombre a Venezuela, este tipo de cosa, **y Brewer pues por supuesto se quedó con las manos: "pero es que esto no puede ser!"** (Cinta H-30).*

Se puede apreciar que de nuevo la periodista se contradijo: dijo falsamente que el Dr. Brewer se habría sentado a redactar un documento, y luego dice que no, que otros lo redactaron; admite que actuó como profesional del derecho, a quien le solicitaron una opinión jurídica profesional, reconociendo que "si definitivamente eso es muy loable…". Luego vuelve a decir que se habría sentado "a hacer el documento" pero aclarando a renglón seguido, que lo habría hecho *"con las bases democráticas e institucionales y acogidas en la Constitución Nacional", es decir, en un todo de acuerdo con la Constitución vigente*.

Lo cierto es que la periodista Poleo no dijo en esta entrevista, como falsamente lo afirmó la señora Fiscal en el acta de imputación, que cuando las otras personas supuestamente "hacían" el documento, el Dr. Brewer se habría **quedado "tranquilo"**, sino que precisamente **afirmó lo contrario**, al decir que él habría exclamado **"pero es que esto no puede ser**! " (habiendo supuestamente quedado con las manos en alto).

En el **N° 20 del acta de imputación fiscal**, se indicó como supuesto "elemento probatorio", una entrevista a Tarek William Saab, así:

> 20. *Programa Triángulo, trasmitido por Televen el día 10 de mayo de 2002 en el que el periodista Carlos Fernández, entrevista a Tarek William Saab, quien afirmó:*
>
> *"Un grupo de constitucionalistas venezolanos fueron los redactores del decreto del gobierno de Carmona Estanga. Todo el mundo sabe quiénes son".* (folio 131, Pieza XIII)

En este caso, al igual que en los casos anteriores de supuestas trascripciones de entrevistas de televisión, este texto que se atribuyó a Tarek William Saab en el acta de imputación fiscal, tal como está trascrito, también es completamente *falso* en su contenido.

Lo que realmente dijo Tarek William Saab en dicha entrevista en relación con el asunto, no es lo que falsa y erradamente dijo la imputación fiscal, sino lo siguiente:

> *"Donde un gobierno, gústenos o no nos guste ese gobierno, un Presidente constitucional, gústenos o no nos guste, en este caso, Hugo Chávez Frías fue derrocado, eso ya es un hecho público y notorio. Se instaló una Junta de facto, donde alguien se auto proclamó leyendo un papel y esta persona, de un solo plumazo, junto a un grupo de constitucionalistas muy respeta-*

do, elabora un decreto que disuelve los Poderes Públicos, incluyendo la Asamblea Nacional. Eso de verdad fue, si eso no es un atentado a la democracia yo quisiera que me explicaran eso".

Se observa igualmente que el texto trascrito por la señora Fiscal en el acto de imputación no se corresponde con lo realmente dicho por el entrevistado.

En todo caso, la apreciación u opinión personal de la persona entrevistada en el mencionado programa no hace mención alguna al Dr. Brewer-Carías, por lo que no puede resultar "elemento probatorio" alguno que pueda involucrarlo en los hechos que se le imputan, es decir, en supuestamente haber participado "en la elaboración, redacción, discusión y presentación" del decreto de un gobierno de transición, lo cual es falso.

Lo importante de todo esto es, ciudadano Juez, que la Fiscal en la imputación, realizó intencionalmente una trascripción maliciosa de los videos que pretende presentar como prueba en contra de nuestro defendido, y que ante nuestra solicitud de trascripción de los mismos por expertos en la materia, se negó a acordarlo de manera por demás arbitraria.

Tal actuación no puede obedecer sino a que estaba en cuenta de su proceder malicioso, por lo que debía evitar a toda costa quedar en evidencia.

Lo cierto es que con ello violentó al Dr. Brewer-Carías su derecho a la defensa, garantía de orden constitucional que vicia de nulidad la investigación.

Ante la negativa de practicar la trascripción de los videos, así como la declaración de los ciudadanos Mezerhane, Socorro, Andueza y Baptista, ocurrimos ante el Juez de control pidiendo su intervención para detener la acción arbitraria de la Fiscal, alegando el contenido del artículo 12 del C.O.P.P., que dispone que la defensa es un derecho inviolable en todo estado y grado del proceso.

Dijimos que no habrá igualdad entre las partes si no se le permite a la defensa acceder libremente a las pruebas; que la Fiscalía no estaba permitiendo tal acceso a la defensa; que se violentaba el derecho de acceder a las pruebas y de disponer del tiempo y de los medios adecuados para ejercer la defensa, garantizado en el artículo 49.1 de la Constitución; que si no se le permite a los defensores, quienes son las personas calificadas para ejercer la defensa técnica, el acceso en condiciones adecuadas a la totalidad de las pruebas, se estaría violentando el derecho a la defensa y por ende al debido proceso; que no puede pretender el Despacho Fiscal como aduce, que la defensa pueda desvirtuar el contenido de los videos con la sola presentación de los mismos, pues ésta no ha podido acceder debidamente a ellos; que la representación fiscal negó otorgar copia de actas del expediente (violando con ello el derecho a la defensa) y lo mismo ocurriría si se pedía copia de los videos; que la defensa no había podido tomar nota del contenido de tales videos.

Lamentablemente, el Tribunal de Control se lavó las manos diciendo que no era la oportunidad adecuada para hacer esos planteamientos, razón por la que apelamos.

La alzada consideró que la defensa sí podía acudir ante el Juez de Control a reclamar sus derechos y en su decisión, que fue de anulación del fallo de primera instancia por falta de notificación a la Fiscalía, ordenó que se decidiera nuevamente sobre nuestras solicitudes.

Bajado el expediente, introdujimos de nuevo un escrito en fecha 10 de agosto de 2005 ante el Tribunal 25 de Control refrescando cuáles eran nuestras solicitudes que ordenó decidir la Alzada.

En fecha 20 de octubre de 2005, es decir 2 meses y 10 días mas tarde, lo que significa violación de la garantía prevista en los artículos 6 y 177 del COPP, la primera instancia volvió a decidir que no puede inmiscuirse en la labor de investigación del Fiscal, de lo cual apelamos, encontrándose en trámite el recurso, sin que hasta el presente se haya reparado la situación jurídica infringida.

Lo cierto es que los vicios denunciados continuaron arrastrándose y el daño se ha hecho realidad, pues nuestro defendido fue acusado con base a los resultados de una investigación mediatizada, practicada en forma clandestina, a sus espaldas y con violación de las más elementales garantías constitucionales.

El COPP es un Código claramente garantista de los derechos de los imputados, tal como lo ha dicho en reiteradas oportunidades el Tribunal Supremo de Justicia[4], y en consecuencia, las previsiones del artículo 125,5 del COPP que prevén la posibilidad de que el imputado solicite la evacuación de diligencias para desvirtuar la imputación que se le ha hecho son precisamente disposiciones

---

4   Sentencias del Tribunal Supremo de Justicia en Sala Constitucional N° 1310 de 20/07/01, exp. 00-2284; 1068 de 05/06/02, exp. 01-1812; y 1592 de 09/07/02, exp. 01-2589.

garantistas previstas a favor de los imputados, para preservar sus derechos a la defensa y el debido proceso.

No pueden los jueces ni los representantes del Ministerio Público interpretar esas disposiciones en contra de los investigados, porque vulneran los principios garantistas del COPP.

Con su actuación, la Fiscal y los jueces de Primera Instancia Metropolitana de Caracas no sólo violentaron las normas antes citadas, sino que además ignoraron las siguientes disposiciones:

Artículo 285 de la Constitución Bolivariana de Venezuela, que en sus ordinales 1 y 2, dispone:

> "*Artículo 285.* Son atribuciones del Ministerio Público:
>
> 1. **Garantizar en los procesos judiciales el respeto a los derechos y garantías constitucionales, así como a los tratados, convenios y acuerdos internacionales suscritos por la República.**
>
> 2. **Garantizar** la celeridad y buena marcha de la administración de justicia, el juicio previo y **el debido proceso**.

Tampoco respetaron el artículo 7 de la misma Constitución, que dice:

> "*Artículo 7.* La Constitución es la norma suprema y el fundamento del ordenamiento jurídico. Todas las personas y **los órganos que ejercen el Poder Público están sujetos a esta Constitución.**"

Desconocieron igualmente el artículo 11 de la Ley Orgánica del Ministerio Público, que dice:

> "*Artículo 11.* Son deberes y atribuciones del Ministerio Público:
>
> 1. **Velar por la observancia de la Constitución, de las leyes y de las libertades fundamentales, sin discriminación alguna.**
>
> 2. **Vigilar**, a través de los fiscales que determina esta Ley, **por el respeto de los derechos y garantías constitucionales; y por la celeridad** y buena marcha de la administración de justicia en todos los procesos en que estén interesados el orden público y las buenas costumbres.

Cumplir sus funciones con objetividad, diligencia y prontitud, respetando y **protegiendo la dignidad humana y los derechos y libertades fundamentales**, sin discriminación alguna." (Negritas nuestras).

En fin, se realizó una verdadera emboscada a los derechos y garantías constitucionales de nuestro representado, al violentarse de manera flagrante las disposiciones contenidas en los artículos 1, 6, 8, 12, 13, 18, 125.5, 177, 280 y 281 del COPP, 7, 285 y 49, ordinales 1° 2° y 3° de la Constitución y 11 de la Ley Orgánica del Ministerio Público, todo lo cual da lugar a la nulidad absoluta de toda la investigación y su acto conclusivo conforme lo establecen los artículos 190 y 191 del COPP, lo cual solicitamos se declare.

2. LA NULIDAD POR VIOLACIÓN DEL DERECHO A LA DEFENSA Y DEL PRINCIPIO DE PRESUNCIÓN DE INOCENCIA AL INVERTIR LA CARGA DE LA PRUEBA Y AL UTILIZAR TESTIMONIOS REFERENCIALES

Nuevamente violó la señora Fiscal Sexta los mas elementales derechos constitucionales de nuestro defendido, al invertir la carga de la prueba y al utilizar en su contra testimonios referenciales que carecen absolutamente de valor.

En efecto, en escrito presentado por la Fiscal Sexta ante el Juzgado 25 de Control con ocasión de impugnar la apelación presentada por la defensa de Carlos Ayala Corao contra la decisión de dicho Juzgado declarando sin lugar la solicitud de audiencia oral para aclarar la imputación, la representante del Ministerio Público expresó con toda claridad, como consta en la página 5 de dicho escrito (**folio 50 de la Pieza XXI del Expediente C-43**), lo siguiente:

"En criterio del Ministerio Público la imputación hecha al ciudadano Carlos Ayala Corao cumple con los requisitos de ley, por lo que *en todo caso corresponde a la defensa del mismo desvirtuar* ¿Por qué (sic) se supone que no conspiró? ¿Las razones por las cuales acompañó al ciudadano Allan (sic) Brewer-Carías el día de los hechos? ¿Cuáles fueron sus objeciones y oposiciones a la redacción al decreto por medio del cual se suprimieron las instituciones democráticas? ¿Por qué (sic) no fue redactor del decreto? ¿Qué hacía en el Palacio de Miraflores en compañía del ciudadano Allan Brewer-Carías horas antes de darse la lectura al decreto de gobierno de facto?. *La falta de respuesta y pruebas para desvirtuar las sospechas fundadas que tienen el Ministerio Público, acerca de su participación en la redacción del decreto*, son las razones por las cuales se considera innecesario hacer una ampliación de la imputación, *por cuanto en criterio del Ministerio Público no han demostrado que no participó*, (sic.) sólo se han dedicado a plantear recursos temerarios que se traducen en dilaciones indebidas y a desplegar campaña a través de los medios de comunicación y de los organismos internacionales que protegen los derechos humanos, para tratar de crear una matriz de opinión que se le están (sic) violando derechos al ciudadano CARLOS AYALA CORAO, como si por el sólo hecho de haberse dedicado a la defensa de los derechos humanos a nivel nacional e internacional haya creado a su favor una patente de corso que lo exime de cometer delitos y que en virtud de ello no puede ningún organismo nacional investigarlo".

En la investigación penal que adelanta el Ministerio Público contra todos los imputados en este caso, incluyendo nuestro defendido, en criterio de la representación fiscal corresponde a la defensa del imputado desvirtuar la imputación que ella ha hecho, es decir, que corresponde al imputado desvirtuar la sospecha que ella tiene de que supuestamente cometió algún delito.

En otras palabras, la representación fiscal ha confesado ante el Juez 25 de Control, que no cumple ni cumplirá con su obligación de probar lo que imputa, pretendiendo invertir la carga de la prueba, y que entonces sea el imputado quien pruebe que no cometió el delito que ella sospecha que cometió, buscando incluso que el imputado sea el que demuestre que no hizo lo que ella imputa que hizo sin prueba alguna, sólo basándose en sospechas. La señora Fiscal afirma que basta que ella sospeche y haya imputado para que se subvierta la garantía constitucional de presunción de inocencia. Si la Fiscal Sexta del Ministerio Público a nivel nacional sospecha de alguien y lo imputa, ese infortunado sujeto pierde sus derechos ciudadanos, pierde el *ius civitatis* y como un execrado tiene que probarle a la ciudadana Fiscal que su sospecha carece de fundamento. La señora Fiscal exigió del imputado responder a lo siguiente: 1. "¿Porqué (sic) se supone que no conspiró?" Qué mala suerte la de Ayala por haberse encontrado a un culpable y atroz conspirador!!!. 2. ¿Las razones por las cuales acompañó a Allana (sic) Brewer-Carías el día de los hechos? Se le impone a quien aparentemente coincidió con Brewer-Carías en Miraflores una tarea infame, contra natura, con violación flagrante de la libertad de conciencia!!!. 3. ¿Cuáles fueron sus objeciones y oposiciones en relación al decreto por medio del cual se suprimieron las instituciones democráticas? Este es el *sumun*, la concepción sublime de cómo se ha llevado la investigación!!!. 4. ¿Porqué (sic) no fue redactor del decreto? Por Dios, carga de la prueba de un hecho negativo!!!. Y por último, como si lo anterior no fuera suficiente desmesura le pregunta a Carlos Ayala por qué andaba con un criminal: 5. ¿Qué hacía en el Palacio de Miraflores en compañía del ciudadano Allan Brewer-Carías, horas antes de dársele lectura al decreto del gobierno de facto?

La señora Fiscal simplemente se ha olvidado de sus obligaciones constitucionales y legales, violando abierta y groseramente el derecho constitucional a la presunción de inocencia que garantiza a todas las personas el artículo 49.2 de la Constitución y el artículo 8 del Código Orgánico Procesal Penal, y ello es imperdonable, pues la violación a la Constitución que implican las actuaciones de la representación fiscal, hace que todas las actuaciones que realizó en el Expediente C-43 estén viciadas de nulidad absoluta conforme a lo que dispone el artículo 25 de la propia Constitución, no pudiendo ser convalidadas.

Es inadmisible, en derecho, que la representante del Ministerio Público pretenda en este caso –como lo confiesa abiertamente-, desligarse de las obligaciones constitucionales y legales que le imponen la ineludible necesidad de probar los supuestos hechos que imputa a diversos ciudadanos, incluyendo a nuestro defendido, y pretenda que sean los imputados quienes tengan la necesidad y obligación de probar que no cometieron los delitos que sin base alguna, sospecha que cometieron.

¿Cómo es eso de que "la falta de respuestas y pruebas para desvirtuar la (sic) sospechas fundadas que tiene el Ministerio Público, acerca de su participación en la redacción del decreto..."?

¿Sabrá la señora Fiscal Sexta que la presunción es un vehículo de inversión de la carga de la prueba? ¿Qué dice el artículo 49.2 constitucional? ¿Qué significa "Toda persona se presume inocente mientras no se pruebe lo contrario?" ¿Qué significa el artículo 8 del COPP? ¿Qué es eso de que a "cualquiera a quien se le impute la comisión de un hecho punible tiene derecho a que se le presuma inocente y a que se le trate como tal, mientras no se establezca su culpabilidad mediante sentencia firme".?

¿Será que Brewer-Carías dejó de ser persona después de la imputación de la señora Fiscal Sexta? Al presumirse alguien inocente (derecho universal) quien diga o pretenda que no lo es tiene la carga de la prueba. Brewer-Carías no tiene que demostrar que es inocente.

La Declaración de los Derechos y Deberes del Hombre (1948 artículo XXVI), la Convención Americana sobre Derechos Humanos "Pacto de San José de Costa Rica" (artículo 8.2) y la Constitución de la República Bolivariana de Venezuela ordenan que los ciudadanos se consideren inocentes y deben tenerse como tal hasta que se establezca su culpabilidad mediante sentencia firme. Firme y dictada en un proceso que haya sido debido.

Por si alguna duda hay de la aplicación en la República Bolivariana de Venezuela de la Declaración de los Derechos y Deberes del Hombre y del Pacto de San José, véase el artículo 23 constitucional, que establece:

> "*Artículo 23.* Los tratados, pactos y convenciones relativos a derechos humanos, suscritos y ratificados por Venezuela, tienen jerarquía constitucional y prevalecen en el orden interno, en la medida en que contengan normas sobre su goce y ejercicio más favorable a las establecidas en esta Constitución y en las leyes de la República, y son de aplicación inmediata y directa por los tribunales y demás órganos del Poder Público".

Brewer-Carías no es culpable en razón de la denuncia del coronel Bellorín que la Fiscal Sexta plasmó, incluso copiando los errores y falsedades que contiene, en la imputación. Brewer no es culpable del delito de conspiración porque la Fiscal Sexta sospeche de él. Brewer no es culpable del delito de conspiración porque la Fiscal Sexta lo haya imputado.

Por su parte, el artículo 8 del mismo Código Orgánico Procesal Penal dispone que: "Cualquiera a quien se le impute la comisión de un hecho punible *tiene derecho a que se le presuma inocente y a que se le trate como tal, mientras no se establezca su culpabilidad mediante sentencia firme*". Esta norma que consagra la presunción de inocencia, responde a la garantía constitucional establecida en el artículo 49,2 de la Constitución de la República Bolivariana de Venezuela, que también señala que "*Toda persona se presume inocente mientras no se pruebe lo contrario*" y al contenido de tratados y convenios ratificados por Venezuela.

Ello responde a uno de los principios fundamentales del proceso penal, siendo la consecuencia más elemental del mismo que si la fase preparatoria del proceso penal se inicia con una denuncia, la función del Ministerio Público, por tanto, es comprobar lo denunciado, a los efectos de determinar la existencia de un supuesto delito y de establecer las personas supuestamente participantes en el mismo. La función del Ministerio Público no es creer lo que dice el Coronel Bellorín y a quien le escribió la denuncia.

Por tanto, la primera comprobación que el Ministerio Público debe acometer en la fase preparatoria a través de la investigación penal incluso antes de que un hecho pueda ser penalmente imputado, es la tendiente a establecer *la existencia misma del hecho denunciado*, y si así es, determinar si realmente *el mismo es constitutivo del delito*, como hecho típico, antijurídico y culpable. Y una vez determinada la existencia real del hecho denunciado y su carácter delictual, es que entonces debería procederse a *establecer la participación de las personas en el hecho*, a fin de fundamentar la imputación. De manera que una imputación sólo debería tener lugar cuando existan un conjunto de "elementos de convicción" que relacionen una determinada persona con el hecho delictivo, a fin de poderla incriminar.

En este caso nada de ello ocurrió, y para constatarlo basta que se analicen las actas del expediente, donde se puede apreciar que la representante del Ministerio Público se fundamentó para imputar y acusar a nuestro defendido, en definitiva, en opiniones (no noticias) de periodistas contenidas en artículos de opinión (recortes de prensa), que contienen historias falsas, pero que la ciudadana Fiscal considera que son "elementos de convicción" del delito de conspiración.

El Ministerio Público, en todo caso, en la fase preparatoria tenía a su cargo la realización de "*la investigación de la verdad y la recolección de todos los elementos de convicción* que permitieran fundar la acusación del fiscal **y la defensa del imputado**" (art. 280 Código Orgánico Procesal Penal); a cuyo efecto, en el curso de la investigación debía haber hecho "*constar no sólo los hechos y circunstancias útiles para fundar la inculpación del imputado, **sino también aquellos que sirvan para exculparle**.*" Incluso, "en este último caso, está obligado a facilitar al imputado los datos que lo favorezcan" (art. 281 Código Orgánico Procesal Penal).

Lamentablemente, la ciudadana Fiscal omitió esta obligación legal y se cuidó de ignorar los datos del expediente que favorecen a nuestro defendido, e incluso rechazó diligencias promovidas por la defensa para desvirtuar la imputación.

Como se ha dicho, además, el artículo 8 del mismo Código Orgánico Procesal Penal, conforme a la garantía constitucional establecida en el artículo 49,2 de la Constitución, dispone que cualquiera a quien se le impute la comisión de un hecho punible *tiene derecho a que se lo presuma inocente y a que se le trate como tal*, mientras no se establezca su culpabilidad mediante sentencia firme.

Por ello es que corresponde al Ministerio Público probar la culpabilidad del imputado, de manera que incluso éste no está obligado legalmente a probar su inocencia. Ésta se presume, por lo que la carga de la prueba en el proceso penal corresponde íntegramente al Ministerio Público, quien debe probar sus imputaciones y para ello tiene necesariamente que aportar las pruebas pertinentes.

Por tales razones, al imputado no le corresponde la carga de la prueba de no haber cometido los hechos que la Fiscal le imputa y acusa. Es falso en derecho, como la señora Fiscal lo pretende en el escrito antes referido, que corresponda a la defensa del imputado desvirtuar lo que ella ha imputado o que le corresponda al imputado desvirtuar las sospechas que ella pueda tener acerca de determinados hechos. Particularmente la representación fiscal pretende que los imputados prueben que no participaron en la redacción del decreto del llamado gobierno de transición. No, ciudadano Juez, es la Fiscal y sólo ella la llamada a probar que los imputados cometieron el delito de conspiración. En todo caso, los imputados están exentos de probar el hecho que han negado.

Este ha sido un tema tratado incluso por la Sala Penal del Tribunal Supremo de Justicia, como se aprecia del texto de la sentencia de 31 de mayo de 2005, Exp. 04-084 (Caso: Francesco Clemente Gianni de Intinis Ruggiero), dictada bajo Ponencia del Magistrado Alejandro Angulo Fontiveros, reiterándose lo siguiente:

> "... La prueba es el eje en torno al cual se desarrolla todo proceso y su producción, evacuación y valoración debe ser la razón de ser del mismo. En materia penal *la prueba está dirigida esencialmente a corroborar la inocencia o a establecer la culpabilidad del procesado.* Por consiguiente, *todo lo atinente al debido proceso está estrictamente relacionado con la actividad probatoria* y los jueces deben acatar todas las pruebas pertinentes y eficaces para lograr tal fin...". (Sentencia N° 311, del 12 de agosto de 2003, ponencia del Magistrado Doctor Alejandro Angulo Fontiveros).

Así mismo, en la sentencia número 401, del 2 de noviembre de 2004, con ponencia del Magistrado Doctor Alejandro Angulo Fontiveros, se estableció:

> " ... Cuando el juez aprecia los elementos probatorios *está obligado a verificar que éstos deben ser lo suficientemente contundentes como para desvirtuar la presunción de inocencia que acompaña por derecho constitucional y legal a todo acusado, es decir, no puede*

quedar ninguna duda en tal apreciación que contraríe dicho principio constitucional; y simultáneamente ha de tomar en cuenta que el cúmulo probatorio debe llevar a la absoluta subsunción de los hechos en la disposición típica, de manera que el juicio de reproche, al ser sobrepuesto en la misma, se ajuste con tal perfección que la conducta efectivamente pueda ser atribuida al autor configurando el injusto típico y por ende culpable…".

De lo anterior concluyó la Sala Penal que en el caso que resolvió en la citada sentencia, se evidenciaba "la existencia de una duda razonable sobre la culpabilidad del ciudadano médico acusado" concluyendo por tanto, que en el caso,

"se violó el precepto constitucional y el legal antes transcritos *ya que se trasladó al ciudadano médico acusado y a su Defensa la carga de probar que es inocente, cuando es al Estado, a través del Fiscal del Ministerio Público, al que le corresponde probar que es culpable y de acuerdo con el principio del debido proceso.*"

En el presente caso, como se evidencia de la confesión que hizo la Fiscal Sexta ante el Juez 25 de Control, antes trascrita, se evidencia precisamente el vicio a que se refiere la sentencia de la Sala Penal, en el sentido de que la representación fiscal ha pretendido *trasladar en este caso a los ciudadanos imputados y a su defensa, la carga de probar que los imputados son inocentes, cuando es al Estado, a través del Fiscal del Ministerio Público, al que le corresponde probar que son culpables, y de acuerdo con el principio del debido proceso.*

La manera contradictoria e incongruente en que ha sido dirigida la investigación conlleva una imposibilidad absoluta para el imputado de defenderse pues por una parte, el Ministerio Público ha invertido la carga de la prueba, imponiéndole demostrar su inocencia, obligándole a probar hechos negativos, y por otra parte, le ha negado la evacuación de las diligencias que éste ha pedido con ese objeto. Es decir, al imputado se le impone probar algo que no está obligado a demostrar, pero cuando intenta hacerlo, se le niegan las herramientas que utiliza para ello. Estamos, sencillamente, ante una situación absurda e incomprensible, que conllevará, indefectiblemente, a la nulidad de todo lo actuado.

Igualmente viciada de nulidad resulta la investigación y su acto conclusivo cuando observamos que se utilizaron, tanto en la imputación como en la acusación, artículos de opinión y testimonios absolutamente referenciales, sin que sus autores hayan aportado la identidad de las personas que supuestamente les suministraron la información.

Es abundante la doctrina y jurisprudencia que establece que tales testimonios carecen de fuerza probatoria para demostrar hechos, porque violan sagrados derechos y garantías de los investigados al no poder ejercer el control de la prueba.

En un interesante trabajo que se consigna adjunto marcado como anexo 13, elaborado por el eminente profesor Enrique Gimbernat Ordeig, plenamente identificado en el presente escrito, se hace una recopilación de sentencias del Tribunal Supremo Español en las que se trata el tema de los testimonios referenciales.

Expresa el profesor Gimbernat que:

> "Por su parte, el Tribunal Constitucional, en su sentencia 35/1995, de 6 de febrero, **anuló** una sentencia de un Juzgado de lo Penal de Barcelona, y otra dictada en apelación por la Audiencia Provincial de Barcelona, **por vulneración del principio de presunción de inocencia**, en un caso en el que se había admitido como prueba de cargo el testimonio de un testigo de referencia que no había identificado quién era el testigo referido. Y así, se puede leer en la mencionada sentencia del TC 35/1995:
>
>> "Estas circunstancias se acentúan aún más si se toman en consideración las particulares circunstancias del caso: El hecho de que el **testigo de referencia** narraba unos hechos que no había oído directamente de la víctima, sino de una tercera persona, **no identificada en ningún momento**, sin que quedase siquiera constancia de la fidelidad de la traducción efectuada por aquélla, ya que tampoco constaba su nivel de dominio del castellano, lo que, por si solo, **a la luz de lo dispuesto en el art. 710 LE-Crim, invalidaría el testimonio de referencia, incluso si se prescindiera de las consideraciones que se han hecho con anterioridad.**
>>
>> Es obligado, pues, concluir que, efectivamente, las resoluciones judiciales que apreciaron la existencia de violencia en la sustracción del bolso en cuestión con solo fundamento en el testimonio de referencia (irrelevante a efectos de desvirtuar la presunción de inocencia por las razones expuestas) han vulnerado el art. 24.2 CE, debiendo, en consecuencia, estimarse la demanda de amparo.**

Para restablecer el derecho del actor a la presunción de inocencia en los referente al carácter violento de la sustracción, resulta necesario declarar la nulidad de las sentencias".

Idéntica doctrina se establece por el Tribunal Constitucional en su sentencia 131/1997, de 15 de julio, que se expresa en los siguientes términos:

"De lo expuesto, en aplicación de la doctrina antes mencionada, puede llegarse a la conclusión de que no se ha llevado a cabo en el proceso penal actividad probatoria que pueda entenderse de cargo. En efecto, es evidente que los hoy recurrentes han sido condenados por una falta de daños con base única y exclusivamente en las declaraciones prestadas por el señor C. D., quien siempre manifestó, como antes quedó apuntado, que el no presenció el hecho punible y que fue un amigo, **nunca identificado**, quien le dijo que los autores de los daños eran los hoy recurrentes. **Pero es igualmente evidente que el testigo directo, de existir, ni fue identificado, ni tan siquiera se intentó su identificación por el Juez de Instrucción, ni en consecuencia fue llamado a declarar en el proceso. Por ello, el testimonio indirecto o de referencia así prestado no puede entenderse como válido y suficiente para fundar la condena de los hoy recurrentes**, pues la prueba testifical indirecta nunca puede llegar a desplazar o sustituir a la prueba testifical directa sin motivo legítimo que lo justifique, dado que no consta la existencia de causa objetiva que impidiera la identificación y ulterior comparecencia en el juicio de faltas del testigo directo. **En este sentido, además, dar por válida la prueba testifical de referencia, y tal como han hecho los órganos judiciales, supondría privar a la defensa de los acusados, con infracción del art. 24.2 CE, de su derecho a interrogar al testigo directo, someter a contradicción su testimonio, y proponer, en su caso, la correspondiente prueba de descargo.**

En consecuencia, ha de concluirse que las sentencias impugnadas vulneran el derecho a la presunción de inocencia de los recurrentes (art. 24.2 CE), por lo que procede estimar el amparo y reponerles en su derecho".

La sentencia del Tribunal Europeo de Derecho Humanos de Estrasburgo de 27 de diciembre de 1990 (caso Windisch contra Austria) es de **extraordinaria importancia** para el presente Dictamen porque existe una **absoluta identidad estructural** entre el supuesto de hecho del que se ocupa esa resolución y el que está siendo objeto del presente Dictamen. En dicha sentencia, en la que se condena a Austria por vulneración del Convenio Europeo para la Protección de los Derechos Humanos y de las Libertades Fundamentales, los testigos de referencia (dos agentes de policía), cuya declaración sirvió para que los tribunales austriacos condenaran por un delito de robo a don Harald Windisch, **se negaron a identificar a los dos supuestos testigos directos (dos mujeres) que habrían presenciado cómo el señor Windisch cometía el robo,** apelando aquellos policías, para justificar por qué no descubrían quiénes eran las personas que les habían proporcionado la información, a que "**la Dirección de Policía del Tirol no ha dispensado a los agentes investigadores de su deber de guardar silencio y, por tanto, no han podido revelar la identidad de los dos [testigos directos]**", apelando, por consiguiente al secreto profesional, secreto profesional (en el caso sometido a Dictamen: el del periodista) al que precisamente se acoge la señora Poleo, implícitamente, y, como tendremos ocasión de ver más adelante, explícitamente, otros periodistas cuyos testimonios considera el Ministerio Público venezolano elementos probatorios contra don Allan R. Brewer-Carías.

En lo que sigue reproduzco de la citada sentencia de 27 de diciembre de 1990 del TEDH los pasajes sobre los que se basa para argumentar que **no es válido el testimonio de un** testigo de referencia **que se niega a identificar al testigo directo, incluso aunque esa negativa trate de justificarse con el secreto profesional**:

"HECHOS

A.- LAS CIRCUNSTANCIAS DEL CASO

....

12. ... Señaló [el Tribunal de Innsbruck] que los dos policías [los testigos de referencia] habían prometido no revelar el nombre de los testigos [directos] que temían represalias, y que la Dirección de Seguridad del Tirol no les había dispensado de su deber de respetar el secreto.

....

14. ... La Dirección de policía del Tirol no ha dispensado a los agentes investigadores de su deber de guardar silencio y, por tanto, no han podido revelar la identidad de los dos [testigos directos].

....

FUNDAMENTOS DE DERECHO

I. SOBRE LA VIOLACIÓN DEL ARTÍCULO 6 DEL CONVENIO

22. Se queja el señor Windisch de que el Tribunal regional de Innsbruck le condenó fundándose en las declaraciones de dos testigos anónimos, decisivas para apreciar las demás pruebas; y alega que se incumplieron los siguientes requisitos del artículo 6 del Convenio:

<1. Toda persona tiene derecho a que su causa sea oída equitativamente... por un tribunal independiente e imparcial ... que decidirá ... sobre el fundamento de cualquier acusación en materia penal dirigida contra ella ...

....

3. Todo acusado tiene como mínimo los siguientes derechos:

....

d) A interrogar o hacer interrogar a los testigos que declaren contra él y a obtener la citación y el interrogatorio de los testigos que declaren en su favor en las mismas condiciones que los testigos que lo hagan en su contra>

23. Como las garantías del apartado 3 del artículo 6 son aspectos específicos del derecho al proceso justo que reconoce el apartado 1, el Tribunal examinará la reclamación en el ámbito conjunto de los dos preceptos (véase, entre otras, la sentencia Kostovski de 20 de noviembre de 1989).

Aunque las dos personas no identificadas no declararon en persona en el acto del juicio, han de considerarse como testigos a los efectos del art. 6.3.d) -el término se interpreta de manera autónoma (sentencia Bönisch de 6 de mayo de 1985)-, ya que sus declaraciones, **tal como las relataron los funcionarios de policía**, de hecho estuvieron ante el tribunal regional, que las tuvo en cuenta (aps. 12 a 14, supra).

....

27. En el caso de autos, las dos personas de que se trata sólo fueron oídas durante el período de instrucción por los funcionarios de policía que llevaban la investigación, quienes declararon después en el acto del juicio sobre dicho testimonio. Sus autores no fueron interrogados ni por el tribunal ni por el juez instructor (aps. 10 a 13, supra).

Por tanto, ni él ni su abogado –a pesar de sus reiteradas peticiones (ap. 12, supra)- tuvieron nunca la ocasión de interrogar a unos testigos cuyas declaraciones se hicieron sin su presencia, y que se refirieron después por terceras personas durante el

juicio y se tuvieron en cuenta por el tribunal, tal como resulta del fallo [del Tribunal de Innsbruck] de 20 de noviembre de 1985 (ap. 14, supra).

28. Ciertamente, durante las audiencias de los días 6 y 20 de noviembre de 1985 la defensa pudo interrogar sobre las declaraciones de las dos mujeres a dos de los funcionarios de policía que habían participado en la investigación. Además, en opinión del Gobierno [austriaco], el señor Windisch habría podido formular preguntas por escrito a las mujeres si lo hubiera pedido durante el juicio. **Sin embargo, estas posibilidades no pueden sustituir al derecho a interrogar directamente ante el tribunal a los testigos de la acusación. En particular, la naturaleza y el alcance de las preguntas que podían formularse de una u otra manera estaban muy limitados por la resolución de dejar en el anonimato a las dos personas en cuestión (aps. 12 y 14, supra; véase también la sentencia Kostovski, previamente citada).**

Al desconocer su identidad, la defensa sufrió una desventaja casi insuperable; le faltaban las necesarias informaciones para apreciar el crédito de los testigos o ponerlo en duda (*ibidem*).

29. Además, el tribunal, que tampoco conocía el nombre de las dos mujeres [de las dos testigos directos], no pudo observar su comportamiento durante un interrogatorio ni formarse una opinión sobre el crédito que merecían (sentencia Kostovski, ya citada). No se puede considerar la declaración de los policías sobre este extremo en el juicio equivalente a una observación directa.

30. Invoca el Gobierno [austriaco] el legítimo interés de las dos mujeres a ocultar su identidad... Pero el derecho a una buena administración de justicia es tan importante en una sociedad democrática que no se puede sacrificar.

31. Hay que subrayar, como el demandante, que en este caso nadie vio cometer el delito; **las informaciones facilitadas y la identificación hecha por los dos testigos anónimos fueron las únicas pruebas de presencia del acusado en el lugar en que se cometió, todo ello decisivo durante la instrucción y el juicio (aps. 10 y 12, supra). El tribunal se fundó ampliamente en esta prueba para la declaración de culpabilidad (ap. 14, supra).**

32. Por consiguiente, se ha violado el apartado 3.d) en relación con el 1 del art. 6 [CEPDHLF].

....

POR ESTOS MOTIVOS, EL TRIBUNAL, POR UNANIMIDAD,

Declara que se ha violado el apartado 3.d) en relación con el apartado 1 del art. 6 del Convenio".

A pesar de que en el supuesto de hecho de esta sentencia del TEDH al acusado, señor Windisch, se le reconoció al menos el derecho a preguntar por escrito a los testigos directos no identificados y anónimos –un derecho que ni siquiera se le concede al señor Brewer-Carías-, no obstante el Tribunal europeo estima que al demandante se le siguen vulnerando sus derechos humanos. Por lo demás, y como don Harald Windisch no alegó que, asimismo, se había vulnerado su derecho a la presunción de inocencia, el TEDH –al venir limitado por los términos de la demanda de aquél- no pudo entrar en la –como ha establecido el TC español- también evidente vulneración de aquel derecho, condenando a Austria únicamente sobre la base del precepto del CEPDHLF invocado por el demandante: al haber sido condenado por los testimonios de dos testigos de referencia que se negaron a identificar a los directos, con ello se vulneró, **también**, el derecho de defensa: porque, en efecto, y como expondremos infra 5, la admisión de tales testimonios como prueba de cargo, no sólo lesiona el derecho a la presunción de inocencia, sino que, además, coloca al imputado en una situación de indefensión incompatible con los textos internacionales y nacionales de derechos humanos.

A lo expuesto hay que añadir que el motivo al que se acogieron los policías testigos de referencia para ocultar la identidad de los directos fue el del secreto profesional, que es también al que parece acogerse la señora Poleo, y al que apelan, expresa e igualmente, y como tendremos ocasión de comprobar más adelante, otros periodistas para no revelar quiénes habrían sido sus supuestos informantes, presuntos testigos directos de los hechos que se le imputan al señor Brewer-Carías. Pues bien: El secreto policial es tan respetable como el de los periodistas y, si no quieren quebrantarlo, son muy libres de no hacerlo; pero lo que no pueden pretender ni los unos ni los otros es que, entonces, y a pesar de ello, sus testimonios de referencia pudieran servir –quebrantando también el todavía más respetable (porque es un derecho humano fundamental) derecho a la presunción de inocencia- para burlar el principio de que toda persona será reputada inocente mientras no se acredite lo contrario en virtud de una prueba válida de cargo.

bb) Con lo expresado hasta ahora podríamos cerrar ya esta exposición dedicada a fundamentar por qué los supuestos elementos probatorios 6, 7, 10, 15, 17, 18, 19 y 22 -es decir: los artículos periodísticos y las manifestaciones televisivas de la señora Poleo- carecen de cualquier valor para destruir la presunción de inocencia del señor Brewer-Carías: porque doña Patricia Poleo es una supuesta testigo de referencia, y porque su testimonio **sólo puede admitirse como prueba de cargo si identifica y especifica quiénes son los** testigos directos –si es que realmente han existido- que le habrían facilitado esas supuestas informaciones.

Pero es que, ni siquiera aunque doña Patricia Poleo hubiera hecho saber la Ministerio Público la identidad de sus supuestos informantes –lo que no ha hecho-, ello habría bastado para enervar la presunción de inocencia de don Allan R. Brewer-Carías.

Según la unánime doctrina del TS, del TC y del TEDH, el testimonio de un testigo de referencia, **aún en el caso de que haya identificado quién es el testigo referido, sólo puede ser tenido en cuenta cuando haya sido objetivamente imposible recibir declaración al testigo directo**, porque, por ejemplo, a pesar de todos los esfuerzos (incluidos la búsqueda policial) no se le haya podido localizar (así, los supuestos de hecho de las sentencias del TEDH de 6 de diciembre de 1988, caso Barberá, Messegué y Gabardo contra España, y de 19 de febrero de 1991, caso Isgrò contra Italia), o dicho testigo directo haya fallecido ya (sentencias del TC 41/1991, de 25 de febrero, y 209/2001, de 22 de octubre), o haya caído en una situación en la que no está en el pleno uso de sus facultades mentales (sentencia del TC 80/2003, de 28 de abril).

En este sentido se ha manifestado el Tribunal Constitucional español en, entre otras:

- La sentencia 79/1994, de 14 de marzo: "La declaración del testigo de referencia no puede sustituir la del testigo principal; antes al contrario, cuando existen testigos presenciales, el órgano debe oírlos directamente, en vez de llamar a declarar a quienes oyeron de ellos el relato de su experiencia. Por lo tanto, la necesidad de favorecer la inmediación, como principio rector del proceso en la obtención de pruebas, **impone inexcusablemente que el recurso al testimonio referencial quede limitado a aquellas situaciones excepcionales de imposibilidad real y efectiva de obtener la declaración del testigo directo o principal.**"

- La sentencia del TC 7/1999, de 8 de febrero: "Asimismo, en cuanto a la validez probatoria del testimonio de referencia de los funcionarios policiales que presenciaron la identificación fotográfica del hoy recurrente, tiene igualmente establecido este Tribunal que sólo será admisible en supuestos de <situaciones excepcionales de imposibilidad real y efectiva de obtener la declaración del testigo directo y principal> (sentencia del TC 79/1994), siendo medio de prueba <poco recomendable, pues en muchos casos supone eludir el oportuno debate sobre la realidad misma de los hechos y el dar valor a los dichos de personas que no han comparecido en el proceso> (sentencia del TC 217/1989). Concluyendo que la <prueba testifical indirecta nun-

ca puede llegar a desplazar o sustituir totalmente la prueba testifical directa, salvo en los casos de imposibilidad material de comparecencia del testigo presencial> (sentencia del TC 303/1993). En este punto, nos sigue diciendo la sentencia del TC 35/1995, y reitera la sentencia del TC 131/1997, **este Tribunal sigue el canon hermenéutico proporcionado por el TEDH, que tiene declarado contrario al art. 6 del Convenio la sustitución del testigo directo por el indirecto sin causa legítima que justifique la inasistencia de aquél**, por cuanto, de un lado, priva al tribunal de formarse un juicio sobre la veracidad o credibilidad del testimonio indirecto al no poder confrontarlo con el directo, y, de otro, vulnera el derecho del acusado a interrogar y contestar a los testigos directos (sentencias del TEDH de 19 de diciembre de 1990, caso Delta, 19 de febrero de 1991, caso Isgrò, y 26 de abril de 1991, caso Asch, entre otras).

Pues bien, la aplicación de estas reglas al caso enjuiciado conduce sin género de dudas al otorgamiento del amparo pretendido. En efecto, la ausencia injustificada del testigo/denunciante –por más que se tratase, al parecer, de persona de nacionalidad no española, consta claramente en las actuaciones que poseía domicilio en Madrid donde fue debidamente citada- no implica la circunstancia de imposibilidad de práctica de la prueba ante la autoridad y con las debidas garantías de contradicción e inmediación que nuestra jurisprudencia exige para que el reconocimiento que realizó en sede policial pudiera considerarse como medio probatorio válido de extremo alguno. **Asimismo, y por lo que se refiere al testimonio de referencia proporcionado por uno de los agentes policiales, éste en ningún modo podrá sustituir al testimonio directo de la denunciante en las circunstancias del supuesto, pues no existió ningún tipo de imposibilidad, ni siquiera dificultad más o menos grave, para que ese testimonio directo se produjera en las condiciones constitucionalmente exigibles.**

Carentes, por todo ello, de valor probatorio de cargo las diligencias policiales y el testimonio indirecto de los funcionarios de ese carácter, sólo resta como indicio en el que se basó la destrucción de la presunción de inocencia del recurrente la existencia de una cámara de fotos rota. **Sobran más argumentos para fundar la resolución que inmediatamente adoptamos.**

FALLO

Otorgar el amparo solicitado por don Esteban R. D. y, en su virtud:

Reconocer que se ha lesionado el derecho del recurrente a la presunción de inocencia (art. 24.2 de la Constitución Española)".

- Y la sentencia del TC 68/2002, de 21 de marzo: "En esa medida, dado su carácter excepcional, hemos afirmado siempre que <la admisión del testimonio de referencia se encuentra subordinada al requisito de que su utilización en el proceso resulte inevitable y necesaria>, afirmando que el hecho de que la prueba testifical de referencia sea un medio probatorio de valoración constitucionalmente permitida no significa, como se indicaba en la sentencia del TC 303/1993, que, sin más, pueda erigirse en suficiente para desvirtuar la presunción de inocencia, ya que, como se señalaba en la sentencia del TC 217/1989, la declaración del testigo de referencia no puede sustituir la del testigo principal; antes al contrario, cuando existan testigos presenciales, el órgano debe oírlos directamente, en vez de llamar a declarar a quienes oyeron de ellos el relato de su experiencia. **Por lo tanto, la necesidad de favorecer la inmediación, como principio rector del proceso de obtención de las pruebas impone necesariamente que el recurso al testimonio referencial quede limitado a aquellas situaciones excepcionales de imposibilidad real y efectiva de obtener la declaración del testigo directo o principal**".

Por consiguiente, y resumiendo todo lo expuesto hasta ahora: Los testimonios de la testigo de referencia doña Patricia Poleo no pueden enervar la presunción de inocencia del señor Brewer-Carías, porque aquélla se ha negado a facilitar quiénes son sus supuestos informantes. Además, y aunque hubiera proporcionado la identidad de éstos –lo que no hizo– su testimonio de referencia, en ese caso, sólo habría podido ser tenido en cuenta sin lesionar aquel derecho para el supuesto de que, por ejemplo, por fallecimiento o por no habérsele podido localizar, hubiera sido objetivamente imposible recibir declaración al testigo directo: únicamente entonces es jurídicamente admisible sustituir el testimonio del testigo directo por el del indirecto. Por todo ello, y al tener en cuenta las manifestaciones de la testigo de referencia señora Poleo como elementos probatorios para formular el acta de imputación, el Ministerio Público ha vulnerado el derecho a la presunción de inocencia de don Allan R. Brewer-Carías.

5. El derecho de defensa como derecho humano fundamental derivado del que toda persona tiene a un proceso justo, debido y con todas las garantías

a)   El reconocimiento del derecho de defensa en los textos internacionales y nacionales

El derecho de defensa aparece reconocido:

- En el art. 11.1 DUDH: "Toda persona acusada de delito tiene derecho a que se presuma su inocencia mientras no se pruebe su culpabilidad, conforme a la ley y en juicio público en el que se le hayan asegurado todas las garantías necesarias para su defensa".

- En el art. 14.3.e) PIDCP: "Durante el proceso, toda persona acusada de un delito tendrá derecho, en plena igualdad, a las siguientes garantías mínimas:

....

e) A interrogar o hacer interrogar a los testigos de cargo y a obtener la comparecencia de los testigos de descargo y que éstos sean interrogados en las mismas condiciones que los testigos de cargo".

- En el art. 8.2. inciso segundo. f) CASDH: "Durante el proceso, toda persona tiene derecho, en plena igualdad, a las siguientes garantías mínimas:

....

f) derecho de la defensa de interrogar a los testigos presentes en el tribunal y de obtener la comparecencia, como testigos o peritos, de otras personas que puedan arrojar luz sobre los hechos".

- En el art. 6 *(Derecho a un proceso equitativo)*.3.d) CEPDHLF: "3. Todo acusado tiene, como mínimo, los siguientes derechos:

....

d) a interrogar o hacer interrogar a los testigos que declaren contra él y a obtener la citación y el interrogatorio de los testigos que declaren en su favor en las mismas condiciones que los testigos que lo hagan en su contra".

- En el art. 49.1 CNRB: "El debido proceso se aplicará a todas las actuaciones judiciales y administrativas; en consecuencia:

1. La defensa y la asistencia jurídica son derechos inviolables en todo estado y grado de la investigación del proceso. Toda persona tiene derecho a ser notificada de los cargos por los cuales se le investiga; de acceder a las pruebas y de disponer del tiempo y de los medios adecuados para ejercer su defensa ...".

- Y en el art. 24. 2 CE: "Asimismo, todos tienen derecho ... a un proceso ... con todas las garantías [y] a utilizar los medios de prueba pertinentes para su defensa".

b)   El contenido del derecho de defensa como integrante del derecho a un proceso equitativo

En el caso del testigo de referencia el derecho de defensa puede ser vulnerado de dos maneras distintas: bien cuando el imputado no puede interrogar al testigo directo porque el de referencia se niega a identificarlo, bien porque, aunque éste haya facilitado los datos de aquél, se **sustituya** el testimonio del testigo directo por el indirecto, a pesar de que **era objetivamente posible** que el imputado pudiera interrogar al testigo presencial. En el sentido de que en esos dos supuestos existe una vulneración del derecho de defensa se han manifestado reiterada y unánimemente, tanto el Tribunal Constitucional español, como el Tribunal Europeo de Derechos Humanos, con sede en Estrasburgo. De entre las sentencias de estos dos Tribunales sobre esta materia baste con mencionar las siguientes:

Como resumen de las sentencias del Tribunal Constitucional español, y con ulteriores referencias a la jurisprudencia constitucional, la sentencia 219/2002, de 25 de noviembre, en la que se puede leer lo siguiente:

"En efecto, se afirma en la STC 209/2001, de 22 de octubre, transcrita en la más reciente STC 155/2002, de 22 de julio que <de un lado, incorporar al proceso declaraciones testificales a través de testimonios de referencia implica la elusión de la garantía constitucional de inmediación de la prueba al impedir que el juez presencie la declaración del testigo directo, **privándole de la percepción y captación directa de elementos que pueden ser relevantes en orden a la valoración de su credibilidad** (STC 97/1999, de 31 de mayo; en sentido similar, SSTC 217/1989, de 21 de diciembre, 79/1994, de 14 de marzo, 35/1995, de 6 de febrero, y 7/1999, de 8 de febrero). **De otro supone soslayar el derecho que asiste al acusado de interrogar al testigo directo y someter a contradicción su testimonio**, que integra el derecho al proceso con todas las garantías del art. 24.2 CE (específicamente STC 131/1997, de 15 de julio; en sentido similar, SSTC 7/1999, de 8 de febrero, y 97/1999, de 31 de mayo), y que se encuentra expresamente reconocido en el párrafo 3 del art. 6 del Convenio Europeo de Derechos Humanos como una garantía específica del proceso equitativo del art. 6.1 del mismo (STEDH de 19 de diciembre de 1990, caso Delta)".

Por lo que se refiere a la jurisprudencia del TEDH, hay que mencionar, entre otras, las siguientes sentencias:

- En primer lugar, la ya citada de 27 de diciembre de 1990 (caso Windisch contra Austria), en la que se expresa lo siguiente: **"Sin embargo, estas posibilidades no pueden sustituir al derecho de interrogar directamente ante un tribunal a los testigos de la acusación. En particular, la naturaleza y el alcance de las preguntas que podían formularse de una u otra manera estaban muy limitados por la resolución de dejar en el anonimato a las dos personas en cuestión ...- Al desconocer su identidad, la defensa sufrió una desventaja casi insuperable; le faltaban las necesarias informaciones para apreciar el crédito de los testigos o ponerlo en duda.- Además, el tribunal, que tampoco conocía el nombre de las dos mujeres [de las dos testigos directos], no pudo observar su comportamiento durante un interrogatorio ni formarse una opinión sobre el crédito que merecían ... – Por consiguiente, se ha violado el apartado 3.d) en relación con el 1 del art. 6 [CEDHLF]"**.

Y además, en otros supuestos en los que la prueba testifical se limita a la del testigo de referencia, ya que el imputado no puede interrogar al testigo directo, aunque éste declara en fase de instrucción, pero guardando el anonimato (porque es, por ejemplo, un agente infiltrado), o bien es identificado con nombre y apellidos por el testigo de referencia, pero a dicho imputado se le priva igualmente de preguntar al testigo presencial, el TEDH ha estimado también que se había conculcado el derecho de defensa en, entre otras, las siguientes sentencias:

- La sentencia de 20 de noviembre de 1989 (caso Kostovski contra Países Bajos): **"Ahora bien, no se dio al demandante una ocasión así, aunque era indudable que deseaba discutir el testimonio de las personas anónimas de que se trataba e interrogarles. No sólo no declararon en juicio, sino que sus declaraciones fueron recogidas por la policía o por el juez de instrucción en ausencia del señor Kostovski y de su abogado, quienes no pudieron preguntarles en ningún momento de las actuaciones.**

....

Si la defensa desconoce la identidad de la persona a la que intenta interrogar, puede verse privada de datos que precisamente le permitan probar que es parcial, hostil o indigna de crédito. Un testimonio, o cualquier otra declaración en contra del inculpado, pueden muy bien ser falsos o deberse a un mero error; y la defensa difícilmente podrá demostrarlo si no tiene las informaciones que le permitan fiscalizar la credibilidad

del autor o ponerla en duda. Son evidentes los peligros inherentes a una situación así.

....

Por consiguiente, el Tribunal entiende que, en las circunstancias del caso, los derechos de la defensa sufrieron tales limitaciones que no puede decirse que el señor Kostovski tuviera un proceso justo. En consecuencia, se llega a la conclusión de que hubo violación del apartado 3.d) en relación con el 1 del art. 6 [CEDHLF]".

- La sentencia del TEDH de 19 de diciembre de 1990 (caso Delta contra Francia): "Los elementos de prueba deben ser normalmente presentados ante el acusado en vista pública con el fin de que exista un debate contradictorio. Esto no implica que la declaración de un testigo deba tener lugar siempre en la sala de audiencias y en público para poder servir de prueba; así pues, utilizar las declaraciones que se remontan a la fase de instrucción preparatoria no vulnera el art. 6.3.d) y 6.1, siempre que se respeten los derechos de la defensa. Por norma general, éstos exigen conceder al acusado una ocasión adecuada y suficiente para oponerse a un testimonio en su contra e interrogar a su autor, en el momento de la declaración o más tarde (sentencia Kostovski de 20 de noviembre de 1989).

En la investigación, las señoritas Poggi y Blin [las testigos directas, que no pudieron ser interrogadas por el imputado] fueron escuchadas únicamente por el policía de seguridad Bonci y por el inspector que levantó acta de sus declaraciones [los testigos de referencia a quienes sí que pudo interrogar el imputado]. No fueron interrogadas ni por un magistrado instructor, dado el recurso al procedimiento de acceso directo, ni por los tribunales de instancia.

....

Por todo ello, ni el demandante ni su abogado tuvieron ocasión de interrogar a las testigos [directas] cuyas declaraciones, tomadas en ausencia y transmitidas más tarde por un funcionario de policía [testigo de referencia] que no presenció la agresión en el metro, fueron tenidas en consideración por el juez de manera determinante.

En resumen, los derechos de la defensa sufrieron tales limitaciones que el señor Delta no se benefició de un proceso equitativo. Por tanto, ha habido violación del párrafo 3.d) del art. 6, en relación con el párrafo 1 [CEDHLF]".

- La sentencia del TEDH de 27 de febrero de 2001 (caso Lucá contra Italia): "**En efecto, y tal como ha señalado en ocasiones el Tribunal (ver, entre otras, sentencias Isgrò contra Italia de 19 de febrero de 1991, y Lüdí contra Suiza previamente citada), en algunas ocasiones puede resultar necesario, para las autoridades judiciales, recurrir a declaraciones que se remontan a la fase de instrucción previa. Si el acusado ha dispuesto de una ocasión adecuada y suficiente para responder a dichas declaraciones, en el momento de ser efectuadas o más tarde, su utilización no vulnera en sí misma los arts. 6.1 y 6.3 d). De ello resulta, no obstante, que los derechos de defensa se encuentran limitados de forma incompatible por las garantías del art. 6 cuando una condena se basa, únicamente o de manera importante, en declaraciones hechas por una persona que el acusado no ha podido interrogar o hacer interrogar ni en la fase de instrucción ni durante los debates** (ver sentencias Unterpertinger contra Austria de 24 de noviembre de 1986; Saïdi contra Francia de 20 de septiembre de 1993, y van Mechelen y otros, previamente citada; ver asimismo Dorigo contra Italia).

....

En este caso, el Tribunal señala que, para condenar al demandante, los tribunales internos se basaron exclusivamente en las declaraciones hechas por N. [el testigo directo] con anterioridad al proceso y que ni el demandante ni su abogado tuvieron, en ninguna fase del procedimiento, la posibilidad de interrogarle.

....

El interesado no gozó pues de un proceso equitativo; por lo tanto, hubo violación del los arts. 6.1 y 6.3 d) [CEDHLF]."

6. Consideraciones finales sobre los supuestos elementos probatorios 6, 7, 10, 15, 17, 18, 19 y 22

De todo lo expuesto hasta ahora se deduce que los testimonios de doña Patricia Poleo no pueden considerarse pruebas de cargo válidas contra el señor Brewer-Carías.

- **Porque, aunque la señora Poleo hubiera sido testigo presencial –que, como ella misma reconoce, no lo es-,** su testimonio es tan contradictorio, y las afirmaciones que expresa tan incompatibles entre sí –tal como se ha demostrado supra 3-, **que tampoco entonces podría haber sido considerado uno de cargo**, ya que en sus declaraciones dice, **al mismo tiempo**, que el señor Brewer-Carías fue el redactor del Decreto, y que no lo fue, que sonreía despectivamente a quienes objetaban que no se podía

ALLAN R. BREWER CARÍAS

cambiar el nombre del país ni disolver la Asamblea, mientras que, por otra parte, la misma periodista asegura que aquél consideraba esa decisión "antidemocrática", "que no estuvo de acuerdo en disolver la Asamblea Nacional, y se los dijo", que "**por supuesto** ... no estuvo de acuerdo en cambiar inmediatamente el nombre de Venezuela", y que "como buen jurista que es les explicó que "esto [la eliminación de la Asamblea y el cambio del nombre del país] no podía ser".

Por todo ello, y aunque doña Patricia Poleo hubiera sido un testigo directo, su testimonio no puede servir de base para formular imputación alguna contra el señor Brewer-Carías, porque de ese testimonio ni se deduce, más allá de cualquier duda razonable, que aquél participara en la redacción y elaboración del Decreto, ni mucho menos aún que estuviera de acuerdo con la disolución de los Poderes Públicos y el cambio de denominación de Venezuela.

- Porque el testimonio de la señora Poleo como testigo de referencia *–que es la condición que ella misma se atribuye-* sólo puede admitirse como prueba de cargo, sin vulnerar el derecho a la presunción de inocencia, si hubiera identificado y especificado quiénes eran los testigos presenciales –si es que realmente hubieran existido- que le habrían facilitado las supuestas informaciones de que don Allan R. Brewer-Carías habría redactado y elaborado el "Acta" en cuestión.

- Porque, aunque la señora Poleo hubiera proporcionado la identidad de los supuestos testigos directos –lo que no hizo-, su testimonio de referencia sólo habría podido ser tenido en cuenta –sin lesionar igualmente el derecho del señor Brewer-Carías a la presunción de inocencia- en el supuesto de que, por ejemplo, por fallecimiento o por no habérseles podido localizar, hubiera sido objetivamente imposible recibir declaración a dichos supuestos testigos presenciales, ya que sólo en este caso de "imposibilidad objetiva" el testimonio de referencia puede sustituir al directo.

- Porque, al admitir el Ministerio Público los testimonios de referencia de la señora Poleo como testimonios de cargo hábiles, sin que aquélla identificara quiénes eran los testigos directos, y por mucho que aquélla pretenda acogerse al secreto profesional, se ha vulnerado, **además**, el derecho de defensa del señor Brewer-Carías, como emanación del derecho a un proceso justo, equitativo y con todas las garantías, ya que se le ha privado de la posibilidad de interrogar a dichos supuestos testigos presenciales, y, con ello, de la posibilidad también de fiscalizar la credibilidad de éstos, o ponerla en duda, así como de poder acreditar que son unos testigos hostiles o parciales. A la misma conclusión- vulneración del derecho de defensa- habría que llegar si, aunque doña Patricia Poleo hubiera identificado a sus supuestos informantes –lo que no hizo-, se le hubiera privado a don Allan R. Brewer-Carías de la posibilidad de interrogarles." (Anexo 14).

Ha sido claro y certero el profesor Gimbernat al hacer el análisis anterior, del cual se desprende inequívocamente que la actuación de la Fiscal Sexta es violatoria del derecho a la defensa y del de presunción de inocencia de nuestro representado, razón por la que la única manera de restablecer la situación jurídica infringida a nuestro representado es decretar la nulidad de la investigación y de su auto conclusivo conforme a los artículos 190 y 191 del COPP por violentar los artículos 1, 8 y 12 del mismo Código y 49, ordinales 1º y 2º de la Constitución, lo cual solicitamos formalmente.

3. LA NULIDAD POR VIOLACIÓN DEL DERECHO A LA DEFENSA Y DEL PRINCIPIO DE CONTRADICCIÓN RELACIONADOS CON LA PRÁCTICA MEDIATIZADA DE DILIGENCIAS DE INVESTIGACIÓN

Como quiera que era imprescindible para la defensa del Dr. Brewer-Carías investigar todo lo concerniente al anuncio que hizo el General en Jefe Lucas Rincón la madrugada del día 12 de abril de 2002 a través de los medios de comunicación en el cual dijo: "**PUEBLO VENEZOLANO, MUY BUENOS DÍAS, LOS MIEMBROS DEL ALTO MANDO MILITAR DEPLORAN LOS LAMENTABLES ACONTECIMIENTOS SUCEDIDOS EN LA CIUDAD CAPITAL EL DÍA DE AYER. ANTE TALES HECHOS SE LE SOLICITÓ AL SEÑOR PRESIDENTE DE LA REPÚBLICA LA RENUNCIA A SU CARGO, LA CUAL ACEPTÓ. LOS MIEMBROS DEL ALTO MANDO MILITAR PONEMOS, A PARTIR DE ESTE MOMENTO, NUESTROS CARGOS A LA ORDEN, LOS CUALES ENTREGAREMOS A LOS OFICIALES QUE SEAN DESIGNADOS POR LAS NUEVAS AUTORIDADES.**", pues a raíz de dicho anuncio fue que se desarrollaron una serie de acontecimientos que guardan íntima relación con la investigación que se realizaba en este proceso, solicitamos ante la Fiscal Sexta su citación para que declarara sobre una serie preguntas que suministramos, solicitando a la vez estar presentes en el acto para evitar respuestas evasivas y buscar así la verdad de lo acontecido, que es lo que debió interesar a todos, incluído el Ministerio Público.

ALLAN R. BREWER CARÍAS

El día miércoles 05 de octubre de 2005 se llevó a cabo dicho acto.

La declaración del general en jefe Lucas Rincón Romero tiene varias particularidades.

1) En ella se expresa que el motivo de su comparecencia es la solicitud hecha por una parte por los ciudadanos abogados JOSÉ RAFAEL ODREMAN L., FRANK E. VECCHIONACCE y VÍCTOR HUGO MEJIAS defensores del ciudadano IGNACIO SALVATIERRA en fecha 06 de Mayo de 2005 mediante la cual requiere sea citado el ciudadano Lucas Rincón a fin de que rinda entrevista y responda las preguntas por ellos formuladas, y por otra parte la solicitud hecha por los defensores de la ciudadana ALBIS TERESA MUÑOZ MALDONADO, abogados JUAN MARTÍN ECHEVERRIA PRICES, ARTURO LÓPEZ MASSO y FRANCISCO PAOLO CAPPIELLO SCICUTELLA en fecha 01 de agosto de 2005.

Es el caso que se omitió mencionar que la defensa del Dr. Allan Brewer-Carías también había formulado un interrogatorio mediante escrito consignado ante esa Fiscalía Sexta en fecha 28-09-05, el cual, si bien es cierto consta de unas preguntas muy parecidas a las que se formularon al General Rincón, no lo es menos que se habían cambiado algunos formatos en la preguntas e intercalado otras que buscaban averiguar cual era el paradero del Vicepresidente Ejecutivo de la República la madrugada del día 12 de abril de 2002, preguntas éstas que no le fueron formuladas al General Rincón.

2) Sobre nuestra solicitud de estar presentes en la declaración nada resolvió la Fiscalía, sino que mas bien supuestamente "recibió" el testimonio sin haber fijado ese día para realizar dicho acto, lo cual no es lo acostumbrado por ese Despacho, en el que se llevan los actos cumpliendo una rígida agenda; en otras palabras, se hizo completamente a espaldas de los promoventes, por no decir que a escondidas, como si se tratara de alguna prueba cuyo conocimiento de las partes pusiera en peligro su efectividad dentro del proceso.

3) La declaración del General Rincón consta en la pieza 26 del expediente. Allí también constan las declaraciones de ADOLFREDO ANTONIO TORRES (Folio 28, rendida el 12-09-05), MARIO IGNACIO SALDIVIA GONZÁLEZ (Folio 56, declara el 14-09-05), MARIA ANGELA MILEO DE OLAVARRÍA (Folio 82, declara el 16-09-05), CARLA MARIA ANGOLA RODRÍGUEZ (Folio 120, declara el 23-09-05), EMILIO MANUEL FIGUEREDO PLANCHART (Folio 123, declara el 26-09-05), LAURA CAROLINA WEFFER CIFUENTES (Folio 149, declara el 29-09-05), HENRIQUE

100

MACHADO ZULOAGA (Folio 170, declara el 3-10-05), RAIZA COROMOTO ZAMBRANO VEGAS (Folio 177, declara el 03-10-05), EDUARDO ANTONIO ARNAL MYERSTON (Folio 223, declara el 05-10-05) y la del propio susodicho general en jefe Lucas Enrique Rincón Romero (Folio 225, rendida el 05-10-05).

En todas las declaraciones que constan en esa pieza, el Ministerio Público, una vez que el declarante está allí, usa la siguiente fórmula: "En el día de hoy, xxxxxx, siendo las xxxxx comparece previa citación por ante esta Representación Fiscal Sexta a Nivel Nacional con Competencia Plena, comisionada en la presente investigación, **constituida en la sede del Ministerio Público**, el ciudadano…" (Resaltado nuestro).

No sabemos si por obra de la causalidad esta fórmula no fue utilizada en la oportunidad que se dice declaró el general en jefe, pues en ella se omitió precisamente la frase **"constituida en la sede del Ministerio Público"**.

Nuestro asombro llegó a superiores límites cuando vimos que esa casualidad va acompañada de otra sorpresa: el cambio en los horarios de trabajo de la Fiscalía.

Aparece en el acta levantada que el General en Jefe supuestamente compareció a las tres y media de la tarde. Es un hecho conocido por todos los abogados que gestionan asuntos ante esa Fiscalía que a las cuatro de la tarde cesa en sus actividades. Cuando los suscritos hemos estado revisando el expediente en diversas oportunidades, se nos avisó exactamente a las cuatro de la tarde, ni un minuto mas, que la hora de trabajo cesó y se nos invitó cordialmente a retirarnos.

Sin embargo, en esa oportunidad, el general en jefe Lucas Rincón, quien por su enorme tamaño, los cargos ocupados y sus apariciones en televisión, no pasa desapercibido, supuestamente escuchó, meditó las respuestas y contestó más de sesenta preguntas en treinta minutos. Y, por supuesto, se mecanografiaron las respuestas, lo que implica, necesariamente, pausas en la exposición.

Ello quiere decir que se emplearon en promedio **28 segundos** en la formulación, meditación, respuesta y mecanografiado **de cada pregunta**. Es verdaderamente asombrosa la rapidez.

A menos que, no lo sabemos, la Fiscalía haya hecho una excepción con el General Rincón y haya trabajado horas extras, o que la declaración se haya tomado fuera de la sede del Ministerio Público.

¿Por qué en esa única declaración se omitió en el acta precisamente la frase **"constituida en la sede del Ministerio Público"**? ¿Será que se quiso justificar con ello su no comparecencia a la sede del Ministerio Público, si es que así fue? Y si ocurrió así entonces ¿la Fiscalía le reconoció algún fuero especial al General retirado Lucas Rincón? ¿a qué se debe tal privilegio?.

4) En todas las declaraciones rendidas ante la Fiscalía se usa la siguiente fórmula"... "EN CONSECUENCIA LA FISCAL PASA A INTERROGARLO DE LA SIGUIENTE MANERA" o en otros casos se dice. "EN CONSECUENCIA EL MINISTERIO PUBLICO PASA A INTERROGARLO DE LA SIGUIENTE MANERA". Como cosa extraña, en el caso *"ad hoc"* del General Rincón el Ministerio Público, excepcionalmente, utilizó la fórmula "DE INMEDIATO EL MINISTERIO PUBLICO PASA A FORMULARLE LAS PREGUNTAS SOLICITADAS:".

Pareciera que ello quiere decir que la Fiscal no tenía ningún interés en interrogarlo, sino que se formularan solo las preguntas propuestas por la defensa, no importando cual fuera la respuesta por mas inverosímil que ésta fuera, como en efecto ocurrió.

Otra hipótesis pudiera ser que la persona que mecanografió o dirigió el acto no es la misma que comúnmente lo hace en ese despacho, pues fue cambiado el estilo de redacción.

5) Llama la atención también que en las 64 preguntas no hay ni un error de mecanografía, lo mismo en las respuestas. En el 98% de las actas en las cuales constan declaraciones hay errores de mecanografía.

6) Pero lo que mas nos llamó poderosamente la atención es la docilidad de la doctora Luisa Ortega Díaz, titular de la Fiscalía Sexta del Ministerio Público, ante las respuesta dadas por el general Lucas Rincón. Contrasta la actitud sumisa de la Fiscal con el general Lucas Rincón si se compara con su actitud frente a otras personas que han depuesto en este expediente. No es usual que la Fiscal Sexta del Ministerio Público admita complacientemente, respuestas evasivas, impertinentes, ofensivas a la inteligencia y retadoras "pregúnteselo a ellos", "ya le dije dos veces que es imposible que recuerde exactamente lo que dije", "pregúnteselo a él" "usted lo creyó?", "como mi respuesta no es negativa ni positiva no la contesto". "Yo no soy un ciudadano común, yo soy un militar, tengo formación y educación militar, en consecuencia no puedo pensar de otra forma."

Es difícil creer que la doctora Luisa Ortega se haya achicopalado frente a la presencia del alto militar, o por su particular forma de expresarse o, en fin, relajar su severa conducta por un militar.

Previendo eso fue que solicitamos estar presentes en la declaración, pedimento sobre el cual la Representación Fiscal, lamentablemente, hizo mutis.

No podemos entender como la ciudadana Fiscal se quedó de brazos cruzados ante el acontecimiento de la siguiente pregunta-respuesta:

"7ª)   ¿Diga Usted, puede decir los nombres y apellidos de esos miembros del Alto Mando Militar que le acompañaron el día 12 de abril de 2002 cuando anunció al país que el Presidente CHÁVEZ había renunciado?.

CONTESTÓ: "Yo anuncié fue la solicitud de renuncia hecha por los golpistas y quedó reseñado y grabado en los diferentes medios de comunicación."

¿Cómo es posible que la Fiscal no se haya dado cuenta que el declarante no contestó la pregunta; que no dio los nombres de las personas que lo acompañaban; que se burló de ella y de la institución que representa? ¿Cómo se puede concebir que no lo haya repreguntado para obtener los nombres de esas personas que acompañaban al General Rincón ese día? ¿Es que el General Rincón no quiere, ni la Fiscalía tampoco, que se interrogue a esas otras personas para investigar que fue lo realmente ocurrido? ¿No le interesa conocer la verdad?

Observemos ahora la siguiente respuesta del General Rincón a la pregunta 22:

"No puedo precisar si el texto que me lee corresponde exactamente a lo que dije ante la Asamblea Nacional con ocasión de la interpelación de que fui objeto, si tuviera el contenido en la mano estaría en capacidad de responder."

¿Como puede concebirse que ante esa respuesta el Despacho Fiscal no le haya mostrado al General Rincón el texto de su interpelación ante la Asamblea Nacional?

Ello denota una manifiesta falta de interés en investigar la verdad. ¿Es el Ministerio Público un simple espectador de las peripecias del General Rincón, o es el órgano director de la investigación?

Veamos estas otras:

14ª) Cuando usted dice en su interpelación ante la Asamblea Nacional que "Es mas, al Presidente se lo llevan al Comando del Ejército después de las cuatro de la madrugada, entre cuatro y cuatro y media tengo entendido", da a entender que al presidente lo sacan en contra de su voluntad de Miraflores?

Contestó: Yo nunca doy a entender otra cosa que no sea lo que expresamente señalan mis palabras.

15ª) Cuando Usted en la interpelación ante la Asamblea Nacional dijo que al Presidente Chávez "se lo llevan al Comando del Ejército, ¿quiso decir que lo llevaron contra su voluntad?

Contestó: A las palabras no se le puede dar otro sentido sino el que tienen.

16ª) En caso de que usted diga que fue forzado o contra su voluntad, ¿puede esto ser así, habida cuenta de que él se encontraba protegido y seguro en el Palacio de Miraflores donde nadie lo podía sacar por la fuerza?.

Contestó: Explíqueme eso de que habida cuenta de que él se encontraba protegido y seguro, protegido de quién? Seguro de quién?.

Ante semejantes preguntas esquivas, ¿cómo es posible que el Despacho Fiscal no haya hecho nada?

Si tomamos por cierta la renuncia del presidente anunciada ante el mundo entero por el General Rincón acompañado del alto mando militar, y la circunstancia de que el presidente, según se vio en televisión, se presentó por sus propios medios ante el Fuerte Tiuna en la madrugada del día 12 de abril de 2002, abandonando por su propia voluntad un sitio seguro y protegido como lo era el Palacio de Miraflores, es decir, que el presidente tomó una decisión autónomamente, sin que hubiera hostilidad alguna, sin que hubiera uso de arma alguna, ¿podríamos estar hablando de la existencia de una rebelión, o de una conspiración?

¿Por qué no se investigó, o se evitó investigar el paradero del vicepresidente de la república en aquél momento? ¿Porqué no se le preguntó sobre ese punto, como lo solicitamos, al General Rincón?

¿Por qué no se quiere saber el nombre de los demás testigos presenciales que acompañaban al General Rincón en la famosa alocución y se evita así su citación para que digan lo que sepan sobre los hechos investigados?

¿Ese no es el tema medular de toda esta investigación? ¿Es que la Fiscalía no quiso conocer la verdad? ¿O le tuvo algún temor a esa verdad?

En fin, esa conducta displicente, desinteresada en obtener la verdad no es propia de la función del Ministerio Público. Ello sólo develó el interés del Despacho en obtener elementos para incriminar a las personas que se ha propuesto como objetivo imputar y acusar, y no para recabar los elementos de convicción que sirvieran para exculparles.

De esa manera violó los artículos 280 y 281 del COPP que disponen:

> **Artículo 280.   Objeto.** Esta fase tendrá por objeto la preparación del juicio oral y público, **mediante la investigación de la verdad y la recolección de todos los elementos de convicción que permitan fundar** la acusación del **fiscal y la defensa del imputado.**
>
> **Artículo 281.   Alcance. El Ministerio Público en el curso de la investigación hará constar no sólo los hechos y circunstancias útiles para fundar la inculpación del imputado, sino también aquellos que sirvan para exculparle.** En este último caso, está obligado a facilitar al imputado los datos que lo favorezcan."

Demostró con su conducta la señora Fiscal Sexta del Ministerio Público, una vez más, que la investigación que realizó es clandestina, parcializada, mediatizada, pues permaneció inerte ante el espectáculo circense que fue la declaración del General Lucas Rincón e impidió que la defensa participara en el acto para colaborar en la búsqueda de la verdad, verdad ésta que, por lo visto, al Ministerio Público no le interesó obtener, violando las obligaciones previstas en los artículos mencionados, así como el 285,1 constitucional que le obliga a garantizar en los procesos judiciales el respeto de los derechos y garantías constitucionales.

Qué contrasentido: el órgano encargado de garantizar ese respeto, es precisamente el que los violó.

Infringió igualmente la Fiscal Sexta Nacional el artículo 4 de la Ley Orgánica que la rige pues no desarrolló sus funciones con estrictos criterios de objetividad al negarse a investigar los hechos y las circunstancias que atenúan, eximen o extinguen la responsabilidad penal.

Lamentablemente el acto de declaración del General Lucas Rincón fue una manipulación de la investigación pues se acordó recabar el testimonio sólo para aparentar el cumplimiento de obligaciones que impone la Ley, para simular que se respetó el derecho a la defensa, cuando lo cierto es que se permitió una gigantesca burla por parte del declarante, tanto a la institución que representa la Fiscal Sexta, como al proceso, a las demás partes y lo que es peor, a la verdad. Ese acto no fue otra cosa que una imitación de un programa al estilo del personaje denominado "Cantinflas", mundialmente conocido por sus alocadas y jocosas respuestas u ocurrencias en determinadas situaciones, en son de burla hacia sus interlocutores.

Flaco servicio le hizo el Ministerio Público en esta oportunidad a la Justicia, pues perdió la oportunidad de conocer de primera mano lo realmente sucedido aquella madrugada del 12 de abril de 2002.

Lamentablemente no hay interés en conocer esa verdad, o el Ministerio Público la conoce y el verdadero interés es no indagar mucho, no vaya a ser que de bulto nos topemos todos con ella.

No podía esperarse otra cosa de una institución presidida por una persona que publica un libro violando absolutamente todos los derechos de ciudadanos sometidos a proceso pero que gozan de la garantía constitucional de la presunción de inocencia; que no le da vergüenza dirigir la investigación de unos hechos pretendiendo aparentar imparcialidad y objetividad olvidando que apareció en todas las cámaras de televisión dándose un espectacular abrazo con la persona que han pretendido presentar como víctima de esos hechos, esbozando a la vez la mejor de sus sonrisas, irrespetando así el debido proceso, la igualdad de las partes, el derecho a la defensa, entre otros.

El Ministerio Público no actuó en este caso ceñido a las obligaciones que le impone ser miembro del Consejo Moral Republicano, pues realmente se desempeñó como una especie de brazo armado del gobierno para perseguir e incriminar a la disidencia.

En esta oportunidad el Ministerio Público quedó nuevamente en evidencia y eso conlleva, necesariamente, si se respeta el estado de derecho, a la nulidad de todo lo actuado en este proceso.

En efecto, al llevarse a cabo de la manera mediatizada como se hizo la declaración del General Rincón cuya citación solicitó la defensa para desvirtuar la imputación que se hizo a nuestro defendido, la Fiscalía borró del COPP los artículos 1, 12, 13, 18, 125.5, 280 y 281 y violó con ello las garantías constitucionales del derecho a la defensa y de acceso a las pruebas previstos en el artículo 49, ordinal 1º de la constitución, así como también el 285, ordinal 1º, *ejusdem*, razones que producen la nulidad absoluta de la investigación y su acto conclusivo conforme a los artículos 190 y 191 del COPP, lo cual formalmente solicitamos.

4. LA NULIDAD POR FALTA DE DECISIÓN OPORTUNA

En fecha 06 de octubre de 2005 introdujimos escrito ante el Juzgado 25 de Control en el que solicitamos la nulidad de la investigación adelantada por el Ministerio Público en el presente proceso por violaciones graves de los derechos constitucionales de nuestro representado por parte del Fiscal General de la República con la publicación de su libro denominado "*Abril comienza en Octubre*".

Hicimos el planteamiento así:

"El Ciudadano Fiscal General de la República Bolivariana de Venezuela acaba de publicar (septiembre de 2005, Grabados Nacionales, C.A., Derechos Reservados por Julio Isaías Rodríguez D.) un libro cuyo título es "*Abril comienza en Octubre*".

II

La República Bolivariana de Venezuela se ha construido, constitucionalmente, con base al sagrado principio republicano de la división de poderes. Además de la clásica división entre poder ejecutivo, legislativo y judicial la novísima Constitución, poniéndose a tono con los principios del constitucionalismo moderno, a creado con el mismo rango, como parte de poder público nacional al poder electoral y al poder ciudadano.

La exposición de motivos de la Carta Magna en cuanto al poder ciudadano dice así:

"Capítulo IV. Del Poder Ciudadano

Adaptando a nuestro tiempo las ideas inmortales del Libertador Simón Bolívar, la Constitución rompe con la clásica división de los poderes públicos y crea los poderes ciudadanos y electoral. El primero de ellos se inspira, en parte, en el poder moral propuesto por el Libertador en su proyecto de constitución presentado al Congreso de Angostura el 15 de febrero de 1819. El poder electoral por su parte encuentra su inspiración en el proyecto de constitución que el Libertador redactó para Bolivia en 1.826.

El libertador concibió el poder moral como la institución que tendría a su cargo la conciencia nacional, velando por la formación de ciudadanos a fin de que pudiera purificarse "lo que se haya corrompido en la República; que acuse la ingratitud, el egoísmo, la frialdad del amor a la patria, el ocio, la negligencia de los ciudadanos". Con ello, Simón Bolívar quería fundar una República con base a un pueblo que amara a la patria, a las leyes, a los magistrados, porque esas son las nobles pasiones que deben absorber exclusivamente el alma de un republicano"

El poder moral del Libertador tenía entre sus misiones velar por la educación de los ciudadanos en cuyo proceso se debía sembrar el respeto y el amor a la Constitución y a las instituciones republicanas, sobre la base de que "si no hay un respeto sagrado por la patria, por la leyes y por las autoridades, sociedad es una confusión, un abismo" inspirada en esas ideas y adaptándolas a nuestro tiempo, la Constitución crea el poder ciudadano, el cual se ejercerá por el consejo moral republicano integrado por el defensor del pueblo, el fiscal general de la república y el contralor general de la república.

El poder ciudadano es independiente de los demás poderes públicos y sus órganos gozan de autonomía funcional, financiera y administrativa, para lo que se les asignará una partida anual variable dentro del presupuesto general del estado.

En general, los órganos que ejercen el poder ciudadano tienen a su cargo la prevención, investigación y sanción de los hechos que atenten contra la ética pública y la moral administrativa......

Al Ministerio Público se le atribuyen todas aquellas funciones necesarias para el cumplimiento de los fines que deben gestionar ante la administración de justicia, tales como garantizar en los procesos judiciales el respeto de los derechos y garantías constituciones, garantizar la celeridad y buena marcha de la administración de justicia, el juicio previo y el debido proceso"

III

El Fiscal General de la República debe garantizar en los procesos judiciales el respeto a los derechos y garantías constitucionales (artículo 285.1 Constitucional), entre los cuales está la garantía de que "toda persona se presume inocente mientras no se pruebe lo contrario" (artículo 49.2 Constitucional).

Según el artículo 257 constitucional el proceso constituye un instrumento fundamental para la realización de la justicia en razón de que, entre de los principios fundamentales establecidos en la Constitución, Venezuela se constituye en un estado democrático y social de derecho y de justicia (artículo 2).

La Ley Orgánica del Ministerio Público establece que el Ministerio Público velará por la exacta observancia de la Constitución y las leyes (art. 1); que en el proceso penal se ceñirá estrictamente a criterios de objetividad (art. 4); cumplir sus funciones con objetividad, diligencia y prontitud, respetando y protegiendo la dignidad humana (art. 11.3); los fiscales del Ministerio Público se abstendrán de adelantar opinión respecto de los asuntos que están llamados a conocer (art. 73); los fiscales y demás personal del Ministerio Público guardarán secreto sobre los asuntos de que conozcan en razón de sus funciones; se les prohíbe conservar para sí, tomar o publicar copias de papeles, documentos o expedientes del archivo de los despachos respectivos (art. 94)

El titular de la acción penal, según el derecho vigente en la República Bolivariana de Venezuela, estado democrático social de derecho y de justicia, es el Ministerio Público. Así, el artículo 11 del Código Orgánico Procesal Penal (COOP) establece:

"*Artículo 11*. Titularidad de la acción penal. La acción penal corresponde al Estado a través de Ministerio Público, quien está obligado a ejercerla, salvo las excepciones legales.

El propio Código adjetivo establece, también entre sus normas fundamentales, en el título preliminar "Principios y Garantías Procesales" la presunción de inocencia, en una forma categórica, así:

"*Artículo 8*. Presunción de Inocencia. Cualquiera a quien se le impute la comisión de un hecho punible tiene derecho a que se le presuma inocente y a que se le trate como tal, mientras no se establezca su culpabilidad mediante sentencia firme".

También establece el COOPP (artículo 10), el respeto a la dignidad humana y que en el proceso penal toda persona debe ser tratada con el debido respeto a la dignidad inherente al ser humano, con protección de los derechos que de ella derivan. Siguiendo los principios constitucionales el Código adjetivo también establece que la defensa es un derecho inviolable en todo estado y grado del proceso (artículo 12) y que la finalidad del proceso es establecer la verdad de los hechos por las vías jurídicas y la justicia en la aplicación del derecho. (artículo 13).

IV

Uno de los prologuistas escogidos por el autor del libro "*Abril Comienza en Octubre*", el Fiscal General de la República, dice:

"Isaías Rodríguez se propuso un proyecto intelectual lleno de riesgos; escribir los recientes acontecimientos históricos del país y, en forma paralela y simultánea, su historia personal".

Y para finalizar el prologuista dice:

"Es éste de Isaías Rodríguez uno de los libros más hondos, auténticos y reveladores que he leído sobre el proceso revolucionario que vive el pueblo venezolano. Es el viaje a sí mismo de un protagonista de primera línea y es, sin lugar a dudas, la historia necesaria de estos días."

V

El día 27 de enero de 2005 la Fiscalía General de la República, quien integra el Consejo Moral Republicano, imputó a nuestro defendido, Allan Brewer-Carías así:

"Los elementos de convicción iniciales en que se funda la representación fiscal de su participación en la comisión del delito identificado anteriormente emergen de los siguientes elementos probatorios: ...15. Programa Dominio Público transmitido por Venevisión, el día 12 de abril de 2002 en el cual entrevistaron al periodista Rafael Poleo, quien afirmó:

"Carmona estaba encerrado con Brewer-Carías, el general Velasco y Pérez Recao, redactando los decretos".

Ese elemento de convicción identificado con el número 15 por la Fiscalía General de la República, programa Dominio Público, no contiene la afirmación que le atribuye la Fiscalía al periodista Rafael Poleo, ya que fue copiado textualmente, y dado por cierto, de la denuncia presentada por el Coronel Ángel Bellorín que encabeza las actuaciones del expediente. Lo que realmente afirmó Rafael Poleo y que si consta del expediente, en la cinta identificada N-39, es lo siguiente:

"Entonces me entró una llamada de un militar que desde Fuerte Tiuna anunció que nos informaba que Carmona había llegado y que estaba encerrado con el general Vásquez Velasco y con Brewer-Carías bajo la dirección de Isaac Pérez Alfonzo haciendo los decretos de gobierno y nombrando gabinete".

Es obvio y se desprende del texto exacto de lo que dijo Rafael Poleo en la entrevista, que se trataba de una información referencial; en la que afirma que supuestamente fue informado telefónicamente por un militar desde Fuerte Tiuna. Poleo, por tanto, no fue testigo de nada de lo que dijo y, por otra parte su afirmación referencial es complemente falsa. El supuesto militar que supuestamente le informó, por lo visto, le informó mal o él entendió mal lo que supuestamente le dijo el militar confidente.

Es de destacarse, además, que en la entrevista que le hizo la representación fiscal al ciudadano Rafael Poleo el día 6 de junio de 2005 en relación con un artículo titulado "Un abril en crisis", que aparece en el libro "*Venezuela: crisis de abril*", editado por IESA y que cursa al folio 30 pieza 20 del expediente que lleva la Fiscalía, al preguntársele si en el mismo afirma que "poco después recibí una llamada de un amigo en Fuerte Tiuna en la cual me dijo que Carmona estaba encerrado con el general Vásquez Velasco, Isaac Pérez Alfonzo, Allan Brewer-Carías, Daniel Romero y algunas otra personas, redactando los documentos constitutivos de un nuevo gobierno" simplemente contestó en la siguiente, forma por demás imprecisa:

> "Es muy posible que yo haya escrito eso, porque efectivamente recibí esa llamada y se me dijo aproximadamente lo que usted está citando" (folio 24 y ss., pieza 20).

Es decir, el señor Poleo recuerda que supuestamente se le dijo al "comienzo de las primeras horas del día 12", "aproximadamente" lo que escribió"; y cuando el Ministerio Público le preguntó sobre "el nombre de la persona que lo llamó" se limitó a indicar, como periodista que utiliza correctamente sus fuentes, que "eso no puede decirlo porque es un secreto de la fuente" (folios 24 y ss., pieza XX).

Puede ser muy loable que el ciudadano Poleo, fundamentándose en el secreto profesional, se abstenga de revelar una fuente, pero es absolutamente repugnante que, entonces, se tenga en derecho como cierto lo que dice (dogma de infalibilidad) y se violente la garantía de presunción de inocencia de una ciudadano y con base en eso de que "me lo dijeron pero no puedo decir quien", se haya imputado a un ciudadano. Eso es tanto como imputar a alguien por un chisme, o porque lo soñó el Fiscal, o porque se lo comunicó alguien docto en ciencias ocultas, o porque lo dijo un periodista.

Son evidentes las imprecisiones en que incurre Rafael Poleo sobre lo que alguien, que no dice quién, supuestamente le dijo por teléfono. Nuestro defendido Allan Brewer-Carías nunca se reunió ni se ha reunido con el general Efraín Vásquez Velasco, y nunca se reunió con él en Fuerte Tiuna la madrugada del 12 de abril y menos "se encerró" con él, con Carmona o, a quien llaman Pérez Alfonzo. A dicho general Vásquez Velasco, nuestro defendido ni lo conocía ni lo conoce, nunca ha hablado con él ni, por tanto, nunca se ha reunido en forma alguna con él. Con Pérez Recao a quien suponemos llaman Pérez Alfonzo, jamás se ha reunido ni antes del 12 de abril, ni durante el 12 de abril, ni después del 12 de abril de 2002. Es falso, por tanto, la referencia que hace Rafael Poleo de que nuestro defendido se hubiera "reunido" o estuviese "encerrado" con esas personas para propósito alguno, y menos para redactar nada, ni para nombrar Gabinete de nadie. El señor Rafael Poleo es referencial de una referencia y, además, se ha amparado en el secreto de lo que supuestamente alguien le refirió.

En todo caso la mencionada opinión del periodista Rafael Poleo, es sólo eso, su opinión o apreciación, producto, según dijo, de referencias que pudo haber recibido, de las que se recuerda "aproximadamente": o de su imaginación, completamente falsas, por lo demás, lo cual no puede constituir "elemento probatorio" alguno que pueda involucrar a nuestro defendido de los hechos que se le imputan, en supuestamente, haber participado "en la elaboración, redacción, discusión y presentación" del decreto de un Gobierno de Transición, lo cual es falso.

La carga de la prueba de los hechos imputados corresponde íntegramente a quien formula la imputación.

VI

Lo grave es que el ciudadano Fiscal General de la República, miembro del Consejo Moral Republicano, garante del cumplimiento de las garantías constitucionales del proceso, de por cierto los dichos falsos de Rafael Poleo, al punto de que convierte tales dichos en palabras suyas propias. Es decir, al describir eso el Fiscal da por cierta –desde el momento en que lo incluye en su libro como "recientes acontecimientos históricos del país"– la falsedad dicha o escrita por Rafael Poleo. Eso es una conducta impropia de un Fiscal General de la República, Jefe del Ministerio Público, quien, quizás por la vanidad de convertirse en paladín de la revolución, viola repugnantemente los deberes de su cargo, convirtiéndose en paladín del irrespeto a la Constitución, a la Ley y los ciudadanos.

El propio Fiscal sabe lo que es responder a "una infamia que se ha puesto a correr". Afirma en efecto, Isaías Rodríguez en su propio libro (página 120) en el Capítulo "Topamos con la iglesia" en relación con una entrevista con un representante de la Iglesia, que:

"Por supuesto que mi intención era responder a una infamia que se había puesto a correr, no se si con la complicidad del arzobispo, sobre unos hechos que nunca fueron como él o los medios los contaron".

Pues nuestro defendido, desde el mismo día de los acontecimientos, se ha dedicado a responder la infamia que pusieron a correr Rafael Poleo y su hija Patricia Poleo, sobre unos hechos que nunca fueron como ellos y los medios dirigidos por ellos o a los que ellos acudieron contaron; y, en cambio, el ciudadano Fiscal General de la República que debería ser imparcial, "lo que implica -como él mismo lo afirma en su propio libro- "que no debo sacrificar la justicia frente a mis convicciones personales y debo ser objetivo y equitativo ante los asuntos que me competen por las atribuciones que la Constitución y la ley me confieren" (página 131); pues, en vez de ser imparcial se parcializa con la infamia que se puso a correr y que nuestro representado ha desmentido una y otra vez en declaraciones de prensa y en libros; y hace suya la infamia. ¿Por qué el ciudadano Fiscal General de la República, historiador, no consultó las otras fuentes de información y el desmentido de nuestro defendido, y se parcializó por la infamia?.

Es decir el Fiscal General de la República, el jefe del Ministerio Público en Venezuela, en su libro da por sentado, admite, afirma – al hacer suyos los dichos de Rafael Poleo–, que nuestro representado supuestamente habría estado en una reunión donde no estuvo, y habría estado redactando junto con otras personas, con quienes nunca se ha reunido, un documento que no redactó.

VII

La publicación y referencia a Allan Brewer-Carias -a un caso en el cual la Fiscalía lo ha imputado-, que hace el ciudadano Fiscal General de la República en su libro *"Abril comienza en Octubre"* constituye una clara y flagrante violación del derecho a la presunción de inocencia de nuestro defendido, así como de todos los principios del proceso penal acusatorio que el propio Fiscal General de la República, ciudadano Isaías Rodríguez, reconoce en su libro, al afirmar:

> "El sistema inquisitivo había sido sustituido por el acusatorio y la presunción de inocencia, la afirmación de la libertad y del respeto a la dignidad humana entre otros principios, pasaban a ser las bases fundamentales de un nuevo sistema judicial". (Pág. 122).

Y los violenta al publicar:

> "Cuenta Rafael Poleo que, entre los asistentes a la convocatoria de Luis Miquilena estaban, entre otros, el Presidente de Fedecámaras, el Presidente de la CTV, varios dueños de medios privados de comunicación; el Presidente de la Conferencia Episcopal, Baltasar Porras, Gustavo Cisneros y unos cuantos dirigentes de algunas organizaciones civiles y de otros muchos factores de la oposición.
>
> Estaban en una gran sala con televisores que mostraban todos los canales audiovisuales del país para seguir el curso de los acontecimientos.
>
> La casa sirvió bebidas y pasapalos.

Pedro Carmona pidió suspender la reunión por exceso de fatiga y, cuenta Poleo, que le preguntó: "¿Si dormiría en su casa?"

Me voy al Four Seasons (hotel de lujo ubicado en el este de la ciudad de Caracas) a ducharme y a cambiarme, le respondió el Presidente de Fedecámaras.

Y, con esa agudeza que caracteriza a Poleo, repreguntó de nuevo: ¿Y vas a dormir vestido?

El ascensor se abrió y no hubo respuesta.

Poco después de la llamada de un amigo Rafael Poleo supo que Carmona estaba encerrado en Fuerte Tiuna con el general Efraín Vásquez Velasco, Isaac Pérez Recao, Allan Brewer-Carías y Daniel Romero, redactando los documentos constitutivos del nuevo gobierno". (págs. 194 y 195).

VIII

La publicación y la reserva de los derechos de autoría del libro *"Abril comienza en Octubre"* por parte del ciudadano Fiscal General de la República, con el contenido que se ha analizado en éste escrito, trae como consecuencia la nulidad de lo actuado por ese órgano del Poder Ciudadano.

Lo escrito por el Fiscal General de la República en su libro, en efecto, ha violentado el derecho y garantía a la presunción de inocencia de nuestro defendido. El ciudadano Fiscal, simplemente se ha olvidado de sus obligaciones constitucionales y legales, violando abierta y groseramente el derecho constitucional a la presunción de inocencia que garantiza a todas las personas el artículo 49.2 de la Constitución y el artículo 8 del Código Orgánico Procesal Penal, y ello es imperdonable, pues la violación a la Constitución que implican las actuaciones de la representación fiscal, hace que todas las actuaciones que se han realizado en relación con nuestro defendido en el Expediente C-43 estén viciadas de nulidad absoluta conforme a lo que dispone el artículo 25 de la propia Constitución, no pudiendo ser convalidadas.

La Declaración de los Derechos y Deberes del Hombre, (1948 artículo XXVI), la Convención Americana sobre Derechos Humanos "Pacto de San José de Costa Rica" artículo 8.2 y la Constitución de la República Bolivariana de Venezuela ordenan que los ciudadanos sean considerados inocentes y deben tenerse como tales hasta que se establezca su culpabilidad mediante sentencia firme. Firme y dictada en un proceso que haya sido debido.

Por si alguna duda hay de la aplicación en la República Bolivariana de Venezuela de la Declaración de los Derechos y Deberes del Hombre y del Pacto de San José, véase el artículo 23 constitucional, que establece:

> "*Artículo 23.* Los tratados, pactos y convenciones relativos a derechos humanos, suscritos y ratificados por Venezuela, tienen jerarquía constitucional y prevalecen en el orden interno, en la medida en que contengan normas sobre su goce y ejercicio más favorable a las establecidas en esta Constitución y en las leyes de la República, y son de aplicación inmediata y directa por los tribunales y demás órganos del Poder Público".

Por su parte, el artículo 8 del mismo Código Orgánico Procesal Penal dispone que: "Cualquiera a quien se le impute la comisión de un hecho punible *tiene derecho a que se le presuma inocente y a que se le trate como tal, mientras no se establezca su culpabilidad mediante sentencia firme*". Esta norma que consagra la presunción de inocencia, responde a la garantía constitucional establecida en el artículo 49,2 de la Constitución de la República Bolivariana de Venezuela, que también señala que *"Toda persona se presume inocente mientras no se pruebe lo contrario"* y al contenido de tratados y convenios ratificados por Venezuela.

Ello responde a uno de los principios fundamentales del proceso penal, siendo la consecuencia más elemental del mismo que si la fase preparatoria del proceso penal se inicia con una denuncia, la función del Ministerio Público, por tanto, es comprobar lo denunciado, a los efectos de determinar la existencia de un supuesto delito y de establecer las personas supuestamente participantes en el mismo. La función del Ministerio Público no es creer lo que dicen los periodistas en opiniones o apreciaciones personales; y menos aún hacer suyas las opiniones (no noticias) de periodistas contenidas en artículos de opinión (recortes de prensa), que contienen historias falsas, y que el Ministerio Público ha considerado que son "elementos de convicción" del delito de conspiración.

El Ministerio Público, conforme lo ordena el Código Orgánico Procesal Penal, tiene a su cargo la realización de *"la investigación de la verdad y la recolección de todos los elementos de convicción* que permitieran fundar la acusación del fiscal y la defensa del imputado" (art. 280 Código Orgánico Procesal Penal); a cuyo efecto, en el curso de la investigación debía haber hecho *"constar no sólo los hechos y circunstancias útiles para fundar la inculpación del imputado, sino también aquellos que sirvan para exculparle."* Incluso, "en este último caso, está obligado a facilitar al imputado los datos que lo favorezcan" (art. 281 Código Orgánico Procesal Penal).

Lamentablemente, el ciudadano Fiscal General en su libro, no sólo ha omitido esta obligación legal y se ha cuidado de ignorar las fuentes que indican lo contrario a lo que ha afirmado, sino que opta por hacer suyas las afirmaciones infames de periodistas que por lo demás han sido desmentidas, en libro y declaraciones, por nuestro defendido.

Como se ha dicho, además, el artículo 8 del mismo Código Orgánico Procesal Penal, conforme a la garantía constitucional establecida en el artículo 49,2 de la Constitución, dispone que cualquiera a quien se le impute la comisión de un hecho punible *tiene derecho a que se lo presuma inocente y a que se le trate como tal,* mientras no se establezca su culpabilidad mediante sentencia firme.

Por ello es que corresponde al Ministerio Público probar la culpabilidad del imputado, de manera que incluso éste no esta obligado legalmente a probar su inocencia. Ésta se presume, por lo que la carga de la prueba en el proceso penal corresponde íntegramente al Ministerio Público, quien debe probar sus imputaciones y para ello tiene necesariamente que aportar las pruebas pertinentes.

El Fiscal General de la República, en cambio, ahora da por sentado en su libro que nuestro representado estuvo en alguna forma "redactando" el decreto de Gobierno de Transición, lo cual es completamente falso. Pero es el Fiscal General de la República quien lo afirma, lo que implica que ya ha declarado culpable a nuestro defendido, violando abiertamente su derecho a que se le considere inocente.

Disponen los artículos 190 y 191 del Código Orgánico Procesal Penal

> *"Artículo 190.* Principio. No podrán ser apreciados para fundar una decisión judicial, ni utilizados como presupuestos de ella, los actos cumplidos en contravención o con inobservancia de las formas y condiciones previstas en este Código, la Constitución de la República, las leyes, tratados, convenios y acuerdos internacionales suscritos por la República, salvo que el defecto haya sido subsanado o convalidado."
> *"Artículo 191.* Nulidades Absolutas. Serán consideradas nulidades absolutas aquellas concernientes a la intervención, asistencia y representación del imputado, en los casos y formas que este Código establezca, o las que impliquen inobservancia o violación de derechos y garantías fundamentales previstos en este Código, la Constitución de la República, las leyes y los tratados, convenios o acuerdos internacionales suscritos por la República."

Al escribir el Fiscal General de la República en su libro, que nuestro defendido estaba supuestamente encerrado redactando con otros el decreto de constitución de un Gobierno de Transición, lo cual es completamente falso, es el propio Jefe del Ministerio Público venezolano el que ha pretendido *trasladar a nuestro defendido y a su defensa, la carga de probar que es inocente y que no estuvo en forma alguna reunido con las personas que dice el Fiscal General ni estuvo redactando documento alguno de Gobierno de Transición; cuando es al Estado, a través del Ministerio Público, al que le corresponde probar que nuestro defendido es culpable de acuerdo con el principio del debido proceso.*

En consecuencia, en vista de la confesión del ciudadano Fiscal General de la República en el sentido de que no ha respetado ni respetará el derecho a la presunción de inocencia de nuestro defendido imputado, lo cual implica la violación flagrante del artículo 49,2 constitucional, advertimos respetuosamente a Usted, como Juez de Control, que todas las actuaciones de investigación adelantadas por el Ministerio Público en este proceso, están viciadas de nulidad absoluta y que de continuar así, el proceso estará arrastrando esas actuaciones viciadas que, conforme al citado artículo 190 del Código Orgánico Procesal Penal no podrán ser apreciadas para fundar una decisión judicial en contra de ningún imputado, ni utilizadas como presupuestos de ella, por haber sido cumplidas en contravención o con inobservancia de los principios previstos en dicho Código, la Constitución de la República y los tratados suscritos por la República, defectos éstos que son inconvalidables.

La manera contradictoria e incongruente en que ha sido dirigida la investigación conlleva una imposibilidad absoluta para el imputado de defenderse pues, por una parte, el Ministerio Público ya ha dado por culpable a nuestro defendido al haber afirmado que realizó determinadas actuaciones, y por otra parte, ha invertido la carga de la prueba, imponiéndole demostrar su inocencia, obligándole a probar hechos negativos, cuando no está obligado a ello. Estamos, sencillamente, ante una situación absurda e incomprensible, que conllevará, indefectiblemente, a la nulidad de todo lo actuado.

Sería ingenuo que el Fiscal General de la República se amparara y excusara de su inaceptable conducta sosteniendo que lo que aparece publicado bajo su firma es una referencia a lo que dice Rafael Poleo. Quien ha publicado el libro que contiene afirmaciones en contra de Allan Brewer-Carías es el ciudadano Fiscal General de la República, que sin recato ni pudor alguno, irrespeta las atribuciones y deberes de su alto cargo dañando dolosamente a quien tiene procesado.

IX

Dispone el artículo 3 de la Ley Orgánica del Ministerio Público, que rige las actuaciones del Fiscal general de la República,, que el Ministerio Público es único e indivisible y ejercerá sus funciones a través de los órganos establecidos por la ley. Los fiscales señalados en esa ley lo representan íntegramente.

Como se ha indicado, el máximo representante del Ministerio Público, esto es, el Fiscal General de la República ha procedido a emitir su opinión públicamente a través del mencionado libro, antes de que la institución por él presidida dicte el acto conclusivo de investigación a que está obligado conforme al Capítulo IV, Título I, Libro Segundo del COPP.

Ello significa que estando aún dentro de la fase de investigación, y encontrándose pendiente la evacuación de una serie de diligencias solicitadas por la defensa para lograr el total esclarecimiento de los hechos, así como para establecer la real participación tenida en ellos por nuestro defendido, que repetimos, fue absolutamente lícita, ha procedido quien debe garantizar los derechos de todos los ciudadanos sin ninguna distinción, a emitir públicamente su errado criterio de que nuestro representado supuestamente hubiera estado involucrado en la redacción de lo que han llamado el acta de constitución de un gobierno provisional, lo cual es absolutamente falso.

Por lo demás,

¿Cómo queda la norma prevista en el artículo 304 del COPP que prohíbe la divulgación del contenido de las actas de la investigación?

¿Cómo queda la norma prevista en el artículo 94 de la Ley Orgánica del Ministerio Público que dispone que los fiscales y demás personal del Ministerio Público guardarán secreto sobre los asuntos de que conozcan en razón de sus funciones y les prohíbe conservar para sí, tomar o publicar copias de papeles, documentos o expedientes del archivo de los despachos respectivos?

¿Es que la majestad del cargo de Fiscal General de la República le permite violar flagrantemente la ley sin que pase absolutamente nada?

Y nos seguimos preguntando: ¿Cuál puede ser la intención o el objetivo de esa publicación del Fiscal General?

Ignorancia no es porque, que nosotros sepamos, él no es un advenedizo en la materia. Al contrario, recordamos como hace poco tiempo se publicaron en la prensa declaraciones del ciudadano Fiscal general en las que se vanagloriaba de tener sobrada experiencia en la vida, en los menesteres jurídicos y principalmente en la política, negándole algunas de esas virtudes al General en Jefe Lucas Rincón.

¿Será una respuesta válida a nuestras interrogantes, que el Fiscal General pretende crear de antemano en el público una matriz de opinión desfavorable a nuestro patrocinado, a sabiendas de que los tribunales con competencia para decidir los juicios por hechos como el investigado, deben integrarse con dos escabinos, es decir, dos ciudadanos comunes, del público en general?

¿Y como quedan también el principio de presunción de inocencia, el del debido proceso y el del derecho a la defensa?

¿O es que el Fiscal General procedió de esa manera para crear una causal de inhibición o recusación en el presente caso?

La única respuesta válida es que el Fiscal General de la República se ha burlado de todos aquellos principios a que hemos hecho referencia, ha pisoteado la Constitución cuya exacta observancia está llamado a velar y garantizar.

La publicación del libro mencionado no sólo invalida la actuación del Ministerio Público en el presente caso, sino que debería ser causal de separación del cargo de Fiscal General de la República, pues se trata de un desliz absolutamente impropio e imperdonable del representante de tan alto cargo en la organización del Estado Venezolano.

Lo cierto es que la investigación del presente caso ha sido adelantada por un ente cuyo máximo jerarca está absolutamente parcializado; por personas que tienen un criterio formado y fijado en contra de nuestro defendido desde un principio.

Ahora sí entendemos porqué se ha impedido a toda costa que se practiquen muchas de las diligencias que en cabal ejercicio del derecho a la defensa hemos solicitado.

Con su actuación, insistimos, el Fiscal General de la República violó las siguientes disposiciones:

Artículo 285 de la Constitución Bolivariana de Venezuela, que en sus ordinales 1 y 2, dispone:

"*Artículo 285.* Son atribuciones del Ministerio Público:

1. Garantizar en los procesos judiciales el respeto a los derechos y garantías constitucionales, así como a los tratados, convenios y acuerdos internacionales suscritos por la República.

2. Garantizar la celeridad y buena marcha de la administración de justicia, el juicio previo y **el debido proceso**.

Tampoco respetó el Fiscal el artículo 7 de la misma Constitución, que dice:

"Artículo 7. La Constitución es la norma suprema y el fundamento del ordenamiento jurídico. Todas las personas **y los órganos que ejercen el Poder Público están sujetos a esta Constitución."**

Desconoció igualmente el Fiscal el artículo 11 de la Ley Orgánica del Ministerio Público, que dice:

"Artículo 11. Son deberes y atribuciones del Ministerio Público:

3. **Velar por la observancia de la Constitución, de las leyes y de las libertades fundamentales**, sin discriminación alguna.

4. **Vigilar**, a través de los fiscales que determina esta Ley, **por el respeto de los derechos y garantías constitucionales**; y por la celeridad y buena marcha de la administración de justicia en todos los procesos en que estén interesados el orden público y las buenas costumbres.

5. **Cumplir sus funciones con objetividad**, diligencia y prontitud, respetando y **protegiendo la dignidad humana y los derechos y libertades fundamentales**, sin discriminación alguna." (negrillas nuestras).

El ciudadano doctor Isaías Rodríguez parece estar consciente de las obligaciones inherentes a su cargo. En la obra que tantas veces se ha citado del ciudadano Fiscal General de la República *"Abril comienza en octubre*, como se ha dicho, en la página 131 afirma:

"La imparcialidad implica que no debo sacrificar la justicia frente a mis consideraciones personales y debo ser objetivo y equitativo ante los asuntos que me competen por las atribuciones que la Constitución y la Ley me confieren. Por lo demás, la imparcialidad no obliga al funcionario individual y personalmente sino, simplemente, como órgano del Estado".

Por más que el Dr. Isaías Rodríguez quiera aparentar su imparcialidad, la realidad es que los hechos lo delatan. Y no se le puede exigir otra conducta cuando sabemos que pasó del cargo de Vicepresidente de la República al de Fiscal General de la República en el mismo período gubernamental.

Honorable Juez, es Usted el llamado a ejercer un verdadero control del proceso. En efecto, de conformidad con lo establecido en los artículos 64 y 282 del COPP corresponde a los Jueces de Control hacer respetar las garantías procesales, controlar el cumplimiento de los principios y garantías establecidas en dicho Código, en la Constitución, tratados, convenios o acuerdos internacionales suscritos por la República.

Las violaciones en que ha incurrido el Ministerio Público acarrean la nulidad absoluta de todas las actuaciones pues se trata de infracciones a los derechos y garantías constitucionales de nuestro representado, tal y como lo prevé el artículo 191 del COPP que dispone:

"Artículo 191. Nulidades absolutas. Serán consideradas nulidades absolutas aquellas concernientes a la intervención, asistencia y representación del imputado, en los casos y formas que este Código establezca, o las que impliquen inobservancia o violación de derechos y garantías previstos en este Código, la Constitución de la República, las leyes y los tratados, convenios o acuerdos internacionales suscritos por la República."

Han sido violados a nuestro representado el derecho a la defensa, el de presunción de inocencia y el del proceso debido, todos de rango constitucional, lo que produce como consecuencia la nulidad de todos los actos adelantados por ese Ministerio Público subjetivo, parcializado, que ha actuado al margen de la Constitución y las leyes, lo cual solicitamos sea declarado conforme al artículo 191 del COPP.-

Consignamos la obra citada del Fiscal General de la República.

Caracas, 4 de octubre de 2005." (Fin de la transcripción).

Es el caso que para el día 21 de octubre de 2005, fecha en que fue presentado ante el Tribunal 25 de Control el acto conclusivo de investigación, constitutivo de una acusación contra nuestro representado, dicho Juzgado no había decidido absolutamente nada sobre nuestra solicitud de nulidad, no obstante que habían transcurrido 14 días desde la formulación de la solicitud.

Dispone el artículo 177 del COPP:

"Artículo 177. Plazos para Decidir. El juez dictará las decisiones de mero trámite en el acto.

Los autos y las sentencias definitivas que sucedan a una audiencia oral serán pronunciados inmediatamente después de concluida la audiencia. **En las actuaciones escritas las decisiones se dictarán dentro de los tres días siguientes**."(Resaltado nuestro).

Por su parte el artículo 6 del mismo Código, dispone:

"Artículo 6. Obligación de Decidir. Los jueces no podrán abstenerse de decidir so pretexto de silencio, contradicción, deficiencia, oscuridad o ambigüedad en los términos de las leyes, **ni retardar indebidamente alguna decisión**. Si lo hicieren, incurrirán en denegación de justicia." (Resaltado nuestro.)

Y la Constitución establece:

> **Artículo 26.** Toda persona tiene derecho de acceso a los órganos de administración de justicia para hacer valer sus derechos e intereses, incluso los colectivos o difusos, **a la tutela efectiva de los mismos y a obtener con prontitud la decisión correspondiente**.
>
> El Estado garantizará una justicia gratuita, accesible, imparcial, idónea, transparente, autónoma, independiente, responsable, equitativa y **expedita, sin dilaciones indebidas**, sin formalismos o reposiciones inútiles. (Resaltado nuestro).
>
> **Artículo 49.** El debido proceso se aplicará a todas las actuaciones judiciales y administrativas y, en consecuencia:
>
> (…)
>
> 8. Toda persona podrá solicitar del Estado el restablecimiento o reparación de la situación jurídica lesionada por error judicial, **retardo u omisión injustificados**. (Resaltado nuestro).

La falta de decisión por parte del Tribunal sobre nuestra solicitud de nulidad ha violado las disposiciones legales y constitucionales transcritas, violentando así los derechos al debido proceso, a la defensa y a la tutela judicial efectiva, lo cual acarrea igualmente la nulidad de todo lo actuado con posterioridad a la fecha en que se infringieron los derechos a nuestro representado, razón por la que solicitamos así sea decretado conforme a los artículos 190 y 191 del COPP y 49, ordinal 8º de la Constitución.

5. LA NULIDAD POR VIOLACIÓN DE LA GARANTÍA DEL JUEZ NATURAL

Tanto en nuestra Constitución como en los Tratados Internacionales suscritos por la República se incluye la garantía del Juez Natural. Su objetivo es precisamente garantizar que el procesado no será juzgado por funcionarios diferentes a los integrantes de la jurisdicción, establecidos con anterioridad al hecho por el cual se investiga o juzga.

Con ello se proscribe la posibilidad de juzgamiento por tribunales *ad hoc*, o de excepción, que, a no dudar, actuarían contra el justiciable con criterios discriminatorios expresamente prohibidos en la constitución, violentando el principio de igualdad ante la Ley.

Nuestra Constitución lo prevé en su artículo 49.4 al disponer que toda persona tiene derecho a ser juzgada por sus jueces naturales en las jurisdicciones ordinarias o especiales, con las garantías establecidas en la Constitución y en la ley. Ninguna persona podrá ser sometida a juicio sin conocer la identidad de quien la juzga, ni podrá ser procesada por tribunales de excepción o por comisiones creadas para tal efecto.

El Pacto Internacional de Derechos Civiles y Políticos entrado en vigor el 23 de marzo de 1976 y ratificado por Venezuela el 28 de enero de 1978, según Gaceta Oficial N° 2146, establece en su artículo 14 que todas las personas son iguales ante los tribunales y cortes de justicia y que tienen derecho a ser oídas con las debidas garantías por un tribunal competente, independiente e imparcial establecido por la ley, en la substanciación de cualquier acusación de carácter penal formulada contra ella.

La Declaración Americana de los Derechos y Deberes del Hombre, aprobada en la Novena Conferencia Internacional Americana, Bogotá, Colombia, en 1948, dispone en su artículo 2 que todas las personas son iguales ante la ley y tienen los deberes y derechos consagrados en dicha declaración sin distinción de raza, sexo, idioma, credo ni otra alguna.

La Convención Americana Sobre Derechos Humanos, suscrita en San José de Costa Rica y ratificada por Venezuela el 14 de julio de 1977, según Gaceta Oficial N° 31.256, dispone en su artículo 8, ordinal 1° que toda persona tiene derecho a ser oída con las debidas garantías y dentro de un plazo razonable, por un juez o tribunal competente, independiente e imparcial, establecido con anterioridad por la Ley, en la substanciación de cualquier acusación penal formulada contra ella.

Finalmente, los Principios Básicos Relativos a la Independencia de la Judicatura adoptados por el Séptimo Congreso de las Naciones Unidas sobre Prevención del Delito y Tratamiento del Delincuente, celebrado en Milán del 26 de agosto al 6 de septiembre de 1985, y confirmados por la Asamblea General en sus Resoluciones 40/32 del 29 de noviembre de 1985 y 40/146 de 13 de diciembre de 1985 y 40/146 de 13 de diciembre de 1985, establece en su Punto N° 1 que la independencia de la judicatura será garantizada por el Estado y proclamada por la Constitución o la legislación del país y que todas las instituciones gubernamentales y de otra índole respetarán y acatarán la independencia de la judicatura.

En su Punto N° 2 dispone también claramente que los jueces resolverán los asuntos que conozcan con imparcialidad, basándose en los hechos y en consonancia con el derecho, **sin restricción alguna** y **sin influencias**, alicientes, **presiones, amenazas o intromisiones indebidas**, sean **directas o indirectas, de cualesquiera sectores o por cualquier motivo**.

Como vemos, es un principio universal el que los procesados tienen derecho a ser juzgados y a que se decidan sus planteamientos de defensa por sus jueces naturales, establecidos con anterioridad al hecho de que se trate, debiendo garantizarse su imparcialidad y la ausencia de influencias, presiones, amenazas o intromisiones indebidas, directas o indirectas de cualesquiera sectores y por cualquier motivo.

Como dijimos, lo que se busca principalmente es respetar al justiciable su igualdad ante la Ley, para que no sea juzgado de acuerdo con criterios discriminatorios expresamente prohibidos tales como la edad, el sexo, la raza, el credo religioso o político.

La investigación que adelantó la Fiscalía Sexta y que concluyó con la acusación contra nuestro representado es por la supuesta comisión del delito de Rebelión previsto en el artículo 144, ordinal 2° del Código Penal vigente en el año 2002, es decir, por un presunto delito de los considerados políticos.

El proceso al que está siendo sometiendo nuestro defendido ha estado caracterizado por las múltiples presiones indebidas que hemos venido observando por parte del organismo investigador, pues como denunciamos arriba, hasta el propio Fiscal General de la República publicó un libro en el que atribuye ilegalmente a nuestro representado la redacción del documento que han llamado acta constitutiva del gobierno de transición.

Tal actuación del Fiscal violenta los elementales principios de imparcialidad y objetividad a que está obligado de acuerdo a la Constitución y a la Ley Orgánica del Ministerio Público.

Adicionalmente a eso, el Fiscal General ha debido inhibirse de conocer y participar en esta investigación, habida cuenta de que fue él una de las personas que pretendió ser destituida de su cargo por la mencionada acta constitutiva del gobierno de transición, y por ello, de acuerdo a la naturaleza humana, es obvio deducir que el Fiscal General tiene interés directo en las resultas de esta investigación.

Ahora bién, lo que se quiere plantear en este capítulo es algo mas grave todavía. Se trata de las influencias, presiones e intromisiones indebidas de que han sido objeto los jueces que han conocido del presente proceso.

Comenzó a conocer de él, la Dra. Josefina Gómez Sosa, en razón de haberle sido presentado detenido el ciudadano Pedro Carmona Estanga.

En el curso del proceso la Fiscalía solicitó y la Dra. Gómez Sosa decretó la prohibición de salida del país de varios ciudadanos investigados por su presunta participación en los hechos investigados. Estos ciudadanos apelaron de esa medida y subieron las actuaciones a la Sala 10 de la Corte de Apelaciones, la cual revocó la medida cautelar considerando que la misma adolecía de falta de motivación. Es importante resaltar que uno de los tres integrantes de dicha Sala salvó su voto considerando que la decisión apelada sí estaba suficientemente motivada.

Pues bien, de inmediato, en fecha 3 de febrero de 2005, la Comisión Judicial del Tribunal Supremo de Justicia emitió una sorprendente resolución, la cual anexamos en copia, en la que suspendió de sus cargos a los dos jueces de la Corte de Apelaciones que votaron por la nulidad de la decisión apelada, así como a la Juez de Primera Instancia autora de la decisión presuntamente inmotivada.

Sin que signifique que nosotros estemos juzgando la procedencia o legalidad de la resolución de la Comisión Judicial, no podemos menos que decir que la misma nos sorprende por las tres razones siguientes:

La primera de ellas es que se dice en la resolución que la Sala 10 de la Corte de Apelaciones fundó su decisión de anular la decisión apelada, en su presunta falta de motivación. Estableció la comisión judicial que si la Sala consideró inmotivada dicha decisión, debió devolverla al Tribunal de Primera Instancia para que se corrigiera el error, es decir, para que la motivara, en vez de proceder a anularla, lo que constituyó, en su criterio, un aprovechamiento de la falta, agravándola al producir dicha nulidad.

Decimos que nos sorprende dicha resolución, porque es el propio Tribunal Supremo de Justicia (el mismo al que pertenece la Comisión Judicial), quien ha dicho en sus sentencias, en innumerables oportunidades, que la falta de motivación acarrea la nulidad del fallo que adolece de ella.

Podemos citar a título de ejemplo, las siguientes:

"Lo anterior, lleva al firme convencimiento de esta Sala, de que la señalada sentencia carece de motivación, lo cual acarrearía la **nulidad** de la misma, en virtud de haberse violentado el debido proceso, previsto en el artículo 49 de la Constitución de la República de Venezuela y el artículo 364.4° del Código Orgánico Procesal Penal, razón por la cual lo procedente y ajustado a derecho es declarar, conforme a lo dispuesto en los artículos 190 y 191 del Código Orgánico Procesal Penal, la **NULIDAD** de la sentencia dictada."[5]

"…la Sala observa, que previo al pronunciamiento de la admisión de la acusación presentada por el Ministerio Público contra la hoy accionante, el órgano jurisdiccional señalado como agraviante -Juzgado Séptimo de Control del Estado Carabobo-, decidió las excepciones opuestas por la defensa -incompetencia del tribunal por el territorio y acción no promovida conforme a la ley- y la solicitud de nulidad de las actuaciones, declarándolas sin lugar. Sin embargo, dicha declaración carece de motivación alguna.

En efecto, el Juzgado Séptimo de Control del Circuito Judicial Penal del Estado Carabobo, estimó improcedentes los medios de defensa opuestos para controlar el correcto ejercicio de la acción penal propuesta y la adecuada formación de la relación jurídico-procesal; pero, obvió el análisis de los fundamentos de derecho en que fundó dicha improcedencia, limitándose a una mera exposición, incluso de las normas jurídicas, sin entrar en más consideraciones ni pronunciarse sobre el cumplimiento o no de los requisitos del derecho ejercitado por la parte defensora. Por las razones expuestas, esta Sala Constitucional del Tribunal Supremo de Justicia, administrando justicia en nombre de la República y por autoridad de la Ley, dicta los siguientes pronunciamientos:

1. Declara **CON LUGAR** la apelación ejercida por los abogados **AJMJ, JROL** y **WB**, contra la decisión dictada el 4 de marzo de 2004, por la Sala N° 1 de la Corte de Apelaciones del Circuito Judicial Penal de la Circunscripción Judicial del Estado Carabobo.

2. Declara **CON LUGAR** la acción de amparo interpuesta por los abogados **AJMJ, JROL** y **WB**, en su carácter de apoderados judiciales de la ciudadana **YLFdZ**, contra la decisión dictada el 16 de junio de 2003, por el Juzgado Séptimo de Control del Circuito Judicial Penal de la Circunscripción Judicial del Estado Carabobo. En consecuencia, **ANULA** la referida decisión y ordena la celebración

---

5   Sala de Casación Penal, Sentencia del 19-05-04. Exp. N° **03-0489.**

de una nueva audiencia preliminar en el proceso penal seguido a la accionante."[6]

Como podemos observar de estas dos sentencias, provenientes de dos Salas distintas del Tribunal Supremo de Justicia (Casación Penal y Constitucional), la sanción contra una decisión inmotivada es su nulidad. Por ello nos sorprende que la Comisión Judicial, que forma parte de ese mismo Tribunal Supremo, adopte precisamente en este caso un cambio de criterio al considerar que la inmotivación no acarrea la nulidad, sino que se deben devolver las actuaciones al Tribunal *A-quo* para que corrija el presunto vicio.

En segundo lugar nos sorprende la decisión de la Comisión Judicial por la siguiente situación:

Se suspendió de su cargo también a la Juez de Primera Instancia considerando que la falta de motivación de su decisión era un error inexcusable, e incluso llegó a decir que no pocas veces se han dictado decisiones sin motivación con el deliberado propósito de que sean revocadas en la Alzada. Así mismo dijo que resulta inexplicable que la Juez de Primera Instancia hubiese tomado tal determinación sin suministrar las razones, cuando ello es una obligación elemental de todo Juez.

Pues bien, como una simple reflexión de esta defensa, nosotros consideramos inexplicable que si la presunta inmotivación de la decisión apelada era tan evidente, al punto que la declara error inexcusable para suspender de su cargo a la Juez de Primera Instancia, ¿Cómo es que no se suspendió de su cargo también al tercer Juez integrante de la Sala 10 de la Corte de Apelaciones, que salvó su voto diciendo que la decisión apelada sí estaba suficientemente motivada?

No encontramos explicación alguna para esta diferenciación.

En tercer lugar nos sorprende dicha decisión porque la Comisión Judicial procedió a designar a dos nuevos jueces en la Sala 10 de la Corte de Apelaciones y entonces esta nueva Sala desobedeció la instrucción de la Comisión Judicial, pues en vez de devolver el expediente al Tribunal de Primera Instancia para que corrigiera el error, procedió, *motu propio*, a anular la decisión que habían dictado los Jueces Superiores suspendidos y a dictar una propia como si

---

6   Sala Constitucional del Tribunal Supremo de Justicia, Sentencia de fecha 29-11-04. Exp: 04-0746.

fuesen jueces de primera instancia. En esta ocasión la Comisión Judicial no dijo nada.

Por esas tres razones nos sorprende la decisión de la Comisión Judicial y la única lectura que podemos darle es que el Poder Judicial está recibiendo un claro mensaje en el sentido de cómo debe decidirse esta causa.

Pareciera que el tema importante no es si la decisión estuvo o no motivada, ni como debe atacarse o corregirse, sino que lo importante es que se decida en el sentido de hacer prevalecer la medida de prohibición de salida del país, esto es, que debe decidirse siempre en contra de los investigados, lo cual constituye evidentemente una presión, una influencia indebida sobre los jueces que han de sentenciar las incidencias de esta causa, quienes por una razón natural deben sentirse coaccionados o amenazados de perder su cargo si deciden a favor de los imputados o acusados en este proceso.

Luego observamos lo siguiente: en la misma resolución en la que se suspende de su cargo a la Juez de Primera Instancia, se designa en su lugar al Dr. Manuel Bognano, quien se encargó de continuar el conocimiento de la presente causa. Este Juez, en conocimiento de algunas incidencias planteadas en el proceso, osó llevar la contraria a la Fiscal Sexta del Ministerio Público.

En una oportunidad, siguiendo la jurisprudencia de la Sala Constitucional, ordenó a la Fiscal Sexta que nos expidiera copia de las actuaciones del expediente que solicitáramos, entre ellas los videos, a fin de garantizarnos el cabal ejercicio del derecho a la defensa. Esta orden causó la indignación de la Representante Fiscal quien solicitó la nulidad de esa actuación.

Paralelamente surgió un incidente con motivo de la solicitud que hicieron los defensores del ciudadano Guaicaipuro Lameda en el sentido de que se fijara plazo al Ministerio Público para que culminara la investigación conforme al artículo 313 del COPP.

Para dar curso a esa solicitud y, estimamos que para conocer lo complejo de la investigación, así como el número e identidad de personas imputadas a fin de notificarlas, el Juez Bognanno solicitó a la Fiscal que le remitiera el expediente.

Sorprendentemente, la Fiscal Sexta, en vez de dar curso a la orden judicial, optó por increparle mediante oficio, solicitándole una explicación del porqué le pedía el expediente, lo que a todas luces constituyó un acto de rebeldía y desacato contra la orden judicial.

Ante esa situación, el Juez Bognanno ofició al Fiscal Superior para ponerlo en conocimiento de la irregularidad en la que estaba incurriendo la Fiscal Sexta.

Pues bien, a los pocos días el Juez Bognanno fue suspendido de su cargo.

Realmente desconocemos la razón oficial de su suspensión, quizá fue por otro motivo, pero nos llama a reflexión que ocurrió justo después de los dos inconvenientes relatados, con la Fiscal Sexta.

Realmente es demasiada casualidad.

Repetimos que no tenemos autoridad para dictaminar si las suspensiones de cargo de jueces fueron justificadas o no, pero no podemos dejar de acotar que lo cierto es que estas decisiones de la Comisión Judicial tomadas contra los jueces que han conocido del proceso que nos ocupa, producen en el ánimo de los juzgadores que lo están conociendo actualmente y de los que lo conocerán en el futuro, un temor fundado de perder sus cargos si deciden en contra de lo solicitado por la Fiscal Sexta Nacional.

Hay una decisión muy interesante sobre la garantía del Juez Natural que dice lo siguiente:

> "En este orden de ideas, la Sala estima necesaria algunas consideraciones sobre el alcance de la garantía constitucional al juez natural.
>
> Preceptúan, respectivamente, el artículo 8, cardinal 1, de la Convención Americana Sobre Derechos Humanos y el artículo 49, cardinal 4, de la Constitución de la República Bolivariana de Venezuela lo siguiente:
>
>> "*Artículo 8.* Toda persona tiene derecho a ser oída, con las debidas garantías y dentro de un plazo razonable, por un juez o tribunal competente, independiente e imparcial, establecido con anterioridad por la ley...".
>>
>> "*Artículo 49.* El debido proceso se aplicará a todas las actuaciones judiciales y administrativas; en consecuencia:
>>
>> (...)
>>
>> 4. Toda persona tiene derecho a ser juzgada por sus jueces naturales en las jurisdicciones ordinarias, o especiales, con las garantías establecidas en esta Constitución y en la ley. Ninguna persona podrá ser sometida a juicio sin conocer la identidad de

quien la juzga, ni podrá ser procesada por tribunales de excepción o por comisiones creadas para tal efecto."

El juez natural, como derecho y garantía constitucional, abarca una serie de elementos que deben ser concurrentes a la hora del análisis de su posible vulneración. Así, el juez natural comprende: que dicho juez sea competente, que esté predeterminado por la ley, que sea imparcial, idóneo, autónomo e independiente.

Al respecto, esta Sala Constitucional ha definido los límites y alcances de los requisitos de la garantía del juez natural en los siguientes términos:

"La comentada garantía judicial, es reconocida como un derecho humano por el artículo 8 de la Ley Aprobatoria de la Convención Americana de Derechos Humanos, Pacto San José de Costa Rica y por el artículo 14 de la Ley Aprobatoria del Pacto Internacional de Derechos Civiles y Políticos. Esta garantía judicial es una de las claves de la convivencia social y por ello confluyen en ella la condición de derecho humano de jerarquía constitucional y de disposición de orden público, entendido el orden público como un valor destinado a mantener la armonía necesaria y básica para el desarrollo e integración de la sociedad. Dada su importancia, no es concebible que sobre ella existan pactos válidos de las partes, ni que los Tribunales al resolver conflictos atribuyan a jueces diversos al natural, el conocimiento de una causa. El convenio expreso o tácito de las partes en ese sentido, al igual que la decisión judicial que trastoque al juez natural, constituyen infracciones constitucionales de orden público. Por lo anterior, si un juez civil decidiere un problema agrario, porque en un conflicto entre jueces, el superior se lo asignó al juez civil, tal determinación transgrediría la garantía del debido proceso a las partes, así la decisión provenga de una de las Salas de nuestro máximo Tribunal, y así las partes no reclamaran. (...)

En la persona del juez natural, además de ser un juez predeterminado por la ley, como lo señala el autor Vicente Gimeno Sendra (Constitución y Proceso. Editorial Tecnos. Madrid 1988) y de la exigencia de su constitución legítima, deben confluir varios requisitos para que pueda considerarse tal. Dichos requisitos, básicamente, surgen de la garantía judicial que ofrecen los artículos 26 y 49 de la Constitución de la República Bolivariana de Venezuela, y son los siguientes: 1) **Ser independiente, en el sentido de no recibir órdenes o instrucciones de persona alguna en el ejercicio de su magistratura; 2) ser imparcial, lo cual se refiere a una imparcialidad consciente y objetiva, separable como tal de las influencias psicológicas y sociales que puedan gravitar sobre el juez y que le crean inclinaciones inconscien-**

tes. La transparencia en la administración de justicia, que garantiza el artículo 26 de la vigente Constitución se encuentra ligada a la imparcialidad del juez. La parcialidad objetiva de éste, no sólo se emana de los tipos que conforman las causales de recusación e inhibición, sino de otras conductas a favor de una de las partes; y así una recusación hubiese sido declarada sin lugar, ello no significa que la parte fue juzgada por un juez imparcial si los motivos de parcialidad existieron, y en consecuencia la parte así lesionada careció de juez natural; 3) tratarse de una persona identificada e identificable; 4) **preexistir como juez, para ejercer la jurisdicción sobre el caso, con anterioridad al acaecimiento de los hechos que se van a juzgar, es decir, no ser un Tribunal de excepción**; 5) ser un juez idóneo, como lo garantiza el artículo 26 de la Constitución de la República Bolivariana de Venezuela, de manera que en la especialidad a que se refiere su competencia, el juez sea apto para juzgar; en otras palabras, sea un especialista en el área jurisdiccional donde vaya a obrar. (…); y 6) que el juez sea competente por la materia. (…)" (Sentencia n° 144 del 24 de marzo de 2000, caso: *Universidad Pedagógica Experimental Libertador*).

La infracción de la garantía del Juez Natural, plantea el problema de las consecuencias que tiene en la sentencia dictada, la violación del orden público constitucional. Es decir, qué efectos produce en el fallo proferido, constatar que no intervinieron en su formación los jueces predeterminados en la Ley o dictado en un procedimiento en el cual no se siguieron las reglas previstas en la ley, para efectuar la sustitución de los jueces por sus ausencias absolutas, accidentales o temporales.

La respuesta se encuentra en el artículo 246 del Código de Procedimiento Civil, en el que se declara que no se considerará como sentencia ni se ejecutará, la decisión a cuyo pronunciamiento aparezca que *no han concurrido todos los jueces llamados por la ley*. Esta declaración, de igual pertinencia en la consideración del juez natural que tenía la Constitución derogada y en las consideraciones de la Constitución vigente, pone de relieve que el incumplimiento de la garantía del juez predeterminado en la Ley -lo que incluye su legítima constitución-, hace inexistente la actividad jurisdiccional, pues sólo puede dictar la sentencia quien tiene en la normativa vigente y de acuerdo a las reglas establecidas en ella, la responsabilidad de administrar justicia."[7]

---

7   Sentencia de la Sala Constitucional del Tribunal Supremo de Justicia, de fecha 15-12-04. Magistrado Ponente: **PEDRO RAFAEL RONDÓN HAAZ,** con voto salvado del Magistrado Iván Rincón Urdaneta. Exp. N° 00-1138.

No sabemos si las decisiones contrarias a nuestras pretensiones, así como la negativa o retardo en decidir algunas otras que hemos mencionado arriba son producto de ese temor fundado que, estamos seguros, deben estar experimentando los jueces que conocen de este proceso, pero lo cierto es que no se ha garantizado su autonomía, independencia e imparcialidad y con ello se ha violentado a nuestro representado la garantía constitucional de ser juzgado por su Juez Natural, lo que conlleva necesariamente la nulidad de las decisiones que han sido tomadas en su contra y la nulidad del proceso en sí, lo cual pedimos sea declarado conforme a lo establecido en los artículos 190 y 191 del COPP.

6. COMENTARIOS Y ARGUMENTACIONES COMUNES A LAS SOLICITUDES DE NULIDAD ANTERIORES

Como hemos asentado antes, el debido proceso es el que fija las reglas del juego a través de las cuales interactúan los órganos del Estado con los particulares, permitiendo establecer el marco de la seguridad jurídica.

Los límites a la actuación del Estado previstos en la Constitución a través de las garantías, han sido flagrantemente traspasados por los operadores de justicia en el presente caso.

Las violaciones en que incurrieron tanto la Fiscal Sexta y su superior, el Fiscal General de la República, así como los Jueces que han actuado en la presente causa acarrean la nulidad absoluta de todas las actuaciones, pues se violaron las garantías constitucionales del debido proceso; de la defensa, por no haber tenido acceso a las pruebas y a los medios adecuados para ejercer la defensa; de la igualdad de las partes; de la tutela judicial efectiva y del derecho a la justicia expedita; de la presunción de inocencia; y del Juez Natural, todo ello de conformidad con lo establecido en los artículos 190 y 191 del COPP que disponen:

> "*Artículo 190. Principio.* No podrán ser apreciados para fundar una decisión judicial, ni utilizados como presupuestos de ella, los actos cumplidos en contravención o con inobservancia de las formas y condiciones previstas en este Código, la Constitución de la República, las leyes, tratados, convenios y acuerdos internacionales suscritos por la República, salvo que el defecto haya sido subsanado o convalidado."

"*Artículo 191. Nulidades Absolutas.* Serán consideradas nulidades absolutas aquellas concernientes a la intervención, asistencia y representación del imputado, en los casos y formas que este Código establezca, o las que impliquen inobservancia o violación de derechos y garantías fundamentales previstos en este Código, la Constitución de la República, las leyes y los tratados, convenios o acuerdos internacionales suscritos por la República."

Con relación a las nulidades ha dicho el Tribunal Supremo de Justicia:

"El recurso de nulidad en materia adjetiva penal, se interpone cuando en un proceso penal, las partes observan que existen actos que contraríen las formas y condiciones previstas en dicho Código Adjetivo, la Constitución de la República Bolivariana de Venezuela, las leyes y los tratados, convenios o acuerdos internacionales, suscritos por la República, **en donde el Juez Penal, una vez analizada la solicitud, o bien de oficio, procederá a decretar la nulidad absoluta o subsanará el acto objeto del recurso**".[8] (Negrillas nuestras)

"La Sala hace estas consideraciones, porque la inconstitucionalidad de un acto procesal –por ejemplo- no requiere necesariamente de un amparo, ni de un juicio especial para que se declare, ya que dentro del proceso donde ocurre, el juez, quien es a su vez un tutor de la Constitución, y por lo tanto en ese sentido es Juez Constitucional, puede declarar la nulidad pedida."[9]

A este respecto debemos observar que lo procedente en el presente caso es la nulidad absoluta de todas las actuaciones, pues son insubsanables por el Tribunal de Control ya que éste no tiene atribuciones para modificar la decisión del Fiscal, amén de que la nulidad está prevista en la Ley como una sanción procesal que conlleva suprimir los efectos legales del acto írrito, tal y como lo afirmó el Tribunal Supremo de Justicia en la siguiente decisión:

---

8   Sentencia del Tribunal Supremo de Justicia en Sala Constitucional del 10 de agosto de 2001, con ponencia del Magistrado Antonio José García García, en el expediente N° 01-0458, sentencia N° 1453, tomada de Jurisprudencia del Tribunal Supremo de Justicia, Oscar R. Pierre Tapia, N° 8, Año II, Agosto 2001.

9   Sentencia N° 256 del Tribunal Supremo de Justicia en Sala Constitucional del 14/02/02, exp N° 01-2181.

"Desde esta perspectiva, la Sala Constitucional debe precisar que en el actual proceso penal, la institución de la nulidad ha sido considerada como una verdadera sanción procesal -la cual puede ser declarada de oficio o a instancia de parte-, dirigida a privar de efectos jurídicos a todo acto procesal que se celebra en violación del ordenamiento jurídico-constitucional. La referida sanción conlleva suprimir los efectos legales del acto írrito, retornando el proceso a la etapa anterior en la que nació dicho acto."[10]

A todo ello debemos agregar el contenido del artículo 25 de la Constitución Bolivariana de Venezuela, que dice:

"Todo acto dictado en ejercicio del Poder Público que viole o menoscabe los derechos garantizados por esta Constitución y la Ley ES NULO; (...) (Mayúsculas, negrillas y subrayado nuestro).

En consecuencia, estando viciado de **NULIDAD ABSOLUTA** el presente proceso, se hace procedente la APLICACIÓN INMEDIATA de las normas constitucionales y legales que han sido transcritas, es decir, los artículos 190 y 191 del COPP y 25 de la Constitución Nacional y así respetuosamente pedimos sea declarado.

Conforme al artículo 106 del COPP, el control de la investigación estará a cargo de un tribunal unipersonal que se denominará Tribunal de Control, y de acuerdo al 282, ejusdem, a estos jueces corresponde controlar el cumplimiento de los principios y garantías establecidos en este Código, en la Constitución de la República, tratados, etc. por lo que el Tribunal competente para conocer de la presente acción de nulidad es el de Control del Área Metropolitana de Caracas, ante el cual presentamos la presente solicitud.

PETITORIO GENERAL DE NULIDAD

En razón de las consideraciones anteriores solicitamos respetuosamente se decrete la nulidad absoluta de todas las actuaciones que conforman el presente proceso, por la violación sistemática y masiva de los derechos y garantías constitucionales del Dr. Allan Brewer-Carías, como ha quedado reflejado a lo largo del presente capítulo, ordenando la devolución del expediente a la Fiscalía Supe-

---

10 Sentencia N° 880 del Tribunal Supremo de Justicia en Sala Constitucional del 29 de mayo de 2001, con ponencia del Magistrado José M. Delgado Ocando, en el expediente N° 01-0756.

rior del Área Metropolitana de Caracas para que designe un Fiscal imparcial que inicie las investigaciones que considere pertinentes, respetando las garantías constitucionales de los investigados.

III

OPOSICIÓN DE EXCEPCIONES

1. EXCEPCIÓN CONTENIDA EN EL LITERAL "I" DE ORDI-
NAL 4º DEL ARTÍCULO 28 DEL CÓDIGO ORGÁNICO
PROCESAL PENAL: ACCIÓN PROMOVIDA ILEGALMEN-
TE POR FALTA DE REQUISITOS FORMALES PARA IN-
TENTAR LA ACUSACIÓN FISCAL

Oponemos formalmente a la acusación formulada por la ciudadana Luisa Ortega Díaz, Fiscal Sexta a Nivel Nacional con Competencia Plena (Fiscal Sexta), en contra de nuestro defendido Allan
R. Brewer-Carías, la excepción prevista en el literal "i" del ordinal
4º del articulo 28 del Código Orgánico Procesal Penal, por falta de
requisitos formales para intentar la acusación fiscal.

Establece el artículo 28 del Código Orgánico Procesal Penal:

Artículo 28. Excepciones. Durante la fase preparatoria, ante el juez
de control, y en las demás fases del proceso, ante el tribunal competente, en las oportunidades previstas, las partes podrán oponerse a
la persecución penal, mediante las siguientes excepciones de previo
y especial pronunciamiento:

1. La existencia de la cuestión prejudicial prevista en el artículo 35;

2. La falta de jurisdicción;

3. La incompetencia del tribunal;

4. Acción promovida ilegalmente, que sólo podrá ser declarada
por las siguientes causas:

(...)

i) Falta de requisitos formales para intentar la acusación fiscal,
la acusación particular propia de la víctima o la acusación privada, siempre y cuando éstos no puedan ser corregidos, o no
hayan sido corregidos en la oportunidad a que se contraen los
artículos 330 y 412;

Dispone el artículo 326 del Código Orgánico Procesal Penal:

Artículo 326. Acusación. Cuando el Ministerio Público estime que la investigación proporciona fundamento serio para el enjuiciamiento público del imputado, presentará la acusación ante el tribunal de control.

La acusación deberá contener:

1. Los datos que sirvan para identificar al imputado y el nombre y domicilio o residencia de su defensor;

2. **Una relación clara, precisa y circunstanciada del hecho punible que se atribuye al imputado;**

3. Los fundamentos de la imputación, con expresión de los elementos de convicción que la motivan;

4. La expresión de los preceptos jurídicos aplicables;

5. El ofrecimiento de los medios de prueba que se presentarán en el juicio, con indicación de su pertinencia o necesidad;

6. La solicitud de enjuiciamiento del imputado.

Es una exigencia legal que la acusación contenga una relación clara, precisa y circunstanciada del hecho punible que se atribuye al acusado, pues una acusación imperfecta e incompleta en cuanto a los hechos acusados y sus circunstancias, en cuanto a la existencia de suficientes y admisibles elementos probatorios, en cuanto a la participación delictiva atribuida, vulnera el derecho a la defensa, y su correlato: conocer y controvertir los hechos, la prueba, y ofrecer al juez otra hipótesis o teoría del caso.

Esa relación exigida por el Código Orgánico Procesal Penal, no consiste en la trascripción de un resumen de los resultados de la investigación, sino que la acusación debe describir los hechos objeto de la investigación, con las circunstancias de tiempo, modo, lugar en que ocurrió, instrumentos utilizados, personas involucradas, las circunstancias de agravación y atenuación que estén establecidas.

Además, esa descripción de los hechos debe hacerse de una manera clara, precisa, ordenada y secuencial, de tal forma que permita a las partes hacerse una representación mental de lo que se acusa, incluyendo las circunstancias que puedan agravar o atenuar la responsabilidad.

Si se presentan distintos hechos, éstos deben estar debidamente especificados, y si son varias las personas acusadas, deben formularse los hechos en forma independiente para cada uno de ellos, indicando lo realizado específicamente por cada uno, aunque se trate del mismo asunto y del mismo delito, por cuanto el acusado tiene que conocer con certeza cada hecho o acción delictiva que se le imputa, y específicamente la manera como la acusación compromete su responsabilidad. Y sobre todo, debe hacerse una atribución concreta y directa al acusado de la conducta delictiva acusada.

La calificación debe ser en forma específica, incluyendo, cuando concurran, las circunstancias agravantes y atenuantes, para que las partes puedan desarrollar a plenitud sus derechos.

Debe indicarse la forma de participación por la cual se acusa, si es como autor y en tal caso si lo es directo o mediato, o si es coautor, o cómplice y cuál fue la conducta que ejecutó que permite adecuarlo como tal. Igualmente, se deberá indicar si se está ante un delito consumado o frustrado o, si se quedó en la modalidad de tentativa por tratarse de un delito de resultado y no haberse alcanzado éste.

No hace la Ciudadana Fiscal una relación clara, precisa y circunstanciada del hecho punible que se atribuye al imputado pues no señala claramente qué se le atribuye como delito.

El capitulo II del escrito de acusación que se titula "RELACIÓN CLARA PRECISA Y CIRCUNSTANCIADA DE LOS HECHOS PUNIBLES QUE SE ATRIBUYEN A LOS CIUDADANOS ALLAN RANDOLPH BREWER-CARÍAS, CECILIA MARGARITA SOSA GÓMEZ Y JOSÉ GREGORIO VÁSQUEZ LÓPEZ, cuando se refiere a nuestro defendido hace la ciudadana Fiscal una narración de distintos hechos.

En primer lugar, pareciera que atribuye como delito a Allan Randolph Brewer-Carías una omisión, cuando se refiere a la reunión efectuada en fecha 10-04-02, en las oficinas del fallecido Jorge Olavarría y señala "jamás observó, en conocimiento perfecto del derecho constitucional, que ese no era el procedimiento (sic) gobierno, ni para cambiar la Constitución de la República Bolivariana de Venezuela y se atentara contra las Instituciones democráticas."

Luego menciona la participación de Allan Brewer-Carías en la marcha del día 11-04-02 y sus declaraciones a los medios de comunicación social, ese día.

141

De seguidas sin elementos de prueba alguno, señala que redactó la renuncia del Presidente y finaliza atribuyéndole a nuestro defendido, la redacción del llamado "Decreto de Constitución de un Gobierno de Transición Democrática y Unidad Nacional".

Además se refiere como agravantes que operan en su contra, circunstancias como: "...con el agravante que es un profesor universitario especializado en derecho Público, por lo que tiene conocimiento de las Instituciones Políticas y Constitucionales, conocimientos éstos transmitidos en aulas universitarias, congresos y en extensas ediciones de textos de esta materia, sumado al hecho cierto que formó parte como constituyente de la Asamblea Nacional de 1.999, en la que se redactó y sancionó la Constitución de la Republica Bolivariana de Venezuela."

No hay una relación clara, de los hechos atribuidos y que al parecer de la Fiscalía del Ministerio Público, constituyen la comisión del delito de Conspiración para cambiar violentamente la Constitución, previsto y sancionado en el artículo 144 numeral 2° del Código vigente para la fecha de los hechos. A lo que se agrega que pareciera, que según la Representación Fiscal, constituyen agravantes, los méritos personales y profesionales de nuestro defendido.

No sabemos si debemos defendernos de una presunta "conspiración" que implica concierto "anterior" a los hechos considerados como delito, lo que conllevaría alegar y demostrar cuales fueron las actividades de nuestro defendido con anterioridad a esos hechos, lo cual, además, nos fue negado por la Representación Fiscal en la etapa de investigación. No sabemos si debemos defendernos de la presunta omisión convertida en punible por la Representación del Ministerio Público, o argumentar en relación a lo lícito del ejercicio del derecho a manifestar y a la expresión de las ideas. No sabemos si por el contrario debemos dar nuestra versión sobre los supuestos hechos ocurridos en Fuerte Tiuna, o los de los días posteriores en el Palacio de Miraflores.

Existe en consecuencia vulneración del derecho de defensa de nuestro defendido, no puede realizarse una defensa efectiva, y se le sume en incertidumbre sobre su supuesta actuación, durante los hechos ocurridos los días 11, 12 y 13 de abril de 2002, por la falta de requisitos formales para intentar la acusación fiscal.

Dispone el artículo 33 del Código Orgánico Procesal Penal:

"*Artículo 33*. Efectos de las Excepciones. **La declaratoria de haber lugar a las excepciones previstas en el artículo 28, producirá los siguientes efectos**:

(....)

4. La de los números 4, 5 y 6, el sobreseimiento de la causa.

Es procedente en consecuencia la declaratoria con lugar de la excepción opuesta, prevista en el literal "i" del ordinal 4° del artículo 28 del Código Orgánico Procesal Penal, y conforme el ordinal 4° del articulo 33 *ejusdem*, el sobreseimiento de la causa, y así solicitamos expresamente se declare.

Como quiera que en el estado actual del proceso no tenemos otra oportunidad para defendernos sino la del presente escrito, no obstante que la ambigüedad arriba anotada nos coloca en absoluta indefensión, nos vemos en la obligación de hacer una argumentación general contra todo lo alegado por el Ministerio Público, sin que ello signifique de manera alguna que estamos convalidando el vicio denunciado. Por ello, continuamos:

2. EXCEPCIÓN CONTENIDA EN EL LITERAL "C" DEL OR-DINAL 4° DEL ARTÍCULO 28 DEL CÓDIGO ORGÁNICO PROCESAL PENAL: ACCIÓN PROMOVIDA ILEGALMENTE, POR ESTAR BASADA EN HECHOS QUE NO REVISTEN CARÁCTER PENAL

Oponemos a la acusación formulada en contra de nuestro defendido la excepción prevista en el literal "c" del ordinal 4° del articulo 28 del Código Orgánico Procesal Penal, de acción promovida ilegalmente, por estar basada en hechos que no revisten carácter penal.

El referido artículo del Código adjetivo señala:

"**Artículo 28. Excepciones**. Durante la fase preparatoria, ante el juez de control, y en las demás fases del proceso, ante el tribunal competente, en las oportunidades previstas, las partes podrán oponerse a la persecución penal, mediante las siguientes excepciones de previo y especial pronunciamiento:

(…)

4. Acción promovida ilegalmente, que sólo podrá ser declarada por las siguientes causas:

(...)

c) Cuando la denuncia, la querella de la víctima, la acusación fiscal, la acusación particular propia de la víctima o su acusación privada, se basen en hechos que no revisten carácter penal;..."

3. DE LA INTERPRETACIÓN RESTRICTIVA DE LA CONSPIRACIÓN COMO COAUTORIA ANTICIPADA

Se ha acusado a nuestro defendido Allan R. Brewer-Carías, por la comisión del delito de CONSPIRACIÓN PARA CAMBIAR VIOLENTAMENTE LA CONSTITUCIÓN, previsto y sancionado en el artículo 144 numeral 2° del Código Penal vigente para la fecha de los hechos.

Los hechos realizados por nuestro defendido no constituyen delito, pues "La conspiración existe cuando dos o más personas se conciertan para la **ejecución** de un delito y resuelven **ejecutarlo**", entonces es obvio que no puede considerarse conspirador a quien no se ha concertado para la ejecución de un delito ni ha resuelto ejecutarlo.

No contiene el Código Penal venezolano una definición legal de lo que es conspiración, figura jurídica artificial y de muy restringida interpretación, que carece casi de contenido. (Según lo ha señalado el Tribunal Supremo Español, en sentencia de fechas 30-06-95 y 1-10-90, recogidas en el Repertorio de Jurisprudencia Aranzadi, con los números marginales 5157 y 7625).

El artículo 144 del Código Penal vigente para el año 2002, establece el delito de rebelión y en su ordinal 2°, sin hacer definiciones, se establece como delito la conspiración para cambiar violentamente la Constitución, cuando prevé:

> *Artículo 144*: Serán castigados con presidio de doce a veinticuatro años:
>
> 2. Los que, sin el objeto de cambiar la forma política republicana que se ha dado la Nación, **conspiren** o se alcen para cambiar violentamente la Constitución de la República Bolivariana de Venezuela". (Negritas añadidas.)

El Dr. Alberto Arteaga Sánchez, en dictamen que consignamos, aclara que el delito de rebelión, en su aspecto objetivo, tiene dos modalidades, la primera, se concreta en las acciones de alzarse públicamente en actitud hostil contra el Gobierno legítimamente constituido o elegido, para deponerlo o impedirle tomar posesión del mando, y, la segunda, en la conducta de conspirar o alzarse para cambiar violentamente la Constitución. El comportamiento, pues, que materializa el delito implica, o bien el levantamiento colectivo o público, con elementos de violencia, a los que se hace alusión con la expresión de la actitud hostil y con fin específico de deponer al Gobierno legítimo o impedirle tomar posesión del mando; o el comportamiento conspirativo con el fin de cambiar, por la fuerza, la Constitución.

En esta segunda modalidad del delito de rebelión, el tipo se concreta en la actividad de conspirar o alzarse para cambiar violentamente la Constitución, sin la intención de alterar la forma política republicana, fin éste que convertiría el hecho en un delito de traición a la Patria.

En este caso, el Código Penal Venezolano considera punible, por vía excepcional, la resolución manifestada de conspirar, la cual debe concretarse en el acuerdo de dos o más personas o su asociación con el fin específico de cambiar violentamente la Constitución; o el hecho de alzarse con ese mismo propósito.

Ahora bien, como acota el Dr. Arteaga Sánchez, en el mencionado dictamen:

> "...la conspiración supone un acuerdo de voluntades y propósitos sobre medios y fines o la resolución firme e inequívoca de cometer el hecho propuesto, no siendo suficiente la reunión de algunas personas, aun formal, para, discutir sobre el destino del país o sobre los cambios constitucionales o legales, ni el simple hecho de discurrir u opinar sobre la modificación de la Carta Magna. Y en cuanto a la conducta de alzarse, como ya lo expresé antes, ella implica el levantamiento efectivo o la insurrección violenta con el mismo fin."

No hay en la acusación elementos de convicción algunos sobre el acuerdo formal conspirativo de un grupo de ciudadanos, con el fin de cambiar violentamente la Constitución; se mencionan propuestas aisladas para cambio de Gobierno, proyectos de decretos o planteamientos relativos a la transición, nada de lo cual implica cambio de la Constitución por la violencia.

El derecho penal democrático es un derecho penal de "hecho", que no castiga los simples pensamientos, por ello, y ya que se trata de actos preparatorios, la interpretación del contenido de la conspiración debe llevarse a cabo **de la manera más restrictiva posible**.

La sanción penal de la conspiración, constituye el castigo de un acto preparatorio, razón por la cual es contrario a las exigencias de un derecho penal garantista y de hecho, penetrando en las intenciones y resoluciones de los ciudadanos. Por ello su interpretación es restrictiva, como lo exige el principio de la *lex certa*.

Para desarrollar esta parte nos referiremos al dictamen emitido por el eminente Profesor Dr. Enrique Gimbernat Ordeig, Catedrático de Derecho Penal de la Universidad Complutense de Madrid y jurista reconocido a nivel mundial, quien por cierto será uno de los principales conferencistas en el **"I Congreso Internacional de Derecho Penal y Criminología "Doctor Alejandro Angulo Fontiveros"** a realizarse en la sede de nuestro Tribunal Supremo de Justicia los días 24 y 25 de noviembre de 2005, a quien se han encargado las clases magistrales de apertura y clausura de dichas jornadas.

Se consigna junto con este escrito el dictamen del Dr. Gimbernat y un resumen de su currículo vital (anexo 13-A).

Nos hemos visto en la necesidad de recurrir a sus claros y objetivos análisis, así como a la doctrina y jurisprudencia internacional, dada la escasa experiencia judicial que tiene nuestro país en materia de conspiración.

El Dr. Gimbernat hizo un estudio pormenorizado de la conspiración y partiendo del principio que sólo son punibles el delito consumado y la tentativa -es decir: la realización de actos ejecutivos sin consumación-, concluye que sólo en supuestos excepcionales, también se castigan los actos preparatorios, como coautoría anticipada, cuando adoptan la forma de la conspiración. Es decir, que la conspiración sólo es punible cuando, en relación con delitos de especial gravedad, la ley sanciona expresamente la conspiración para cometerlos.

Agrega este catedrático, en el mencionado dictamen que:

"El principio (la regla) es la punibilidad de únicamente el delito consumado y los actos ejecutivos sin consumación (la tentativa), y que lo excepcional es que, en contadas ocasiones, se puedan castigar también los actos preparatorios, siempre que éstos, primero, se manifiesten bajo la forma de la conspiración con el acuerdo de dos o más personas, y que, segundo, la ley establezca expresamente, en relación con algunos hechos punibles caracterizados por su especial gravedad, que en ellos también se castiga la conspiración. Y así, y por ejemplo, y porque efectivamente estamos ante un delito para el que los Códigos prevén una pena muy severa, tanto en el Código Penal venezolano (art. 144.2), como en el argentino (art. 216), como en el español (art. 477), se tipifica explícitamente la conspiración para la rebelión."

La doctrina y la jurisprudencia son coincidentes en que no es conspiración cualquier acto preparatorio de dos o más personas que se ponen de acuerdo para cometer un delito, sino solamente aquellos actos preparatorios en los que el conspirador se propone intervenir directamente en la ejecución del delito.

Con otras palabras: Cuando varios sujetos se ponen de acuerdo para realizar un delito **sólo pueden considerarse conspiradores** aquéllos que, en el reparto de papeles, se comprometen a intervenir directamente en la ejecución del hecho, mientras que el comportamiento de quienes no van a perpetrar el delito, sino que se van a limitar a que los coautores lo realicen, **queda al margen de la conspiración y constituye, por ello, una conducta preparatoria atípica y, consiguientemente, impune**.

El Tribunal Supremo español expresó en sentencia de fecha 16-12-98, recogida en el Repertorio de Jurisprudencia Aranzadi, con el número marginal 10316:

"Se trata [en la conspiración]" "de un acto de manifestación de la voluntad o resolución manifestada, que pertenece a la fase del <iter criminis> anterior a la ejecución, por lo que se ubica entre la ideación impune y las formas de ejecución imperfecta, asimilándose a los actos preparatorios al no constituir todavía un comienzo de la ejecución, pero diferenciándose de ellos en su naturaleza inmaterial. El actual Código, con buen criterio, la considera de incriminación excepcional, es decir, que solamente se castigará en aquellos casos especialmente previstos en la ley, dada su naturaleza de <coautoría anticipada>, cuya sanción representa, en sí misma, una excepción al principio general que sitúa los límites de la punibilidad en el comienzo de la ejecución. Sólo en supuestos determinados de especial gravedad está justificado este adelantamiento de las barreras de defensa".

La doctrina científica entiende que sólo son conspiradores quienes se conciertan para, como coautores directos, intervenir ejecutivamente en el hecho delictivo planeado, y así se ha manifestado también la jurisprudencia del Tribunal Supremo español, en, por sólo mencionar algunas de ellas, las siguientes sentencias:

-Sentencia del TS de 22 de abril de 1983, A. 2300: "Su estructura [la de la conspiración] es bien sencilla: dos o más personas se conciertan, pactan o convienen **la ejecución de un delito y resuelven ejecutarlo**, siendo, pues, sus requisitos, la pluralidad de sujetos activos, el <pactum> o <societas scaeleris>, y, finalmente, la firme resolución de **perpetrar** el delito pactado".

-Sentencia del TS de 24 de octubre de 1989, A. 8475: "La conspiración, recogida en el párrafo primero del artículo 4 del Código Penal [de 1973], pertenece a una fase del <iter criminis> anterior a la ejecución, por lo que tiene naturaleza de acto preparatorio, y se ubica entre la ideación impune y las formas imperfectas de ejecución, como una forma de **coautoría anticipada** que determinados autores desplazan hacia el área de la incriminación excepcional de algunas resoluciones manifestadas, pero que en todo caso –y <de lege data>- se caracteriza por la conjunción del <pactum scaeleris> o concierto previo, y la <resolutio firme> o decisión seria de **ejecución** ... Puede parecer un contrasentido <prima facie> que se castiguen aquellos acuerdos cuando queda impune la conducta de un solo individuo que, pese a encaminarse hacia la comisión última de un delito, no llega a constituir todavía forma imperfecta del mismo, pero la explicación viene dada precisamente por la mayor entidad y peligrosidad de esa ideación plurisubjetiva que bien tolera dicha denominación de **coautoría anticipada**".

-Sentencia del Tribunal Supremo de 1 de octubre de 1990, A. 7625: "En consecuencia [en la conspiración], se trata de un acto preparatorio de otro de comisión real y futura, y de ahí que sea una **<coautoría anticipada>**".

-Sentencia del TS de 30 de enero de 1992, A. 607: "Pero en todo caso siempre habría de admitirse la conspiración, que no en vano ha sido calificada por la doctrina científica como **coautoría anticipada** y que requiere el acuerdo previo entre dos o más personas y la resolución firme de **ejecución**".

-Sentencia del TS de 9 de marzo de 1998, A. 2346: "... requiere [la conspiración] la concurrencia de una pluralidad de personas, dos al menos, que puedan cada una de ellas ser sujetos activos del delito que proyectan, que acuerdan sus voluntades mediante un <pactum scaeleris> y aparezcan animados por la resolución firme de ser **coautores de un concreto delito**".

-Sentencia del TS de 5 de mayo de 1998, A. 4609: "La conspiración exige la reunión de dos o más personas que no sólo tienen la voluntad firme de llevar a cabo una actividad delictiva, sino que también tienen una actitud suficiente para **constituirse en autores del delito diseñado**".

-Sentencia del TS de 16 de diciembre de 1998, A. 10316, que califica a la conspiración de **"coautoría anticipada"** (esta expresión de **"coautoría anticipada"** es la que se recoge también en las sentencias del TS de 18 de octubre de 2000, A. 8274, 18 de junio de 2002, A. 7932, y 29 de noviembre de 2002, A. 10874).

Santiago MIR, al interpretar la conspiración, también la concibe como <coautoría anticipada>, y señala "requiriendo que los conspiradores resuelvan ejecutar todos ellos el delito como coautores", agregando que esa interpretación "es la única que se ajusta a la letra de la ley, que no se contenta con la resolución de que se ejecute un delito, sino que se requiere que sean los conspiradores quienes resuelvan ejecutarlo".

En el mismo sentido Rodríguez Mourullo, en su obra Comentarios al Código Penal, habla de la conspiración como coautoria anticipada, e insiste que en razón de ello, **no puede considerarse conspirador quien <no resuelve ejecutar> el delito**, es decir, quien no hace suya la resolución conjunta, **sino que proyecta únicamente cooperar –aunque sea con un acto necesario- en lo que sólo admite como hecho ajeno**, es así que dice:

> "De ahí se deduce que, en definitiva, la conspiración constituye una coautoría directa anticipada, en el sentido de que se convierte en punible a pesar de faltar la conjunta realización objetiva incompleta o consumada del hecho planeado.
>
> La anterior caracterización implica importantes consecuencias. De ella se deriva que serán presupuestos de la conspiración los mismos que constituyen la componente subjetiva de la autoría, y que respecto a la posibilidad de ser conspirador regirán las mismas reglas que deciden la posibilidad de ser coautor.
>
> ....
>
> Por consiguiente **no puede considerarse conspirador quien <no resuelve ejecutar> el delito**, es decir, quien no hace suya la resolución conjunta, sino que proyecta únicamente cooperar –aunque sea con un acto necesario- en lo que sólo admite como hecho ajeno."

Como señala el Profesor Gimbernat, en su dictamen, la conspiración para la rebelión tiene que ser puesta en conexión, como acto preparatorio que es, con el tipo planeado que se pretende llevar a cabo, que en este caso es el de la rebelión, definida en el Código Penal de Venezuela como "[alzamiento] para cambiar violentamente la Constitución de la República Bolivariana de Venezuela",

149

constituyendo el verbo nuclear típico, por consiguiente, el del alzamiento violento. Pues bien: si dos o más personas se conciertan para ejecutar ese delito, y resuelven ejecutarlo (esta es la definición legal de la conspiración), entonces, de entre esas personas, sólo serán conspiradores aquellos que, pleonásticamente, se proponen intervenir en el delito planeado, ejecutándolo, esto es: perpetrando la conducta típica (la conspiración es una "coautoría anticipada"), es decir: alzándose materialmente de forma violenta, mientras que la supuesta e indemostrada conducta que se le atribuye a Allan R. Brewer-Carías no es la de que él mismo hubiera proyectado realizar personalmente ese alzamiento, sino la de, mediante su presunta intervención en la discusión y elaboración del Decreto, ayudar a los alzados. Por ello, la supuesta conducta que sin prueba válida alguna le atribuye el Ministerio Fiscal al señor Brewer-Carías, es atípica, y, por consiguiente, impune, en el sentido del tipo presuntamente aplicable de la conspiración, ya que éste abarca únicamente a los que preparatoriamente planean ejecutar, como coautores, el alzamiento violento, y no a aquellos otros que sin proyectar ser coautores, porque no se proponen realizar el verbo nuclear típico, se asignan –como se dice que habría hecho el señor Brewer-Carías- el limitado papel de "asistir" o "auxiliar" a los ejecutores.

4. DE LA ACUSACIÓN BASADA EN UNA OMISIÓN

Entre las acciones que según la Fiscal del Ministerio Público, constituyen delito, señala la reunión efectuada en fecha 10-04-02, con los ciudadanos José Gregorio Vázquez López, Daniel Romero y Jorge Olavarría, en las oficinas de este último, donde los primeros dos presentaron un proyecto de Decreto supuestamente los fines que Allan Brewer-Carías, le hiciera observaciones, lo cual es falso.

Agrega la Fiscal Sexta del Ministerio Público con competencia Nacional, que ese proyecto fue analizado y discutido por el acusado y que destacó la mala redacción, le hizo observaciones y planteó la necesidad de corregirlas, agregando que "jamás observó, en conocimiento perfecto del derecho constitucional, que ese no era el procedimiento (sic) gobierno, ni para cambiar la Constitución de la República Bolivariana de Venezuela y se atentara contra las Instituciones democráticas"

Disponen los artículos 1, 61 y 73 del Código Penal vigente:

"Artículo 1.- Nadie podrá ser castigado por un hecho que no estuviere expresamente previsto como punible por la ley, ni con penas que ella no hubiere establecido previamente.

Los hechos punibles se dividen en delitos y faltas."

"Artículo 61.- Nadie puede ser castigado como reo de delito no habiendo tenido la intención de realizar el hecho que lo constituye, excepto cuando la ley se lo atribuye como consecuencia de su acción u omisión.

El que incurra en faltas, responde de su propia acción u omisión, aunque no se demuestre que haya querido cometer una infracción de la ley.

La acción u omisión penada por la Ley se presumirá voluntaria, a no ser que conste lo contrario."

"Artículo 73.- No es punible el que se incurra en alguna omisión hallándose impedido por causa legítima o insuperable".

Consecuencia de tales disposiciones es que ninguna persona puede ser sancionada por actos u omisiones que no estén previstos como delitos, faltas o infracciones en leyes preexistentes, esto no es mas que el planteamiento principal del Principio de Legalidad y la consagración de los principios fundamentales del derecho penal, *"nullum crimen, nula poena sine actione"* y, *"nullum crimen, nulla poena sine lege"*, establecidos en el ordinal 6° del artículo 49 de la Constitución Nacional y según los cuales no existe delito a menos que la acción u omisión lesiva a bienes jurídicos, intereses o derechos sea descrita y sancionada por la ley como tal.

Pretende la Fiscal del Ministerio Público hacer ver la comisión de un delito, olvidando que la interpretación de las normas jurídicas, como señala Juan Fernández Carraquilla, en su obra Derecho Penal Liberal de Hoy, no puede perseguir los fines personales del operador de justicia. Veamos:

"El peligro de la interpretación jurídica no es, sin embargo, que en ésta haya valores, sino que en el discurso el intérprete sustituya las valoraciones de la Constitución, la ley y los principios por su personal escala axiológica, con lo que la construcción ya no se adecúa perseguir los fines del ordenamiento sino los personales del operador... El sometimiento estricto del juez a la ley es indispensable para que pueda hablarse de la vigencia del principio de estricta legalidad penal y procesal y significa que las leyes tienen que ser aplicadas por los jueces aunque sus consecuencias no les parezcan "convenientes" en cualquier caso o coyuntura."

(Fernández Carraquilla, Juan. Derecho Penal Liberal de Hoy. Introducción a la dogmática axiológica jurídico penal. Ediciones Jurídicas Gustavo Ibáñez. 2002. Bogota. Colombia. Paginas 54 y 55).

Pretende la Representación Fiscal configurar en delito, la supuesta omisión por parte de Allan Randolph Brewer-Carías, de observarle a los ciudadanos que le enseñaron un proyecto de decreto, que ese no era el procedimiento para cambiar el gobierno, ni para cambiar la Constitución de la República Bolivariana de Venezuela y que se atentaba contra las Instituciones democráticas.

La omisión tipificada como delito, es aquella que deriva del incumplimiento de los deberes que son impuestos de forma inequívoca por la ley y sanciona su inobservancia, a menos que haya causa legitima o insuperable, lo que exime de responsabilidad criminal.

Pero debemos hacer aquí un paréntesis para aclarar que nuestro defendido tampoco incurrió en una conducta omisiva en la oportunidad de esa reunión en la oficina del señor Olavarría pues en realidad sí manifestó allí su desacuerdo con el documento que se había leído. En esa oportunidad dijo, según afirmó a la Fiscalía, lo siguiente:

"Al llegar en la madrugada del 12 de abril de 2002 a Fuerte Tiuna...se me puso en contacto con dos jóvenes abogados, quienes fueron los que me mostraron un documento con un proyecto de decreto para un gobierno de transición que le habían entregado a Carmona, lo que había motivado el requerimiento de éste para que se me llamara.

Reconocí a esos dos abogados, por haberlos visto por primera y única vez en mi vida, dos días antes, el 10 de abril de 2002, en la oficina de Jorge Olavaria, quien me había invitado a una reunión con él a las 6 p.m de ese día. Jorge Olavarría también había sido miembro de la Asamblea. Una vez reunidos Olavarría y yo en su oficina, se presentaron esos dos jóvenes abogados, antes mencionados, sin que yo tuviera conocimiento previo de su identidad. Ignoro por qué Olavaria tenía previsto recibir a esos abogados, ni para quien o quienes trabajaban.

Los dos abogados nos leyeron, a Olavarría y a mi, un documento escrito que traían, contentivo de proyecto de decreto de constitución de un gobierno de transición. Esto ocurría dos días antes de los acontecimientos del día 12 de abril.

Oída la exposición de esos abogados, me causó sorpresa el contenido del documento. Sin embargo, por tratarse de personas que no conocía y a quienes no atribuía influencia especial en ningún círculo, mi reacción fue la de no dar mayor importancia a ese documento, y considerarlo como un episodio más dentro del escenario de rumores e iniciativas irrelevantes que desde hacía tiempo perturbaban nuestra vida diaria. Después de que Olavarría hizo una ilustrada disertación histórica, me limité a hablarles de la existencia de la Carta Democrática Interamericana aprobada el 11 de septiembre de 2001, sobre la cual, como se ha dicho, me encontraba haciendo un extenso estudio de carácter científico. Les reflexione sobre los efectos internacionales de la ruptura del orden constitucional, específicamente a la luz de esa carta, y me di cuenta de que ni siquiera conocían su existencia." (Comunicación suscrita por Allan Randolph Brewer-Carías, consignada ante la Fiscalía 6 del Ministerio Público, en fecha 14 de enero de 2005, cursante a los folios 143 al 168 de la pieza 13 del expediente.)

De manera que no es cierto lo que pretende hacer ver la Fiscal en el sentido de que hubo un supuesto silencio cómplice. El Dr. Brewer fue claro al hablarles de lo que significaría una ruptura del orden constitucional y de sus consecuencias internacionales, lo que ocurre es que no le dio mayor importancia a lo que aquellos señores planteaban porque no los conocía, no les atribuía influencia especial en ningún círculo, e incluso se dio cuenta que ni conocían de la Carta Democrática Interamericana.

Pero es que aún cuando hubiere habido la supuesta omisión que pretende atribuirle la Fiscal a nuestro defendido, tenemos que ello no constituye delito alguno, pues no está prevista como tal y por ende nos encontramos ante la situación de que el Ministerio Público ha acusado por un hecho que no reviste carácter penal, lo que da lugar a la declaratoria con lugar de la excepción planteada.

5.   DE LA VELADA IMPUTACIÓN DE NO HABER DENUNCIADO:

Nada dice la ciudadana Fiscal sobre obligación de denunciar, pero cuando se refiere a la acusación en contra de la ciudadana Cecilia Sosa Gómez, se refiere a tal circunstancia, y como ya se planteó, no habiendo una relación clara, precisa y circunstancia de los hechos que se atribuyen como delito, también creemos necesario argumentar sobre ello, no vaya a pretenderse veladamente que también se atribuye a Brewer-Carías ese hecho. En consecuencia exponemos:

Dispone el artículo 287 del Código Orgánico Procesal Penal:

"**Artículo 287. Obligación de Denunciar**. La denuncia es obligatoria:

1. **En los particulares, cuando se trate de casos en que la omisión de ella sea sancionable, según disposición del Código Penal o de alguna ley especial;**

2. En los funcionarios públicos, cuando en el desempeño de su empleo se impusieren de algún hecho punible de acción pública;

3. En los médicos cirujanos y demás profesionales de la salud, cuando por envenenamiento, heridas u otra clase de lesiones, abortos o suposición de parto, han sido llamados a prestar o prestaron los auxilios de su arte o ciencia. En cualquiera de estos casos, darán parte a la autoridad."

Queda claro entonces que la obligación por parte de los particulares de denunciar la comisión de un delito, sólo existe entonces **cuando se trate de casos en que la omisión de ella sea sancionable, según disposición del Código Penal o de alguna ley especial.**

A lo que se agrega que el artículo 289 del código adjetivo, señala que asiste a los abogados el derecho a no denunciar por motivos profesionales, respecto de las instrucciones y explicaciones que reciban de sus clientes, así textualmente dispone:

Artículo 289. Derecho a no Denunciar por Motivos Profesionales. No están obligados a formular la denuncia a la que se refiere el artículo 285:

1. Los abogados, respecto de las instrucciones y explicaciones que reciban de sus clientes;

2. Los ministros de cualquier culto, respecto de las noticias que se les hayan revelado en el ejercicio de las funciones de su ministerio realizadas bajo secreto;

3. Los médicos cirujanos y demás profesionales de la salud, a quienes una disposición especial de la ley releve de dicha obligación.

Agrega la Fiscal en su desarrollo de los hechos, que considera como un hecho que compromete la responsabilidad de nuestro defendido, que el 11-04-2002 en horas de la noche se trasladó a la Comandancia General del Ejército, en Fuerte Tiuna, en un vehículo con un chofer que le asignó el ciudadano Pedro Carmona Estanga, y en el Despacho del Comandante General del Ejercito se reúne con los abogados Daniel Romero y José Gregorio Vásquez López, para revisar nuevamente el documento que días antes éstos le habían enseñado; que en esa oportunidad asume la dirección, le hace observaciones, consideraciones y correcciones. Redactó lo que sería la renuncia del Presidente de la Republica y prestó asesoría en cuanto a la forma de proceder el nuevo gobierno, giró instrucciones, y dio, conjuntamente con los abogados, sugerencias de la forma como se llevaría a cabo la puesta en vigencia del mencionado decreto inconstitucional e ilegal.

Ha insistido nuestro representado que fue llamado por Pedro Carmona Estanga, en la madrugada del 12 de abril de 2002, preguntándole si se podía trasladar a Fuerte Tiuna, que es la sede del Ministerio de la Defensa y de la Comandancia General del Ejercito, pues deseaba conocer su opinión sobre un tema jurídico que se le había planteado, que él le manifestó que no tenía manera de trasladarse a Fuerte Tiuna, pero que Carmona insistió y le indicó que le mandaría a buscar a su casa; que alrededor de las 2:00 am., se presentó a su casa una persona que se identificó como el chofer del Dr. Carmona, junto con un efectivo militar y lo trasladaron a Fuerte Tiuna; que al llegar allí, lo recibió Carmona, y le solicitó analizara un documento que le habían entregado a su llegada a Fuerte Tiuna, a cuyo efecto se le puso en contacto con dos jóvenes abogados, quienes le mostraron un documento con un proyecto de decreto para un gobierno de transición.

La actividad de nuestro defendido en esa oportunidad fue expresar una opinión jurídica, que además fue contraria a lo que se estaba planteado en el documento que se le presentó.

Esta actuación es absolutamente legítima y ajustada a la ley. En ella no pueden identificarse elementos objetivos ni subjetivos de autoría o participación en una rebelión o conspiración, que no existió en la realidad y que, si se hubiese dado o alguna autoridad pudiese llegar a considerar que tuvo lugar, tampoco pueden identificarse tales elementos; y sus opiniones sobre el asunto que le fue planteado, constituyen la expresión legítima del ejercicio de un derecho y, específicamente, del ejercicio de la profesión de abogado y consultor en materia de Derecho Público, especialidad que ostenta el Dr. Brewer-Carías.

El Dr. Alberto Arteaga Sánchez en el dictamen al que hicimos referencia señala que resulta absurda la simple pretensión de sancionar a quien emite un dictamen o expresa una opinión jurídica, actuación conforme a derecho, de la cual no puede derivar ninguna consecuencia penal y que, sencillamente, es ajena totalmente a las conductas descritas en los tipos aludidos del Código Penal que antes han sido mencionados.

Agregando el destacado profesor que la autoría en materia penal o la coautoría, demanda la adecuación a la conducta descrita en la ley, que no es otra que la realización de actos de rebelión o alzamiento violento contra el Gobierno, o la conspiración con el fin de cambiar violentamente la Constitución; y la convergencia en la culpabilidad, por lo cual resulta imprescindible que quede acreditado que el partícipe tenía conciencia de lo que se proponía el autor o los coautores y dirigió su voluntad hacia el hecho objeto del conocimiento.

En el Octavo Congreso de las Naciones Unidas sobre Prevención del Delito y Tratamiento del Delincuente, celebrado en la Habana, Cuba, del 27 de agosto al 7 de septiembre de 1990, se aprobaron los Principios Básicos sobre la función de los Abogados, documento cuyo espíritu y propósito es la protección adecuada de los derechos humanos y las libertades fundamentales de toda persona, protegiendo el derecho a tener acceso efectivo a los servicios jurídicos de un abogado independiente, y lo que es fundamental, protegiendo a los abogados contra persecuciones, restricciones o ingerencias indebidas.

Los principios son las reglas por medio de las cuales la ONU tiende a conseguir sus propósitos, son una ampliación o desarrollo de principios consagrados en Tratados de Derecho Internacional debidamente ratificados por Venezuela, y por lo tanto son de vinculante cumplimiento.

Los considerandos de dicho documento de las Naciones Unidas señalan que los "Principios Básicos Sobre la Función de los Abogados, están formulados para ayudar a los Estados Miembros en su tarea de promover y garantizar la función adecuada de los abogados y que deben ser tenidos en cuenta y respetados por los gobiernos en el marco de su legislación y práctica nacionales, y deben señalarse a la atención de los juristas así como de otras personas como los jueces, fiscales, miembros de los poderes ejecutivo y legislativo y el publico en general."

En el Capítulo referido a las Garantías para el ejercicio de la profesión, se establece:

16. Los gobiernos garantizarán que los abogados a) puedan desempeñar todas sus funciones profesionales sin intimidaciones, obstáculos, acosos o interferencias indebidas; b) puedan viajar y comunicarse libremente con sus clientes tanto dentro de su país como en el exterior; y c) no sufran ni estén expuestos a persecuciones o sanciones administrativas, económicas o de otra índole a raíz de cualquier medida que hayan adoptado de conformidad con las obligaciones, reglas y normas éticas que se reconocen a su profesión.

17. Cuando la seguridad de los abogados sea amenazada a raíz del ejercicio de sus funciones, recibirán de las autoridades protección adecuada.

18. **Los abogados no serán identificados con sus clientes ni con las causas de sus clientes como consecuencia del desempeño de sus funciones.**

(…)

20. **Los abogados gozarán de inmunidad civil y penal por las declaraciones que hagan de buena fe, por escrito o en los alegatos orales, o bien al comparecer como profesionales ante un tribunal judicial, otro tribunal u órgano jurídico o administrativo.**

(…)

22. Los gobiernos reconocerán y respetarán la confidencialidad de todas las comunicaciones y consultas entre los abogados y sus clientes, en el marco de su relación profesional.

Si se pretende que la actuación de Allan Brewer-Carías, al acudir a la sede de Fuerte Tiuna, la madrugada del 12-04-2002, a emitir su opinión jurídica a requerimiento de Pedro Carmona Estanga, constituye la comisión de un hecho punible se están contradiciendo abiertamente estos principios de derecho internacional.

Agrega la Fiscal en su acusación, que de la investigación ha resultado que el 11 de abril de 2.002, se realizó una concentración en Parque del Este, para marchar hacia la Urbanización Chuao; que una vez en el sitio de destino, se realizó un acto en una tarima instalada frente al Edificio de PDVSA; que dentro de las personas que se encontraban presentes estaba el ciudadano Allan Randolph Brewer-Carías; que éste se separo de la marcha y acudió a TELE-

VEN donde fue entrevistado, manifestando, que una vez que saliera de esa entrevista se incorporaría nuevamente a la marcha.

Desconoce la ciudadana Fiscal, el derecho constitucional a manifestar pacíficamente, consagrado en el artículo 68 de la Constitución de la República Bolivariana de Venezuela, si pretende que esta actividad desarrollada por nuestro patrocinado, de acudir a la marcha de Chuao, puede ser catalogada como punible, o constitutiva del delito de Conspiración para cambiar violentamente la Constitución.

Se continúa en la acusación señalando que se produjeron en el país una serie de hechos que generaron caos, donde se preparaban renuncias, destituciones, se tomaba el Palacio de Miraflores y se hacían escritos, agregando que Allan Randolph Brewer-Carías, junto con otros, era una de las personas encargadas de la redacción de instrumentos jurídicos.

No es cierta tal aseveración, y se contraría la exigencia del artículo 326 del Código Orgánico Procesal Penal, pues se afirma en esta parte de la acusación que la actividad (ya no la omisión, como se mantiene precedentemente) que supuestamente desarrolló Brewer-Carías, fue la de redactar renuncias y destituciones.

Y concluye la Representante del Ministerio Público, que nuestro representado:

"con su participación en la discusión, elaboración y redacción del decreto conspiró para cambiar violentamente la Constitución, con el agravante que es un profesor universitario especializado en derecho Público, por lo que tiene conocimiento de las Instituciones Políticas y Constitucionales, conocimientos éstos transmitidos en aulas universitarias, congresos y en extensas ediciones de textos de esta materia, sumado al hecho cierto que formó parte como constituyente de la Asamblea Nacional de 1.999, en la que se redactó y sancionó la Constitución de la República Bolivariana de Venezuela vigente desde el 30 de Diciembre de 1.999, de la que se desprende la organización política venezolana, en cuanto a la manera de elección de sus autoridades, competencias, límites y la forma de cambiarla, tal y como consta del contenido de los articulo 340, 342 y 347, expresión genuina y directa del pueblo venezolano y en la cual se establece quienes tienen la iniciativa, discusión, sanción y publicación de la elaboración de normas constitucionales, así como su abrogación. Siendo lo más grave, en el conocimiento que tiene como profesor, venezolano, abogado y constituyente del deber que estaba de acuerdo a lo establecido en el artículo 333 de nuestra Carta Magna de colaborar en el restablecimiento de la efectiva vigencia de la Constitución, y en vez de cumplir con su deber ciudadano por mandato expreso del articulo 131 de la Constitución de la República Bolivariana de Venezuela conspiró participando en la elaboración y discusión "**Decreto de Constitución de un Gobierno de Transición Democrática y Unidad Nacional**", que el día 2 de Abril de 2.002, entró en vigencia cambiando violentamente la Constitución déla pueblo veneciano 30 de diciembre de 1.999."

Planteada la acusación, debe aparecer como probable la participación de una concreta persona en la comisión de un delito para que ésta se admita, debe haber una posibilidad racional de participación delictiva.

Reconoce expresamente la Fiscalía y lo plantea incluso sorprendentemente como una agravante, que Allan Randolph Brewer-Carías es un famoso abogado constitucionalista, profesor universitario especializado en Derecho Público, con conocimiento de las Instituciones Políticas y Constitucionales, conocimientos éstos transmitidos en aulas universitarias, congresos y en extensas ediciones de textos de esta materia, a lo que señala debe agregarse que formó parte como constituyente de la Asamblea Nacional de 1.999, en la que se redactó y sancionó la Constitución de la República Bolivariana de Venezuela vigente desde el 30 de Diciembre de 1.999, de la que se desprende la organización política venezolana, en cuanto a la manera de elección de sus autoridades, competencias, límites y la forma de cambiarla.

Ha negado en reiteradas oportunidades nuestro defendido su participación en los dispersos hechos que la Fiscal del Ministerio Público le imputa, y siendo que, según ella misma admite, el Dr. Brewer tiene la condición de profesor universitario especializado en derecho Público, es participante en congresos nacionales e internacionales sobre la materia, y autor de extensas ediciones de textos de esta materia, ex constituyente de la Asamblea Nacional de 1.999, etc., tenemos que concluir entonces que no existe ninguna posibilidad racional de participación delictiva, en la elaboración de lo que, la mayoría de los testigos de la Fiscalía califica como "adefesio".

Resulta de imposible comprensión que, reconociendo la Fiscal los extensos y calificados conocimientos de nuestro defendido en materia constitucional, pueda considerar que exista alguna pequeña probabilidad de que él haya sido el redactor de las decisiones políticas contenidas en la famosa acta de constitución del gobierno de transición mediante las cuales se pretendía disolver los poderes legítimamente constituidos.

La afirmación de la Fiscal en el sentido aludido constituye, per se, una contradicción.

En fin, ninguna de las supuestas actuaciones de nuestro defendido por las que la Fiscal Sexta le ha acusado constituyen delito.

En efecto, no lo constituye la supuesta omisión de señalar cual era la vía o mecanismo apropiado para reformar o cambiar la constitución; tampoco lo constituye la omisión del abogado de denunciar los temas que sus clientes le hayan sometido a consulta; tampoco lo constituye la evacuación de una consulta como profesional del derecho; y, mucho menos lo constituye el ejercicio del derecho de protesta de manera pacífica.

En consecuencia, no siendo ninguno de los hechos o actuaciones que se imputan a nuestro defendido constitutivas de delito, lo procedente es declarar en esta etapa del proceso el sobreseimiento de la causa por efecto de la declaratoria con lugar de la excepción prevista en el literal "c" del ordinal 4º del articulo 28 del Código Orgánico Procesal Penal, de acción promovida ilegalmente, por estar basada en hechos que no revisten carácter penal.

No queremos cerrar este capítulo sin referirnos a la posibilidad de que la Fiscal Sexta pretenda aducir que éstas son cuestiones propias del juicio oral y público que no pueden ser tratadas en esta fase del proceso. A este respecto debemos indicar con todo respeto que la fase intermedia es precisamente la que sirve de "filtro" a la acción de la Fiscal, correspondiéndole al Juez de esta fase, el de Control, precisamente "controlar" la acusación analizando los fundamentos tanto de hecho como de derecho que en ella se explanan. Con la venia del Tribunal nos vamos a permitir citar la acertada opinión que al respecto ha manifestado el Dr. Pedro Berrizbeitia:

> "FINALIDAD DE LA ETAPA INTERMEDIA. Se ha adjudicado a este período procesal la función de filtro. Con él se pretende evitar que acusaciones apresuradas, arbitrarias o sin fundamento, den lugar a la apertura del juicio oral y público (...) En el Código Orgánico Procesal Penal, la fase intermedia es obligatoria para el procedimiento ordinario. En ella el Juez ejerce una función de control de la acusación analizando sus fundamentos fácticos y jurídicos, así como la legalidad del ejercicio de la acción penal. Por otra parte, durante la fase preparatoria no está prevista la posibilidad de ordenar el enjuiciamiento del o de los imputados. Esa actividad se fija para

160

la segunda etapa, para la fase intermedia. Permitir que la sola decisión del fiscal del Ministerio Público llevase el proceso a la fase de juicio oral, traería consigo grandes riesgos muy similares a los que se pretende contrarrestar con el nuevo enfoque contenido en el Código Orgánico Procesal Penal. En efecto, actualmente el juez que investiga es el que decide el enjuiciamiento; la nueva legislación adjetiva presume que quien ha acometido la indagación, se incline a prejuzgar y a defender a ultranza los resultados de ella, y por eso no confía al fiscal la determinación del enjuiciamiento, sino que se la encomienda a un órgano distinto, al juez de control, y no durante la etapa preparatoria sino en la intermedia, luego de realizada la audiencia preliminar. En ese momento procesal, se van a evaluar los resultados de la investigación fiscal y se va a determinar si de ellos aparece la alta probabilidad de una sentencia condenatoria. De no surgir esta perspectiva, no deberá pronunciarse el auto de apertura a juicio oral. Con ello se pretende evitar lo que algunos autores españoles han denominado "pena de banquillo" Esta situación ocurre cuando se plantea una acusación infundada que irremediablemente conducirá a una sentencia absolutoria. La injusta sanción que se establece entonces para el acusado es la de estar sentado durante todas las audiencias que pueda prolongarse el juicio oral. La conocida expresión "que la verdad resplandezca en el juicio oral", que suele proferirse ante acusaciones obscuras y sin sustento que les permita alcanzar una sentencia condenatoria, debe ser proscrita de los procesos penales. Para ello está la función de control que despliega el juez durante esta segunda fase. En lo que al imputado concierne, la función garantizadora de la audiencia preliminar es clara. Antes de la decisión del juez, él podrá hacer alegatos que tiendan a lograr el sobreseimiento de la causa, la depuración del proceso o que de otra manera, ataquen los fundamentos fácticos y jurídicos de la acusación. El juez de control, por su parte, puede y debe impedir la realización de un juicio oral sin sentido. De tal modo, le evitará a ese imputado el sufrimiento psíquico y estigma moral que desgraciadamente produce a la mayoría de las personas el juicio público. Se impedirán de tal forma también, los costos familiares y económicos que todo proceso penal acarrea a quien lo sufre"[1]

---

1   Pedro Berrizbeitia Maldonado, "La fase intermedia y el control de la acusación", *Primeras Jornadas Derecho Procesal Penal. El nuevo proceso penal*, Universidad Católica Andrés Bello, Primera Edición 1998, p. 205.

Tal como se le solicitó pedimos se declare el sobreseimiento de la causa por efectos de la declaratoria con lugar de la excepción prevista en el literal "c" del ordinal 4º del artículo 28 del Código Orgánico Procesal Penal, de acción promovida ilegalmente, por estar basada en hechos que no revisten carácter penal.

IV

LA INEXISTENCIA EN ESTE CASO DEL LLAMADO "HECHO NOTORIO COMUNICACIONAL" CONFORME A LA DOCTRINA DE LA SALA CONSTITUCIONAL PARA PODER FUNDAMENTAR UNA ACUSACIÓN PENAL

Ahora bien, al haberse fundamentado la acusación fiscal en este caso, fundamentalmente en "recortes de prensa" y en supuestos "textos" trascritos de videos de entrevistas televisivas contentivos, todos, de opiniones o apreciaciones de periodistas, algunos transcritos de manera falsa tanto en la denuncia como en la imputación fiscal , que el denunciante Coronel Bellorín consideró globalmente que supuestamente conformaban un "hecho notorio comunicacional"; y al haber la señora Fiscal, en la acusación, indicado que "algunos de los elementos de convicción que sirven para presentar esta acusación son supuestos "hechos notorios comunicacionales" (invocando en la **página 17 de la acusación** todo el valor de la jurisprudencia de la Sala Constitucional, sentencia de 15-03-2005, para la acusación), lo cual no es cierto jurídicamente hablando, resulta obligante que tengamos que referirnos al tema del "hecho comunicacional" como especie del "hecho notorio" para, por supuesto, rechazarlo en este caso conforme a la misma doctrina de la Sala Constitucional del Tribunal Supremo que se invoca tanto por el denunciante Bellorín como en la acusación fiscal, ya que tales "recortes de prensa" y videos con opiniones de periodistas, jamás podrían llegar a configurar un supuesto "hecho notorio", que conforme a la legislación procesal supuestamente no requeriría prueba.

1.   SOBRE EL "HECHO NOTORIO" EN LA DOCTRINA

"LA PALABRA NOTORIEDAD, EN MATERIA JUDICIAL, ES JUSTAMENTE SOSPECHOSA; UN PRETEXTO AL QUE A MENUDO SE RECURRE CUANDO FALTAN LAS PRUEBAS O CUANDO ES DIFÍCIL DARLAS", Jeremías Bentham, Preuves, Bruselas 1840, L.1. Capítulo 16, p.104.

El profesor Lucciani en su *Tratado de la Quiebra*, I, n. 173, p. 325 al comentar una clarísima norma al Código de Comercio Italiano sobre la notoriedad, el artículo 686 que establece que "si es notorio, o por otros medios se tiene segura noticia de que un comerciante haya cesado de hacer sus pagos, el tribunal debe declarar la quiebra de oficio", ha sostenido lo siguiente:

> "La doctrina y la jurisprudencia enseñan que la notoriedad está constituida por la difusión de la noticia de que ha ocurrido la cesación de pagos; esto no obstante, *no debe descansar sobre voces vagas e indeterminadas, que no suelan ser puestas en boga maliciosamente por la envidia y por la maledicencia*, sino sobre *hechos precisos y determinados que constituyan la prueba no dudosa* de la cesación misma".

Por su parte, el maestro Carlos Lessona en su *Teoría General de la Prueba"*, Ed. Reus, Madrid, 1957, Tomo I, p. 210 dijo que se entiende por notorio el "hecho evidente y cuya existencia es pública, *general e indiscutible* (debe entenderse en el medio social a que pertenece)" y agrega "que la evidencia debe constar en los autos de modo *cierto y absoluto*". Por ello, para Lessona el hecho notorio debe ser admitido o por lo menos no discutido por las partes.

El maestro Giorgi, en su *Teoría General de las Obligaciones*, 2ª. Edición, Madrid, p. 497, indicó que "notorio" es "lo que es *tan evidente y público que el público entero sea testigo de ello*".

El destacado procesalista Hernando Devis Echandía, en su *Teoría General de la Prueba Judicial*, Tomo I, Zabalia, Buenos Aires p. 235, ha advertido que "La notoriedad es algo muy diferente de la fama y el rumor público", agregando:

> "Estas tres nociones tienen de común la divulgación o generalización que las caracterice, pero la primera es no sólo diferente sino opuesta a las últimas.
>
> El rumor público es otro hecho social más vago e indefinido que la fama. Esta puede tener un origen conocido como la publicación de un periódico o lo dicho por cierta persona, al paso que el primero es siempre de origen desconocido; la fama se refiere a sucesos o actos que se afirma han sucedido, *mientras que el rumor tiene un cierto carácter de probabilidad, porque quienes lo esparcen no aseguran sino que manifiestan que puede haber ocurrido o parece que sea cierto*. De ahí que en algunos Códigos, como en el de Procedimiento Penal Italiano vigente a principios de este siglo (artículo 349) *se*

ha llegado a prohibir la prueba del rumor público. Por ello, *el rumor no es objeto de prueba, ni puede eximir de prueba al hecho, ni sirve para orientar el criterio del juez en la apreciación de las pruebas.* Lejos de darle mayor verosimilitud al hecho como ocurre con la fama cuando la ley exige su prueba, *es sospechoso y debe ser descartado radicalmente por el juez.*"

El maestro Piero Calamandrei, en su *Estudio sobre el Proceso Civil. La definición de hecho notorio,* Buenos Aires, 1945, p. 186 indicó:

"No basta la momentánea difusión pública de la noticia de un hecho en vista de las consecuencias jurídicas que del mismo puedan derivar (como por ejemplo sucede en cuanto a *las voces que corren en torno al autor de un delito*) sino que es necesario que en torno a la verdad del hecho se haya afirmado previamente, en relación a las otras finalidades que podríamos denominar *latissimo sensu* culturales, formado, no en la atmósfera viciada de parcialidad y con frecuencia candente de pasiones que se hace siempre más densa en torno a los hechos, cuando se consideran como posible materia de una litis o de un debate penal, sino en el ambiente sereno y desinteresado en que cada grupo social selecciona y depura e influjos de parcialidad las verdades de que todos puede servirse en interés común".

Por otra parte, el profesor Joan Picó I Junoi en su obra *El Derecho a la Prueba en el Proceso Civil,* Ed. Bosch, Barcelona 1996, pp. 35 y ss. cita sentencias tanto del Tribunal Supremo como del Tribunal Constitucional españoles que han configurado que el derecho a la prueba es inseparable del derecho mismo a la defensa.

No puede, por tanto, decimos nosotros, darse por probado un hecho controvertido y fundamental para atribuirle responsabilidad penal a un ciudadano, amparado como está por la presunción de inocencia, diciendo que una opinión de un periodista es un "hecho notorio" por haber aparecido en las páginas de algún diario, y que, por consiguiente, está exento de prueba.

Por ello, al contrario, la más moderna Ley de enjuiciamiento a la fecha que trata sobre el "hecho notorio" que es la Ley de Enjuiciamiento Civil Española que entró en vigencia el 7 de enero de 2002, en su artículo 281,4, establece sobre el "objeto y necesidad de la prueba" que "No será necesario probar los hechos que gocen de notoriedad *absoluta y general*". Nótese de esta norma la exigencia de "**absoluta y general**", la cual tiene por objeto evitar los indiscriminados abusos y violaciones al derecho de defensa de las partes con el argumento de que un hecho está exento de prueba por ser notorio.

En el contexto de esta doctrina y de estas regulaciones lo único que nuestro defendido Allan R. Brewer-Carías podía hacer e hizo para desmontar la matriz de opinión que se estaba creando, fue convocar el 16 de abril de 2002 a una rueda de prensa para desmentir categóricamente, como se detalla más adelante, lo que opinaban periodistas por medios de comunicación y usando lo que se conoce en el argot de los medios como "refrito". Obsérvese que la señora Fiscal se basa en dichos de periodistas y entrevistas a periodistas, que el denunciante calificó como "hechos notorios comunicacionales".

Ahora bien, la categoría de "hecho comunicacional" no existe ni en la doctrina ni en la legislación, sino que ha sido una creación vernácula como especie del "hecho notorio" en virtud de una sentencia Nº 98 de 15-03-2000 de la Sala Constitucional. En dicha sentencia, ante todo, se establece con meridiana y absoluta claridad que el "hecho comunicacional" **sólo debe provenir de "noticias" sobre sucesos, acaecimientos o eventos** (no de entrevistas y opiniones); y además, se dispone que para poder ser considerado como tal, **no debe haber sido desmentido**. Por parte de nuestro defendido Allan R. Brewer-Carías, en rueda de prensa del 16 de abril de 2002 desmintió la matriz de opinión que perversamente se estaba formando para atribuirle la autoría del decreto. Esa sola rueda de prensa sirve para desvirtuar cualquier calificación que se pretenda dar a la opinión de los periodistas el carácter de "hecho notorio comunicacional".

Por otra parte, no es posible desconocer –basta con leerla- que en realidad la sentencia del Tribunal Supremo de Justicia en Sala Constitucional se estaba realmente refiriendo, como la misma sentencia lo reconoce expresamente, al llamado "hecho notorio *judicial*", el cual sí ha sido tratado por la doctrina y entre otros puede consultarse en Juan Montero Arocha, *La Prueba en el Proceso Civil*, Ed. Civitas, Madrid 2002, p. 65, donde expresa:

> "C. Notoriedad judicial. Este tipo de notoriedad es la que se refiere a los *hechos conocidos por el juzgador en razón de su actividad profesional o de procesos anteriores* de los que conoció jurisdiccionalmente. El punto clave de su concepto radica en diferenciarla del concepto privado del juez. Cuando el conocimiento de un hecho

proviene de cualquier actividad extraprofesional del juez, como se ve especialmente claro si éste ha sido testigo de un accidente, estamos ante un caso de "ciencia privada" que no *puede quedar excluida en la necesidad de prueba*; por el contrario, si el conocimiento proviene del ejercicio de la función jurisdiccional o, por lo menos, pertenece a lo que pudiéramos llamar ámbito propio en la que se desenvuelve la actividad profesional, es posible que estemos ante un verdadero hecho notorio, y por lo tanto ante la no necesidad de prueba".

La sentencia de la Sala Constitucional sobre el "hecho notorio comunicacional" precisamente se refiere a que si bien en el expediente no constaba el texto de una sentencia, al haberse publicado se convirtió en un hecho que adquirió "notoriedad judicial". En todo caso, a continuación pasamos a analizar detalladamente la doctrina judicial sentada en la mencionada sentencia, para **constatar su absoluta inaplicabilidad en este caso.**

2.   LA SENTENCIA Nº 98 DE 15-03-2000 DE LA SALA CONS-TITUCIONAL (CASO CORONEL OSCAR SILVA HERNÁNDEZ) DEL TRIBUNAL SUPREMO DE JUSTICIA SOBRE EL "HECHO COMUNICACIONAL"

En efecto, la Sala Constitucional del Tribunal Supremo de Justicia, mediante la sentencia Nº 98 de 15 de marzo de 2000, conforme al ordinal 1° del artículo 6 de la Ley Orgánica de Amparo sobre Derechos y Garantías Constitucionales ("Cuando haya cesado la violación") declaró inadmisible un recurso de amparo que había sido interpuesto por el Coronel Oscar Silva Hernández contra una decisión contentiva del auto de detención dictada por el Tribunal Instructor de la Corte Marcial, por considerar que había cesado la violación alegada por el accionante, por haberse dictado en el proceso respectivo una decisión absolutoria. Para adoptar su decisión, la Sala consideró que la sentencia absolutoria *que había sido dictada, aún cuando no constaba en autos, constituía un "hecho comunicacional" que no requería prueba*, argumentando como sigue:

La Sala ha hecho estas consideraciones, porque a este Tribunal consta, ya que reciben los Magistrados a diario un resumen de lo publicado en la prensa, y además existe en este Tribunal Supremo un archivo hemerográfico, que con fecha 22 de octubre de 1999 de manera coetánea en varios diarios de circulación en la ciudad de Caracas, se publicó que en el proceso militar que se siguió ante la

Corte Marcial contra el General de Brigada Ramón Rodríguez Mayol, y los Coroneles Juan Jiménez Silva y Oscar Silva Hernández, el cual es el mismo proceso identificado en este amparo, fue absuelto el Coronel (Guardia Nacional) Oscar Silva Hernández. En el diario El Universal, de fecha 22 de octubre de 1999 se reseña la noticia, al igual que en el diario El Nacional de la misma fecha, en la página D-7, donde además se reprodujo una gráfica del Coronel Silva Hernández con el subtítulo: "El Coronel Oscar Silva fue absuelto de todos los cargos".

Dicha información se convirtió en un hecho publicacional notorio, que fija como cierto esta Sala, y que demuestra que la posible violación denunciada por el recurrente cesó antes que se dicte decisión en esta Sala…

Es decir, la Sala Constitucional, para declarar inadmisible una acción de amparo se basó en la existencia de un hecho cierto, que efectivamente había acaecido, y que era que se había dictado una determinada sentencia, por un tribunal preciso, en un proceso determinado, en una fecha precisa y en relación con la persona que accionaba en amparo; hecho judicial que consideró como suficientemente probado como "hecho comunicacional", aún cuando el texto de la sentencia no cursara en autos. Este es el supuesto de hecho concreto, el cual, por cierto, es casi idéntico al hecho que produjo el desarrollo moderno de la teoría sobre el hecho notorio, a pesar de que su regulación en un cuerpo legal aparece plasmada por primera vez en el Código de Derecho Canónico. En tal sentido es clásica la referencia que hace la doctrina a la decisión que a finales del Siglo XIX habría adoptado un juez inglés, en el sentido de considerar que por cuanto como juez no había sido enterado (no constaba en el expediente) que el puerto de Hamburgo estaba más allá del mar, entonces, la letra de cambio que en el caso concreto había sido emitida en Hamburgo, había sido emitida en Inglaterra (la isla británica) y no en el continente (Alemania).

En todo caso, para dictar su decisión la Sala Constitucional argumentó sobre qué debía entenderse: primero, por "hecho notorio"; segundo, por "hecho publicitado"; y tercero por "hecho comunicacional"; considerando a este último, en definitiva, sólo al *hecho publicitado mediante noticias (no opiniones) que no ha sido desmentido,* el cual debe responder a las características que se precisaron en la misma sentencia, y a la cuales hacemos referencia más adelante.

Para precisar qué debe entenderse por "hecho comunicacional", la Sala desarrolló los siguientes argumentos:

3. SOBRE EL HECHO NOTORIO EN EL RÉGIMEN PROCESAL DE LAS PRUEBAS

La Sala comenzó su argumentación haciendo referencia al principio del derecho medieval *"notoria non egent probatione"*, conforme al cual se "exoneraba de prueba al hecho notorio", agregando que: "la conceptualización de que debe entenderse por dicho hecho, ha sido discutido por diferentes autores, siendo la definición del tratadista italiano Piero Calamandrei, en su obra Definición del Hecho Notorio (*Estudios Sobre El Proceso Civil*. Editorial Bibliográfica Argentina 1945), tal vez la de mayor aceptación. El maestro Calamandrei lo definía así: "se consideran notorios aquellos hechos el conocimiento de los cuales forma parte de la cultura normal propia de un determinado círculo social en el tiempo en que se produce la decisión". El principio de que lo notorio no requiere prueba fue acogido en el artículo 506 del Código de Procedimiento Civil, así como por el artículo 215 del Código Orgánico Procesal Penal, por lo que se trata de un principio que informa al proceso en general.

En efecto, en el artículo 506 del Código de Procedimiento Civil se dispone que "los hechos notorios no son objeto de prueba"; y en el artículo 198 del Código Orgánico Procesal Penal de 2001 (equivalente al artículo 215 del Código de 1998) dispone que "El tribunal puede prescindir de la prueba cuando ésta sea ofrecida para acreditar un hecho notorio".

Ahora bien, en cuanto a la necesidad de que el "hecho notorio" forme parte de la cultura de un grupo social, la sala Constitucional señaló que ello:

"se hacía impretermitible en épocas donde la transmisión del conocimiento sobre los hechos tenía una difusión lenta, sin uniformidad con respecto a la sociedad que los recibía, y tal requisito sigue vigente con relación a los hechos pasados o a los hechos que pierden vigencia para la colectividad, a pesar que en un momento determinado eran conocidos como trascendentales por la mayoría de la población. Dichos hechos no se podrán proyectar hacia el futuro, para adquirir allí relevancia probatoria, si no se incorporan a la cultura y por ello la Casación Civil de la extinta Corte Suprema de Justicia en fallo de 21 de julio de 1993, *acotó que la sola publicación por algún medio de comunicación social, sin la certeza de que el hecho fuere* "conocido y sabido por el común de la gente en una época determinada", *no convertía al hecho en notorio, concepto que comparte esta Sala*, ya que la noticia aislada no se incorpora a la cultura.

Ceñidos a la definición de Calamandrei, puede decirse que la concepción clásica del hecho notorio, requiere, por la necesidad de la incorporación del hecho a la cultura, que el, por su importancia, se integre a la memoria colectiva, con lo que adquiere connotación de referencia en el hablar cotidiano, o forma parte de los refranes, o de los ejemplos o recuerdos, de lo que se conversa en un círculo social. Por ello son hechos notorios sucesos como el desastre de Tacoa, la caída de un sector del puente sobre el lago de Maracaibo, los eventos de octubre de 1945, la segunda guerra mundial, etc. (subrayado añadido).

La Sala Constitucional, por tanto, comenzó su sentencia estableciendo que a los efectos de la concepción del "hecho notorio", ante todo tiene que tratarse de un "hecho", es decir, de un acontecimiento, un suceso o un acaecimiento *que efectivamente haya tenido lugar*, y que por haberse conocido entró a formar parte de la cultura, se integró a la memoria colectiva, constituye referencia en el hablar cotidiano de las personas, parte de sus recuerdos y de las conversaciones sociales.

El hecho notorio, por tanto, ante todo tiene que ser un hecho (suceso, acaecimiento) *cierto, real, que ha sucedido indubitablemente*, y que por su conocimiento por el común de la gente debido a su divulgación (ya que no todo el común de la gente pudo haber presenciado el hecho), entonces no requiere ser probado.

De allí los precisos ejemplos que utilizó la Sala en su sentencia, todos referidos a *hechos ciertos, reales, que efectivamente sucedieron o acaecieron*: "el desastre de Tacoa" referido al hecho del incendio de tanques de combustible en la Planta de la Electricidad de Caracas en Tacoa (Litoral Central); "la caída de un sector del puente sobre el lago de Maracaibo", referido al hecho del choque de un barco tanquero contra una sección del puente sobre el Lago de Maracaibo y la caída de dicha sección que interrumpió el tránsito; "los eventos de octubre de 1945" referidos al hecho conocido como la "Revolución de octubre" de 1945 que originó el derrocamiento del gobierno del Presidente Isaías Medina Angarita y la instalación de una Junta de Gobierno; y "la segunda guerra mundial", hecho acaecido desde 1939 hasta 1945.

Es precisamente frente a tales hechos ciertos, que la Sala, en otra parte de su sentencia afirmó que: Resulta un despilfarro probatorio y un ritualismo excesivo, contrario a las previsiones de una justicia idónea, responsable, sin dilaciones indebidas y sin formalismos, que consagra el artículo 26 de la vigente Constitución, que se deba probar formalmente en un juicio, por ejemplo, que la Línea Aeropostal Venezolana es una línea aérea; que fulano es el Gobernador de un Estado; o que existen bebidas gaseosas ligeras, o que el equipo Magallanes es un equipo de béisbol; o que José Luis Rodríguez es un cantante; o Rudy Rodríguez una actriz; o que una persona fue asesinada, y que su presunto victimario resultó absuelto; se trata de conocimientos de igual entidad que el difundido por la prensa en el sentido que un día y hora determinado hubo una gran congestión de transito en una avenida, o se cayó un puente en ella, etc.

Un ejemplo de hecho notorio comunicacional, incluso, puede apreciarse en la decisión de la Corte de Apelaciones, Sala 6ª, de esta Circunscripción Judicial Penal, de 22-05-2002, la cual consta en el expediente (**folio 94 y siguientes, Pieza VII**), en la cual, en relación con los sucesos, eventos o acaecimientos que ocurrieron en Venezuela en el mes de abril de 2002, dicha Sala 6ª de la Corte de Apelaciones estableció:

> Constan igualmente en autos, *las noticias* dadas por medios de comunicación de prensa escrita y radio, publicadas a través de la página web...; cuyo valor a los efectos acreditan los hechos que imputan al ciudadano Pedro Carmona Estanga, destacan los representantes del Ministerio Público, invocando el *hecho notorio comunicacional*, de acuerdo a la sentencia del 24 de marzo de 2000 de la Sala Constitucional del Tribunal Supremo de Justicia; estas informaciones *reseñan los sucesos* ocurridos en el país, tales como que en abril se inició el paro general de 24 horas convocado por la Confederación de Trabajadores de Venezuela, con respaldo de Fedecámaras presidida por Pedro Carmona Estanga, y sectores de oposición, en apoyo al conflicto laboral de la empresa estatal Petróleos de Venezuela (PDVSA); que el 10 de abril de 2002, la CTV y los empresarios acuerdan extender la huelga general por tiempo indefinido; reseña que el 11 de abril de 2002 ocurre la marcha de decenas de miles de personas, representantes de los gremios del sector empresarial y de la sociedad civil, cambian de rumbo hacia el palacio de Miraflores para pedir la renuncia de Chávez; que la protesta termina en enfrentamientos violentos que deja una quincena de muertos y más de cien heridos; que el Presidente acusa a los canales de televisión de incitar a la violencia y ordena la suspensión de las señales de cinco televisoras nacionales; que un grupo de generales y Almirantes de la Armada y el Ejército anuncian que desconocerán al gobierno de Chávez; que el comandante del Ejército, general Efraín Vásquez Velasco, se rebela contra el Presidente acusándolo de violar los derechos humanos y de promover las violentas fuer-

zas de choque, los llamados Círculos Bolivarianos; que el Ministro de Finanzas, general de Brigada Francisco Usón Ramírez, renuncia a su cargo y pide a Chávez que dimita; que el 12 de abril el Estado mayor anuncia en la madrugada del viernes, la dimisión de Chávez quien es detenido en la principal instalación militar de Caracas, el Fuerte Tiuna, y que el Presidente de Fedecámaras, Pedro Carmona Estanga, asume la Presidencia de una Junta provisional de Gobierno. Que el 13 de abril de 2002, suceden saqueos y rumores de alzamiento militar, denuncias de represión y focos de manifestaciones a favor de Chávez y los enfrentamientos dejan varios muertos y Pedro Carmona Estanga anuncia la próxima salida de Chávez del país; que fuerzas leales a Chávez apresan a Carmona Estanga quien renuncia a la presidencia; asume el cargo de Vicepresidente Diosdado Cabello, hasta que Chávez haya sido liberado y regrese al poder; que el 14 de abril Chávez regresa de la base naval en que estaba retenido y asume nuevamente la presidencia en el palacio de Miraflores; que Chávez niega la versión militar sobre que había dimitido tras los incidentes del día 11 de abril de 2002...

Conforme a esta sentencia, por tanto, el tratamiento de hechos notorios comunicacionales, de acuerdo con la doctrina y los ejemplos dados por la Sala Constitucional en su sentencia, *se atribuye a hechos efectivamente acaecidos que, por tanto, son ciertos*, y que se reseñaron como *noticias* en los medios de comunicación.

4.   HECHO PUBLICITADO O HECHO COMUNICACIONAL

Ahora bien, la Sala Constitucional, en su sentencia, pasó luego a hacer consideraciones sobre lo que denominó "hecho publicitado" y "hecho comunicacional", argumentando que en el mundo actual:

"con el auge de la comunicación escrita mediante periódicos, o por vías audiovisuales, ha generado la presencia de otro hecho, cual es el hecho publicitado, *el cual en principio no se puede afirmar si es cierto o no*, pero que adquiere difusión pública uniforme por los medios de comunicación social, por lo que muy bien podría llamársele el hecho comunicacional y puede tenerse como una categoría entre los hechos notorios, ya que forma parte de la cultura de un grupo o círculo social en una época o momento determinado, después del cual pierde trascendencia y su recuerdo solo se guarda en bibliotecas o instituciones parecidas, pero que para la fecha del fallo formaba parte del saber mayoritario de un círculo o grupo social, o a el podía accederse.

Así, los medios de comunicación social escritos, radiales o audiovisuales, *publicitan un hecho como cierto, como sucedido, y esa situación de certeza se consolida cuando el hecho no es desmentido* a pesar que ocupa un espacio reiterado en los medios de comunicación social" (destacado añadido).

La primera condición que precisó la Sala Constitucional al establecer el concepto de "hecho comunicacional", es la necesidad de que *su certeza se haya consolidado porque el hecho no haya sido desmentido*. Por tanto, para que los hechos comunicacionales puedan ser una "categoría de los hechos notorios", conforme a la doctrina de la sala Constitucional, es indispensable *que los mismos no hayan sido desmentidos*, lo que significa que, en principio, también tiene que tratarse de hechos reales, ciertos, es decir, acaecidos efectivamente. *Un hecho falso, que no acaeció efectivamente, por más que se publicite "como cierto, como sucedido", si es desmentido, nunca puede adquirir la categoría de hecho notorio*. Es decir, un hecho que jamás acaeció en la realidad, nunca podría llegar a considerarse como "cierto", salvo que suceda el caso excepcionalísimo de que sea admitido por el común y nunca haya sido desmentido.

Por tanto, si el "hecho publicitado" es desmentido, nunca podría adquirir la categoría de hecho comunicacional como tipo de hecho notorio. La Sala Constitucional, en esto, fue precisa indicando que en este caso de un hecho publicitado, si bien "no se puede afirmar si es cierto o no", lo cierto es que los medios de comunicación "publicitan un hecho como cierto"; pero dicha *"certeza se consolida cuando el hecho no es desmentido* a pesar de que ocupa un espacio reiterado en los medios de comunicación".

De allí la conclusión de la Sala en esta consideración sobre el carácter de los hechos publicitados *"mientras no se desmientan"*:

> De esta manera, el colectivo se entera de conflictos armados, de los viajes del Presidente de la República, de los nombramientos que hace el Congreso, de la existencia de crímenes y otros delitos, de la existencia de juicios, etc.
>
> Estas *noticias publicitadas* por los medios (por varios) de manera uniforme, podrían ser falsas, pero *mientras no se desmientan* y se repitan como ciertas, para el que se entera de ellas son hechos verdaderos sucedidos, así su recuerdo no se haya dilatado en el tiempo.

Se trata de un efecto de la comunicación masiva, que en forma transitoria y puntual hace del conocimiento general un hecho que durante cierto espacio de tiempo, a veces breve, permite a los componentes de la sociedad referirse a él y comentar el suceso, o tomar conciencia de un mensaje, como sucede con la propaganda o publicidad masiva (destacado añadido). La Sala Constitucional, además, fue precisa en indicar que sería una "irrealidad" "pensar que este hecho del cual toma conciencia no sólo el juez, sino un gran sector del colectivo, es de igual entidad que los otros hechos litigiosos"; agregando "Tan irreal es, que la doctrina enseña que es un requisito de validez del reconocimiento de individuos en rueda de personas, el que las fotografías de los posibles reconocidos no deben haber recibido publicidad previa al acto de reconocimiento".

En consecuencia, para que un "hecho" que nunca acaeció, que sea falso y que sin embargo haya sido publicitado como cierto, pudiera llegar a considerarse como un "hecho comunicacional" como categoría de hecho notorio, tal "hecho" no debe haber sido desmentido, es decir, debe haber sido aceptado.

5. LOS HECHOS COMUNICACIONALES Y LOS HECHOS FALSOS

De lo anterior podría sin duda resultar el absurdo de que un hecho que no haya sido tal, es decir, que nunca haya acaecido, que jamás haya sucedido y, por tanto, sea falso, a pesar de ello podría llegar a convertirse en la ficción de "hecho comunicacional", si el mismo se ha repetido en los medios de comunicación como verdaderamente sucedido, y se haya llegado a consolidar su certeza porque nadie lo haya desmentido. Sin duda, se trata de una situación excepcionalísima, delineada por la Sala Constitucional partiendo *de la exigencia fundamental de que tales "hechos" no hubieran sido desmentidos*.

Precisamente por ello, aún cuando un hecho falso pudiera llegar a constituirse en un "hecho comunicacional", porque no haya sido desmentido, en la misma sentencia la Sala Constitucional destacó que:

> El que el hecho sea falso, como ya se dijo, es una posibilidad mínima, pero que siempre puede ser opuesto y constatado en la misma instancia, si es la parte quien pretende valerse de él, o en la alzada si proviene del juez; y hasta puede ser confrontado dentro del re-

curso de Casación, mediante el artículo 312 del Código de Procedimiento Civil (destacado añadido).

En otra parte de la sentencia, la Sala insistió sobre este aspecto del hecho comunicacional destacando que en el caso de esa "posibilidad mínima" de que tal hecho sea falso, "no se ocasionaría para nadie daño alguno" pues para ello está la facultad judicial de control, a cuyo efecto indicó lo siguiente:

> LOS MEDIOS DE COMUNICACIÓN SE PROYECTAN HACIA UNA SOCIEDAD DE MASAS, QUE RECIBE CONOCIMIENTOS POR DIVERSOS MEDIOS: PRENSA, RADIO, AUDIOVISUALES, REDES INFORMÁTICAS, QUE UNIFORMAN EL SABER COLECTIVO SOBRE *LOS HECHOS QUE SE PRESENTAN COMO CIERTAMENTE ACAECIDOS (EVENTOS)*, DONDE LAS IMÁGENES QUE SE TRANSMITEN O SE PUBLICAN SOMETEN CON SU MENSAJE A LA MASA A LA CUAL PERTENECE EL JUEZ Y LAS PARTES. SIENDO ASÍ, ¿PARA QUÉ EXIGIR PRUEBAS SOBRE ESOS HECHOS COMUNICADOS, SI TODOS –ASÍ SEAN FALSOS- CREEN QUE AL MENOS OCURRIERAN VERAZMENTE? CON ACEPTAR QUE EL JUEZ COMO PARTE DE ESE CONOCIMIENTO COLECTIVO, ASÍ ESTE SEA TRANSITORIO Y TEMPORAL, FIJE EN UN FALLO UN HECHO, NO SE OCASIONA PARA NADIE NINGÚN DAÑO, PORQUE SI EL JUEZ INVENTARE EL HECHO, LA ALZADA Y HASTA LA CASACIÓN, AL NO CONOCERLO, LO ELIMINARÍAN DEL MUNDO DE LOS HECHOS CIERTOS, NECESARIOS PARA PODER SENTENCIAR, Y PARA ELLO BASTARÍA LA CONCIENCIA DEL SENTENCIADOR DE LA ALZADA DE NO CONOCER EL HECHO COMO CIERTO, NI PODER TOMAR CUENTA DE ÉL POR NO SABER DÓNDE BUSCARLO (DESTACADO AÑADIDO).

6. EL JUEZ Y EL HECHO COMUNICACIONAL

Ahora bien, delineado en los términos anteriores lo que la doctrina de la Sala Constitucional consideró como "hecho comunicacional", la misma Sala Constitucional en la sentencia, se preguntó si "¿Puede el juez fijar al hecho comunicacional, como un hecho probado, sin que conste en autos elementos que lo verifiquen?, dándose le siguiente respuesta: Si se interpreta estrictamente el artículo 12 del Código de Procedimiento Civil, el cual es un principio general, *el juez sólo puede sentenciar en base a lo probado en autos, con excepción del hecho notorio.* Tiene así vigencia el vetusto principio que lo que no está en el expediente no está en el mundo. Pero si observamos las sentencias, encontramos que ellas contienen un cúmulo de hechos que no están probados en autos, pero que son parte del conocimiento del juez como ente social, sin que puedan tildarse muchos de ellos ni siquiera como hechos notorios. Así, los jueces se refieren a *fenómenos naturales transitorios, a hechos que están patentes en las ciudades (existencia de calles, edificios, etc.), a sentencias de otros tribunales que se citan como jurisprudencia, a obras de derecho o de otras ciencias o artes, al escándalo público que genera un caso,* a la hora de los actos, sin que existan en autos pruebas de ellos.

Si esto es posible con esos hechos, que casi se confunden con el saber privado del juez, con mucha mayor razón será posible que el sentenciador disponga como ciertos y los fije en autos, a los hechos comunicacionales que se publicitan hacia todo el colectivo y que en un momento dado se hacen notorios (así sea transitoriamente) para ese colectivo.

Esta realidad lleva a esta Sala a considerar que el hecho comunicacional, como un tipo de notoriedad, puede ser fijado como cierto por el juez sin necesidad que conste en autos, ya que la publicidad que él ha recibido permite, tanto al juez como a los miembros de la sociedad, conocer su existencia, lo que significa que el sentenciador realmente no está haciendo uso de su saber privado; y pudiendo los miembros del colectivo, tener en un momento determinado, igual conocimiento de la existencia del hecho, porque negar su uso procesal (destacado añadido).

7. LA ACREDITACIÓN DE LOS HECHOS COMUNICACIONALES

Sobre la acreditación en autos de los hechos comunicacionales, la Sala Constitucional en su sentencia, en primer lugar, precisó que siempre debe tratarse de *instrumentos contentivos de noticias,* así:El hecho comunicacional puede ser acreditado por el juez o por las partes con los instrumentos contentivos de lo publicado, o por grabaciones o videos, por ejemplo, de las emisiones radiofónicas o de las audiovisuales, que demuestren la difusión del hecho, su uniformidad en los distintos medios y su consolidación; es decir, *lo que constituye la noticia* (destacado añadido).

En segundo lugar, precisó la Sala Constitucional que el juez también puede fijarlo, cuando tenga conocimiento cierto del hecho comunicacional, indicando:

Pero el juez, conocedor de dicho hecho, también puede fijarlo en base a su saber personal, el cual, debido a la difusión, debe ser también conocido por el juez de la alzada, o puede tener acceso a él en caso que no lo conociera o dudase. Tal conocimiento debe darse por cierto, ya que solo personas totalmente desaprensivos en un grupo social hacia el cual se dirige el hecho, podrían ignorarlo; y un juez no puede ser de esta categoría de personas.

EN CUANTO A LA FORMA DE ACREDITAR LOS HECHOS COMUNICACIONALES, EN OTRA PARTE DE LA SENTENCIA, LA SALA CONSTITUCIONAL INDICÓ LO SIGUIENTE: NO EXISTE EN LAS LEYES PROCESALES UNA OPORTUNIDAD PARA QUE LAS PARTES CONSULTEN A LOS JUECES SOBRE SU CONOCIMIENTO DEL HECHO NOTORIO CLÁSICO, O DEL NOTORIO COMUNICACIONAL, LO QUE CARGA A LAS PARTES, SOBRE TODO CON RESPECTO A ESTOS ÚLTIMOS, A PROBARLOS MEDIANTE LAS PUBLICACIONES O COPIAS DE LOS AUDIOVISUALES, SI ES QUE DUDAN QUE EL JUEZ NO LOS CONOZCA. A TENOR DEL ARTÍCULO 432 DEL CÓDIGO DE PROCEDIMIENTO CIVIL LOS ACTOS QUE LA LEY ORDENA SE PUBLIQUE EN PERIÓDICOS SON CONSIDERADOS FIDEDIGNOS, LO QUE INVOLUCRA QUE EL PERIÓDICO QUE LOS CONTIENE TAMBIÉN LOS SON, SALVO PRUEBA EN CONTRARIO. AHORA BIEN, SI EL EJEMPLAR DE LA PRENSA SE REPUTA, SIN MÁS, QUE EMANA DEL EDITOR EN ESOS CASOS, Y QUE DICHO EJEMPLAR REPRESENTA LA EDICIÓN DE ESE DÍA, IGUAL VALOR PROBATORIO DEBE TENER EL PERIÓDICO COMO TAL EN LO QUE AL RESTO DE SU CONTENIDO EXPRESA.EN SU SENTENCIA, LA SALA CONSTITUCIONAL CONCLUYÓ SU APRECIACIÓN SOBRE EL HECHO COMUNICACIONAL CONFORME A LOS PRINCIPIOS DEL PROCESO Y DE LA JUSTICIA EXPEDITA E IDÓNEA ESTABLECIDOS EN LA CONSTITUCIÓN (ARTS. 2, 26, 257) SEÑALANDO QUE:A PESAR DE QUE EL

HECHO COMUNICACIONAL Y SU INCORPORACIÓN A LOS AUTOS DE OFICIO POR EL JUEZ, NO ESTÁ PREVENIDO EXPRESAMENTE EN LA LEY, ANTE SU REALIDAD Y EL TRATAMIENTO QUE SE VIENE DANDO EN LOS FALLOS A OTROS HECHOS, INCLUSO DE MENOS DIFUSIÓN, ESTA SALA CONSIDERA QUE PARA DESARROLLAR UN PROCESO JUSTO, IDÓNEO Y SIN FORMALISMOS INÚTILES, *EL SENTENCIADOR PUEDE DAR COMO CIERTOS LOS HECHOS COMUNICACIONALES CON LOS CARACTERES QUE LUEGO SE INDICAN*, Y POR ELLO PUEDE FIJAR COMO CIERTO, LOS HECHOS QUE DE UNA MANERA UNIFORME FUERON OBJETO DE DIFUSIÓN POR LOS MEDIOS DE COMUNICACIÓN, CONSIDERÁNDOLOS UNA CATEGORÍA DE HECHOS NOTORIOS, DE CORTA DURACIÓN (DESTACADO AÑADIDO).

8.   LA NOTICIA COMO FUENTE EXCLUSIVA DEL HECHO COMUNICACIONAL

Como se dijo antes, en la misma sentencia, la Sala Constitucional fue precisa al destacar que *la fuente de los hechos comunicacionales tiene que ser la "noticia", precisamente como reseña de sucesos, eventos o acaecimientos que se han sucedido y que se publicitan, por lo que nunca pueden ser fuente de tales hechos comunicacionales, por ejemplo las opiniones, entrevistas o apreciaciones de periodistas o personas que se publican.* La Sala Constitucional, en efecto, señaló lo siguiente:

> El ejercicio del periodismo se hace efectivo mediante *la comunicación de la noticia, que informa sobre el suceso nacional o internacional* que se considera debe conocer el público. El área de la *noticia* es extensa: eventos naturales, humanos, sociales, culturales, judiciales, etc., son reseñados y trasmitidos al colectivo. En los medios de comunicación, la noticia destaca ya que es uno de los fines primordiales del medio, y el periodismo se ejerce de esta manera, siendo el informante, el periódico o el noticiero; es decir, la empresa de comunicaciones.
>
> *La noticia, entendida como suceso reseñado, contrasta con otros contenidos de los medios, tales como artículos de opinión, entrevistas*, remitidos, propaganda comercial, comunicaciones públicas, y avisos o llamados que ordena la ley se hagan mediante la prensa impresa y que muy bien pudieran ser parte de la comunicación ra-

dial o audiovisual, aunque la ley no los contemple (destacado añadido).

De acuerdo con la doctrina de la Sala, por tanto, en la misma sentencia se precisó que *no pueden ser fuente de los hechos comunicacionales las "opiniones, testimonios, anuncios, cuya autoría y veracidad no consta", pues "de este residuo se tiene certeza de que fueron difundidos, más no de su veracidad"*; en cambio, "el hecho del cual se hace responsable el medio de comunicación y que varios medios lo presentan como sucedido efectivamente, resulta captado por el colectivo como un hecho veraz". Por ello concluyó la Sala señalando que:

> El hecho comunicacional es preferentemente *la noticia de sucesos*, pero de él pueden formar parte, como realidades, la publicidad masiva.

Sobre este último aspecto de la noticia y de la publicidad a los efectos del hecho comunicacional, la Sala Constitucional además, indicó:

> Si las publicaciones que la ley ordene se hagan por la prensa, como carteles de citación, edictos, balances, etc., producen efectos jurídicos y se tienen por conocidos por todos, no hay razón para considerar que el resto de lo que se comunica como *noticia* importante no goce del conocimiento común, aunque hay que distinguir del material publicitado de aquel que la ley ordena se publique y que por mandato legal se hace, para que la ficción de conocimiento abarque al colectivo, del resto de lo informado. De ese resto, *existe la información de sucesos que es el meollo de la noticia*, y que debe separarse del resto del contenido de lo difundido, como la publicidad, *artículos de opinión, etc., que forman un sector del periodismo o de la comunicación diferente a la información de eventos*, los cuales – como tales- deben interesar a la colectividad y le dan a la función periodística (en cualquiera de sus expresiones) el carácter de servicio público. Ello no quiere decir que la publicidad comercial, no llegue a surtir los mismos efectos que el nuevo difundido en cuanto a su conocimiento, ni que las ruedas de prensa reseñadas por diversos medios, no adquieran la dimensión de suceso de actualidad; pero *en lo comunicado por los medios masivos, hay que distinguir aquellos que forman la noticia y que llaman la atención por su forma de presentarlos o exponerlos*, de aquellos que no conforman el meollo del mensaje, como avisos, carteles, etc., que no son destacados por el medio de comunicación social y que no son del interés

colectivo como eventos ocurridos (destacado añadido). Ahora bien, volviendo al meollo de la fuente del hecho comunicacional vinculada a la noticia, la Sala Constitucional en su sentencia, precisó: Desde este ángulo, las *informaciones sobre sucesos y eventos* que en forma unánime y en el mismo sentido hacen los medios de comunicación social de alta circulación o captación, son aprehendidos por toda la colectividad, que así sabe, por ejemplo, *que se interrumpió una vía, se produjo un accidente aéreo, se dictó una decisión judicial en un caso publicitado*, etc. Esta *noticia* tiene mucho mayor impacto que el cartel de citación, o la información que legalmente debe publicarse, que con su difusión por la prensa adquiere la ficción de ser conocida por la colectividad, sin tener *el poder de captación que tiene la noticia destacada del suceso*, a veces potenciada con gráficas, letras de mayor tamaño y otros elementos para su aprehensión visual (o conozca, según los casos), faltando además en los hechos puntuales (carteles, etc.), la mayoría de las veces, la publicación coetánea por varios medios.

Por la vía de la información periodística, el colectivo adquiere conocimiento, al menos en lo esencial, de determinados hechos y al todo el mundo conocer el hecho o tener acceso a tal conocimiento, no se hace necesario con respecto al proceso, mantener la prohibición del artículo 12 del Código de Procedimiento Civil, principio general del derecho (que no se puede sentenciar sino de acuerdo a lo probado en autos). Tal principio persigue que el juez no haga uso de su saber personal sobre el caso, ya que de hacerlo surgiría una incompatibilidad psicológica entre la función de juez y la de testigo, tal como lo decía el Maestro Calamandrei en la página 195 de la obra antes citada; además de coartarle a las partes el control de la prueba, ya que ellas no podrán ejercer el principio de control de hechos que solo conoce el juez y los vierte al proceso, minimizando así el derecho de defensa que consagra el artículo 49 de la vigente Constitución.

Pero con los hechos publicitados la situación es distinta, todos conocen o pueden conocer de ellos lo mismo, y mal puede hablarse que se trata de un conocimiento personal del juez incontrolable para las partes. Es por ello que la prohibición del artículo 12 Código de Procedimiento Civil, con su sentido protector de las partes, no opera ante este tipo de hecho, producto de los tiempos actuales y del desarrollo de la comunicación (destacado añadido).

9.   LAS CARACTERÍSTICAS DEL HECHO COMUNICACIONAL

Después de haber realizado todas las consideraciones anteriores, la Sala Constitucional concluyó precisando las características del hecho comunicacional, a los efectos probatorios, indicando que si bien "Es cierto que el hecho comunicacional, como cualquier otro hecho, puede ser falso", "dicho hecho tiene características que lo individualizan y crean una sensación de veracidad que debe ser tomada en cuenta por el sentenciador"; de manera que esos "caracteres confluyentes son":

1) *Se trata de un hecho, no de una opinión o un testimonio, sino de un evento reseñado por el medio como noticia;*

2) Su difusión es simultánea por varios medios de comunicación social escritos, audiovisuales, o radiales, lo cual puede venir acompañado de imágenes;

3) Es necesario que *el hecho no resulte sujeto a rectificaciones, a dudas sobre su existencia, a presunciones sobre la falsedad del mismo, que surjan de los mismos medios que lo comunican, o de otros* y, es lo que esta Sala ha llamado antes la consolidación del hecho, lo cual ocurre en un tiempo prudencialmente calculado por el juez, a raíz de su comunicación; y

4) Que los hechos sean contemporáneos para la fecha del juicio o de la sentencia que los tomará en cuenta (destacado añadido).

De acuerdo con la doctrina de la Sala Constitucional del Tribunal Supremo de Justicia, que hemos comentado y destacado, por tanto, en el caso de la denuncia formulada por el denunciante Bellorín (**folios 115 a 150, Pieza IV),** de la imputación formulada por la Representación fiscal (**folios 234 a 252, Pieza XIII),** y de la acusación en la cual se ha pretendido atribuirle a nuestro defendido el supuestamente haber "participado en la discusión, elaboración y redacción" del proyecto de decreto del gobierno transitorio, lo cual es un hecho falso; se han basado, como "elementos de convicción", en recortes de prensa contentivos de *opiniones de periodistas y en transcripciones falsas de entrevistas de opinión a periodistas* transmitidas por televisión, **por lo cual en ningún caso podía llegar a considerarse como "hecho notorio comunicacional"** conforme a la doctrina de la Sala Constitucional en la materia, ya que no se trata de "noticias" sobre sucesos o eventos (hechos) ciertos que hubieran acaecido efectivamente y que hubieran sido publicitados, y los cuales en todo caso, han *sido ampliamente desmentidas por nuestro defendido.*

10. LOS DESMENTIDOS EFECTUADOS POR EL DR. ALLAN R. BREWER-CARÍAS

De lo anteriormente expuesto resulta, por tanto, que el dicho de los periodistas en el sentido de que supuestamente "los autores de dicho decreto" habrían sido determinadas personas (incluyendo a nuestro defendido), como lo denunció el denunciante Bellorín, como tal supuesto "hecho" (que no lo es, pues sólo son opiniones de periodistas) no es cierto, pues es completamente falso que nuestro defendido haya participado en la "discusión, elaboración y redacción" de un documento previamente redactado (no sabemos por quien) que se le mostró. Además, no puede derivarse de dicho supuesto "hecho", ninguna situación probatoria que pudiera calificarse como la de un supuesto "hecho comunicacional" conforme a la doctrina de la Sala Constitucional del Tribunal Supremo de Justicia que se ha analizado extensamente. En efecto, se insiste, las opiniones, narraciones, apreciaciones o criterios periodísticos contentivos en artículos de opinión de periodistas y en entrevistas de televisión hechas a periodistas, como las que se enumeran y transcriben en la denuncia y luego en la acuación, algunas de ellas además en forma falsa, no constituyen un "hecho comunicacional" que se pueda asimilar al "hecho notorio" y que conforme al ordenamiento procesal venezolano, podría no requerir prueba. De acuerdo con la doctrina de la Sala Constitucional del Tribunal Supremo de Justicia que se ha analizado detalladamente con anterioridad, el "hecho comunicacional" se refiere a un hecho cierto, es decir, un suceso o un evento efectivamente acaecido, que ha sido publicitado *en noticias*, no en opiniones o entrevistas, y el cual no haya sido desmentido. En el caso de la denuncia del denunciante Bellorín y, por supuesto, de la acusación fiscal que copia ciegamente lo expresado por el denunciante Bellorín, las opiniones de los periodistas que se reseñan en los recortes de prensa o en los videos que cursan en el expediente correspondientes a los días siguientes al 12 de abril de 2002, no son "noticias" o informaciones referidas a eventos, sucesos o acaecimientos ciertos que hayan podido haber sucedido efectivamente, sino que son opiniones, apreciaciones o invenciones de periodistas, refiriendo en muchos casos un hecho falso (supuesta participación en la redacción del decreto del go-

184

bierno de transición), y las cuales, en todo caso, han sido completa y reiteradamente desmentidas por nuestro defendido Allan R. Brewer-Carías desde los mismos días siguientes al 12 de abril de 2002.

Por tanto, conforme a la doctrina de la Sala Constitucional, nada de lo que está contenido en la denuncia del denunciante Bellorín, ni en la acusación fiscal que se limitó a copiar lo que incluso falsamente dijo el denunciante Bellorín (engañando así al Ministerio Público), constituye ni puede constituir hecho notorio o hecho comunicacional alguno.

Además, los mencionados dichos, apreciaciones u opiniones de periodistas contenidos en los recortes de prensa y en las cintas de entrevistas de televisión, en los que se basa la denuncia y la imputación, fueron desmentidos públicamente por nuestro defendido, particularmente en la rueda de prensa que di el día 16 de abril de 2002, en la cual indicó enfáticamente que no redactó el decreto del gobierno de transición, y que si bien había sido consultado como abogado sobre el mismo en la madrugada del 12 de abril, en definitiva no se atendieron sus observaciones y recomendaciones, que eran contrarias a las decisiones políticas que contenía. Toda la prensa nacional reseñó la indicada rueda de prensa, la cual se apresuró a convocar en vista de la maliciosa matriz de opinión, totalmente falsa, que se había comenzado a formar con base en los reportajes y entrevistas particularmente de la periodista Patricia Poleo, cuyos recortes cursan en el expediente (**folios 2 y ss., Pieza IV**), precisamente para desmentir la mal intencionada y maliciosa campaña en su contra, que buscaba atribuirle participación en la redacción del decreto.

Dicha **rueda de prensa** se efectuó en las oficinas del Despacho de Abogados Baumeister & Brewer, el día 16-04-2002, y el contenido de la misma fue reseñado así en la prensa nacional: 1. "**Allan Brewer-Carías responde a las acusaciones: No redacté el Decreto de Carmona Estanga**" reseña por Ana Damelis Guzmán, *El Globo*, Caracas, 17/04/02, p. 4:

Allan Brewer-Carías responde a las acusaciones

No redacté el Decreto de Carmona Estanga

El constitucionalista Allan Brewer-Carías, explico ayer que él fue consultado para la redacción del decreto de Gobierno de Carmona Estanga, pero que no lo redactó. "Di mi opinión que era no disolver

185

la Asamblea Nacional, no se tomó en cuenta; y no sé quién redactó ese decreto"

Allan Brewer-Carías, expresó ayer en rueda de prensa, que aunque la Carta Democrática Interamericana haya sido aplicada al breve periodo de Gobierno de Carmona Estanga, el Gobierno de Hugo Chávez Frías también tiene puntos en contra por lo cual se le puede aplicar. Dijo que él no redactó el decreto de Gobierno de Pedro Carmona, y aseguró que no sabe quién lo hizo.

ANA DAMELIS GUZMÁN/EL GLOBO

Brewer-Carías indicó al inicio de la rueda de prensa que el país lo conoce y que lamentablemente en momentos de crisis muchos se aprovechan para sacar y tratar de descalificar a factores de la oposición. "Yo estoy consciente que soy un blanco útil para mucha gente. Fui consultado como abogado en medio de una crisis política como muchos abogados fueron consultados, y mi criterio estuvo siempre apegado al constitucionalismo", expresó.

"Mi opinión era que no debía disolverse la Asamblea Nacional porque eso nos colocaba al margen de la Carta Democrática Interamericana, pero no fue acogida y eso pasa con frecuencia, que los abogados emitimos opinión y los clientes no las toman", explicó.

"Quiero decirles incluso que durante todo ese periodo de crisis, me reuní con políticos y diputados de la Asamblea Nacional, para buscar el restablecimiento del Parlamento, afortunadamente se logró, pero muy tardíamente y después del gravísimo error que se había cometido", continuó…

-Arias Cárdenas dijo que lo vio en Fuerte Tiuna redactando el Decreto de Gobierno de Carmona Estanga...

-Me vio todo el que estuvo y todos los abogados que estaban llamados, y yo en ese tema de la redacción lo que propuse fue mejoras para que la Carta Democrática Interamericana fuera la fundamentación de lo que estaba ocurriendo.

-¿Por qué cree que lo señalan como redactor?

-Definitivamente yo no redacté el decreto, lo que hice fue sugerencias de modificaciones para adaptarlos a la Carta Democrática; las decisiones fueron políticas y no tuve ninguna injerencia en ellas.

-¿Quién redactó entonces el Decreto Presidencial de Carmona?

-No tengo la menor idea de quién lo redactó.

-Además del Procurador designado por Carmona, Daniel Romero, ¿qué otro abogado participó?

-Por Miraflores y Fuerte Tiuna desfilaron muchos abogados, de manera que no se trata de estar buscando nombres, porque no es lo correcto...Dijo que la Carta Democrática Interamericana fue aplicada a Venezuela por los errores conceptuales del primer Decreto del breve gobierno de Carmona Estanga, "el cual se apartaba de manera abierta de la Constitución y de los principios del funcionamiento de un parlamento cuya legitimidad no está en tela de juicio", expresó.

Para Brewer-Carías resulta paradójico que la Carta Democrática Interamericana haya sido aplicada, no al Gobierno del Presidente Chávez que según él venía haciendo méritos para la formación de un contundente expediente por distanciamiento de dicha Carta, sino a los opositores a Chávez, y ello, haya favorecido su retorno al poder (**anexo 2).**

2. El abogado desmiente haber redactado acta constitutiva de gobierno transitorio; Brewer-Carías se desmarca de Pedro Carmona Estanga, reseña por Felipe González Roa *Notitarde*, Valencia, 17/04/02, p. 13;

El abogado desmiente haber redactado acta constitutiva de gobierno transitorio

Brewer-Carías se desmarca de Pedro Carmona Estanga

Caracas, abril 16 (Felipe González Roa) - Allan Brewer-Carías marcó distancia del gobierno provisorio presidido por Pedro Carmona Estanga. El abogado rompió su silencio y negó las versiones que lo presentan como el autor del acta constitutiva de la nueva administración, que, entre otras cosas, disolvió la Asamblea Nacional y el Tribunal Supremo de Justicia.

Brewer-Carías reconoció que los promotores del gobierno provisorio lo consultaron a la hora de redactar el decreto. Sin embargo, afirmó que, cuando lo llamaron, alguien, desconocido para él, ya había elaborado el escrito.

"Yo no redacté el decreto. Sólo hice sugerencias de modificaciones para adaptarlos a la Carta Democrática. Las decisiones fueron políticas, y no tuve ninguna injerencia en esa decisión, ni conocimiento previo", comentó.

El abogado aseveró que sugirió enmarcar el acta constitutiva dentro de los preceptos esbozados por la Carta Interamericana Democrática, que, entre otras cosas, señala que todos los países de la región deben respetar los derechos humanos; celebrar elecciones periódicas y libres; garantizar un régimen plural de partidos políticos;

187

mantener la separación y autonomía de los poderes públicos; y velar por la libertad de expresión. Sin embargo, según resaltó, sus planteamientos no fueron tomados en cuenta.

El ex constituyente señaló que, además de él, fueron muchos los juristas que se presentaron en Miraflores y en Fuerte Tiuna para brindar sus visiones sobre la forma que debería adoptar el nuevo gobierno. Sin embargo, se negó a brindar los nombres de estos abogados... **(anexo 4).**

3. **"Brewer-Carías: No sé quien redactó el decreto de Carmona"**, reseña por Jaime Granda, *El Nuevo País*, Caracas, 17/04/02, p. 2;

Brewer-Carías: No sé quién redactó el decreto de Carmona

Por Jaime Granda

"Yo fui consultado como abogado y por tanto presté mis servicios profesionales como abogado, como lo hicieron muchos abogados que fueron consultados sobre un proyecto de decreto que ya estaba elaborado".

Así comenzó el doctor Allan Brewer-Carías a responder cuando le preguntamos, después de que habló con otros colegas, si había estado en la reunión de Fuerte Tiuna previa a la juramentación del empresario Pedro Carmona Estanga en el palacio de Miradores.

"Yo di mi apreciación -prosiguió- y señalé que debía adaptarse en la parte motiva a la fundamentación de la Carta Democrática Interamericana y no estuve de acuerdo con la parte dispositiva. Di mi opinión contraria, al punto de que me retiré inmediatamente después de dar mi opinión"...

Después de esa conferencia, también le preguntamos si fue Daniel Romero quien redactó el documento.

"No sé quien lo redactó. A mí se me enseñó un documento ya redactado. Yo no puedo decir quien lo redactó porque no vi a nadie redactándolo. De manera que sería una falta de ética profesional de mi parte decir que lo redactó fulano o zutano". Antes había dicho que "las decisiones fueron políticas y no tuve ninguna injerencia en esas discusiones ni conocimiento previo"... **(anexo 5).**

4. **"Señaló Brewer-Carías; Carta Democrática Interamericana podría ser aplicada a Chávez Frías",** -reseña- *El Siglo*, Maracay, 17/04/02, p. A-10;

Señaló Brewer-Carías
Carta Democrática Interamericana podría ser aplicada a Chávez Frías

...; "Estoy consciente de los graves problemas conceptuales del decreto que se hizo en el breve Gobierno transitorio que presidió Pedro Carmona Estanga, apartándose abiertamente de la Constitución y de los principios de un parlamento cuya legitimidad no está en tela de juicio. Lo que se debe analizar es que la Carta Interamericana haya sido aplicada en este caso para favorecer el regreso del presidente Chávez", agregó en rueda de prensa.

Brewer-Carías destacó que no intervino en la redacción del decreto pronunciado por Carmona Estanga, al momento de tomar posesión de la presidencia de la República y que originó la apertura de un expediente internacional que se encargue sus consecuencias políticas sobre el país. "A mi solamente se me consultó mi opinión sobre eliminar o no la Asamblea Nacional, al igual que a otros abogados. Pero, como se pudo apreciar, no fue acogida mi propuesta", añadió...

Por último, aprovechó la oportunidad para comentar que las declaraciones realizadas en la madrugada del 12 de abril por el general en jefe del alto mando militar, Lucas Rincón, deben ser estudiadas para saber si tienen efectos jurídicos sobre la legitimidad de poderes en el gobierno de Chávez.

"Tenemos que tomar en consideración las declaraciones del general Lucas Rincón. El país y el mundo entero vio cuando el jefe del alto mando militar anunció que el presidente Chávez había renunciado. Debemos saber si se pretendió engañar al mundo o si se puede abrir una discusión jurídica sobre este punto que puede traer serias repercusiones", finalizó (**anexo 6**)

5. **"Brewer-Carías niega haber redactado el decreto"**, reseña por Juan Francisco Alonso, *El Universal*, Caracas, 17/04/02, p. 1-4;

No quiso revelar los nombres de quienes lo escribieron
Brewer-Carías niega haber redactado el decreto
*JUAN FRANCISCO ALONSO /*EL UNIVERSAL

El constitucionalista, Allan Brewer-Carías, ofreció ayer una rueda de prensa en la que rechazó las versiones según las cuales él habría redactado el primer y único decreto del efímero gobierno de transición encabezado por Pedro Carmona Estanga.

Aclaró que fue consultado por el gobierno constituido tras la salida de Hugo Chávez de la Presidencia de la República, pero que no redactó el decreto mediante el cual se suprimieron los poderes Legislativo, Judicial y Ciudadano, y que amenazaba con remover también a los representantes-de los poderes regionales y municipales, legítimamente elegidos.

Brewer-Carías indicó que "opiné que no debía disolverse la Asamblea Nacional, porque eso nos colocaba al margen de la Carta Democrática, pero mi opinión no fue acogida (...) Yo no redacté el decreto, lo que hice fueron sugerencias de modificaciones para adaptarlo a la Carta, pero las decisiones fueron políticas y no tuve ninguna injerencia ni, conocimiento previo en ese sentido".

Acotó que "fui consultado como abogado en medio de una crisis política, como muchos otros abogados, y mi criterio siempre estuvo apegado al constitucionalismo, pero mi opinión no fue seguida".

No quiso pronunciarse sobre quién o quiénes habrían redactado el decreto y al respecto expresó "no se trata de estar dando nombres, pues fueron muchos los abogados que desfilaron por Miraflores y Fuerte Tiuna"…

Brewer-Carías expresó que "por los gravísimos errores conceptuales contenidos en la parte dispositiva del primer decreto del breve gobierno transitorio que presidió el doctor Carmona, apartándose de manera abierta de la Constitución y de los principios cardinales del funcionamiento de un Parlamento cuya legitimidad no está en tela de juicio, resulta paradójico que la Carta Democrática Interamericana haya sido aplicada, no al gobierno del presidente Chávez que venía haciendo méritos para la formación de un contundente expediente por su apartamiento de dicha Carta, sino a los opositores de Chávez, y ello haya favorecido su retorno al Gobierno después de haber abandonado su cargo, tomando por buena la explicación sobre la confusión en la cual habría incurrido el general Lucas Rincón, cuando anunció la renuncia del Presidente"… " (anexo 7).

6. "Constituyente Allan Brewer-Carías: Carta democrática paradójicamente se aplica a los opositores de Chávez y no a su gestión", reseña de Eucaris Perdomo, diario *2001*, Caracas, 17/04/02, p. 9.

Constituyente Allan Brewer-Carías

Carta Democrática paradójicamente se aplica a los opositores de Chávez y no a su gestión

*Desmintió que él haya redactado la resolución presidencial leída por el presidente transitorio Pedro Carmona Estanga, a partir de la cual no

solamente se disolvía la Asamblea Nacional sino todos los poderes públicos

EUCARIS PERDOMO, 2001.

…Así lo dejó saber durante una rueda de prensa ofrecida ayer, en la cual reconoció que los "gravísimos errores conceptuales contenidos en la parte dispositiva del primer decreto del breve gobierno transitorio que presidió Carmona Estanga, apartándose de manera abierta de la Constitución y de los principios cardinales del funcionamiento de un parlamento cuya legitimidad no está en tela de juicio", contribuyeron al retorno de Chávez al gobierno.

Al respecto, aprovechó la oportunidad para negar su participación en la redacción de ese decreto, aclarando que sólo fue llamado a Fuerte Tiuna para consultarle en torno a si procedía la disolución de la Asamblea Nacional. "Yo les dije que no procedía, porque esto nos pondría al margen de la propia Carta Magna, pero como siempre ocurre el abogado recomienda, sugiere, y el cliente decide", señaló. "No redacté ese decreto, sólo hice algunas observaciones, pero la decisión fue política". "Fui consultado como abogado en medio de una crisis política, como muchos otros abogados y mi criterio siempre estuvo apegado al constitucionalismo y mi opinión no fue seguida", sentenció… (**anexo 8**).

Aparte del desmentido efectuado en la rueda de prensa ampliamente reseñada, de la falsa versión periodística que se comenzaba a conformar como matriz de opinión, en otras reseñas de declaraciones mías sucesivamente desmentí el malicioso señalamiento periodístico de que nuestro defendido hubiese participado en la redacción del documento, lo cual insistimos, es falso, ya que cuando se le consultó el texto como abogado para dar una opinión jurídica sobre el mismo ya estaba redactado. Así, por ejemplo, en la reseña de la periodista Marianela Palacios, "**Reclaman a Iván Rincón no haber defendido la Constitución el 12 de abril**", en *El Nacional*, 03-05-2002, p. D-4, se informa que Allan Brewer-Carías ha "desmentido haber participado en la elaboración del texto" (**anexo 9**).

Por otra parte, en declaraciones dadas a la periodista Ascensión Reyes, "**Asegura que no había razones para dudar de las palabras del general**". Brewer-Carías: El anuncio de Rincón produjo una crisis de gobierno", *El Nacional*, 18-05-2002, p. D-4, se indicó, entre otros aspectos, lo siguiente:

BREWER-CARÍAS: *El anuncio de Rincón produjo una crisis de gobierno*

El constitucionalista recordó que el general en jefe afirmó que los integrantes del Alto Mando Militar ponían sus cargos a la orden de "las nuevas autoridades", lo que implicaba, jurídicamente, el anuncio de que en Venezuela no había nadie en ejercicio del Poder Ejecutivo

ASCENSIÓN REYES R.

"El constitucionalista Allan Brewer-Carías negó de nuevo que hubiera redactado el decreto del gobierno de transición de Pedro Carmona Estanga, mediante el cual se disolvían los poderes públicos.

"Cuando fui consultado como abogado al respecto, me hallaba frente a un texto cuyo contenido ya estaba redactado. Hice todos mis esfuerzos profesionales para que se respetaran los principios de la democracia representativa y el fuero del Parlamento, particularmente a la luz de la Carta Democrática Interamericana, que no sólo regula los elementos esenciales de toda democracia, sino que también sanciona internacionalmente las rupturas del orden democrático y constitucional", dijo Brewer-Carías.

Añadió que "sobre estas decisiones se me señaló que ya estaban tomadas y, por tanto, no sujetas a cambio. En vista de ello, después de haber insistido sobre el punto, cesé mi asistencia profesional y me retiré con desagrado del palacio de Miraflores. Ni siquiera estuve en Miraflores la tarde en que se dictó el decreto y se designó el gobierno transitorio".

Señaló que sus enemigos han querido achacarle la responsabilidad del desafortunado decreto, pero aseguró que quienes lo conocen a él y a su obra saben que no pudo proponer tales decisiones" (**anexo 10**).

Debe señalarse, en todo caso, que los supuestos "elementos de convicción" contentivos de opiniones periodísticas en prensa y entrevistas de televisión, enumeradas en la imputación fiscal (números 3 a 22 del acta de imputación (**folios 243 a 250, Pieza XIII**), *fueron exactamente los mismos que enumeró y reprodujo el denunciante Bellorín*, con todas sus maliciosas falsedades y omisiones y que pretendió configurar como un supuesto "hecho comunicacional". La Fiscal no hizo otra cosa que calcar lo que le escribieron al Coronel Bellorín en la denuncia que firmó. Lo copió contados los errores que tiene la denuncia.

En todo caso, los opiniones de periodistas contentivas de referencias sobre hechos falsos, enumeradas y trascritas (algunas falsamente) en la denuncia de Bellorín, y reproducidas en la imputación y luego en la acusación fiscal, además de la falsedad del texto de algunas de ellas, en ningún caso podrían conducir a considerar, como lo pretende la acusación, que sean "hechos" que no requieren ser probados y que puedan demostrar en forma alguna la comisión de hechos punibles.

De las solas declaraciones de los periodistas Patricia Poleo **(Folio 228, Pieza XVII)**, Francisco Olivares **(Folio 216, Pieza XVII; y Folio 11, Pieza XXII))**, Rafael Poleo, **(Folio 24, Pieza XXI)**, Roberto Giusti **(Folio 42, Pieza XXI)**, y Ana Beatriz Pérez Osuna **(Folio 9, Pieza XXI)**, ante la Fiscalía quedó en evidencia que ninguno de ellos estuvo ni en Fuerte Tiuna ni en el Palacio de Miraflores el día 12 de abril de 2002, habiendo negado que hubieran tenido conocimiento directo de los supuestos hechos que narraron en sus crónicas.

Por tanto, no existe la posibilidad, jurídicamente hablando, de que pueda configurase "hecho comunicacional" o "hecho notorio" alguno, basado en artículos de opinión de periodistas o entrevistas a periodistas, que no constituyen noticias sobre sucesos, y además, cuando lo dicho por tales periodistas ha sido desmentido. Por tanto, los textos de entrevistas que además se refieren a hechos falsos no puede configurase en "elemento de convicción" alguno de los hechos que se imputan a nuestro representado, es decir, en supuestamente haber participado "en la discusión, elaboración y redacción" del decreto de un gobierno de transición, lo cual es falso; y menos aún en que supuestamente se hubiera o haya podido haber llegado a un acuerdo, pacto o concertación alguna, con nadie, para cambiar violentamente la Constitución, lo cual también es completamente falso.

Es decir, no es posible, jurídicamente hablando, conforme a las más elementales normas del derecho procesal y a la doctrina sentada por la Sala Constitucional antes reseñada, que se pueda acusar a una persona, como sucede en este caso, la supuesta comisión de un delito como el de conspiración previsto en el artículo 144,2 del anterior Código Penal, es decir, **de haber pactado o concertado con otras personas con el objeto de cambiar violentamente la Constitución**; o que se pueda acusar a una persona, como sucede en este caso, simplemente, de supuestamente haber "participado en la discusión, elaboración y redacción" del decreto del gobierno de transición de abril de 2002, sin prueba esencial alguna, y basándose fundamentalmente en opiniones de periodistas, que ni siquiera son referenciales y que no han sido comprobadas, y que no podrán serlo jamás, por ser falsas, producto de su especulación imaginativa o supuestamente de informaciones falsas que le suministraron; y **las cuales en ningún caso constituyen el llamado "hecho comunicacional" como especie de hecho notorio conforme a la doctrina de la Sala Constitucional, pues no son "noticias" de eventos o sucesos, sino opiniones de periodistas que, además, han sido reiteradamente desmentidas.**

Lo más que podría decirse es que los periodistas dijeron eso, es decir, que esa fue su opinión o apreciación. Pero nunca podría llegar a concluirse que eso que dijeron es "verdad" o que sus opiniones constituyen "elementos de convicción". Si se llegare a tan absurda y exagerada conclusión habría entonces que eliminar el lapso probatorio de los juicios y litigar en los medios de comunicación, con los periodistas convertidos en jueces, que es lo que en definitiva ha pretendido hacer la señora Fiscal con su acusación.

Conforme al artículo 124 del Código Orgánico Procesal Penal, la primera exigencia de un proceso penal es la exigencia fundamental, para considerar a una persona como autor o partícipe de un hecho punible, de la necesidad de la existencia comprobada de un hecho punible o delito evidentemente no prescrito; y la segunda exigencia, es que existan elementos de convicción suficientes para considerar a tal persona como participe de ese delito.

Precisamente por ello, el imputado y acusado, conforme al artículo 125,1 del Código Orgánico Procesal Penal, entre otros derechos, tiene el derecho a "Que se le informe de manera *específica y clara* de los hechos que se le imputan"; lo que se ratifica en el artículo 131 del mismo Código Orgánico Procesal Penal, en el sentido de que antes de que declare, al imputado "se le comunicará *detalladamente cuál es el hecho que se le atribuye,* **con todas las circunstancias de tiempo, lugar y modo de comisión,** incluyendo aquellas que son de importancia para la *calificación jurídica,* las disposiciones legales que resulten aplicables y los datos que la investigación arroja en su contra".

Este derecho fundamental le ha sido violado a nuestro defendido por la representación fiscal, pues ni en la imputación ni en la acusación **se le informó "de manera específica y clara de los hechos"** que se le imputan, *con todas las circunstancias de tiempo, lugar y modo de comisión.* En la imputación sólo se afirmó *que supuestamente unos periodistas en artículos de opinión o en supuestas entrevistas realizadas por otros periodistas, dijeron que* *supuestamente* nuestro defendido habría "participado en la elaboración, redacción, discusión y presentación" del decreto del gobierno de transición, lo cual ni siquiera es cierto, porque si dijeron algo, no fue eso.

En ninguna parte del expediente, ciudadano Juez, en ninguna de sus miles de páginas y anexos, en ninguno de los documentos y videos que contiene, en ninguno de los varios informes de inteligencia y contrainteligencia que están incorporados en el mismo, en ninguno de los testimonios de personas (testigos e imputados) que han declarado en el mismo, **y dejando a salvo las crónicas, narraciones y chismes no comprobados de periodistas**, puede encontrarse la mas mínima referencia, el más mínimo indicio que pueda sugerir que nuestro representado hubiera participado en forma alguna en la "discusión, elaboración y redacción" del decreto del gobierno de transición; o de que hubiera podido haber entrado en un pacto o acuerdo con alguien, o haya concertado voluntades con alguna persona, para conspirar para cambiar violentamente la Constitución.

No hay en el expediente el más mínimo "elemento de convicción" de tales hechos, en cambio en lo que se ha basado la señora Fiscal para acusar, han sido unos "recortes de prensa" y supuestas "trascripciones" de videos contentivos de opiniones periodísticas que le había indicado el denunciante Bellorín, sin siquiera haberlos verificado (resultando falsos buena parte de los mismos), y que son contentivos sólo de eso, de opiniones, narraciones, crónicas o chismes de periodistas, que en su globalidad son vagas y de referencia sobre supuestos hechos que no les constan, ni pueden constarles.

Ciudadano Juez, no es posible jurídicamente hablando pretender iniciar un proceso penal dándole carácter de "elemento de convicción" a ese tipo de chismes o narraciones periodísticas, no comprobadas ni comprobables. Si eso se permitiera, estaríamos abriendo el camino para que en el país sean los periodistas los que condenen a los ciudadanos sin respetar el derecho a la defensa. Si ese fuera el camino, no harían falta los jueces, y estaríamos quitándole al sistema judicial su función de juzgar, convirtiendo a los periodistas en jueces, lo cual sería contrario al Estado de justicia que propugna la Constitución.

Del contenido de las opiniones periodísticas en las cuales la señora Fiscal ha fundado su acusación, si acaso algunas podrían servir como elementos para corroborar el hecho de mi presencia en la madrugada del 12 de abril en Fuerte Tiuna y cerca de mediodía de ese día en el Palacio de Miraflores, hecho que por cierto no requiere ser corroborado como lo hemos dicho repetidamente, y ha sido admitido y declarado por nuestro defendido Allan R. Brewer-Carías en la entrevista que sostuvo el 03-07-2002 con el Fiscal José Benigno Rojas (**folios 37 a 27, Pieza V**) antes transcrita (Capítulo I), así como con el contenido del escrito de fecha 14-01-2005 consignado en el expediente (**folio, 143 y ss., Pieza XIII**); hecho que por lo demás no constituye delito alguno ni prueba de comisión de hecho punible alguno, pues con el mismo estaba cumpliendo actividades propias del ejercicio de su profesión de abogado. Ello sí está multitud de veces corroborado en el expediente, con su opinión jurídica adversa al mencionado decreto de gobierno de transición, incluso en las mismas opiniones de los periodísticas en las que se basó injustamente la imputación, pero por supuesto, en su trascripción correcta y no en los textos *falsos* que maliciosamente le suministró el denunciante Bellorín y que, lamentablemente copió sin siquiera verificarlos.

En efecto, en este caso, la señora Fiscal, al contrario de lo exigido en las normas indicadas del Código Orgánico Procesal Penal (art. 125,1 y 131), sólo reprodujo lo que incluso **errada, falsa y maliciosamente había a su vez reproducido o inventado por el denunciante Bellorín**, sobre opiniones o dichos de algunos periodistas respecto de actitudes o actuaciones no comprobadas y no comprobables, pues nunca ocurrieron, y que sólo la imaginación de los mismos le atribuyó a nuestro defendido.

La consecuencia de este hecho es atroz en relación con el derecho a la defensa de los ciudadanos: parecería que bastara que uno o dos periodistas inescrupulosos e irresponsables acusaran repetidamente a un ciudadano de un hecho que no realizó, para que ciegamente un Fiscal del Ministerio Público proceda a imputarlo y acusarlo de delito, sin más "prueba" que los recortes de prensa.

11. OPINIÓN DEL PROFESOR ENRIQUE GIMBERNAT, DE LA UNIVERSIDAD COMPLUTENSE DE MADRID, SOBRE EL TEMA DEL HECHO NOTORIO COMUNICACIONAL

El profesor Enrique Gimbernat, de la Universidad Complutense de Madrid, consultado por nosotros en representación del profesor Brewer-Carías, emitió en junio de 2005 su dictamen, que anexamos marcado con el Nº 14, en el cual en relación con el tema del hecho comunicacional expresó lo siguiente que hacemos nuestro:

2. El "hecho notorio comunicacional" en la jurisprudencia de la Sala Constitucional del Tribunal Supremo de Justicia y su aplicación al caso sometido a Dictamen

a) Según la Sala Constitucional del TSJ, en su sentencia núm. 98, de 5 de marzo de 2000, para que pueda entrar en juego un hecho como "notorio comunicacional", es preciso que se haya publicitado mediante "noticias" y que no haya sido "desmentido". "Así", puede leerse en esa sentencia, "los medios de comunicación social escritos, radiales o audiovisuales, publicitan un hecho como cierto, como sucedido, y esa situación de certeza se consolida cuando el hecho no es desmentido a pesar de que ocupa un espacio reiterado en los medios de comunicación social", ilustrándose ese principio con los siguientes ejemplos: "De esta manera, el colectivo se entera de conflictos armados, de los viajes del Presidente de la República, de los nombramientos que hace el Congreso, de la existencia de crímenes y otros delitos, etc.", puesto que "desde este ángulo, las informaciones sobre sucesos y eventos que en forma unánime y en el mismo sentido hacen los medios de comunicación social de alta circulación o captación, son aprehendidas por toda la colectividad, que así sabe, por ejemplo, que se interrumpió una vía, se produjo un accidente aéreo, se dictó una resolución judicial en un caso publicitado, etc.". Y en otro pasaje de la referida sentencia se dice: "El hecho comunicacional puede ser acreditado por el juez o por las partes con los instrumentos contentivos de lo publicado, o por grabaciones o vídeos, por ejemplo, de las emisiones radiofónicas o de las audiovisuales, que demuestren la difusión del hecho, su uniformidad en los distintos medios y su consolidación; es decir, lo que constituye la noticia".

b) Los artículos periodísticos y las retransmisiones televisivas, a los que se acoge en su denuncia el señor Bellorín para tratar de fundamentar que constituye un "hecho notorio comunicacional" la participación de don Allan R. Brewer-Carías en la redacción del "Acta de Constitución del Gobierno de Transición Democrática y Unidad Nacional", no pueden tener esa condición, independientemente de por los razonamientos que se expondrán infra 3, por los argumentos que se desarrollan a continuación:

En primer lugar, porque la participación del señor Brewer-Carías en la redacción del Decreto ha sido reiterada y públicamente desmentida, con lo que no concurre uno de los requisitos exigidos por la jurisprudencia del TSJ para que dicha supuesta participación adquiera el carácter de "hecho notorio comunicacional". Esos desmentidos se contienen en, entre otras, las siguientes publicaciones:

- En las reseñas periodísticas de la rueda de prensa convocada por el propio señor Brewer-Carías el 16 de abril de 2002, y en la que negó rotundamente cualquier intervención en la elaboración y redacción del "Acta", reseñas de prensa que aparecieron, entre otros, en los siguientes medios de comunicación: en "El Globo", de Caracas, de 17 de abril de 2002, p. 4; en "Notitarde", de Valencia, en la misma fecha; en "El Nuevo País", de Caracas, también el 17 de abril de 2002, p. 2; en "El Siglo", de Maracay, en la misma fecha, p. A-10; en "El Universal", de Caracas, asimismo en la misma fecha, pp. 1-4; y en diario "2001", de Caracas, también el 17 de abril de 2002, p. 9.

- En una entrevista realizada a don Jorge Olavarría y publicada en "El Nacional" de 4 de junio de 2002, donde aquél declara: "Es una infamia decir que Brewer tuvo que ver con eso [con el Decreto]", así como en otra entrevista concedida por el mismo señor Olavarría al diario "Últimas Noticias", también de 4 de junio de 2002, donde reitera ese desmentido.

- En unas declaraciones de *don Jesús Soriano*, publicadas en "El Nacional" de 27 de abril de 2002, y en las que manifiesta: "Luego hablé con Daniel Romero, que me aseguró haber redactado el decreto con toda la intención: le indiqué la gravedad del asunto, pero no me escuchó".

- En la interpelación que se le hiciera a don Pedro Carmona en la Comisión Especial de la Asamblea Nacional, interpelación que fue reseñada en "El Universal", pp. 1-2, en "El Nacional", p. D-1, y en "Así es la noticia", p. 5, todos ellos de fecha 3 de mayo de 2002, y en la que aquél declaró que "el doctor Allan Brewer-Carías no tiene responsabilidad alguna".

- Y, finalmente, y por no multiplicar las referencias, en el libro "Mi Testimonio ante la Historia", de don Pedro Carmona, que, incomprensiblemente, el Ministerio Público considera prueba de cargo, cuando realmente lo es de descargo (véase supra II Q), y en el que aquél escribe que "no puede decirse ... que [a don Allan R. Brewer-Carías] se le[s] pueda imputar su redacción [del decreto]", y que "es justo puntualizar, como lo hice ante la Asamblea Nacional, que nunca he atribuido al Dr. Brewer-Carías la autoría del Decreto".

Y, en segundo lugar, las referencias periodísticas que el denunciante don Alberto Bellorín considera que constituyen un "hecho notorio comunicacional" –no así el Ministerio Público en su acta de imputación- no pueden ser consideradas como tales, pues, en realidad, esa supuesta -y falsa- intervención de don Allan R. Brewer-Carías en la redacción del "Acta de Constitución del Gobierno de Transición Democrática y Unidad Nacional" no integra una "noticia", tal como el TSJ estima, que lo son, por ejemplo, "los conflictos armados, los viajes del Presidente de la República, los nombramientos que hace el Congreso, la interrupción de una vía o un accidente aéreo", ya que en estos casos se trata de acontecimientos públicos de los que dan cuenta los periodistas, bien porque los han presenciado directamente, bien porque han recopilado la información de testigos directos cuya identidad no se oculta deliberadamente. En cambio, la supuesta intervención del señor Brewer-Carías en la redacción del Decreto no constituiría acontecimiento público alguno: esa supuesta intervención que, como los mismos periodistas que figuran en la denuncia del señor Bellorín confiesan abiertamente, no ha sido presenciada por ellos, la fundamentan en lo que les ha contado un presunto testigo directo del que se niegan a facilitar quién ha sido, lo que condiciona, a su vez, que se ignore si esos periodistas son testigos de referencia, ya que no está descartado que esa cualidad de supuesto testigo de referencia sólo la ostentara uno de los informadores, del que los restantes habrían copiado acríticamente esa primera información, por lo que, en realidad, ni siquiera serían testigos de referencia de un supuesto testigo directo, sino testigos de referencia de un primer y supuesto testigo de referencia –si oculta quién es el referenciado, su condición no puede pasar de la de "supuesto testigo de referencia"- de un supuesto testigo directo –si no se comunica la identidad de éste, la única cualidad que puede atribuírsele es la de "supuesto testigo directo"-.

3. "**Hecho notorio comunicacional**" y Declaraciones universales, internacionales y nacionales de derechos humanos

a)   Los derechos recogidos en las Declaraciones universales, internacionales y nacionales de derechos humanos tienen un carácter supranacional, hasta el punto de que sus formulaciones de, por ejemplo, el derecho a la presunción de inocencia (cfr. supra II A 2 a) o del derecho de defensa (véase supra II A 5 a) se plasman en los distintos textos internacionales y nacionales con definiciones casi idénticas. Por ello, porque los textos de referencia son prácticamente los mismos, y porque las Constituciones nacionales (así, por ejemplo, en los arts. 22 y 23 CNRB, y en el art. 10.2 CE) reconocen a esos textos jerarquía constitucional, en las interpretaciones de los derechos humanos no estamos ante disposiciones que, por su naturaleza e idiosincrasias nacionales, permitan una exégesis también nacional; por el contrario, en materia de derechos humanos –y por la universalidad de sus definiciones- no existe una interpretación venezolana, española, europea, argentina o australiana, sino sólo una única interpretación internacional con vigencia en todos los Estados democráticos de Derecho.

b)   Por todo ello, no se puede acudir a la razonable construcción de la jurisprudencia constitucional venezolana del "hecho notorio comunicacional", para –desnaturalizándola, tal como hace don Alberto Bellorín en su denuncia- tratar de anular la vigencia de los derechos a la presunción de inocencia y a la defensa. Y si, como se ha argumentado ampliamente en el apartado II de este Dictamen, la toma en consideración, como pruebas de cargo, de las referencias periodísticas enumeradas en la denuncia vulneran –como vulneran- tanto el derecho a la presunción de inocencia como el derecho de defensa del señor Brewer-Carías, de ello hay que concluir que no es jurídicamente posible encubrir esa vulneración –tal como hace, sin embargo, el señor Bellorín en su denuncia- acogiéndose a una abiertamente incorrecta interpretación de la construcción constitucional del "hecho notorio comunicacional", ya que esa construcción tiene que ser compatible –y ahí están sus límites- con los derechos humanos reconocidos en la CNRB y en los textos internacionales con jerarquía constitucional (anexo 14).

V

LA INFUNDADA ACUSACIÓN
Y LA INEXISTENCIA EN ESTE CASO DEL
TIPO DELICTIVO DE LA CONSPIRACIÓN

1. LA ACUSACIÓN FISCAL DEL 21-10-2005

La representación fiscal, mediante escrito de 21 de octubre de 2005 procedió a acusar a nuestro defendido pues supuestamente con "su participación en la discusión, elaboración y redacción del decreto, conspiró, con el agravante de que es profesor universitario especialista en derecho público", señalando, además, que supuestamente:

> "en vez de cumplir con ese deber ciudadano por mandato expreso del artículo 131 de la Constitución de la República Bolivariana de Venezuela, conspiró participando en la elaboración y discusión del "Decreto de Constitución de un Gobierno de Transición Democrática y Unidad Nacional", que el día 12 de abril de 2002, entró en vigencia desconociendo y cambiando violentamente la Constitución del 30 de diciembre de 1999".

La conducta a que se refiere la acusación, a juicio de la señora Fiscal, según se afirma en la página 132 de la acusación, estaría "enmarcada como delito en el Código penal venezolano en su artículo 143, numeral 2, el delito de CONSPIRACIÓN PARA CAMBIAR VIOLENTAMENTE LA CONSTITUCIÓN (art. 144, numeral 2 para la fecha de la comisión de los hechos".

De los párrafos antes transcritos, resulta que, por una parte, la Fiscal acusa a nuestro defendido por su supuesta "participación en la discusión, elaboración y redacción" del decreto del gobierno de transición. Todo ello es falso, por lo que no puede en forma alguna ser corroborado o probado y, por la otra le atribuye el incumplimiento de un deber como que si el abogado Brewer tuviera comando de tropa o hubiese sido funcionario público del gobierno del Presidente Hugo Chávez -muchos abarrotaron embajadas, exigiéndole que hiciere más de lo que hizo, demostrando un connotado valor como académico y profesor pues en lugar de buscar conectarse con el nuevo gobierno protestó ante quien fungía como su líder. No fue a los sitios donde ocurrían los eventos del 12 de abril en busca de puestos o prebendas. Se le solicitó una opinión profesional, se lo mandó a buscar a su casa y acudió a dar su opinión sobre algo que estaba hecho. Si Brewer no hubiese atendido el requerimiento de solicitud de consulta profesional, la señora Fiscal Luisa Ortega Díaz de todas maneras lo hubiera acusado con mismos argumentos "no cumplió con el deber ciudadano por mandato expreso del artículo 131 de la constitución". Fue y es muy valiente la actitud de Brewer cónsona con lo que ha sido su vida como profesor y empleado público cuando le ha tocado serlo. Brewer fue llevado al centro de los acontecimientos, donde había mucha gente que no fue llamada y menos requerida su presencia en ese sitio; el General en Jefe Lucas Rincón anunció la renuncia del presidente de la República y la suya propia y la del alto mando militar; el señor Presidente por sus propios medios se había trasladado a Fuerte Tiuna. El Presidente del Tribunal Supremo había presentado su renuncia para facilitar la "transición democrática" y Brewer, en esas circunstancias dice que no está de acuerdo con el proyecto decreto y que rompe el hilo constitucional.

2. LOS ERRADOS FUNDAMENTOS DE LA ACUSACIÓN

A. *La ausencia de participación de nuestro defendido Allan R. Brewer-Carías en los hechos imputados*

En efecto, negamos rotundamente que Allan R. Brewer-Carías haya participado en ninguna de esas actividades, es decir, conforme al Diccionario de la Lengua Española, negamos que nuestro defendido haya "participado" en dichas actividades, es decir, haya "tomado parte"; "compartido"; tenido "las mismas opiniones, ideas, que otras personas" (participación) en la discusión, elaboración y redacción de decreto alguno de gobierno de transición.

Es decir, negamos que nuestro representado haya participado en la "redacción" de dicho documento, entendiendo por "redacción", conforme al mismo Diccionario de la Lengua Española, la "acción o efecto de redactar"; y "redactar", el "poner por escrito algo sucedido, acordado o pensado con anterioridad".

Negamos que nuestro defendido haya participado en la "elaboración" de dicho documento, entendiendo por "elaboración", conforme al Diccionario de la Lengua Española, la "acción o efecto de elaborar"; y "elaborar", "transformar una cosa u obtener un producto por medio de un trabajo adecuado".

Negamos que nuestro defendido haya participado en la "discusión" de dicho documento, entendiendo por "discusión", conforme al Diccionario de la Lengua Española, la "acción o efecto de discutir"; y "discutir", el "dicho de dos o más personas".

En definitiva, negamos enfáticamente que nuestro defendido haya conspirado en forma alguna, como erradamente lo ha afirmado la señora Fiscal en su acusación, y que supuestamente "participando en la elaboración, redacción, discusión" del Acta de constitución o del decreto del mencionado gobierno de transición.

En su condición de abogado y profesor universitario especializado en materias de derecho público, a nuestro defendido se le requirió su opinión jurídica sobre el mencionado documento que ya estaba redactado, por lo que no pudo participar ni en su elaboración, ni en su redacción ni en su discusión. Con toda responsabilidad profesional y académica, dio la opinión jurídica que se le requirió sobre el contenido del documento que ya estaba elaborado y redactado, a quien se la solicitó, y **la misma fue además adversa al contenido del mismo**, como consta en el expediente, precisamente de los mismos "elementos de convicción" que ha aducido el Ministerio Público, como el texto del libro del Dr. Carmona, *Mi Testimonio ante la Historia* (**Pieza XIII,** p. 107 y 108) (Nº 27 de la acusación) y de las mismas apreciaciones de los periodistas, como se indica más adelante al analizarse los supuesto "elemento de convicción". De manera que lejos de ser un agravante la especialización de nuestro defendido Allan R. Brewer-Carías en temas de derecho público, como lo indicó muy maliciosa y sarcásticamente el denunciante Bellorín (**folios 132 y ss., Pieza IV),** lo repitió la imputación fiscal (**folio 235, Pieza XIII**), y se afirma en la acusación, ello en realidad fue una elemento determinante para que como abogado diera una opinión jurídica adversa a su contenido como lo destacó en la entrevista que sostuvo el 03-07-2002 con el Fiscal José Benigno Rojas (**folios 37 a 27, Pieza V**) (Nº 5 de la acusación) antes transcrita, así como en el escrito de fecha 14-01-2005 consignado en el expediente (**folio, 143 y ss., Pieza XIII**) (Nº 28 de la acusación), como lo ha reconocido el propio Dr. Carmona (**Pieza XIII,** p. 107 y 108), e incluso lo han dicho los mismos periodistas en cuyos dichos se funda la imputación (**como se indica más adelante al transcribirse exactamente lo que dijeron el las entrevistas**

televisivas). Esa opinión jurídica adversa al documento era la que precisamente correspondía dar en esa circunstancia y lugar, conforme al deber ciudadano de resguardar la Constitución, y tratar de evitar que su efectiva vigencia pudiera ser afectada.

B.   *La ausencia de "ruptura" del orden constitucional*

La señora Fiscal, por otra parte, da por sentado en nuestro criterio erradamente, que el mencionado decreto de un gobierno de transición, del día 12 de abril de 2002, habría "entrado en vigencia" desconociendo y cambiando "violentamente la Constitución del 30 de diciembre de 1999" (**folio 236, Pieza XIII, y página 88 de la acusación**), lo cual no es correcto jurídicamente hablando. Conforme al ordenamiento jurídico venezolano, constitucional y legal, ningún decreto de supuesto gobierno de transición pudo haber entrado en vigencia el 12 de abril y en esa fecha, la Constitución de 1999 no fue cambiada, pues tal acto nunca comenzó a surtir efectos ni entró en vigencia, entre otros factores, porque el mismo no se publicó en forma alguna en la *Gaceta Oficial de la República Bolivariana de Venezuela*.

Basta recordar para constatar este principio que incluso tiene rango constitucional (art. 215), que la misma Constitución de la República Bolivariana de Venezuela de 1999, a pesar de haber sido sancionada por la Asamblea Nacional Constituyente el 15 de noviembre de 1999, y haber sido aprobada por referendo popular el 15 de diciembre de 1999, sólo entró en vigencia cuando se publicó en la *Gaceta Oficial* el 30 de diciembre de 1999. Por ello, incluso, el fallecido profesor Omar Mezza, diputado a la Asamblea Nacional, fue de la opinión jurídica de que el 12 de abril de 2002, "el orden constitucional no se interrumpió en ningún momento", tal como lo reseña la periodista Taynem Hernández, *El Universal*, 17-04-2002, p. 1-6, en la forma siguiente:

Mezza asegura que orden constitucional se mantuvo

El parlamentario emeverrista Omar Mezza explicó que los actos que trató de adelantar la llamada junta provisional de gobierno agravan la responsabilidad de quienes formaron parte del mismo.

"La responsabilidad de quienes asumieron siendo parlamentarios, una posición de complicidad abierta con este intento de golpe de Estado, es mucho más grave que si se hubiera consumado, pues los golpes de Estado, cuando se producen, asumen el poder porque tienen asentimiento público, tienen consentimiento de las colectividades, tienen la fuerza policial y militar suficiente para garantizar el orden público".

Advierte Mezza que en este caso "no se contó con ninguno de estos elementos", razón por la cual considera que lo producido fue un simple golpe de palacio, por lo que el orden constitucional no se interrumpió en ningún momento.

Para el parlamentario el delito más grave en esta situación fue el de rebelión militar **(Anexo 11)**.

C. *La ausencia de "admisión" de ninguno de los hechos imputados*

Por otra parte, es completamente falso que en la entrevista que sostuve en el Ministerio Público el día 03-07-2002 con el Fiscal José Benigno Rojas **(folios 37 a 27, Pieza V)** ni en ninguna otra ocasión o medio, nuestro defendido Alan R. Brewer-Carías hubiera supuestamente "admitido" su participación en la discusión y corrección del decreto, como erradamente lo afirmó la Fiscal en su imputación **(folio 236, Pieza III) y lo reitera en a acusación (N° 5 de la acusación, página 29)**. Al contrario, del texto de dicha entrevista, que hemos ratificado y reproducido en este escrito, resulta su rechazo a los hechos que ahora se le imputan, y que están basados sólo en opiniones de periodistas, y que en su momento desmintió, incluso por los mismos medios de comunicación, tal como se ha indicado. Las observaciones jurídicas que pudo hacer al mencionado decreto, fueron precisamente adversas a su contenido, como se lo indicó a Carmona y como este lo reconoció en su libro. Por tanto, es falso, que nuestro defendido haya admitido participación en los hechos incriminados, por el sólo hecho de haber declarado que efectivamente se reunió con Olavarría el día 10 de abril de 2002, en la cual luego se hicieron presentes dos personas portadoras del referido proyecto de decreto, y a quienes tanto Olavarría como nuestro defendido, le hicieron observaciones sobre lo inconstitucional y contrario a la Carta Democrática Interamericana del mismo, como consta en el expediente.

Ya nos hemos referido y seguiremos refiriendo a la reunión a la cual el Dr. Olavarría invitó a nuestro defendido, el día 10 de abril en su oficina, y de cómo estando él ya reunido con Olavarría, se presentaron las mencionadas personas que se identificaron como los abogados Romero y Vásquez quienes llegaron a consultarle a Olavarría sobre un documento de constitución de un gobierno de transición, el cual obviamente ya estaba redactado, y que resultó básicamente ser el mismo que se leyó en la tarde del 12 de abril en acto celebrado en el Palacio de Miraflores. Nuestro defendido ignora si los abogados que se identificaron como Romero y Vásquez fueron "los co-redactores del decreto" como lo afirmó la ciudadana Fiscal en el acto de imputación, violándole su derecho a la presunción de inocencia. Ello no le consta, y más bien consideró y así lo declaró, que dichas personas parecían ser sólo portadores de un documento redactado por otros.

Ahora bien, en relación con dicha reunión que tuvo lugar en la oficina del Dr. Olavarría, sin saber nuestro defendido cuando lo invitó, que unas personas iban a consultarle a Olavarría algo, ni su identidad, ni el motivo de la reunión que le habían pedido, cuyos pormenores constan en la entrevista rendida por nuestro defendido ante la Fiscalía (**folios 34 y ss., Pieza V**), en la declaración de Olavarría ante la Fiscalía (**folios 60 a 63, Pieza VI**), en la comunicación que consignó (**folio 71, Pieza VI**) y en las declaraciones que dio a la prensa y que cursan en el expediente (**folios 49 a 50, Pieza V; y 73 a 76, Pieza VI**), en el libro de nuestro defendido sobre *La crisis de la Democracia en Venezuela. La Carta Democrática Interamericana y los sucesos de abril de 2002*, pp. 104-111 (**anexo 1**) y en el documento que consignó ante la Fiscalía en fecha 14-01-2005 (**folio, 143 y ss., Pieza XIII**). De ello se deduce que es falsa la afirmación de la ciudadana Fiscal en el sentido que Brewer-Carías hubiera "admitido" que se reunió dos días antes "con dos de los co-redactores del Decreto" "en compañía" de Olavarría. Lo único que ha admitido es que se reunió con Olavarría en su Oficina, y allí llegaron las personas que se identificaron como los abogados Romero y Vásquez, e ignora si ellos fueron los co-redactores del decreto como lo afirma la ciudadana Fiscal. Para ese momento (10 de abril de 2002), en una reunión donde se llevó un documento al cual ni Olavarría ni Brewer le dieron importancia alguna, no podían saber qué iba a suceder dos días después, ni que el Jefe del Estado Mayor anunciaría al mundo la renuncia del Presidente de la República, ni que dicho documento serviría para efectivamente pretender constituir un gobierno de transición.

Consta incluso de la entrevista hecha en la Fiscalía al Dr. Olavarría (**folios 60 a 63, Pieza VI**) y de la comunicación que presentó ante la Fiscalía en día 09-07-2002 (**folio 71, Pieza VI**), que Brewer se reunió con él, a su requerimiento en su oficina, atendiendo a una invitación de él. Le dijo que unas personas iban a consultarle algo y le pidió que estuviera en la reunión. No conocía quiénes eran los visitantes.

En la entrevista que le hizo a Jorge Olavarría el periodista Abel Pérez Carapaica, en el diario *Últimas Noticias*, 04-06-2002, "Olavarría: Son golpistas todos los firmantes", p. 16, reproducida en *El Mundo,* "Hubo varias conspiraciones y ganó la peor planificada", en fecha 06-04-2002, cuyo texto consta en el expediente, se señaló al efecto que:

> "Luego de leer dicho documento, le dijo a Allan Brewer-Carías –quien también estaba en la reunión por solicitud del mismo Olavarría- "esto es una mierda". "El constitucionalista estuvo de acuerdo". Olavarría fue consultado telefónicamente ayer por El Mundo en torno a esta situación. Al respecto explicó que tanto él como Brewer, en un primer momento, no tomaron en serio el proyecto de Daniel Romero", p. 2. (**Folio 10, Pieza V**)

El mismo Dr. Olavarría, en otra entrevista que le hizo la periodista Yesmariana Gómez, en *El Nacional,* "El decreto de Carmona era una ensalada absurda" en fecha 04-06-2002, señaló:

> "El miércoles 10 de abril, a las 6:00 de la tarde, se presentaron en mi oficina los abogados Daniel Romero y José Gregorio Vásquez, a quienes yo no conocía. Venían a consultarme sobre mis estudios acerca de los golpes de Estado en el país y del derecho a la rebelión. *Yo le había pedido a mi amigo Allan Brewer-Carías que viniera"*…"" Romero y Vásquez tomaron notas. Brewer fue muy parco. Cuando les mencionó la Carta Democrática de la OEA, se hizo evidente que no habían oído hablar de ella. Cuando se fueron, le comenté a Brewer que ese documento era una porquería…"*Es una infamia decir que Brewer tuvo que ver con eso".* (**Folios 3 y ss. y 9, Pieza V**)

Por tanto, con quien nuestro defendido Allan R. Brewer-Carías se fue a reunir en la tarde del día 10 de abril, fue con Jorge Olavarría en su oficina, y el le pidió que estuviera presente cuando recibiera a unas personas, sin Brewer saber quiénes eran, y resultaron ser las personas que se identificaron como los abogados Romero y

Vásquez, a quienes no conocían. Brewer se reunió con Olavarría en su oficina, invitado por él, y llegaron esas dos personas a quienes él recibió en presencia de nuestro defendido.

Por ello, es falso de toda falsedad que nuestro defendido haya "admitido", como erradamente señala la ciudadana Fiscal en su imputación, el haber "conspirado" ni el haber incurrido en ningún hecho punible por el hecho de haberse reunido con el Dr. Jorge Olavarría en su oficina, y por el hecho de haber estado presente en la ocasión en que él recibió a las personas que se identificaron como los abogados Romero y Vásquez. Ello, en ningún caso, no constituye delito alguno.

En dicha reunión con Olavarría, en la cual se limitaron a oír lo que expusieron los visitantes y a rechazar lo que portaban, no hubo y ni podía haber habido acuerdo, pacto o compromiso alguno con nadie para cambiar violentamente la Constitución. Al contrario lo que hubo fue rechazo de parte de Olavarría y Brewer, a cuyo efecto, en el caso de nuestro defendido, argumentó sobre las nuevas regulaciones internacionales de la Carta Democrática Interamericana que se oponían a lo que contenía el documento, como consta ampliamente en el expediente.

Por otra parte, es falso que nuestro defendido se haya *"reunido* con el Presidente de facto" como erradamente lo afirma la ciudadana Fiscal en su acusación, sin señalar circunstancias de modo, tiempo y lugar. A Pedro Carmona sólo lo pudo ver brevemente nuestro defendido en la madrugada del 12 de abril en Fuerte Tiuna, cuando lo recibió luego de llamarlo por teléfono y haberlo mandado a buscar a su casa, para que como abogado le diera una opinión jurídica sobre el documento de constitución de un gobierno de transición que allí le habían presentado, y que ya estaba redactado. En el breve encuentro que tuvieron sólo le pidió que analizara el documento referido que tenían otras personas, y posteriormente no lo pudo ver ni entrevistarse con él durante todo el día ni posteriormente. Y precisamente por no haberse podido reunir con él fue que cerca de mediodía del mismo día 12 de abril se trasladó al Palacio de Miraflores para intentar hacerlo, y después de constatar la imposibilidad de poder entrevistarse o reunirse con él, fue que nuestro defendido se retiró del Palacio de Miraflores pasado el mediodía del 12 de abril; lugar donde estuvo poco tiempo.

Pero además, para el día 12 de abril de 2002, incluso nuestro defendido Brewer-Carías tenía al menos dos (2) meses que no había siquiera visto a Pedro Carmona. Durante el día 12 de abril, por tanto, aparte del breve encuentro que tuvieron cuando lo recibió en la madrugada en Fuerte Tiuna luego de pedirle que como abogado fuera allí para ver el documento de decreto que le habían presentado y que ya estaba redactado, nunca más pudo reunirse con Carmona. La opinión jurídica que se formó nuestro defendido solo se la pudo dar a Carmona por teléfono, al fin de la tarde del día 12 de abril, porque lo llamó a su casa donde se encontraba, para requerir su opinión, y la que le dio sobre el decreto fue adversa al mismo, como el propio Carmona lo explicita en su libro *Mi testimonio ante la Historia* (pp. 107-108).

No hay, por tanto, del expediente entregado por la Fiscalía ante este Juzgado, "elemento de convicción" alguno de los hechos que se le imputan a nuestro defendido; al contrario lo que existen son suficientes elementos de convicción que desvirtúan la acusación.

No tiene fundamento ni justificación alguna y debemos rechazarla enfáticamente, la afirmación que la ciudadana Fiscal hizo en el acto de imputación al ciudadano José Gregorio Vásquez L., el día 9 de marzo de 2005, al identificar a nuestro defendido Allan R. Brewer-Carías sin haberlo probado, como supuesto "coredactor" del antes mencionado decreto del gobierno de transición (**folio 134, Pieza XVI**). La ciudadana Fiscal, al hacer tal ilegal afirmación, no sólo violó su derecho constitucional a la presunción de inocencia, como se denunció oportunamente mediante escrito de fecha 05-04-2005 **(folio folio 103 y ss., Pieza XVIII),** sino que violó su derecho a la defensa, al dar por supuesto y como cierto en dicho acto de imputación que hizo a otro ciudadano, un hecho falso que no ha probado en forma alguna.

3. SOBRE EL INEXISTENTE DELITO DE CONSPIRACIÓN O DE REBELIÓN

Ahora bien, como consecuencia de la errada acusación formulada contra nuestro defendido por la señora Fiscal el día 21 de octubre de 2005, de haber supuestamente participado en la "discusión, elaboración y redacción" del decreto del gobierno de transición del 12 de abril de 2002, lo cual es falso; la ciudadana Fiscal concluye su imputación señalando que esa supuesta conducta estaría:

"enmarcada como delito en el Código Penal Venezolano al establecer en su artículo 143, numeral 2 el delito de conspiración para cambiar violentamente la Constitución (artículo 144, numeral 2, para la fecha de la comisión de los hechos), que establece textualmente lo siguiente:

Artículo 143: Serán Castigados con presidio de doce a veinticuatro años:

2. Los que, sin el objeto de cambiar la forma política republicana que se ha dado a la Nación, conspiren o se alcen para cambiar violentamente la Constitución Nacional".

A.   *Sobre el necesario carácter colectivo del supuesto delito*

Por supuesto, nuestro defendido no ha incurrido en el tipo delictivo establecido en la norma transcrita, y que le ha sido imputado errada e injustamente por la Representación fiscal. No hay "elemento de convicción" alguno en la totalidad del expediente y sus anexos, ni en los documentos que contienen, ni en los informes de todo tipo de inteligencia y contrainteligencia que cursan en él, ni de las declaraciones de testigos militares o imputados, que permita acusar a nuestro defendido en forma alguna este delito de conspiración o rebelión.

En efecto, la tipificación del delito establecido en dicha norma, responde a los siguientes elementos:

En primer lugar, es necesario que los autores del delito sean varios; es decir, se trata de un "delito colectivo"; por eso la expresión "Los que…", que utiliza el Código. Sobre ello, incluso, se ha pronunciado este mismo Ministerio Público (Escrito del Fiscal José Benigno Rojas, ante la Corte Apelaciones de 18-04-2002), como consta en el expediente, al argumentar como sigue:

Ahora bien, es preciso acotar, que toda la doctrina penal es uniforme al señalar que el sujeto activo para este tipo de delitos, puede ser cualquiera. Cuando se trata de alzamiento o conspiración, patente en el caso que nos ocupa, los sujetos activos deben ser siempre varios, pues requieren de una pluralidad de personas y concierto de voluntades. El carácter colectivo distingue el delito de rebelión de los demás delitos en lo concernientes a problemas de complicidad en sentido estricto, pues esa concurrencia se desprende de la propia esencia del delito político, por eso por lo que algunos expositores denominan esta infracción "delitos colectivos" (Jorge Longa Sosa, *Código Penal Colombiano*, art. 144).

Igualmente señala la doctrina que al tratarse de un delito colectivo o plurisubjetivo, en ningún caso, puede ser cometido por una persona. En otros términos, la pluralidad de sujetos activos, forma parte del tipo. Por otro lado los sujetos activos son indiferentes; es decir, no es necesaria una condición especial para materializar la figura delictual (Hernando Grisanti, *Manual de Derecho Penal,* art. 144 y sigas) (**folio 25, Pieza VII**. El documento también cursa en el **folio 6, Pieza IV**).

No hay en el expediente prueba alguna –ni podrá existir- que pueda permitir deducir que nuestro defendido, colectivamente, es decir, junto con otras personas haya pactado o llegado a acuerdos, es decir, haya conspirado o se haya alzado para cambiar violentamente la Constitución Nacional, y hayan resuelto cometer ese delito.

B.　　*La doctrina penal sobre la conspiración y la rebelión*

En segundo lugar, en cuanto a la acción que se regula en el tipo delictivo, debe tratarse de una conspiración o de un alzamiento. En tal sentido, Luis Jiménez de Asúa, en su clásico libro *La Ley y el delito*, Editorial Hermes, México 1954, al hablar del "iter criminis" y de su fase interna, rechaza la que llama la sedicente "teoría de la punibilidad de las ideas", admitiendo que el límite para la punibilidad de las ideas es la "resolución manifiesta" y que toda otra postura que se adopte entra en el campo de la política. (p. 497). Y la "resolución manifiesta" la reduce Jiménez de Asúa a la proposición y a la *conspiración*: "La conspiración existe –dice el Código Penal español— cuando dos o más personas se conciertan para la ejecución de un delito y resuelven ejecutarlo". "La proposición existe – según el Código Penal de España- cuando el que ha resuelto cometer un delito propone su ejecución a otra u otras personas. (p. 501).

Otro clásico de la doctrina penal, Eugenio Cuello Calón, en su *Derecho Penal*, Editora Nacional, México 1951, precisa que para "que exista conspiración es preciso: 1. un concierto de varias personas para cometer un delito: 2. que resuelvan ejecutarlo". No habrá por tanto conspiración cuando no exista un convenio o pacto entre varias personas para la comisión de un delito, o cuando se reúnan varios individuos y tratan y discuten el modo de llevarlo a cabo, si no se deciden a ejecutarlo (p. 543). Agrega Cuello Calón en una nota, que la conspiración requiere de pacto, acuerdo o concierto entre dos o más personas para la ejecución del delito y la resolución firme y decidida de perpetrarlo. (nota 60, p. 543).

En este caso, en el expediente no existe prueba alguna -ni podrá existir- de que nuestro representado haya conspirado, es decir, que se haya puesto de acuerdo o concertado con alguien para cambiar violentamente la Constitución y hayan resuelto ejecutar ese delito.

En tercer lugar, en cuanto a la intención, la conspiración o alzamiento debe realizarse "para cambiar violentamente la Constitución Nacional", lo que a la vez exige que la acción, primero, busque "cambiar" la Constitución, es decir, sustituir una Constitución por otra, y segundo, que ello se haga "violentamente", es decir, con actitud hostil, empleando la fuerza. Debe tratarse, por tanto, de una conspiración o levantamiento armado, capaz de hacer posible las finalidades de los agentes de esas acciones.

En criterio de Enrique Núñez Tenorio, en su conocido y clásico libro *La Traición a la patria y otros delitos contra la República de Venezuela. La rebelión militar y la insurrección popular*, Caracas, considera que en los supuestos del artículo 144 del Código Penal, "tanto el uno como el otro, deben ser rebeliones armadas, capaces de hacer posible las finalidades de los agentes de esas acciones". Agrega el autor, que "es de hacer notar que el alzamiento de un número limitado de individuos, sin armas no podría calificarse de rebelión" (p. 282). Agrega Núñez Tenorio que según comenta el tratadista Pacheco (*Código Penal Concordado*, Tomo III, p. 166) la "rebelión es un delito colectivo, que se hace en público, que se sostiene con armas. Nunca hay un rebelde como no haya más rebeldes. Nunca se comete este crimen sino empleando la fuerza. Una reunión de amotinados tumultuarios, no son rebeldes; un regimiento que toma las armas, una plaza fuerte que se subleva, si son" (Núñez Tenorio. pp. 282-283).

Agrega el mismo autor que "La mayoría de los penalistas consultados tienen la misma opinión que el tratadista Pacheco, en el sentido de que la rebelión debe ser una fuerza proporcionada, que presuma a los medios medirse con la fuerza proporcionada, que presuma a lo menos medirse con la fuerza publica y vencerla". "Se trata del levantamiento armado, la agresión armada de los rebeldes, ejercito o tropa contra el Gobierno: es romper las hostilidades contra el Gobierno; es oponerse a su permanencia en el poder, alzados en armas; es alterar la paz interior de la República". "Debe indicarse que los comentaristas argentinos opinan que para que sea susceptible de castigo la rebelión, debe ésta ser de tal naturaleza, que haga posibles las finalidades que se propone, pues el alzamiento de un reducido número de personas, sin mayor ostentación de fuerza, sería un ridículo alarde de ineficacia". (Núñez Tenorio, p. 283)

En la doctrina patria, el tipo delictivo de conspiración o rebelión previsto en el artículo 144,2 del Código Penal, también ha sido analizado por el profesor José Rafael Mendoza, en su clásico *Curso de Derecho Penal Venezolano, Compendio de Parte Especial*, Editorial El Cojo, Caracas 1957, donde en cuanto a la segunda acción que regula el artículo 144,2 consistente "en conspirar o en alzarse para cambiar violentamente la Constitución Nacional", ha señalado lo siguiente:

> La primera actividad, esto es, la conspiración, es una tentativa incriminada como delito; la segunda, un acto comisivo, el "alzamiento". También **es un delito colectivo**, por tanto, los sujetos activos deben ser varios, pero la condición del sujeto se agrava si ejerce mando superior en fuerza armada (Art. 161). Protégese el ejercicio de la soberanía, porque en un país democrático la voluntad popular se expresa por medio de sus representantes, senadores i diputados, i la violencia constituye un atentado a la ley de las mayorías. La ilicitud, pues, está en **usar de violencia** para mudar la Constitución Nacional, porque su mutabilidad está prevista por medios legales i pacíficos, en las oportunidades señaladas por los propios legisladores. También el dolo es genérico i específico, este último consiste en **la finalidad** de "cambiar violentamente la Constitución Nacional", que algunos intérpretes, estiman condición objetiva de punibilidad. La acción, en esta segunda hipótesis, tiene un aspecto negativo: no llevar por "objeto cambiar la forma política republicana que se ha dado la Nación" (pp. 46 y 47).

Por su parte, el maestro Tulio Chiossone, en su clásica obra *Anotaciones al Código Penal Venezolano*, Tomo I, Editorial Sur América, Caracas 1932, en torno a este tipo delictivo (art. 144,2 del Código Penal) expresó que se trata "simplemente sustituir por otros los preceptos constitucionales vigentes", añadiendo:

> A nuestro juicio la Constitución se cambia, ora alterando o innovando sus disposiciones en cuanto al régimen gubernamental o político, ora variando la forma misma del gobierno republicano. Si se atenta para cambiar la forma federal, democrática, electiva, representativa, responsable y alternativa por un sistema central, continuista o vitalicio, incúrrese en el delito aquí mencionado. Así mismo, cualquier cambio en las Bases de la Unión, en la contextura del Poder Legislativo o del Judicial, sería punible de acuerdo con esta disposición (pp. 292 a 295)

En este caso, al contrario, como está comprobado ampliamente en el expediente, a nuestro defendido Allan R. Brewer-Carías se le pidió una opinión jurídica sobre un documento que estaba redactado, y su opinión fue contraria al mismo precisamente porque contrariaba la Constitución. Mal podría, por tanto, pretender imputársele que haya entrado en un pacto o acuerdo con alguien para cambiar violentamente la Constitución, cuando ello no ocurrió jamás y es falso.

    C.   *La opinión jurídica del Profesor Alberto Arteaga, de la Universidad Central de Venezuela, sobre la rebelión*

Por su parte, el profesor Alberto Arteaga, ex Director del Instituto de Ciencias Penales y Criminológicas de la Universidad Central de Venezuela, sobre este delito ha expresado lo siguiente:

El Código Penal Venezolano, en el artículo 144, consagra el denominado delito de rebelión, en dispositivo inspirado en el Código Penal Español de 1848, apartándose de su fuente más importante: el Código Italiano de Zanardelli de 1889.

Según la descripción típica contenida en el mencionado dispositivo incurre en este hecho punible y "serán castigados con presidio de doce a veinticuatro años:

1.- Los que se alcen públicamente en actitud hostil contra el gobierno legítimamente constituido o elegido para deponerlo o impedirle tomar posición del mando.

2.- **Los que, sin el objeto de cambiar la forma republicana que se ha dado a la Nación conspiren o se alcen para cambiar violentamente la Constitución Nacional.**

Circunscribimos los comentarios a estos supuestos, descartando las dos restantes figuras que el mismo artículo refiere al alzamiento contra los Poderes locales y a la promoción de la guerra civil "entre la Unión y los Estados o entre éstos".

2.2.   Elementos del delito de rebelión.

El delito de rebelión, en su aspecto objetivo, según el texto del artículo 144 del Código Penal Venezolano en las modalidades antes señaladas y como lo ha precisado la doctrina, se concreta en las acciones de *alzarse públicamente en actitud hostil contra el Gobierno legítimamente constituido o elegido, para deponerlo o impedirle tomar posesión del mando y en la conducta de conspirar o alzarse para cambiar vio-*

lentamente la Constitución. El comportamiento, pues, que materializa el delito implica, o bien el *levantamiento colectivo* o público, con elementos de violencia, a los que se hace alusión con la expresión de la *actitud hostil* y con fin específico de deponer al Gobierno legítimo o impedirle tomar posesión del mando; **o el comportamiento** *conspirativo* **con el, fin de cambiar, por la fuerza, la Constitución**.

En la *primera modalidad*, el hecho constitutivo de la rebelión exige el alzamiento público, en actitud hostil, con el fin de deponer al Gobierno legítimamente constituido o elegido o impedirle tomar posesión del mando.

El tipo, así, exige que se de un alzamiento público con actitud hostil. Alzamiento implica levantamiento, agresión y ésta debe llevarse a cabo en forma colectiva, por un grupo importante de personas y, además, éstas, deben hacerlo con hostilidad, lo que la doctrina ha señalado como equivalente a "rebelarse, sublevarse, insurreccionarse, levantarse en armas", indicándose que en esta primera descripción típica "la acción consiste en el alzamiento público que es agresión armada de los rebeldes, ejército o tropa, contra el Gobierno, rompiendo hostilidades contra él". (Mendoza. J. R. *Curso de Derecho Penal Venezolano, Compendio de Parte Especial*, Empresa El Cojo, Caracas, 1967; Pág. 45).

En todo caso, lo que vale la pena destacar es el elemento de la necesaria verificación de un movimiento o alzamiento violento, no pudiendo configurarse el hecho sobre la base de una simple manifestación pacífica que constituiría una conducta evidentemente atípica.

Precisamente, la fuente de nuestro Código, el ordenamiento penal español, restringió la calificación jurídica de la rebelión a hechos que tienen que reunir las características de la acción necesariamente colectiva y de la violencia o abierta hostilidad, separando así, de este tipo, otras conductas delictivas, como los hechos de *rebelión impropia,* que implica los mismos fines, pero perseguidos sin alzamiento, por medio de la astucia o cualquier otro medio; o como los supuestos de la denominada *sedición* que sí implica el alzamiento público y tumultuario, pero para conseguir, con la fuerza y al margen de los procedimientos ordinarios, otros fines, como impedir la promulgación de leyes, obstaculizar el libre ejercicio de funciones públicas, o ejercer actos de venganza o de odio contra las autoridades o los particulares.

Por otra parte, la legislación penal española, igualmente, en texto ya derogado, consideraba como reos de sedición a los funcionarios o particulares que suspendieren sus actividades o llevasen a efecto paros o huelgas, disposición que, por supuesto, resultó excluida del texto vigente de 1995 por su incompatibilidad con derechos consagrados en la Constitución y leyes de España.

En la *segunda modalidad* del delito de rebelión, el tipo se concreta en la actividad de conspirar o alzarse para cambiar violentamente la Constitución, sin la intención de alterar la forma política republicana, fin éste que convertiría el hecho en un delito de traición a la Patria.

En este caso, el Código Penal Venezolano considera punible, por vía excepcional, la **resolución manifestada de conspirar, la cual debe concretarse en el acuerdo de dos o más personas o su asociación con el fin específico de cambiar violentamente la Constitución**; o el hecho de alzarse con ese mismo propósito.

Ahora bien, la conspiración supone un **acuerdo de voluntades y propósitos sobre medios y fines o la resolución firme e inequívoca de cometer el hecho propuesto, no siendo suficiente la reunión de algunas personas, aun formal, para discutir sobre el destino del país o sobre los cambios constitucionales o legales, ni el simple hecho de discurrir u opinar sobre la modificación de la Carta Magna**. Y en cuanto a la conducta de alzarse, como ya lo expresé antes, ella implica el levantamiento efectivo o la insurrección violenta con el mismo fin.

2.3   Precisados, de manera sucinta, los elementos objetivos del tipo de rebelión en las modalidades de nuestro Código Penal que aparecen como eventualmente pertinentes, por las referencias que se han formulado, se impone señalar que, a los efectos de que pueda establecerse **la responsabilidad penal de alguien por este hecho, se hace necesario que el sujeto o autor, actuando conjuntamente con otras personas, por la naturaleza colectiva de la acción haya realizado la conducta incriminada con actitud dolosa, con conciencia y voluntad del hecho**, o que, sin perpetrar el comportamiento típico, haya contribuido eficazmente con su realización material y haya participado voluntariamente en el hecho.

2.4   **Entonces, según los principios generales del derecho penal, en la medida en que el sujeto se haya mantenido ajeno a cualquier conducta rebelde o violenta; cuando haya actuado mediando una causa de justificación; cuando haya procedido sin intención, con error sobre los hechos, con absoluta buena fe, o sin conciencia de actuar antijurídicamente; o cuando no contribuyó eficazmente en la producción del hecho, ni dirigió su voluntad a tal fin; no puede imputársele el comportamiento rebelde, ni participación alguna en la conducta incriminada** (Dictamen de fecha 26-07-2002, anexo 12).

Conforme a la doctrina penal, por tanto, para que pueda imputarse a una persona el delito de rebelión (conspiración) previsto en el artículo 144,2 del Código Penal, y pueda establecerse la responsabilidad penal de alguien por este hecho, se hace necesario que el sujeto o autor, actuando conjuntamente con otras personas, por la naturaleza colectiva de la acción, haya realizado la conducta incriminada con actitud dolosa, con conciencia y voluntad del hecho, o que sin perpetrar el comportamiento típico, haya contribuido eficazmente con su realización material y haya participado voluntariamente en el hecho.

En este caso, al contrario, no existe prueba alguna –ni podrá existir- que permita deducir que nuestro defendido haya actuado conjuntamente con otras personas, en forma colectiva, o haya realizado conducta alguna con conciencia y voluntad del hecho para cometer un hecho punible, o haya contribuido eficazmente con su realización material y haya participado voluntariamente en el hecho.

D.   *La ausencia de participación de parte del Dr. Brewer-Carías en conspiración o rebelión alguna*

Nada de lo que configura el delito de rebelión o conspiración ha ocurrido en este caso: nuestro defendido fue llamado en medio de una severa crisis política que existía en el país (hecho notorio evidente) en la madrugada del día 12 de abril, en su condición de abogado, para dar una opinión jurídica sobre un documento de decreto de gobierno de transición que ya estaba redactado, y el cual, por tanto, ni elaboró, ni redactó, ni discutió, ni presentó a nadie; opinión que solo pudo dar por teléfono, horas después, a quien se la había solicitado, que era el Dr. Pedro Carmona, opinión que además fue adversa al contenido del mencionado documento.

Consultado el profesor Arteaga sobre la actuación del nuestro defendido Allan R. Brewer-Carías como abogado en los eventos del día 12 de abril, expresó el siguiente criterio en su dictamen de 26-07-2002:

3.1   Si sometemos ahora a un elemental análisis los hechos ocurridos el 11-A, a la luz de los elementos jurídico-penales puestos de relieve en el número 2 de éste informe y examinamos la conducta del Dr. Allan R. Brewer-Carías, se imponen las siguientes consideraciones:

219

3.2   Los hechos ocurridos en Caracas el 11 de Abril de 2002 y en los días anteriores no se presentan con las notas o características que permitan su encuadramiento en el tipo penal de rebelión, que exige, como lo hemos anotado, en las modalidades aludidas, los elementos de la insurrección violenta para deponer al Gobierno legítimo o el hecho inequívoco de un acuerdo formal para cambiar, por la fuerza, la Constitución.

Un movimiento de protesta cívica de la sociedad para solicitar la renuncia del Presidente, una marcha organizada con tal fin, el llamado a un paro general para reclamar por los derechos de la ciudadanía, de sus gremios y, en particular, por la situación de la empresa petrolera, no pueden calificarse como conductas típicas de rebelión, tratándose del ejercicio legítimo de derechos consagrados en la Constitución. Ni tampoco le da ese carácter el apoyo de los altos oficiales que se negaron a obedecer las órdenes del Jefe de Estado para reprimir la manifestación, acatando la previsión constitucional que proscribe la obediencia ciega (artículo 25), todo lo cual culminó en el anuncio formal de la renuncia del Presidente y la conformación aparente de un nuevo Gobierno, de nula y efímera vigencia.

De la misma manera, **no han sido puestos de manifiesto elementos de convicción sobre el acuerdo formal conspirativo de un grupo de ciudadanos, con el fin de cambiar violentamente la Constitución**, a lo cual no pueden equiparse propuestas aisladas para un cambio de Gobierno, proyectos de decretos o planteamientos relativos a la transición que, por lo demás, no implican, *per se*, el fin del cambio de la Constitución, por la violencia, ya que se plantean ante supuestos de previsiones constitucionales, como serían las causales de falta absoluta del Presidente o situaciones extremas de crisis institucional o vacío de poder. La sanción penal de la conspiración, por lo demás, constituye un expediente anómalo **para castigar un acto preparatorio**, que no implica comienzo de ejecución del hecho y su castigo, excepcional, es contrario a las exigencias de un derecho penal *garantista* y de hecho, que no puede pretender penetrar a saco en las intenciones y resoluciones de los ciudadanos. Pero, en todo caso, tipificada como delito esa conducta, debe ser interpretada en su estricto sentido, como lo exige, por lo demás, el principio de la *lex certa*.

En mi opinión, no hubo rebelión, no hubo conspiración, no hubo golpe de Estado, sino simplemente un movimiento cívico de protesta, refrendado por altos oficiales que se negaron a obedecer órdenes que estimaron contrarias a la Constitución y a las leyes; y la secuencia de una situación de absoluta confusión que se generó con el anuncio formal de la aceptación de la renuncia del Presidente de la

República, todo lo cual hizo posible una cadena de actos írritos, fundados en la convicción de una realidad inexistente, que, en todo caso, excluyen la responsabilidad penal de quienes actuaron con absoluta buena fe, excluido el dolo requerido a los efectos de una posible sanción penal **(Dictamen de fecha 26-07-2002, anexo 12)**.

E.   *Dictamen del Profesor Enrique Gimbernat, de la Universidad Complutense de Madrid*

El profesor Enrique Gimbernat, de la Universidad Complutense de Madrid en octubre de 2005 ha emitido el siguiente dictamen sobre el instituto de la conspiración y la no aplicabilidad en este caso respecto de la actuación del Dr. Allan R. Brewer-Carías, cuyo texto lo hacemos nuestro en su defensa:

Por el Dr. Allan Randolph Brewer-Carías se me solicita que emita Dictamen sobre si los hechos que le imputa el Ministerio Público son subsumibles en el delito de "de conspiración para cambiar violentamente la Constitución Nacional", previsto en el art. 144.2 del Código Penal de Venezuela.

I

OBSERVACIÓN PREVIA

Tal como he expuesto y razonado en otro Dictamen, emitido también a instancias del Dr. Allan Randolph Brewer-Carías el 21 de septiembre de 2005, "el acta de imputación contra don Allan R. Brewer-Carías constituye una **violación masiva de sus derechos humanos fundamentales a la presunción de inocencia y a la defensa**, como emanación este último del derecho a un proceso justo, equitativo y con todas las garantías". A la vista de todo ello, el presente Dictamen es, en cierta manera, superfluo, ya que la imputación de cualquier actividad ilícita al señor Brewer-Carías sólo es posible sobre la base de la reiterada vulneración de los derechos fundamentales a los que nos acabamos de referir, consagrados todos ellos tanto en la Constitución de la República Bolivariana de Venezuela de 1999, como en los textos internacionales multilaterales de derechos humanos vigentes en Venezuela y en todos los restantes Estados democráticos de Derecho.

No obstante, y aunque con el acta de imputación no se hubieran violado –**como se han violado**- los derechos de don Allan R. Brewer-Carías a la presunción de inocencia y a la defensa, en lo que sigue paso a exponer por qué con los supuestos –**y nulos**- elementos probatorios a los que se acoge el Ministerio Público es **también** jurídicamente insostenible atribuirle a aquél un presunto delito de conspiración para la rebelión.

II
ANTECEDENTES

En su acta de imputación el Ministerio Fiscal estima que el señor Brewer-Carías "**conspiró** para cambiar violentamente la Constitución ... conducta ésta que está enmarcada como delito en el Código Penal Venezolano como garantía de vigencia de la Constitución al establecer el artículo 144 el delito de conspiración para cambiar violentamente la Constitución, el cual se explana a continuación:

Artículo 144:   Serán castigados con presidio de doce a veinticuatro años:

2.   Los que, sin el objeto de cambiar la forma política republicana que se ha dado la Nación, **conspiren** o se alcen para cambiar violentamente la Constitución de la República Bolivariana de Venezuela". (Subrayados en el texto original, negritas añadidas)

III
EL INSTITUTO DE LA CONSPIRACIÓN. GENERALIDADES

1. Introducción

Como ha expuesto el profesor Alberto Arteaga, con razón, "el Código Penal Venezolano, en el artículo 144, consagra el denominado delito de rebelión, **en dispositivo inspirado en el Código Penal Español de 1848, apartándose de su fuente más importante: el Código Italiano de Zanardelli de 1889**". Y es que, en efecto, y especialmente en referencia a la conspiración, es éste un instituto juridicopenal **eminentemente español**, ya que, como se establece en la sentencia del Tribunal Supremo Español (en lo que sigue: TS) de 30 de junio de 1995, recogida en el Repertorio de Jurisprudencia Aranzadi (en lo que sigue: A.) con el número marginal 5157, la "conspiración [es] una figura jurídica artificial y de muy restringida interpretación, **que no existe en las normas penales de países de nuestro entorno**" (véase, en el mismo sentido, la sentencia del TS de 1 de octubre de 1990, A. 7625: "En el Derecho comparado de nuestro entorno esta figura delictiva [la conspiración] carece casi de contenido").

2. La distinción entre actos preparatorios y actos ejecutivos

La práctica totalidad de los Códigos Penales del mundo castigan, además, de, naturalmente, el delito consumado, también la tentativa en sentido amplio, que comprende, tanto la inacabada (tentativa en sentido estricto) como la tentativa acabada (que en algunos Códigos, como el venezolano y en el ya derogado Código Penal español de 1973, se denomina frustración), es decir: la realización de actos ejecutivos dirigidos a la consumación del delito, sin que ésta, finalmente, se produzca: en la tentativa el autor **da principio a la ejecución del hecho**, no logrando su propósito de lesionar efectivamente el bien jurídico por causas ajenas a su voluntad. La definición de la tentativa es **similar** en los Códigos Penales de los distintos países, formulándose de la siguiente manera, y por sólo mencionar cinco ejemplos, en los textos que reproduzco a continuación:

Art. 80. Código Penal de Venezuela: "Son punibles, además del delito consumado y de la falta, la tentativa de delito y el delito frustrado.

Hay tentativa cuando, con el objeto de cometer un delito, **ha comenzado alguien su ejecución**, por medios apropiados y no ha realizado todo lo que es necesario a la consumación del mismo, por causas independientes de su voluntad.

Hay delito frustrado cuando alguien ha realizado, con el objeto de cometer un delito, **todo lo que es necesario para consumarlo** y, sin embargo, no lo ha logrado por circunstancias independientes de su voluntad".

Art. 16. 1. del vigente Código Penal español de 1995: "Hay tentativa cuando el sujeto **da principio a la ejecución del delito directamente por hechos exteriores**, practicando todos o parte de los actos que objetivamente deberían producir el resultado, y sin embargo éste no se produce por causas independientes de la voluntad del autor".

Art. 42. Código Penal de la Nación Argentina, bajo la rúbrica **"tentativa"**: "El que con el fin de cometer un delito determinado **comienza su ejecución**, pero no lo consuma por circunstancias ajenas a su voluntad, sufrirá las penas determinadas en el artículo 44".

22. Código Penal alemán: "Comete tentativa de un hecho punible quien, de acuerdo con su representación, **se dispone de manera inmediata a realizar el tipo**".

Por su parte, el Código Penal Tipo para Latinoamérica, bajo la rúbrica de "**tentativa**" dispone lo siguiente:

Art. 39: "El que **iniciare la ejecución de un delito** por actos directamente encaminados a su consumación y ésta no llegare a producirse por causas ajenas a él, será reprimido con una pena no menor de los dos tercios del mínimo ni mayor de los dos tercios del máximo de la establecida para el correspondiente delito".

De lo dispuesto en esos preceptos se deduce, con carácter supranacional, que si el sujeto no ha consumado el delito, **sólo incurrirá en un comportamiento punible** si, llevando a cabo una tentativa, ha dado comienzo a la ejecución del delito –con otras palabras: si ha realizado **actos ejecutivos**-, **quedando al margen del Derecho penal, por ser una conducta impune, los actos preparatorios**.

Y así, y para expresarlo con ejemplos, es punible como tentativa de homicidio, **porque se ha comenzado ya la ejecución del delito**, servir la bebida envenenada a la víctima que luego rechaza ingerir por el mal olor que despide, mientras que la mera compra del veneno permanece aún dentro del campo de la **preparación**, y, al no cumplir ni el supuesto de hecho del homicidio consumado ni el del intentado, constituye un comportamiento no previsto por el legislador penal y, por consiguiente, no punible. Y de la misma manera, tratar de vender a otro, como si fuera de oro, y por un elevado precio, un reloj que sólo ha recibido un baño de oro, rechazándolo el comprador porque percibe el engaño, integra una tentativa punible de estafa, mientras que la **preparación** del artificio engañoso, cuando el sujeto en su casa acaba de dar al cronómetro la apariencia de uno fabricado con el metal precioso, es una acción penalmente atípica, porque todavía no se ha dado comienzo a la ejecución del delito -es decir: porque todavía no se ha entrado en la esfera ejecutiva-, permaneciendo la conducta, con ello, todavía dentro del campo de los actos preparatorios impunes.

3.   La punición excepcional de los actos preparatorios cuando adoptan la forma de la conspiración

De esta característica legal generalizada de que sólo son punibles el delito consumado y la tentativa -es decir: la realización de actos ejecutivos sin consumación- se han apartado los Códigos Penales españoles desde el primero de 1822, en el sentido de que, de acuerdo con ellos, y **en supuestos excepcionales**, también se castigan los actos preparatorios **cuando adoptan la forma de la conspiración** (la conspiración, con una formulación inalterada que ha llegado hasta nuestros días, se define legalmente en el art. 4º de los Códigos Penales españoles de 1822, 1848, 1850, 1870, 1932, 1944/1973, en el art. 42 del de 1928, y, finalmente, en el art. 17 del vigente Código Penal de 1995), **expandiéndose el instituto jurídico-penal español de la conspiración a numerosos Códigos Penales latinoamericanos**, como, por ejemplo, al venezolano, que en su art. 144.2 castiga la conspiración para la rebelión, o al argentino, que tipifica en el art. 216 la conspiración para la traición.

Sin embargo, en ninguno de estos Códigos latinoamericanos existe una definición legal de lo que sea conspiración, por lo que, para determinar su contenido, habrá que acudir a su **origen** en la legislación española, que, desde el Código Penal de 1848, y con imperceptibles variaciones, ha establecido las características de este instituto que actualmente se recogen de la siguiente manera en el Código Penal de 1995:

"**Art. 17. 1.** **La conspiración existe cuando dos o más personas se conciertan para la ejecución de un delito y resuelven ejecutarlo.**

....

3. **La conspiración para delinquir sólo se castigará en los casos especialmente previstos en la Ley"**.

IV

EL CONTENIDO DE LA CONSPIRACIÓN

1. Su aplicación legal limitada a delitos especialmente graves

El vigente Código Penal español, en su art. 17.3 –al igual que su primer antecedente en el art. 4º del Código Penal de 1848-, parte de que **el principio (la regla)** es la punibilidad de **únicamente** el delito consumado y los actos ejecutivos sin consumación (la tentativa), y que lo **excepcional** es que, en contadas ocasiones, se puedan castigar también los actos preparatorios, siempre que éstos, primero, **se manifiesten bajo la forma de la conspiración** con el acuerdo de dos o más personas, y que, segundo, la ley establezca **expresamente**, en relación con algunos hechos punibles caracterizados por su especial gravedad, que en ellos también se castiga la conspiración[1]. Y así, y por ejemplo, y porque efectivamente estamos ante un delito para el que los Códigos prevén una pena muy severa, tanto en el Código Penal venezolano (art. 144.2), como en el argentino (art. 216), como en el español (art. 477), se tipifica explícitamente la conspiración para la rebelión.

Con otras palabras y resumiendo: Porque los actos preparatorios están todavía muy alejados de la lesión del bien jurídico, y, consiguientemente, no representan aún un peligro actual para la lesión de aquél, en los Códigos Penales de los Estados democráticos, informados por los principios del "Derecho penal del **hecho**" –y no por el del autoritario "Derecho penal de autor"- y de la no-punibilidad de las ideas ("*cogitationis poenam nemo patitur*"), la conspiración sólo es punible cuando, en relación con delitos de especial gravedad, la ley sanciona expresamente la conspiración para cometerlos.

2. La interpretación restrictiva de la conspiración en la doctrina y en la jurisprudencia

a) Introducción

Porque, como se acaba de exponer, el Derecho penal democrático es un Derecho penal de "hecho", que no castiga los simples pensamientos, por ello, y ya que se trata de actos preparatorios, la interpretación del contenido de la conspiración debe llevarse a cabo **de la manera más restrictiva posible**, como constantemente nos recuerda el Tribunal Supremo de España en, entre otras, las siguientes sentencias:

---

1   "Se trata [en la conspiración]" -expresa la sentencia del TS de 16 de diciembre de 1998, A. 10316- "de un acto de manifestación de la voluntad o resolución manifestada, que pertenece a la fase del <iter criminis> anterior a la ejecución, por lo que se ubica entre la ideación impune y las formas de ejecución imperfecta, asimilándose a los actos preparatorios al no constituir todavía un comienzo de la ejecución, pero diferenciándose de ellos en su naturaleza inmaterial. El actual Código, con buen criterio, la considera de incriminación excepcional, es decir, que solamente se castigará en aquellos casos especialmente previstos en la ley, dada su naturaleza de <coautoría anticipada>, cuya sanción representa, en sí misma, una excepción al principio general que sitúa los límites de la punibilidad en el comienzo de la ejecución. Sólo en supuestos determinados de especial gravedad está justificado este adelantamiento de las barreras de defensa".

Sentencia del TS de 24 de octubre de 1990, A. 8232: "... lo que ha merecido [el instituto de la conspiración] críticas de la doctrina por responder a concepciones subjetivistas que fundan la pena, no tanto en los actos de la persona, como en su voluntad delictiva o mala intención" (véase también, repitiendo casi literalmente las mismas palabras, la sentencia del TS de 6 de abril de 1995, A. 2825).

Sentencia del TS de 1 de diciembre de 1992, A. 9899: "La conspiración, hemos dicho ya en nuestra sentencia de 1 de octubre de 1990, es una figura artificial que obliga a **una interpretación muy restrictiva**" (negritas en el texto original).

Sentencia de 30 de junio de 1995, A. 5157: "Constituye la conspiración una forma de actos preparatorios del delito que no pertenecen aún a la ejecución misma. Por la jurisprudencia se ha señalado la necesidad de ser **interpretada de forma restrictiva**".

b) La interpretación restrictiva de la conspiración en la doctrina científica

De acuerdo con la doctrina absolutamente dominante en la ciencia, no cualquier acto preparatorio de dos o más personas que se ponen de acuerdo para cometer un delito integra una conspiración, sino únicamente aquellos actos preparatorios en los que el conspirador se propone **intervenir directamente en la ejecución del delito**. Cuando el delito entra en la esfera de la ejecución, y de acuerdo con la teoría de la participación delictiva, hay que distinguir entre los coautores, que son quienes, **mediante actos ejecutivos realizan el verbo nuclear del tipo**, y aquellos otros que, como **partícipes, intervienen periféricamente**, ayudando a los coautores a perpetrar el hecho delictivo. En el Código Penal venezolano los coautores serían aquellos cuya conducta es subsumible en el art. 83, mientras que los partícipes serían los que realizan alguna de las conductas previstas en el art. 84. Y, de la misma manera, en el vigente Código Penal español de 1995, serían **coautores ejecutivos**, de acuerdo con lo previsto en el art. 28, párrafo primero, "quienes realizan el hecho conjuntamente" (conducta que se corresponde con lo que el art. 14.1° del Código Penal de 1973 definía como "toma[r] parte directa en la **ejecución del hecho**"), mientras que habría que considerar partícipes [art. 28 a) y art. 29] a los que cooperan o auxilian (necesariamente o no) a que los coautores ejecutivos perpetren el hecho punible.

Con otras palabras: Cuando varios sujetos se ponen de acuerdo para realizar un delito **sólo pueden considerarse conspiradores** aquéllos que, en el reparto de papeles, se comprometen a intervenir directamente en la ejecución del hecho, mientras que el comportamiento de quienes no van a perpetrar el delito, sino que se van a limitar a que los coautores lo realicen, **queda al margen de la conspiración y constituye, por ello, una conducta preparatoria atípica y, consiguientemente, impune**. Expresándolo con un ejemplo: Si tres personas **planean** una violación, sólo serán conspiradores aquellos que se **conciertan** para perpetrar el delito y para cooperar **inmediatamente** en él, ejecutando uno, por ejemplo, el acto carnal, y sujetando el otro a la víctima para que el primero pueda realizar dicho acto, mientras que no podrá ser calificado de conspirador –ni, por consiguiente, tampoco castigado como tal-, el tercero que, **en la ideación del acontecimiento futuro**, no iba a perpetrar el delito ni a cooperar inmediatamente a su realización, sino que se limitaría a indicar a los otros dos a qué hora pasaría la víctima por un lugar apartado, propicio para llevar a cabo el ataque previsto contra la libertad sexual del sujeto pasivo.

Esta exégesis de cuál es el contenido de la conspiración la fundamenta la doctrina científica sobre la base de dos argumentos: el primero de carácter material, y el segundo teniendo en cuenta consideraciones de carácter gramatical. Por lo que se refiere al de carácter material, se llega a esa conclusión con el argumento de que el castigo de la conspiración, **por tratarse de la punición extraordinaria y excepcional de actos preparatorios**, debe ser sometida, como se acaba de exponer supra a), a una **"interpretación muy restrictiva"**, por lo que hay que distinguir entre aquellos que se conciertan para intervenir directamente en la perpetración del delito (conspiradores), y aquellos otros que no van a ejecutarlo, sino que se van a limitar a ayudar a los coautores a su perpetración. El argumento de orden gramatical, por su parte, deriva del concepto legal de la conspiración, porque si ésta se define con las siguientes palabras: "La conspiración existe cuando dos o más personas se conciertan para la **ejecución** de un delito y resuelven **ejecutarlo**", entonces es obvio que no puede considerarse conspirador a quien no se ha concertado para la ejecución de un delito ni ha resuelto ejecutarlo, ya que su intervención programada va a ser la de **ayudar** a que otros lo perpetren o ejecuten.

En este sentido de reducir la conspiración a aquellos que se concierten para ejecutar directamente el delito (a los coautores), excluyendo de esa calificación a quienes no van a perpetrarlo, sino que únicamente van a **ayudar** a otros a perpetrarlo, se han pronunciado, entre otros autores:

- Santiago MIR: "La primera interpretación [la que concibe la conspiración como **<coautoría anticipada>**, requiriendo que los conspiradores resuelvan ejecutar todos ellos el delito como coautores] es la única que se ajusta a la letra de la ley, que no se contenta con la resolución de que *se* ejecute un delito, sino que se requiere que sean los conspiradores quienes resuelvan *ejecutarlo*"[2].

- RODRÍGUEZ MOURULLO: "La conspiración es, a nuestro juicio, una *coautoría anticipada*, es decir, una coautoría que, en virtud de la expresa disposición del párrafo primero del artículo 4 [el que en el Código Penal de 1944/1973 regulaba la conspiración en idénticos términos como ahora lo hace el art. 17. 1 del vigente Código Penal de 1995], se convierte en punible, a pesar de que falta la conjunta realización (parcial o total) del hecho. La confirmación de este punto de vista cabe obtenerla pensando qué forma de participación de varias personas en el delito se originaría en el caso de que los conspiradores iniciasen la ejecución o consumasen el hecho delictivo propuesto. Desde el momento en que la conspiración se define legalmente como el <concierto para la ejecución del delito> y <resolución de ejecutarlo>, no hay duda de que si los conspiradores procediesen a realizar efectivamente su proyecto, se convertirían en coautores y, más concretamente, en coautores directos del número 1 del art. 14 [<Los que toman parte directa en la ejecución del hecho>].

En coautores directos porque al concertarse y haber resuelto conjuntamente la ejecución, cada uno asume el hecho como propio. Por eso, ese concierto previo y esa conjunta realización de ejecución, impedirían considerar a los participantes en la conspiración como cooperadores necesarios del número 3 del artículo 14. Pues el cooperador necesario (al igual que el mero cómplice) no realiza el hecho como propio, sino que colabora en el hecho de otro.

....

De ahí se deduce que, en definitiva, la conspiración constituye una coautoría directa anticipada, en el sentido de que se convierte en punible a pesar de faltar la conjunta realización objetiva incompleta o consumada del hecho planeado.

---

2   Santiago MIR, Derecho penal, Parte General, 7ª ed., Barcelona 2004, p. 341 (negritas y cursivas en el texto original).

La anterior caracterización implica importantes consecuencias. De ella se deriva que serán presupuestos de la conspiración los mismos que constituyen la componente subjetiva de la autoría, y **que respecto a la posibilidad de ser conspirador regirán las mismas reglas que deciden la posibilidad de ser coautor.**

....

Por consiguiente no puede considerarse conspirador quien <no resuelve ejecutar> el delito, es decir, quien no hace suya la resolución conjunta, **sino que proyecta únicamente cooperar – aunque sea con un acto necesario- en lo que sólo admite como hecho ajeno.**

....

... concepto legal [de conspiración], desde el momento en que éste requiere el <concierto para la ejecución de un delito> y que los conspiradores <resuelvan *ejecutarlo*>, con lo cual se alude, en nuestra opinión, a una determinada forma de participación de varias personas, a saber: **a una concreta modalidad de coautoría directa.** De ahí que el párrafo primero del artículo 4 no discrimine la responsabilidad de cada uno de los conspiradores, pues de igual modo a como la responsabilidad de los mismos, de existir actos ejecutivos, sería para todos a título de autores del delito previamente concertado y resuelto, deberá ser también uniforme esa responsabilidad **en esta especie de coautoría directa anticipada en que consiste, según la definición legal, la conspiración"**[3].

- Finalmente, y por sólo citar a un ulterior autor que, dentro del marco de esta doctrina absolutamente dominante, defiende que **sólo es conspirador** quien se concierta para intervenir en el futuro delito **como coautor directo con actos ejecutivos**, me voy a permitir autocitar a quien suscribe este Dictamen que, desde hace casi 40 años, viene manteniendo inalteradamente esa posición:

"De lo expuesto se sigue: **la ejecución a la que hace referencia el art. 4 núm. 1 ha de ser entendida en sentido técnico; por ello, quedan fuera de la conspiración y son impunes los actos no ejecutivos de participación (cooperación necesaria y complicidad) frustrados o intentados"**[4].

---

3   Rodríguez Mourullo, en Córdoba/Rodríguez Mourullo, Comentarios al Código Penal, tomo I (artículos 1-22), Barcelona 1972, pp. 151/152 (cursivas en el texto original, negritas añadidas).

4   Gimbernat, Autor y cómplice en Derecho penal, Madrid 1966, p. 166.

"<La conspiración existe cuando dos o más personas se conciertan para la ejecución de un delito y resuelven ejecutarlo> (art. 4, párrafo 1 [que coincide literalmente con la definición que da ahora a la conspiración el art. 17 del vigente Código Penal de 1995]). **El acuerdo debe consistir en comprometerse a realizar actos ejecutivos en la realización del delito; de ahí que sea impune la conducta de quien se concierta para actuar como cooperador necesario o cómplice**"[5].

c) La interpretación restrictiva de la conspiración en la jurisprudencia del Tribunal Supremo español

En el mismo sentido de la doctrina científica de entender que sólo son conspiradores quienes se conciertan para, como coautores directos, intervenir ejecutivamente en el hecho delictivo planeado, se ha manifestado también la jurisprudencia del Tribunal Supremo español, en, por sólo mencionar algunas de ellas, las siguientes sentencias:

- Sentencia del TS de 22 de abril de 1983, A. 2300: "Su estructura [la de la conspiración] es bien sencilla: dos o más personas se conciertan, pactan o convienen **la ejecución de un delito y resuelven ejecutarlo**, siendo, pues, sus requisitos, la pluralidad de sujetos activos, el <pactum> o <societas scaeleris>, y, finalmente, la firme resolución de **perpetrar** el delito pactado".

- Sentencia del TS de 24 de octubre de 1989, A. 8475: "La conspiración, recogida en el párrafo primero del artículo 4 del Código Penal [de 1973], pertenece a una fase del <iter criminis> anterior a la ejecución, por lo que tiene naturaleza de acto preparatorio, y se ubica entre la ideación impune y las formas imperfectas de ejecución, como una forma de **coautoría anticipada** que determinados autores desplazan hacia el área de la incriminación excepcional de algunas resoluciones manifestadas, pero que en todo caso –y <de lege data>- se caracteriza por la conjunción del <pactum scaeleris> o concierto previo, y la <resolutio firme> o decisión seria de **ejecución** ... Puede parecer un contrasentido <prima facie> que se castiguen aquellos acuerdos cuando queda impune la conducta de un solo individuo que, pese a encaminarse hacia la comisión última de un delito, no llega a constituir todavía forma imperfecta del mismo, pero la explicación viene dada precisamente por la mayor entidad y peligrosidad de esa ideación plurisubjetiva que bien tolera dicha denominación de **coautoría anticipada**".

5   Gimbernat, *Introducción a la Parte General del Derecho penal español*, Madrid 1979, p. 107.

- Sentencia del Tribunal Supremo de 1 de octubre de 1990, A. 7625: "En consecuencia [en la conspiración], se trata de un acto preparatorio de otro de comisión real y futura, y de ahí que sea una **<coautoría anticipada>**".

- Sentencia del TS de 30 de enero de 1992, A. 607: "Pero en todo caso siempre habría de admitirse la conspiración, que no en vano ha sido calificada por la doctrina científica como **coautoría anticipada** y que requiere el acuerdo previo entre dos o más personas y la resolución firme de **ejecución**".

- Sentencia del TS de 9 de marzo de 1998, A. 2346: "... requiere [la conspiración] la concurrencia de una pluralidad de personas, dos al menos, que puedan cada una de ellas ser sujetos activos del delito que proyectan, que acuerdan sus voluntades mediante un <pactum scaeleris> y aparezcan animados por la resolución firme de ser **coautores de un concreto delito**".

- Sentencia del TS de 5 de mayo de 1998, A. 4609: "La conspiración exige la reunión de dos o más personas que no sólo tienen la voluntad firme de llevar a cabo una actividad delictiva, sino que también tienen una actitud suficiente para **constituirse en autores del delito diseñado**".

-Sentencia del TS de 16 de diciembre de 1998, A. 10316, que califica a la conspiración de **"coautoría anticipada"** (esta expresión de **"coautoría anticipada"** es la que se recoge también en las sentencias del TS de 18 de octubre de 2000, A. 8274, 18 de junio de 2002, A. 7932, y 29 de noviembre de 2002, A. 10874).

V

APLICACIÓN AL SUPUESTO SOMETIDO A DICTAMEN DE LOS PRINCIPIOS QUE SOBRE LA CONSPIRACIÓN SE ACABAN DE EXPONER Y RAZONAR EN LOS APARTADOS ANTERIORES

En su acta de imputación el Ministerio Público imputa al señor Brewer-Carías "participa[r] en la discusión, elaboración y redacción del decreto [del Acta de Constitución del Gobierno de Transición Democrática y Unidad Nacional]", con lo que habría "**conspira[do]** para cambiar violentamente la Constitución", y habría llevado a cabo una "conducta que está enmarcada como delito en el Código Penal Venezolano como garantía de vigencia de la Constitución al establecer en su artículo 144 el delito de conspiración para cambiar violentamente la Constitución" (subrayados en el texto original del acta de imputación).

Como he expuesto y razonado ampliamente en mi Dictamen de fecha 21 de septiembre de 2005, emitido también a petición del Dr. Allan Randolph Brewer-Carías, en el Expediente C-43 no existe **ninguna prueba válida** de la que pueda deducirse que el señor Brewer-Carías hubiera "participado en la discusión, elaboración y redacción del Decreto". Y si, no obstante, el Ministerio Fiscal le imputa a aquél la realización de esa conducta, ello sólo ha sido posible porque se han violado masivamente los derechos de don Allan R. Brewer-Carías a su presunción de inocencia –que no se ha enervado por los supuestos elementos probatorios a los que recurre el Ministerio Público-, a la defensa, y a un proceso justo, equitativo y con todas las garantías.

Pero es que, aun admitiendo lo que bajo ningún concepto se puede admitir, esto es: que, tal como sostiene el Ministerio Público, don Allan R. Brewer-Carías hubiera participado efectivamente en la "discusión, elaboración y redacción del Decreto", con esa supuesta conducta **tampoco habría realizado el tipo de la conspiración para la rebelión**.

La conspiración para la rebelión **tiene que ser puesta en conexión**, como acto preparatorio que es, **con el tipo planeado que se pretende llevar a cabo**, que en este caso es el de la rebelión, definida en el Código Penal de Venezuela como "[alzamiento] para cambiar violentamente la Constitución de la República Bolivariana de Venezuela", constituyendo el **verbo nuclear típico**, por consiguiente, el del alzamiento violento. Pues bien: si dos o más personas se conciertan para **ejecutar** ese delito, y resuelven **ejecutarlo** (esta es la definición legal de la conspiración), entonces, de entre esas personas, **sólo serán conspiradores** aquellos que, pleonásticamente, se proponen intervenir en el delito planeado, **ejecutándolo**, esto es: **perpetrando** la conducta típica (la conspiración es una **"coautoría anticipada"**), es decir: **alzándose materialmente de forma violenta**, mientras que la **supuesta e indemostrada** conducta que se le atribuye a don Allan R. Brewer-Carías no es la de que él mismo hubiera proyectado realizar personalmente ese alzamiento, sino la de, mediante su presunta intervención en la discusión y elaboración del Decreto, **ayudar a los alzados**. Por ello, la supuesta conducta que sin prueba válida alguna le atribuye al Ministerio Fiscal al señor Brewer-Carías, **es atípica, y, por consiguiente, impune**, en el sentido del tipo presuntamente aplicable de la conspiración, ya que éste **abarca únicamente a los que preparatoriamente planean ejecutar, como coautores, el alzamiento violento**, y no a aquellos otros que sin proyectar ser coautores, porque no se proponen realizar el verbo nuclear típico, se asignan -como se dice que habría hecho el señor Brewer-Carías- el limitado papel de **"asistir"** o **"auxiliar"** a los ejecutores.

VI

CONCLUSIONES

Primera.- La conspiración es un acto preparatorio –previo, por consiguiente, a la tentativa y, por supuesto, y con mayor motivo, a la consumación- en el que dos o más personas se conciertan para **ejecutar** un delito.

Segunda.- La punición de la conspiración es **excepcional**, ya que la **regla** que rige en todos los Códigos Penales es la de que **los actos preparatorios son impunes**.

Tercera.- Precisamente por esa excepcionalidad, sólo se castiga cuando se trata de la **planificación** de delitos especialmente graves, exigiéndose que la ley penal determine **expresamente** cuáles son esos delitos en los que es punible la conspiración.

Cuarta.- Por acercarse peligrosamente al autoritario "Derecho penal de autor", la interpretación de cuál sea el contenido de la conspiración debe ser, en palabras del Tribunal Supremo de España, **"muy restrictiva"**.

Quinta.- Como consecuencia de esa "interpretación muy restrictiva", y de la definición legal de la conspiración ("concert[o] para la **ejecución**", y resolución de **"ejecutarlo"**), aquélla ha de entenderse como una **"coautoría anticipada"**, de tal manera que, cuando existe un acuerdo entre varias personas para intervenir en un delito, sólo podrán ser considerados conspiradores aquellos que, de haberse consumado el delito, responderían como **coautores ejecutores** del mismo, quedando al margen de la conspiración, y, por consiguiente, dentro del campo de la **conducta atípica**, quienes, sin perpetrar el delito proyectado, hubieran desempeñado en la consumación planeada el papel de meros partícipes.

Sexta.- Como ya he expuesto en un Dictamen anterior emitido asimismo a petición del Dr. Brewer-Carías, la imputación del Ministerio Fiscal de que aquél habría intervenido en la discusión, elaboración y redacción del Acta de Constitución del Gobierno de Transición Democrática y Unidad Nacional, sólo es sostenible sobre la base de una violación masiva de sus derechos a la presunción de inocencia, a la defensa, y a un proceso justo equitativa y con todas las garantías.

Séptima.- Pero es que, aunque el señor Brewer-Carías hubiera realizado la conducta que arbitrariamente –y con vulneración de sus derechos humanos fundamentales- le imputa el Ministerio Fiscal, **dicho comportamiento tampoco sería típico en el sentido de la fi-**

gura legal de la conspiración para la rebelión, ya que, de las personas que supuestamente se habrían concertado para la rebelión, sólo podrían ser consideradores **conspiradores** –como **"coautores anticipados"**-, quienes hubieran planeado perpetrar el delito con actos ejecutivos –es decir: **quienes hubieran proyectado alzarse personalmente y violentamente para cambiar la Constitución de la República Bolivariana de Venezuela**-, y no quien, como supuestamente don Allan Randolph Brewer-Carías, hubiera planeado **auxiliar** o **asistir** –**sin alzarse él mismo violentamente**- a los alzados-coautores. Por todo ello, y aunque el señor Brewer-Carías hubiera realizado el acto preparatorio que le imputa el Ministerio Público, al no cumplir esa conducta el tipo de la conspiración para la rebelión, tampoco habría incurrido en un comportamiento punible (anexo 13).

F. *Apreciación General*

De todo lo anteriormente expuesto resulta que de ninguno de los cientos de folios del voluminoso expediente, en ninguna de las pruebas testificales que en el mismo existen, en ninguno de los documentos que cursan en el mismo, en ninguno de las decenas de informes de inteligencia y contrainteligencia, resulta el más mínimo indicio, y menos aún "elemento de convicción" alguno, porque no pueden existir, de que nuestro defendido hubiera supuestamente participado en conspiración alguna, es decir, que hubiera llegado a un acuerdo, un pacto o una concertación con persona alguna para cambiar violentamente la Constitución.

La Representación fiscal, sin embargo, ha procedido a acusar a nuestro representado la comisión del mencionado delito, para lo cual se ha basado en unos supuestos "elementos de convicción" que no son tales, y que analizaremos detalladamente a continuación.

Sobre los mismos debe decirse en general, que además de no configurar los supuestos elementos en los que se fundó la imputación fiscal "hecho notorio" o "hecho comunicacional" alguno, ya que no se trata de noticias sobre sucesos, eventos o acaecimientos, sino de opiniones de periodistas las cuales además han sido desmentidas varias veces, ninguno de los tales supuestos "elementos de convicción" puede llegar a constituirse en tales "elementos de convicción". Ninguno de los periodistas fue testigo presencial de los supuestos hechos que narran y en cuanto a los periodistas Patricia Poleo, Roberto Giusti, Situ Pérez Osuna, Rafael Poleo y

Francisco Olivares, los mismos han declarado expresamente ante la Fiscalía, entre otros los días 28-03-2005 (**folios 216 y 228, Pieza XVII**) y 11-07-2005 (**folio 11, Pieza XXII**) que no estuvieron en Fuerte Tiuna en la madrugada del 12 de abril de 2002 ni estuvieron en el Palacio de Miraflores en dicho día, por lo que no tuvieron conocimiento directo de los hechos que narraron, y no suministraron referencia alguna que los soportara. Incluso, el periodista Olivares dijo que no pudo comprobar sus fuentes para la elaboración de la crónica de su autoría, razón por la cual hizo una aclaratoria "dado que ciertas fuentes consultadas, para la mencionada crónica no me resultaron suficientemente confiables, al tratar de verificar lo que ya había sido publicado por mi"(**folio 11, Pieza XXII**).En efecto, de los doce (12) artículos de opinión que se enumeran como tales "elementos de convicción" por la imputación fiscal (copiando lo que expresó el denunciante Bellorín, en su denuncia), todos constituyen opiniones o apreciaciones personales periodísticas, y en particular, varios ni siquiera nombran para nada a nuestro defendido (Nos. 20, 21 de la acusación); buena parte sólo indican el hecho de la presencia de nuestro defendido en Fuerte Tiuna; dos (2) se refieren a opiniones jurídicas que expresó como abogado (Nos. 8 y 17 de la acusación); uno recoge apreciaciones de una periodista sobre actitudes que pudo deducir de ver un video (N° 23); uno es una suposición de una periodista (N° 19 de la acusación); uno se refiere a escenas imaginadas por una periodista (N° 11 de la acusación); y dos indican el *hecho falso* de que yo habría supuestamente participado en la redacción del mencionado decreto del gobierno de transición (Nos. 10 y 21 de la imputación), respecto de lo cual la periodista que los redactó se contradijo en las entrevistas (contenido real) de televisión (No. 12 de la acusación)

En lo que se refiere a las "entrevistas de opinión" de televisión que se enumeraron en la imputación fiscal, repitiendo y transcribiendo lo expuesto por el denunciante Bellorín, *todas estuvieron conformadas con textos falsos*, que no copiaron ni transcribieron el contenido real de dichas entrevistas, por lo que tampoco podían servir en forma alguna de "elementos de convicción" para imputar a nadie de hecho punible alguno; violatorios como son además del derecho a la defensa de nuestro defendido, dado su falsa trascripción. En algunas de ellas, sin embargo, en los textos reales de las entrevistas, contradicen lo afirmado en los recortes de prensa (No 12 de la acusación).

VI

ANÁLISIS DETALLADO DE LOS SUPUESTOS "ELEMENTOS DE CONVICCIÓN" EN LOS CUALES SE PRETENDIÓ SUSTENTAR LA ACUSACIÓN DE CÓMO SE DESVIRTÚAN Y RECHAZAN EN SU TOTALIDAD

Los supuestos "elementos de convicción" en los cuales la seño-ra Fiscal pretendió fundar la supuesta participación de nuestro defendido Allan R. Brewer-Carías en la comisión del delito identi-ficado anteriormente, son los siguientes que analizaremos detalla-damente, uno por uno, para demostrar que ninguno de ellos es tal "elemento de convicción" del hecho que se le imputa a nuestro defendido:

1ER. SUPUESTO "ELEMENTO DE CONVICCIÓN": TEXTO DEL ACTA DE GOBIERNO DE TRANSICIÓN

Señala la señora Fiscal como un supuesto elemento de convic-ción para acusar a nuestro defendido:

> *"1. Contenido del "Decreto de Constitución de un Gobierno de Transi-ción Democrática y Unidad Nacional", leído y puesto en vigencia el 12 de abril de 2002, en el Salón Ayacucho del Palacio de Miraflores, y en rela-ción al cual participó activamente en su redacción y discusión, que es del tenor siguiente…* **(Folios 150 al 163, Pieza 3) (Nº 1 de la imputación, folios 237 a 242, Pieza XIII; páginas 18 a 23 de la acusación)**

La señora Fiscal afirma, que del contenido del decreto "es prueba de su existencia, que con los postulados en él contenidos, se cambió violentamente la Constitución" (página 23 de la acusación); y da por sentado, asume, afirma, sin prueba alguna, que nuestro defendido habría participado "activamente en su redacción y dis-cusión" (página 18 de la acusación).

Ahora bien, del texto del decreto leído en acto celebrado en el Palacio de Miraflores al final de la tarde del día 12 de abril de 2002, no se puede desprender "elemento de convicción" alguno que pueda involucrar a nuestro defendido en los hechos que se le im-putan, es decir, en supuestamente haber participado "en la elaboración, redacción y discusión" del decreto de un gobierno de transición, lo cual es falso; y menos aún en que supuestamente hubiera o haya podido haber llegado a acuerdo, pacto o concertación alguna, con nadie, para cambiar violentamente la Constitución, lo cual también es completamente falso.

Allan R. Brewer-Carías no estuvo en el Palacio de Miraflores durante la tarde del día 12 de abril, ni estuvo presente en dicho acto; y sólo fue consultado como abogado, por el Dr. Pedro Carmona, en la madrugada de ese mismo día 12 de abril sobre el texto de dicho decreto que ya estaba redactado para cuando se le mostró, dándole su opinión jurídica contraria a su contenido a quien se la había solicitado, que era el Dr. Carmona, cuando pudo hablar con él por teléfono, al final de la tarde de ese mismo día, incluso antes de que el decreto se leyera.

Tal decreto, por tanto, no constituye "elemento de convicción" alguno que pueda servir para imputarlo de supuestamente haber participado en la "elaboración, redacción y discusión" de dicho documento, lo cual es totalmente falso; y menos aún en que supuestamente nuestro defendido hubiera o haya podido haber llegado a acuerdo, pacto o concertación alguna, con nadie, para cambiar violentamente la Constitución, lo cual también es completamente falso.

Sobre este supuesto elemento de convicción, el Profesor Enrique Gimbernat, en dictamen rendido en junio de 2005 a solicitud nuestra y en defensa de nuestro defendido Allan R. Brewer-Carías, expuso lo siguiente en texto que hacemos nuestro:

R. El "Acta de Constitución del Gobierno de Transición Democrática y Unidad Nacional" (elemento probatorio 1)

Este texto del "Acta de Constitución del Gobierno de Transición Democrática y Unidad Nacional" sería el objeto material del supuesto delito. Pero, naturalmente, que para destruir una presunción de inocencia es preciso poner en conexión el hecho punible con una determinada persona como autora del mismo, en este caso, y para enervar la presunción de inocencia del señor Brewer-Carías, sería necesario que de ese elemento probatorio 1 resultara que había sido redactado por aquél, algo que aquí no sucede, porque el "Acta", como tal, sólo acredita que ésta existe, pero no a qué persona o personas es reconducible su elaboración. Como ha establecido reiteradamente el Tribunal Constitucional español, y por sólo mencionar dos sentencias (que se remiten a otras muchas), "ha de recordarse que si la presunción de inocencia queda desvirtuada cuando ha existido una suficiente actividad probatoria de cargo (SSTC 36/1983, 62/1985, 5/1989 y 138/1990, entre otras muchas), para ello es necesario que la prueba practicada evidencie no sólo la comisión de un hecho punible, sino también <todo lo atinente a la participación que en él tuvo el acusado> (STC 118/1991 y, en igual sentido, STC 150/1989). Pues es la conexión entre ambos elementos la que fundamenta la acusación contra una persona y, lógicamente, uno y otro han de ser objeto de prueba" (sentencia del TC 283/1994, de 24 de octubre), insistiéndose asimismo en la sentencia del TC 157/1998, de 13 de julio, "respecto de la presunción de inocencia" que para que "una actividad probatoria sea suficiente para desvirtuarla es necesario que la evidencia que origine su resultado lo sea tanto respecto a la existencia del hecho punible, como en lo atinente a la participación en él del acusado".

Siendo así que el elemento probatorio 1 (el "Acta de Constitución del Gobierno de Transición Democrática y Unidad Nacional") lo único que acredita es la existencia de un supuesto hecho punible, pero no que a éste esté conectada la participación de don Allan R. Brewer-Carías, de ahí que al incorporarse ese "Acta" sin más como elemento probatorio 1, se esté vulnerando, nuevamente, la presunción de inocencia del señor Brewer-Carías (anexo 14).

2° Y 3° SUPUESTOS "ELEMENTOS DE CONVICCIÓN": DENUNCIA DE ÁNGEL BELLORÍN Y SU ENTREVISTA ANTE LA FISCALÍA

Agrega la señora Fiscal, como segundo elemento para fundar la acusación:

"2. Denuncia formulada por el ciudadano Ángel Bellorín, venezolano y titular de la Cédula de Identidad N° 4.597.389, presentada ante el Ministerio Público en fecha 22 de mayo de 2002, en la cual expresa lo siguiente:

"… comparezco ante su competente autoridad a los fines de denunciar formalmente como en efecto lo hago, a los ciudadanos Allan Brewer-Carías, Carlos Ayala Corao, Cecilia Margarita Sosa y Daniel Romero, quienes son venezolanos, mayores de edad, domiciliados en la ciudad de Caracas y portadores de las Cédulas de Identidad Nos. 1.861.982, 4.767.891, 2.935.735 y 6.347.988, respectivamente, así como a todas aquellas personas que de acuerdo a la investigación se determine la autoría intelectual y material, así como su grado de participación en los hechos de conspirar o alzarse para cambiar violentamente la Constitución, la conspiración y rebelión a que se refiere los ordinales 1 y 2 del artículo 144 del Código Penal, por su presunta participación en la re-

241

dacción, elaboración y aprobación del decreto dictado en el efímero gobierno de hecho del ciudadano Pedro Carmona Estanga, para presuntamente constituir un gobierno de transición democrática y de unidad nacional; y hago esta denuncia responsable y éticamente por cuanto es mi deber como ciudadano y como militar activo de acuerdo a lo pautado en los artículos 130, 131, 132, 135 y 333 de la Constitución de la República Bolivariana de Venezuela, y artículo 8 literales a y b de la Ley Orgánica de las Fuerzas Armadas... en fechas 11 y 12 de abril de 2002, el ciudadano Pedro Carmona Estanga, constituyó un gobierno de facto denominado Gobierno de Transición Democrática y de Unidad Nacional, cambiando en forma violenta aspectos estructurales de la Constitución de la República Bolivariana de Venezuela, desconociendo el gobierno y período constitucional del Presidente Hugo Chávez Frías, electo por votación popular. Fundamenta su acción que en forma violenta suprime la efectividad de la Carta Magna, en una acta de constitución del gobierno de transición, en la cual, entre otras cosas, cambia el nombre de la República, suspenden a los diputados de la Asamblea Nacional, destituyen de sus cargos a los Magistrados del Tribunal Supremo de Justicia, al Fiscal General de la República, al Defensor del Pueblo, al Contralor General de la República, a los miembros del Consejo Nacional Electoral, le otorga facultades dictatoriales al ciudadano Pedro Carmona para designar sus sustitutos, erige y proclama un Presidente, facultándolo para dictar actos de efectos generales y particulares, convoca a elecciones legislativas, otorga facultades constituyentes a los que salgan electos de las mismas, ordena una reforma general de la Constitución, crea un Consejo Consultivo del supuesto Presidente de la República, determinan su correspondiente integración, organización y función; convoca a elecciones generales nacionales, facultan al ciudadano Pedro Carmona a remover y designar tiránicamente a los titulares de los órganos de los poderes públicos nacionales, estadales y municipales, así como a los representantes de Venezuela en el Parlamento Andino y Latinoamericano y suspende la vigencia de los 48 decretos con fuerza de Ley dictados de acuerdo con la Ley Habilitante de fecha 13 de noviembre de 2001.

Es un hecho notorio comunicacional reiterado y por todos conocido a través de los medios de comunicación que los autores de dicho decreto son los conocidos abogados <u>Allan Brewer-Carías</u>, Carlos Ayala Corao, Cecilia Sosa y Daniel Romero, conocidos los tres primeros como expertos en materia constitucional, tal y como se desprende de los artículos periodísticos que de seguida referiremos..." **(Folio 115 al 150, pieza 4)" (N° 2. de la imputación, folios 242 y 243, Pieza XIII). (páginas 24 y 25 de la acusación).**

En este caso, la señora Fiscal indica que tal denuncia "es prueba de lo inconstitucional del decreto", y "que con su redacción se conspiró para cambiar violentamente la Constitución, para presuntamente constituir un gobierno de transición democrática y de unidad nacional; que tal participación se considera como un hecho notorio comunicacional reiterado y por todos conocido" (**página 25 de la acusación**).

Es decir, este "elemento de convicción" en el cual la representación fiscal pretende basar su acusación, es la "denuncia" que formuló el denunciante coronel Ángel Bellorín, la cual, a su vez, se basa exclusivamente en *recortes de prensa y supuestas "trascripciones" de cintas de videos* contentivos de opiniones expresadas por periodistas, en algunas de las cuales ni se menciona a nuestro defendido, y en otras, particularmente expresadas por una sola periodista, se narra falsamente y sin fundamento alguno que supuestamente habría participado en la redacción del mencionado decreto del gobierno de transición, lo cual además, es contradicho por la misma periodista en otros artículos y entrevistas.

En efecto, el denunciante Bellorín, a continuación del anterior párrafo de su denuncia trascrito por la ciudadana Fiscal, ha hecho referencia y enumeró una serie de entrevistas y artículos de opinión de periodistas, *que son las mismas que textualmente trascribió la ciudadana Fiscal en el acta de imputación*, en la cual incluye los mismos párrafos de las referencias periodísticas que transcribió el denunciante, que se analizan más adelante,, buena parte de ellas consistentes en *trascripciones falsas* hechas por el denunciante Bellorín, engañando al Ministerio Público y a la ciudadana Fiscal, quien además asombrosamente reprodujo esos textos falsos en el acta de imputación y en la acusación, incurriendo ella misma a la vez en falsedad.

En todo caso, dichas opiniones, narraciones o imaginaciones periodísticas, al juicio errado del denunciante, supuestamente habrían configurado un "hecho comunicacional" conforme al cual llegó a la supuesta y maliciosa conclusión de que "los autores de dicho decreto son los conocidos abogados Allan Brewer-Carías, Carlos Ayala Corao, Cecilia Sosa y Daniel Romero", lo cual es completamente falso y **fue contradicho por el mismo denunciante en su declaración ante el Ministerio Público** efectuada el día 11-07-2002 en la entrevista que sostuvo con el Fiscal José Benigno Rojas (que constituye el *TERCER SUPUESTO ELEMENTO DE CONVICCIÓN DE LA ACUSACIÓN*, páginas 25 y 26 de la acusa-

243

ción), en la cual agregó –**en párrafo que precisamente omite y oculta la señora Fiscal-**, que "tomé la decisión de formular la presente denuncia, **no imputando a nadie** en particular sino con la convicción de la existencia de un hecho punible y las múltiples evidencias de la concurrencia el dicho delito de muchas personas con diferente grado de participación los cuales deben ser objeto de una investigación"; y que si bien había colocado en primer lugar el nombre de varias personas, entre ellos, de nuestro defendido, era porque "de las lecturas de todas las evidencias se desprenden como los supuestos autores intelectuales"; pero agregando en relación con las personas mencionadas, "**Yo no los estoy acusando a ellos**, yo denuncio lo que se desprende de toda la información disponible pública y notoria" (**folios 61 y 62, Pieza XV**). La señora Fiscal en su auto de fecha 21-04-2005 por lo demás, confesó que en relación con esta declaración de Bellorín en la cual dice que no denunció a nadie, que no la habría utilizado como elemento de convicción para realizar la imputación (Pieza XVIII, folio 251), omitiendo su consideración de nuevo al acusar a nuestro defendido.

En todo caso, no se entiende, por ser contradictorio, cómo si el denunciante en la entrevista ante la Fiscalía afirmó que no estaba denunciando a nadie, sino consignando recortes de periódicos que sugerían hechos y personas para que se investigara, la señora Fiscal, al analizar dicha entrevista, como ELEMENTO DE CONVICCIÓN N° 3, diga en la acusación que dicho denunciante "ratificó la denuncia" lo cual no es cierto, y además afirme que dicha entrevista y la denuncia "constituyen **prueba** de la participación del ciudadano Alan Randolph Brewer-Carías en la redacción del decreto" de gobierno de transición (páginas 25 y 26 de la acusación). Ni la denuncia ni la declaración del denunciante constituyen prueba de nada.

Por otra parte, en relación con la denuncia del coronel Bellorín (**folios 115 a 150, Pieza IV**), debe observarse que dicha denuncia tiene fecha **22-05-2002**, según consta de letra manuscrita del denunciante y de la fecha del sello de recibido de la Fiscalía General de la República expediente (**folios 115 y 150, Pieza IV**); sin embargo, también debe observarse que, curiosamente, en el expediente consta el **hecho imposible de que el día 16-05-2002, es decir, *una semana antes*** de la presentación de la denuncia, **cuando ésta aún no existía ni había sido firmada por el denunciante, el Fiscal José Benigno Rojas la incorporaba formalmente en el expediente** (folio 114, Pieza IV).

Ahora bien, en la entrevista hecha al denunciante Bellorín, éste aclaró entonces que no estaba denunciando a nadie sino que se limitaba a recoger lo que surgía de recortes de prensa y entrevistas de Televisión, a cuyo efecto enumeró los siguientes "artículos periodísticos" como él mismo los calificó (los cuales se **analizan detenida y detalladamente más adelante)**, y que la representación fiscal **repitió textualmente en el acto de imputación efectuado el 27-01-2005 y repite en la acusación,** sin haber siquiera realizado la más mínima comprobación incluso de la veracidad de los textos trascritos, salvo el haber solicitado de los diarios respectivos, copias de los "recortes de prensa" **(folios 195 y ss., Pieza XIII).**

Estos "artículos de opinión" de contenido falso, en los cuales el denunciante Bellorín pretendió erradamente construir "un hecho comunicacional reiterado y por todos conocidos" **(folio 129, Pieza IV)**, frase que hace suya la señora Fiscal **(página 25 de la acusación)**, por ello declaró incluso que sólo denunciaba *"lo que se desprende de toda la información disponible pública y notoria"*, **folios 61 y 62, Pieza XV**), y que fueron textualmente repetidos en la imputación fiscal **como se analiza detalladamente más adelante en este escrito,** son los siguientes:

1. (N° 3 del acta de imputación, N° 6 de la acusación). Extractos de artículo publicado en el diario *El Nacional*, el día sábado 13 de abril de 2002, por la ciudadana Laura Weffer Cifuentes, "Como se fraguó la renuncia de Hugo Chávez" **(folio 124 de la denuncia, Pieza IV)** que tiene el N° 3 en la imputación **(folio 243, Pieza XIII)** y el N° 6 de la acusación), del cual *sólo se deduce la presencia de nuestro defendido en Fuerte Tiuna al finalizar la madrugada del 12 de abril,* lo cual es un hecho admitido y aceptado por él, tanto en la entrevista ante la Fiscalía realizada el 03-07-2002 **(folio 37 y ss., Pieza V)**, como en escrito presentado ante esta Fiscalía el 14-01-2005 **(folio, 143 y ss., Pieza XIII)**.

2. (N° 4 del acta de imputación, N° 8 de la acusación). Extractos de artículo publicado en el diario *El Nacional*, el día sábado 13 de abril de 2002, por el ciudadano Edgar López, "Carta Interamericana Democrática fundamenta gobierno de Transición" **(folio 124 de la denuncia, Pieza IV)** que tiene el N° 4 en la imputación **(folio 243 y 244, Pieza XIII)** y el N° 8 de la acusación, en el cual básicamente, en palabras del periodista, se reseña una entrevista telefónica que le fue hecha en la noche del 12 de abril de 2002, y en la cual, en ejercicio de su libertad de expresión del pensamiento, *nuestro defendido expresó opiniones jurídicas tratando de interpretar* lo que había ocurri-

do ese día 12 de abril. En esa entrevista se informa sobre el requerimiento que se le hizo esa madrugada del 12 de abril de 2002 para que diera una opinión jurídica sobre un documento de decreto del gobierno de transición, que le fue requerida en su condición de abogado, y que sólo se refirió a aspectos jurídicos. El periodista López, por lo demás, aclaró en el mismo diario la opinión adversa de nuestro defendido al mencionado documento que le dio el mismo día (**anexo 3**), como se ha analizado en este escrito al reseñarse la rueda de prensa que nuestro defendido dio el día 16 de abril de 2002).

3. (Nº 5 del acta de imputación). Extractos de artículo publicado en *El Universal* el día 13 de abril de 2002, por la ciudadana Mariela León, "Primer Presidente Empresario" (**folio 125 de la denuncia, Pieza IV**) que tiene el Nº 5 en la imputación (**folio 244, Pieza XIII**), *en el cual ni siquiera se nombra a nuestro defendido*, y sólo hace referencia a que supuestamente el decreto del gobierno de transición habría tenido "la venía de varios escritorios jurídicos"

4. (Nº 6 del acta de imputación, Nº 10 de la acusación). Extractos de artículo del diario *El Nuevo País* de fecha martes 16 de abril de 2002, por la ciudadana Patricia Poleo, "Factores de Poder" (**folio 126 de la denuncia, Pieza IV**) que tiene el Nº 6 en la imputación (**folio 245, Pieza XIII**) y el Nº 10 de la acusación, en el cual la periodista refiere *el hecho falso* de que nuestro defendido habría en alguna forma "redactado" el Acta Constitutiva del gobierno de transición durante la madrugada del 12 de abril de 2002. La periodista, por lo demás, contradice su propio aserto en otras entrevistas en las que afirma lo contrario, que nuestro representado no redactó el documento (Véase lo analizado respecto del 18º *"elemento de convicción": entrevista a la periodista Patricia Poleo,* de este escrito), y además, declaró ante esta Fiscalía que ella no estuvo en Fuerte Tiuna esa madrugada, por lo que menos aún podía hacer esa afirmación (**folio 228, Pieza XVII**). En todo caso, lo único cierto de la imaginativa narración de la mencionada periodista, es la *presencia de nuestro defendido en Fuerte Tiuna en la madrugada del 12 de abril,* lo cual es un hecho admitido y aceptado por él tanto en la entrevista ante la Fiscalía realizada el 03-07-2002 (**folio 37 y ss., Pieza V**), como en escrito presentado ante esta Fiscalía el 14-01-2005 (**folio, 143 y ss., Pieza XIII**).

5. (Nº 7 del acta de imputación y Nº 11 de la acusación). Extractos de artículo del diario *El Nuevo País*, del día miércoles 17 de abril de 2002, de la ciudadana Patricia Poleo "Factores de Poder" (**folio 126 de la denuncia, Pieza IV**) que tiene el Nº 7 en la imputación (**folio 245, Pieza XIII**) y 11 de la acusación, en el cual la periodista refiere *el hecho falso* de una escena que nunca ocurrió, pues ese día 12 de

abril nuestro defendido ni siquiera tuvo la oportunidad de ver a la Dra. Cecilia Sosa. Además, la periodista declaró ante esta Fiscalía que ella no presenció esa "escena" pues llegó al Palacio de Miraflores después que nuestro representado se había ido, por lo que menos aún podía hacer esa afirmación (**folio 228, Pieza XVII**). En todo caso, lo único cierto de esta relación periodística *es la presencia de nuestro defendido en el Palacio de Miraflores cerca de mediodía del 12 de abril*, lo cual es un hecho admitido y aceptado por él tanto en la entrevista ante la Fiscalía realizada el 03-07-2002 (**folio 37 y ss., Pieza V**), como su escrito presentado ante la Fiscalía el 14-01-2005 (**folio, 143 y ss., Pieza XIII**).

6. (N° 8 del acta de imputación y N° 17 de la acusación). Extracto de artículo del diario *El Universal* de fecha jueves 18 de abril de 2002, del ciudadano Roberto Giusti, "Si me dejaran ir a Cuba renunciaría" (**folio 127 de la denuncia, Pieza IV**) que tiene el N° 8 en la imputación (**folio 245, Pieza XIII**) y N° 17 de la acusación, en el cual el periodista reseña supuestas consultas jurídicas sobre materias diversas que se le habrían hecho en la madrugada del día 12 de abril, como la que supuestamente le habría hecho Néstor González, las cuales además no tienen relación con los hechos imputados. Sin embargo, lo único cierto de esta relación periodística *es la presencia de nuestro defendido en Fuerte Tiuna en la madrugada del 12 de abril*, lo cual es un hecho admitido y aceptado por él tanto en su entrevista ante la Fiscalía realizada el 03-07-2002 (**folio 37 y ss., Pieza V**), como es escrito presentado ante esta Fiscalía el 14-01-2005 (**folio, 143 y ss., Pieza XIII**).

7. (N° 9 del acta de imputación y N° 19 de la acusación). Extracto de artículo del diario *El Reporte*, del jueves 18 de abril de 2002, del ciudadano Ricardo Peña, "Círculo Intimo" (**folio 127 de la denuncia, Pieza IV**) que tiene el N° 9 en la imputación (**folio 245, Pieza XIII**) y N° 19 de la acusación, en la cual el periodista se limita a señalar que "*supuestamente* los asesores del decreto-adefesio jurídico de Carmona Estanga fueron los abogados Cecilia Sosa Gómez y Allan Brewer-Carías". La "suposición" del periodista, es sólo eso, una suposición que en este caso es completamente falsa en cuanto a sugerir que junto con la Dra. Sosa nuestro defendido hubiera podido ser "asesor jurídico" del decreto del gobierno de transición. Como lo ha dicho tanto en la entrevista ante la Fiscalía realizada el 03-07-2002 (**folio 37 y ss., Pieza V**), como en escrito presentado ante esta Fiscalía el 14-01-2005 (**folio, 143 y ss., Pieza XIII**), *nuestro defendido fue consultado como abogado sobre dicho documento en la madrugada del 12 de abril*, y su opinión jurídica sobre el mencionado documento dada en el ejercicio de su profesión de abogado, fue en definitiva adversa a su contenido como lo reconoce y declaró el señor Pedro Carmona,

quien fue el que le solicitó dicha opinión, en su libro *Mi Testimonio ante la Historia* (pp. 107-108); libro incorporado al expediente por esta Fiscalía (**Pieza XIII**) como "elemento de convicción" de la imputación (**N° 25 de la imputación, folio 250, Pieza XIII, N° 27 de la acusación**).

8. (N° 10 del acta de imputación). Extracto de artículo del diario *El Nuevo País*, del jueves 25 de abril de 2002, de la ciudadana Patricia Poleo, "Factores de Poder" (**folio 127 de la denuncia, Pieza IV**) que tiene el N° 10 en la imputación (**folio 246, Pieza XIII**), en el cual la periodista, con sarcasmo insólito e inadmisible en una profesional universitaria, sugiere que nuestro defendido hubiera producido ("parido") junto con la Dra. Cecilia Sosa y otros, el decreto del gobierno de transición. De nuevo se trata de una *opinión falsa,* totalmente inadmisible de una periodista. La periodista, por lo demás, contradice su propio aserto en otras entrevistas en las que afirma lo contrario, que nuestro defendido no redactó el documento (Véase lo analizado en el 17° *"elemento de convicción: entrevista a la periodista Patricia Poleo,* de este escrito). Además, la periodista declaró ante esta Fiscalía que ella llegó a Miraflores después que nuestro defendido se había ido, por lo que menos aún podía hacer esa afirmación (**folio 228, Pieza XVII**).

9. (N° 11 del acta de imputación, N° 20 de la acusación). Extracto de artículo del diario *El Universal*, de fecha viernes 26 de abril de 2002, "Los militares manejaron todas las decisiones políticas" (**folio 127 de la denuncia, Pieza IV**) que tiene el N° 11 en la imputación (**folio 246, Pieza XIII**) y N° 20 de la acusación, en la cual el periodista Francisco Olivares reseña una entrevista al ciudadano Daniel Romero, *en la cual no nombra a nadie*, y sólo se hace referencia a que supuestamente el decreto del gobierno de transición habría sido "revisado" por "los mejores constitucionalistas" del país.

10. (N° 12 del acta de imputación, N° 21 de la acusación). Extracto de artículo del diario *El Nacional*, Sábado 27 de abril de 2002, de la periodista Milagros Socorro, de "Al país se le tendió una trampa" (**folio 128 de la denuncia, Pieza IV**) que tiene el N° 12 en la imputación (**folios 246 y 247, Pieza XIII**) y N° 21 de la acusación, en al cual se refiere a la entrevista realizada en Miami al ciudadano Daniel Romero, *en la cual no se nombra a nadie*, y sólo se hace referencia a que supuestamente el decreto del gobierno de transición habría sido "revisado" por "los mejores constitucionalistas" del país.

11. (N° 13 del acta de imputación, N° 22 de la acusación). Extracto de artículo del diario *El Universal* del domingo 28 de abril de 2002 escrito por el periodista Francisco Olivares, "Historia del Segundo Decreto" (**folio 128 de la denuncia, Pieza IV**) que tiene el N° 13 en

la imputación (**folio 247, Pieza XIII**) y N° 22 de la acusación, en el cual el periodista refiere *el hecho falso* de que nuestro defendido habría en alguna forma redactado o coordinado la redacción del decreto del gobierno de transición. El periodista declaró ante la Fiscalía que no estuvo en Fuerte Tiuna en la madrugada del 12 de abril y que tampoco estuvo en el Palacio de Miraflores durante ese día, por lo que menos aún podía hacer esa afirmación (**folio 228, Pieza XVII**), hecho que omite la señora Fiscal. En todo caso, lo único cierto de la imaginada crónica o narración del mencionado periodística es la *presencia en Fuerte Tiuna de nuestro defendido en la madrugada del 12 de abril*, su presencia *en el Palacio de Miraflores cerca de mediodía del mismo día 12 de abril*, y la llamada del Dr. Carmona a su casa en la tarde de ese mismo día, cuando le manifestó su opinión jurídica adversa al mencionado decreto, todos los cuales son hechos admitidos y aceptados por él, tanto en la entrevista ante la Fiscalía realizada el 03-07-2002 (**folio 37 y ss., Pieza V**), como en escrito presentado ante la Fiscalía el 14-01-2005 (**folio, 143 y ss., Pieza XIII**).

12. (N° 14 del acta de imputación, N° 23 de la acusación). Extracto de artículo del diario *El Mundo* de fecha viernes 3 de mayo de 2002, en la columna "Desde las gradas" de la periodista Nitu Pérez Osuna, "El video de Chávez retenido" (**folio 129 de la denuncia, Pieza IV**) que tiene el N° 14 en la imputación (**folio 248, Pieza XIII**), en el cual la periodista formula sus apreciaciones personales, al supuestamente ver un video, sobre cuál podría haber sido, a su juicio, la actitud de nuestro defendido en un momento determinado. En todo caso, lo único cierto de la apreciación de la periodista, *es la presencia de nuestro defendido en Fuerte Tiuna en la madrugada del 12 de abril*, lo cual es un hecho admitido y aceptado por él tanto en la entrevista ante la Fiscalía realizada el 03-07-2002 (**folio 37 y ss., Pieza V**), como su escrito presentado ante esta Fiscalía el 14-01-2005 (**folios 143 y ss., Pieza XIII**).

Pero el denunciante Bellorín en su denuncia, agregó que:

> Si bien es cierto que de la lectura de los artículos citados se desprende que están contestes los periodistas en la posición de señalar a los cuatro abogados denunciados, también es cierto que en los programas de opinión trasmitidos por diversos canales de televisión así lo confirman, tales como…: (**folio 129, Pieza IV**).

En su denuncia, a continuación del texto anterior, el denunciante Bellorín enumeró los siguientes "programas de opinión trasmitidos por diversos canales de televisión" como él mismo los calificó, transcribiendo los supuestos textos de los mismos, los cuales se **analizan detenida y detalladamente más adelante**, y que la señora Fiscal ha **repetido textualmente en el acto de imputación y de acusación,** sin haber realizado comprobación alguna, **y lo más grave, sin haberse percatado que los textos transcritos por el denunciante son** *falsos pues no se corresponden con lo expresado en dichos programas de opinión*; **basándose entonces la imputación y la acusación en textos falsos**. Incluso, se advierte que sólo fue mediante Oficio de 18-02-2005, después de efectuada la imputación, que la ciudadana Fiscal solicitó a CONATEL, para ser incorporados al expediente, copia de los videos enumerados por el denunciante Bellorín y en la imputación fiscal **(folio 50, Pieza XV)**.

En todo caso, los "programas de opinión" en los cuales el denunciante Bellorín pretendió erradamente confirmar el supuesto "hecho comunicacional", repetidos en la imputación fiscal, fueron los siguientes, textualmente repetidos en la imputación fiscal:

1. (Nº 15 del acta de imputación, Nº 31 de la acusación). Extracto del programa *Dominio Público*, transmitido por Venevisión, el día 12 de abril de 2002 **(folio 129 de la denuncia, Pieza IV)** que tiene el Nº 15 en la imputación **(folio 248, Pieza XIII)**, en el cual el periodista Eduardo Rodríguez habría entrevistado a los periodistas Rafael Poleo y Patricia Poleo, y en cuyo texto "trascrito" se *indica el hecho falso* de que nuestro defendido habría en alguna forma acudido a Fuerte Tiuna para redactar el decreto del gobierno de transición. Aparte de que la periodista Patricia Poleo no dijo eso en la entrevista que efectivamente se le hizo, el aserto que se le atribuye está contradicho por la propia periodista en la entrevista indicada en el Nº 18 del acta de imputación, en la cual afirma al contrario, que **yo no había** sido quien redactó el decreto (Véase el análisis del 18º supuesto "elemento de convicción": entrevista a la periodista Patricia Poleo, de este escrito). Además, la periodista Poleo declaró ante la Fiscalía que ella no estuvo en Fuerte Tiuna esa madrugada, por lo que menos aún podía hacer esa afirmación **(folio 228, Pieza XVII)**. Lo más grave de este pretendido "elemento de convicción", no sólo es la falsedad del supuesto dicho periodístico, sino que el texto que transcribe la acusación fiscal, copiándose lo que maliciosamente dijo el denunciante Bellorín, *es un texto falso en el sentido que no transcribe lo expresado por los periodistas y ni siquiera se conforma al sentido general de lo que expresaron.*

2. (Nº 16 del acta de imputación, Nº 35 de la acusación). Extracto de programa *30 Minutos*, transmitido por Televen el 12 de Mayo de 2002, en el que el periodista Cesar Miguel Rondón entrevistó a di-

rector del *Diario Tal Cual*, Teodoro Petkoff (**folio 130 de la denuncia, Pieza IV**) que tiene el N° 16 en la imputación (**folios 248 y 249, Pieza IV**) y N° 35 de la acusación, quien supuestamente habría afirmado que "Brewer debe explicar ese decreto ante la OEA". No sólo *ello es falso,* porque eso no lo dijo el Dr. Petkoff tal y como consta en el mismo expediente que llevaba la Fiscalía, tanto del video contentivo de la misma (**CINTA H-30**), como del texto de las entrevistas que se le hicieron al mismo Dr. Petkoff en el Ministerio Público en fechas 10-09-2002 (**folio 158, Pieza IX**) y 02-02-2005 (**folio 33, Pieza XIV**); sino que en relación con lo que pudo haber dicho Petkoff sobre nuestro defendido (distinto a lo que indicó el denunciante Bellorín y copió la ciudadana Fiscalía), *él mismo lo ha calificado como una "ligereza" de su parte* (**folio 158, Pieza IX, N° 36 de la acusación**) . Lo más grave de este pretendido "elemento de convicción", en todo caso, es que el texto que transcribe la acusación fiscal, copiándose lo que maliciosamente indicó el denunciante Bellorín, *es un texto falso en el sentido que no transcribe lo expresado por el periodista y ni siquiera se conforma al sentido general de lo que expresó.*

3. (N° 17 del acta de imputación, N° 12 de la acusación). Extracto de programa *Primera Página*, transmitido por Globovisión el día 15 de abril de 2002, en el que el periodista Domingo Blanco entrevista a la periodista Patricia Poleo (**folio 130 de la denuncia, Pieza IV**) que tiene el N° 17 en la imputación (**folio 249, Pieza XIII y No 12 de la acusación**), y en cuyo texto "trascrito" se *indica el hecho falso* de que nuestro defendido habría en alguna forma intervenido en la redacción del decreto del gobierno de transición. Aparte de que la periodista no dijo eso en la entrevista que efectivamente se le hizo (más bien dijo que nuestro defendido no estuvo de acuerdo con el mencionado decreto), el aserto que se le atribuye está contradicho por la propia periodista Poleo en la entrevista indicada en el N° 18 del acta de imputación, en la cual afirma al contrario, que **nuestro defendido no había** sido quien redactó el decreto (Véase el análisis del 18° supuesto "elemento de convicción": entrevista a la periodista Patricia Poleo, de este escrito). Además la periodista Poleo declaró ante esta Fiscalía que ella no estuvo en Fuerte Tiuna esa madrugada, por lo que menos aún podía hacer esa afirmación (**folio 228, Pieza XVII**). Lo grave de este pretendido "elemento de convicción", no sólo es la *falsedad del dicho periodístico*, sino que el texto que transcribe la imputación fiscal, copiándose lo que maliciosamente indicó el denunciante Bellorín, *es un texto falso en el sentido que no transcribe lo expresado por la periodista y ni siquiera se conforma al sentido general de lo que expresó.*

4. (N° 18 del acta de imputación). Extracto del programa *30 Minutos*, transmitido por Televen, el día 16 de abril de 2002, en el que el periodista César Miguel Rondón entrevista a Patricia Poleo (**folio 131 de la denuncia, Pieza IV**) que tiene el N° 18 en la imputación (**folio 249, Pieza XIII**), y en cuyo texto "trascrito" se precisa que nuestro defendido no fue el autor del decreto, que se había opuesto a la disolución de los poderes públicos y sólo se índica que habría "dejado hacer", lo cual incluso en esto caso es completamente falso. Al contrario, responsablemente como profesional de la abogacía, le dio su opinión jurídica adversa al antes mencionado decreto del gobierno de transición a quien se la había solicitado, que fue el Dr. Carmona, como lo ha indicado en su libro *Mi Testimonio ante la Historia* (pp. 107-108); libro que ha sido incorporado al expediente por esta Fiscalía (**Pieza XIII**) como "elemento de convicción" de la imputación (**N° 25 de la imputación, folio 250, Pieza XIII, N°, 27 de la acusación**). Además la periodista Poleo declaró ante esta Fiscalía que ella no estuvo en Fuerte Tiuna esa madrugada, por lo que menos aún podía hacer esa afirmación (**folio 228, Pieza XVII**). Pero a pesar de que en la entrevista mencionada la periodista Poleo reconoce que nuestro defendido no estuvo de acuerdo con el decreto, lo grave del pretendido "elemento de convicción" indicado en el N° 18 de la imputación fiscal, no sólo es la *falsedad del dicho periodístico* de Patricia Poleo, sino que el texto que transcribe la imputación fiscal, copiándose lo que maliciosamente dijo el denunciante Bellorín, *es un texto falso en el sentido que no transcribe lo expresado por la periodista y ni siquiera se conforma al sentido general de lo que expresó*.

5. (N° 19 del acta de imputación, N° 14 de la acusación). Extracto del programa *La Entrevista*, trasmitido por Radio Caracas Televisión el día 16 de abril de 2002, en el que los periodistas Ana Virginia Escobar (erradamente en la imputación fiscal, transcribiendo literalmente y sin verificar lo que maliciosamente dijo el denunciante, se dijo que era la periodista "Luisiana Ríos", (**folio 131 de la denuncia, Pieza XIII**; y **folio 249 de la imputación, Pieza XIII**), y Carlos Omobono entrevistaron a Patricia Poleo (**folio 131 de la denuncia, Pieza IV**); que tiene el N° 19 en la imputación (**folio 249, Pieza XIII**) y N° 14 de la acusación , y en cuyo texto "trascrito" se *indica el hecho falso* de que nuestro defendido habría en alguna forma participado en la redacción del decreto del gobierno de transición. Además la periodista Poleo declaró ante la Fiscalía que ella no estuvo en Fuerte Tiuna esa madrugada, por lo que menos aún podía hacer esa afirmación (**folio 228, Pieza XVII**). Pero aparte de que lo que dijo el denunciante Bellorín no lo dijo la periodista en la referida entrevista, en la cual más bien afirmó que **nuestro defendido se había**

opuesto al texto del decreto, lo grave de este pretendido "elemento de convicción" no sólo es la *falsedad del dicho periodístico*, sino también que el texto que transcribe la acusación fiscal, copiándose lo que maliciosamente dijo el denunciante Bellorín, *es un texto falso en el sentido que no transcribe lo expresado por la periodista y ni siquiera se conforma al sentido general de lo que expresó.*

6. (N° 20 del acta de imputación). Programa *Triángulo*, trasmitido por Televen el día 10 de mayo de 2002 en el que el periodista Carlos Fernández, entrevistó entre otros, al entonces diputado Tarek William Saab (**folio 131 de la denuncia, Pieza IV**) que tiene el N° 20 en la imputación (**folio 249, Pieza XIII**), entrevista *en la cual no se nombra a nadie*. Sin embargo, lo grave de este pretendido "elemento de convicción", también es que el texto que transcribió la imputación fiscal, copiándose lo que maliciosamente indicó el denunciante Bellorín, *es un texto falso en el sentido que no transcribe lo expresado por el entrevistado, ni al sentido general de lo que expresó,* sobre "respetados constitucionalistas" que no nombró.

7. (N° 21 del acta de imputación, N° 37 de la acusación). Referencia al programa *Voces de un País,* trasmitido por Globovisión, el día 28 de mayo de 2002, donde aparece el abogado Alan Brewer-Carías en la Comandancia General del Ejército (**folio 132 de la denuncia, Pieza IV**), que tiene el N° 21 en la imputación (**folio 250, Pieza XIII**) y N° 37 de la acusación, en relación con el cual la acusación fiscal *indica el hecho falso* de que nuestro defendido habría estado allí "en compañía" de un numeroso grupo de oficiales militares que enumera, *lo cual no sólo no es cierto sino que no resulta de dicho video.* De este supuesto "elemento de convicción" lo único que se deduce es la *presencia de nuestro defendido en Fuerte Tiuna en la madrugada del 12 de abril,* lo cual es un hecho admitido y aceptado por él tanto en la entrevista ante la Fiscalía realizada el 03-07-2002 (**folio 37 y ss., Pieza V**), como en su escrito presentado ante esta Fiscalía el 14-01-2005 (**folio, 143 y ss., Pieza XIII**).

8. (N° 22 del acta de imputación). El denunciante Bellorín (**folio 132, Pieza IV**), en texto que copió la imputación fiscal (**N° 22, folio 250, Pieza XIII**) agregó, además, como supuesto "elemento de convicción" la "interpelación que le hiciera la Comisión Especial de la Asamblea Nacional, trasmitida en vivo por Venezolana de Televisión y Globovisión, a la periodista Patricia Poleo, en la cual supuestamente "ratifica y refiere que fueron los denunciados las personas que redactaron el "Acta y decreto Constitutivo"; y que en fecha 16 de mayo de 2002, en el programa Grado 33, trasmitido por Globovisión, el ciudadano Isaac Pérez Recao declaró que era falso que él hubiere redactado el decreto, que el mismo fue redactado por ex-

pertos constitucionalistas y que él no era abogado". En la mencionada interpelación, la periodista Patricia Poleo también hizo referencia *al hecho falso* de que supuestamente nuestro defendido habría participado en la redacción del decreto del gobierno de transición; pero la periodista Poleo declaró ante esta Fiscalía que ella no estuvo en Fuerte Tiuna esa madrugada, por lo que menos aún podía hacer esa afirmación (**folio 228, Pieza XVII**). En todo caso, en el expediente no estaba la copia de la interpelación a Patricia Poleo ante la Asamblea Nacional, por lo que no se entiende cómo pudo ser parte de la imputación fiscal. Y en cuanto a lo que dijo que fue afirmado por el ciudadano Isaac Pérez Recao, en el sentido de que él no habría redactado dicho decreto, tanto el denunciante como la imputación Fiscal le dan toda la credibilidad que se merece, pero ello no puede servir para imputar a nadie de tal hecho. El mismo grado de credibilidad también se merece lo que nuestro defendido ha afirmado y reafirmado sobre que no participó en la redacción de dicho documento y que sólo dió una opinión jurídica que se le había solicitado sobre dicho documento, la cual en definitiva fue adversa a su contenido.

La acusación fiscal, como se ha dicho, sin comprobación alguna, repitió y transcribió lo que el denunciante Bellorín había expuesto en su denuncia, *incluso los textos falsos de supuestas entrevistas de opinión* trasmitidas por televisión, los cuales según el denunciante configurarían "un hecho notorio", lo cual por supuesto no es cierto.

Por lo demás, en relación con la denuncia como supuesto elemento de convicción, el profesor Enrique Gimbernat expuso lo siguiente en su dictamen, lo que hacemos nuestro en defensa del Dr. Allan R. Brewrer-Carías:

T. **Denuncia formulada por don Alberto Bellorín ante el Ministerio Público el 22 de mayo de 2002 (elemento probatorio 2)**

Para acreditar la supuesta participación de don Allan R. Brewer-Carías en la redacción del "Acta de Constitución del Gobierno de Transición Democrática y Unidad Nacional", el señor Bellorín se basa en su denuncia sobre exactamente las mismas supuestas pruebas que –con las mismas inexactitudes y alteraciones- se recogen en el acta de imputación como elementos probatorios 3 a 22, elementos probatorios 3 a 22 que, como se ha argumentado ampliamente a los largo de este Dictamen, en modo alguno son aptos para enervar la presunción de inocencia de don Allan R. Brewer-Carías.

Por lo demás, y posteriormente, en su declaración ante el Ministerio Público el 11 de julio de 2002 (pieza XV, pp. 61 ss.), el mismo don Alberto Bellorín, no en relación a la existencia de un supuesto delito, pero sí en lo que se refiere a quiénes podrían haber intervenido en él, y, sin duda, habiendo recapacitado sobre la inexistencia de pruebas que podrían incriminar a don Allan R. Brewer-Carías, rectifica lo expresado en su denuncia original, manifestando que "tomé la decisión de formular la presente denuncia, no imputando a nadie en particular, sino con la convicción de la existencia de un hecho punible y las múltiples evidencias de la concurrencia el dicho delito de muchas personas [al contrario que en su denuncia, sin designar al señor Brewer-Carías] con diferente grado de participación los cuales deben ser objeto de una investigación", añadiendo: "yo no los estoy acusando a ellos [no está acusando, por consiguiente, a don Allan R. Brewer-Carías], yo denuncio lo que se desprende de toda la información pública y notoria".

4º SUPUESTO "ELEMENTO DE CONVICCIÓN": COMUNICACIÓN DEL SR. ISAAC PÉREZ RECAO

La señora Fiscal, en su acusación, ha indicado como cuarto supuesto elemento de convicción, una comunicación del Sr. Isaac Pérez Recao de fecha 25 de abril de 2002 en la cual menciona a diversas personas que supuestamente estuvieron en Fuerte Tiuna. Indica el Sr. Pérez Recao que varias personas de la sociedad civil estuvieron en ese sitio, pero no señala en que momento ni en que día. Lo que indica como dato temporal es que él se trasladó a ese lugar "en horas de la noche" del día 11 de abril de 2002, y luego indica que allí estuvieron (no que estaban) diversas personas civiles, entre las que menciona a nuestro defendido.

Como se ha dicho repetidamente, nuestro defendido Allan. R. Brewer-Carías, fue llamado en la madrugada del día 12 de abril de 2002 y fue buscado en su casa para trasladárselo a Fuerte Tiuna, siendo ello un hecho admitido. Es falso que nuestro defendido haya estado en Fuerte Tiuna el día 11 de abril, como es falsa, de toda falsedad, la deducción de que lo que escribió Pérez Recao pueda constituirse en supuesta "prueba de la presencia" de nuestro defendido en Fuerte Tiuna el día 11 de abril de 2002, lo que por lo demás, no afirma en dicho documento. Ello constituye una deducción falsa de la señora Fiscal que hace de un documento que no dice eso; al igual que es falso que de dicho documento pueda deducirse que nuestro defendido estuvo "acompañado" de nadie, y menos aún de la supuesta "participación activa (de nuestro defendido) en los hechos que culminaron con el cambio violento de la Constitución".

La imaginación de la señora Fiscal, de deducir de textos algo que no resulta de ellos, es ilimitada, y debe ser rechazada, como en efecto lo hacemos.

5º SUPUESTO "ELEMENTO DE CONVICCIÓN": ENTREVISTA DE NUESTRO DEFENDIDO ALLAN R. BREWER-CARÍAS ANTE LA FISCALÍA EN 3 DE JUNIO DE 2002

Agrega la Fiscal como supuesto 5º "elemento de convicción":

5. De la entrevista rendida por el ciudadano Alan Randolph Brewer-Carías, en fecha 03 de junio de 2002, ante el Ministerio Público en la que expresó lo siguiente:

"El día doce de abril de dos mil dos pasadas la una de la madrugada recibí en mi casa de habitación una llamada telefónica de parte del Doctor PEDRO CARMONA, quien me solicitó me trasladara al Fuerte Tiuna para dar una opinión jurídica sobre un documento que le habían entregado cuando el llegó a ese lugar... Efectivamente, aproximadamente a las dos de la madrugada, o después, se presentó en mi casa una persona que se identificó como el Chofer del Dr. CARMONA, acompañado de una persona vestida de militar, quienes me trasladaron al Fuerte Tiuna. Para ese momento no tenía conocimiento exacto del cual era la real situación de la crisis política del País, salvo la apreciación que tenía como todos los venezolanos, de las informaciones recibidas a través de la televisión.

Me condujeron a un pequeño cubículo donde estaba el Dr. CARMONA, a quien saludé y quien me solicitó que analizara un documento que le habían entregado cuando llegó a ese lugar, a cuyo efecto se me puso en contacto con dos jóvenes abogados de nombres DANIEL ROMERO y JOSÉ GREGORIO VÁSQUEZ, quien fueron los que me mostraron el documento contentivo de un Proyecto para un Gobierno de Transición y mientras buscaba hablar con el Dr. CARMONA, en los pasillos se insistía en la renuncia del Presidente de la República, lo que oí por boca de diversos oficiales de la Fuerza Armada, que se encontraban en el lugar, a quienes no conocía personalmente. Alguno cuyo nombre y grado desconozco me preguntó sobre la forma jurídica de una renuncia de funcionario, limitándome a señalar que el caso del Presidente de la República estaba prevista en el artículo 233 de la Constitución, que la misma debía revestir la forma de Decreto, por así exigirlo la Ley Orgánica de Procedimientos Administrativos.

Estando en los pasillos del piso en que me encontraba alguien llamó la atención sobre la aparición del General LUCAS RINCÓN, a través de un televisor que se encontraba en el lugar. Oí y vi la alocución al país y al mundo entero del General LUCAS RINCÓN, Jefe del Alto Mando Militar del Presidente, rodeado de otros oficiales, en la cual anunció que se le había pedido la renuncia al Presidente de la República, que éste la había aceptado y los miembros del Alto Mando Militar también ponían sus cargos a la orden o que igualmente estaban renunciando, y que entregarían sus cargos a los oficiales que designaran unas nuevas autoridades. Ante tal anuncio consideré y así lo expresé a quienes me lo preguntaron, que jurídicamente el país se encontraba en una situación de crisis de gobierno, pues el Jefe del Alto Mando Militar, al anunciar la renuncia del Presidente había omitido toda alusión a la Constitución y a la eventual asunción temporal de la Presidencia por el Vice-presidente Ejecutivo. Por tanto, la renuncia del Presidente de la República fue comunicada al país como un hecho público y notorio y así indubitablemente lo entendió el país. A quien me lo preguntó le señalé que el anuncio significaba jurídicamente hablando había una crisis de gobierno por carencia de titulares del Poder Ejecutivo, cerca del mediodía del doce de abril del año en curso, fui al Palacio de Miraflores para tratar de hablar con CARMONA. En el desorden allí imperante fui informado que estaba reunido con muchas personas que habían ido al Palacio. Sólo pude entrevistarme con los abogados ROMERO y VÁSQUEZ, quienes se encontraban instalados en la oficina que tradicionalmente correspondía al Ministerio de la Secretaría de la Presidencia, quienes estaban revisando el Proyecto de Decreto antes mencionado (**folios 253 y 254, Pieza XIII**; N° **26 de la imputación**).

De esta declaración, la señora Fiscal no sólo deduce que ello es prueba de que nuestro defendido tenía conocimiento del decreto, lo que ha admitido en las circunstancias referidas, en forma casual en una reunión con Olavaria, y en la madrugada del 12 de abril porque se le mostró; sino que supuestamente nuestro defendido hubiera admitido que "lo discutió y corrigió" lo cual es falso, y ello tampoco no se deduce de su declaración. Tampoco prueba dicha declaración que nuestro defendido haya admitido que "se reunió" con persona alguna; y sólo se deduce su presencia por breve tiempo en Fuerte Tiuna y el Palacio de Miraflores. De dicha declaración es falso que pueda deducirse que nuestro defendido "nada hizo para preservar las instituciones democráticas"; pues del texto íntegro de la declaración se evidencia que tuvo una opinión jurídica contraria a lo que contenía el proyecto de decreto que expresó tanto en la reunión que tuvo con Jorge Olavarría, al tomar conocimiento del documento, y en la conversación telefónica que tuvo con Carmona al fin de la tarde del día 12 de abril.

En efecto, de la declaración de nuestro defendido ante la Fiscalía el día 03-07-2002 (**folios 37 a 47, Pieza V**), cuyo texto íntegro hemos trascrito al inicio de este escrito ratificando además, en esta ocasión, íntegramente su contenido, no surge en absoluto elemento de convicción alguno en contra de nuestro defendido que pueda comprometerlo en una supuesta participación en la "elaboración, redacción y discusión" del decreto de gobierno de transición del 12 de abril de 2002, lo cual es falso; ni menos aún en que hubiera o haya podido haber llegado a acuerdo, pacto o concertación alguna, con nadie, para cambiar violentamente la Constitución, lo cual también es falso. Al contrario, de dicha declaración queda clara cual fue su intervención en este asunto:

1. El día 10 de abril, después de casi un mes de ausencia del país (llegó a Caracas el 8 de abril de 2002 en horas de la noche), atendió una invitación que le hizo Jorge Olavarría para reunirse en su oficina y hablar sobre la situación general del país. Luego de estar reunidos, como ha sido corroborado por la declaración ante la Fiscalía de la viuda del Dr. Olavaria, (**folio 82, Pieza XXVI**), se presentaron dos jóvenes abogados que se identificaron como Daniel Romero y José Gregorio Vásquez, a quienes ellos conocían, y quienes portaban un documento contentivo de un decreto de gobierno de transición, que les leyeron a Olavarría y a nuestro defendido. No le prestaron importancia ni a los visitantes ni al documento, que criticaron, y la intervención de nuestro defendido en la reunión se limitó a destacar la importancia de la Carta Democrática Interamericana de la OEA de septiembre de 2001, que no admitía rupturas al hilo constitucional.

2. En la madrugada del día 12 de abril, nuestro defendido recibió una llamada telefónica de Pedro Carmona, solicitándole se trasladara a Fuerte Tiuna para darle una opinión jurídica sobre un documento que le habían entregado cuando el llegó a ese lugar, a cuyo efecto lo mandó a buscar a su casa en automóvil con su cho-

fer, quien lo trasladó a Fuerte Tiuna. Para ese momento nuestro defendido no tenía conocimiento exacto de cuál era la real situación de la crisis política del país, salvo la apreciación que tenía como todos los venezolanos, de las informaciones recibidas a través de la televisión, ni de qué documento se trataba. Tampoco tenía información sobre quienes estaban en Fuerte Tiuna.

3.   Al llegar a Fuerte Tiuna, el Dr. Carmona lo recibió brevemente y le solicitó que analizara un documento que le habían entregado cuando llegó a ese lugar, el cual por supuesto ya estaba redactado, y que para sorpresa de nuestro defendido resultó estar en manos de los mismos abogados que se habían identificado como Daniel Romero y José Gregorio Vásquez en la reunión con Olavarría, quien fueron los que le mostraron el documento contentivo de un proyecto para un gobierno de transición, cuyo texto era básicamente el mismo que habían leído dos días antes en la oficina de Jorge Olavarría, y al cual, tanto Olavarría como nuestro defendido, no le había prestado atención, y más bien lo habían criticado.

4.   En vista de que nuestro defendido no tuvo posibilidad de expresarle al Dr. Carmona, en Fuerte Tiuna, el criterio jurídico que le había solicitado sobre el documento del gobierno de transición –pues estimó, no sólo por ética profesional sino por elemental criterio de seguridad personal, que sólo a él debía dar sus opiniones jurídicas que eran adversas a la dirección política que se evidenciaba del documento-; cerca de mediodía del 12 de abril nuestro defendido se trasladó al Palacio de Miraflores para tratar de hablar con Carmona. En vista, de nuevo, de la imposibilidad que tuvo de hacerlo, y no entender ni compartir el curso que percibía de los acontecimientos, después de entrevistarse con los mismos dos abogados que había visto en la madrugada en Fuerte Tiuna, se retiró del Palacio de Miraflores pasado el mediodía del mismo día 12 de abril, de manera que no estuvo allí en toda la tarde de ese día, ni estuvo presente en el acto que se celebró esa tarde en dicho Palacio, ni firmó documento ni papel alguno.

En relación a la entrevista sostenida por Brewer-Carías en la Fiscalía el profesor Gimbernat opina:

P. **La entrevista rendida ante el Ministerio Público, el 3 de junio de 2002, por el propio don Allan R. Brewer-Carías (elemento probatorio 26)**

1. En dicha entrevista rendida ante el Ministerio Fiscal el 3 de junio de 2002, don Allan R. Brewer-Carías declara, entre otras cosas, lo siguiente:

"El día doce de abril de dos mil dos pasadas la una de la madrugada recibí en mi casa de habitación una llamada telefónica de parte del Doctor Pedro Carmona, **quien me solicitó me trasladara a Fuerte Tiuna para dar una opinión jurídica sobre un documento que le habían entregado cuando él llegó a ese lugar**, es decir, solicitaba mi opinión sobre un tema jurídico que se le había planteado en ese momento y lugar.

....

Me subieron en un ascensor, no sé exactamente a qué piso y me condujeron a un pequeño cubículo donde estaba el Dr. Carmona, a quien saludé y **quien me solicitó que analizara un documento que le habían entregado cuando llegó a ese lugar, a cuyo efecto se me puso en contacto con dos jóvenes abogados de nombres Daniel Romero y José Gregorio Vásquez, quien fueron los que me mostraron el documento contentivo de un Proyecto para un Gobierno de Transición que le habían entregado al Dr. Carmona, lo que había motivado su requerimiento para que se me llamara.**

....

Los dos abogados Romero y Vásquez nos leyeron a Olavarría y a mí un documento escrito que tenían contentivo de un Proyecto de Decreto de Constitución para un Gobierno de Transición. Oída la exposición de esos dos abogados me causó sorpresa su contenido.

....

Les reflexioné sobre los efectos de la ruptura del orden constitucional, específicamente a la luz de esa Carta Democrática y me di cuenta que ni siquiera conocían de la existencia de ese instrumento internacional, lo cual por lo demás no era de extrañar, ya que había sido poco divulgado.

....

La opinión que como abogado se me había requerido se refería al documento que tenían los dos jóvenes abogados Romero y Vásquez, con quien se me había pedido hablar y que habían entregado al Dr. Carmona, según éste me informó.

....

Pero en cuanto al contenido sustantivo de las decisiones políticas plasmadas en el documento o proyecto de decreto que se me presentó, aprecié que eran a su vez contrarias a la Carta, porque significaban una ruptura del orden constitucional.

....

Para mí es inexplicable que el Dr. Carmona no haya hecho un esfuerzo o no haya tomado una iniciativa de oír la opinión que me había requerido; y yo no tuve ocasión ni oportunidad, por la cantidad de oficiales y personas que lo rodeaban, de hablar personalmente y a solas con Pedro Carmona, para formularle mis comentarios y advertencias sobre el cual versaba la consulta que el mismo Carmona me había solicitado.

....

Llegué a mi casa despuntando el alba e hice un esfuerzo para reconstruir los acontecimientos de la madrugada y las materias sobre las que se me había solicitado mi opinión. Mi primera conclusión estuvo orientada hacia los postulados de la Carta Democrática Interamericana, algunos de los cuales se mencionaban en aquel proyecto de decreto. **Sin embargo, al observarlo en conjunto no cabía duda alguna de que dichos postulados resultaban contradictorios con la parte sustantiva de aquel documento, que violaba el principio de la democracia representativa, al pretenderse suspender el funcionamiento del Parlamento, con una serie de secuencias institucionales.**

....

En un momento se hizo presente el Diputado Leopoldo Martínez, a quien advertí sobre lo improcedente que era que se suspendiera el funcionamiento de la Asamblea Nacional y sobre las reacciones nacionales e internacionales que se producirían si ello ocurría.

....

Le expresé [a don Pedro Carmona] mi criterio contrario y las reservas que como profesional y ciudadano tenía, precisamente a la luz de la Carta Democrática Interamericana, y que eso en definitiva era una decisión de carácter político. **Quedé esperanzado en que tomaría en cuenta mis advertencias, pero lamentablemente no fue así.**

....

A partir de ese momento, durante la noche del doce de abril y el día siguiente trece de abril, dentro del estricto margen del que en realidad disponía **me esforcé en contribuir al restablecimiento del orden constitucional, en que se modificara el decre-**

to mencionado y en particular que se restableciera la Asamblea Nacional. En relación con los hechos del doce de abril de dos mil dos, por tanto, fui consultado estrictamente como abogado especialista en derecho público.

....

En definitiva, sólo pude expresar directamente mi parecer al Dr. Carmona, por vía telefónica poco antes de que se leyera el decreto de proclamación del llamado gobierno de transición, **advirtiéndole que la disolución o suspensión de la Asamblea carecía de fundamento jurídico y era contraria a los principios de la democracia representativa contenidos en la Carta Democrática Interamericana**, por lo que además provocaría reacciones internacionales contra Venezuela y el llamado Gobierno de Transición.

....

No se atendió mi recomendación jurídica y como antes dije conforme al derecho que nos garantiza a los abogados el Código de Ética Profesional, me retiré del asunto **sin haber tenido nada que ver con las decisiones políticas contenidas en el acto que pretendió poner en vigor un nuevo orden político e instalar el llamado Gobierno de Transición; ni con sus orígenes, ni con su desarrollo ni con sus consecuencias.**

....

SEGUIDAMENTE EL MINISTERIO PÚBLICO PASA A INTERROGAR DE LA SIGUIENTE MANERA: Primera: ¿Diga usted si tiene conocimiento de qué personas le suministraron el documento del Decreto que tantas veces usted menciona, al ciudadano Pedro Carmona Estanga? Contestó: **No tengo conocimiento directo, lo que sé es lo que el Dr. Carmona me indicó que el documento se lo había dado al él llegar a Fuerte Tiuna el abogado de apellido Romero.**

2. a)   La imputación que formula el Ministerio Público contra don Allan R. Brewer-Carías es "por su participación en la redacción y elaboración del <Acta de Constitución del Gobierno de Transición Democrática y Unidad Nacional>".

Como ya he manifestado en relación al elemento probatorio 23 (manifestaciones de don Jorge Olavarría), quien suscribe este Dictamen tiene que reiterar su asombro y desconcierto ante el hecho de **que el Ministerio Público convierta, al margen de toda lógica y razón, lo que es una prueba de descargo en una de cargo.**

Porque lo que el señor Brewer-Carías manifiesta en su entrevista ante el Ministerio Fiscal de 3 de junio de 2002 es que don Pedro Carmona requirió al señor Brewer-Carías para que se trasladara a Fuerte Tiuna a fin de que "analizara un documento que le habían entregado [al señor Carmona] cuando llegó a ese lugar", es decir: que analizara un documento ["el Acta"] **que habían redactado, no don Allan R. Brewer-Carías, sino otras personas**, y que no ha "tenido nada que ver con las decisiones políticas contenidas en el acto que pretendió poner en vigor un nuevo orden político e instalar el Gobierno de Transición; ni con sus orígenes, ni con su desarrollo ni con sus consecuencias".

Y manifiesta también, no sólo que no ha redactado dicha "Acta", sino que se opuso frontalmente a su contenido "porque significaba una ruptura del orden constitucional", porque "violaba el principio de la democracia representativa, al pretenderse suspender el funcionamiento del Parlamento", porque era "improcedente que ... se suspendiera el funcionamiento de la Asamblea Nacional", esforzándose don Allan R. Brewer-Carías "en contribuir al restablecimiento del orden constitucional, en que se modificara el decreto mencionado y en particular que se restableciera la Asamblea Nacional", advirtiendo "que la disolución o suspensión de la Asamblea carecía de fundamento jurídico y era contraria a los principios de la democracia representativa contenidos en la Carta Democrática Interamericana", sin que, desgraciadamente, don Pedro Carmona "[atendiera su] recomendación jurídica", ni se "tomar[an] en cuenta [sus] advertencias".

b)	Que de estas declaraciones de don Allan R. Brewer-Carías: que el documento había sido redactado por otros, que se le presentó por el señor Carmona para su examen, que advirtió reiteradamente que tal documento rompía el orden constitucional, el principio de la democracia representativa, y que era improcedente y contrario a la Carta Democrática Interamericana, **deduzca el Ministerio Fiscal justamente lo opuesto a lo manifestado por el señor Brewer-Carías**, a saber: deduzca que es éste quien ha redactado el decreto en el que se preveía la disolución de los Poderes Públicos, constituye una vulneración del derecho a la presunción de inocencia de aquél tan manifiesta como incomprensible.

Porque el principio de la presunción de inocencia **también** quiere decir que "a partir de la existencia de unos indicios plenamente probados" se llegue a enervar dicha presunción con **"la razonabilidad y coherencia del proceso de inferencia"** (sentencia del TC 283/1994, de 24 de octubre), siendo preciso que se explique "el iter mental ... **a fin de que pueda enjuiciarse la racionalidad y coherencia del proceso mental seguido"** (sentencia del TC 24 /1997,

ALLAN R. BREWER CARÍAS

de 11 de febrero), o, con otras palabras: que la presunción de inocencia sólo se destruye cuando los elementos probatorios la enervan "a través de un proceso mental razonado y acorde con las reglas del criterio humano ... [sobre la base] de un enlace lógico, preciso y directo" (sentencia del TC 157/1998, de 13 de julio), debiendo darse "una razonabilidad del discurso" (sentencia del TC 219 /2002, de 25 de noviembre), o, resumiendo: se lesiona el derecho a la presunción de inocencia "cuando por ilógico o insuficiente no sea razonable el iter discursivo que conduce desde la prueba" (sentencia del TC 155/2002, de 22 de julio).

De todo lo cual se sigue: Al incorporar el Ministerio Público al acta de imputación, como elemento probatorio 26, la entrevista rendida ante aquél por don Allan R. Brewer-Carías se ha vulnerado, una vez más, el derecho de éste a la presunción de inocencia: porque no hay modo más irrazonable e irrazonado, contrario a las reglas del criterio humano e ilógico que un iter discursivo, como el seguido por el Ministerio Fiscal, donde, desde las declaraciones del señor Brewer-Carías de que él no ha intervenido en un decreto que, ya redactado, fue sometido a su opinión de experto, rechazándolo radicalmente en su contenido por antidemocrático, rupturista del orden constitucional y contrario a la Carta Democrática Interamericana, se infiera que él ha redactado dicho decreto y que le parecía muy bien la disolución de los Poderes Públicos (Anexo 14).

En consecuencia, nada de lo nuestro defendido expresó en su declaración ante la Fiscalía el 03-07-2002 puede constituir "elemento de convicción" alguno que pueda involucrarlo en los hechos de los que se le acusa, es decir, en supuestamente haber participado "en la elaboración, redacción y discusión" del decreto de un gobierno de transición, lo cual es falso; y menos aún en supuestamente que hubiera o haya podido haber llegado a acuerdo, pacto o concertación alguna, con nadie, para cambiar violentamente la Constitución, lo cual también es completamente falso. De su declaración resulta todo lo contrario, es decir, que el documento ya estaba redactado para cuando en su condición de abogado fue requerido por Pedro Carmona para que le diera una opinión jurídica sobre el mismo, a cuyo efecto lo mandó a buscar a mi casa. Por otra parte, su declaración mucho menos puede constituir "elemento de convicción" alguno de que hubiera o haya llegado a acuerdo, pacto o concertación alguna con nadie para cambiar violentamente la Constitución, lo cual también es completamente falso.

6° Y 7° SUPUESTOS "ELEMENTOS DE CONVICCIÓN": ARTÍCULO DE PRENSA Y DECLARACIÓN DE LA PERIODISTA LAURA WEFFER:

Agrega la Fiscal en su acusación como supuesto elemento de convicción:

6. *Artículo publicado en el diario El Nacional, el día sábado 13 de abril de 2002, cuya autoría es de la periodista Laura Weffer Cifuentes, "Como se fraguó la renuncia de Hugo Chávez", en el cual la periodista señala:*

"*Caracas Conocidas*

Eran las 4:05 de la madrugada cuando cuatro carros negros entraron sigilosamente a la Comandancia General del Ejército, el edificio que está frente a la Inspectoría…Al llegar al estacionamiento del Edificio a las 6:18 de la mañana, a Carmona lo esperaba el abogado Allan Brewer-Carías" **(folio 10, Pieza XIV).**

En realidad, la cita de la crónica está deliberadamente mal entrecortada, pues la crónica de la periodista Laura Weffer, en la parte respectiva, tiene el siguiente texto donde ubica en circunstancias de tiempo y lugar su narración **al finalizar la madrugada** de ese día, así:

Una vez concluido el acto, los principales representantes de la institución castrense se dispersaron. Rápidamente el ex candidato presidencial Francisco Arias Cárdenas se paró del sofá donde había sido testigo de los acontecimientos y con mucha socarronería se metió en un cuarto con sus antiguos compañeros de armas.

Al llegar al estacionamiento del edificio, a las 6:18 de la mañana, a Carmona lo esperaba el abogado Allan Brewer-Carías, así como un grupo de seguridad que tuvo una complicación producto de la improvisación. No habían tomado la previsión de asignar escoltas para el ex presidente de Fedecámaras, además el chofer de la camioneta, en la que habían llegado, estaba desaparecido.

En el ínterin el protagonista de la noche le devolvió la chaqueta azul marina a Poggioli, quien se la había prestado para que pudiera declarar ante las cámaras un poco más formalmente. Molina Tamayo salió con una sonrisa que le cubría todo el rostro, y Lameda caminó cerca de todos los periodistas, pero éstos no le prestaron demasiada atención **(folio 10, Pieza XIV).**

Esta reseña de la periodista, como lo indica la señora Fiscal sólo prueba mi presencia en Fuerte Tiuna al final de la madrugada del 12 de abril, y se refiere al momento en el cual nuestro defendido se retiraba de ese lugar, a las 6: 18 am., después de haber permanecido unas horas en ese lugar, sin vehículo, con ocasión del requerimiento que le hizo Pedro Carmona de que le diera una opinión jurídica sobre el proyecto de decreto de un gobierno de transición que le mostraron, ya redactado en ese lugar, y a cuyo efecto se lo había ido a buscar a su casa. Como lo ha dicho en la entrevista del 02-07-2002 con el Fiscal José Benigno Rojas (**folios 37 a 27, Pieza V**) antes transcrita, lo ha declarado en la prensa en multitud de veces, lo ha escrito tanto en su libro *La Crisis de la democracia en Venezuela. La Carta Democrática Interamericana y los sucesos de abril de 2002* (p. 101), así como en el escrito de fecha 14-01-2005 consignado en el expediente (**folio, 143 y ss., Pieza XIII**). Pieza), y lo ha reconocido el propio Dr. Carmona en su libro *Mi Testimonio ante la Historia* (**Pieza XIII,** p. 107 y 108), él mandó a buscar a nuestro defendido a su casa esa madrugada con su chofer y carro, y él lo debía retornar a mi casa en la misma forma, como efectivamente ocurrió al final de la madrugada.

De allí la presencia de nuestro defendido en el sótano del edificio donde había permanecido en la madrugada en Fuerte Tiuna, esperando para irse a que saliera Carmona, precisamente para poder salir de ese lugar, en la misma camioneta con la cual se lo había ido a buscar unas horas antes. La reseña de la periodista Laura Weffer, por tanto, lo único que hace es corroborar la presencia en el sótano de Fuerte Tiuna **al final de la madrugada del 12 de abril,** antes de retirarse del lugar. En este caso, Laura Weffer informa sobre un hecho, siendo la "noticia", mi presencia en el sótano de Fuerte Tiuna al final de la madrugada de ese día 12 de abril, hecho admitido por nuestro defendido, porque es cierto, como lo ha dicho y escrito.

Es decir, en definitiva, lo único que puede "probar" este supuesto "elemento de convicción" como lo informa la periodista Laura Weffer, es su presencia en ese lugar, lo cual es un hecho admitido por nuestro defendido. Además, nuestro defendido efectivamente vio Laura Weffer, periodista a quien conocía por sus reportajes de la época de la Asamblea Constituyente, y la saludó en el momento en el cual estaba saliendo de Fuerte Tiuna para abordar la misma camioneta en la cual lo había ido a buscar el chofer de Carmona.

Pero la sola presencia en Fuerte Tiuna, en esa madrugada, o más específicamente, en el estacionamiento de Fuerte Tiuna, no constituye delito alguno. Nada autoriza a la Fiscal, de la testimonial de Laura Wefer rendida en 29 de septiembre de 2005 ante la Fiscalía, y que presenta como supuesto 7º ELEMENTO DE CONVICCIÓN en contra de nuestro defendido, que la sola presencia en Fuerte Tiuna en esa madrugada, de lugar a que supuestamente "existe plena prueba de su presencia física en el lugar de los hechos, que trae como consecuencia la probabilidad cierta por su presencia que efectivamente estaba desplegando la conducta típica y antijurídica que se le imputa" (página 30 de la acusación).

Se insiste, como lo ha dicho el propio Pedro Carmona en su libro *Mi Testimonio ante la Historia* (**Pieza XIII**), (pp. 107 y ss.), fue porque como abogado se llamó a nuestro defendido para que diera una opinión jurídica sobre un documento de decreto de gobierno de transición, y a efecto de conocer su opinión jurídica se lo fue a buscar a su casa. Ello, en todo caso, en forma alguna puede configurase en un supuesto "elemento de convicción" alguno de los hechos que se le imputan, es decir, en supuestamente haber participado "en la elaboración, redacción y discusión" del decreto de un gobierno de transición, lo cual es falso, pues ya estaba redactado cuando se le mostró; y menos aún en que supuestamente nuestro defendido hubiera o haya podido haber llegado a acuerdo, pacto o concertación alguna, con nadie, para cambiar violentamente la Constitución, lo cual también es completamente falso.

Sobre este supuesto elemento de convicción, el profesor Enrique Gimbernat, de la Universidad Complutense de Madrid, al ser consultado por nosotros, emitió el siguiente criterio que hacemos nuestro en defensa de Allan R. Brewer-Carías:

B. El artículo publicado en el diario "El Nacional" de 13 de abril de 2002 por doña Laura Weffer Cifuentes (elemento probatorio 3)

1. Su contenido

En el referido artículo la señora Weffer escribe lo siguiente.

"Al llegar al estacionamiento del edificio [de Fuerte Tiuna], a las 6:18 de la mañana, a Carmona le esperaba el abogado Allan Brewer-Carías, así como un grupo de seguridad que tuvo una complicación producto de la improvisación. No habían tomado la previsión de asignar escoltas para el ex presidente de Fedecámaras, además el chofer de la camioneta, en la que habían llegado, estaba desaparecido".

267

2. *Al tener en cuenta el artículo de doña Laura Weffer Cifuentes como elemento probatorio de cargo, el Ministerio Público está vulnerando con ello, otra vez, el derecho a la presunción de inocencia de don Allan R. Brewer-Carías*

Contra la estimación por el Ministerio Publico del artículo de la señora Weffer como elemento probatorio hay que alegar:

a) En primer lugar, que difícilmente puede derivarse de ese artículo que el señor Brewer-Carías haya participado –como le imputa el Ministerio Fiscal- en la redacción y elaboración del "Acta de Constitución del Gobierno de Transición Democrática y Unidad Nacional", siendo así que la señora Weffer se limita a decir que el señor Brewer-Carías estaba presente en la madrugada del 12 de abril de 2002 en el estacionamiento de Fuerte Tiuna, sin que en ningún pasaje del texto aparecido en el diario "El Nacional" afirme la testigo -¿cómo lo puede afirmar, entonces, el Ministerio Público?- que aquél haya tenido participación alguna en la elaboración de dicha "Acta".

b) En segundo lugar, que don Allan R. Brewer-Carías ha explicado y justificado reiteradamente ante el Ministerio Fiscal la razón de su presencia en Fuerte Tiuna: fue llamado a ese lugar por don Pedro Carmona Estanga para que emitiera su opinión de experto sobre un documento ya redactado por otros de decreto de gobierno de transición, opinión que, en efecto, manifestó el señor Brewer-Carías, descalificando jurídicamente dicho documento.

c) Finalmente, la atribución al artículo de la señora Weffer de que tiene el carácter de elemento probatorio de cargo contra el señor Brewer, supone una abierta vulneración del derecho fundamental de éste a la presunción de inocencia:

Ya que, por una parte, no está acreditado si la elaboración del "Acta" –que es lo que se le imputa a don Allan R. Brewer-Carías- tuvo lugar en Fuerte Tiuna, o ya había sido redactada previamente, por lo que del referido artículo ni siquiera se deduce la presencia del imputado en el lugar de los hechos.

Y ya que, por otra parte, aunque se hubiera acreditado que el señor Brewer estuvo presente allí donde se redactó el documento, tampoco esa mera presencia podría justificar nunca, por sí sola, a no ser que se vulnerara la presunción de inocencia, que aquél habría intervenido en la comisión del hecho punible. Como expresa en TC, en su sentencia 283/1994, de 24 de octubre, para que "la presunción de inocencia quede desvirtuada con una suficiente actividad probatoria de cargo... es necesario que la prueba practicada evidencie no sólo la comisión de un hecho punible, sino también <todo lo atinente a la participación que en él tuvo el acusado> (STC 118/1991, y, en igual sentido, STC 150/1989). Pues es la conexión entre ambos elementos la que fundamenta la acusación contra una persona, y, lógicamente, uno y otro han de ser objeto de prueba" (véanse también, en el mismo sentido, las sentencias del TC 24/1997, de 11 de febrero, 45/1997, de 11 de mayo, y 155/2002, de 22 de julio).

Aplicando esta doctrina al supuesto sometido a Dictamen, ello quiere decir que la presunción de inocencia no queda enervada porque se haya acreditado la existencia de un hecho presuntamente delictivo (en este caso: la misma "Acta"), sino que es necesario probar también que el señor Brewer habría intervenido en su comisión, lo que en ningún caso puede deducirse de la sola presencia de una persona en el lugar donde se ha llevado a cabo dicho hecho. Dentro de este contexto, hay que mencionar la sentencia del TC 157/1998, de 13 de julio, cuya doctrina se reitera en la sentencia del TC 145/2005, de 6 de junio, en la que se otorga el amparo a una persona condenada por tráfico de drogas simplemente porque había estado presente en el Aeropuerto Madrid-Barajas, donde otras dos personas habían recogido una maleta con una sustancia estupefaciente procedente de Brasil. En dicha sentencia 157/1998 el TC expresa, entre otras cosas, lo siguiente:

"Salvo, pues, su presencia [la de Luis Humberto T. T. T., el demandante de amparo] en el aeropuerto esperando a Carmen [una de las dos personas que recogió la droga], ningún otro acto o afirmación propios le implica y tampoco las otras condenadas le han atribuido en la operación participación alguna.

....

En consecuencia, el Tribunal penal, a falta de una prueba directa sobre la cooperación o participación de Luis Humberto en la operación o incluso de que tuviese conocimiento de la misma, consideró desvirtuada la presunción de su inocencia por una prueba basada en los indicios derivados de la presencia en el aeropuerto.

....

[Es precisa la fundamentación] en auténticos actos de prueba, con una actividad probatoria que sea suficiente para desvirtuarla, para lo cual es necesario que la evidencia que origine su resultado lo sea tanto con respecto a la existencia del hecho punible, como en lo atinente a la participación en él del acusado. En este sentido, la inocencia de la que habla el art. 24 CE ha de

269

entenderse en el sentido de no autoría, no producción del daño o no participación en él (entre otras muchas, y por citar algunas, SSTC 141/1986, 92/1987, 150/1989, 201/1989, 217/1989, 169/1990, 134/1991, 76/1993, y 131/1997).

....

Y en el caso, según lo antes dicho, no cabe entender que de las pruebas apreciadas por el Tribunal penal y especialmente de los indicios antes señalados pudiera deducirse su participación [de Luis Humberto T. T.] en los hechos de los que fueron acusadas y condenadas Carmen Yolanda y María da C., puesto que de la presencia del recurrente en el aeropuerto no se advierte la constancia de un enlace lógico, preciso y directo del que resulte la certeza de la intervención del recurrente. No puede, pues, reputarse desvirtuada la presunción de inocencia de éste, habiendo de concluirse que se le ha vulnerado este derecho (art. 24.2 CE). Por ello procede estimar el amparo y reponer al recurrente en su derecho".

3. *Resumen de por qué no puede tener el carácter de elemento probatorio el artículo de la señora Weffer*

Resumiendo lo anterior, las razones por las que no puede considerarse elemento probatorio el artículo de doña Laura Weffer son: porque ésta no afirma en ningún pasaje de su artículo que el señor Brewer-Carías haya intervenido en la redacción del "Acta"; porque el motivo por el cual don Allan R. Brewer-Carías se encontraba en Fuerte Tiuna ha sido suficiente y reiteradamente explicado por aquél: emitir una opinión de experto, a instancias de don Pedro Carmona, sobre la juridicidad de dicha "Acta", opinión que tuvo un carácter contundentemente negativo; porque no está acreditado que el documento se redactara en Fuerte Tiuna, y no hubiera sido elaborado ya previamente; y, finalmente, porque, aunque así hubiera sido, y dicho documento se hubiera redactado en el interior de ese edificio, deducir de la mera presencia de una persona en el lugar de los hechos –*la señora Weffer ni siquiera afirma la presencia de don Allan R. Brewer-Carías en Fuerte Tiuna, sino sólo en el estacionamiento del edificio*- que ha intervenido en los mismos supone una flagrante conculcación de su derecho a la presunción de inocencia (anexo 14).

8º Y 9º SUPUESTOS "ELEMENTOS DE CONVICCIÓN": RESEÑA Y DECLARACIÓN DEL PERIODISTA EDGAR LÓPEZ

Agrega la Fiscal entre los supuestos "elementos de convicción":

8. Entrevista periodística hecha al ciudadano Alan Randolph Brewer Carías, por el periodista Edgar López, "Carta Interamericana Democrática fundamenta gobierno de Transición" publicado en el diario El nacional, el día sábado 13 de abril de 2002:

El periodista señala:

> *"El jurista <u>Allan Brewer-Carías</u> sostiene que la legitimidad del Ejecutivo provisional proviene del ejercicio del derecho a la desobediencia civil que generó la defenestración de Chávez.*

> *En medios judiciales se comentaba que Allan Brewer-Carías fue el arquitecto jurídico del nuevo régimen, al punto de que también se le oirá a la hora de elaborar la lista de quienes reemplazarán a los Magistrados del Tribunal Supremo de Justicia, destituidos por la recién instalada Junta de Gobierno que encabeza el expresidente de Fedecámaras Pedro Carmona Estanca*

> *El <u>jurista</u> interrumpió su sueño para explicar que a la 1:00 de ayer atendió a la solicitud de asesoría que le formularon y que su intervención se limitó a dar opiniones sobre aspectos estrictamente jurídicos del proceso de transición que se ha iniciado.*

> *Añadió que "el documento constitutivo de este gobierno transitorio que se fundamenta en la Carta Democrática Interamericana, que Venezuela suscribió el 11 de septiembre de 2001".*

El imputado señala:

¿Entonces la referencia jurídica del nuevo gobierno es la Carta Interamericana Democrática y no la Constitución Nacional de 1999, elaborada por la Asamblea Constituyente y convalidada en referéndum popular?. No exactamente. Aquí hubo el ejercicio de un derecho ciudadano a la resistencia o desobediencia civil, el cual está garantizado y previsto en el artículo 350 de la Constitución Nacional. El pueblo de Venezuela, a través de sus representantes, desconoció un régimen, una autoridad y una legislación que contrariaba los principios y valores democráticos y que violaba derechos y garantías constitucionales. En definitiva, se produjo una rebelión de carácter civil y posteriormente la renuncia del Presidente de la República, según lo anunció el Alto Mando Militar. El vacío constitucional de poder tuvo que ser llenado por los representantes de diversos sectores de la sociedad, sobre la base,

insiste, del artículo 350 de la Constitución. ¿Cómo es posible hablar de apoyo al estado derecho si la Junta de Gobierno acordó la disolución de los poderes legítimamente constituidos?

La disolución de los poderes es una manifestación de ese derecho a la desobediencia civil…" **(folio 11, Pieza XIV).**

Esta trascripción, de nuevo, es una versión no exacta de la nota periodística de Edgar López, de *El Nacional*, 13-04-2002, en la cual éste reseña una conversación telefónica que sostuvo con nuestro defendido como a las 8 pm. del 12 de abril de 2002. El periodista lo llamó a su casa y fue despertado para hablar telefónicamente con él.

El texto completo de la nota publicada por el periodista López, relativa a la conversación, en la página D-2 de ese día del diario *El Nacional*, con el título *"Carta Interamericana Democrática fundamenta el gobierno de transición"* y el subtítulo *"El jurista Allan Brewer-Carías sostiene que la legitimidad del Ejecutivo provisional proviene del ejercicio del derecho a la desobediencia civil que generó la defenestración de Chávez"*, es la siguiente:

En medios judiciales se comentaba que Allan Brewer-Carías fue el arquitecto jurídico del nuevo régimen, al punto de que también se le oiría a la hora de elaborar la lista de quienes reemplazarían a los magistrados del Tribunal Supremo de Justicia destituidos por la recién instalada junta de gobierno que encabeza el ex presidente de Fedecámaras Pedro Carmona Estanga.

El jurista interrumpió su sueño para explicar que a la 1:00 am de ayer atendió la solicitud de asesoría que le formularon y que su intervención se limitó a dar opiniones sobre aspectos estrictamente jurídicos del proceso de transición que se ha iniciado.

"Este es un proceso político y está siendo manejado por los políticos", dijo Brewer-Carías, en un esfuerzo por reivindicar su contribución ad honorem.

Añadió que "el documento constitutivo de este gobierno transitorio se fundamenta en a Carta Democrática Interamericana, que Venezuela suscribió el 11 de septiembre de 2001 y que constituye un catálogo de lo que debe ser una verdadera democracia en el hemisferio, en el entendido de que el régimen de libertades que se desea no se limita a la realización de elecciones para la designación de las autoridades de los órganos del Poder Público, sino que también postula la necesidad de separación y control de los poderes, el pluralismo político, la probidad y responsabilidad en el ejercicio de los cargos, el respeto al Estado de Derecho y a los derechos y garantías constitucionales, en particular a la libertad de expresión", explicó el jurista.

-¿Entonces la referencia jurídica del nuevo gobierno es la Carta Interamericana Democrática y no la Constitución nacional de 1999, elaborada por la Asamblea Constituyente y convalidada en referéndum popular?

-No exactamente. Aquí hubo el ejercicio de un derecho ciudadano a la resistencia o desobediencia civil, el cual está garantizado y previsto en el artículo 350 de la Constitución nacional. El pueblo de Venezuela, a través de sus representantes, desconoció un régimen, una autoridad y una legislación que contrariaba los principios y valores democráticos y que violaba derechos y garantías constitucionales. En definitiva, se produjo una rebelión de carácter civil y posteriormente la renuncia del Presidente de la República, según lo anunció el alto mando militar. El vacío constitucional de poder tuvo que ser llenado por los representantes de diversos sectores de la sociedad, sobre la base, insisto, del artículo 350 de la Constitución.

-¿Cómo es posible hablar de apego al Estado de Derecho si la junta de gobierno acordó la disolución de los poderes legítimamente constituidos?

-La disolución de los poderes constituidos es una manifestación de ese derecho a la desobediencia civil; sin embargo, corresponde a las decisiones de carácter político, que he querido diferenciar del fundamento jurídico del régimen de transición. Hubiera sido preferible, por supuesto, que el Presidente de la República hubiera salido de otra forma, que no hubiera habido los muertos y que la sociedad civil no hubiera tenido que revelarse. En todo caso, el proceso en curso se orienta hacia el restablecimiento de la institucionalidad democrática, conforme a la Carta interamericana.

Lo importante, indicó Brewer-Carías, es destacar que por primera vez en Venezuela se desconoció un régimen y una autoridad que habían menoscabado derechos fundamentales y cuya última manifestación fue el asesinato a mansalva de ciudadanos inermes **(Folio 11, Pieza XIV).**

Del extracto del texto de la entrevista que hizo la señora Fiscal, pretende deducir que ello "es prueba" de que nuestro defendido "justifica y fundamenta la elaboración y vigencia del decreto referido con base en el artículo 350 de la Constitución" lo cual no es cierto, es decir, es falso, pues en la entrevista no se justifica ni fundamenta la elaboración de decreto alguno. Deduce también la señora Fiscal que "era un hecho notorio comunicacional que es el arquitecto jurídico del nuevo régimen de facto que se fundamentó en el decreto". Ya nos hemos referido a la noción de hecho notorio comunicacional, la cual rechazamos de nuevo en este caso. Deduce también la Fiscal, que del texto de la reseña periodística, que ello supuestamente "es prueba que es uno de los corredactores del decreto" y que lo expresado por nuestro defendido, "es exactamente igual al contenido del decreto de constitución de un gobierno de transición y unidad nacional" (páginas 32 y 33 de la acusación". Todo ello es falso, y no se deduce de la entrevista con el periodista Edgar López.

En efecto, del texto de esa entrevista se confirma que en la madrugada del día 12 de abril, a nuestro defendido se le habían pedido una opinión jurídica para analizar un documento sobre un gobierno de transición, es decir, se confirma que atendió la solicitud de asesoría jurídica que le formulara el Dr. Carmona, y que su intervención "se limitó a dar opiniones sobre aspectos estrictamente jurídicos". No es cierto, por tanto, que nuestro defendido le hubiera dicho al periodista que habría asesorado "a la junta de gobierno en la redacción del acta constitutiva que fundamentaría el régimen transitorio" (*En Nacional*, 17-4-2002, p. D-2 (**folio 44, Pieza XIX**) (**anexo 3**), lo que no dijo. Nuestro defendido no "asesoró" a ninguna "junta de gobierno" (la cual además no hemos tenido conocimiento que haya existido), en la "redacción" de ningún acta constitutiva que fundamentara un régimen transitorio. Mi actuación el día 12 de abril de 2002, se limitó a atender un requerimiento de Pedro Carmona para que le diera una opinión jurídica sobre un proyecto de decreto de gobierno de transición que ya estaba redactado para cuando lo llamó, dándole exclusivamente una opinión jurídica en torno al mismo, la cual fue adversa al documento y las decisiones que contenía. Eso fue lo que le informó al periodista.

Ello lo confirma Edgar López en la entrevista que le hizo el Ministerio Público el día 21-04-2005, que la señora Fiscal presenta como 9° SUPUESTO ELEMENTO DE CONVICCIÓN, en la cual a la pregunta:

> 16) ¿Diga Usted, si Allan Brewer-Carías le indicó en la entrevista, que había sido llamado por Carmona en la madrugada del 12 de abril, en su carácter de abogado, para solicitarle una opinión jurídica sobre un decreto de gobierno de transición que ya estaba redactado, y que su intervención se limitó a dar opiniones jurídicas? *Contestó:* **Sí (folios 259 y ss., Pieza XVIII).**

En la entrevista y conversación telefónica con el periodista nuestro representado formuló opiniones de carácter jurídico como abogado que es, sobre temas respecto de los cuales ya había escrito ampliamente, en textos que por lo demás cursan en el expediente desde julio de 2002 (Véase el documento de su autoría *La democracia venezolana a la luz de la Carta Democrática Interamericana*, que cursa en los **folios 160 a 242, Pieza V,** y que consignó ante la representación fiscal con ocasión de la entrevista que tuvo con el Fiscal José Benigno Rojas el 03-07-2002), como por ejemplo sobre las violaciones que en su criterio se habían venido cometiendo por el gobierno del Presidente Chávez a los principios democráticos contenidos en la Carta Democrática Interamericana, así como sobre el tema constitucional de la desobediencia civil conforme al artículo 350 de la Constitución, que había estado en la discusión pública de la comunidad jurídica venezolana en los meses precedentes.

La reseña del periodista, por tanto, en general, es una interpretación periodística de una conversación sobre temas jurídicos que eran de absoluta actualidad en el país.

El periodista además, en su reseña, hizo sus propias interpretaciones sobre nuestra conversación y formuló apreciaciones personales, sin duda, referenciales sobre lo que quizás pudieron decirle maliciosamente otras personas, como por ejemplo que "se comentaba" en los medios judiciales que yo habría sido el "arquitecto jurídico del nuevo régimen", lo cual no es cierto. Estas referencias, por supuesto, no están confirmadas ni podrían ser confirmadas, porque quien le pudo haber dicho algo al periodista no había podido presenciar nada de lo referido. Es decir, las referencias, como lo señaló el periodista, provenían de "fuentes judiciales", y obviamente de las fuentes judiciales en las cuales se encontraba ese día, que no eran otras que el Tribunal Supremo de Justicia, donde el periodista además reseñaría la renuncia del Presidente de dicho Tribunal, Iván Rincón, como se indica más adelante. Por ello las respuestas a las preguntas formuladas en relación con este punto al periodista fueron las siguientes:

3.- Diga usted, a qué se debe o de quién escuchó la frase de que BREWER-CARÍAS fue el arquitecto jurídico del nuevo régimen?

Contestó: Yo refiero en mi nota, que en medios judiciales. Esa es una forma de preservar mis fuentes.

17) ¿Diga Usted en que "medios judiciales se comentaba que Allan Brewer-Carías fue el arquitecto jurídico del nuevo régimen", según lo afirmó en su reseña del día 13 de abril de 2002?

Contestó: No puedo revelar eso por la reserva de mis fuentes.

18) ¿Diga Usted si su fuente le informó que hubiera visto a Allan Brewer-Carías redactar el decreto del gobierno de transición?

Contestó: No. Además son fuentes judiciales (**folios 259 y ss., Pieza XVIII).**

El periodista, además, en su reseña formuló su interpretación personal sobre el contenido general de la conversación telefónica, como por ejemplo, indicar que nuestro defendido supuestamente habría buscado sostener la "la legitimidad del Ejecutivo Provisional", lo cual no es cierto. Ni en esa ocasión, ni en ninguna otra, en forma alguna nuestro defendido sostuvo ni ha sostenido "la legitimidad" del gobierno de transición, ni se lo expresó al periodista, como quizás pudo haberlo interpretado erradamente. La exclusiva autoría del periodista López sobre esa apreciación, la expresó el mismo Edgar López ante el Ministerio Público, en la entrevista que sostuvo el día 21-04-2005 en la cual, a la pregunta:

> 2.- Diga usted si es cierto lo que usted cita en su información de prensa, "el jurista Allan Brewer-Carías sostiene que la legitimidad del ejecutivo provisional proviene del ejercicio del derecho a la desobediencia civil que degeneró la defenestración de Chávez"
>
> *Contestó*: Esto es un sumario que recoge la síntesis de la nota informativa que escribí y su contenido se refiere a lo que desde mi punto de redactor era lo medular de las declaraciones de Allan Brewer-Carías. El contenido publicado en la edición del sábado 13.04.02 fue el resultado de una entrevista telefónica, que yo hice a la residencia de Allan Brewer-Carías. (**folios 259 y ss., Pieza XVIII**).

A otra pregunta similar, en la misma entrevista, el periodista López contestó así:

> 8) ¿Diga Usted si la frase "la legitimidad del Ejecutivo provisional proviene del ejercicio del derecho a la desobediencia civil que generó la defenestración de Chávez" provino de una expresión del Dr. Allan Brewer-Carías o más bien es autoría del periodista como parte del título de su reseña?
>
> *Contestó:* **Es autoría del periodista como parte del título de su reseña (folios 259 y ss., Pieza XVIII)**.

Por otra parte, mal podría haber sostenido nuestro defendido dicha legitimidad, si su opinión dada a Carmona, como él mismo lo ha escrito en su libro (*Mi Testimonio ante la Historia* (pp. 107-108) (**Pieza XIII**), fue adversa a lo que contenía en decreto, y así lo expresó a las personas con quienes habló sobre el tema los días 12 y 13 de abril de 2002, y se lo informó también al propio periodista al indicarle que se hizo caso omiso de sus observaciones adversas al decreto. Ello, además, lo confirmó el periodista en su declaración ante esta Fiscalía el día 21-04-2005, al contestar a la pregunta:

11) ¿Diga Usted si en esa llamada Allan Brewer-Carías le manifestó que no estaba de acuerdo con la disolución de la Asamblea Nacional, ni con la destitución de los Magistrados del Tribunal Supremo, ni con ninguna otra decisión que significara la ruptura del hilo constitucional? *Contestó*: Si **(folios 259 y ss., Pieza XVIII).**

En la entrevista con el periodista López, nuestro defendido opinó como abogado y profesor de derecho público en ese momento específico (8 pm. del día 12 de abril, al poco tiempo después de concluir el Acto que se había efectuado en el Palacio de Miraflores, al cual no asistió), después de oír por televisión en su casa de habitación, sobre la constitución de un gobierno de transición. Con frecuencia, a lo largo de los años precedentes, el periodista López ha llamado a nuestro defendido para conocer su opinión jurídica sobre temas del acontecer nacional, como ha llamado a otros abogados. No era, por tanto, extraña su llamada a su casa, esa noche, buscando interpretaciones de lo que estaba ocurriendo. Así lo confirmó el periodista en la entrevista que le realizó el Ministerio Público el día 21-04-2005:

7. ¿Diga Usted si con frecuencia, durante los últimos años usted ha llamado a Allan Brewer-Carías para solicitarle opinión, información o explicaciones sobre temas jurídicos en general?

Contestó: Si, Allan Brewer-Carías es una referencia obligada, especialista en Derecho Constitucional y Administrativo **(folios 259 y ss., Pieza XVIII).**

Y en efecto, el periodista López, en la noche del día 12 de abril, como buen periodista que es, llamó a diversas personas para tratar de obtener opiniones e interpretaciones jurídicas de lo que estaba ocurriendo en ese mismo momento. Así se deriva de su respuesta dada en la entrevista ante esta Fiscalía el día 21-04-2005, a la pregunta:

19) ¿Diga Usted si en la misma edición de *El Nacional* correspondiente al 13 de abril de 2002 usted anunció que el Presidente del Tribunal Supremo de Justicia renunció a su cargo, publicación en la cual usted escribió: "Apenas dos horas antes de hacer pública su decisión, Iván Rincón había asegurado que permanecería al frente del poder judicial hasta que la Junta de Gobierno ejecutara sus primeras acciones"?

Contestó: Por supuesto que esa nota la escribí yo. El contenido textual no lo puedo memorizar. Esa fue una de las notas que no revisé antes de comparecer a la Fiscalía, como tampoco la entrevista que le realicé a la *doctora Hildegard Rondón de Sansó, otra jurista que consulté* (sic) *en busca de explicación jurídica de lo que había ocurrido*. Tratando de imaginar ¿Cuál era el motivo de la citación? Tuve en cuenta que esta fiscalía estaba investigando entre otros asuntos la elaboración del decreto Carmona. En ese sentido, **revisé todo lo que escribí sobre el tema y entre las notas periodísticas más vinculada con el tema en cuestión obviamente la entrevista que le hice a Brewer-Carías al final de la tarde o comienzo de la noche del 12 de abril, así como la reseña correspondiente a la rueda de prensa que Brewer-Carías ofreció días después. Aproveché esa rueda de prensa para aclarar la información que Brewer-Carías me había suministrado a través de una segunda conversación telefónica del 12 de abril de 2002 (folios 259 y ss., Pieza XVIII).**

En todo caso, esa noche del día 12 de abril de 2002, el periodista llamó telefónicamente a nuestro defendido a su casa, sin duda, como lo afirmó *"en busca de explicación jurídica de lo que había ocurrido",* lo hizo despertar para hablar con nuestro defendido, y como abogado trató de interpretar jurídicamente lo que estaba ocurriendo *en ese momento, con ocasión de un acto que sólo ví por televisión.* Como lo ha señalado reiteradamente nuestro defendido, no estuvo en el Palacio de Miraflores durante la tarde ni la noche del día 12 de abril, ni antes de que se leyera el Acta de constitución del gobierno de transición y el decreto respectivo, ni durante dicho acto, ni después; lugar donde seguramente se habrían discutido los detalles del documento. Por su parte, además, no estuvo en Venezuela los días precedentes al 12 de abril de 2002, ni participó en manifestaciones públicas; no conspiró ni se reunió con civiles ni militares, activos o en retiro, para concertar cambiar con violencia la Constitución.

En definitiva, la reseña de Edgar López, se refiere a una entrevista telefónica en la cual, como abogado, nuestro defendido formuló en medio del cansancio que tenía pero con todo derecho derivado de la libertad de expresión como tal profesional del derecho, sus opiniones y apreciaciones jurídicas sobre diversos tópicos, por supuesto, en el contexto específico de lo que estaba sucediendo en el país, y de los hechos que acababan de suceder, donde habían ocurrido actos de violencia en las calles, de desobediencia militar, se había anunciado la renuncia del Presidente y se acababa de anunciar un gobierno de transición, cuya legitimidad no respaldó en absoluto. Como cualquier abogado, con el razonamiento jurídico trataba de entender e incluso, trataba hacer el ejercicio de explicación jurídica de lo que estaba ocurriendo. El ejercicio de la libertad de expresión del pensamiento por esencia no constituye delito alguno.

En tal sentido, en la entrevista con Edgar López –quien, a su vez interpretó su contenido, nuestro defendido trató de interpretar como abogado y de acuerdo a su derecho a pensar y a la libre expresión del pensamiento, el decreto de constitución del gobierno de transición y opinó que estaba fundamentado en la Carta Democrática Interamericana, es decir, en el conjunto de violaciones al concepto de democracia que contiene dicho instrumento internacional en las que había incurrido el gobierno durante los años precedentes y sobre lo cual, meses antes, había opinado y escrito ampliamente, particularmente en el documento *La democracia venezolana a la luz de la Carta Democrática Interamericana*, que circuló ampliamente en enero de 2002 y que cursa en el expediente (**folios 160 y ss, Pieza V**) desde el mes de julio de 2002. Nada nuevo, por tanto, deriva de la entrevista de nuestro defendido con Edgar López sobre su pensamiento y su apreciación respecto de las violaciones gubernamentales a los principios democráticos contenidos en la Carta Democrática Interamericana. No es de extrañar, por tanto, que su apreciación jurídica esa noche, después de ver y oír el acto que ocurrió en Miraflores, donde no estaba, hubiese sido interpretar que el documento de constitución del gobierno de transición que veía de anunciarse tuviera su fundamento en la referida Carta Democrática, y que lo que había ocurrido en el país, era el ejercicio del derecho ciudadano colectivo a la desobediencia civil que garantiza el artículo 350 de la Constitución. Por ello, lo expresado a Edgar López en la entrevista y a lo que él se refiere al contestar preguntas de la representación fiscal el día 21-04-2005:

4.- Diga usted, si el ciudadano BREWER-CARÍAS afirmó "el documento constitutivo de este gobierno transitorio se fundamenta en la Carta Democrática Interamericana que Venezuela suscribió el 11 de septiembre de 2001?.

Contestó: Si, es una cita textual, de hecho está entre comillas.

5.- Diga usted, si a una de sus preguntas él le respondió que "aquí hubo el ejercicio de un derecho ciudadano a la resistencia o desobediencia, el cual está garantizado y previsto en el artículo 350 de la Constitución Nacional".

Contestó: Si, eso fue lo que me respondió **(folios 259 y ss., Pieza XVIII)**.

Por lo demás, y como era natural, otros profesionales del derecho y profesores, ese mismo día también expresaron legítimamente sus opiniones jurídicas sobre la situación, pudiendo citarse, sólo a título de ejemplo, las declaraciones de Hermann Escarrá y de Gerardo Blyde, "Urge un decreto orgánico de estatuto constitucional", reseña de María Sandoval, Gisela Rodríguez, Dorys Villarroel, en *El Mundo*, 12-04-2002, p. 6, que tiene el siguiente texto:

Urge un decreto orgánico de estatuto constitucional

PASOS. Para Gerardo Blyde, el decreto del estatuto es fundamental para legitimar la transitoriedad y conducir a elecciones

María Sandoval | GiselaRodríguez | Dorys Villarroel

Dada la renuncia del presidente Hugo Chávez, obligada por una populosa manifestación civil la cual exigió su salida, muchos venezolanos se preguntan cómo se restituirá la institucionalidad.

El constitucionalista y diputado de Primero Justicia, Gerardo Blyde comentó para El Mundo cuáles serían los mecanismos para restituir el estado de derecho.

En primer lugar, Blyde aclaró que "desde que el expresidente Hugo Chávez Frías asumió el poder y no se juramentó mediante la constitución con la que fue electo, se rompió el hilo constitucional y por eso hemos vivido tres años de un golpe por etapas, los cuales violaba todo los principios de la democracia que no se limitan a simples elecciones manipuladas sino que además requieren de instituciones y poderes sólidos e independientes".

A su juicio, la Constitución del 99 es "una farsa constitucional". Sin embargo, explica que ante la ausencia de texto que rija el Estado se hace necesario dictar un decreto orgánico que sirva de estatuto constitucional a los fines de organizar transitoriamente el funcionamiento de los poderes públicos mientras en el lapso más perentorio posible se procede a la convocatoria de elecciones.

Poder Constituyente

Agregó que el órgano parlamentario que se elija deberá tener facultades constituyentes para lo cual debe preguntársele al soberano. Este órgano soberano deberá dictar la Constitución del siglo XXI previamente autorizado por el poder constituyen-te, es decir, el pueblo, el cual debe delimitarle que su función será la redacción de la nueva Constitución.

Indicó que el estatuto orgánico debe servir como estatuto constitucional para prever siempre la progresividad de derechos que ha alcanzado el pueblo en el accidentado proceso constitucional que hemos vivido. Ese decreto orgánico debe analizar el pleno funcionamiento y rescatar las competencias de cada uno de los poderes mientras se convoca al órgano parlamentario.

El decreto puede suplantar de manera transitoria tanto a las cabezas del poder ciudadano, judicial y poder electoral a los fines de garantizar la viabilidad de la transición en ciudadanos imparciales capaces y autónomos.

Blyde recuerda que esta situación tiene tres precedentes en su historia republicana: la primera vez lo hizo Simón Bolívar quien dictó un decreto orgánico con alcance constitucional y la segunda vez fue a la caída de Marcos Pérez Jiménez, cuando Delgado Chalbaud presidente de la junta dictó esta medida, la tercera le correspondió a la Junta que presidió Wolfang Larrazabal.

Señaló que el órgano en que debería ser dictado consiste en un primer manifiesto de un poder transitorio.

Asegura que las declaraciones dadas por el Alto Mando Militar y el presidente transitorio Pedro Carmona Estanga, sirven de base para el manifiesto. El segundo elemento, a su juicio, debería constituirse en el acta constitutiva de Gobierno, la cual debe contener el acuerdo de todos los sectores vivos de la sociedad, mediante el cual dejen constancia de su conformidad con el Gobierno transitorio que se constituya: partidos políticos, sociedad civil organizada, Fuerza Armada Nacional, Iglesia y demás cultos legalizados en el país, organizaciones empresarial y organización obrera. El tercero sería el decreto orgánico de acuerdo a la tradición constitucional venezolana. Esos pasos, refirió Blyde, "son fundamentales para legitimar la transitoriedad y no sólo la presidencia transitoria, sino todo el proceso que conduzca a elecciones".

Junta de transición

Por su parte, el constitucionalista y padre de la Constitución Bolivariana, Hermán Escarrá, aclaró los posibles escenarios que confrontaran los poderes públicos constituidos.

Argumentó que la junta de transición que comenzará a operar a partir de hoy guiada por Pedro Carmona Estanga, se deriva "sobre la base de la ruptura institucional no sólo por la renuncia del Presidente, sino de continuar con el esquema que plantea la Constitución de ser sustituido por el vicepresidente, con fundamentos en el artículo 350" de la Carta Magna.

Para Escarra "a partir de esta junta transitoria, se revisarán los poderes constitucionales del Ejecutivo, pero también se iniciará un período de reorganización del Estado. Frente a ello, y antes del proceso electoral, deben renunciar los integrantes del poder ciudadano (Defensor, Contralor y Fiscal) a efectos de que la República provisoria pueda designar temporalmente a los nuevos titulares de esos cargos y lo mismo ocurre con el poder electoral (Consejo Nacional Electoral)".

Explicó que el mismo destino "debería" recibir el Tribunal Supremo de Justicia, "hay una vocación de algunos sectores de que TSJ como cabeza del poder judicial se mantenga intacto. Sin embargo, otros piensan lo contrario."

En el caso de los miembros de la Asamblea "ellos deben encaminarse no a la renuncia pero si al proceso electoral; ellos fueron elegidos directamente por la voluntad popular y su revocatoria la hace el propio pueblo con la nueva elección, para el momento en que la junta provisoria digne prudente". Los gobernadores recibirán el mismo trato por-que son cargos de elección popular "no de segundo grado como el poder ciudadano y el TSJ" completó Escarra" (anexo 15).

Igualmente, por ejemplo, también expresó legítimamente su opinión jurídica sobre la situación del momento, la ex Magistrada Cecilia Sosa Gómez, en entrevista: "Junta de gobierno debe restablecer la vigencia de la Constitución", reseñada por la periodista Asención Reyes R., *El Nacional*, 13-04-2002, p. D-10, según copia que incorporó al expediente la propia Dra. Sosa (**folio 65, Pieza XXII**); así como la profesora de Hildegard Rondón de Sansó, en "¿Golpe de Estado o emergencia constitucional?", que reseñó del mismo periodista Edgard López, *El Nacional*, 13-04-2002, p. D-10, como consta de la copia también consignada en el expediente por Cecilia Sosa Gómez :

> *¿Golpe de Estado o emergencia constitucional?*
>
> **La jurista** *Hildegard Rondón de Sansó explicó que la imposición de la autoridad durante el período de transición no necesariamente implica la violación de derechos fundamentales.*
>
> *EDGAR LÓPEZ*

Varios de los que han manifestado resistencia a la sustitución de Hugo Chávez por una junta de gobierno, en cuanto al ejercicio del

Poder Ejecutivo, han alegado que lo ocurrido corresponde a un golpe de Estado. Al respecto, la jurista Hildegard Rondón de Sansó trató de calmar la angustia de quienes temen que la "salida" que se ha dado a la crisis política del país esté ineludiblemente asociada con la imposición de la autoridad en forma violenta.

En términos técnico-jurídicos, un golpe de Estado implica la inobservancia de los preceptos constitucionales, por ejemplo, como en el presente caso, para sustituir a un presidente de la República encargado del ejercicio del cargo por la voluntad popular que se expresó en elecciones democráticas.

En ese sentido, sí se habría producido un rompimiento del hilo constitucional, pero, insistió la ex magistrada de la Corte Suprema de Justicia, no por razones de fuerza, sino por las imprevisiones de la Carta Magna frente a la forma de suplir la falta absoluta derivada de la renuncia tanto del presidente como del vicepresidente Ejecutivo de la República.

En efecto, el artículo 233 de la Constitución establece que si la falta absoluta del primer mandatario de la República se produce durante los primeros cuatro años de su período de gobierno, se procederá a una nueva elección universal, directa y secreta, dentro de los siguientes 30 días. Mientras se elige y toma posesión el nuevo gobernante, indica la norma, la jefatura del Estado seria ejercida por el vicepresidente Ejecutivo.

En términos políticos, bastaría imaginarse cuáles habrían sido los efectos de proceder en estricto, apego a la Constitución y sustituir a Chávez por Diosdado Cabello o por el presidente de la Asamblea Nacional, Willian Lara.

De acuerdo con este tipo de consideraciones, que habrían privado sobre cualquier otra habida cuenta de la necesidad de evitar un mayor derramamiento de sangre.

Y como de gobernabilidad se trata, Rondón explicó que el vacío de la Constitución se cubriría a través de decretos leyes de facto, de modo que el nuevo régimen busque y encuentre su propia juridicidad.

En este orden de ideas, prosiguió la jurista, la junta de gobierno tendría que promulgar un acta constitutiva, mediante la cual se definirán las reglas del juego en función de la convivencia social durante el período de transición o, en otras palabras, los alcances y límites de la gestión gubernamental que se llevará a cabo hasta que se relegitime la Presidencia de la República por la vía del sufragio.

A partir de los lineamientos de dicha acta constitutiva, la junta de gobierno emitiría tantos decretos-leyes de facto como los que se requieran para atender situaciones de contingencia.

Hildegard Rondón de Sansó insistió en que la historia demuestra que los regímenes de facto no necesariamente implican una situación que impida el ejercicio de las libertades y derechos fundamentales **(anexo B de la declaración de Cecilia Sosa, folio 65, Pieza XXII).**

A nadie se le puede juzgar por sus opiniones, pues en Venezuela, afortunadamente, por ahora, no existe el delito de opinión ni el delito de disentir. De acuerdo a la Declaración Universal de Derechos Humanos, "todo individuo tiene derecho a la libertad de opinión y de expresión", lo que "incluye el derecho a no ser molestado a causa de sus opiniones" (art. 19). La Declaración Americana de los Derechos y Deberes del Hombre también garantiza a toda persona "el derecho a la libertad de opinión y de expresión (art. IV); La Convención Americana sobre Derechos Humanos (Pacto de San José), por su parte, también garantiza a "toda persona el derecho a la libertad de pensamiento y de expresión", estando sujeto a responsabilidades ulteriores que deben estar expresamente fijadas por la ley (art. 13). Por último, el mismo derecho se garantiza en el Pacto Internacional de Derechos Civiles y Políticos (art. 19,2, el cual agrega que "Nadie podrá ser molestado a causa de sus opiniones" (art. 19,1). Todos estos derechos contenidos en instrumentos internacionales, ratificados por la República tienen rango constitucional (art. 23).

En todo caso, en la conversación de nuestro defendido con el periodista Edgar López, no justificó lo que había ocurrido esa noche, lo cual por lo demás, en ningún caso hubiera constituido delito alguno sino el libre ejercicio a la libertad de expresión como abogado.

Sin embargo, consciente de su opinión adversa a lo que se había resuelto en el decreto de constitución del gobierno de transición, a los efectos de evitar erradas interpretaciones que hubieran podido derivarse de su conversación con el periodista que versó exclusivamente sobre la explicación de lo que contenía la Carta Democrática Interamericana, documento que era muy poco conocido en ese momento, y sobre la interpretación del artículo 350 de la Constitución, esa misma noche, un poco más tarde, nuestro defendido lo llamó telefónicamente y le explicó su posición contraria a las decisiones políticas contenidas en el decreto del gobierno de transición, y particularmente contraria a la disolución de la Asamblea Nacional.

La información precisa de ello, sin embargo y lamentablemente, por la hora de edición del diario, no pudo ser incluido en la reseña de la conversación telefónica. Ello lo confirmó el propio periodista Edgar López, en la entrevista que sostuvo en el Ministerio Público el 21-04-2005, en la cual contestó así las siguientes preguntas, las cuales omite reseñar la señora Fiscal, sobre el tema:

9) ¿Diga Usted si después de realizada la entrevista que originó la reseña antes mencionada, Allan Brewer-Carías lo llamó para aclararle lo conversado en la entrevista en relación con los acontecimientos de ese día?

Contestó: Eso es correcto, me llamó a mi casa. En esa oportunidad me pidió que incluyera en la nota su desacuerdo con la decisión de disolver los poderes públicos. Le expliqué que a esa hora de la noche, en vista de las circunstancias de crisis políticas que se encontraba el país y habida cuenta de lo difícil que fue el trabajo periodístico durante ese día era casi imposible incorporar ese dato, que sin duda era fundamental. De hecho, yo comienzo la nota señalando que mis fuentes lo identificaban a él, Brewer-Carías como el arquitecto jurídico del nuevo régimen. La primera entrevista telefónica fue aproximadamente a las 7:00 p.m. de la noche, y la llamada telefónica la recibí como 3 horas después.

10) Diga Ud. si recuerda cuando recibió la segunda llamada del ciudadano ALLAN BREWER-CARÍAS, le preguntó las razones por las cuales en la primera conversación no hace mención a los detalles de los que le estaba haciendo en la segunda llamada?

Contestó: No recuerdo exactamente si le pregunté eso. En todo caso, por estar consciente de la importancia de esa información adicional, le aseguré que en la primera oportunidad que tuviera de hacer la aclaratoria lo haría. Recuerdo si, haberle explicado que por las circunstancias de crisis en que se encontraba el país y por las dificultades para la publicación de El Nacional del día siguiente, es decir, 13 de abril, era casi imposible incorporar a la reseña que ya había hecho la información adicional que me estaba suministrando.

13) ¿Diga Usted cuánto tiempo transcurrió entre la entrevista que sostuvo con Allan Brewer-Carías y la llamada que éste le hizo para aclarar los temas conversados?

285

Contestó: No recuerdo exactamente pero creo que fue entre dos y tres horas. De hecho hago mención de ese lapso en la nota periodística que suscribí y que con la mejor disposición consignaré en esta Fiscalía (**folios 259 y ss., Pieza XVIII**).

Por lo anterior, y esto enaltece su condición profesional, el mismo periodista López, días después, él mismo hizo la aclaratoria sobre lo conversado telefónicamente el día 12 de abril de 2002 con nuestro defendido, en el mismo diario *El Nacional*, en la nota que redactó con ocasión de la rueda de prensa que dio el 16-04-2002, en la cual por su propia iniciativa y responsabilidad periodística, indicó que:

"Dos horas más tarde se comunicó nuevamente con *El Nacional* para solicitar que en la reseña de la entrevista se incluyera su oposición a la disolución de la Asamblea nacional, pues ello sí significaba la ruptura del hilo constitucional. Lamentablemente no fue posible realizar la precisión en esa oportunidad, pero Brewer-Carías insistió ayer en que Carmona Estanga hizo caso omiso a su advertencia" (p. D-2) (véase en **folio 44, Pieza XIX**).

En efecto, como se ha dicho anteriormente, el día 16-04-2002 nuestro defendido dio una rueda de prensa en la cual indicó enfáticamente que no había redactado decreto alguno del gobierno de transición, y que si bien había sido consultado como abogado sobre el mismo en la madrugada del 12 de abril, en definitiva no se atendieron sus observaciones y recomendaciones, que eran contrarias a las decisiones políticas que contenía. Toda la prensa nacional reseñó la indicada rueda de prensa, la cual nuestro defendido se apresuró a convocar en vista de la maliciosa matriz de opinión, totalmente falsa, que se había comenzado a formar, precisamente para desmentir la mal intencionada y maliciosa campaña en su contra, que buscaba atribuirle participación en la redacción del decreto. Dicha **rueda de prensa** se efectuó en sus oficinas del Despacho de Abogados Baumeister & Brewer, el día 16-04-2002, y el contenido de la misma, como se ha indicado detalladamente con anterioridad, fue reseñado por toda la prensa nacional. Como lo ha reafirmado en propio periodista Edgar López, con motivo de esa rueda de prensa, el mismo la reseñó en una nota con el título "**Había recomendado preservación de poderes constituidos: Brewer-Carías pide a la OEA evaluar violación de derechos humanos**", publicada en *El Nacional*, Caracas, 17/04/02, p. D-2, con el siguiente contenido:

Brewer-Carías pide a la OEA evaluar violación de derechos humanos

El constitucionalista reitera que el gobierno del presidente Hugo Chávez viola la Carta Democrática Interamericana, y exhortó a la OEA a fijar posición sobre Venezuela

EDGAR LÓPEZ

El jurista Allan Brewer-Carías admite que las decisiones políticas que tomó la junta de gobierno encabezada por Pedro Carmona Estanga provocaron un golpe de Estado militar, pues se desconoció la legitimidad de los órganos del Poder Público.

Sin embargo, Brewer-Carías sigue pensando que el gobierno del presidente Hugo Chávez viola la Carta Democrática Interamericana, y en ese sentido exhortó a la Organización de los Estados Americanos a evaluar la situación de Venezuela y emitir la posición correspondiente.

"Chávez ha venido asumiendo un patrón sistemático de conducta que lo aparta de los principios universales de la legitimidad democrática: el respeto a los derechos humanos y libertades fundamentales, el ejercicio del poder con sujeción al Estado de Derecho, la celebración de elecciones periódicas, libres y justas, el régimen plural de partidos políticos y la separación e independencia de los poderes públicos", sostuvo.

Añadió que la Carta Democrática Interamericana define como componentes fundamentales del ejercicio de la democracia la transparencia y responsabilidad de los gobiernos, el respeto de los derechos sociales y la libertad de expresión y prensa, y el respeto al Estado de Derecho.

Al final de la tarde del 12 de abril, el jurista había confirmado que asesoró a la junta de gobierno en la redacción del acta constitutiva que fundamentaría el régimen transitorio.

Dos horas, más tarde se comunicó nuevamente con El Nacional para solicitar que en la reseña de la entrevista se incluyera su oposición a la disolución de la Asamblea Nacional, pues ello sí significaba la ruptura del hilo constitucional. Lamentablemente no fue posible realizar la precisión en esa oportunidad, pero Brewer-Carías insistió ayer en que Carmona Estanga hizo caso omiso a su advertencia…

Aparte de Allan Brewer-Carías, otros juristas trataron de persuadir a Pedro Carmona Estanga para que no disolviera la Asamblea Nacional, pero el presidente de la junta de gobierno respondió que se trataba de una decisión política irrevocable… **(folio 44, Pieza XIX).**

Aparte de que es falso que en la entrevista telefónica que nuestro representado sostuvo con el periodista López el día 12 de abril de 2002 en la noche, él hubiera "confirmado que asesoró a la junta de gobierno en la redacción del acta constitutiva que fundamentaría el régimen transitorio", lo cual nunca dijo (basta leer la reseña de la entrevista para constatar esta errada apreciación); en todo caso, la aclaratoria hecha por el periodista respecto de su conversación con nuestro defendido del 12 de abril y la precisión sobre su posición adversa al contenido del decreto de constitución del gobierno de transición, manifestada al mismo Pedro Carmona, la reafirmó el propio periodista Edgar López, en la entrevista que sostuvo el 21-04-2005 en el Ministerio Público, al contestar la pregunta:

> 14)   ¿Diga si usted hizo una aclaratoria en el diario *El Nacional* en su edición del día 17 de abril de 2002, en la cual por su propia iniciativa y responsabilidad periodística refiriéndose a Allan Brewer-Carías indicó "dos horas más tarde se comunicó nuevamente con *El Nacional* para solicitar que en la reseña de la entrevista se incluyera su oposición a la disolución de la Asamblea Nacional, pues ello sí significaba la ruptura del hilo constitucional. Lamentablemente no fue posible realizar la precisión en esa oportunidad pero Brewer-Carías insistió ayer en que Carmona Estanga hizo caso omiso a su advertencia"? *Contestó*: Si. (folios 259 y ss., Pieza)

En todo caso, la reseña periodística de una conversación telefónica no puede constituir elemento de prueba alguna que pueda involucrar a nuestro defendido en los hechos que se le imputan, es decir, en supuestamente haber participado "en la elaboración, redacción y discusión" del decreto de un gobierno de transición, lo cual es falso; y menos aún en que supuestamente hubiera o haya podido haber llegado a acuerdo, pacto o concertación alguna, con nadie, para cambiar violentamente la Constitución, lo cual también es completamente falso.

Nada de ello, por lo demás, resulta del texto de la entrevista y al contrario, de la misma reseña del periodista López resulta que solo fue consultado como abogado para que diera una opinión jurídica, sobre un texto de un decreto que ya estaba redactado, y que en definitiva dio una opinión adversa al mencionado decreto, habiéndose limitado a dar opiniones jurídicas, las cuales no fueron atendidas.

Por otra parte, no debe olvidarse que la única posibilidad de una interpretación constitucional vinculante sobre lo que estaba ocurriendo el 12 de abril de 2002, en ese momento correspondía ser establecida por la Sala Constitucional del Tribunal Supremo de Justicia, la cual tenía el deber constitucional de resolver sobre el marco constitucional de lo que estaba ocurriendo (Como por ejemplo sucedió en 1992 en Guatemala, con la decidida actuación de oficio de la Corte Constitucional de ese país, adoptando una decisión declarando inconstitucional el golpe de Estado que había alentado el Presidente de ese país).

Lamentablemente, en Venezuela, en el momento en el cual más se requería de la actuación del Tribunal Supremo de Justicia, y particularmente de su Sala Constitucional que ha demostrado un activismo judicial inusitado en otras materias, el Presidente de dicho órgano y de su Sala Constitucional, Iván Rincón, el mismo día 12 de abril, se limitó a poner "a la orden el cargo de Magistrado de la Sala Constitucional y presidente del Tribunal Supremo de Justicia", es decir, renunció a su cargo "a fin de facilitar la transitoriedad, la continuidad de las instituciones y el respeto al Estado de Derecho y la seguridad jurídica". Ello lo reseñó el mismo periodista Edgar López, en el diario *El Nacional* así: "Presidente del TSJ renunció a su cargo", en la misma edición del 13-04-2002, p. D-6, así:

Presidente del TSJ renunció al cargo

Apenas dos horas antes *de hacer pública su decisión, Iván Rincón había asegurado que permanecería al frente del Poder Judicial hasta que la junta de gobierno ejecutara sus primeras acciones*

EDGAR LÓPEZ

En una carta de apenas tres líneas, dirigida a los venezolanos y enviada a los medios de comunicación social, el presidente del Tribunal Supremo de Justicia, Iván Rincón Urdaneta, presentó su renuncia al cargo que venia ocupando desde hace cuatro años.

El contenido de la misiva es el siguiente: "A objeto de facilitar la transitoriedad, la continuidad de las instituciones y el respeto al Estado de Derecho y la seguridad jurídica, pongo a la orden el cargo de magistrado de la Sala Constitucional y presidente del Tribunal Supremo de Justicia".

La noticia sorprendió a todos, porque apenas dos horas antes, en conferencia de prensa, Rincón había insistido en que él y la mayoría de sus colegas magistrados se mantendrían en pleno ejercicio de sus funciones y a la espera de las actuaciones de la junta de gobierno que sustituyó al ex presidente Hugo Chávez en el poder, pues hasta ese momento no habían recibido notificación oficial alguna sobre el relevo en Miraflores.

El magistrado presidente había convocado a los periodistas para informar sobre la declaración institucional del TSJ en repudio a los hechos de violencia que causaron más de una decena de muertos y un centenar de heridos, que precedieron la renuncia de Chávez.

Rincón se negaba a comentar la apreciación jurídica de la situación del país, que obviamente habría sido tema de debate en el seno del máximo tribunal Insistía en señalar que, luego del rompimiento del hilo constitucional, la nueva junta de gobierno debía tomar decisiones sobre los órganos del poder público constituido, y por eso se mantenían a la espera.

A pesar de lo dicho por el magistrado presidente, en los pasillos del TSJ se daba por hecho que varios magistrados pondrían sus cargos a la orden, entre ellos Alejandro Ángulo Fontiveros, que más tarde, también a través de escuetas declaraciones escritas, explicaría: "Yo sí iba a renunciar y tan vine dispuesto a ello, que me llevé todas mis cosas, a excepción de mis títulos académicos, Pero como he oído que quienes han asumido el poder han expresado que no se trata de un golpe de Estado, pienso que, entonces, en consecuencia, sí hay todavía la pervivencia del Estado de Derecho. De tal manera que, si es así, hay que respetar los poderes legítimamente constituidos y el Poder Judicial es uno de ellos".

Quien no tuvo duda alguna en poner su cargo a la orden fue la magistrada Blanca Rosa Mármol de León, que también convocó a la prensa para manifestar su inconformidad con el pronunciamiento institucional que se comunicaría por boca de Iván Rincón.

Mármol de León lamentó que el TSJ no hubiese condenado de manera más específica los delitos cometidos en los alrededores de Miraflores, "cuando las personas que marchaban pacíficamente fueron atacadas a mansalva por grupos afectos al oficialismo".

Aprovechó la oportunidad para revelar abiertamente su desacuerdo con la posición genuflexa del máximo tribunal ante el entonces presidente Hugo Chávez, lo cual, desde su punto de vista, se puede verificar mediante las decisiones que en forma sistemática, acotó, dictó la Sala Constitucional, y aclaró que aunque se trataba de una parte de los magistrados, afectaban la credibilidad de todos.

A modo de ejemplo, Mármol de León dijo que los magistrados que integran el TSJ difícilmente podrían actuar con imparcialidad en caso de que les correspondiera juzgar al ex presidente Chávez por la presunta comisión de delitos a lo largo de sus tres años de gestión.

Después de hacer pública su renuncia, Iván Rincón no accedió a ofrecer mayores detalles. Se supone que el primer vicepresidente del Tribunal Supremo de Justicia, Franklin Arriechi, lo reemplazará. Pero se supo extra oficialmente que los demás magistrados también pondrá sus cargos a la orden.

En todo caso, Rincón y sus colegas seguirían ejerciendo sus funciones, entre ellas las jurisdiccionales, hasta que el nuevo gobierno decida su reemplazo (**anexo 16**).

Esta reseña del periodista, por lo demás confirma que él, el día 12 de abril, estaba en el Tribunal Supremo de Justicia, donde cubre las "fuentes judiciales" lo que confirmó ante esta Fiscalía en su entrevista del día 21-04-2005 al responder a la pregunta:

15) ¿Diga si usted estuvo en algún momento, en Fuerte Tiuna (en la Comandancia General del Ejército) en la madrugada del día 12 de abril de 2002?

Contestó: No.

En la mencionada entrevista ante el Ministerio Público, y en relación con la renuncia del Presidente del Tribunal Supremo, el mismo periodista López señaló al contestar la pregunta:

19) ¿Diga Usted si en la misma edición de *El Nacional* correspondiente al 13 de abril de 2002 usted anunció que el Presidente del Tribunal Supremo de Justicia renunció a su cargo, publicación en la cual usted escribió: "Apenas dos horas antes de hacer pública su decisión, Iván Rincón había asegurado que permanecería al frente del poder judicial hasta que la Junta de Gobierno ejecutara sus primeras acciones"?

Contestó: Por supuesto que esa nota la escribí yo. El contenido textual no lo puedo memorizar....

En todo caso, las opiniones jurídicas expresadas por los abogados, incluso en los medios de comunicación, no constituye delito alguno; y las referencias que puedan formular los periodistas sobre dichos o comentarios que hayan recibido, como por ejemplo que *"En medios judiciales se comentaba que Allan Brewer-Carías fue el arquitecto jurídico del nuevo régimen"*, no son más que eso, opiniones, referencias, reseñas de dichos, lo cual en forma alguna puede configurarse en "elemento de convicción" alguno de los hechos que se imputan a nuestro defendido, es decir, en supuestamente haber

291

participado "en la elaboración, redacción y discusión" del decreto de un gobierno de transición, lo cual es falso; y menos aún en que supuestamente nuestro defendido hubiera o haya podido haber llegado a acuerdo, pacto o concertación alguna, con nadie, para cambiar violentamente la Constitución, lo cual también es completamente falso.

Por otra parte, el Profesor Enrique Gimbernat, de la Universidad Complutense de Madrid, en su dictamen sobre este caso y los elementos de convicción aducidos por la señora Fiscal, ha observado lo siguiente sobre la entrevista realizada por el periodista Edgar López a nuestro defendido, Allan R. Brewer-Carías, argumentos que hacemos nuestros:

C. El artículo publicado el 13 de abril de 2002 en el diario "El Nacional" por el periodista don Edgar López (elemento probatorio 4)

1. Su contenido

a) El texto del artículo

En este artículo don Edgar López escribe lo siguiente:

"En medios jurídicos se comentaba que Allan Brewer-Carías fue el arquitecto jurídico del nuevo régimen, al punto que también se le oiría a la hora de elaborar la lista de quienes reemplazarían a los magistrados del Tribunal Supremo de Justicia destituidos por la recién instalada junta de gobierno que encabeza el ex presidente de Fedecámaras Pedro Carmona Estanga.

El jurista interrumpió su sueño para explicar que a la 1:00 am de ayer atendió la solicitud de asesoría que le formularon y que su intervención se limitó a dar opiniones sobre aspectos estrictamente jurídicos del proceso de transición que se ha iniciado.

<Este es un proceso político y está siendo manejado por los políticos>, dijo Brewer-Carías, en un esfuerzo por reivindicar su contribución *ad honorem*.

Añadió que <el documento constitutivo de este gobierno transitorio que se fundamenta en la Carta Democrática Interamericana, que Venezuela suscribió el 11 de septiembre de 2001 y que constituye un catálogo de lo que debe ser una verdadera democracia en el hemisferio, en el entendido de que el régimen de libertades que se desea no se limita a la realización de elecciones para la designación de las autoridades de los órganos del Poder Público, sino que también postula la necesidad de separación y control de los poderes, el pluralismo político, la probidad y res-

ponsabilidad en el ejercicio de los cargos, el respeto al Estado de Derecho y a los derechos y garantías constitucionales, en particular a la libertad de expresión>, explicó el jurista.

¿Entonces la referencia jurídica del nuevo gobierno es la Carta Interamericana Democrática y no la Constitución nacional de 1999, elaborada por la Asamblea Constituyente y convalidada en referéndum popular?

No exactamente. Aquí hubo el ejercicio de un derecho ciudadano a la resistencia por desobediencia civil, el cual está garantizado y previsto en el artículo 350 de la Constitución nacional. El pueblo de Venezuela, a través de sus representantes, desconoció un régimen, una autoridad y una legislación que contrariaba los principios y valores democráticos y que violaba derechos y garantías constitucionales. En definitiva, se produjo una rebelión de carácter civil y posteriormente la renuncia del Presidente de la República, según lo anunció el alto mando militar. El vacío constitucional de poder tuvo que ser llenado por los representantes de diversos sectores de la sociedad, sobre la base, insisto, del artículo 350 de la Constitución.

- ¿Cómo es posible hablar de apego al Estado de Derecho si la junta de gobierno acordó la disolución de los poderes legítimamente constituidos?

- La disolución de los poderes constituidos es una manifestación de ese derecho a la desobediencia civil; sin embargo, corresponde a las decisiones de carácter político, que he querido diferenciar del fundamento jurídico del régimen de transición. Hubiera sido preferible, por supuesto, que el Presidente de la República hubiera salido de otra forma, que no hubiera habido los muertos y que la sociedad civil no hubiera tenido que rebelarse. En todo caso, el proceso en curso se orienta hacia el restablecimiento de la institucionalidad democrática conforme a la Carta Interamericana.

Lo importante, indicó Brewer-Carías, es destacar que por primera vez en Venezuela se desconoció un régimen y una autoridad que habían menoscabado derechos fundamentales y cuya última manifestación fue el asesinato a mansalva de ciudadanos inermes".

b)   Ulteriores aclaraciones de don Edgar López sobre el contenido de su artículo

En su declaración ante el Ministerio Público (pieza XVIII, folios 259 ss.), el señor López manifestó que, dos horas más tarde de la entrevista, el señor Brewer-Carías le llamó por teléfono para precisar sus declaraciones en el sentido de que "no estaba de acuerdo con la disolución de la Asamblea Nacional, ni con la destitución de los Magistrados del Tribunal Supremo, ni con ninguna otra decisión que significara la ruptura del hilo constitucional". Igualmente, el señor López manifestó en dicho interrogatorio que, por problemas de cierre de la edición del periódico, no pudo incorporar esa precisión al artículo publicado en "El Nacional" el 13 de abril de 2002; lo hizo tres días más tarde, el 16 de abril, recogiendo en el mismo periódico esa aclaración de don Allan R. Brewer-Carías en los siguientes términos:

> "Dos horas más tarde [el señor Brewer-Carías] se comunicó nuevamente con <El Nacional> para solicitar que en la reseña de la entrevista se incluyera su oposición a la disolución de la Asamblea Nacional, pues ello sí significaba la ruptura del hilo constitucional. Lamentablemente no fue posible realizar la precisión en esa oportunidad [en el artículo publicado por don Edgar López el 13 de abril de 2002], pero Brewer-Carías insistió ayer en que Carmona Estanga hizo caso omiso a su advertencia".

2. Vulneración de la presunción de inocencia del don Allan R. Brewer-Carías al recogerse en el acta de imputación, como supuesto elemento probatorio 4, el artículo del señor López

El artículo de don Edgar López está integrado por dos partes que deben ser tratadas diferenciadamente: el supuesto juicio de valor positivo que emite el señor Brewer-Carías sobre el "Acta de Constitución del Gobierno de Transición Democrática y Unidad Nacional", por un lado, y, por otro, la afirmación del señor López de que don Allan R. Brewer-Carías habría sido "el arquitecto jurídico del nuevo régimen, al punto que también se le oiría a la hora de elaborar la lista de quienes reemplazarían a los magistrados del Tribunal Supremo de Justicia destituidos por la recién instalada junta de gobierno que encabeza el ex presidente de Fedecámaras Pedro Carmona Estanga".

a) Por lo que se refiere a la supuesta opinión del señor Brewer-Carías de que "la disolución de los poderes constituidos es una manifestación de ese derecho a la desobediencia civil", se trata, obviamente, de un malentendido del periodista, quien, en su declaración ante el Ministerio Fiscal, reconoció que don Allan R. Brewer-Carías le había precisado "que no estaba de acuerdo con la disolución de la Asamblea Nacional, ni con la destitución de los Magistrados del Tribunal Supremo, ni con ninguna otra decisión que significara la ruptura del hilo constitucional".

Pero, aunque el señor Brewer-Carías hubiera alabado realmente la disolución de los Poderes Públicos, resulta simplemente inconcebible que esa opinión pueda instrumentalizarse ahora como prueba de cargo de que aquél habría elaborado y redactado el "Acta de Constitución del Gobierno de Transición Democrática y Unidad Nacional": si ni siquiera la presencia de una persona en el lugar de los hechos puede servir como prueba de cargo para imputar a aquélla su intervención en tales hechos, porque ello supondría una conculcación de su derecho a la presunción de inocencia, tal como se ha expuesto supra B 2 c, mucho menos aún un comentario laudatorio emitido a posteriori sobre un determinado texto: esta inferencia sería tan irrazonable e incoherente como si del hecho de que alguien alabara la novela "Cien años de soledad" se hiciera seguir que ello constituiría una presunción de que el que había emitido el juicio laudatorio, y no García Márquez, era quien realmente había "redactado y elaborado" esa obra literaria.

b) En relación con el otro pasaje del artículo de don Edgar López, donde manifiesta:

"En medios jurídicos se comentaba que Allan Brewer fue el arquitecto jurídico del nuevo régimen...",

hay que decir:

En primer lugar, que no es que el señor López sea supuestamente un testigo de referencia de testigos directos, como, presuntamente, doña Patricia Poleo, sino un presunto testigo de referencia de supuestos testigos de referencia de presuntos testigos directos, ya que, según ha declarado el 21 de abril de 2005 ante el Ministerio Público, en ningún momento de la madrugada del 12 de abril de 2002 estuvo en Fuerte Tiuna, que la frase de que el señor Brewer-Carías fue el "arquitecto jurídico del nuevo régimen", la escuchó en medios judiciales, y que, a su vez, esas fuentes judiciales tampoco habían visto que el señor Brewer-Carias redactara el decreto del Gobierno de transición ("Diga usted si su fuente le informó de que hubiera visto a Allan Brewer-Carías redactar el decreto de gobierno de transición. Contestó: No. Además son fuentes judiciales"), de donde se sigue que, por su parte, esas "fuentes judiciales" son testigos de referencia, no se sabe si de otros supuestos testigos de referencia o, por fin, de alguno o algunos presuntos testigos directos.

En segundo lugar, que, como ya se ha fundamentado supra A 4 y 5, la utilización, como prueba de cargo, del testimonio de un testigo de referencia, que no identifica a los testigos directos (en este caso, ni siquiera el señor López podría precisar quiénes son los supuestos testigos directos, sino, como mucho, una cadena –cuyo final se desconoce- de ulteriores y presuntos testigos de referencia), constituye una abierta vulneración, tanto del derecho a la presunción de inocencia, como del derecho de defensa.

Y, en tercer lugar, y finalmente, que don Edgar López es muy libre de acogerse al secreto profesional para, como manifestó en su interrogatorio, "preservar mis fuentes". Pero, si se niega a revelar esas fuentes -y tal y como se ha expuesto supra A 4 b aa in fine-, no por ello el testimonio de referencia sin indicación del testigo directo deja de serlo, y, por consiguiente, tampoco deja de ser un testimonio de nulo valor probatorio (anexo 14).

10º SUPUESTO "ELEMENTO DE CONVICCIÓN": CRÓNICA DE LA PERIODISTA PATRICIA POLEO

Agrega la Fiscal

10.   *Artículo elaborado por la periodista Patricia Poleo y publicada en el diario El Nuevo País, de fecha martes 16 de abril de 2002, página 3 y 4, "Factores de Poder", en el cual señala:*

"*En la sede de la Comandancia del Ejército, zona reservada al Jefe de Estado Mayor, se habían instalado en un cubículo Pedro Carmona... En el cubículo de enfrente estaba* Allan Brewer-Carías *redactando a mano lo que luego sería el Acta Constitutiva del gobierno de transición... Brewer-Carías replicó: "No importa la renuncia. Ya Lucas la va a anunciar por televisión y eso será más que suficiente..."* (folio 245, Pieza XIII)

La señora Fiscal señala en su acusación, que este texto no sólo "es prueba de la presencia" de nuestro defendido en la Comandancia General del Ejercito, sino que es además "prueba de que él es corredactor" del decreto del gobierno de transición, como si la periodista Poleo hubiera sido testigo presencial de esos supuestos hechos, que no lo fue de nada, por lo cual la reseña de nada sirve, y menos como elemento probatorio de nada.

Por lo demás, el texto completo de la crónica de la periodista Poleo en el cual menciona a nuestro defendido, en realidad, es el siguiente:

En la sede de la Comandancia del Ejército, zona reservada al Jefe del Estado Mayor, se habían instalado en un cubículo Pedro Carmona y su secretario, Juancho Mejías, redactando la alocución en la cual informarían que eran el nuevo gobierno. En el cubículo de enfrente estaba Allan Brewer-Carías redactando a mano lo que luego sería el Acta Constitutiva del Gobierno de transición. Dos cubículos más adelante de Pedro Carmona, estaba Isaac Pérez Recao, Daniel Romero -secretario privado de Carlos Andrés Pérez y futuro Procurador del gobierno de Carmona- y un tercero no identificado, se alternaban en la corrección de los manuscritos de Brewer-Carías. Afuera, impacientes, se encontraban Eugenio Mendoza y José Rafael Revenga, quienes tímidamente se asomaban a los cubículos que delicadamente les cerraban en sus narices.

El General Usón Ramírez -quien antes de los hechos ya había presentado su renuncia al presidente Chávez-, entró al lugar varias veces para advertir que era preciso dar garantías al presidente Chávez, habida cuenta de que negociaciones realizadas por los generales Rosendo y Hurtado Soucre con Chávez habían dejado claro que se le debía permitir la salida del país en compañía de sus familiares, como condición para la firma del Decreto de Renuncia a la Jefatura del Estado. El General Usón fue interrumpido por otro general que le dijo: "¡No te metas en ese peo! Chávez ya está listo y aquí se queda!". Isaac Pérez y Daniel Romero sentenciaron entonces: "Chávez no puede irse. Debe, debe ser juzgado por la masacre de ayer".

Mientras tanto, un grupo de generales entró a la oficina del Jefe de Estado Mayor, donde el general Enrique Medina Gómez había llevado a Chávez y ya lo esperaba Monseñor Baltazar Porras, quien también había abandonado oportunamente la reunión en Venevisión. Allí conminan a Chávez a firmar la renuncia sin la garantía de su salida del país. Chávez se negó rotundamente. La salida y entrada de generales en perfecta fila y los apresurados pasos de los empleados de Isaac Pérez que lucían pistolas, chalecos y armas especiales, decían claramente de la confusión que reinaba en el 5to. piso de la CGE. El general Usón manifestó en cuatro oportunidades más que debían dejar a Hugo Chávez salir del país si firmaba la renuncia, y que si éste no la firmaba, se estaba ante un golpe de Estado, lo cual era inadmisible para la tradición democrática del Ejército.

Brewer-Carías replicó: "¡No importa la renuncia! ¡Ya Lucas la va a anunciar por televisión y eso será más que suficiente!".

Seguidamente, Isaac Pérez, con Daniel Romero sentado en la computadora, fue nombrando uno a uno sus ministros **(folio 2 a 5, Pieza IV)**.

El único hecho cierto que se puede deducir de esta crónica o artículo de opinión de la periodista Poleo, es el hecho de la presencia de nuestro defendido en Fuerte Tiuna en la madrugada del 12 de abril, cuando fue llamado por Pedro Carmona para que le diera una opinión jurídica sobre un documento que le habían mostrado, y que obviamente ya estaba redactado; a cuyo efecto lo mandó a buscar a su casa de habitación con su carro y chofer. Hecho que, por lo demás, es un hecho aceptado como se ha señalado anteriormente, tal y como lo dijo nuestro defendido en la entrevista del 02-07-2002 con el Fiscal José Benigno Rojas (**folios 37 a 27, Pieza V**) antes transcrita, lo ha declarado en la prensa en multitud de veces, lo ha escrito tanto en su libro *La Crisis de la democracia en Venezuela. La Carta Democrática Interamericana y los sucesos de abril de 2002* (p.107 y 108), así como en el escrito de fecha 14-01-2005 consignado en el expediente (**folio, 143 y ss., Pieza XIII**). Pieza), y lo ha reconocido el propio Dr. Carmona en su libro *Mi Testimonio ante la Historia* (**Pieza XIII**, p. 107 y 108). Es decir, lo que es el único hecho cierto referido en el artículo de opinión de la periodista Poleo, es la presencia de nuestro defendido en ese lugar; pero la sola presencia en ese lugar no constituye delito alguno, ni significa que se le pueda atribuir ningún hecho concreto y menos la redacción de un decreto que ya estaba redactado.Todo lo demás que refiere la periodista en su crónica, es solo su opinión, producto quizás de su imaginación o de lo que algún interesado informante quizás le dijo, pero completamente falso en su contenido, incluso contradicho por la propia periodista en otras entrevistas que la acusación fiscal invoca como supuestos "elementos de convicción". La periodista Poleo, además, en la entrevista que tuvo ante la Fiscalía el 28-03-2005 (**folio 228, Pieza XVII**), negó haber estado en Fuerte Tiuna esa madrugada del 12 de abril de 2002, por lo que mal podía hacer las afirmaciones que hizo, las cuales no pueden ser comprobadas.

En dicha entrevista, que la señora Fiscal indica como **16° SUPUESTO ELEMENTO DE CONVICCIÓN** la periodista Poleo, para justificar sus falsedades, llegó incluso a autocalificarse de "historiadora", pero sin citar las fuentes que en materia de historia permiten llegar a la "verdad histórica". En efecto, en los folios **228 y siguientes de la Pieza XVII** consta la respuesta a la pregunta final que le formuló esta Representación fiscal a la periodista sobre si quería agregar almo más a su declaración, así:

> *Contesto:* Si, el presente cuestionario, evidentemente está dirigido a intentar descalificar informaciones publicadas por mí en el diario "El Nuevo País" referente a los hechos del 11, 12, y 13 de abril, haciendo ver que si yo no estuve presente durante el desarrollo de

ciertos acontecimientos, entonces no podría hablar de ellos. El trabajo publicado en "El Nuevo País" es producto de una investigación profunda de una recavación de datos y testimonios, de personas que presenciaron los acontecimientos y que efectivamente vieron como Allan Brewer-Carías redactaba el decreto de Carmona acompañado de Daniel Romero y Isaac Pérez Recao. **Descalificar informaciones porque el periodista no estuvo presente en los acontecimientos, es lo mismo que descalificar al historiador que reseña la batalla de Carabobo porque no estuvo peleando en ella.** Ante la Asamblea Nacional cuando se me interpeló consigné en privado los nombres de varios testigos que estaban en ese momento dispuestos a relatar los hechos de primera mano, yo recomendaría solicitar esta información a la Asamblea Nacional, a la comisión especial que investigó los hechos del 11, 12 y 13 de abril.

Afortunadamente, el país cuenta con otro tipo de historiadores. En efecto, al dar respuesta a la última pregunta, la periodista Patricia Poleo afirmó que lo que escribió y dijo había sido producto de una "investigación profunda". La ciudadana Patricia Poleo no es historiadora, no ha efectuado ninguna investigación y es falso, absolutamente falso que haya consignado los nombres de varios testigos que supuestamente estaban en Fuerte Tiuna y que "estaban en ese momento dispuestos a relatar los hechos de primera mano". Repetimos, es absolutamente falso lo dicho por la periodista Patricia Poleo de que consignó ante la Asamblea en privado los nombres de varios testigos. De hecho la representación fiscal solicitó a la Comisión Especial de la Asamblea que investigó los sucesos del 12 y 13 de abril remitiera la interpelación de Patricia Poleo y así se hizo y no hay, por ninguna parte, referencia alguna a la fuente de Patricia Poleo que, en todo caso, serían estos los testigos y no ella.

Aún en el supuesto de que la ciudadana Patricia Poleo hubiera manifestado que era testigo presencial de cuando Allan R. Brewer-Carías supuestamente habría estado redactando y elaborando el "Acta de Constitución del Gobierno de Transición Democrático y Unidad Nacional", a la vista de lo contradictorio de sus propias declaraciones, difícilmente se podría valorar su testimonio como uno de cargo capaz de desvirtuar la presunción de inocencia de Allan Brewer-Carías.

Pues, mientras que, por una parte, la señora Poleo afirma que en efecto Allan R. Brewer-Carías habría sido el redactor del "Acta" (así, en el supuesto elemento de convicción 10) por otra parte sostiene que "(a Brewer) le quitaron el papel de las manos" y que los redactores fueron Daniel Romero e Isaac Pérez Recao (supuesto elemento de convicción 32), que "quien finalmente los redactó (los decretos) fué (Daniel Romero), y en eso Brewer tiene razón, dice que el no fué el autor del decreto" (supuesto elemento de convicción 12), sin que se alcance a entender tampoco como la señora Poleo puede expresar, por una parte, que Allan R. Brewer-Carías estuvo de acuerdo en cambiar el nombre del país y en eliminar la Asamblea Nacional (quien trató de hacer ver que eso no era "sostenible jurídicamente" (se ganó) la sonrisa despectiva de Brewer", supuesto elemento de convicción 11, y, por otra parte, y al mismo tiempo, que, según Allan Brewer "eso era antidemocrático" (supuesto elemento de convicción 32), que "por supuesto... Brewer no estuvo de acuerdo en disolver la Asamblea Nacional y se los dijo; por supuesto que no estuvo de acuerdo en cambiar inmediatamente el nombre de Venezuela" y que "Brewer actuó como buen jurista que es y les explico que esto (la eliminación de la Asamblea y el nombre del país) no podía ser" (supuestos elementos de convicción 12 y 14).

Resumiendo: Aún en el supuesto negado de que Patricia Poleo hubiera sido testigo directo, presencial y hubiese estado en Fuerte Tiuna, sus manifestaciones sobre la actuación de Allan R. Brewer-Carías son tan incompatibles y contradictorios entre sí que nunca podrían haber sido tenidas en cuenta para fundamentar la imputación que se le ha hecho a éste.

Sin embargo, la situación es que la señora Poleo no presenció como Allan Brewer realizaba el hecho que se le imputa -haber participado en la redacción, discusión y elaboración del "Acta de Constitución del Gobierno de Transición Democrático y Unidad Nacional"- sino que, por el contrario, lo que ella manifestó fue que supuestamente se lo habrían revelado otra u otras personas que supuestamente habrían sido testigos directos de como Allan R. Brewer-Carías realizaba ese comportamiento presuntamente delictivo.

Que Patricia Poleo ha hecho afirmaciones absolutamente referenciales sin ningún fundamento está fuera de discusión, ya que ella misma se atribuye la condición de referencial cuando contesta la primera pregunta y afirma que no estuvo en algún momento en Fuerte Tiuna (en la Comandancia General del Ejercito) el día 12 de abril de 2002 entre las 2 y las 6 de la mañana. Igualmente cuando contesta que no vio en Fuerte Tiuna a Allan Brewer-Carías redactar el decreto; que no lo oyó afirmando que Lucas Rincón iba a anunciar la renuncia del Presidente; que no conoce a Isaac Pérez Recao; que nunca ha visto u oído a Isaac Pérez Recao y a Daniel Romero dictándole algo a Brewer-Carías.

En el supuesto negado de que Patricia Poleo hubiese suministrado el nombre de los testigos directos que le dieron la información que reseña en sus escritos y declaraciones, nuestro defendido tiene el derecho a repreguntarlos en el ejercicio de su irreductible derecho a la defensa.

Esta materia ha sido resuelta, abundantemente por el Tribunal Europeo de Derechos Humanos y por el Tribunal Constitucional Español, entre otros, así, el Tribunal Constitucional Español en su sentencia 35-1995 del 6 de febrero, anuló una sentencia de un Juzgado de lo penal de Barcelona, y otra dictada en apelación por la Audiencia Provincial de Barcelona, por vulneración del principio de presunción de inocencia en un caso en que se había admitido como prueba de cargo el testimonio de un testigo de referencia que no había identificado quien era el testigo referido. En el mismo sentido por sentencia Nº 131, 1997, del 15 de julio y el Tribunal Europeo de Derechos Humanos de Estrasburgo por sentencia del 27 de diciembre de 1990 (caso Windisch contra Austria) decidió que no es válido el testimonio de un testigo de referencia que se niega a identificar al testigo directo, incluso aunque esa negativa trate de justificarse con el secreto profesional.

El secreto profesional de los periodistas es tan respetable y, si no quieren quebrantarlo, son muy libres de no hacerlo; pero lo que no pueden pretender es que, entonces, y a pesar de ello, su testimonio de referencia pudieran servir-quebrantando también el todavía más respetable (porque es un derecho humano fundamental) derecho de la presunción de inocencia- para burlar el principio de que toda persona será reputada inocente mientras no se acredite lo contrario en virtud de una prueba válida de cargo.

En todo caso, es falso que nuestro defendido hubiera estado en ningún cubículo enfrente de Carmona; durante su permanencia en Fuerte Tiuna siempre estuvo a la luz pública, es decir, a la vista de quienes allí estaban.

Es falso que nuestro defendido hubiera estado redactando a mano ningún documento y menos "lo que luego sería el Acta constitutiva del gobierno de transición". Como le ha recalcado reiteradamente, al llegar a Fuerte Tiuna, llamado por Pedro Carmona, le presentaron para su análisis jurídico un proyecto de decreto de gobierno de transición, que como ha dicho, obviamente estaba ya redactado. Nuestro defendido no redactó decreto alguno en Fuerte Tiuna, como la misma periodista Poleo, contradiciendo sus dichos, lo confirmó en la entrevista a que se refiere el No. 12 de los supuestos elementos de convicción presentados para la acusación.

Por otra parte, también es completamente falso que nuestro defendido haya podido haber sabido con antelación lo que el general Lucas Rincón anunciaría al país sobre la renuncia del Presidente. Jamás se ha reunido ni se ha entrevistado con a esa persona (Lucas Rincón), a quien nunca ha vista salvo por televisión.

En fin, salvo la información que pudieron haberle dado a la periodista sobre la presencia en Fuerte Tiuna de nuestro defendido en la madrugada del día 12 de abril, el resto de sus dichos o referencias en el artículo de opinión constituyen, nada más ni nada menos, que manifestaciones del libre ejercicio de su imaginación, malignamente expresada, con maledicencia. Ello no podría constituirse en "elemento de convicción" alguna que pudiera involucrar a nuestro defendido en los hechos que se le imputan, es decir, en supuestamente haber participado "en la elaboración, redacción y discusión" del decreto de un gobierno de transición, lo cual es falso; y menos aún en que supuestamente hubiera o haya podido haber llegado a acuerdo, pacto o concertación alguna, con nadie, para cambiar violentamente la Constitución, lo cual también es completamente falso.

11° SUPUESTO "ELEMENTO DE CONVICCIÓN": CRÓNICA DE LA PERIODISTA PATRICIA POLEO

La Fiscal agregó en su acusación:

11.   *Artículo del diario El Nuevo País, del día miércoles 17 de abril de 2002, de la ciudadana Patricia Poleo "Factores de Poder", que señala:*

"El grupo de Carmona ya había tomado Miraflores. Por allí pasaba *Allan Brewer-Carías.* Cecilia Sosa intentaba hacerles ver a Daniel Romero la cantidad de errores jurídicos y constitucionales que se estaban cometiendo con los decretos que se leerían más tarde. (omissis)

Lo mas celebrado por la fauna asistente fue el nuevo cambio de nombre del país y la eliminación de la Asamblea Nacional, este último al menos sostenible jurídicamente, como Cecilia Sosa, trató de hacerle ver, ganándose la sonrisa despectiva de *Brewer* y las groserías de Romero..." **(folio 34, Pieza XX)**

De esta cita entresacada, la señora Fiscal pretende deducir que "es prueba de la presencia" de nuestro defendido en el Palacio de Miraflores, y de "que ese día estuvo redactando un documento que resultó ser el decreto" de constitución de un gobierno de transición, "reunido con otras personas, momentos antes de que se leyera y se constituyera el gobierno de facto" y que "conspiró para cambiar violentamente la Constitución". La verdad es que la imaginación de la señora Fiscal no tiene límites: nada de lo que afirma puede darse por probado por una crónica de una periodista que ha declarado ante la Fiscalía que no estuvo en el palacio de Miraflores, es decir, que no es testigo de lo que supuestamente dijo en su mal intencionada reseña.

Por lo demás, en este caso, también, el texto trascrito en la acusación se conforma por frases entresacadas del artículo de la periodista Patricia Poleo, casi tal como las había trascrito el denunciante Bellorín. La periodista Poleo, en realidad expresó lo siguiente en la parte en la cual se refiere a nuestro defendido:

> A media mañana del viernes 12, ya Ortega estaba reunido con el Comité Ejecutivo de la CTV, explicándoles su no participación y posición frente al golpe. Luego declaró ante el país como lo que siempre había sido: el presidente de la Confederación de Trabajadores de Venezuela.
>
> El grupo de Carmona ya había tomado Miraflores. Por allí paseaba Allan Brewer-Carías. Cecilia Sosa intentaba hacerle ver a Daniel Romero la cantidad de errores jurídicos y constitucionales que se estaban cometiendo con los decretos que se leerían más tarde. Romero asumió la total responsabilidad y dijo una frase histórica, de prócer:
>
> -¡Eso se queda como está!
>
> Horas más tarde se efectuaba el acto de juramentación. Carmona acompañado por su esposa y su hijo. Daniel Romero, traje Armani, corbata Sulka pinchada por perla de tamaño heroico, pelo peinado con mousse, fue la emblemática imagen que condujo el acto. En el paneo que hacía la televisión de los asistentes al acto no había caras conocidas. Isaac Pérez y Daniel Romero habían llenado el foro con sus amistades más cercanas y la línea media de sus empresas. De relleno estaban los eternos busca-puestos, parte del folklore.
>
> Con la lectura de cada decreto, una euforia de los presentes arrancaba a Romero una sonrisa de satisfacción. Carmona le coreaba con gestos impropios que sorprendían a los televidentes. Lo más cele-

brado por la fauna asistente fue el nuevo cambio de nombre del país y la eliminación de la Asamblea Nacional, este último el menos sostenible jurídicamente, como Cecilia Sosa trató de hacerles ver, ganándose la sonrisa despectiva de Brewer y las groserías de Romero. Nadie parecía darse cuenta de que en vez de una partida de nacimiento, Romero leía la sentencia de muerte de un gobiernillo **(folios 2 a 5, Pieza IV).**

El único hecho cierto que puede deducirse de este artículo de opinión de la periodista Poleo, es el hecho admitido de la presencia de nuestro defendido en el Palacio de Miraflores hacia mediodía del 12 de abril, cuando fue a tratar de hablar con Pedro Carmona para intentar expresarle la opinión jurídica que le había solicitado en la madrugada, y que hasta ese momento no había podido expresarle. Hecho, que por lo demás, es un hecho aceptado, como se ha señalado anteriormente, tal y como lo dijo en la entrevista del 02-07-2002 con el Fiscal José Benigno Rojas **(folios 37 a 27, Pieza V)** antes transcrita (Capítulo I de este escrito), lo ha declarado en la prensa en multitud de veces, lo ha escrito tanto en su libro *La Crisis de la democracia en Venezuela. La Carta Democrática Interamericana y los sucesos de abril de 2002* (pp. 115 y ss), así como en el escrito de fecha 14-01-2005 consignado en el expediente **(folio, 143 y ss., Pieza XIII)**. Pieza). Es decir, lo único cierto que se deduce del artículo de opinión, es la presencia de nuestro defendido en ese lugar; pero la sola presencia en ese lugar no constituye delito alguno, ni significa que se le pueda atribuir ningún hecho concreto y menos la redacción de un decreto que ya estaba redactado, o la conspiración para cambiar violentamente la Constitución.Por lo demás, todo lo demás que refiere la periodista, es solo su opinión, producto de su imaginación pero completamente falso en su contenido, incluso contradicho por la propia periodista en otras entrevistas que la acusación fiscal invoca como supuestos "elementos de convicción". La periodista Poleo, además, en la entrevista que tuvo ante la Fiscalía el 28-03-2005 **(folio 228, Pieza XVII)**, como se dijo, negó haber estado en Fuerte Tiuna esa madrugada del 12 de abril de 2002, por lo que mal podía hacer las afirmaciones que hizo, las cuales no pueden ser comprobadas.

Es falso que nuestro defendido hubiera estado en el Palacio de Miraflores a media mañana del 12 de abril. Como se ha señalado, lleguó a Miraflores hacia el mediodía del 12 de abril y estuvo poco tiempo.

Es falsa la escena novelesca de un supuesto encuentro con la Dra. Cecilia Sosa. En ningún momento nuestro defendido vio, ni nunca habló ni, por tanto, en forma alguna coincidió con la Dra. Sosa en el Palacio de Miraflores el 12 de abril, e incluso, ignora si efectivamente ella habría estado allí ese día. Por tanto, jamás pudo haberse producido la sarcástica escena que imaginó la periodista, completamente falsa. La propia periodista Poleo niega haber visto la "escena" que se imaginó en la entrevista que sostuvo ante esta Fiscalía el 28-03-3005 (**Folio 228, Pieza XVII**).

Por otra parte, del relato novelesco de la periodista de una escena que nunca ocurrió, parecería deducirse que nuestro defendido habría estado de acuerdo (lo cual es falso) con la "eliminación" de la Asamblea Nacional; sin embargo, es la misma periodista, conforme al texto de las entrevistas televisivas que se indican en los **N° 12 y 32** de la acusación, que se analizan más adelante, la cual se contradice e indica correctamente que nuestro defendido no habría estado de acuerdo con "disolver" ni la Asamblea Nacional ni los poderes públicos (Ver comentarios al 18° supuesto "elemento de convicción, y siguientes, de este escrito). Ello se corrobora, como se ha dicho, en los textos exactos de varias entrevistas televisivas, tal como se indica más adelante, al comentar los textos falsos transcritos en los Nos. **12 y 32** de la acusación fiscal.

De nuevo, se trata de un malvado ejercicio de imaginación de la periodista que no puede constituir "elemento de convicción" alguno que pueda involucrar a nuestro defendido en los hechos que se le imputan, es decir, en supuestamente haber participado "en la elaboración, redacción y discusión" del decreto de un gobierno de transición, lo cual es falso; y menos aún en que supuestamente hubiera o haya podido haber llegado a acuerdo, pacto o concertación alguna, con nadie, para cambiar violentamente la Constitución, lo cual también es completamente falso.

12° SUPUESTO "ELEMENTO DE CONVICCIÓN": ENTREVISTA A LA PERIODISTA PATRICIA POLEO

Agrega la Fiscal en su acusación el siguiente supuesto "elemento de convicción",

12. *Afirmaciones hechas por la periodista patrica Poleo, en el Programa Primera Página, transmitido por Globovisión el día18 de abril de 2002, conducido por el periodista Domingo Blanco, a quien la entrevistada le afirma lo siguiente:*

Domingo Blanco...tu inicias hace tres días antier tus crónicas diciendo que no había conspiración, pero luego yo leyendo todos tus relatos y a mi me parece que si había conspiración, entonces eso es lo que quería que compartiéramos, ¿por qué empiezas así?

Patricia Poleo: Bueno por que yo era tan abierta, que era tan obvio además, todos sabíamos lo que estaba pasando incluyendo el gobierno ¡!!no!!!, por eso estaban preparando y por eso salieron con su defensa el sábado que la tenían bien lista ¡!!no!!!, todos hablamos de eso y todo buscando todos salida, porque en eso estábamos todos.

Domingo Blanco: El escenario en donde tu relatas la presencia de Allan Brewer-Carías, el rol de Cecilia Sosa, el rol de Daniel Romero y él, eso queda como está?

Patricia Poleo: Mira, eso fue entre la Comandancia del Ejército y Miraflores; allí; ellos en la Comandancia del Ejército es que arman eso, Brewer-Carías llegó allí; mira, yo lo lamento mucho por Brewer-Carías pero es que además hay testimonios grabados, y y y y seguramente el gobierno de Hugo Chávez los utilizará, donde aparece Brewer abrazando a Isaac, aparece Brewer abrazando a todas las personas que estaban en la Comandancia General, y cuando se sientan a redactar los decretos, **por supuesto que Brewer no estuvo de acuerdo en disolver la Asamblea Nacional y se los dijo; por supuesto que no estuvo de acuerdo en cambiar inmediatamente el nombre a la Cons a Venezuela, ni en cambiar los, ni en eliminar los poderes públicos,** pero el dejó hacer, o sea cuando estos jóvenes dicen vamos a ponerlo así, e incluso deciden que Chávez después del compromiso que Chávez no sea enviado a Cuba, no cumplirle el compromiso a Chávez, todas esas cosas las deciden ellos personalmente" (Video VHS, identificado en el lomo como Patricia Poleo G 29).

Ante todo debe señalarse aquí también, que la periodista Poleo en la entrevista que sostuvo ante esta Fiscalía el 28-03-2005 (**folio 228, Pieza XVII**), negó haber estado en Fuerte Tiuna esa madrugada del 12 de abril de 2002, por lo que mal podía hacer las afirmaciones que hizo, las cuales además de ser completamente falsas, no pueden ser comprobadas. Por ello, no tiene fundamento alguno que la señora Fiscal haya deducido de esa entrevista que supuestamente ella sea "prueba de la participación" de nuestro defendido en la redacción del decreto de gobierno de transición "con el que se conspiró para cambiar violentamente la Constitución".

En efecto, de nuevo en este caso, también se trata de una apreciación u opinión de la periodista de la cual solo se podría inferir que nuestro defendido estuvo en Fuerte Tiuna en la madrugada del 12 de abril, lo cual es un hecho cierto, admitido, como lo ha dicho en la entrevista del 02-07-2002 con el Fiscal José Benigno Rojas (**folios 37 a 27, Pieza V**) antes transcrita, lo ha declarado en la prensa en multitud de veces, lo ha escrito tanto en su libro *La Crisis de la democracia en Venezuela. La Carta Democrática Interamericana y los sucesos de abril de 2002* (p.101), así como en el escrito de fecha 14-01-2005 consignado en el expediente (**folio, 143 y ss., Pieza XIII**). Nuestro defendido sólo estuvo durante escasas horas de la madrugada en Fuerte Tiuna. Eso es lo único cierto de la opinión periodística; pero la sola presencia en ese lugar no constituye delito, ni significa que se le pueda atribuir ningún hecho concreto y menos la redacción de un decreto que ya estaba redactado.

En cuanto a la apreciación referencial de la periodista de que nuestro defendido haya abrazado a cualquier persona, lo que no ocurrió, no tiene valor alguno como "elemento de prueba" de nada y menos de los hechos que se le imputa. En todo caso, es falso que nuestro defendido haya abrazado a nadie en Fuerte Tiuna; y es falso que se haya sentado con alguna persona a redactar decreto alguno. Como lo hemos reiterado, el proyecto de decreto estaba redactado para cuando nuestro defendido llegó a Fuerte Tiuna, y ese fue el que le mostraron.

Por otra parte, es de destacar, que la periodista Poleo, en la entrevista con Domingo Blanco, expresó su apreciación de que nuestro defendido tenía una *opinión jurídica contraria a lo que se pretendía con el mencionado decreto del gobierno de transición*, cuando señaló, con razón, que "**por supuesto que Brewer no estuvo de acuerdo en disolver la Asamblea Nacional y se los dijo; por supuesto que no estuvo de acuerdo en cambiar inmediatamente el nombre a Venezuela, ni en eliminar los poderes públicos**…" Por ello, debe destacarse que la periodista Poleo, en su opinión vertida en esta entrevista con Domingo Blanco, se contradice con otras informaciones referenciales dadas por ella misma, sobre el mismo asunto, lo que demuestra la inconsistencia de sus opiniones, las cuales no pueden servir de elemento de prueba de nada. Así, por ejemplo, en la trascripción de parte de sus reportajes que se copia en el **N° 11** de la acusación, al contrario de lo afirmado en la entrevista de televisión, dijo que supuestamente nuestro defendido sí habría estado de acuerdo en "eliminar" la Asamblea, lo cual es completamente falso. Al contrario, como en cambio lo dijo en el programa con Domingo Blanco, nunca estuvo nuestro defendido de acuerdo en tales decisiones contrarias a la Constitución y así se lo hizo saber a quien le había pedido su opinión jurídica sobre el referido proyecto de decreto, que había sido Pedro Carmona, vía telefónica, en la tarde del día 12 de abril de 2002, como él mismo lo ha reconocido en su libro (páginas 107 y 108).

En todo caso, las apreciaciones u opiniones referenciales de la periodista Poleo, de nuevo, sólo son producto de su imaginación o de las referencias recibidas por el periodista, que no puede constituirse en "elemento de convicción" alguno que pueda involucrar a nuestro defendido en los hechos que se le imputan, es decir, en supuestamente haber participado "en la elaboración, redacción y discusión" del decreto de un gobierno de transición, lo cual es falso; y menos aún en que supuestamente hubiera o haya podido haber llegado a acuerdo, pacto o concertación alguna, con nadie, para cambiar violentamente la Constitución, lo cual también es completamente falso.

13° SUPUESTO "ELEMENTO DE CONVICCIÓN": ENTREVISTA A LA PERIODISTA PATRICIA POLEO

Agrega la señora Fiscal como supuesto elemento de convicción para la acusación contra nuestro defendido, lo siguiente:

13. *Afirmaciones hechas por la periodista Patricia Poleo, en el programa 30 Minutos, trasmitido por Televén, el día miércoles 17 de abril de 2002, en el que el periodista César Miguel Rondón la entrevista y señala:*

"*Pedro Carmona Estanga, se dejó manejar por intereses muy particulares que no eran los intereses del país, Brewer dejó hacer, su error estuvo en que dejó hacer, porque tenía interés en recobrar el poder que una vez tuvo en los tribunales*" (*Video VHS, identificado en el lomo como Patricia Poleo G9*).

De este supuesto texto de la entrevista, la señora Fiscal deduce que los dichos de la periodista Poleo supuestamente es "prueba de la participación" de nuestro defendido como corredactor del decreto de gobierno de transición "por el cual se conspiró para cambiar violentamente la Constitución", todo lo cual es falso. Además, como se ha dicho repetidamente, la periodista Poleo en la entrevista que sostuvo ante esta Fiscalía el 28-03-2005 (**folio 228, Pieza XVII**), negó haber estado en Fuerte Tiuna esa madrugada del 12 de abril de 2002, por lo que mal podía hacer las afirmaciones que hizo, las cuales no pueden ser comprobadas.

Pero además, en este caso, el texto que se atribuye a la periodista Patricia Poleo en el acta de imputación fiscal, tal como está trascrito, esta excesivamente entresacado del contexto de la entrevista; y aquí también, la señora Fiscal, al hacer la acusación, de nuevo copió ciegamente lo que está en la denuncia del denunciante Bellorín (**folio 132, Pieza IV**), sin siquiera verificar el contendido de la entrevista. Nuestro defendido ha visto y escuchado el video de la entrevista, archivado en el expediente en la **Cinta G-29**, en la sede de la Fiscalía 6ª, el día 11-02-2005, y ha copiado a mano su contenido en presencia del funcionario de esa fiscalía, abogado Simón Quiñones, y de ello resulta que en realidad, lo que dijo Patricia Poleo en relación con su persona, en dicha entrevista televisiva que fue realizada por el periodista Cesar Miguel Rondón, fue lo siguiente, luego de que en el programa se comentaran los reportajes de Patricia Poleo en *El Nuevo País* sobre los eventos de abril de 2002:

Pregunta Cesar Miguel Rondón: Qué pasó? Es la pregunta que todos nos hacemos, un movimiento cívico, político de la sociedad civil, variopinto, multitudinario y profundamente democrático termina muerto en un papelito de evidente carácter fascista, dictatorial? Qué pasó?

Respuesta Patricia Poleo: Qué pasó, que bueno que la persona que todos teníamos como la más representativa para que encabezara esa Junta de Gobierno, le falló a los venezolanos, le falló a la sociedad civil, nos falló a todos pues, se trata de Pedro Carmona Estanga; se dejó manejar por unos intereses que no eran los intereses del país, sino unos intereses muy particulares.

(Los interlocutores se refieren a las personas que estaban en la Comandancia del Ejército en la noche y Patricia Poleo menciona a "Daniel Romero, quien después fue nombrado Procurador y es el joven quien lee los decretos").

Pregunta Cesar Miguel Rondón: ¿Él los redactó a la larga?

Respuesta de Patricia Poleo: Fue quien finalmente los redactó; **y en eso Brewer tiene razón; Brewer dice que él no fue el autor del decreto;** pero también dejó hacer, el error de Brewer estuvo en que dejó hacer porque también tenía sus intereses en recobrar el poder que tuvo en los tribunales venezolanos.

Pregunta Cesar Miguel Rondón: Por qué tiene tanta información? ...Suena de novela, tan increíble, tan inverosímil? ...

Pregunta Cesar Miguel Rondón: (Se refiere a "esa hojita terrible", el decreto) De qué cabeza sale esa hija?

Respuesta Patricia Poleo: Mira, allí se sentaron, eh, se sentó, eh, Daniel Romero a redactar el; primero se sentó Brewer-Carías; cuando...físicamente llegaron a un cubículo en la Comandancia General del Ejército y se sentó Brewer-Carías a redactar el documento.

Pregunta Cesar Miguel Rondón: Pero Brewer se ha desentendido del proceso; él dijo que él asesoró?

Respuesta Patricia Poleo: De manera muy irresponsable se ha desentendido porque todo el mundo lo vio en Miraflores hasta el viernes en la tarde; él no puede decir que el estaba desentendido de esto, no; y **además de lo que sí puede decir es que no estuvo de acuerdo en que eso era legal, y que actuó como buen jurista que es y les explicó que esto no podía ser, que aquello no podía ser**, entonces los muchachos se impusieron y dijeron sí va, y elimíname la Asamblea y elimíname el nombre de Venezuela, etc. Y todos los poderes públicos (**Cinta G-29).**

Ante todo se destaca aquí, contrariamente a lo que expresó la periodista Poleo en sus reportajes de prensa (Nos. 10 de la acusación) que en esta entrevista es enfática en afirmar que "**Brewer tiene razón; Brewer dice que él no fue el autor del decreto**"; con lo cual aquí afirma que nuestro defendido no redactó el decreto, contradiciéndose abiertamente con apreciaciones formuladas en reportajes escritos donde da una opinión contraria; e incluso en esta misma entrevista donde afirma falsa y contradictoriamente que supuestamente nuestro defendido se habría sentado "a redactar el documento". Por otra parte, en esta entrevista agregó la periodista su apreciación personal de que "también dejó hacer; el error de Brewer estuvo en que dejó hacer..."; lo que significa afirmar que nuestro defendido no redacté decreto alguno, como en efecto es así, no redactó decreto alguno; sino que otros lo habían redactado y yo supuestamente habría "dejado hacer", lo cual es falso, pues si el decreto ya estaba redactado nada había que dejar hacer, de manera que no hizo ni dejó hacer nada; y más bien dio su opinión contraria al contenido del mismo.

Debe destacarse, por otra parte, que la misma periodista, en otras declaraciones a la prensa, "modificó" sus falsas apreciaciones y sólo afirmó que "supuestamente" nuestro defendido habría redactado el documento, lo que confirma su inconsistencia. Así se refirió, por ejemplo, en el diario *El Siglo*, de Maracay, al expresar:

"Allan Brewer-Carías quien **supuestamente** redactó el acta del gobierno provisional", *El Siglo,* Maracay, 17-04-2002 (**anexo 17**).

Además, en relación con la entrevista de la periodista Poleo con Cesar Miguel Rondón, de nuevo, formula su apreciación de que nuestro defendido no estuvo de acuerdo con las decisiones políticas que se pretendían adoptar con el decreto que se le había mostrado en Fuerte Tiuna, señalando que "**de lo que sí puede decir [Brewer] es que no estuvo de acuerdo en que eso era legal, y que actuó como buen jurista que es y les explicó que esto no podía ser, que aquello no podía ser.**"

En todo caso, la simple apreciación de la periodista, producto de su imaginación, no puede constituir "elemento de convicción" alguno que pueda involucrar a nuestro defendido en los hechos que se le imputan, es decir, en supuestamente haber participado "en la elaboración, redacción y discusión" del decreto de un gobierno de transición, lo cual es falso; y menos aún en que supuestamente hubiera o haya podido haber llegado a acuerdo, pacto o concertación alguna, con nadie, para cambiar violentamente la Constitución, lo cual también es completamente falso.

14° SUPUESTO "ELEMENTO DE CONVICCIÓN": ENTREVISTA A LA PERIODISTA PATRICIA POLEO

La señora Fiscal, en su acusación, agrega el siguiente supuesto elemento de convicción contra nuestro defendido:

14.   *Programa La Entrevista, trasmitido por Radio Caracas Televisión el día 17 de abril de 2002, en el que los periodistas Ana Virginia Escobar y Carlos Omobono entrevistan a Patricia Poleo, quien declaró lo siguiente:*

Ana Virginia Escobar:… Quedamos cuando ya Carmona llegó a la Comandancia, ahí lo estaban esperando un grupo de persona incluso para redactar ese decreto tan polémico.

Patricia Poleo: Se sientan entonces, que ahora Brewer dice que las cosas no son así, pero fueron así, hay muchos testigos, además gracias a Dios que hubo mucha gente ahi alrededor buscando cosas, que (interrumpe Carlos Omobono)

Carlos Omobono: Brewer dice que estaba cumpliendo su actuación profesional, le estaban pagando (interrumpe Patricia Poleo)

Patricia Poleo: Si definitivamente eso, eso, eso, eso es muy loable ¡!no!!, él se sentó a hacer el documento y **además con las bases democráticas e institucionales y acogidas en la Constitución Nacio-**

311

nal; y por detrás estaba Juancho Mejía, Daniel Romero e Isaac Pérez diciéndole quita y pon; o sea, esto no va, esto si va, tenemos que eliminar la Asamblea, tenemos que cambiarle el nombre a Venezuela, este tipo de cosa, **y Brewer pues por supuesto se quedó con las manos, y pero esto no puede ser!** (interrumpe Carlos Omobono"(Video VHS, identificado en el lomo como Patricia Poleo G29).

Se destaca ante todo, que la señora Fiscal cambió el texto de dicha entrevista que presentó como elemento probatorio en el acto de imputación, y que había copiado falsamente así:

"Brewer dice ahora que las cosas no fueron así pero hay muchos testigos, estaba esperando a Pedro Carmona en la Comandancia General del Ejército, el redactaba el documento y por atrás estaba Pérez Recao y Daniel Romero, diciéndole quita esto de aquí y ponle esto allá, hay que eliminar la Asamblea, y él se quedó tranquilo" (**folio 249, Pieza XIII**).

Aquí también, la ciudadana Fiscal, al hacer la imputación, de nuevo había copiado ciegamente lo que está en la denuncia del denunciante Bellorín (**folio 131, Pieza IV**), sin siquiera verificar el contendido de la entrevista, atribuyendo además la misma a la periodista que llamó Luisiana Ríos. Pero aparte de ello, aún ante el texto exacto de la entrevista televisiva, también debe señalarse aquí que la periodista Poleo en la entrevista que sostuvo ante esta Fiscalía el 28-03-2005 (**folio 228, Pieza XVII**), negó haber estado en Fuerte Tiuna esa madrugada del 12 de abril de 2002, por lo que mal podía hacer las afirmaciones que hizo, las cuales no pueden ser comprobadas, por lo que con razón en la entrevista el periodista Carlos Omobono las calificó como el "realismo mágico que escribiste".

En efecto, de nuevo en este caso, se trata apreciaciones u opiniones referenciales y de carácter personal, producto de la imaginación de la periodista, sobre supuestas actitudes y hechos completamente falsos.

Es falso que nuestro defendido hubiera "estado esperando" a Pedro Carmona en la Comandancia General del Ejército. Pedro Carmona lo llamó desde ese lugar, en horas de la madrugada, para solicitarle se trasladara a Fuerte Tiuna, y ante la imposibilidad de hacerlo, lo mandó a buscar con su chofer.

Es falso que nuestro defendido haya estado redactando documento alguno reunido con Juancho Mejía, Isaac Pérez Recao y Daniel Romero; por lo que es falso que le hubieran podido indicar nada. Jamás estuvo reunido conjuntamente con esas personas ni en Fuerte Tiuna ni en parte alguna, y menos redactando nada.

La periodista, por otra parte, se contradice de nuevo: dice falsamente que nuestro defendido se habría sentado a redactar el documento, y luego dice que no, que otros lo redactaron; admite que actuó como profesional del derecho, a quien le solicitaron una opinión jurídica profesional, reconociendo que "si definitivamente eso es muy loable…". Luego vuelve a decir que nuestro defendido se habría sentado "a hacer el documento" pero aclarando a renglón seguido, que lo habría hecho "con las bases democráticas e institucionales y acogidas en la Constitución Nacional", es decir, en un todo de acuerdo con la Constitución vigente. En todo caso, la periodista Poleo no dijo en esta entrevista, como falsamente lo afirmó la ciudadana Fiscal en el acta de imputación (al transcribir ciegamente lo afirmado por el denunciante Bellorín) (**folio 249, Pieza XIII**), que cuando las otras personas supuestamente "hacían" el documento, nuestro defendido se habría **quedado "tranquilo"**, sino que **afirma todo lo contrario**, de manera que dice que habría exclamado "**pero es que esto no puede ser!! **" (habiendo supuestamente quedado con las manos en alto). En todo caso, la opinión referencial de la periodista, de nuevo, es el producto de su imaginación o de referencias recibidas, que no puede constituir "elemento de convicción" alguno que pueda involucrar a nuestro defendido en los hechos que se le imputan, es decir, en supuestamente haber participado "en la elaboración, redacción y discusión" del decreto de un gobierno de transición, lo cual es falso; y menos aún en que supuestamente nuestro defendido hubiera o haya podido haber llegado a acuerdo, pacto o concertación alguna, con nadie, para cambiar violentamente la Constitución, lo cual también es completamente falso.

15º SUPUESTO "ELEMENTO DE CONVICCIÓN": INTERPELACIÓN A LA PERIODISTA POLEO EN LA ASAMBLEA NACIONAL

Agrega la Fiscal como supuesto elemento de convicción:

15. Interpelación de la ciudadana Patricia Poleo, en fecha 10 de mayo de 2002, ante la Comisión Especial Política que investiga los hechos ocurridos los días 11, 12, 13 y 14 de abril, en la que expresó:

Pregunta: ¿Qué información tiene usted sobre los nombres de los redactores del decreto de Pedro Carmona?

Bueno eso esta muy bien detallado en las crónicas que yo he escrito aquí están, pero de todas maneras tengo que decir que los testigos que yo voy a consignar aquí, los nombres de los testigos que además son testigos independientes uno de otro, lo cual quiere decir que no es que los interrogué, o hablé con ellos al mismo tiempo sino que fui conversando con todos y todos yo utilicé para mis crónicas únicamente lo que coincidía, lo que había escuchado en dos o mas personas en las preguntas que yo hacía no, que es lo que he utilizado siempre como técnica de investigación.

Dice que Brewer-Carías comenzó hacer el decreto y entre Daniel Carmona (*sic*) e Isaac Pérez Recao le hicieron correcciones al decreto, le dictaban cosas que él tenía que introducir en el decreto y eso termino siendo pues el adefesio ese que vimos finalmente, eso fue el jueves en la noche para amanecer el viernes.

El viernes antes de la juramentación o de a (*sic*) auto juramentación de Pedro Carmona, hubo discusiones jurídicas en Miraflores y muchas personas trataron de hacerle ver al doctor Carmona que ese decreto era inconstitucional, era antidemocrático y él no lo quiso ver, una de esas personas es la doctora Cecilia Sosa. Es todo señor Presidente (Folios 62 a 89, pieza 19).

Sobre este supuesto elemento de convicción, debe observarse que en el acta de imputación fiscal **(folio 250, Pieza XIII)** no se trascribió qué fue lo que habría dicho la periodista Patricia Poleo en la interpelación que se le hizo, por lo que se hacía imposible ejercer el derecho a la defensa frente a este supuesto "elemento de convicción" que mencionó la Fiscal. Por otra parte, debe insistirse en señalar que la periodista Poleo en la entrevista que sostuvo ante esta Fiscalía el 28-03-2005 **(folio 228, Pieza XVII)**, negó haber estado en Fuerte Tiuna esa madrugada del 12 de abril de 2002, por lo que mal podía hacer las afirmaciones que hizo, las cuales no pueden ser comprobadas.

Ahora bien, en la interpelación que le hicieron a Patricia Poleo en la Comisión Especial de la Asamblea Nacional el 10-05-2002, según el texto ahora trascrito en la acusación por la señora Fiscal, al acotar y referirse a sus "crónicas o artículos de opinión sobre los sucesos publicados en *El Nuevo País*", sobre lo cual versó la interpelación, la periodista hizo de nuevo afirmaciones referenciales y de apreciaciones personales sobre supuestas actitudes y hechos completamente falsos, que la misma periodista ya había expresado en sus artículos de opinión, y a los cuales ya nos hemos referido anteriormente, rechazándolos, contradiciéndose a si misma en otras ocasiones, como por ejemplo en la entrevista que se refiere con el Nº 12 de la acusación fiscal (Programa 30 Minutos) en la cual expresó al contrario, que **"en eso Brewer tiene razón; Brewer dice que él no fue el autor del decreto";** y **"además de lo que sí puede decir es que no estuvo de acuerdo en que eso era legal, y que actuó como buen jurista que es y les explicó que esto no podía ser, que aquello no podía ser"** (Véase los argumentos de rexhazo del 12º supuesto "elemento de convicción", de este escrito). Además, como antes se dijo, la periodista Poleo en la entrevista que sostuvo ante esta Fiscalía el 28-03-2005 (**folio 228, Pieza XVII**), negó haber estado en Fuerte Tiuna esa madrugada del 12 de abril de 2002, por lo que mal podía hacer las afirmaciones que hizo, las cuales no pueden ser comprobadas.

En todo caso, como ya lo hemos expresado con anterioridad, es falso que en Fuerte Tiuna nuestro defendido haya comenzado a redactar documento alguno de decreto de gobierno de transición; es falso que él hubiera haya estado reunido con Isaac Pérez Recao y Daniel Romero; y es falso que estas personas le hubieran podido haber dictado nada desde el punto de vista jurídico, lo cual, por lo demás, es difícil que alguien que conozca el Foro venezolano lo pueda creer. Ello lo que demuestra es la más absoluta ignorancia de la periodista del mundo del derecho en Venezuela y la más desconsiderada mala fe de sus apreciaciones. Además, la propia periodista se contradijo en esta interpelación con lo que expresó en entrevistas televisivas, en las cuales expresó que, al contrario, nuestro defendido no habría redactado decreto alguno (Nº **18** de la acusación). En todo caso, la opinión referencial de la periodista, de nuevo, es un producto de su imaginación o de falsas referencias que pudo haber recibido, que no puede constituir "elemento de convicción" alguno que pueda configurarse, como lo afirma la señora Fiscal, como prueba de que nuestro defendido "es corredactor del decreto" o que sea "prueba de que conspiró para cambiar violentamente la Constitución; es decir, no puede configurarse como un elemento de convicción que pueda involucrar a nuestro defendido en los hechos que se le imputan, es decir, en supuestamente haber participado "en la elaboración, redacción y discusión" del decreto de un gobierno de transición, lo cual es falso; y menos aún en que supuestamente yo hubiera o haya podido haber llegado a acuerdo, pacto o concertación alguna, con nadie, para cambiar violentamente la Constitución, lo cual también es completamente falso.

16° SUPUESTO ELEMENTO DE CONVICCIÓN: ENTRE-VISTA DE PATRICIA POLEO EN LA FISCALÍA EL 28-03-2005

La señora Fiscal tanta credibilidad le da a lo que dice o ha dicho la periodista Patricia Poleo, que incluso presenta ante el juez como supuesto elemento de convicción en contra de nuestro defendido, para acusarlo, el texto de la entrevista que se le hizo a dicha periodista en la Fiscalía en 28-03-2005, en la cual negó haber estado en Fuerte Tiuna y en el palacio de Miraflores, y en la cual, para justificar sus falsedades, llegó incluso a autocalificarse de "historiadora", pero sin citar las fuentes que en materia de historia permiten llegar a la "verdad histórica". Veamos: la señora Fiscal, en efecto, indica en su acusación, que:

16. *Los anteriores elementos deben concatenarse con la testimonial rendida en la sede del Ministerio Público, en fecha 28 de marzo de 2005, por la mencionada periodista Patricia Poleo Brito, venezolana y titular de la cédula de identidad número 6.844.522, en la que señala":*

Décima sexta: ¿Diga usted, si alguna hora del 12 de abril de 2002, usted vio a Allan Brewer-Carías en el Palacio de Miraflores junto a la Dra. Cecilia Sosa o conversando con ella?

Contesto: No porque yo llegué ya se había ido

Décima séptima: ¿Diga usted, si en la noche del 13 de abril de 2002 habló por teléfono con Allan Brewer-Carías?

Contesto: No recuerdo

Décima octava: ¿Diga usted, si le dijo a Allan Brewer-Carías, ese día 13 de abril de 2002 en la noche, que Miguel Ángel Capriles Cannizaro le afirmó que Allan Brewer-Carías hizo, elaboró o redactó el decreto de constitución del gobierno de transición?
Contestó: No recuerdo esa conversación.

Décima octava: ¿Diga usted si desea agregar algo más a la presente pregunta?

Contestó: Si, el presente cuestionario, evidentemente está dirigido a intentar descalificar informaciones publicadas por m'i en el diario "El Nuevo País" referente a los hechos del 11, 12, y 13 de abril, haciendo ver que si yo no estuve presente durante el desarrollo de ciertos acontecimientos, entonces no podría hablar de ellos. El trabajo publicado en "El Nuevo País" es producto de una investigación profunda de una recavación de datos y testimonios, de

personas que presenciaron los acontecimientos y que efectivamente
vieron como Allan Brewer-Carías redactaba el decreto de Carmona
acompañado de Daniel Romero y Isaac Pérez Recao. **Descalificar
informaciones porque el periodista no estuvo presente en los
acontecimientos, es lo mismo que descalificar al historiador que
reseña la batalla de Carabobo porque no estuvo peleando en ella.**
Ante la Asamblea Nacional cuando se me interpeló consigné en
privado los nombres de varios testigos que estaban en ese momento
dispuestos a relatar los hechos de primera mano, yo recomendaría
solicitar esta información a la Asamblea Nacional, a la comisión especial que investigó los hechos del 11, 12 y 13 de abril.

Después de copiar este testimonial, la señora Fiscal simplemente concluye que, "en su conjunto, a juicio del ministerio Público,
estos elementos demuestran la participación de Alan Randolph
Brewer-Carías, en la redacción del decreto de constitución del
gobierno de transición". Es decir, la señora Fiscal acepta como
historia infalible los dichos de la periodista Poleo, los cuales no
tienen ninguna fundamentación ni testimonial ni documental.
Afortunadamente, sin embargo, el país cuenta con otro tipo de
historiadores!.

Por lo demás, lo que debe destarase de esta entrevista es la re-
iteración que ha hecho la periodista Poleo ante la Fiscalía en el
sentido de que nuestro defendido ya no estaba en el Palacio de
Miraflores para cuando ella llegó a reunirse con Pedro Carmona,
quien como lo confesó, le ofreció un cargo público; razón por la
cual nunca pudo haber visto, u oído a nuestro defendido haciendo
nada de lo que afirmó reiteradamente en sus crónicas y entrevistas.
Por lo demás, como consta del acta de su interpelación ante la
Asamblea Nacional, traída también como supuesto elemento de
convicción de la acusación, es falso que la periodista supuestamente haya indicado los supuestos testigos de sus imaginarias crónicas.

APRECIACIÓN GENERAL SOBRE LOS SUPUESTOS "ELEMENTO DE CONVICCIÓN" 10°, 11°, 12°, 13°, 14°, 15° Y 16 (DICHOS DE PATRICIA POLEO) FORMULADA POR EL PROFESOR ENRIQUE GIMBERNAT, DE LA UNIVERSIDAD COMPLUTENSE DE MADRID

El profesor **Enrique Gimbernat** quien ha sido consultado sobre
los elementos de prueba que la señora Fiscal utilizó para formular
la imputación contra nuestro defendido en enero de 2005 y que

repite como elementos de convicción en la acusación formulada en octubre contra el Dr. Allan R. Brewer-Carías, ha formulado en dictamen elaborado a petición nuestra, las siguientes apreciaciones en derecho, que hacemos nuestras e invocamos en defensa del Dr. Allan R. Brewer-Carías, en relación con los supuestos elementos de convicción Nos. 10º, 11º, 12º, 13º, 14º, 15º y 16º relativos a los dichos de Periodista Patricia Poleo, y que además se aplican a los dichos de todos los periodistas referenciales:

3. La condición de doña Patricia Poleo como testigo de referencia o indirecto

Aunque doña Patricia Poleo hubiera manifestado que era **testigo presencial** de cómo el señor Brewer-Carías habría redactado y elaborado el "Acta de Constitución del Gobierno de Transición Democrática y Unidad Nacional", a la vista de lo **contradictorio** de sus propias declaraciones, difícilmente se podría valorar su testimonio como uno de cargo capaz de desvirtuar la presunción de inocencia de dicho señor Brewer. Pues, mientras que, por una parte, la señora Poleo afirma que, en efecto, don Allan R. Brewer-Carías habría sido el redactor del "Acta" (así, en los elementos probatorios 6, 10 y 22), por otra, doña Patricia Poleo mantiene que "[a Brewer] le quitaron el papel de las manos" y que los redactores fueron Daniel Romero e Isaac Pérez Recao (elemento probatorio 15), que "quien finalmente los redactó [los decretos] fue [Daniel Romero], y en eso Brewer tiene razón, dice que él no fue el autor del decreto" (elemento probatorio 18), sin que se alcance a entender tampoco como la señora Poleo puede expresar, por una parte, que el señor Brewer estuvo de acuerdo en cambiar el nombre del país y en eliminar la Asamblea Nacional (quien trató de hacer ver que eso no era "sostenible jurídicamente" "[se ganó] la sonrisa despectiva de Brewer", elemento probatorio 7), y, por otra, y al mismo tiempo, que, según el señor Brewer-Carías "eso era antidemocrático" (elemento probatorio 15), que "por supuesto ... Brewer no estuvo de acuerdo en disolver la Asamblea Nacional y se los dijo; por supuesto que no estuvo de acuerdo en cambiar inmediatamente el nombre de Venezuela" (elemento probatorio 17), y que "Brewer actuó como buen jurista que es y les explicó que esto [la eliminación de la Asamblea y del nombre del país] no podía ser" (elementos probatorios 18 y 19).

Resumiendo: **Aunque doña Patricia Poleo hubiera sido testigo directo**, sus manifestaciones sobre la actuación de don Allan R. Brewer-Carías son tan **incompatibles** entre sí que nunca podrían haber sido tenidas en cuenta para fundamentar la imputación de éste.

El hecho es, sin embargo, que la señora Poleo **no ha presenciado** cómo el señor Brewer realizaba el hecho que se le imputa –haber participado en la redacción y elaboración del "Acta de Constitución del Gobierno de Transición Democrática y Unidad Nacional"-, sino que, por el contrario, lo que ella manifiesta **se lo habrían revelado otra u otras personas que serían testigos directos de cómo don Allan R. Brewer-Carías realizaba ese comportamiento presuntamente delictivo.**

Que doña Patricia Poleo es testigo de referencia –y no directo- está fuera de discusión, ya que es ella misma la que se atribuye esa condición.

En efecto: en los folios 228 ss. de la pieza XVII del Expediente la señora Poleo declara ante el Ministerio Fiscal, y entre otras cosas, lo siguiente: A la pregunta de "si usted estuvo en algún momento en Fuerte Tiuna (en la Comandancia General del Ejército) el día 12 de abril de 2002 entre las dos de la mañana y las seis de la mañana", contestó: "No". A la pregunta de "si usted vio en Fuerte Tiuna a Allan Brewer-Carías redactar el decreto del gobierno de transición del 12 de abril de 2002", contestó: "No". A la pregunta de "si usted oyó en Fuerte Tiuna (Comandancia General del Ejército) el día 12 de abril de 2002 entre las dos y las seis de la mañana a Allan Brewer-Carías diciendo: <No importa la renuncia. Ya Lucas la va a anunciar por televisión y eso será más que suficiente>", contestó: "No". A la pregunta de "si alguna vez ha visto a Allan Brewer-Carías abrazando a Isaac Pérez Recao", contestó: "No". A la pregunta de "si alguna vez ha visto u oído al ciudadano Isaac Pérez Recao y a Daniel Romero dictándole algo a Allan Brewer-Carías", contestó: "No". Finalmente, la señora Poleo finaliza su entrevista ante el Ministerio Público declarando, por propia iniciativa, que "el presente cuestionario [las preguntas que le ha formulado el Ministerio Fiscal] evidentemente está dirigido a intentar descalificar informaciones publicadas por mí en el diario <El Nuevo País> referente a los hechos del 11, 12 y 13 de abril, **haciendo ver que si yo no estuve presente durante el desarrollo de ciertos acontecimientos, entonces no podría hablar de ellos.** El trabajo publicado en <El Nuevo País> es producto de una investigación profunda de una recabación de datos y testimonios, **de personas que presenciaron los acontecimientos y que efectivamente vieron cómo Allan Brewer-Carías redactaba el decreto de Carmona acompañado por Daniel Romero e Isaac Pérez Recao**".

4. Testigo de referencia o indirecto y derecho a la presunción de inocencia

a) Introducción

Como ha establecido la jurisprudencia del Tribunal Constitucional español y del Tribunal Europeo de Derechos Humanos de Estrasburgo, la prueba de un testigo de referencia como testigo de cargo es una "poco recomendable" (sentencias del TC 217/1989, de 21 de diciembre, 35/1995, de 6 de febrero, 7/1999, de 8 de febrero, y 68/2002, de 21 de marzo, entre otras), ya que "existe un justificado recelo contra ella" (sentencia del TC 217/1989, de 21 de diciembre, entre otras), al tratarse de "un medio que puede despertar importantes recelos o reservas para su aceptación sin más como instrumento apto para desvirtuar la presunción de inocencia" (sentencias del TC 155/2002, de 22 de julio, y 219/2002, de 25 de noviembre, entre otras), por lo que dicha prueba posee un "carácter excepcional" (sentencias del TC 79/1994, de 14 de marzo, y 68/2002, de 21 marzo, entre otras).

No obstante y en casos extremos, el testimonio de un testigo de referencia **podría** aceptarse –sin que, por supuesto, tuviera carácter vinculante, ya que, como expresa la sentencia del TC 155/2002, de 22 de julio, "dado su carácter indirecto el testigo de referencia tiene un valor probatorio disminuido"– siempre que concurran los siguientes **dos requisitos**: En primer lugar, es absolutamente necesario que el testigo de referencia especifique **quién** es el testigo directo del que ha recibido la información; y en segundo lugar, **y aunque se haya producido esa identificación**, sólo cuando sea **objetivamente imposible** oír la declaración del testigo directo, ésta podría ser **sustituida** por la del indirecto.

b) La jurisprudencia de los Tribunales Constitucional y Supremo españoles, y del Tribunal Europeo de Derechos Humanos de Estrasburgo, sobre el testigo de referencia, y la aptitud para que su testimonio pueda enervar la presunción de inocencia

aa) Como acabo de señalar supra a), el primer requisito para que puedan ser tenidas en cuenta las manifestaciones de un testigo de referencia es que éste indique quién es el testigo directo que le sirve de dicha referencia y que ha percibido de manera inmediata el hecho punible.

El art. 710 de la Ley de Enjuiciamiento Criminal española establece que "los testigos expresarán la razón de su dicho y, **si fueren de referencia, precisarán el origen de la noticia, designando con su nombre y apellido, o con las señas con que fuere conocida, a la persona que se la hubiere comunicado**", de tal manera que será rechazada por fiscales, jueces y tribunales cualquier testimonio de referencia en el que el testigo no dé cuenta de quién es la persona de la que ha recibido la noticia de lo que declara, siendo esta la doctrina que, naturalmente, mantienen, tanto el Tribunal Supremo, como el Tribunal Constitucional, como el Tribunal Europeo de Derechos Humanos.

Y así, por ejemplo, el TS, en su sentencia de 17 de enero de 2003, A. 1980, expresa lo siguiente:

> "En consecuencia, **sólo podrá tomarse como prueba de cargo o signo incriminatorio [del testigo de referencia]**, según una reiterada jurisprudencia de esta Sala –sentencias 17 febrero, 11 abril, 13 mayo y 12 julio 1996, y 24 febrero 1997-, y del Tribunal Constitucional –sentencias 303/1993, de 25 de octubre, y 74/1994, de 14 de marzo-, y del Tribunal Europeo de Derecho Humanos en los casos Delta, Isgrò, Asch, Windisch, Kostovski y Lüdi, **el que admite el artículo 710 de la Ley de Enjuiciamiento Criminal**".

Por su parte, el Tribunal Constitucional, en su sentencia 35/1995, de 6 de febrero, **anuló** una sentencia de un Juzgado de lo Penal de Barcelona, y otra dictada en apelación por la Audiencia Provincial de Barcelona, **por vulneración del principio de presunción de inocencia**, en un caso en el que se había admitido como prueba de cargo el testimonio de un testigo de referencia que no había identificado quién era el testigo referido. Y así, se puede leer en la mencionada sentencia del TC 35/1995:

> "Estas circunstancias se acentúan aún más si se toman en consideración las particulares circunstancias del caso: El hecho de que el **testigo de referencia** narraba unos hechos que no había oído directamente de la víctima, sino de una tercera persona, **no identificada en ningún momento**, sin que quedase siquiera constancia de la fidelidad de la traducción efectuada por aquélla, ya que tampoco constaba su nivel de dominio del castellano, lo que, por si solo, **a la luz de lo dispuesto en el art. 710 LECrim, invalidaría el testimonio de referencia, incluso si se prescindiera de las consideraciones que se han hecho con anterioridad**.

Es obligado, pues, concluir que, efectivamente, las resoluciones judiciales que apreciaron la existencia de violencia en la sustracción del bolso en cuestión con solo fundamento en el testimonio de referencia (irrelevante a efectos de desvirtuar la presunción de inocencia por las razones expuestas) han vulnerado el art. 24.2 CE, debiendo, en consecuencia, estimarse la demanda de amparo.

Para restablecer el derecho del actor a la presunción de inocencia en los referente al carácter violento de la sustracción, resulta necesario declarar la nulidad de las sentencias".

Idéntica doctrina se establece por el Tribunal Constitucional en su sentencia 131/1997, de 15 de julio, que se expresa en los siguientes términos:

"De lo expuesto, en aplicación de la doctrina antes mencionada, puede llegarse a la conclusión de que no se ha llevado a cabo en el proceso penal actividad probatoria que pueda entenderse de cargo. En efecto, es evidente que los hoy recurrentes han sido condenados por una falta de daños con base única y exclusivamente en las declaraciones prestadas por el señor C. D., quien siempre manifestó, como antes quedó apuntado, que el no presenció el hecho punible y que fue un amigo, **nunca identificado**, quien le dijo que los autores de los daños eran los hoy recurrentes. **Pero es igualmente evidente que el testigo directo, de existir, ni fue identificado, ni tan siquiera se intentó su identificación por el Juez de Instrucción, ni en consecuencia fue llamado a declarar en el proceso. Por ello, el testimonio indirecto o de referencia así prestado no puede entenderse como válido y suficiente para fundar la condena de los hoy recurrentes,** pues la prueba testifical indirecta nunca puede llegar a desplazar o sustituir a la prueba testifical directa sin motivo legítimo que lo justifique, dado que no consta la existencia de causa objetiva que impidiera la identificación y ulterior comparecencia en el juicio de faltas del testigo directo. **En este sentido, además, dar por válida la prueba testifical de referencia, y tal como han hecho los órganos judiciales, supondría privar a la defensa de los acusados, con infracción del art. 24.2 CE, de su derecho a interrogar al testigo directo, someter a contradicción su testimonio, y proponer, en su caso, la correspondiente prueba de descargo.**

En consecuencia, ha de concluirse que las sentencias impugnadas vulneran el derecho a la presunción de inocencia de los recurrentes (art. 24.2 CE), por lo que procede estimar el amparo y reponerles en su derecho".

La sentencia del Tribunal Europeo de Derecho Humanos de Estrasburgo de 27 de diciembre de 1990 (caso Windisch contra Austria) es de **extraordinaria importancia** para el presente Dictamen porque existe una **absoluta identidad estructural** entre el supuesto de hecho del que se ocupa esa resolución y el que está siendo objeto del presente Dictamen. En dicha sentencia, en la que se condena a

Austria por vulneración del Convenio Europeo para la Protección de los Derechos Humanos y de las Libertades Fundamentales, los testigos de referencia (dos agentes de policía), cuya declaración sirvió para que los tribunales austriacos condenaran por un delito de robo a don Harald Windisch, **se negaron a identificar a los dos supuestos testigos directos (dos mujeres) que habrían presenciado cómo el señor Windisch cometía el robo**, apelando aquellos policías, para justificar por qué no descubrían quiénes eran las personas que les habían proporcionado la información, a que "**la Dirección de Policía del Tirol no ha dispensado a los agentes investigadores de su deber de guardar silencio y, por tanto, no han podido revelar la identidad de los dos [testigos directos]**", apelando, por consiguiente al secreto profesional, secreto profesional (en el caso sometido a Dictamen: el del periodista) al que precisamente se acoge la señora Poleo, implícitamente, y, como tendremos ocasión de ver más adelante, explícitamente, otros periodistas cuyos testimonios considera el Ministerio Público venezolano elementos probatorios contra don Allan R. Brewer-Carías.

En lo que sigue reproduzco de la citada sentencia de 27 de diciembre de 1990 del TEDH los pasajes sobre los que se basa para argumentar que **no es válido el testimonio de un testigo de referencia que se niega a identificar al testigo directo, incluso aunque esa negativa trate de justificarse con el secreto profesional**:

"Hechos

A.- Las circunstancias del caso

....

12. ... Señaló [el Tribunal de Innsbruck] que los dos policías [los testigos de referencia] habían prometido no revelar el nombre de los testigos [directos] que temían represalias, y que la Dirección de Seguridad del Tirol no les había dispensado de su deber de respetar el secreto.

....

14. ... La Dirección de policía del Tirol no ha dispensado a los agentes investigadores de su deber de guardar silencio y, por tanto, no han podido revelar la identidad de los dos [testigos directos].

....

FUNDAMENTOS DE DERECHO

I. SOBRE LA VIOLACIÓN DEL ARTÍCULO 6 DEL CONVENIO

22. Se queja el señor Windisch de que el Tribunal regional de Innsbruck le condenó fundándose en las declaraciones de dos testigos anónimos, decisivas para apreciar las demás pruebas; y alega que se incumplieron los siguientes requisitos del artículo 6 del Convenio:

<1. Toda persona tiene derecho a que su causa sea oída equitativamente... por un tribunal independiente e imparcial... que decidirá... sobre el fundamento de cualquier acusación en materia penal dirigida contra ella...

....

3. Todo acusado tiene como mínimo los siguientes derechos:

....

d) A interrogar o hacer interrogar a los testigos que declaren contra él y a obtener la citación y el interrogatorio de los testigos que declaren en su favor en las mismas condiciones que los testigos que lo hagan en su contra>

23. Como las garantías del apartado 3 del artículo 6 son aspectos específicos del derecho al proceso justo que reconoce el apartado 1, el Tribunal examinará la reclamación en el ámbito conjunto de los dos preceptos (véase, entre otras, la sentencia Kostovski de 20 de noviembre de 1989).

Aunque las dos personas no identificadas no declararon en persona en el acto del juicio, han de considerarse como testigos a los efectos del art. 6.3.d) –el término se interpreta de manera autónoma (sentencia Bönisch de 6 de mayo de 1985)-, ya que sus declaraciones, **tal como las relataron los funcionarios de policía**, de hecho estuvieron ante el tribunal regional, que las tuvo en cuenta (aps. 12 a 14, supra).

....

27. En el caso de autos, las dos personas de que se trata sólo fueron oídas durante el período de instrucción por los funcionarios de policía que llevaban la investigación, quienes declararon después en el acto del juicio sobre dicho testimonio. Sus autores no fueron interrogados ni por el tribunal ni por el juez instructor (aps. 10 a 13, supra).

Por tanto, ni él ni su abogado –a pesar de sus reiteradas peticiones (ap. 12, supra)- tuvieron nunca la ocasión de interrogar a unos testigos cuyas declaraciones se hicieron sin su presencia, y que se refirieron después por terceras personas durante el juicio y se tuvieron en cuenta por el tribunal, tal como resulta del fallo [del Tribunal de Innsbruck] de 20 de noviembre de 1985 (ap.14, supra).

28. Ciertamente, durante las audiencias de los días 6 y 20 de noviembre de 1985 la defensa pudo interrogar sobre las declaraciones de las dos mujeres a dos de los funcionarios de policía que habían participado en la investigación. Además, en opinión del Gobierno [austriaco], el señor Windisch habría podido formular preguntas por escrito a las mujeres si lo hubiera pedido durante el juicio. **Sin embargo, estas posibilidades no pueden sustituir al derecho a interrogar directamente ante el tribunal a los testigos de la acusación. En particular, la naturaleza y el alcance de las preguntas que podían formularse de una u otra manera estaban muy limitados por la resolución de dejar en el anonimato a las dos personas en cuestión** (aps. 12 y 14, supra; véase también la sentencia Kostovski, previamente citada).

Al desconocer su identidad, la defensa sufrió una desventaja casi insuperable; le faltaban las necesarias informaciones para apreciar el crédito de los testigos o ponerlo en duda (*ibidem*).

29. Además, el tribunal, que tampoco conocía el nombre de las dos mujeres [de las dos testigos directos], no pudo observar su comportamiento durante un interrogatorio ni formarse una opinión sobre el crédito que merecían (sentencia Kostovski, ya citada). No se puede considerar la declaración de los policías sobre este extremo en el juicio equivalente a una observación directa.

30. Invoca el Gobierno [austriaco] el legítimo interés de las dos mujeres a ocultar su identidad ... Pero el derecho a una buena administración de justicia es tan importante en una sociedad democrática que no se puede sacrificar.

31. Hay que subrayar, como el demandante, que en este caso nadie vio cometer el delito; **las informaciones facilitadas y la identificación hecha por los dos testigos anónimos fueron las únicas pruebas de presencia del acusado en el lugar en que se cometió, todo ello decisivo durante la instrucción y el juicio** (aps. 10 y 12, supra). El tribunal se fundó ampliamente en esta prueba para la declaración de culpabilidad (ap. 14, supra).

32. Por consiguiente, se ha violado el apartado 3.d) en relación con el 1 del art. 6 [CEPDHLF].

....

POR ESTOS MOTIVOS, EL TRIBUNAL, POR UNANIMI-DAD,

Declara que se ha violado el apartado 3.d) en relación con el apartado 1 del art. 6 del Convenio".

A pesar de que en el supuesto de hecho de esta sentencia del TEDH al acusado, señor Windisch, se le reconoció al menos el derecho a preguntar por escrito a los testigos directos no identificados y anónimos –un derecho que ni siquiera se le concede al señor Brewer-Carías-, no obstante el Tribunal europeo estima que al demandante se le siguen vulnerando sus derechos humanos. Por lo demás, y como don Harald Windisch no alegó que, asimismo, se había vulnerado su derecho a la presunción de inocencia, el TEDH –al venir limitado por los términos de la demanda de aquél- no pudo entrar en la –como ha establecido el TC español- también evidente vulneración de aquel derecho, condenando a Austria únicamente sobre la base del precepto del CEPDHLF invocado por el demandante: al haber sido condenado por los testimonios de dos testigos de referencia que se negaron a identificar a los directos, con ello se vulneró, **también**, el derecho de defensa: porque, en efecto, y como expondremos infra 5, la admisión de tales testimonios como prueba de cargo, no sólo lesiona el derecho a la presunción de inocencia, sino que, además, coloca al imputado en una situación de indefensión incompatible con los textos internacionales y nacionales de derechos humanos.

A lo expuesto hay que añadir que el motivo al que se acogieron los policías testigos de referencia para ocultar la identidad de los directos fue el del secreto profesional, que es también al que parece acogerse la señora Poleo, y al que apelan, expresa e igualmente, y como tendremos ocasión de comprobar más adelante, otros periodistas para no revelar quiénes habrían sido sus supuestos informantes, presuntos testigos directos de los hechos que se le imputan al señor Brewer-Carías. Pues bien: El secreto policial es tan respetable como el de los periodistas y, si no quieren quebrantarlo, son muy libres de no hacerlo; pero lo que no pueden pretender ni los unos ni los otros es que, entonces, y a pesar de ello, sus testimonios de referencia pudieran servir –quebrantando también el todavía más respetable (porque es un derecho humano fundamental) derecho a la presunción de inocencia- para burlar el principio de que toda persona será reputada inocente mientras no se acredite lo contrario en virtud de una prueba válida de cargo.

bb) Con lo expresado hasta ahora podríamos cerrar ya esta exposición dedicada a fundamentar por qué los supuestos elementos probatorios 6, 7, 10, 15, 17, 18, 19 y 22 -es decir: los artículos periodísticos y las manifestaciones televisivas de la señora Poleo- carecen de cualquier valor para destruir la presunción de inocencia del señor Brewer-Carías: porque doña Patricia Poleo es una supuesta testigo de referencia, y porque su testimonio **sólo puede admitirse como prueba de cargo si identifica y especifica quiénes son los testigos directos –si es que realmente han existido- que le habrían facilitado esas supuestas informaciones.**

Pero es que, ni siquiera aunque doña Patricia Poleo hubiera hecho saber la Ministerio Público la identidad de sus supuestos informantes –lo que no ha hecho-, ello habría bastado para enervar la presunción de inocencia de don Allan R. Brewer-Carías.

Según la unánime doctrina del TS, del TC y del TEDH, el testimonio de un testigo de referencia, **aún en el caso de que haya identificado quién es el testigo referido, sólo puede ser tenido en cuenta cuando haya sido objetivamente imposible recibir declaración al testigo directo**, porque, por ejemplo, a pesar de todos los esfuerzos (incluidos la búsqueda policial) no se le haya podido localizar (así, los supuestos de hecho de las sentencias del TEDH de 6 de diciembre de 1988, caso Barberá, Messegué y Gabardo contra España, y de 19 de febrero de 1991, caso Isgrò contra Italia), o dicho testigo directo haya fallecido ya (sentencias del TC 41/1991, de 25 de febrero, y 209/2001, de 22 de octubre), o haya caído en una situación en la que no está en el pleno uso de sus facultades mentales (sentencia del TC 80/2003, de 28 de abril).

En este sentido se ha manifestado el Tribunal Constitucional español en, entre otras:

- La sentencia 79/1994, de 14 de marzo: "La declaración del testigo de referencia no puede sustituir la del testigo principal; antes al contrario, cuando existen testigos presenciales, el órgano debe oírlos directamente, en vez de llamar a declarar a quienes oyeron de ellos el relato de su experiencia. Por lo tanto, la necesidad de favorecer la inmediación, como principio rector del proceso en la obtención de pruebas, **impone inexcusablemente que el recurso al testimonio referencial quede limitado a aquellas situaciones excepcionales de imposibilidad real y efectiva de obtener la declaración del testigo directo o principal.**"

- La sentencia del TC 7/1999, de 8 de febrero: "Asimismo, en cuanto a la validez probatoria del testimonio de referencia de los funcionarios policiales que presenciaron la identificación fotográfica del hoy recurrente, tiene igualmente establecido este

Tribunal que sólo será admisible en supuestos de <situaciones excepcionales de imposibilidad real y efectiva de obtener la declaración del testigo directo y principal> (sentencia del TC 79/1994), siendo medio de prueba <poco recomendable, pues en muchos casos supone eludir el oportuno debate sobre la realidad misma de los hechos y el dar valor a los dichos de personas que no han comparecido en el proceso> (sentencia del TC 217/1989). Concluyendo que la <prueba testifical indirecta nunca puede llegar a desplazar o sustituir totalmente la prueba testifical directa, salvo en los casos de imposibilidad material de comparecencia del testigo presencial> (sentencia del TC 303/1993). En este punto, nos sigue diciendo la sentencia del TC 35/1995, y reitera la sentencia del TC 131/1997, **este Tribunal sigue el canon hermenéutico proporcionado por el TEDH, que tiene declarado contrario al art. 6 del Convenio la sustitución del testigo directo por el indirecto sin causa legítima que justifique la inasistencia de aquél**, por cuanto, de un lado, priva al tribunal de formarse un juicio sobre la veracidad o credibilidad del testimonio indirecto al no poder confrontarlo con el directo, y, de otro, vulnera el derecho del acusado a interrogar y contestar a los testigos directos (sentencias del TEDH de 19 de diciembre de 1990, caso Delta, 19 de febrero de 1991, caso Isgrò, y 26 de abril de 1991, caso Asch, entre otras).

Pues bien, la aplicación de estas reglas al caso enjuiciado conduce sin género de dudas al otorgamiento del amparo pretendido. En efecto, la ausencia injustificada del testigo/denunciante –por más que se tratase, al parecer, de persona de nacionalidad no española, consta claramente en las actuaciones que poseía domicilio en Madrid donde fue debidamente citada- no implica la circunstancia de imposibilidad de práctica de la prueba ante la autoridad y con las debidas garantías de contradicción e inmediación que nuestra jurisprudencia exige para que el reconocimiento que realizó en sede policial pudiera considerarse como medio probatorio válido de extremo alguno. **Asimismo, y por lo que se refiere al testimonio de referencia proporcionado por uno de los agentes policiales, éste en ningún modo podrá sustituir al testimonio directo de la denunciante en las circunstancias del supuesto, pues no existió ningún tipo de imposibilidad, ni siquiera dificultad más o menos grave, para que ese testimonio directo se produjera en las condiciones constitucionalmente exigibles.**

Carentes, por todo ello, de valor probatorio de cargo las diligencias policiales y el testimonio indirecto de los funcionarios de ese carácter, sólo resta como indicio en el que se basó la destrucción de la presunción de inocencia del recurrente la existencia de una cámara de fotos rota. **Sobran más argumentos para fundar la resolución que inmediatamente adoptamos.**

FALLO

Otorgar el amparo solicitado por don Esteban R. D. y, en su virtud:

Reconocer que se ha lesionado el derecho del recurrente a la presunción de inocencia (art. 24.2 de la Constitución Española)".

- Y la sentencia del TC 68/2002, de 21 de marzo: "En esa medida, dado su carácter excepcional, hemos afirmado siempre que <la admisión del testimonio de referencia se encuentra subordinada al requisito de que su utilización en el proceso resulte inevitable y necesaria>, afirmando que el hecho de que la prueba testifical de referencia sea un medio probatorio de valoración constitucionalmente permitida no significa, como se indicaba en la sentencia del TC 303/1993, que, sin más, pueda erigirse en suficiente para desvirtuar la presunción de inocencia, ya que, como se señalaba en la sentencia del TC 217/1989, la declaración del testigo de referencia no puede sustituir la del testigo principal; antes al contrario, cuando existan testigos presenciales, el órgano debe oírlos directamente, en vez de llamar a declarar a quienes oyeron de ellos el relato de su experiencia. **Por lo tanto, la necesidad de favorecer la inmediación, como principio rector del proceso de obtención de las pruebas impone necesariamente que el recurso al testimonio referencial quede limitado a aquellas situaciones excepcionales de imposibilidad real y efectiva de obtener la declaración del testigo directo o principal".**

Por consiguiente, y resumiendo todo lo expuesto hasta ahora: Los testimonios de la testigo de referencia doña Patricia Poleo no pueden enervar la presunción de inocencia del señor Brewer-Carías, porque aquélla se ha negado a facilitar quiénes son sus supuestos informantes. Además, y aunque hubiera proporcionado la identidad de éstos –lo que no hizo- su testimonio de referencia, en ese caso, sólo habría podido ser tenido en cuenta sin lesionar aquel derecho para el supuesto de que, por ejemplo, por fallecimiento o por no habérsele podido localizar, hubiera sido objetivamente imposible recibir declaración al testigo directo: únicamente entonces es jurídicamente admisible sustituir el testimonio del testigo directo por el del indirecto. Por todo ello, y al tener en cuenta las manifestaciones de la testigo de referencia señora Poleo como elementos probatorios para formular el acta de imputación, el Ministerio Público ha vulnerado el derecho a la presunción de inocencia de don Allan R. Brewer-Carías.

5. El derecho de defensa como derecho humano fundamental derivado del que toda persona tiene a un proceso justo, debido y con todas las garantías

a) El reconocimiento del derecho de defensa en los textos internacionales y nacionales

El derecho de defensa aparece reconocido:

-En el art. 11.1 DUDH: "Toda persona acusada de delito tiene derecho a que se presuma su inocencia mientras no se pruebe su culpabilidad, conforme a la ley y en juicio público en el que se le hayan asegurado todas las garantías necesarias para su defensa".

- En el art. 14.3.e) PIDCP: "Durante el proceso, toda persona acusada de un delito tendrá derecho, en plena igualdad, a las siguientes garantías mínimas:

....

e)   A interrogar o hacer interrogar a los testigos de cargo y a obtener la comparecencia de los testigos de descargo y que éstos sean interrogados en las mismas condiciones que los testigos de cargo".

-En el art. 8.2. inciso segundo. f) CASDH: "Durante el proceso, toda persona tiene derecho, en plena igualdad, a las siguientes garantías mínimas:

....

f)   derecho de la defensa de interrogar a los testigos presentes en el tribunal y de obtener la comparecencia, como testigos o peritos, de otras personas que puedan arrojar luz sobre los hechos".

-En el art. 6 (Derecho a un proceso equitativo). 3.d) CEPDHLF: "3. Todo acusado tiene, como mínimo, los siguientes derechos:

....

d) a interrogar o hacer interrogar a los testigos que declaren contra él y a obtener la citación y el interrogatorio de los testigos que declaren en su favor en las mismas condiciones que los testigos que lo hagan en su contra".

- En el art. 49.1 CNRB: "El debido proceso se aplicará a todas las actuaciones judiciales y administrativas; en consecuencia:

1.   La defensa y la asistencia jurídica son derechos inviolables en todo estado y grado de la investigación del proceso. Toda persona tiene derecho a ser notificada de los cargos por los cuales se le investiga; de acceder a las pruebas y de disponer del tiempo y de los medios adecuados para ejercer su defensa..."

- Y en el art. 24. 2 CE: "Asimismo, todos tienen derecho ... a un proceso ... con todas las garantías [y] a utilizar los medios de prueba pertinentes para su defensa".

b) El contenido del derecho de defensa como integrante del derecho a un proceso equitativo

En el caso del testigo de referencia el derecho de defensa puede ser vulnerado de dos maneras distintas: bien cuando el imputado no puede interrogar al testigo directo porque el de referencia se niega a identificarlo, bien porque, aunque éste haya facilitado los datos de aquél, se **sustituya** el testimonio del testigo directo por el indirecto, a pesar de que **era objetivamente posible** que el imputado pudiera interrogar al testigo presencial. En el sentido de que en esos dos supuestos existe una vulneración del derecho de defensa se han manifestado reiterada y unánimemente, tanto el Tribunal Constitucional español, como el Tribunal Europeo de Derechos Humanos, con sede en Estrasburgo. De entre las sentencias de estos dos Tribunales sobre esta materia baste con mencionar las siguientes:

Como resumen de las sentencias del Tribunal Constitucional español, y con ulteriores referencias a la jurisprudencia constitucional, la sentencia 219/2002, de 25 de noviembre, en la que se puede leer lo siguiente:

"En efecto, se afirma en la STC 209/2001, de 22 de octubre, transcrita en la más reciente STC 155/2002, de 22 de julio que <de un lado, incorporar al proceso declaraciones testificales a través de testimonios de referencia implica la elusión de la garantía constitucional de inmediación de la prueba al impedir que el juez presencie la declaración del testigo directo, **privándole de la percepción y captación directa de elementos que pueden ser relevantes en orden a la valoración de su credibilidad** (STC 97/1999, de 31 de mayo; en sentido similar, SSTC 217/1989, de 21 de diciembre, 79/1994, de 14 de marzo, 35/1995, de 6 de febrero, y 7/1999, de 8 de febrero). **De otro supone soslayar el derecho que asiste al acusado de interrogar al testigo directo y someter a contradicción su testimonio**, que integra el derecho al proceso con todas las garantías del art. 24.2 CE (específicamente STC 131/1997, de 15 de julio; en sentido similar, SSTC 7/1999, de 8 de febrero, y 97/1999, de 31 de mayo), y que se encuentra expresamente reconocido en el párrafo 3 del art. 6 del Convenio Europeo de Derechos Humanos como una garantía específica del proceso equitativo del art. 6.1 del mismo (STEDH de 19 de diciembre de 1990, caso Delta)".

Por lo que se refiere a la jurisprudencia del TEDH, hay que mencionar, entre otras, las siguientes sentencias:

- En primer lugar, la ya citada de 27 de diciembre de 1990 (caso Windisch contra Austria), en la que se expresa lo siguiente: "**Sin embargo, estas posibilidades no pueden sustituir al derecho de interrogar directamente ante un tribunal a los testigos de la acusación. En particular, la naturaleza y el alcance de las preguntas que podían formularse de una u otra manera estaban muy limitados por la resolución de dejar en el anonimato a las dos personas en cuestión ...- Al desconocer su identidad, la defensa sufrió una desventaja casi insuperable; le faltaban las necesarias informaciones para apreciar el crédito de los testigos o ponerlo en duda.- Además, el tribunal, que tampoco conocía el nombre de las dos mujeres [de las dos testigos directos], no pudo observar su comportamiento durante un interrogatorio ni formarse una opinión sobre el crédito que merecían ... – Por consiguiente, se ha violado el apartado 3.d) en relación con el 1 del art. 6 [CEDHLF]**".

Y además, en otros supuestos en los que la prueba testifical se limita a la del testigo de referencia, ya que el imputado no puede interrogar al testigo directo, aunque éste declara en fase de instrucción, pero guardando el anonimato (porque es, por ejemplo, un agente infiltrado), o bien es identificado con nombre y apellidos por el testigo de referencia, pero a dicho imputado se le priva igualmente de preguntar al testigo presencial, el TEDH ha estimado también que se había conculcado el derecho de defensa en, entre otras, las siguientes sentencias:

- La sentencia de 20 de noviembre de 1989 (caso Kostovski contra Países Bajos): "**Ahora bien, no se dio al demandante una ocasión así, aunque era indudable que deseaba discutir el testimonio de las personas anónimas de que se trataba e interrogarles. No sólo no declararon en juicio, sino que sus declaraciones fueron recogidas por la policía o por el juez de instrucción en ausencia del señor Kostovski y de su abogado, quienes no pudieron preguntarles en ningún momento de las actuaciones.**

....

Si la defensa desconoce la identidad de la persona a la que intenta interrogar, puede verse privada de datos que precisamente le permitan probar que es parcial, hostil o indigna de crédito. Un testimonio, o cualquier otra declaración en contra del inculpado, pueden muy bien ser falsos o deberse a un mero error; y la defensa difícilmente podrá demostrarlo si no tie-

ne las informaciones que le permitan fiscalizar la credibilidad del autor o ponerla en duda. Son evidentes los peligros inherentes a una situación así.

....

Por consiguiente, el Tribunal entiende que, en las circunstancias del caso, los derechos de la defensa sufrieron tales limitaciones que no puede decirse que el señor Kostovski tuviera un proceso justo. En consecuencia, se llega a la conclusión de que hubo violación del apartado 3.d) en relación con el 1 del art. 6 [CEDHLF]".

- La sentencia del TEDH de 19 de diciembre de 1990 (caso Delta contra Francia): "Los elementos de prueba deben ser normalmente presentados ante el acusado en vista pública con el fin de que exista un debate contradictorio. **Esto no implica que la declaración de un testigo deba tener lugar siempre en la sala de audiencias y en público para poder servir de prueba; así pues, utilizar las declaraciones que se remontan a la fase de instrucción preparatoria no vulnera el art. 6.3.d) y 6.1, siempre que se respeten los derechos de la defensa.** Por norma general, éstos exigen conceder al acusado una ocasión adecuada y suficiente para oponerse a un testimonio en su contra e interrogar a su autor, en el momento de la declaración o más tarde (sentencia Kostovski de 20 de noviembre de 1989).

En la investigación, las señoritas Poggi y Blin [las testigos directas, que no pudieron ser interrogadas por el imputado] fueron escuchadas únicamente por el policía de seguridad Bonci y por el inspector que levantó acta de sus declaraciones [los testigos de referencia a quienes sí que pudo interrogar el imputado]. No fueron interrogadas ni por un magistrado instructor, dado el recurso al procedimiento de acceso directo, ni por los tribunales de instancia.

....

Por todo ello, ni el demandante ni su abogado tuvieron ocasión de interrogar a las testigos [directas] cuyas declaraciones, tomadas en ausencia y transmitidas más tarde por un funcionario de policía [testigo de referencia] que no presenció la agresión en el metro, fueron tenidas en consideración por el juez de manera determinante.

En resumen, los derechos de la defensa sufrieron tales limitaciones que el señor Delta no se benefició de un proceso equitativo. Por tanto, ha habido violación del párrafo 3.d) del art. 6, en relación con el párrafo 1 [CEDHLF]".

- La sentencia del TEDH de 27 de febrero de 2001 (caso Lucá contra Italia): "**En efecto, y tal como ha señalado en ocasiones el Tribunal (ver, entre otras, sentencias Isgrò contra Italia de 19 de febrero de 1991, y Lüdí contra Suiza previamente citada), en algunas ocasiones puede resultar necesario, para las autoridades judiciales, recurrir a declaraciones que se remontan a la fase de instrucción previa. Si el acusado ha dispuesto de una ocasión adecuada y suficiente para responder a dichas declaraciones, en el momento de ser efectuadas o más tarde, su utilización no vulnera en sí misma los arts. 6.1 y 6.3 d). De ello resulta, no obstante, que los derechos de defensa se encuentran limitados de forma incompatible por las garantías del art. 6 cuando una condena se basa, únicamente o de manera importante, en declaraciones hechas por una persona que el acusado no ha podido interrogar o hacer interrogar ni en la fase de instrucción ni durante los debates** (ver sentencias Unterpertinger contra Austria de 24 de noviembre de 1986; Saïdi contra Francia de 20 de septiembre de 1993, y van Mechelen y otros, previamente citada; ver asimismo Dorigo contra Italia).

....

En este caso, el Tribunal señala que, para condenar al demandante, los tribunales internos se basaron exclusivamente en las declaraciones hechas por N. [el testigo directo] con anterioridad al proceso y que ni el demandante ni su abogado tuvieron, en ninguna fase del procedimiento, la posibilidad de interrogarle.

....

El interesado no gozó pues de un proceso equitativo; por lo tanto, hubo violación del los arts. 6.1 y 6.3 d) [CEDHLF]."

6. **Consideraciones finales sobre los supuestos elementos probatorios 6, 7, 10, 15, 17, 18, 19 y 22**

De todo lo expuesto hasta ahora se deduce que los testimonios de doña Patricia Poleo no pueden considerarse pruebas de cargo válidas contra el señor Brewer-Carías.

- **Porque, aunque la señora Poleo hubiera sido testigo presencial –que, como ella misma reconoce, no lo es-**, su testimonio es tan contradictorio, y las afirmaciones que expresa tan incompatibles entre sí –tal como se ha demostrado supra 3-, **que tampoco entonces podría haber sido considerado uno de cargo**, ya que en sus declaraciones dice, **al mismo tiempo**, que el señor Brewer-Carías fue el redactor del Decreto, y que no lo fue, que sonreía despectivamente a quienes objetaban que no se podía cambiar el nombre del país ni disolver la Asamblea, mientras que, por otra parte, la misma periodista asegura que aquél consideraba esa decisión "antidemocrática", "que no estuvo de acuerdo en disolver la Asamblea Nacional, y se los dijo", que "**por supuesto** ... no estuvo de acuerdo en cambiar inmediatamente el nombre de Venezuela", y que "como buen jurista que es les explicó que "esto [la eliminación de la Asamblea y el cambio del nombre del país] no podía ser".

Por todo ello, y aunque doña Patricia Poleo hubiera sido un testigo directo, su testimonio no puede servir de base para formular imputación alguna contra el señor Brewer-Carías, porque de ese testimonio ni se deduce, más allá de cualquier duda razonable, que aquél participara en la redacción y elaboración del Decreto, ni mucho menos aún que estuviera de acuerdo con la disolución de los Poderes Públicos y el cambio de denominación de Venezuela.

-Porque el testimonio de la señora Poleo como testigo de referencia –**que es la condición que ella misma se atribuye**- sólo puede admitirse como prueba de cargo, sin vulnerar el derecho a la presunción de inocencia, si hubiera identificado y especificado quiénes eran los testigos presenciales –si es que realmente hubieran existido- que le habrían facilitado las supuestas informaciones de que don Allan R. Brewer-Carías habría redactado y elaborado el "Acta" en cuestión.

-Porque, aunque la señora Poleo hubiera proporcionado la identidad de los supuestos testigos directos –lo que no hizo-, su testimonio de referencia sólo habría podido ser tenido en cuenta –sin lesionar igualmente el derecho del señor Brewer-Carías a la presunción de inocencia- en el supuesto de que, por ejemplo, por fallecimiento o por no habérseles podido localizar, hubiera sido objetivamente imposible recibir declaración a dichos supuestos testigos presenciales, ya que sólo en este caso de "imposibilidad objetiva" el testimonio de referencia puede sustituir al directo.

- Porque, al admitir el Ministerio Público los testimonios de referencia de la señora Poleo como testimonios de cargo hábiles, sin que aquélla identificara quiénes eran los testigos directos, y por mucho que aquélla pretenda acogerse al secreto profesional, se ha vulnerado, **además**, el derecho de defensa del señor Brewer-Carías, como emanación del derecho a un proceso justo, equitativo y con todas las garantías, ya que se le ha privado de la posibilidad de interrogar a dichos supuestos testigos presenciales, y, con ello, de la posibilidad también de fiscalizar la credibilidad de éstos, o ponerla en duda, así como de poder acreditar que son unos testigos hostiles o parciales. A la misma conclusión- vulneración del derecho de defensa- habría que llegar si, aunque doña Patricia Poleo hubiera identificado a sus supuestos informantes -lo que no hizo-, se le hubiera privado a don Allan R. Brewer-Carías de la posibilidad de interrogarles (anexo 14).

17° Y 18° SUPUESTOS "ELEMENTO DE CONVICCIÓN": AFIRMACIÓN DE NÉSTOR GONZÁLEZ EN UNA CRÓNICA DEL PERIODISTA ROBERTO GIUSTI DEL 18-04-2002

La señora Fiscal agrega como supuesto elemento de convicción el siguiente:

7. De las afirmaciones hechas por el ciudadano Néstor González González, al periodista Roberto Giusti, en la entrevista que le hiciera éste último y que fue publicada el jueves 18 de abril de 2002, página 1-8 del diario El Universal *"Si me dejarán ir a Cuba renunciaría", en la cual señala lo siguiente:*

"Allí se encontraban Allan Brewer-Carías *y sobre la base de su criterio tomando en cuenta que hubo derramamiento de sangre, y que dejar ir al presidente podía comprometer el prestigio de la institución, tomaron la decisión que ya se conoce. A Brewer le consultaron también la legalidad de esa situación y él les manifestó que con la declaración del General Lucas Rincón, ya no había Alto Mando, y que la voluntad manifiesta, expresada por el Presidente, de renunciar, se producía un vacío de poder, y por lo tanto, no se requería un documento firmado..."* **(folio 245, Pieza XIII)**

El periodista Giusti ratificó ante la representación Fiscal en la entrevista que se le hizo el 08-06-2005, que la señora Fiscal incorpora como 18° ELEMENTO DE CONVICCIÓN (página 18 y 19 de la acusación), que efectivamente había entrevistado al general González y que había escrito dicho texto, preguntándose a si mismo, que "como podría desmentirme a mi mismo" (**Folio 42, Pieza XX**).

La señora Fiscal, de estos dos supuestos elementos de convicción, deduce que son prueba de la participación de nuestro defendido so sólo en la redacción del decreto del gobierno de transición, sino "en todas las decisiones trascendentales que tomó el presidente de facto Pedro Carmona Estanga, por medio del cual conspiró para cambiar violentamente la Constitución" (páginas 43 y 44 de la acusación), todo lo cual es completamente falso.

Lo que puede deducirse como un hecho cierto de esta entrevista hecha por el periodista Giusti, es la sola presencia de nuestro defendido en Fuerte Tiuna en la madrugada del 12 de abril, cuando fue llamado por Pedro Carmona para que le diera una opinión jurídica sobre un documento que le habían mostrado, y que obviamente, ya estaba redactado; a cuyo efecto lo mandó a buscar a su casa con su carro y chofer. Este hecho, por lo demás, es un hecho aceptado como nuestro defendido lo ha señalado en la entrevista del 02-07-2002 con el Fiscal José Benigno Rojas (**folios 37 a 27, Pieza V**) antes transcrita, lo ha declarado en la prensa en multitud de veces, lo ha escrito tanto en mi libro *La Crisis de la democracia en Venezuela. La Carta Democrática Interamericana y los sucesos de abril de 2002* (**anexo 1**) (pp. 101 y ss), así como en el escrito de fecha 14-01-2005 consignado en el expediente (**folio, 143 y ss., Pieza XIII**). Pieza), y lo ha reconocido el propio Dr. Carmona en su libro *Mi Testimonio ante la Historia* (**Pieza XIII,** p. 107 y 108). Es decir, lo que refiere Giusti es la presencia de nuestro defendido en ese lugar; pero la sola presencia en ese lugar no constituye delito, ni significa que se le pueda atribuir ningún hecho concreto y menos la redacción de un decreto que ya estaba redactado.

El periodista hace otras afirmaciones referenciales; pero nada de lo que supuestamente le indicó el señor Néstor González, puede constituir elemento de prueba o de convicción alguna que pueda involucrar a Brewer en los hechos de que se le acusa, es decir, en supuestamente haber participado "en la elaboración, redacción y discusión" del decreto de un gobierno de transición, lo cual es falso; y menos aún en que supuestamente hubiera o haya podido haber llegado a acuerdo, pacto o concertación alguna, con nadie, para cambiar violentamente la Constitución, lo cual también es completamente falso.

Por lo demás, en la declaración que nuestro defendido rindió ante la Fiscalía el día 03-07-2002, él mismo expuso lo siguiente en relación con su presencia en Fuerte Tiuna:

"...mientras buscaba hablar con el Dr. CARMONA, en los pasillos se insistía en la renuncia del Presidente de la República, lo que oí por boca de diversos oficiales de la Fuerza Armada, que se encontraban en el lugar, a quienes no conocía personalmente. Alguno cuyo nombre y grado desconozco me preguntó sobre la forma jurídica de una renuncia de funcionario, limitándome a señalar que el caso del Presidente de la República estaba prevista en el artículo 233 de la Constitución, que la misma debía revestir la forma de Decreto, por así exigirlo la Ley Orgánica de Procedimientos Administrativos y que el Vice-presidente Ejecutivo se encargaba de la Presidencia". (folio 37 y ss, Pieza V).

Es muy posible que el oficial entrevistado por el periodista Giusti, haya sido el mismo que nuestro defendido refirió en su declaración; lo cual ignora, pues no lo conocía; además, nuestro defendido no es experto en trato con militares, y desconoce los signos que distinguen a los oficiales. Pero lo que es indubitable del texto de la declaración reseñada por el periodista Giusti, es que nada tiene que ver con los hechos que se le imputan a nuestro defendido, es decir, haber supuestamente participado "en la elaboración, redacción y discusión" del decreto de un gobierno de transición, lo cual es falso; y menos aún en que supuestamente hubiera o haya podido haber llegado a acuerdo, pacto o concertación alguna, con nadie, para cambiar violentamente la Constitución, lo cual también es completamente falso. En todo caso, el haber dado una opinión jurídica sobre las formalidades de un acto administrativo de renuncia de un funcionario no constituye delito alguno.

Por otra parte, la opinión jurídica que nuestro defendido se formó sobre los efectos jurídicos de la anunciada renuncia del Presidente de la República hecha esa madrugada por el general Lucas Rincón, Jefe del Alto mando Militar, no es más que eso, una opinión jurídica que pudo haber expresado y efectivamente expresó a quienes le preguntaron. Opinar jurídicamente no es delito, ni se puede perseguir a nadie por sus ideas; y el hecho de las opiniones jurídicas, incluso escritas, que exprese un abogado y profesor universitario, se sigan o adopten, no puede implicar que se acuse al abogado.

La opinión jurídica sobre los efectos de la renuncia del Presidente de la República, coincidente con lo expresado por el periodista Giusti en la entrevista que le hizo al general González, por lo demás, la expresó nuestro defendido en su libro *La crisis de la democracia en Venezuela. La Carta Democrática Interamericana y los sucesos de abril de 2002*, publicado por los Libros del El Nacional, Caracas 2002, donde escribió lo siguiente:

VII

ALGUNOS EFECTOS JURÍDICOS DE LA ANUNCIADA RENUNCIA

En la madrugada del 12 de abril de 2002, sin duda, en el país se produjo una crisis de gobierno provocada por el antes indicado anuncio público televisado que hizo el General Lucas Rincón, Jefe del Alto Mando Militar, acompañado por sus integrantes, de que "ante los lamentables acontecimientos sucedidos en la ciudad capital...se solicitó al Señor Presidente de la República la renuncia a su cargo, la cual aceptó" y de que "los miembros del Alto Mando Militar ponemos a partir de ese momento nuestros cargos a la orden, los cuales entregaremos a los oficiales que sean designados por las nuevas autoridades".

Por ello, el General Belisario Landis, Comandante de la Guardia Nacional dijo: "La noche del 11 de abril, el General Rincón nos ordenó que colocáramos nuestros cargos a la orden"[1].

Sobre el sentido del anuncio del General Lucas Rincón en el ámbito militar, el General Efraín Vásquez Velasco, señaló "La renuncia del Presidente para el ámbito militar no es lo mismo que para el ámbito civil. Esa es una orden y tiene que cumplirse"[2].

Como lo dijo el Tribunal Supremo de Justicia en Sala Plena Accidental en su sentencia de 14-08-02:

> Una vez que se anunció por el General en Jefe la renuncia del presidente y del Alto Mando Militar, **todo el País** tenía el derecho y la obligación de creer, tal como sucedió con la OEA, que en Venezuela existía crisis en el poder ejecutivo por carencia de titular de la Presidencia.

El Tribunal Supremo, además en su sentencia señaló lo siguiente:

> Por lo que respecta a que uno de los imputados apareció como ministro de la Defensa se observa que si el general en Jefe anunció que el Alto Mando Militar pondría sus cargos a la orden de

---

1   Véase en *El Nacional*, 18-04-02, p. D-6.
2   Véase en *El Universal*, 18-05-02, p. 1-4. *Cfr.* en Albor Rodríguez (ed) *Verdades, Mentiras y Videos, op. cit.*, p. 12. En igual sentido se refirió la esposa del general, Gladis de Vásquez, señalando "El pronunciamiento lo hizo el General en Jefe Lucas Rincón. Si los civiles aceptamos el anuncio de renuncia de boca del Inspector, imagínate para un militar que su General en Jefe diga que renunció. Eso se convierte en una orden y a partir de allí ellos tienen que actuar en base a lo que dijo el General Lucas", *El Universal*, 18-06-02, p. 1-8.

las nuevas autoridades, eso se traducía, necesariamente, en el reconocimiento de esas nuevas autoridades y por tal razón es imposible reprochar a quien creyó actuar en el mismo sentido de sus superiores, amén de que en ningún momento se demostró la aceptación del cargo.

El anuncio del General en Jefe Lucas Rincón, por tanto, produjo, sin duda, consecuencias jurídicas y políticas graves,[3] pues con el mismo se le dijo al país y al mundo entero, simplemente que en Venezuela no había gobierno, es decir, no había Poder Ejecutivo y que, incluso habría unas nuevas autoridades[4].

En efecto, la renuncia de un Presidente de la República constituye una falta absoluta, y la misma, conforme al artículo 233 de la Constitución, la suple temporalmente el Vicepresidente Ejecutivo. El General Lucas Rincón, al anunciar la renuncia del Presidente, no le indicó al país como lo mandaba la Constitución, que en consecuencia el Vicepresidente Ejecutivo Diosdado Cabello, estaba en ejercicio del Poder Ejecutivo, lo que hubiera implicado que el Alto Mando Militar habría permanecido inalterado. Al contrario, afirmó que sus integrantes ponían sus cargos a la orden de "nuevas autoridades", lo que implicaba, jurídicamente, también el anuncio de que en Venezuela no había nadie en ejercicio del Poder Ejecutivo, y que supuestamente habría "nuevas autoridades".

La Constitución de 1999 no regula una solución jurídica en los casos en los cuales se produce falta absoluta del Presidente y del Vicepresidente, en el sentido de que no establece quién asume, en ese caso, el Poder Ejecutivo. Al contrario, en la Constitución de 1961 si se regulaban los supuestos de sucesión presidencial transitoria, al disponer que en caso de falta absoluta del Presidente, mientras el

---

3   Véase lo que expusimos sobre la crisis de gobierno que se originó en *El Universal,* 18-05-02, p. D-4.

4   Incluso, el Ministro de la Defensa, José Vicente Rangel comentó el mismo día 12-04-02, sobre el tema de la ruptura del hilo constitucional, que habría *"un nuevo gobierno"*; dijo no saber donde estaba el Vicepresidente Ejecutivo e indicó que "no hemos presentado renuncia puesto que a nosotros nos reemplazan", *El Nacional,* 13-04-02, p. D-9. El Tribunal Supremo de Justicia en Sala Plena Accidental en sentencia de 14-08-02, al reseñar está entrevista hecha a Rangel, en la cual no contestó las preguntas de la periodista Gioconda Scoto sobre si había habido o no golpe de estado, dejó sentado lo siguiente: "Llama la atención a la Sala que el entonces Ministro de la Defensa no haya sido tajante al calificar los acontecimientos que se acababan de producir y más bien prefirió decir que se trataba de un problema semántico y que dijo no ser poder para reconocer a alguien, ¡precisamente el Ministro de la Defensa!"

Congreso elegía un nuevo Presidente, se encargaba de la Presidencia el Presidente del Congreso, a falta de éste, el Vicepresidente del mismo (Presidente de la Cámara de Diputados) y, en su defecto, el Presidente de la Corte Suprema de Justicia (art. 187).

Con el anuncio al país y al mundo hecho por el General Lucas Rincón, por tanto, se produjo una crisis de gobierno que la Constitución no resolvía[5]. Además, no había ninguna razón para que alguien pudiera poner en duda el anuncio de la renuncia del Presidente y de la propia renuncia del Alto Mando Militar, y de que habría "nuevas autoridades". El anuncio, se insiste, no lo hacía cualquier ciudadano ni cualquier funcionario; lo hacía el más alto General de la República con el más alto rango en la jerarquía militar, que había sido designado, además, por el propio Presidente de la República cuya renuncia anunciaba.

Como lo ha dicho con extrema claridad el Tribunal Supremo de Justicia en Sala Plena Accidental en su sentencia de 14-08-02, (Caso: Antejuicio de mérito a oficiales de la Fuerza Armada Nacional), a partir del momento en el cual el General en Jefe Lucas Rincón, leyó su comunicado, como antes se indicó, "… todo el país tenía el derecho y la obligación de considerar como cierta tal afirmación al punto de que inclusive rebasó las fronteras de nuestro país", agregando que:

---

5   La ex Magistrada de la Corte Suprema de Justicia, Hildegard Rondón de Sansó expresó, sobre la crisis de gobierno que se produjo el 12-04-02, que la ruptura del hilo constitucional se produjo "no por razones de fuerza, sino por las imprecisiones de la Carta Magna frente a la forma de suplir la falta absoluta derivada de la renuncia tanto del Presidente como del Vicepresidente Ejecutivo de la República. El vacío de la Constitución se cubriría a través de decretos leyes de *facto*, de modo que el nuevo régimen busque y encuentre su propia juridicidad", *El Nacional*, 13-04-02, p. D-10. El Dr. René Buroz Arismendi, abogado de los oficiales generales y almirantes a quienes se le siguió un antejuicio de mérito en el Tribunal Supremo, expresó su criterio sobre los efectos del anuncio del General Rincón: "El vacío de poder se generó cuando el General Lucas Rincón en presencia del Alto Mando militar afirmó que el Presidente había renunciado junto a su gabinete. En ese momento no había visiblemente ninguna autoridad que asumiera el cargo de Presidente", *El Universal*, 11-07-02, p. 1-8. Como lo afirmó el periodista Cleodobaldo Hernández, "la confirmación oficial (de la renuncia) se produjo con la alocución de Lucas Rincón ", *El Universal,* 20-04-02, p. 1-2. Por ello, lo afirmado por Pedro Carmona: "acepté la Presidencia porque Lucas Rincón proclamó la renuncia de Chávez", en entrevista con Milagros Socorro, *El Nacional,* 18-04-02, p. E-1.

A partir de ese momento, todos los ciudadanos del país tenían el derecho y, más aún, la obligación de considerar como cierta tal afirmación al punto de que inclusive rebasó las fronteras de nuestro país…

Por otra parte, debe destacarse que en esos momentos de crisis no hubo, además, ningún pronunciamiento oficial de los otros Poderes Públicos, particularmente del Tribunal Supremo de Justicia o de su Sala Constitucional, la cual era la única que podía dar una interpelación constitucional que llenara el vacío normativo de la Constitución. El Tribunal Supremo sólo se pronunció en ese momento en la reunión que tuvieron sus Magistrados el día 12 de abril de 2002, sobre la condena a los graves acontecimientos ocurridos en el país que motivaron los pronunciamientos militares. Sin embargo, el Presidente de dicho Tribunal, Iván Rincón más bien renunció a su cargo para facilitar la labor del nuevo gobierno[6].

---

6   El periodista Edgar López reseñó la renuncia de Iván Rincón a su cargo de Presidente del Tribunal Supremo de Justicia, con ocasión de la reunión del Tribunal el día 12-04-02 en horas del mediodía, antes de la instalación del llamado gobierno de transición. Señaló que Iván Rincón renunció en estos términos: "A objeto de facilitar la transitoriedad, la continuidad de las instituciones y el respeto al Estado de derecho y la seguridad jurídica, pongo a la orden el cargo de Magistrado de la Sala Constitucional y Presidente del Tribunal Supremo de Justicia", *El Nacional*, 2002, p. D-6.

La ex Presidenta de la Corte Suprema de Justicia, Cecilia Sosa, sobre la renuncia del Presidente del Tribunal Supremo de Justicia señaló que ello "hizo que el Tribunal Supremo de Justicia en pleno mantuviera un silencio cómplice con respecto a los hechos del 11 de abril de 2002", *El Universal*, 03-05-02, p. 1-9; agregando que el Presidente del Tribunal Supremo: "era el garante, el que debía evitar que nadie violara la Constitución, pero no lo hizo. El debía alertar a todos los venezolanos sobre la ruptura del hilo democrático, pero no lo hizo. Tenemos a la cabeza del Poder Judicial a un hombre que violó su juramento de cumplir y hacer cumplir las leyes. Tenemos al frente del TSJ a un presidente indigno de su cargo. No tiene condiciones morales ni éticas. Ese señor no puede dictar más sentencias en este tribunal y mucho menos puede juzgar a los generales y almirantes que estarían implicados en la transitoriedad a la que él se plegó". La ex-Magistrado Sosa acudió al Tribunal Supremo de Justicia a requerir se le "aceptara" la renuncia al Presidente del mismo, y cuando fue consultada sobre por qué sólo requirió la renuncia a Rincón, respondió: "El fue el único que nos puso la renuncia por escrito, así que yo espero que los demás magistrados también le acepten esa renuncia (*El Universal*, 03-05-02, p. 1-9).

Es decir, ni el Tribunal Supremo ni su Presidente se pronunciaron en forma alguna sobre la crisis de gobierno que existía, originada por el anuncio de la

En todo caso, frente al anuncio de la renuncia del Presidente de la República, los ciudadanos debían tener confianza legítima en lo que había dicho el Jefe del Alto Mando Militar. Como lo ha decidido, incluso, el Tribunal Supremo de Justicia al desarrollar el principio de la confianza legítima.

Dicha confianza se basa en signos externos producidos por la Administración lo suficientemente concluyentes para que induzcan racionalmente (al ciudadano) a confiar en la apariencia de legalidad de una actuación administrativa concreta, moviendo su voluntad a realizar determinados actos... que después no concuerdan con las verdaderas consecuencias de los actos que realmente y en definitiva son producidos con posterioridad por la Administración[7].

---

renuncia del Presidente de la República. La Magistrado Blanca Rosa Mármol de León, en cambio, "denunció la posición genuflexa del máximo Tribunal ante el entonces Presidente H. Chávez. Lamentó que el Tribunal Supremo de Justicia no hubiera condenado de manera específica los delitos cometidos en los alrededores de Miraflores. Véase la reseña del periodista Edgar López. *El Nacional,* 2002, p. D-6.

En otra reseña periodística de Edgar López, se ponen en evidencia las mutuas acusaciones y recusaciones entre sí, de los Magistrados del Tribunal Supremo, particularmente entre su Presidente Rincón y el Vicepresidente Arriechi, en relación con la actitud asumida por los Magistrados el 12 de abril de 2002. Se menciona el acta de la reunión del Tribunal Supremo del 12 de abril y la decisión de "los Magistrados de continuar en sus cargos", *El Nacional,* 15-06-02, p. D-1; *El Universal,* 04-07-02, p. 1-8. Confróntese con la información contenida en los reportajes de los periodistas Irma Álvarez, *El Universal,* Caracas, 23-06-02, p. 1-9; y 08-07-02, p. 1-8; y Alejandra Hernández, *El Universal,* 14-06-02, p. 1-4. Véase además las informaciones en *El Nacional,* 19-06-02, p. D-1; 27-06-02, p. D-1; *El Universal,* 19-06-02, p. 1-10; 04-07-02, p. 1-8; 05-07-02, p. 1-7.

7   Sentencia N° 098 de 01-08-2001. En dicha sentencia se sigue el criterio del Tribunal Supremo de España en sentencia del 08-06-89. Sobre este tema, en otra sentencia del tribunal Supremo de España de fecha 1 de febrero de 1990, citada en la conferencia sobre "El Principio de la Confianza Legítima en el Derecho Venezolano" de la entonces Magistrado de la Sala Político Administrativa de la Corte Suprema de Justicia, Hildegard Rondón de Sansó en las III Jornadas Internacionales de Derecho Administrativo "Allan Randolph Brewer-Carías" en 1998, se estableció lo siguiente: "En el conflicto que suscita entre la legalidad de la actuación administrativa y la seguridad jurídica derivada de la misma, *tiene primacía ésta última* por aplicación de un principio, que aunque no extraño a los que informan nuestro ordenamiento jurídico, ya ha sido recogido implícitamente, por esta Sala, que ahora enjuicia, en su Sentencia de 28 de febrero de 1989 (R. 1458) y reproducida después en su última

Precisamente por ello, luego de anunciar la renuncia del Jefe del Estado, por esa confianza legítima que deben tener los ciudadanos en lo expresado por tan alto funcionario militar, éste no podría en ningún caso excusarse jurídicamente[8]. Nadie puede alegar su propia torpeza, dice un viejo principio del derecho romano, o como sucede con la figura del "estoppel" en el ámbito del derecho internacional, cuando un funcionario con sus palabras o con su conducta, produce voluntariamente a otra persona la creencia de la existencia de un determinado estado de cosas y la induce a actuar de manera que altere su previa posición jurídica, el primero no puede alegar frente a la segunda que en realidad existía un estado de cosas diferente.

En efecto, en las relaciones entre Estados, cuando un Estado, por sus declaraciones, sus actos o sus comportamientos manifestados a través de sus funcionarios, ha llevado a otro Estado a creer en la existencia de un cierto estado de cosas con base en cuya creencia le ha incitado a actuar o a abstenerse de actuar, de tal modo que de ello ha resultado una modificación de sus posiciones respectivas, el primero no puede, por "estoppel", establecer frente al segundo un estado de cosas diferentes del que ha representado anteriormente como existente. Por ello, en el ámbito internacional tan produjo efectos jurídicos la anunciada renuncia del Presidente Chávez por el Jefe de su Alto Mando Militar que, conforme lo indicó el Secretario General de la OEA, en su Informe del 18-04-02,

El Grupo de Río consideró la renuncia del Presidente Chávez como un hecho cumplido, así como también la destitución del vicepresidente y de su gabinete, por lo cual no se solicitó su restitución como

---

de 1990, y cuyo principio si bien fue acuñado en el ordenamiento jurídico de la República Federal de Alemania, ha sido asumido por la jurisprudencia del Tribunal de Justicia de las Comunidades Europeas de las que forma parte España, y que consiste en el "principio de protección de la confianza legítima" que ha de ser aplicado, no tan sólo cuando se produzca cualquier tipo de convicción psicológica en el particular beneficiado, *sino más bien cuando se base en signos externos producidos por la Administración lo suficientemente concluyentes para que le induzcan razonablemente a confiar en la legalidad de la actuación administrativa,* unido a que, dada la ponderación de los intereses en juego -interés individual e interés general- la revocación o la dejación sin efectos del acto, hace crecer en el patrimonio del beneficiado que confió razonablemente en dicha situación administrativa unos perjuicios que no tiene por qué soportar derivados de unos gastos o inversiones...".

8   Véase estos planteamientos sobre la crisis de gobierno y la confianza legítima en *El Nacional*, 16-05-02, p. D-4.

parte de las acciones necesarias para defender el orden constitucional.

Es decir, incluso en el ámbito internacional los Presidentes representantes de los Estados americanos del Grupo de Río, que en esa misma fecha 11 de abril estaban reunidos en San José, Costa Rica, consideraron la renuncia del Presidente *como un hecho cumplido*, por lo que no podría, en forma alguna el Estado venezolano, reclamar a los Estados que consideraron como un hecho cumplido la renuncia del Presidente de la República, por causa del anuncio del Jefe del Alto Mando Militar[9] (pp. 81 a 86).

Esa era y es la opinión jurídica de nuestro defendido; y por lo que conocemos del derecho venezolano, no hay delito de opinión.

Por lo demás, esa opinión jurídica expresada en la forma que sea, no puede constituirse en supuesto elemento de convicción que pueda involucrar a nuestro defendido en los hechos que se le imputan, es decir, en supuestamente haber participado "en la elaboración, redacción y discusión" del decreto de un gobierno de transición, lo cual es falso; y menos aún en que supuestamente Brewer hubiera o haya podido haber llegado a acuerdo, pacto o concertación alguna, con nadie, para cambiar violentamente la Constitución, lo cual también es completamente falso.

Por lo demás, sobre la reseña efectuada por el periodista Roberto Giusti, el Profesor Enrique Gimbernat, en su dictamen antes citado, ha expresado lo siguiente, que hacemos nuestro en defensa del Dr. Allan R. Brewer-Carías:

E. El artículo publicado en el diario "El Universal" el 18 de abril de 2002 por el periodista don Roberto Giusti (elemento probatorio 8)

1.   En ese artículo el señor Giusti escribe lo siguiente:

"Allí se encontraban Allan Brewer-Carías y sobre la base de su criterio tomando en cuenta que hubo derramamiento de sangre, y que dejar ir al presidente podía comprometer el prestigio de la

---

9   Por ello, sin duda, el Presidente de El Salvador, Sr. Flores, justificó el voto de confianza que dio al gobierno provisional señalando que "la información que nosotros teníamos es que el Presidente Chávez había renunciado. Habiendo renunciado el Presidente Chávez había que darle un voto de confianza al nuevo", *El Nacional*, 18-04-02, p. A-3.

institución, tomaron la decisión que ya se conoce. A Brewer le consultaron también la legalidad de esa situación y él les manifestó que con la declaración del General Lucas Rincón, ya no había Alto Mando, y que la voluntad manifiesta, expresada por el Presidente, de renunciar, se producía un vacío de poder, y por lo tanto, no se requería un documento firmado...".

2. A la consideración del artículo del señor Giusti como prueba de cargo hay que oponer:

a) Por una parte, que en ningún lugar de su artículo don Roberto Giusti afirma aquello que precisamente le imputa el Ministerio Público a don Allan R. Brewer-Carías, a saber: que éste haya "redactado y elaborado" el "Acta de Constitución del Gobierno de Transición Democrática y Unidad Nacional", por lo que mal puede servir de indicio de que se ha realizado un determinado comportamiento un texto en el que no se atribuye a nadie ese comportamiento.

b) Y, por otra, que al tratarse en el caso del señor Giusti de un testimonio de referencia en el que no se indica quiénes son los supuestos testigos directos informantes de aquél, aunque el señor Giusti atribuyera a don Allan R. Brewer-Carias la realización de un comportamiento que en el artículo no le atribuye, la utilización de dicho testimonio como prueba de cargo, y tal como se ha expuesto supra A 4 y 5, vulnera el derecho a la presunción de inocencia y el derecho de defensa del señor Brewer-Carías (anexo 14).

19° SUPUESTO "ELEMENTO DE CONVICCIÓN": NOTA DEL PERIODISTA RICARDO PEÑA

La Fiscal agregó como supuesto elemento de convicción para acusar a nuestro defendido, lo siguiente:

19. *Artículo del diario* El Reporte, *del jueves 18 de abril de 2002, del ciudadano Ricardo Peña, "Círculo Intimo":*

"supuestamente los asesores del decreto-adefesio jurídico de Carmona Estanga fueron los abogados Cecilia Sosa Gómez y Allan Brewer Carías*"* **(folio 195, pieza 13).**

De esta nota, la señora Fiscal sin fundamento alguno afirma que "es prueba" de que nuestro defendido "fue uno de los corredactores" del decreto del gobierno de transición, "con cuy participación conspiró para cambiar violentamente la Constitución".

En este artículo de opinión (**folio 195, Pieza XIV**), en efecto, el periodista Peña, al referirse a un hecho del cual no tenía sino una referencia, correctamente utilizó la expresión de que "*supuestamente*" las personas que cita habrían sido "asesores" del decreto del gobierno de transición. Se trata, por tanto, de una "suposición" del periodista, en una reseña en la cual, por lo demás, ni siquiera hizo mención al hecho que se le imputa a nuestro defendido, es decir, la supuesta "participación en la elaboración, redacción y discusión del mencionado documento", sino a que supuestamente un grupo de abogados habrían "asesorado" el mismo. "Asesorar", conforme al Diccionario de la Lengua Española, es "dar consejo o dictamen", por lo que la asesoría, ello es evidente, puede resultar en un consejo, dictamen u opinión jurídica *contrarios* a lo que se consulta, como precisamente sucedió en este caso, cuando nuestro defendido opinó en forma adversa al contenido del decreto, tal como lo ha dicho repetidamente y lo ha dicho quién le consultó jurídicamente el asunto, Pedro Carmona, tanto en la interpelación que le hizo la Comisión Especial de la Asamblea Nacional (**folio 19 de 138. Anexo 4)** como en su libro *Mi Testimonio ante la Historia* (pp.107-108). (**Pieza XIII**).

En todo caso, del texto de la opinión del periodista Peña, lo que evidencia es que se trata de una suposición referencial del periodista, que no podría constituirse, en forma alguna, en prueba de nada, ni por supuesto, como lo pretende la señora Fiscal, en prueba de que nuestro defendido,"fue uno de los corredartores" del decreto de gobierno de transición (página 44 de la acusación), es decir, dicha reseña periodística no tiene valor alguno como "elemento de convicción" que pudiera involucrar a nuestro defendido en los hechos que se le imputan, es decir, en supuestamente haber participado "en la elaboración, redacción y discusión" del decreto de un gobierno de transición, lo cual es falso; y menos aún en que supuestamente hubiera o haya podido haber llegado a acuerdo, pacto o concertación alguna, con nadie, para cambiar violentamente la Constitución, lo cual también es completamente falso.

> Por lo demás, en relación con el artículo del periodista Peña, el profesor Enrique Gimbernat, de la Universidad Complutense de Madrid, en la opinión jurídica que elaboró a nuestro requerimiento como defensores del Dr. Allan R. Brewer-Carías, expresó lo siguiente que hacemos nuestro en su defensa: F. **El artículo de don Ricar-**

do Peña publicado en el diario "El Reporte" el 18 de abril de 2002 (elemento probatorio 9).

1.   Su contenido

En dicho artículo el señor Peña escribe lo siguiente:

"supuestamente los asesores del decreto-adefesio jurídico de Carmona Estanga fueron los abogados Cecilia Sosa Gómez y Allan Brewer-Carías".

2.   La vulneración del derecho de defensa y la múltiple vulneración de la presunción de inocencia al incorporarse el artículo de don Ricardo Peña, como elemento probatorio, al acta de imputación

a)   El testimonio del señor Peña es uno de referencia en el que este periodista no indica cuáles son los supuestos testigos directos que le habrían informado de los hechos. Por ello, con la incorporación al acta de imputación de este testimonio, como uno de cargo, se están vulnerando, como ya se ha expuesto en otro lugar, tanto el derecho a la presunción de inocencia (supra A 4) como el derecho de defensa (supra A 5) de don Allan R. Brewer-Carías: el primero, porque no es apto para enervar la presunción de inocencia un testimonio de referencia en el que el testigo indirecto se niega a identificar cuál es su presunta fuente presencial; y el segundo, porque esa falta de identificación impide al señor Brewer-Carías poder interrogar a los supuestos testigos directos, someter a contradicción su testimonio, poner en duda su credibilidad, o demostrar que esos presuntos testigos presenciales son parciales o le son hostiles.

b)   Pero en el presente elemento probatorio la presunción de inocencia del señor Brewer-Carías se ha conculcado por dos motivos más.

aa) En primer lugar, porque el acta de imputación se dirige contra don Allan R. Brewer-Carías por haber "redactado y elaborado" el "Acta de Constitución del Gobierno de Transición Democrática y Unidad Nacional", mientras que lo único que afirma el testigo de referencia señor Peña es que el señor Brewer-Carías habría ejercido una función de asesoramiento, asesoramiento que consiste, naturalmente, no en redactar, sino en aconsejar –críticamente, en sentido favorable o desfavorable, y de manera no vinculante- a quien realmente redacta, quedando en manos, no del asesor, sino del redactor –asumiendo o no los consejos que se le dan- decidir cuál es el contenido definitivo del texto en cuestión.

348

bb) Y, en segundo lugar, y sobre todo, la incorporación al acta de acusación del testimonio de referencia del señor Peña supone una ulterior conculcación del derecho a la presunción de inocencia del señor Brewer-Carías, porque aquél no afirma que este haya sido asesor, sino que se limita a decir que lo habría sido "supuestamente".

Según el "Diccionario de Uso del Español", de María Moliner, suponer significa "pensar que ocurre cierta cosa aunque falten datos para tener la certeza de ella", siendo "supuestamente" el adverbio que se corresponde con ese verbo, por lo que dar por acontecido –y en contra del reo- lo que el testigo no afirma como realmente sucedido constituye una forma específica de vulneración del derecho a la presunción de inocencia, ya que, como establece la sentencia del TS de 6 de marzo de 2002, A. 3731, "de un testigo que sólo supone, ningún tribunal puede deducir la seguridad que impone el principio <in dubio pro reo>. Si lo hace infringe las reglas del razonamiento lógico, pues la seguridad que no está contenida en las premisas no puede aparecer en la conclusión de un silogismo". De la misma manera no es posible, sin infringir el derecho a la presunción de inocencia, estimar que el artículo de don Ricardo Peña puede constituir una prueba de cargo contra el señor Brewer-Carías, porque si en la premisa del testimonio el testigo de referencia no establece la seguridad de la intervención de aquél (solo se dice que "supuestamente" habría aconsejado), entonces en la conclusión del silogismo (en la consideración del artículo del señor Peña como elemento probatorio) no puede aparecer que don Allan R. Brewer-Carías "efectivamente" ha aconsejado.

Por lo demás, y sobre la vulneración del principio de presunción de inocencia cuando, a pesar de que existen dudas sobre la participación de una persona, se da por hecho que sí que ha intervenido, me remito a la doctrina establecida, entre otras, por las siguientes sentencias:

- Sentencia del TS de 10 de julio de 1992, A. 6564: "El principio in dubio pro reo –establecido en el art. 24.2 CE- sólo puede ser invocado en casación cuando el Tribunal de los hechos haya condenado, a pesar de su duda respecto de la autoría o del hecho mismo. En tales casos es claro que el Tribunal habría vulnerado la norma que impone la absolución en caso de duda o decisión más favorable al acusado, que como se dijo tiene su respaldo en el art. 24.2 CE [derecho a la presunción de inocencia]".

- Sentencia del TS de 24 de noviembre de 1993, A. 9013: "El relato de los hechos no contiene cargo penal alguno contra el recurrente, porque el silogismo judicial no puede apoyarse en suposiciones ni presunciones".

- Sentencia del TS de 16 de noviembre de 1998, A. 8628: "El principio general de Derecho en materia de interpretación de prueba en el proceso penal tiene también, en el momento presente, una derivación hacia el principio constitucional de presunción de inocencia ya que, en los casos en que exista una prueba válidamente obtenida, pero que su significado inculpatorio sea dudoso, ambiguo y poco preciso es necesario decantarse por una decisión absolutoria".

- Sentencia del TS de 23 de febrero de 2001, A. 2311: "Puesto que manifiesta de forma expresa que, en ese particular, existen razones para la duda. Y sin embargo, incomprensiblemente, resuelve la alternativa contra el reo. Cuando es bien obvio que el principio <in dubio pro reo>, interpretado a la luz del derecho fundamental a la presunción de inocencia, no tiene un valor sólo orientativo en la valoración de la prueba, sino que envuelve un mandato: el de no afirmar hecho alguno que pueda dar lugar a un pronunciamiento de culpabilidad si se abrigan dudas sobre su certeza".

- Y sentencia del TS de 27 de febrero de 2004, A. 2526: "Al margen de estas consideraciones, que estimamos relevantes, no podemos olvidar la doctrina de esta Sala sobre la operatividad del principio <in dubio pro reo>. Se ha mantenido, con criterio unánime, que, si un órgano sentenciador expresa sus dudas sobre la realidad de los hechos que se le han sometido a consideración, debe abstenerse de cualquier pronunciamiento condenatorio, ya que el sistema constitucional exige que la resolución esté asentada sobre conclusiones firmes e indubitadas".

3. *Resumen*

De lo que se acaba de exponer sobre el artículo de don Ricardo Peña se sigue, resumiendo, que su estimación por el Ministerio Público como un elemento probatorio, no sólo infringe el derecho a la presunción de inocencia y el derecho a la defensa de don Allan R. Brewer-Carías por ser un testimonio de referencia, sino que también vulnera ese primer derecho porque el señor Peña no afirma – como imputa el Ministerio Fiscal- que el señor Brewer-Carías haya redactado –sino sólo "asesorado": asesoramiento que, obviamente, también puede ser desfavorable sobre el contenido del "Acta"-, y, sobre todo, porque, infringiendo el principio "in dubio pro reo", como ulterior manifestación del de presunción de inocencia, da por cierto aquello que don Ricardo Peña mantiene en el terreno de la duda ("supuestamente") (anexo 14).

20° SUPUESTO "ELEMENTO DE CONVICCIÓN": AFIRMACIÓN DE DANIEL ROMERO EN LA RESEÑA DEL PERIODISTA FRANCISCO OLIVARES

Agrega la señora Fiscal, como supuesto elemento de convicción contra nuestro defendido, para acusarlo, lo siguiente:

20. *Afirmaciones hechas por el ciudadano Daniel Romero Matute, en la entrevista que le hiciera el periodista Francisco Olivares, "Los militares manejaron todas las decisiones políticas", publicada en el diario* El Universal, *el viernes 26 de abril de 2002, página 1-4, donde señala:*

> *"En la elaboración del decreto participaron una serie de abogados, que lo que hacen es traslucir lo que se quería en ese momento. Yo tengo que decir que en cuanto a la parte motiva del decreto yo si tuve una injerencia importante la cual no solamente asumo sino que ratifico una vez más porque creo que ese decreto en sus once considerandos, esa parte motiva, lo que hace es plasmar fehacientemente, cual es la situación de Venezuela, cuál es el clamor, el reclamo y el repudio de la sociedad venezolana en relación con el régimen de Hugo Chávez Frías. Cada uno de esos decretos lo que dice es la verdad de la situación que todos padecemos y que no estamos dispuestos a aceptar. La parte dispositiva del decreto fue realizada por un grupo de abogados. Fue realizada por los que son <u>considerados los mejores abogados constitucionalistas del país</u>...* Claro participé. Más que todo en la parte motiva y una mínima parte en el aspecto dispositivo. Pero claro que lo conocía..." (folio 208, Pieza 13)

La reseña del periodista Olivares, en relación con la entrevista que le hizo al abogado Daniel Romero, en realidad tiene el siguiente texto:

—¿Cómo llega usted a formar parte de los redactores del decreto y quién lo convoca a Fuerte Tiuna?

—Me llamaron y me dijeron: vente al Fuerte Tiuna que necesitamos de tu asesoría.

—Pero ¿quién lo llama, un amigo, Carmona?

—Me llamaron para que asesorara. Cuando yo llegué me hicieron pasar a la Comandancia General del Ejército. Allí me solicitaron que nos pusiéramos a trabajar porque se había presentado un vacío de poder. Que antes que todo había sido informado por el general Lucas Rincón, el cual había dicho que el presidente Chávez había renunciado, y flanqueado por el general Belisario Landis y el Alto

Mando pusieron sus cargos a la orden. Ante esa situación se perfeccionaba un vacío de poder, el cual debía ser llenado, y en ese momento quienes tenían el poder y la facultad de hacerlo eran los militares, y por ello convocaron a diversos sectores al Fuerte Tiuna a fin de resolver ese vacío de poder.

—¿Quiénes participan en la elaboración del decreto?

—En la elaboración del decreto participa una serie de abogados, que lo que hacen es traslucir lo que se quería en ese momento. Yo tengo que decir que en cuanto a la parte motiva del decreto yo sí tuve una injerencia importante, la cual no solamente asumo sino que la ratificó una vez más porque creo que ese decreto en sus once considerandos, esa parte motiva, lo que hace es plasmar fehacientemente, cuál es la situación de Venezuela, cuál es el clamor, el reclamo y el repudio de la sociedad venezolana en relación con el régimen de Hugo Chávez Frías. Cada uno de esos decretos lo que dice es la verdad de la situación que todos padecemos y que no estamos dispuestos a aceptar.

—¿Para usted el vacío de poder y la necesidad de un gobierno de transición implicaba la necesidad de suprimir la Asamblea Nacional y los poderes públicos?

—Esa es la parte dispositiva del decreto. La parte dispositiva del decreto fue realizada por un grupo de abogados. Fue realizada por los que son considerados los mejores abogados constitucionalistas del país. Ahora, hay que dejar claro una cosa. Allí hubo decisiones de carácter político, las cuales no tomamos los abogados.

—¿Y entonces quiénes tomaron las decisiones políticas que generaron el decreto?

—No, yo no puedo andar dando juicios de quiénes tomaron esas decisiones. Yo actué como un abogado y los abogados lo que hacemos es recoger lo que nos dicen los clientes.

—¿Y para usted quién tenía el control político esa noche en Fuerte Tiuna?

—Esa noche el control del poder estaba en manos de los militares. El que piense una cosa distinta está engañándose. ¿Quién llama a Carmona? Los militares. ¿Quién designa a Carmona como presidente provisional o quién se los sugiere? Son los militares. Y en definitiva, ¿quién le quita el apoyo? Los militares. El poder creo que está claramente identificado dónde estaba y dónde radica. Igualito que fue puesto fue depuesto por los militares.

—Pero, ¿usted avala ese decreto?

—El decreto como tal, el cual han querido satanizar, que ahora todo el mundo le está buscando los defectos, fue un decreto para una transición, no para la instalación de un gobierno definitivo. Una transición que debería ejecutarse en el menor tiempo posible y lo que se pensaba hacer era que se convocara a elecciones en 90 días para la Asamblea Nacional; elegir el nuevo Poder Legislativo y en 180 días para el presidente de la República. Hay que entender cuál era la situación en que habían quedado las instituciones, porque no es un secreto para toda Venezuela que el Consejo Nacional Electoral está desmontado y que las últimas elecciones han sido fraudulentas; se conoce de la gran cantidad de procesos que se están investigando por fraude y que no se han definido.

—Es decir, ¿no existía una situación de legalidad?

—Se había decidido que la elección para el Legislativo sería para el 8 de diciembre y la presidencial no podía exceder a 365 días. En ningún momento se pensó en hacer un gobierno para quedarse. Eso era sencillamente la instalación de una transición para poder recuperar el hilo democrático perdido porque en Venezuela no hay democracia. Todos los poderes públicos se tenían que volver a nombrar porque ninguno de esos poderes fueron designados en términos constitucionales. Todo el mundo sabe que no existe autonomía de los poderes públicos. Todo el mundo sabe que el Ejecutivo tiene poder absoluto sobre el Poder Judicial, el Poder Moral y el Poder Ciudadano. ¿De qué legalidad estamos hablando?

—¿Quiénes tomaron las decisiones sobre la composición del gobierno transitorio?

—No lo sé. Lo único que te puedo decir es que a mí me convocó el doctor Carmona y me pidió que si yo podía acompañarlo en la posición de procurador general. Y mi respuesta fue que si usted cree que allí puedo ayudarlo y ayudar a Venezuela, con mucho gusto acepto.

—¿Y fue también designado para leer el decreto?

—La lectura del decreto se dio prácticamente cinco minutos antes de que se instalara el acto. Yo no sabía que iba a leer el decreto. No tenía pensado leer el decreto, en el fragor de los acontecimientos me dijeron: ¡Léelo tú! Y yo lo leí.

—Pero ¿lo conocía, lo había leído antes?

—Claro, participé. Más que todo en la parte motiva y una mínima parte en el aspecto dispositivo. Pero claro que lo conocía. **(folio 208, Pieza XIII).**

Según la señora Fiscal, esta entrevista a Daniel Romero" es prueba de la participación de los famosos abogados constitucionalistas del país, entre los cuales se ha reconocido al ciudadano Alan Randolph Brewer-Carías, lo que en criterio de este país (*sic*) adminiculado a los demás elementos, es prueba de la participación de imputado en la redacción del decreto".

En este trabajo del periodista Olivares en el cual se reseña una entrevista con Daniel Romero, sin embargo, *no se hace mención ni referencia alguna a nuestro defendido*; por lo que el mismo no puede constituirse en supuesto "elemento de convicción" de nada, y menos de que haya redactado nada; por lo cual no puede constituirse en supuesto "elemento de convicción" alguno que pueda involucrar a nuestro defendido en los hechos que se le imputan, es decir, en supuestamente haber participado "en la elaboración, redacción, discusión y presentación" del decreto de un gobierno de transición, lo cual es falso; y menos aún en que supuestamente yo hubiera o haya podido haber llegado a acuerdo, pacto o concertación alguna, con nadie, para cambiar violentamente la Constitución, lo cual también es completamente falso.

Sobre este elemento de convicción, el profesor Enrique Gimbernat, en su dictámen elaborado a nuestro requerimiento, señaló lo siguiente, que hacemos nuestro en defensa del Dr. Allan R. Brewer-Carías:

> 2. a) Por lo que se refiere a la entrevista de 26 de abril de 2002, parece increíble que se quiera utilizar como elemento probatorio de cargo, siendo así que en las supuestas declaraciones de don Daniel Romero éste se refiere únicamente a que en el decreto intervinieron "los que son considerados los mejores abogados constitucionalistas del país", **sin que en ningún momento se designe nominalmente a don Allan R. Brewer-Carías. ¿Cómo es posible que el Ministerio Público pueda imputar a una persona –al señor Brewer-Carías– cuando ni siquiera le imputa el testigo sobre el que se basa para hacerlo?** Por lo demás, y aunque se quisiera admitir erróneamente que don Allan R. Brewer-Carías **pudiera ser** alguno de esos abogados constitucionalistas, lo que en cualquier caso está fuera de discusión es que ello, como mucho, no pasa de constituir una **probabilidad**, y convertir una probabilidad en certeza infringe, como se acaba de exponer supra F 2 b bb, el principio "in dubio pro reo" como derivación del derecho a la presunción de inocencia (anexo 14).

21° SUPUESTO "ELEMENTO DE CONVICCIÓN": AFIRMACIÓN DE DANIEL ROMERO EN LA RESEÑA DE LA PERIODISTA MILAGROS SOCORRO

También agregó la señora Fiscal como supuesto elemento de convicción para acusar a nuestro defendido, lo siguiente:

> 21. *Entrevista periodística realizada en Miami al ciudadano Daniel Romero Matute, por la periodista Milagros Socorro, "Al país se le tendió una trampa", publicada en el diario* El Nacional, *Sábado 27 de abril de 2002, y en entrevistado señaló:*
>
>> *"Lo leí con mucho orgullo porque <u>tuve intervención importante en la redacción de los 11 considerandos</u> en los cuales se denunciaban las relaciones del gobierno venezolano con la guerrilla colombiana… En la parte dispositiva, que refleja decisiones de carácter político, no jurídico, <u>mi colaboración fue mínima, pero puedo asegura que ese aspecto fue revisado por los mejores constitucionalistas de Venezuela…He dicho: los mejores constitucionalistas del país</u>"* (folios 12, Pieza XIV)

El texto pertinente de la reseña de la periodista, en realidad, es el siguiente:

> Se anunció una cadena audiovisual -esta vez esperada por todo el país, ávido de noticias- y apareció el procurador del gobierno que estaba a punto de proclamarse. Un hombre delgado, de aspecto atlético, que se expresaba con la claridad y el aplomo de un presentador de televisión; de hecho, esa es la estampa que tiene Daniel Romero a sus 44 años de edad.

> Minutos antes, según él lo cuenta, el equipo gubernamental venía camino al salón donde se realizaría el acto del 13 de abril y Carmona preguntó quién leería el decreto. "Fue entonces que alguien dijo, 'que lo lea Daniel', y así lo hice", cuenta el abogado.

> -Lo leí con mucho orgullo porque tuve una intervención importante en la redacción de los 11 considerandos en los cuales se denunciaban las relaciones del Gobierno venezolano con la guerrilla colombiana, los asesinatos a mansalva perpetrados el 11 de abril, la ambigüedad de la política exterior que ha creado situaciones conflictivas con los aliados tradicionales de Venezuela, el irrespeto a la Constitución por parte del Gobierno- al –nombrar ilegítimamente a todos los poderes públicos, el desconocimiento a las autoridades de la Confederación de Trabajadores de Venezuela, la concentración de todos los poderes en el Ejecutivo, la transitoriedad de la Constitución del año 99 y las violaciones a la Carta Democrática Interame-

ricana. En la parte dispositiva, que refleja decisiones de carácter político, no jurídico, mi colaboración fue mínima, pero puedo asegurar que ese aspecto fue revisado por los mejores constitucionalistas de Venezuela.

—Entre los que se cuenta a Allan Brewer-Carías. ¿Él fue el autor?

-He dicho: los mejores constitucionalistas del país. Hay una cosa que tiene que estar clara, todo el mundo quiere achacarle al decreto las causas que impidieron la continuidad del gobierno de transición, pero el problema no fue el contenido de éste, sino la falta de apoyo de todos los sectores de la sociedad que, una vez que se produjo la renuncia del Presidente, en vez de unirse y concertar para darle viabilidad a la transición, dejaron que privara el egoísmo y la búsqueda de parcelas de poder. **(folio 12, Pieza XIV).**

No tiene sentido alguno que de la referencia periodística contenida en esta reseña de entrevista, la señora Fiscal, al deducir que ello constituye "prueba de la participación de los famosos abogados constitucionalistas del país en la redacción del decreto", simplemente agregue que "entre los cuales se encontraba para la fecha el ciudadano Allan Randolph Brewer-Carías", y que ello entonces se convierta en elemento de convicción para imputarle la comisión de un delito.

En realidad, en este trabajo de la periodista Socorro, en el cual se reseña una entrevista con Daniel Romero, *tampoco se hace mención alguna a nuestro defendido*; por lo que el mismo no puede constituirse en supuesto "elemento de convicción" de nada, y menos podría resultar del mismo, por tanto, supuesto "elemento de convicción" alguno que pueda involucrarlo en los hechos que se le imputan, es decir, en supuestamente haber participado "en la elaboración, redacción y discusión" del decreto de un gobierno de transición, lo cual es falso; y menos aún en que supuestamente hubiera o haya podido haber llegado a acuerdo, pacto o concertación alguna, con nadie, para cambiar violentamente la Constitución, lo cual también es completamente falso.

Sobre este elemento de convicción, el profesor Enrique Gimbernat, en su dictamen elaborado a nuestro requerimiento, señaló lo siguiente, que hacemos nuestro en defensa del Dr. Allan R. Brewer-Carías:

2. En este artículo se reiteran, al igual que en el elemento probatorio 11, la supuesta intervención en el decreto de "los mejores constitucionalistas del país". Como esta frase coincide literalmente con la contenida en dicho elemento probatorio 11, me remito a lo argumentado supra 6 2 a, en el sentido de que parece increíble que se quiera utilizar como elemento probatorio de cargo un texto en el que en ningún momento se designa nominalmente a don Allan R. Brewer-Carías, y que el Ministerio Fiscal pueda imputar a una persona cuando ni siquiera la imputa el testigo sobre el que se basa para hacerlo. Además, y como también se ha expuesto supra G 2 a, aunque se quisiera admitir erróneamente que el señor Brewer-Carías pudiera ser alguno de esos "constitucionalistas", lo que en cualquier caso está fuera de discusión es que ello, como mucho, no pasa de constituir una probabilidad, y convertir una probabilidad en certeza infringe el principio "in dubio pro reo" como derivación del derecho a la presunción de inocencia (véase supra F 2 b bb) (anexo 14).

22º SUPUESTO "ELEMENTO DE CONVICCIÓN": CRÓNICA DEL PERIODISTA FRANCISCO OLIVARES

Agregó la señora Fiscal como otro supuesto elemento dee convicción para acusar a nuestro defendido, lo siguiente:

22. Artículo del diario El Universal *del domingo 28 de abril de 2002, página 1-8, cuyo autor es el ciudadano Francisco Olivares, "Historia del Segundo Decreto":*

"Poco después que en la madrugada del 12 de abril el General Lucas Rincón anunciara la renuncia del Presidente Chávez, fue convocado Pedro Carmona a la Comandancia General del Ejercito en el piso 5. Allí confluyeron personalidades del mundo civil y empresarial como: Alan Brewer-Carías, Hugo Arrioja…se decide que el designado para la presidencia interina sea Pedro Carmona…mandan a llamar a Allan Brewer-Carías quien estaba redactando el decreto en ese momento. Brewer entró y estuvo allí por unos minutos. Cuando sale se toma la decisión de que el Presidente se quedaba. Seguidamente surgió la duda de que pasaba si Chávez no firmaba, y allí la opinión de Brewer fue que no importaba la formalidad de la renuncia y se lo había comunicado al país a través de General Lucas Rincón…Carmona se alternaba entre atenderlos a ellos y las personalidades que iban llegando. Como a las 11 de la mañana llegó Allan Brewer-Carías con Carlos Ayala Corao para darles los últimos toques al decreto. Entraron por el manguito porque no querían ser abordaos por los periodistas. Una vez listo el decreto se

lo llevaron a Carmona… Gustavo Linares Benzo, Juan Raffalli y Gustavo García redactaban por su cuenta y a la carrera otro decreto. Una vez redactado el nuevo decreto entraron en la oficina de Carmona donde habían muchas personalidades, y le proponen a Carmona que adopte esa versión en lugar de la que había sido coordinada por Allan Brewer, Carlos Ayala y Daniel Romero. Carmona dudó y pidió hablar con Brewer: se llamó a su casa porque ya había salido de Miraflores y conversaron por varios minutos. Al colgar, Carmona expresó delante de todos, que iba a seguir adelante con el decreto original. Allí varias personalidades, entre ellos Monseñor Velasco mostraron su apoyo…" **(folio 247 y 248, Pieza XIII**

El texto completo la crónica del periodista Francisco Olivares, en realidad, es el siguiente:

CRÓNICA

Historia del segundo decreto

FRANCISCO OLIVARES

Poco después que en la madrugada del 12 de abril el general Lucas Rincón anunciara la renuncia del presidente Chávez, fue convocado Pedro Carmona a la Comandancia del Ejército' en el piso 5 Allí confluyeron personalidades del mundo civil y empresarial como: Allan Brewer-Carías, Pedro Carmona, Hugo Arrioja, Juan Francisco Mejías, José Rafael Revenga y Eugenio Mendoza entre otros. Se decide que el designado para la presidencia interina sería Pedro Carmona y se comienza a hablar de la parte formal de la renuncia de Chávez. Trasciende la información de que Chávez renunciaría si le permiten viajar a Cuba. Hubo opiniones divididas y en determinado momento, los militares (que estaban en el despacho) mandan a llamar a Allan Brewer-Carías, quien estaba redactando el decreto en ese momento. Brewer entró y estuvo allí unos minutos. Cuando sale se toma la decisión de que el Presidente se quedaba. Seguidamente surgió la duda de qué pasaba si Chávez no firmaba. Y allí la opinión de Brewer fue que no importaba la formalidad de la renuncia porque el Presidente ya había renunciado y se lo había comunicado al país a través del general Lucas Rincón.

A la mañana siguiente comenzó a llenarse Miraflores. En las primeras horas eso estaba totalmente desolado, abandonado. No hubo ninguna toma del Palacio, la puerta se le abría al que llegara. Estaba como cualquier día pero sin autoridades y con escaso personal, la secretaria de la Secretaría Privada, y algún personal de protocolo. Los militares llegaron temprano y se concentraron en el despacho presidencial, donde estuvieron reunidos algunas horas con Pedro

Carmona. Allí estaba el VA. Héctor Ramírez Pérez, el VA. Daniel Comisso, el general Pedro Pereira, el general Vásquez Velasco, el general Néstor González González entre otros. Carmona se alternaba entre atenderlos a ellos y las personalidades que iban llegando. Como a las 11 de la mañana llegó Allan Brewer-Carías con Ayala Corao para darle los últimos toques al decreto. Entraron por el manguito porque no querían ser abordados por los periodistas. Una vez listo el decreto se lo llevaron a Carmona, quien le hizo algunos ajustes menores y se mandó a imprimir. Mientras esto se hacía, Gustavo Linares Benzo, Juan Rafalli y Gustavo García redactaban por su cuenta y a la carrera otro decreto. Una vez redactado el nuevo decreto entraron a la oficina de Carmona donde habían muchas otras personalidades, y le proponen a Carmona que adopte esa versión en lugar de la que había sido coordinada por Allan Brewer, Carlos Ayala y Daniel Romero. Carmona dudó y pidió hablar con Brewer. Se llamó a su casa porque ya había salido de Miraflores, y conversaron por varios minutos. Al colgar, Carmona expresó delante de todos, que iba a seguir adelante con el decreto original..." (folio 209, pieza 13)..

De esta crónica del periodista Olivares, especie de recuento histórico imaginado o construido, se presume, conforme a las diversas y supuestas informaciones que pudo haber recabado, y que reflejan lo que en su opinión pudo haber ocurrió ese día 12 de abril, el único hecho cierto respecto de nuestro defendido es el hecho admitido de su presencia por unas horas en la madrugada del 12 de abril en Fuerte Tiuna, requerido por P. Carmona para darle una opinión jurídica sobre un documento que ya estaba redactado, contentivo de un decreto de gobierno de transición; y de su presencia por breve tiempo en el Palacio de Miraflores cerca de mediodía del día 12 de abril, para tratar de darle la opinión jurídica que le merecía el documento, al Dr. Carmona. Se trata de unos hechos admitidos, como lo ha dicho en la entrevista del 02-07-2002 con el Fiscal José Benigno Rojas (**folios 37 a 27, Pieza V**) antes transcrita (Capítulo I de este escrito), lo ha declarado en la prensa en multitud de veces, lo ha escrito tanto en su libro *La Crisis de la democracia en Venezuela. La Carta Democrática Interamericana y los sucesos de abril de 2002* (pp. 101 y ss), así como en el escrito de fecha 14-01-2005 consignado en el expediente (**folio, 143 y ss., Pieza XIII**). Pieza), y lo ha reconocido el propio Dr. Carmona en su libro *Mi Testimonio ante la Historia* (**Pieza XIII,** p. 107), en cuanto a que él lo mandó a buscar a su casa esa madrugada con su chofer y carro. Pero la presencia en esos lugares no constituye delito, ni significa que se le pueda atribuir ningún hecho concreto alguno y menos la redacción de un decreto que ya estaba redactado. El periodista hace otras afirmaciones referenciales sobre opiniones jurídicas que supuestamente habría formulado nuestro defendido, y a las cuales se ha referido en ejercicio libre de su derecho a la libre expresión del pensamiento y de su profesión de abogado, en el libro, *La crisis de la democracia en Venezuela. La Carta Democrática Interamericana y los sucesos de abril de 2002* Libros El Nacional, Caracas 2002, pp. 79 y ss).Todo lo demás que refiere el periodista es solo su opinión, producto de su imaginación pero completamente falso en su contenido. El periodista Olivares, además, en la entrevista que tuvo ante la Fiscalía el 28-03-2005 (**folio 216, Pieza XVII**), y que la señora Fiscal ignora contrariando su deber legal de indicar los elementos que favorecen al acusado, negó haber estado tanto en Fuerte Tiuna esa madrugada del 12 de abril de 2002 como en el Palacio de Miraflores el mismo día 12 de abril, por lo que mal podía hacer las afirmaciones que hizo, las cuales no pueden ser comprobadas.

Adicionalmente en la entrevista que le hizo la representación Fiscal al mismo periodista Francisco Olivares, en fecha 11-07-2005, no sólo ratificó que no había presenciado los hechos que narró (pregunta 3), sino que afirmó que *no había podido "comprobar sus fuentes* para la elaboración de la crónica"(pregunta 4); afirmando que "escribió la rectificación o aclaratoria titulada "La breve visita" que apareció publicada en el diario *El Universal* en fecha 30 de abril de 2002"(pregunta 5), en la cual afirmó "*se corregía una aseveración, sobre la cual no había una prueba*" (pregunta 7) precisando que "Accedí a hacer la aclaratoria dado que ciertas fuentes consultadas, para la mencionada crónica *no me resultaron suficientemente confiables, al tratar de verificar lo que ya había sido publicado por mí*" (**folio 11, Pieza XXII**).Por lo demás, debe enfatizarse que es falsa sugerencia que podría deducirse de la referida crónica, hecha sin pruebas y sobre base de fuentes no confiables como lo confiesa el periodista, de que nuestro defendido hubiera podido haber ido "espontáneamente" (si ello es lo que se deduce de la palabra "confluido") a Fuerte Tiuna. A nuestro defendido lo llamó Pedro Carmona para que como abogado le diera una opinión jurídica sobre un proyecto de decreto de gobierno de transición que se le presentó ya redactado en Fuerte Tiuna, a cuyo efecto lo mandó a buscar a su casa, en la madrugada del día 12 de abril. Es falso que en Fuerte Tiuna nuestro defendido hubiera estado redactando decreto alguno en momento alguno. El documento ya estaba redactado para cuando Carmona lo llamó para solicitarle su opinión jurídica sobre el mismo, pidiéndole se trasladara a Fuerte Tiuna; y al llegar a ese lugar, le mostraron el documento redactado, que resultó ser materialmente el mismo que los mismos abogados que allí estaban less habían mostrado el día 10 de abril, al Dr. Olavarría y a nuestro defendido, en la oficina de Olavarría.

Es falso que nuestro defendido hubiera ido al Palacio de Miraflores "a darle últimos toques" a decreto alguno. Fue para tratar de hablar con el Dr. Carmona para hacerle saber sus observaciones jurídicas al proyecto de decreto. Al constatar que no era posible entrevistarse con Carmona, nuestro representado se retiró de Miraflores pasado el mediodía del 12 de abril, y no estuvo presente en ese lugar durante la tarde del 12 de abril, ni en las conversaciones o reuniones que pudo haber habido en relación con el texto del decreto ni en el acto en el cual se leyó el mismo.

Por tanto, es falso que nuestro representado haya "llevado" documento alguno a persona alguna en Miraflores; ni que haya participado en reunión alguna con Carmona, como se sugiere de la opinión del periodista. Salvo el breve encuentro en la madrugada cuando Carmona lo recibió en Fuerte Tiuna y le pidió analizara el proyecto de decreto que tenían unos abogados, nuestro defendido no pudo entrevistarme con él durante todo el día 12 de abril.

Sólo fue al final de la tarde del mismo día 12 de abril, cuando Pedro Carmona lo llamó por teléfono a su casa de habitación, donde nuestro defendido se encontraba, para conocer la opinión jurídica que le merecía el documento de decreto de gobierno de transición; opinión jurídica que le había solicitado en la madrugada de ese día y que obviamente no le había podido dar, como ya se ha explicado. Esto es tan obvio que por eso lo llama en la tarde por teléfono cuando nuestro defendido estaba en su casa. Lo llamó para que le diera su opinión jurídica sobre el decreto, y la apreciación jurídica que le dio en la corta conversación telefónica fue contraria a las decisiones políticas que se pretendían adoptar, como el propio P. Carmona lo dice en su libro *Mi Testimonio ante la Historia* (pp. 107-108). Al terminar la conversación telefónica, Carmona le dijo que lo pensaría, y que retrazaría el acto que tenía programado realizar, cuyos detalles nuestro defendido desconocía pues estaba en su casa de habitación. Sin embargo, el acto no fue retrazado, pues al poco tiempo nuestro defendido lo vio por televisión.

La señora Fiscal deduce, sin embargo, que la crónica de un periodista que no fue testigo de los hechos que narra y que el mismo periodista ha rechazado por carecer de pruebas que la fundamentan, "es igualmente prueba de la participación" de nuestro defendido en la redacción del decreto. Sin embargo, al contrario, nada de lo referido por el periodista se puede constituir en "elemento de convicción" alguno que pueda involucrarlo en los hechos que se le imputan, es decir, en supuestamente haber participado "en la elaboración, redacción y discusión" del decreto de un gobierno de transición, lo cual es falso; y menos aún en que supuestamente hubiera o haya podido haber llegado a acuerdo, pacto o concertación alguna, con nadie, para cambiar violentamente la Constitución, lo cual también es completamente falso.

En todo caso, sobre este supuesto elemento de convicción esgrimido por la señora Fiscal para acusar a nuestro defendido, el profesor Enrique Gimbernat ha expresado lo siguiente, en texto que hacemos nuestro en defensa del Dr. Allan R. Brewer-Carías:

> b) Con relación al segundo artículo de don Francisco Olivares, publicado en "El Universal" de 28 de abril de 2002, en el que se afirma que el señor Brewer-Carías habría intervenido en la redacción del "Acta de Constitución del Gobierno de Transición Democrática y Unidad Nacional", hay que decir que aquél es un testigo de referencia, que no identifica a sus supuestos testigo o testigos presenciales, tal como el mismo reconoce en su interrogatorio ante el Ministerio Público de 28 de marzo de 2005 (pieza XVII, pp. 216 ss.): en dicho interrogatorio don Francisco Olivares declara que en ningún momento estuvo en Fuerte Tiuna en la madrugada del 12 de abril de 2002, que, porque no estuvo allí, no vio llegar de madrugada al señor Brewer-Carías a Fuerte Tiuna, que, naturalmente, tampoco le vio redactar el decreto, que el día 12 de abril no estuvo en ningún momento en el Palacio de Miraflores, ni tampoco vio llegar a dicho Palacio a don Allan R. Brewer-Carías, ni, mucho menos aún, presenció como éste daba en ese edificio "los últimos toques al decreto", y que tampoco vio como en ese día, y en el Palacio de Miraflores, el señor Brewer-Carías llevara "a Pedro Carmona algún documento o decreto".
>
> Como, según confesión propia, don Francisco Olivares es un testigo de referencia, que no identifica a sus supuestos informantes testigos directos, la toma en consideración por el Ministerio Fiscal del testimonio de aquél, supone, como ya se ha expuesto ampliamente supra A 4 y 5, una vulneración del derecho a la presunción de inocencia y del derecho de defensa de don Allan R. Brewer-Carías (anexo 14).

23° Y 24° SUPUESTOS "ELEMENTOS DE CONVIC-CIÓN": COMENTARIO Y ENTREVISTA DE LA PERIO-DISTA NITU PÉREZ OSUNA

Agrega la señora Fiscal, como supuesto elemento de convicción para imputar a nuestro defendido, lo siguiente:

> 23. *Artículo del diario El Mundo de fecha viernes 3 de mayo de 2002, en la columna Desde las gradas de la ciudadana Nitu Pérez Osuna, "El video de Chávez retenido":*
>
> > *"… el video nos despeja una interrogante y nos crea otra. La presencia inequívoca en Fuerte Tiuna, del abogado Brewer-Carías, quien no aparecía en son de consulta sino en ánimo de participante, muy activo en el entorno militar revolucionario aquel día…"* (folio 219, Pieza 13)

En este caso, la nota de la periodista Pérez Osuna **(folio 208, Pieza XIII)** no contiene sino una opinión, parecer o suposición de ella, producto de su apreciación personal de unas imágenes de video, sobre lo que a su juicio podría haber sido el estado de "ánimo" que nuestro defendido podría haber tendido en un momento dado; reseña en la cual, por lo demás, no se hace mención alguna al hecho que se le imputa. No tiene fundamento alguno, por tanto, pretender deducir de esa referencia que la misma "es prueba de la presencia" de nuestro defendido en Fuerte Tiuna, "activamente participando en la redacción del decreto" del gobierno de transición.

Pero la señora Fiscal agrega, además, como SUPUESTO 24° ELEMENTO DE CONVICCIÓN, la entrevista que sostuvo la periodista Ana Beatriz Pérez de Petit, ante la representación Fiscal el día 03-06-2005, de la cual pretende deducir que con la misma se demuestra no sólo la presencia de nuestro defendido en Fuerte Tiuna, lo que no requiere ser probado pues ha sido reiteradamente admitido por nuestro defendido, sino que supuestamente dicha entrevista sería prueba de "la participación" de nuestro defendido en la redacción del decreto de gobierno de transición.

Sin embargo, del texto de dicha entrevista que la representación fiscal hizo el 3 de junio de 2005 a la ciudadana Ana Beatriz Pérez de Petit (Nitu Pérez Osuna), además de confirmar que ella no estuvo en Fuerte Tiuna en la madrugada del 12 de abril de 2002, confirma que lo que escribió fueron *meras apreciaciones* sobre lo que nuestro representado hubiera podido estar haciendo en el video que vio, a cuyo efecto contestó así a la pregunta 8 que se le formuló, que: "Conversaba, saludaba, se veía con mucha actividad, yo me imagino que esa situación en que estaba el país tenían que estar muy activos"; y al preguntársele si "se observaba si el ciudadano Brewer-Carías era consultado por las personas que estaban a su alrededor", contestó: "Yo veía que hablaba, no se si le consultaban, no se oye audio con las personas que estaba conversando". En esa entrevista ante la Fiscal, además, la ciudadana Pérez Osuna afirmó que no había visto "a Allan Brewer-Carías en Fuerte Tiuna participando en alguna reunión o redactando algún decreto en esa madrugada del 12 de abril de 2002"(pregunta 12) porque no había estado allí; y que cuando escribió en su reseña que nuestro defendido habría estado "muy activo" fue "porque todos lo que están en ese vídeo están muy activo (sic) ninguno está dormido, la crítica situación del país era para estar en actividad, esto es mi análisis" (pregunta 13) (**Folios 9 y ss, Pieza XXI**).

En todo caso, es una opinión producto de su sola imaginación o apreciación, que no puede constituir "elemento de convicción" alguno que pueda involucrar a nuestro defendido en los hechos que se le imputan, es decir, en supuestamente haber participado "en la elaboración, redacción y discusión" del decreto de un gobierno de transición, lo cual es falso; y menos aún en que supuestamente hubiera o haya podido haber llegado a acuerdo, pacto o concertación alguna, con nadie, para cambiar violentamente la Constitución, lo cual también es completamente falso.

Sobre este supuesto elemento de convicción, el profesor Enrique Gimbernat, además, también ha expresado su criterio, que hacemos nuestro en defensa de Allan R. Brewer-Carías:

> 2. a) La presencia de una persona en el lugar de los hechos –presencia en Fuerte Tiuna que nunca ha negado el señor Brewer-Carías–, para el caso de que el "Acta" se hubiera redactado, efectivamente, en ese lugar, no puede servir de elemento probatorio de la intervención de esa persona en los hechos. Y si se hace, se está vulnerando el derecho a la presunción de inocencia, tal como ha sido expuesto y razonado detalladamente supra B 2, al estudiar el artículo de la señora Weffer.

> b) Y que la mera apreciación subjetiva de una persona -el señor Brewer-Carías "no aparecía en son de consulta sino en ánimo de participante, muy activo en el entorno militar revolucionario aquel día", escribe la señora Pérez Osuna- se haga figurar por el Ministerio Fiscal como elemento probatorio de que aquél habría redactado

y elaborado el "Acta", supone una vulneración tan burda de la presunción de inocencia que cuesta creer que alguien considere que con esa "apreciación subjetiva", enervando dicha presunción, se pueda pretender demostrar algo: en un Estado de Derecho, y porque entonces nadie estaría a salvo de insidias y de arbitrariedades, de las sensaciones o sentimientos subjetivos que experimenten nuestros vecinos, nuestros amigos, nuestros enemigos o cualquier otro observador, no se puede hacer seguir que uno ha ejecutado un determinado hecho. Al incluir este dato como elemento probatorio de cargo, el acta de imputación ha traspasado ampliamente el límite de lo jurídico-democráticamente tolerable.

Por lo demás, la propia señora Pérez Osuna (Ana Beatriz Pérez de Petit), en su declaración ante el Ministerio Público el 3 de junio de 2005 (pieza XXI, pp. 9 ss.), se desdice de esa "apreciación subjetiva" que había recogido en su artículo, y que tan alegremente incorporó el Ministerio Fiscal al acta de imputación como elemento probatorio. (anexo 14).

25° Y 26° SUPUESTOS "ELEMENTOS DE CONVICCIÓN": VIDEO DEL ACTO DESARROLLADO EN MIRAFLORES LA TARDE DEL 12-04-2002 Y EXPERTICIA DE DAYSI OLIMPIA VIRGUEZ

La señora Fiscal, agrega como supuesto elemento de convicción para acusar a nuestro defendido, POR UNA PARTE, la Cinta VHS donde se aprecia el desarrollo del acto del día 12 de abril de 2002, en el cual fue leído el decreto de constitución del gobierno de transición; Y POR LA OTRA, la experticia realizada sobre dicho video por la experta Daysi Olimpia Virguez; deduciendo que ello es prueba de la realización de tal acto, pero afirmando además sin fundamento alguno en dichos elementos, que el mencionado decreto habría sido "elaborado entre otros por" por nuestro defendido.

Nuestro defendido no estuvo presente en Miraflores durante la tarde del día 12 de abril de 2002, ni asistió a dicho acto, ni firmó dicho decreto ni papel alguno, ni lo elaboró, ni lo discutió, ni lo redactó, ni lo presentó a nadie. De manera que dicho Acto y el texto de dicho decreto no pueden constituirse en "elemento de convicción" algunos para pretender acusar a nuestro defendido por comisión de hecho punible alguno. Basta comparar el texto del decreto que le dejaron los antes mencionados abogados que visitaron al Dr. Olavarría en la reunión en su oficina el día 10-04-2002, que él consignó en el expediente (**folios 64 a 69, Pieza VI**) con el texto del decreto leído en el acto de Miraflores (**Folio 150 al 163, Pieza III**) que copia la Fiscal en su acusación para constatar que se trata del mismo documento en cuanto al contenido general de lo que en el se pretendía decidir. Dicho documento, por tanto, ya estaba elaborado y redactado (y seguramente discutido) para cuando le fue presentado a Brewer en la madrugara del 12 de abril, por las mismas personas que había recibido Olavarría en su oficina, para que a solicitud de Carmona lo analizara jurídicamente para darle una opinión.

No se entiende, por tanto, como puede pretender la señora Fiscal que esa cinta y el acto cuya realización refleja, pueda constituir "elemento de convicción" alguno que pueda involucrar a nuestro defendido en los hechos que se le imputan, es decir, en supuestamente haber participado "en la elaboración, redacción y discusión" del decreto de un gobierno de transición, lo cual es falso; y menos aún en que supuestamente hubiera o haya podido haber llegado a acuerdo, pacto o concertación alguna, con nadie, para cambiar violentamente la Constitución, lo cual también es completamente falso.

Sobre este elemento de convicción, el profesor Enrique Gimbernat ha expresado lo siguiente, en el dictamen que le fue solicitado, lo que hacemos nuestro en defendido del Dr. Allan R. Brewer-Carías:

> S. Cinta VHS, enviada al Ministerio Público por CONATEL, en la que se aprecia el desarrollo del acto de 12 de abril de 2002, en el que fue leída el "Acta de Constitución del Gobierno de Transición Democrática y Unidad Nacional", la que contiene un "Decreto de Constitución de un Gobierno de Transición Democrática y Unidad Nacional" (elemento probatorio 24).

> Este supuesto elemento probatorio 24 para enervar la presunción de inocencia de don Allan R. Brewer-Carías vuelve a producir tanto desconcierto como perplejidad: porque, como se acaba de exponer supra R, al analizar el elemento probatorio 1, es decir: el solo texto del "Acta de Constitución del Gobierno de Transición Democrática y Unidad Nacional", tampoco aquí –y por ello se está vulnerando nuevamente la presunción de inocencia del señor Brewer-Carías- se establece conexión alguna entre el supuesto hecho punible y la intervención en ese hecho de aquél, y mucho menos aún teniendo en cuenta que en dicho acto no aparece para nada don Allan R. Brewer-Carías (anexo 14).

EN MI PROPIA DEFENSA

27° SUPUESTO "ELEMENTO DE CONVICCIÓN": EXTRACTO DEL LIBRO DE PEDRO CARMONA MI TESTIMONIO ANTE LA HISTORIA

Agrega la señora Fiscal como supuesto elemento de convicción para acusar a nuestro defendido, lo siguiente:

25. Del contenido del libro *"Mi Testimonio ante la Historia"* del ciudadano Pedro Carmona Estanga, Editorial Actum, en el que narra los hechos ocurridos el 11, 12 y 13 de abril de 2002, y entre los que se señala en sus páginas 95, 96, 17, 108, 123, 124, 125 y 129, lo siguiente:

El Decreto

No fue sencilla la tarea de preparación del controvertido Decreto del 12 de abril, mediante el cual se instaló el Gobierno de Transición y de Unidad Democrática. Mucho se ha especulado sobre su origen y se le ha analizado en forma prejuiciada o maliciosa. Ante esa pregunta, manifesté en la interpelación parlamentaria y lo confirmo: no hubo autorías únicas. *Fueron numerosas las opiniones recibidas. Se escuchó a juristas civiles y militares*, entre ellos a los Doctores Allan Brewer-Carías, Carlos Ayala Corao, Cecilia Sosa, Daniel Romero, Juan Raffalli, Gustavo Linares Benzo, José Gregorio Vásquez, al Coronel Julio Rodríguez Salas y a numerosos actores políticos, *pero no puede decirse que sus opiniones fueron plasmadas plenamente o que se les pueda imputar su redacción*. De ellos, Daniel Romero actuó como un relator.

El criterio que prevaleció como premisa fue el de la confluencia en ese día de razones válidas para invocar los artículos 350 y 333 de la Constitución, ante el vacío de poder, la deslegitimación de un régimen –no solo de un Presidente- la continua violación del ordenamiento jurídico y de los derechos humanos, todo ello con miras a convocar a una consulta popular en breve plazo. Y en el fondo, ¿qué otra opción podía ser más legítima en circunstancias tan complejas que llamar al pueblo, depositario del Poder Constituyente originario, para que en limpios comicios procediese a la relegitimación de los Poderes?. Era claro, como ha quedado reafirmado en el tiempo, que una maquinaria que ha asaltado a los Órganos del Poder Público en aras de un proyecto político, que los ha subordinado y ha logrado imponer en forma ilegítima a sus integrantes al margen de la Constitución, difícilmente podía ser garantía de una transición para la celebración de nuevas elecciones. Júzguese la actitud asumida por el régimen de

Chávez respecto a la convocatoria a un referéndum consultivo el 2 de febrero del 2003, ya aceptado por el Consejo Nacional Electoral y posteriormente ante la iniciativa del referéndum revocatorio, que ha sido objeto de manipulaciones y tácticas dilatorias para burlarla o ganar tiempo y las amenazas que el Presidente transmite al país de empuñar las armas y promover la guerra si es sacado del poder por vías constitucionales. Igual consideración cabe respecto al papel del TSJ y de la Asamblea Nacional para allanar el camino a la legalización de la dictadura, vale decir la utilización de mecanismos democráticos para conculcar el régimen de libertades y los valores fundamentales del sistema.

El objetivo era a no dudar, abrir un brevísimo período de facto, respetuoso de los derechos ciudadanos, para convocar a los noventa días a una primera elección, la parlamentaria, vale decir en julio de 2002 y seis meses después, en diciembre, la presidencial, para hacer entrega del poder en enero del 2003 a las autoridades que fuesen electas, apenas ocho meses después de instalado el gobierno de transición. En otras palabras, mediante la suspensión de un régimen deslegitimado en su desempeño, que ha conducido al país a la más grave crisis de la historia y registra un amplio prontuario de atropellos a la Constitución, a las leyes y a la Carta Democrática Interamericana, hechos documentados en estudios de los mejores juristas del país, entre ellos el sólido análisis del ex ministro Asdrúbal Aguiar de enero del 2003 titulado: "Los golpes a la Constitución en Venezuela y a la Carta Democrática Interamericana", que es de obligatoria lectura, así como el ensayo "Democracia y Desobediencia Civil" del Dr. Allan Brewer-Carías, del año 2001 **(Pieza 13).**

De estos extractos del libro, la señora Fiscal pretende deducir que Carmona "encomendó a los famosos constitucionalistas del país, la redacción de la base jurídica de su mandato" y que ello sería "prueba de la participación" de nuestro defendido en la redacción del mencionado decreto de gobierno de transición, lo que no tiene fundamento alguno. En efecto, lo dicho por Carmona en su libro *Mi testimonio ante la historia*, páginas 79, 81, 107, 108, 111, 119 y 123 no es cierto que pueda configurarse como elemento de convicción en contra de nuestro defendido.

En las páginas citadas por la ciudadana Fiscal del referido libro, en efecto, se indica lo siguiente:

p. 79: se refiere a la convocatoria de la marcha del día 9 de abril.

p. 81: se refiere a la marcha del 11 de abril.

pp. 107 y 108: Se dice claramente que

"cuando ya se daba como un hecho el anuncio de la renuncia presidencial, se comenzó a analizar en Fuerte Tiuna la orientación que podía asumir un nuevo gobierno, con base en un borrador elaborado por un grupo de abogados, entre ellos, Daniel Romero".

Agrega Carmona, **como un hecho posterior al antes indicado**, que:

"Hablé telefónicamente con el Dr. Allan Brewer-Carías"; "a él le pedí que se trasladara al Fuerte, pues deseaba conocer su criterio..." (*p. 108*).

De lo anterior se corrobora con toda claridad que nuestro defendido no estaba presente en Fuerte Tiuna para cuando se comenzó a analizar un borrador que ya estaba redactado y elaborado de decreto de gobierno de transición; y aún más, para cuando se lo llamó por teléfono y para cuando él llegué a Fuerte Tiuna, el documento ya estaba elaborado y redactado.

Y en cuanto al contenido del documento, en definitiva, en la *página 108* de su libro, Carmona indica claramente que nuestro defendido **no estuvo de acuerdo con el mismo**, tal y como se destaca más adelante en este escrito.

En la *página 106* del libro, la cual precisamente **no cita** la ciudadana Fiscal en su imputación, Carmona se refirió al hecho de la reunión que tuvo nuestro defendido con Jorge Olavarría, señalando solamente, y a título referencia, que a Allan Brewer-Carías y a Olavarría "presuntamente se les había mostrado un borrador".

En la página 111, solo dice que a Allan R. Brewer-Carías se lo debía retornar a su domicilio, ya que el chofer de Carmona fue el que lo había ido a buscar en el automóvil de Carmona.

*En la página. 119, s*e refiere a la escogencia para nombramientos de funcionarios.

En la página *123, s*e refiere que se "escuchó" a varios abogados entre ellos a Allan Brewer-Carías, agregando "que no puede decirse que sus opiniones fueron plasmadas plenamente o que se les pueda imputar su redacción".

Por tanto, del libro de Carmona no resulta elemento de prueba alguna de que nuestro defendido hubiera conspirado ni participado en la elaboración, redacción o discusión del mencionado decreto de gobierno de transición. Lo único que resulta de dicho libro es que Carmona lo llamó a su casa para solicitarle, en su condición de abogado en ejercicio, una opinión jurídica sobre un documento de decreto de gobierno de transición, que ya estaba redactado; y que su opinión fue adversa al mismo, como lo dijo expresamente Carmona en su libro, en las páginas que precisamente no cita la Fiscal (*páginas 107-108*).

En efecto, insistimos en señalar, en el relato del libro de Pedro Carmona lo que se corrobora es que, efectivamente, en su condición de abogado en ejercicio, en la madrugada de dicho día 12 de abril de 2002, Pedro Carmona llamó telefónicamente a nuestro defendido a su casa y le solicitó se trasladara a Fuerte Tiuna pues solicitaba le diera una opinión jurídica sobre el referido documento contentivo de un decreto de gobierno de transición, que obviamente ya estaba redactado, a cuyo efecto lo mandó a buscar con su chofer y automóvil.

De las opiniones de diversos abogados que dice Carmona que recibió, el mismo Carmona señala, en el párrafo trascrito por la Fiscal, que "no puede decirse que sus opiniones fueron plasmadas plenamente o *que se les pueda imputar su redacción*". Las opiniones de los abogados se la solicitan los interesados, y éstos en definitiva las siguen o no; y cuando se solicita opinión jurídica a un abogado, por supuesto no siempre la que da es acorde con la que quiere, desea o espera quien la solicita ni con el documento que se le presente. En el caso de nuestro defendido, la opinión que en la materia dio a Carmona, en definitiva, fue adversa al contenido de dicho documento, como el mismo Carmona lo indica y corrobora, pero en párrafos del libro que la señora Fiscal se cuida de no citar.

En efecto, en el mismo libro, páginas 107-108, en texto que la Fiscal ignora en violación de su deber legal, el mismo Carmona indica lo siguiente:

"Cuando ya se daba como un hecho el anuncio de la renuncia presidencial, se comenzó a analizar en Fuerte Tiuna la orientación que podría asumir un nuevo gobierno, con base en un borrador elaborado por un grupo de abogados, entre ellos, Daniel Romero. *Hablé telefónicamente con el Dr. Allan Brewer-Carías*, a quien me unía una respetuosa relación profesional. *A él le pedí que se trasladara al Fuerte, pues deseaba conocer su criterio. Envié a mi conductor a buscarlo a su residencia y al llegar al lugar, le solicité analizar el papel de trabajo en el cual se encontraban plasmadas varias ideas al respecto*. Pero es justo puntualizar, como lo hice ante la Asamblea Nacional, *que nunca he atribuido al Dr. Brewer-Carías la autoría del Decreto, pues sería irresponsable*, como lo hicieron luego representantes del oficialismo para inculparlo. *Respeto incluso las diferencias que el Dr. Brewer expresara en relación con el camino elegido* y las constancias que dejó en las actas de la entrevista que le hiciese la Fiscalía General de la República, aun cuando discrepo de algunas de sus interpretaciones. Pero *él mismo dijo que se alegró con la rectificación posterior del Decreto, pues atendía la esencia de sus preocupaciones, principalmente respecto a la Carta Democrática Interamericana*" (p. 107-108).

Del párrafo anterior resulta claro lo siguiente:

1. El documento que serviría para la organización de un supuesto "nuevo gobierno" ya estaba redactado antes de que Carmona llamara telefónicamente a nuestro defendido a su casa de habitación en la madrugada del día 12 de abril de 2002. A ningún abogado se le llama para solicitarle una opinión jurídica sobre un documento que ese mismo abogado hubiera redactado; eso es una contradicción lógica insalvable.

2. La llamada telefónica de Carmona fue para conocer el criterio jurídico de nuestro defendido sobre el mencionado documento ya redactado y que se le presentó a Carmona en Fuerte Tiuna, a cuyo efecto mandó a buscar con su chofer a nuestro defendido. La actuación de nuestro defendido fue la de abogado en ejercicio, y no participó en reunión alguna ni con civiles ni militares en las cuales se hubiera tomado decisión política alguna en relación con los acontecimientos de ese día; ni en la cual hubiese habido acuerdo, pacto o concertación alguna para cambiar violentamente la Constitución. Nuestro defendido fue retornado a su casa en la misma madrugada del 12 de abril, después de haber permanecido durante pocas horas en Fuerte Tiuna, por no tener vehículo propio, como el mismo Carmona lo indica en su libro (p. 110), pero sin haberle podido dar la opinión jurídica sobre el documento que le había solicitado.

3. La opinión jurídica de nuestro defendido sobre el mencionado documento sólo se la pudo dar a Carmona, quien era la persona que la había solicitado, por teléfono desde su casa de habitación al fin de la tarde del 12 de abril, que fue la única ocasión que tuvo de hablar con él sobre el tema, pues lamentablemente no tuvo oportunidad de hablar personalmente con él durante el día

sobre el texto del decreto, a pesar de que nuestro defendido fue al Palacio de Miraflores hacia el mediodía de ese día con tal propósito. Allí estuvo poco tiempo, y salió pasado el mediodía, al no entender la dirección de los acontecimientos y al captar que las decisiones políticas a las que se refería el proyecto de decreto no serían modificadas, con las que como abogado y ciudadano no estaba de acuerdo. Por tanto, nuestro defendido no estuvo en el Palacio de Miraflores durante la tarde del día 12 de abril, ni asistió al acto de instalación del nuevo gobierno.

4. El criterio profesional de nuestro defendido como abogado, expresado a Carmona, fue contrario a las decisiones políticas que estaban incorporadas en el documento; por eso el mismo Carmona se refiere en su libro, a las "**diferencias**" de nuestro defendido "**en relación con el camino elegido**", señalando, además que discrepó de sus interpretaciones. Nuestro defendido, en efecto, estimó efectivamente, que lo que se proponía como decisiones en el documento de decreto era contrario a la Carta Democrática Interamericana, que es el instrumento internacional sobre doctrina democrática más completo en el Continente, y por ende, contrario al orden constitucional; y por eso satisfizo a nuestro defendido en su opinión, tampoco tuvo que ver con esa rectificación, como lo dice el mismo autor Carmona en su libro, la "rectificación posterior" del decreto que Carmona hizo el día 13 de abril, que restablecía la representación popular de la Asamblea Nacional. Carmona hace referencia en su libro, además, que en la misma noche del 12 de abril, uno de sus asistentes le había solicitado que de nuevo hablara conmigo para conocer mis observaciones sobre el decreto (p. 148), las cuales, obviamente eran contrarias al mismo.

Además, en la interpelación que se le hizo a Pedro Carmona en la Comisión Especial de la Asamblea Nacional el día 02-05-2002, y a la cual alude en su libro, el mismo P. Carmona expresó lo siguiente:

"Al doctor Alan Brewer-Carías, me une una larga y respetuosa amistad, y lo considero uno de los juristas y constitucionalistas de mayor valía que existe en Venezuela, de manera que, a él me une una larga amistad, pero en forma alguna puedo señalar porque sería irresponsable de mi parte, que cualquier indicación, aporte, acuerdos, desacuerdos con las decisiones tomadas, lo comprometen en forma alguna.

"El es una personalidad conocida por toda la nación, fue miembro de la Asamblea Constituyente y desde luego un reconocido jurista, investigador, autor, que no merece presentación alguna, salvo el nexo entonces de amistad el doctor Allan Brewer-Carías, **no tiene responsabilidad alguna, sino la de haber emitido profesionalmente algún criterio que, repito lo comprometa con ninguna acción de esas cortas horas de la provisionalidad, o transitoriedad de esos días"** (folio 19 de 138, Anexo 4 del Expediente).

Por otra parte, se insiste, en el libro de Pedro Carmona, *Mi testimonio ante la Historia*, (N° 25 de la imputación, **folio 250 a 253, Pieza XII**), libro incorporado por la Fiscalía al expediente (**Pieza XIII**), sólo indica que "se escuchó la opinión jurídica" de diversos abogados, citándose a nuestro defendido Allan R. Brewer--Carías y a los abogados Carlos Ayala Corao, Cecilia Sosa, Daniel Romero, Juan Raffalli, Gustavo Linares Benzo, José Gregorio Vásquez y al Coronel Julio Rodríguez Salas. Nuestro defendido ignora completamente si Carmona "escuchó" la opinión jurídica de dichos otros abogados, pues no presenció ninguna reunión que pudiera haber tenido con ellos, pero en relación con todos, fue Carmona el que agregó en su libro, que "no puede decirse que sus opiniones fueron plasmadas plenamente o que se les pueda imputar su redacción" (p. 123). De esta afirmación del autor, no se evidencia elemento alguno que pueda servir para imputar a nadie, y menos a nuestro defendido, de la supuesta participación en la elaboración, redacción, discusión y presentación del mencionado decreto de un gobierno de transición; y lo único que resulta del texto del libro del Dr. Carmona en relación con Brewer-Carías persona, al contrario, es la reafirmación de que sólo fue consultado como abogado para dar una opinión jurídica sobre un texto de decreto de gobierno de transición que ya estaba redactado, **habiendo dado una opinión adversa al mismo**, como lo afirma el propio Carmona en el otro pasaje de su obra, antes trascrito, y que la señora Fiscal ha pretendido ignorar.

Por tanto, lejos de constituir un supuesto "elemento de convicción" de los hechos que se le imputan a nuestro defendido, el texto del libro del Dr. Carmona, lo que constituye es un efectivo elemento de convicción de que no tuvo participación alguna en la elaboración, redacción y discusión del mencionado decreto de un gobierno de transición; y de que no entró en un pacto o acuerdo con alguien, o haya concertado voluntades con alguna persona, para conspirar para cambiar violentamente la Constitución.

Sobre ello, además, el profesor Enrique Gimbernat, en su dictamen, ha expresado lo siguiente, en texto que hacemos nuestro en defensa del Dr. Allan R. Brewer-Carías:

Q. Libro publicado por don Pedro Carmona bajo el título "Mi Testimonio ante la Historia" (elemento probatorio 25)

1. a) A los efectos que aquí interesan, de las páginas 123, 124 y 125 del referido libro que se mencionan en el acta de imputación, el pasaje que se refiere a don Allan R. Brewer- Carías es el siguiente:

"No fue sencilla la preparación del controvertido Decreto del 12 de abril, mediante el cual se instaló el Gobierno de Transición y de Unidad Democrática. Mucho se ha especulado sobre su origen y se le ha analizado en forma prejuiciada o maliciosa. Ante esta pregunta, manifesté en la interpelación parlamentaria y lo confirmo: no hubo autorías únicas. Fueron numerosas las opiniones recibidas. Se escuchó a juristas civiles, entre ellos a los Doctores Allan Brewer-Carías, Carlos Ayala Corao, Cecilia Sosa, Daniel Romero, Juan Raffalli, Gustavo Linares Benzo, José Gregorio Vásquez, al Coronel Julio Rodríguez Salas y a numerosos actores políticos, pero no puede decirse que sus opiniones fueron plasmadas plenamente o que se les pueda imputar su redacción. De ellos, Daniel Romero actuó como un relator".

b) Independientemente de que, como analizaremos más adelante, ese pasaje de ninguna manera puede considerarse un elemento probatorio contra el señor Brewer-Carías, el hecho es que, faltando a su deber de imparcialidad, el Ministerio Público no recoge otros pasajes del mismo libro ni otras declaraciones del señor Carmona que constituyen elementales pruebas de descargo para aquél. Así, y en primer lugar, en las páginas 107-108 se puede leer lo siguiente:

"Cuando ya se daba como un hecho el anuncio de la renuncia presidencial, se comenzó a analizar en Fuerte Tiuna la orientación que podría asumir un nuevo gobierno, con base en un borrador elaborado por un grupo de abogados, entre ellos Daniel Romero. Hablé telefónicamente con el Dr. Allan Brewer-Carías, a quien me unía una respetuosa relación profesional. Envié a mi conductor a buscarlo a su residencia y al llegar al lugar, le solicité analizar el papel de trabajo en el cual se encontraban plasmadas varias ideas al respecto. Pero es justo puntualizar, como lo hice ante la Asambleas Nacional, que nunca he atribuido al Dr. Brewer-Carías la autoría del Decreto, pues sería irresponsable, como lo hicieron luego representantes del oficialismo para inculparlo. Respeto incluso las diferencias que el Dr. Brewer expresara en relación con el camino elegido y las constancias que dejó en las actas de la entrevista que le hiciese la Fiscalía General de la República, aun cuando discrepo de algunas de sus interpretaciones. Pero él mismo dijo que se alegró con la rectificación posterior del Decreto [que restablecía la representación popular de la Asamblea Nacional], pues atendía a la esencia de sus preocupaciones, principalmente respecto a la Carta Democrática Interamericana".

Por otra parte, el Ministerio Fiscal también silencia que, en la interpelación, a la que también alude en ese mismo libro don Pedro Carmona, que se le hizo a éste en la Comisión Especial de la Asamblea Nacional el día 2 de mayo de 2002, manifestó lo siguiente:

"Al doctor Allan Brewer-Carías me une una larga y respetuosa amistad, y lo considero uno de los juristas y constitucionalistas de mayor valía que existe en Venezuela, de manera que a él me une una larga amistad, pero en forma alguna puedo señalar, porque sería irresponsable por mi parte, que cualquier indicación, aporte, acuerdos, desacuerdos con las decisiones tomadas, lo comprometen en forma alguna".

"Él es una personalidad conocida por toda la nación fue miembro de la Asamblea Constituyente y desde luego un reconocido jurista, investigador, autor, que no merece presentación alguna, salvo el nexo entonces de amistad. El doctor Allan Brewer-Carías no tiene responsabilidad alguna, sino la de haber emitido profesionalmente algún criterio que, repito, lo comprometa con ninguna acción de esas cortas horas de provisionalidad, o transitoriedad de esos días".

2. Quien suscribe este Dictamen permanece asombrado y desconcertado, porque no entiende cómo es posible que el Ministerio Público transforme, al igual que con los testimonios del señor Olavarría y del propio señor Brewer-Carías, pruebas de descargo en pruebas de cargo.

a) Por lo que se refiere al pasaje del libro de don Pedro Carmona "Mi Testimonio ante la Historia", que se recoge en el acta de imputación, lo que en él se dice en referencia a don Allan R. Brewer-Carías es que "no puede decirse ... que se le[s] pueda imputar su redacción [del decreto de 12 de abril]". De acuerdo, y tal como exige el derecho a la presunción de inocencia (cfr. supra P 2 b), con un iter discursivo razonable y razonado, conforme con las reglas del criterio humano, y sobre la base de un enlace lógico, preciso y directo, lo que se sigue de esas frases del señor Carmona es, pleonásticamente, que al señor Brewer-Carías no se le puede imputar la redacción del decreto. Que el Ministerio Fiscal deduzca de ese pasaje, en cambio, que a don Allan R. Brewer-Carías sí que se le puede imputar la redacción del decreto, desborda, de nuevo, lo que es jurídico-democráticamente tolerable.

b) A la misma conclusión: a la conclusión de que el libro de don Pedro Carmona constituye una prueba de descargo para el señor Brewer-Carías, se llega tomando en consideración otros pasajes de la obra que el Ministerio Fiscal oculta.

Porque si el señor Carmona afirma también en su libro –como efectivamente afirma- que "es justo puntualizar, como lo hice ante la Asamblea Nacional, que nunca he atribuido al Dr. Brewer-Carías la autoría del Decreto", que "sería irresponsable por mi parte, que cualquier indicación, aporte, acuerdos, desacuerdos con las decisiones tomadas, lo comprometen [al señor Brewer-Carías] en forma alguna", reconociendo que "él mismo [don Allan R. Brewer-Carías] dijo que se alegró con la rectificación posterior del Decreto [que restablecía la representación popular de la Asamblea Nacional], pues atendía a la esencia de sus preocupaciones, principalmente respecto de la Carta Democrática Interamericana", todo ello constituye, por encima de cualquier discusión posible, una abrumadora prueba de descargo para don Allan R. Brewer-Carías (anexo 14).

28° SUPUESTO "ELEMENTO DE CONVICCIÓN": ESCRITO DE ALLAN BREWER-CARÍAS ANTE LA FISCALÍA DE 14-01-2005

La señora Fiscal, en el escrito de imputación, transcribe parte del escrito que nuestro defendido Allan R. Brewer-Carías presentó en su descargo la Fiscalía, antes de ser imputado, el día 14 de enero de 2005, texto el cual, mediante en una suerte de malabarismo insólito, la Fiscal pretende convertir lo que escribió nuestro defendido, en elemento de convicción del delito que se le imputa.

En efecto, la señora Fiscal indica como supuesto elemento de convicción, lo siguiente:

29. Comunicación suscrita por el ciudadano Allan Randolph Brewer-Carías, de fecha 14 de enero de 2005, consignada ante el despacho fiscal en la misma fecha, en la que señala lo siguiente:

En la madrugada del día viernes 12 de abril de 2002, todo el país se encontraba en medio de una percepción de la crisis de gobierno y de ausencia de titulares de los órganos del Poder Ejecutivo, antes indicada. Precisamente en esa madrugada, pasada la 1:00 a.m., recibí en mi casa una llamada telefónica de Pedro Carmona, Presidente de Fedecámaras, disculpándose por lo tarde, pero a la vez destacando la grave crisis política que existía y preguntándome si me podía trasladar a Fuerte Tiuna, que es la sede del Ministerio de la Defensa y de la Comandancia General del Ejército, pues deseaba conocer mi opinión sobre un tema jurídico que se le había planteado en ese momento y lugar.

Había escuchado y visto en la televisión durante la tarde y noche del día 11 de abril de 2002, en mi casa, como lo hicieron la gran mayoría de los venezolanos y el mundo entero a través de la televisión, todos los lamentables acontecimientos que se habían sucedido al finalizar la marcha cívica, así como las antes mencionadas sucesivas apariciones televisadas de oficiales de los diversos componentes de la Fuerza Armada Nacional, desconociendo la autoridad presidencial y del Alto Mando Militar.

En razón de la incertidumbre que percibía, ante el requerimiento de Carmona, la prudencia me llevó a señalarle que yo no tenía forma de trasladarme a Fuerte Tiuna, ante lo cual me insistió y me indicó que me mandaría a buscar a mi casa. Efectivamente, alrededor de las 2:00 a.m., se presentó en mi casa una persona que se identificó como el chofer del Dr. Carmona junto con un efectivo militar, quienes me trasladaron a Fuerte Tiuna.

Había hablado, previamente, con diversos amigos latinoamericanos residentes en el exterior, quienes me habían llamado telefónicamente preocupados por los acontecimientos de Caracas. Les informé que Pedro Carmona me había llamado para solicitarme una opinión jurídica, señalándoles que les informaría cuando tuviera idea precisa de lo que estaba ocurriendo, y que en todo caso, exigiría el cumplimiento de la Carta Democrática Interamericana; texto sobre el cual venía, precisamente, trabajando. Para ese momento no tenía conocimiento exacto de cual era la real situación de la crisis política, salvo la apreciación que tenía, como todos los venezolanos, de las informaciones recibidas a través de la televisión.

Además, como he señalado, había estado fuera de Venezuela durante las dos semanas precedentes, entre Nueva York y el Estado de Colorado en los Estados Unidos, desde el 26 de marzo hasta el 8 de abril de 2002 en parte, en actividades de investigación. Cuando llegué a Caracas en la noche de ese día 8 de abril tuve una información más exacta que la que podía haber recibido en el exterior sobre el paro nacional convocado para el 9 de abril y, en general, sobre los últimos eventos que habían ocurrido en el país. Como es obvio, no participé en reunión alguna en la cual se hubiese tratado o decidido convocar los paros y las marchas que se efectuaron los días 9, 10 y 11 de abril, o se hubiese discutido o considerado la constitución de algún gobierno de transición.

Antes de salir de viaje, el 26 de marzo de 2002, como señalé, había estado dedicado a la preparación de diversos documentos de carácter académico que habían ocupado buena parte de mi atención y de mi tiempo; entre ellos, la ponencia sobre "El régimen constitucional de los servicios públicos" para las VI Jornadas Internacionales de Derecho Administrativo organizadas por FUNEDA, a las cuales asistí durante los días 5 al 8 de marzo de 2002;[10] el "Discurso de Orden" con motivo de recibir el Premio Francisco de Venanzi a la trayectoria del Profesor Universitario de la UCV, que leí en el acto académico en el Paraninfo de la Universidad, el 15 de marzo de 2002[11]; el "Discurso de Orden" con motivo del Aniversario de la creación del Estado Yaracuy, que leí en el Parque de San Felipe El Fuerte, en San Felipe, el 19 de marzo de 2002[12]; la conferencia sobre "La democracia venezolana a la luz de la Carta Democrática Interamericana" que di en la Universidad Fermín Toro, en Barquisimeto el mismo día 19 de marzo de 2002, en la noche[13]; y la ponencia sobre "El paralelismo entre el constitucionalismo de Cádiz y el constitucionalismo venezolano (o de cómo el primero no influyó sobre el segundo) que presenté al "I Simposio sobre la Constitución de Cádiz de 1812 y el Constitucionalismo Iberoamericano" que se celebró en

---

10 Véase en *El Nacional*, 21-03-02, p. C-1. (El texto fue publicado con posterioridad en el libro VI Jornadas Internacionales de Derecho Administrativo Allan Randolph Brewer-Carías, *El Nuevo Servicio Público. Actividades reservadas y regulación de actividades de interés general (Electricidad, gas, telecomunicaciones y radiodifusión)* Tomo I, FUNEDA, Caracas 2002, pp. 21-49).

11 Véase en *El Nacional*, 21-03-02, p. C-1. (El texto fue publicado con posterioridad en el libro Allan R. Brewer-Carías, *Constitución, democracia y control del poder*, Universidad de losa Andes, Mérida, 2004, pp. 15-22).

12 (El texto del discurso fue publicado con posterioridad en el libro Allan R. Brewer-Carías, *Constitución, democracia y control del poder*, Universidad de Los Andes, Mérida, 2004, pp. 95-109).

13 Sobre lo expuesto en Barquisimeto y las referencias a la Carta Democrática Interamericana, véase *El Impulso*, Barquisimeto, 24-03-02, p. D-1; *Hoy*, Barquisimeto, 24-03-02, p. 8. (El texto fue posteriormente publicado, ampliado, en el mismo libro Allan R. Brewer-Carías, *La Crisis de la democracia venezolana. La Carta Democrática Interamericana y los sucesos de abril de 2002*, Caracas, pp. 137-218).

Cádiz, España, entre el 24 y el 27 de abril de 2002[14], al cual asistí como conferencista invitado. Evidentemente, toda esta intensa actividad académica requirió mi atención y dedicación a tiempo completo desde el comienzo del mes de marzo de 2002.

Al llegar en la madrugada del 12 de abril de 2002 a Fuerte Tiuna, fui llevado por el chofer de Pedro Carmona a una edificación que no reconocí de inmediato, pero que resultó ser la Comandancia del Ejército. Me recibió Carmona, quien me solicitó que analizara un documento que le habían entregado a su llegada a Fuerte Tiuna, a cuyo efecto se me puso en contacto con dos jóvenes abogados, quienes fueron los que me mostraron un documento con un proyecto de decreto para un gobierno de transición que le habían entregado a Carmona, lo que había motivado el requerimiento de éste para que se me llamara[15].

---

14 (El texto de la ponencia fue posteriormente publicado en el libro *La Constitución de Cádiz de 1812. Hacia los orígenes del constitucionalismo iberoamericano y latino*, Unión Latina, Universidad Católica Andrés Bello, Caracas 2004, pp. 223-347).

15 Mi presencia en Fuerte Tiuna en la madrugada del 12 de abril de 2002, a requerimiento de Pedro Carmona para consultarme una opinión como abogado, hizo que *la canaille* se desatara y cuantos tuvieron interés me atribuyeron la redacción del decreto de gobierno de transición, que en la tarde del 12 de abril se leería en el Palacio de Miraflores con la juramentación de Pedro Carmona como Presidente de la República, acto en el cual no estuve presente; documento que ya estaba redactado no sólo al llegar yo a Fuerte Tiuna, sino desde días antes. El decreto, por otra parte, era sólo un texto escrito que reflejaba decisiones políticas cuyos redactores tenían programadas desde antes. Ignoro quienes fueron sus redactores. En todo caso, la matriz de opinión que se generó, nacional e internacionalmente, y que me atribuyó la redacción del documento, se derivó de los reportajes o crónicas que elaboró la periodista Patricia Poleo, en las cuales hizo afirmaciones sobre el tema con base, seguramente, en lo que le dijeron sus interesados "informantes", pues entiendo que ella no estuvo en Fuerte Tiuna esa madrugada del 12 de abril. Véase Patricia Poleo, *El Nuevo País*, 16-04-02, p. 4 y 17-04-02, p. 3. En la interpelación que le hizo la Comisión Especial de la Asamblea Nacional a la periodista Patricia Poleo el 10-05-02, llegó a expresar lo siguiente: "Dice que Brewer-Carías comenzó hacer el decreto y entre Daniel Carmona e Isaac Pérez Recao le hicieron correcciones al decreto, le dictaban cosas que él tenía que introducir en el decreto y eso termino siendo pues el adefesio ese que vimos finalmente, eso fue el jueves en la noche para amanecer el viernes". (Véase en Albor Rodríguez (ed), *Verdades, Mentiras y Videos, op. cit.*, p. 44). Se trata de una información falsa y, además, desconsiderada al provenir de una profesional. Luego, con motivo de una pregunta del Diputado Denis Peraza, relativa a manifestaciones del General Usón sobre la renuncia del Presidente y la firma

Reconocí a esos dos abogados, por haberlos visto por primera y única vez en mi vida, dos días antes, el 10 de abril de 2002, en la oficina de Jorge Olavarría, quien me había invitado a una reunión con él a las 6 p.m. de ese día. Jorge Olavarría también había sido miembro de la Asamblea Nacional Constituyente de 1999 y juntos conformamos el exiguo grupo de oposición en la Asamblea. Una vez reunidos Olavarría y yo en su oficina, se presentaron esos dos jóvenes abogados, antes mencionados, sin que yo tuviera conocimiento previo de su identidad. Ignoro por qué Olavarría tenía previsto recibir a esos abogados, ni para quién o quiénes trabajaban.

Los dos abogados nos leyeron, a Olavarría y a mí, un documento escrito que traían, contentivo de un proyecto de decreto de constitución de un gobierno de transición. Esto ocurría dos días antes de los acontecimientos del día 12 de abril.

Oída la exposición de esos abogados, me causó sorpresa el contenido del documento. Sin embargo, por tratarse de personas que no conocía y a quienes no atribuía influencia especial en ningún círculo, mi reacción fue la de no dar mayor importancia a ese documento, y considerarlo como un episodio más dentro del escenario de rumores e iniciativas irrelevantes que desde hacía tiempo perturbaban nuestra vida diaria. Después de que Olavarría hizo una ilustrada disertación histórica, me limité a hablarles de la existencia de la Carta Democrática Interamericana aprobada el 11 de septiembre de 2001, sobre la cual, como se ha dicho, me encontraba haciendo un extenso estudio de carácter científico. Les reflexioné sobre los efectos internacionales de la ruptura del orden constitucional, específicamente a la luz de esa Carta, y me di cuenta de que ni siquiera conocían de su existencia.

El texto que trascribe la señora. Fiscal corresponde a párrafos del libro de nuestro defendido *La crisis de la democracia en Venezuela. La carta Democrática Interamericana y los sucesos de abril de 2002*, editado por Libros El Nacional, Caracas 2002, y que nuestro defendido transcribió en su escrito del 14 de enero de 2005 presentado ante la Fiscalía. Hemos trascrito en este escrito, los párrafos completos con las notas de pie de página que están en el libro.

---

de la misma, respondió lo siguiente: "Brewer-Carías replicó, no importa, la renuncia ya Lucas la va a anunciar por televisión y eso será más que suficiente". Esta información también es falsa, pues sólo me entere de lo que dijo el General Rincón cuando hizo el anuncio por televisión. Lo único cierto de todas estas "informaciones", es que en la madrugada del 12 de abril, efectivamente estuve en Fuerte Tiuna.

De ese texto, nada se puede deducir para acusar a nuestro defendido del delito de conspiración para cambiar violentamente la Constitución. Ese texto no prueba, en forma alguna, como lo pretende la señora Fiscal, que "entre el imputado y el ciudadano Pedro Carmona Estanga existía una relación referida al decreto" y "es prueba de que al presidente de facto le redactó el decreto, entre otros, el ciudadano Allan Randolph Brewer-Carías, quien estuvo presente en Fuerte Tuna la madrugada del 12 de abril de 2002, que aún en conocimiento que tiene el imputado en la materia constitucional, igualmente participó en su redacción".

Al contrario, el texto del escrito de nuestro defendido es prueba de que sin haber tenido comunicación alguna durante meses con Carmona, este lo llamó en la madrugada el día 12 de abril, para pedirle opinión sobre un documento que ya estaba redactado; y que la única relación entre Carmona y nuestro defendido en torno al decreto mencionado fue la solicitud de opinión jurídica que Carmona le formuló en su condición de abogado, sobre un texto que ya estaba redactado, habiéndole dado nuestro defendido, cuando pudo, una opinión contraria a lo que contenía en decreto. Del texto trascrito, no resulta prueba alguna como lo pretende la señora Fiscal, de que "al presidente de facto le redactó el decreto, entre otros", nuestro defendido, ni que éste haya "participado" en su redacción. Al contrario, lo que resulta es que nuestro defendido no redactó decreto alguno y que cuando Carmona lo llamó para dar una opinión jurídica fue sobre un proyecto de decreto que ya estaba redactado y que se le dio en Fuerte Tiuna. Lo único que prueba el escrito de nuestro defendido es su presencia en Fuerte Tiuna esa madrugada, en las circunstancias mencionadas, y ello no constituye delito alguno.

29° SUPUESTO "ELEMENTO DE CONVICCIÓN": ESCRITO DE ALLAN BREWER-CARÍAS ANTE LA FISCALÍA DE 24-01-2005

La señora Fiscal, agrega como supuesto elemento de convicción en contra de nuestro defendido, lo siguiente:

29. Comunicación suscrita por el ciudadano Allan Randolph Brewer-Carías, y consignada ante el despacho fiscal en fecha 24 de enero de 2005, en la que señala entre otras cosas lo siguiente:

"...Durante todo el día 12 de abril solo pude hablar con Pedro Carmona sobre el asunto del proyecto del decreto, cuando efectivamente sí me llamó por teléfono cerca de las 6.00 pm, para pedirme mi opinión sobre el mismo (folios 214 a 219, pieza 13).

De este texto, la señora Fiscal pretende deducir que ello sería "prueba fehaciente" de la participación de nuestro defendido "en la elaboración y discusión" del decreto, y además, indicar que "es prueba que admite su participación en la conspiración para cambiar violentamente la Constitución, de la relación que mantenía con el presidente de facto Pedro Carmona Estanca".

Nada más alejado de la verdad. De ese párrafo del escrito, lo que se deduce es lo que dice: que durante todo el día 12 de abril nuestro defendido nunca se reunió con Pedro Carmona y que no pudo hablar con él durante todo el día sobre el asunto del proyecto del decreto, respecto del cual Carmona le había pedido opinión jurídica en la madrugada de ese mismo día, es decir, más o menos 15 horas antes. Ello lo que prueba, al contrario de lo que afirma la señora Fiscal, es que nuestro defendido no había tenido ocasión de entrar en relación con Carmona para expresarle su opinión adversa al texto; y que sólo fue al final de la tarde del día 12 de abril, cerca de las 6 pm. cuando nuestro defendido fue que pudo expresarle, no personalmente, sino por teléfono cuando Carmona lo llamó para pedirle que le expresara su opinión jurídica sobre el mismo, la cual fue adversa a dicho texto, como el mismo Carmona lo ha indicado en su libro.

30° SUPUESTO "ELEMENTO DE CONVICCIÓN": DECLARACIÓN DE RAFAEL ARREAZA PADILLA EL 27-09-2004

La señora Fiscal, en su escrito de acusación, agrega como otro supuesto elemento de convicción contra nuestro defendido, lo siguiente:

30. Declaración rendida por el ciudadano Rafael Octavio Arreaza padilla, venezolano y titular de la cédula de identidad número 5.565.351, ante el Ministerio Público, en fecha 27 de septiembre de 2004, en la cual señalaba lo siguiente:

"...inmediatamente Carmona comenta, lo que pasa es que Allan dice (refiriéndose a Allan Brewer-Carías) que si no "se disuelve inmediatamente esa Asamblea mas temprano que tarde esa Asamblea me va a disolver a mí; siguieron los comentarios, alguien dijo allí que podía disolver sin problemas al Tribunal Supremo de Justicia, al Fiscal General, al Procurador y Defensor del Pueblo, porque estos podían ser designados temporalmente, mientras una nueva asamblea, los designar en forma legal; finalmente Carmona concluye diciendo, vamos a llamar a Allan, en ese momento entran al despacho el Coronel Julio Rodríguez Salas y el General Romel Fuenmayor y se incorporan a la reunión, en ese momento Carmona saca su libreta de teléfonos y pude ver en ella Brewer Allan, con un teléfono de Movilnet al cual llama Carmona, y le dice Allan aquí estamos un grupo de abogados, quienes cuestionan la disolución de la Asamblea y de Gobernadores y Alcaldes a través de un Decreto, entonces le contesta Allan, con la misma versión, lo que pasa chico Carmona, es que si tu no disuelves esa asamblea mas temprano que tarde esa Asamblea te va a disolver a ti, todos los que estamos presentes, replicamos que eso no era así, Carmona le hizo los comentarios a Allan Brewer-Carías, quien de acuerdo a Carmona concluye diciendo, convéncete Carmona que ese es el decreto, ni un paso atrás; allí todos nos dimos cuenta que a partir de ese momento, Carmona que había entrado en duda con respecto al decreto, se convenció plenamente de que tenía que hacer lo que le estaba recomendando Allan Brewer-Carías..."

La señora Fiscal omitió en su transcripción, los párrafos anteriores del que entresacó a su antojo, en los que se sitúa el falso aserto del declarante, donde dice:

... A partir de las 2:00 p.m., se acercan al Despacho Presidencial, la Doctora Cecilia Sosa Gómez, el Dr. Nelson Socorro, el Dr. Gustavo Linares Benzo y me solicitan a mí hablar con Carmona, cuando les pregunto de que se trataba para informarle a Carmona, me dicen que tienen serios cuestionamientos al decreto y que si yo lo había leído; yo le contesté que yo no sabía de Decreto, y ellos me lo enseñan; cuando lo leo, inmediatamente comento que eso era una barbaridad jurídica, porque no podías disolver funcionarios electos a través del voto con un decreto; y le pedí que me prestaran el decreto para preguntarle a Carmona si ese era el decreto, quien al verlo me dijo inmediatamente, sí ese es el decreto; entonces le dije , mira aquí afuera están estos magistrados y abogados, que tienen serios cuestionamientos al igual que yo de ese proyecto de decreto; y me dice bueno pásalos al despacho; cuando comienza Cecilia Sosa a comentar, la inconstitucionalidad del decreto, yo hago el siguiente comentario; no se puede disolver la Asamblea porque sus integrantes fueron electos mediante votación, y que era un error político para un Gobierno de Transición, pelear con todos los partidos políticos representados en la Asamblea, y contra todos los Gobernadores y... (folios)

De esta entrevista del señor Arreaza Padilla (**folios 6 y siguientes de la Pieza XI**), rendida el día 27 de septiembre de 2004, la señora Fiscal pretende deducir que "es prueba de la participación" de nuestro defendido en la redacción del decreto del gobierno de transición, lo cual no tiene fundamento alguno pues de haber sido cierta la narración del Sr. Arreaza –que es falsa- lo que ello probaría es que Brewer habría dado una opinión jurídica, la cual no dio en esos términos, sino en términos radicalmente contrarios a los expresados por Arreaza, pero no de que hubiera participado en redacción alguna del decreto.

En efecto, el señor Arreaza afirmó entre muchos otros aspectos, que entre las 2.00 PM y las 3.15 PM del día 12 de abril de 2002, habría tenido lugar una reunión en el palacio de Miraflores, en la que habrían estado presentes, además del mismo Arreaza y de Pedro Carmona, los abogados Cecilia Sosa Gómez, Nelson Socorro y Gustavo Linares Benzo, en la cual se habrían discutido cuestionamientos sobre un proyecto de decreto en el que se proyectaba disolver a la Asamblea Nacional.

En esa reunión, que entendemos que nunca se realizó, obviamente nuestro defendido no estuvo, ya que él no estuvo en el Palacio de Miraflores en horas de la tarde de ese día 12 de abril cuando se habrían tomado las decisiones políticas que culminaron con la emisión del referido decreto de un gobierno de transición. Sin embargo, Arreaza ha referido en su declaración ante la Fiscalía, que en esa supuesta reunión, Carmona habría dicho que Allan Brewer-Carías opinaba que debía disolverse la Asamblea Nacional.

Esta afirmación es completamente falsa. Para ese momento del día 12 de abril nuestro defendido ni siquiera había tenido ocasión ni oportunidad alguna de hablar con Carmona sobre el tema, ni personalmente ni por teléfono, por lo que no le había podido haber expresado opinión alguna, por lo que mal podría saber Carmona qué era lo que supuestamente nuestro defendido podía opinar. Ignoramos si Carmona hizo la afirmación a que refiere Arreaza, pero lo cierto es que era imposible que dijera cuál podía ser la opinión de nuestro defendido, si éste no había tenido aún oportunidad de dársela. Además, la opinión que Arreaza dice que Carmona expresó es falsa, además, de ello no había hablado con nadie, y menos con personas que pudieran, incluso, habérsela trasmitido.

En la referida declaración, Arreaza agregó que a la antes mencionada reunión con los abogados indicados, se habían incorporado el Coronel Julio Rodríguez Salas y el General Romer Fuenmayor; y que entonces, en ese momento, Carmona supuestamente habría llamado telefónicamente, a nuestro defendido a un teléfono Movilnet, informándole que allí estaba con un grupo de abogados discutiendo sobre el contenido del decreto de disolución de la Asamblea Nacional y que, supuestamente, nuestro defendido habría contestado con la misma supuesta versión de la disolución de la Asamblea Nacional, a lo cual habrían replicado negativamente todos los presentes, pero que Carmona se habría convencido plenamente de lo que supuestamente nuestro defendido le estaba recomendando. A partir de ese momento, afirmó Arreaza en su declaración, se habrían retirado los abogados.

Esta afirmación de Arreaza también es completamente falsa. Nuestro defendido no habló telefónicamente con Carmona sobre el proyecto de decreto en esas horas de la tarde, ni con él solo ni estando él reunido con abogados, ni le expresó lo que se afirma en esa declaración. Ignoramos, además, si esa reunión tuvo lugar en esas circunstancias de lugar y tiempo, con los abogados participantes que allí se indica, todos los cuales conocen suficientemente al Profesor Brewer-Carías, por haber trabajado en muchos proyectos académicos y profesionales a través de los años. Bastaría con preguntarles a dichos abogados si dicha reunión ocurrió en esa forma, para constatar la falsedad de la declaración. Por tal motivo solicitamos de la señora Fiscal la citación para declarar del Dr. Nelson Socorro, pero la señora Fiscal negó dicha prueba. Por lo demás, de haberse dado esa supuesta conversación telefónica con nuestro defendido, la que no ocurrió, hubiera sido imposible que no hubiera habido alguna fortísima discusión con dichos abogados, todos profesores de derecho público, quienes por lo demás, como se ha dicho, conocen bien el pensamiento jurídico de nuestro defendido.

Al contrario de lo que afirma Arreaza en su declaración, el propio Pedro Carmona indica en su libro *Mi Testimonio ante la Historia*, sobre la opinión adversa de nuestro defendido al contenido del decreto que se adopto, al señalar lo siguiente:

"Pero es justo puntualizar, como lo hice ante la Asamblea Nacional, que nunca he atribuido al Dr. Brewer-Carías la autoría del Decreto, pues sería irresponsable, como lo hicieron luego representantes del oficialismo para inculparlo. Respeto incluso *las diferencias que el Dr. Brewer expresara en relación con el camino elegido* y las constancias que dejó en las actas de la entrevista que le hiciese la Fiscalía General de la República, aun cuando discrepo de algunas de sus interpretaciones. Pero él mismo dijo que se alegró con la rectificación posterior del Decreto, pues *atendía la esencia de sus preocupaciones, principalmente respecto a la Carta Democrática Interamericana*" (p. 107-108) (**Pieza XIII**).

De esta afirmación de Carmona resulta claro que el criterio profesional que le expresó nuestro defendido fue contrario a las decisiones políticas que estaban incorporadas en el documento de decreto; por eso las "diferencias en relación con el camino elegido" a que hace referencia el autor, quien además señala que discrepó de las interpretaciones de nuestro defendido. Ello lo confirma la periodista Sebastiana Barraez, en reseña que publica de una entrevista que tuvo con Pedro Carmona, publicada en el semanario Quinto Día, Caracas 11/18-03-2005, p. 20 (**Folio 143, Pieza XII**). Nuestro defendido estimó, efectivamente, que lo que se proponía como decisiones en el documento de decreto de gobierno de transición era contrario a la Carta Democrática Interamericana, que es el instrumento internacional sobre doctrina democrática más completo en el Continente, y por ende, contrario al orden constitucional; y por eso le complació, como lo dice el propio Carmona, la "rectificación posterior" del decreto efectuada por Carmona el 13 de abril, que restablecía la representación popular de la Asamblea Nacional. Carmona hace referencia en su libro, además, a que uno de sus asistentes, en la noche del 12 de abril, incluso le había insistido que hablara conmigo para que conociera las observaciones de nuestro defendido contrarias al Decreto (p. 148).

En la interpelación que se le hizo a Carmona en la Comisión Especial de la Asamblea Nacional el día 02-05-2001, además, el mismo P. Carmona expresó lo siguiente:

"Al doctor Alan Brewer-Carías, me une una larga y respetuosa amistad, y lo considero uno de los juristas y constitucionalistas de mayor valía que existe en Venezuela, de manera que, a él me une una larga amistad, *pero en forma alguna puedo señalar porque sería irresponsable de mi parte, que cualquier indicación, aporte, acuerdos, desacuerdos con las decisiones tomadas, lo comprometen en forma alguna.*

"El es una personalidad conocida por toda la nación, fue miembro de la Asamblea Constituyente y desde luego un reconocido jurista, investigador, autor, que no merece presentación alguna, salvo el nexo entonces de amistad el doctor Alan Brewer-Carías, *no tiene responsabilidad alguna, sino la de haber emitido profesionalmente algún criterio que, repito lo comprometa con ninguna acción de esas cortas horas de la provisionalidad, o transitoriedad de esos días*". (**folio 19 de 138. Anexo 4 del Expediente).**

La opinión jurídica de nuestro defendido dada a Carmona, quien era la persona que había solicitado su opinión, por tanto, sólo se la pudo dar por teléfono desde su casa de habitación donde se encontraba al fin de la tarde del 12 de abril, que fue la única ocasión que tuvo de hablar con él sobre el tema, pues lamentablemente no tuvo oportunidad de hablar personalmente con él durante el día sobre el texto del decreto, a pesar de que fue al Palacio de Miraflores hacia el mediodía de ese día con tal propósito.

En dicha breve conversación telefónica, nuestro defendido sólo le expresó opiniones jurídicas, indicándole sus objeciones al proyecto de decreto particularmente por la proyectada disolución de la Asamblea Nacional que lesionaba el principio democrático constitucional representativo, advirtiéndole que además violaba la Carta Democrática Interamericana, lo cual podía ocasionar graves reacciones internacionales.

En definitiva, el criterio profesional expresado a Carmona por nuestro defendido fue contrario a las decisiones políticas que estaban incorporadas en el documento; por eso en su libro *Mi Testimonio ante la Historia*, el mismo Carmona señaló que "nunca he atribuido al Dr. Brewer-Carías la autoría del Decreto, pues sería irresponsable", agregando que "Respeto incluso las diferencias que el Dr. Brewer expresara en relación con el camino elegido" (pp. 107-108).

Las declaraciones de Arreaza, por el contrario, son total y radicalmente falsas, y sobre ellas ningún elemento de convicción puede construirse para acusar a nuestro defendido.

No podemos dejar de decir, no sin antes manifestar nuestra repugnancia por las declaraciones del doctor Arreaza y por haberlas usado la señora Fiscal después de negarnos la solicitud circunstanciada de la necesidad de la declaración del doctor Nelson Socorro a quien aludió Arreaza como presente en la reunión con Carmona en el Despacho Presidencial cuando éste llama a Brewer sobre el decreto y Brewer según Arreaza le dice "NI UN PASO ATRÁS" (por Dios, la ridiculez es inconmensurable), y usar luego, la señora Fiscal el dicho de Arreaza para acusar a Brewer, que a la señora Fiscal se le olvidó que en la pieza V, folio 100 de este expediente consta la declaración del doctor Julio César Arreaza, así:

"Tercera pregunta: ¿Diga usted si conoce la persona que elaboró el decreto del supuesto Gobierno de Transición del ciudadano Pedro Carmona Estanga? Contestó: Desconozco totalmente".

31° SUPUESTO "ELEMENTO DE CONVICCIÓN": DECLARACIÓN Y RELATO DE JORGE OLAVARRÍA ANTE LA FISCALÍA EL 09-07-2002

Agrega la señora Fiscal, como otro supuesto elemento de convicción para acusar a nuestro defendido, lo siguiente:

31. *De la entrevista rendida ante el Ministerio Público, en fecha 09 de julio de 2002, por el hoy fallecido Jorge Olavaria, a quien, el día 10 de abril de 2002, le presentaron el primer proyecto del "Decreto de Constitución de un gobierno de transición democrática y unidad nacional", así como del relato consignado ante el Ministerio Público en la misma fecha, en los cuales expresa:*

"*Tercera Pregunta: Diga usted, qué fue lo que precisamente estos abogados fueron a consultarle y en que términos lo hicieron? Respondió: Decían que ellos estaban en relación con oficiales de las fuerzas armadas, pero la **verdad ni el doctor Brewer y mi persona lo tomamos en serio**, porque este tipo de impostura es muy común y en esos días era epidémico".*

*Séptima Pregunta: Diga usted, si al momento en que se presenta a su oficina a los abogados precitados ya estaba el Doctor Brewer con usted? Respondió: **Si el Doctor Brewer, ya estaba conmigo, cuando llegaron los precitados abogados a mi oficina.***

RELATO

*En eso estábamos cuando pasadas las seis de la tarde del miércoles 10 de abril, llegaron a mi despacho los abogados Daniel Romero y José Gregorio Vásquez **a quienes no conocía**. El Dr. Romero leyó lo que pretendía ser un proyecto de instalación para un gobierno de transición. Yo les hice algunas observaciones de carácter histórico y **el Dr. Brewer llamó su atención acerca de la Carta Democrática Interamericana**, haciéndose evidente para ambos la ignorancia de los abogados en estos temas por lo cual no les dimos mayor importancia.*

Cuando se marcharon, **el Dr. Brewer y yo comentamos la ligereza y banalidad del documento,** *del cual me dejaron una copia* (**folio 60 al 63 y 71 al 72, pieza 6**).

De estos textos deduce la señora Fiscal que serían "prueba que desde el día 10 de abril de 2002, el ciudadano Allan Randolph Brewer-Carías, venía participando en la elaboración" del decreto de gobierno de transición, "por el cual se conspiró para cambiar violentamente la constitución, que él tenía conocimiento del mismo y a pesar de ese conocimiento no cumplió con su deber que le impone el artículo 333 de la Constitución de la República Bolivariana de Venezuela de colaborar en el restablecimiento de la efectiva vigencia de la Constitución", todo lo cual es falso de toda falsedad. Ello no se deduce de esa declaración de Olavarría, aparte de que no es cierto como hecho que nuestro defendido hubiera participado en la elaboración de un documento que ya estaba elaborado para cuando tuvo conocimiento del mismo en la oficina de Olavarría el 10 de abril de 2002, fecha en la cual, por lo demás, la Constitución estaba en vigencia como siempre ha estado desde diciembre de 1999, por lo que nada había que restablecer.

En efecto, ante todo, el texto completo de la entrevista del Dr. Olavarría realizada ante esta Fiscalía el día 09-07-2002, y que consta en el expediente, es el siguiente:

PRIMERA PREGUNTA: Al observar el escrito consignado por Usted, pudimos notar que menciona la presencia de los abogados Daniel Romero y José Gregorio Vásquez, en su oficina el día 10 de abril del presente año, usted lo conocía con anterioridad? Respondió: No, a mi oficina van muchísimas personas a consultar sobre los artículos que publico. SEGUNDA PREGUNTA: Diga Ud., si los abogados Daniel Romero y José Gregorio Vásquez, llegaron a manifestarle si eran adeptos algún partido de gobierno? Respondió: No, en ningún momento. TERCERA PREGUNTA: Diga usted, qué fue lo que precisamente estos abogados fueron a consultarle y en que términos lo hicieron? Respondió: Decían que ellos estaban en relación con oficiales de las fuerzas armadas, pero la verdad ni el doctor Brewer y mi persona lo tomamos en serio, porque este tipo de impostura es muy común y en esos días era epidémico. CUARTA PREGUNTA: Diga Ud. con qué intención esas personas someten a su consideración y estudio lo que resultó ser el acta de constitución del gobierno de transición? Respondió: En ese momento no le atribuí intencionalidad a su consulta y jamás pensé que semejante disparate podía servir para constituir un Gobierno de facto, es más

389

toda mi exposición se refirió a explicarle que los gobiernos de facto no se constituían así y les narré varios ejemplos de la historia de Venezuela en lo que recuerdo el acta del 19 de abril de 1810, el decreto Orgánico del Libertador de 1828, el Documento constitutivo del Gobierno de la revolución legalista de Joaquín Crepo de 1892, la Constitución del Gobierno de la revolución Liberal Restauradora de 1899, la Junta Revolucionaria de Gobierno de 1945, la Junta Militar de Gobierno de 1948, la Junta de Gobierno de 1952 y la Junta de Gobierno de l958, de la cual fueron tomando nota, pero no hicieron caso. QUINTA PREGUNTA: Diga Ud., conforme la amplia experiencia que usted posee en torno a la materia constitucional, cuales serían las críticas y puntos importantes que conllevó tanto la copia del acta de constitución del gobierno de transición que le fue entregado por los abogados Daniel Romero y José Gregorio Vásquez, así como del acta de constitución del gobierno de transición por el cual se proclamó el ciudadano Pedro Carmona Estanga, presidente del sistema de gobierno instaurado el día 12 de abril de los corrientes? Respondió: El 13 de abril publiqué en el Diario El Nacional, un artículo titulado ¿Dónde estamos?, donde califiqué lo que había sucedido como un golpe de Estado, consigno el citado artículo, luego el 16 de abril, publiqué otro artículo en El Nacional llamado "El contra Golpe", que también consigno. SEXTA PREGUNTA: Diga Ud., conforme a su conocimiento sobre la materia, estima que hubo un golpe de estado o lo que han denominado un vacío de poder? Respondió: el 12 de abril de produjo un golpe de Estado, así lo publiqué en El Nacional el día 13 de abril, el derecho es una plenitud hermética, no existe tal cosa como vacío, para suplir las omisiones de la ley está el Tribunal Supremo de Justicia, específicamente su sala Constitucional. SÉPTIMA PREGUNTA: Diga usted, si al momento en que se presenta a su oficina a los abogados precitados ya estaba el Doctor Brewer con usted? Respondió: Si el Doctor Brewer, ya estaba conmigo, cuando llegaron los precitados abogados a mi oficina. OCTAVA PREGUNTA: Diga usted, SI EN ALGÚN MOMENTO PARTICIPÓ EN ALGUNA MARCHA? Respondió: Si, la del 23 de enero del presente año, donde nos reunimos con todos los constituyentes. NOVENA PREGUNTA: Diga usted, si en algún momento fue convocado para el momento de la toma de posesión de la presidencia del ciudadano Pedro Francisco Carmona Estanga.? Respondió: No fui convocado, pero tampoco fuera ido. DÉCIMA PREGUNTA: Diga usted, si conoce de vista, trato o comunicación a los ciudadanos que conformaron el gabinete que nombró el ciudadano Pedro Francisco Carmona Estanga? Respondió: Los Militares no conozco a ninguno, de los civiles a Leopoldo Martínez y José Rodríguez Iturbe, y el resto superficialmente. UNDECIMA PREGUNTA: Diga usted, por qué motivo aceptó efectuar esa reunión? Contestó: A mi me llaman todas las semanas muchísimos estudiantes, abogados y personas para comentar los artículos que yo envío a la prensa. OTRA: Diga usted, quienes lo concertaron para efectuar esa reunión. Contestó: Llamaron y hablaron con mi secretaria y como eso es muy común, mi secretaria después de hablar conmigo los llamó y les dijo que estuvieran el día 10 de abril a las seis de la tarde. UNDÉCIMA PREGUNTA; Si desea agregar algo más a la presente entrevista. Respondió: No, es todo. **(folios 60 a 63, Pieza VI)**.

En cuanto al denominado RELATO del Dr. Olavarría contenido en comunicación del 09-07-2002 dirigida al Fiscal José Benigno Rojas, en realidad es el siguiente:

Comparezco ante usted para rendir testimonio bajo fe de juramento de la constancia que tengo de la injuriosa falsedad que le atribuye al Dr. Allan Randolph Brewer-Carías, de haber sido el autor del acta de constitución del llamado "Gobierno de transición y unidad nacional" instalado en el Palacio de Miraflores la tarde del 12 de abril pasado.

Me consta que el Dr. Brewer no redactó ese documento. Considero mi deber testimoniarlo así, no solo por la vieja amistad que me une con él, sino porque se trata de uno de los mas relevantes juristas venezolanos del presente a quien la envidia y la mezquindad se han complacido en zaherir imputándole la autoría de un documento que, mas allá de la valoración política que pueda hacerse de los hechos que lo motivaron, es objetivamente, el mas absurdo disparate de nuestra rica historia de instrumentos de instalación de gobiernos de facto.

El miércoles 10 de abril accedí a recibir en mi despacho a unos abogados interesados en consultarme asuntos relacionados con los temas de varios artículos publicados por mi en *El Nacional*: "La transición posible" (12 de febrero) "El Derecho a rebelión" (19 de febrero) y "El artículo 350" (26 de febrero). Llamé al Dr. Brewer-Carías y le pedí que nos reuniéramos en mi despacho a esa hora, para enterarlo de todo lo que estaba sucediendo pues había estado ausente de Venezuela varias semanas y de paso, aprovechar sus superiores conocimientos jurídicos en la consulta que se me haría.

En eso estábamos cuando pasadas las seis de la tarde del miércoles 10 de abril, llegaron a mi despacho los abogados Daniel Romero y José Gregorio Vásquez a quienes no conocía. El Dr. Romero leyó lo que pretendía ser un proyecto de instalación para un gobierno de transición. Yo les hice algunas observaciones de carácter histórico y el Dr. Brewer llamó su atención acerca de la Carta Democrática Interamericana, haciéndose evidente para ambos la ignorancia de los abogados en esos temas por lo cual no les dimos mayor importancia. Cuando se marcharon, el Dr. Brewer y yo comentamos la ligereza y banalidad del documento, del cual me dejaron una copia.

Al día siguiente jueves 11 se efectuó la marcha prevista que resultó mucho mayor de lo que nadie había pensado y que en Chuao decidió encaminarse a Miraflores para pedir la renuncia del Presidente Chávez, lo cual concluyó en la masacre perpetrada por pistoleros adictos al gobierno como es público y notorio.

Al día siguiente, en la tarde del viernes 12 pude ver por la Televisión con estupor y alarma, que el Dr. Daniel Romero, el mismo que había estado en mi despacho en la noche del miércoles 10 leía el acta de instalación de un gobierno de facto presidido por el Presidente de Fedecámaras, Pedro Carmona Estanga.

Supe que el Dr. Brewer-Carías había estado en la madrugada de ese día en la Comandancia del Ejército y luego en el Palacio Miraflores. De allí que corriera la especie de que el había tenido algo que ver con el acta de constitución hecha pública esa tarde. Yo, mejor que nadie, sabía demasiado bien que ello no era cierto. Presumí, que si acaso Brewer fue consultado, sus opiniones no fueron tomadas en cuenta por quienes actuaron con temeraria irresponsabilidad, lo cual me ha sido confirmado posteriormente.

Me complace en rendir este testimonio, que exime totalmente al Dr. Allan R. Brewer-Carías de toda injerencia en el lamentable episodio del gobierno de facto de Carmona Estanga. Consigno copia del proyecto de acta que me fue entregada el miércoles 10, la cual cotejaba con la que se hizo publica el viernes 12, revela su similitud en casi todo, menos en la referencia a la masacre de la marcha" (**folios 71 y 72, Pieza VI**).

Es inconcebible que esta declaración y relato del Dr. Olavarria, que explica exactamente que nuestro defendido nada tuvo que ver con la redacción de un decreto que unos visitantes llevaron ya redactado a su oficina, se pueda trastocar en un pretendido "elemento de convicción" de un supuesto delito de conspiración, atribuyéndosele el hecho de haber participado en la redacción de dicho documento que ya estaba redactado.

En efecto, el Dr. Jorge Olavarría con quien había coincidido nuestro defendido como Constituyente en la Asamblea Nacional Constituyente de 1999, corrobora y confirma en su entrevista y Relato, así como en sus declaraciones de prensa que constan también en el expediente **(folios 2 a 10 y 49 y 50, Pieza V; folios 73 a 76, Pieza VI),** que el día 10 de abril de 2002 lo invitó a reunirse con él en su oficina; donde le dijo que unas personas iban a consultarle algo y le pidió que estuviera en la reunión. No conocía quienes eran los visitantes, y resultaron ser unos jóvenes abogados que se identificaron como Daniel Romero y José Gregorio Vásquez.

Debe señalarse que con ocasión de la Reunión de Trabajo de la Comisión Especial que investigó los hechos de abril de 2002 de la Asamblea Nacional para oír la declaración del Presidente H. Chávez el día 31-05-02 **(folios 132 a 239, Pieza XXIV),** texto que fue incorporado al Expediente de la Fiscalía a petición nuestra **(folio 174, Pieza XXIII),** en una pregunta formulada por el diputado Héctor Vargas en la cual afirmó que "antes del día 11 algunas personalidades conocían el famoso decreto", solicitó se pasara un video con una entrevista a Jorge Olavarría "donde manifestaba que tenía el decreto un día antes del 11, que se lo fueron a mostrar". En la entrevista pasada en la sesión de la Comisión Especial, dada a la Televisora Promar de Barquisimeto, Olavarría expresó lo siguiente, según la trascripción oficial:

> Efectivamente a las 6 de la tarde del miércoles 10, *llegó a mi oficina*, aquí mismo a este despacho, donde estamos tú y yo, *Randy Brewer y pocos minutos después llegaron los doctores Daniel Romero y el otro* que no me acuerdo cómo se llama. Yo no conocía a Daniel Romero, no lo había visto nunca en mi vida, ni sospechaba que andaba metido en una cuestión relativa a la posibilidad de una fractura del orden constitucional como habían tantísimas otras posibilidades y venían a hablar conmigo concretamente en relación a un artículo que yo había publicado en el diario *El Nacional* en febrero, que se llama "El derecho a la rebelión", el doctor Romero dijo que estaba en contacto con algunos oficiales de las Fuerzas Armadas, que podía ser inminente una ruptura del orden constitucional y que me quería consultar lo que él traía y sacó para afuera el decreto y lo leyó".

> Seguidamente el periodista entrevistador afirmó "El mismo decreto que leyó Carmona", a lo que respondió Jorge Olavarría: "El mismo decreto". El periodista le pregunta "Se lo lee a usted" y Jorge Olavarría respondió "Me lo lee a mí, estaba yo sentado en esa silla, Brewer estaba al lado mío y yo le veo la cara a Brewer y Brewer me ve la cara a mí y lo escucho, cuando termina de decirlo, le dije mira, yo no quiero parecer profesoral aquí, pero es menester que yo te haga algunas explicaciones fundamentales...

Luego agregó el Dr. Olavarría:

> … que cuando los doctores Romero y el otro se fueron de aquí, yo me quedo conversando con Brewer a solas, y le dije mira, *esto que han traído estos muchachos* y me perdonarán las personas que me escuchan, pero las cosas hay que decirlas con la crudeza del caso, esto que me trajeron estos muchachos es una mierda, sí totalmente, si esto va a pasar hay que hacer las cosas bien hechas, porque eso fue un disparate mayúsculo, técnico o político (**folios 132 a 239, Pieza XXIV**).

Al solicitar al Ministerio Público mediante escrito del 27-07-2005 que requiriera de la Asamblea Nacional copia del texto de la sesión especial con el Presidente Chávez efectuada el día 31-05-2002 para oír al ciudadano Presidente de la República, sesión en la cual se pasó y transcribió el antes mencionado programa de Televisión trasmitido en la Televisora Promar de Barquisimeto, indicamos que:

> La diligencia solicitada es de suma importancia para la defensa pues el texto de esa entrevista desvirtúa cuanto se pretende deducir de las declaraciones del Dr. Olavarría en contra de nuestro defendido.

> En efecto, las declaraciones del Dr. Olavarría han sido distorsionadas y mal interpretadas, pretendiéndose deducir de ellas que nuestro defendido formó parte de una reunión conspirativa el día 10 de abril de 2002, cuando lo realmente cierto es, como consta de declaraciones de aquél que cursan en el expediente, que el Dr. Brewer-Carías fue invitado por el Dr. Olavarría a reunirse con él en su oficina, y que luego de comenzar dicha reunión, llegaron a visitarlo dos abogados a quienes ninguno de los dos conocían, y quienes le leyeron un proyecto de decreto de gobierno de transición, cuyo texto fue rechazado tanto por el Dr. Brewer-Carías como por el Dr. Olavarría.

> En consecuencia, como quiera que el texto de la entrevista mencionada servirá para esclarecer la verdad y para interpretar en su justo contexto las palabras allí contenidas, es que solicitamos la anterior diligencia de investigación, conforme a lo establecido en los artículos 49 numeral 1º de la Constitución de la República Bolivariana de Venezuela y 125,5 y 305 del Código Orgánico Procesal Penal (**folio 174, Pieza XXIII**)

En efecto, debe indicarse, ante tan clara entrevista hecha en televisión al Dr. Olavarría que se proyectó en el curso de la mencionada sesión de la Comisión Parlamentaria con el Presidente Chávez, lo insólito de la interpretación que en particular hizo la periodista Laura Weffer Cifontes de la misma, que resulta totalmente inexacta. Ella escribió lo siguiente en *El Nacional*:

"Transmitieron una entrevista en la que el politólogo narra cómo los abogados Allan Brewer-Carías y Daniel Romero lo habían visitado en su oficina el 10 de abril, para pedirle consejo sobre los decretos que serían dictados dos días después siguiente". *(El Nacional*, 03-06-02, p. D-2). **(anexo 17).**

Nuestro defendido no fue a visitar a Olavarría con nadie. El fue invitado por Olavarría a su oficina, y cuando allí estaba con él, se presentaron unos abogados. La periodista, captó mal lo que expuso Olavarría en su entrevista y, por tanto, lamentablemente, informó mal, con consecuencias gravísimas que ella seguramente no calibró: no es lo mismo decir que nuestro defendido estaba con Olavarría cuando Daniel Romero fue a consultarle algo a él, que decir que nuestro defendido fue con Daniel Romero a consultarle algo a Olavaria.Ahora bien, con motivo de lo que se expuso en la mencionada sesión de la Comisión Especial de la Asamblea Nacional con el Presidente Chávez, la periodista Yesmariana Gómez, del diario *El Nacional*, le hizo una entrevista a Jorge Olavarría, quien respondió como sigue a las preguntas formuladas:

- ¿Cuándo conoció usted el decreto y bajo qué circunstancias?

El miércoles 10 de abril a las 6 de la tarde (el día antes de la marcha del 11) se presentaron en mi Oficina los abogados Daniel Romero y José Gregorio Vásquez a quienes yo no conocía. Por sugerencia de un amigo, venían a consultarme un asunto relacionado con los estudios que yo he hecho sobre los golpes de Estado en Venezuela, y el derecho a la rebelión que han sido materia de muchos artículos publicados por mí en *El Nacional*, desde enero del 2000. Yo le había pedido a mi amigo Allan R. Brewer-Carías que viniera. Ambos escuchamos a Romero leer el decreto sin pensar que sucedería lo que sucedió. No le dimos importancia porque creíamos que no la tenían.

- ¿Qué críticas le hizo al referido documento y cuáles fueron sus recomendaciones a quienes se lo presentaron?

Antes que nada quiero advertirle que el proyecto de Acta-Decreto que nos leyeron y entregaron y cuya copia tengo no se refería a la masacre del día siguiente En ese momento no se sabía ni siquiera si la marcha del Parque del Este a PDVSA Chuao tendría la magnitud que tuvo. Lo de la masacre fue incorporado en los Considerandos del Decreto de Constitución del gobierno de Carmona el viernes 12.

Lo que si era casi idéntico en el documento que me leyeron es la parte dispositiva. El documento era muy malo y muy pobre. Brewer estaba aburrido y ni siquiera lo leyó. Básicamente yo les expliqué con mucho detalle que eso no se hacía así para lo cual les hice una larga exposición de los golpes de Estado, empezando por el del 19 de abril de 1810 y terminando con el del 23 de enero de 1958. Les explique que el patrón establecido sobre todo después de la revolución legalista de Crespo de 1892, la revolución de Castro de 1899 y las de octubre del 45 y noviembre del 48 es que primero se hace un Manifiesto donde se explican las causas del alzamiento, luego esta el Acta de Constitución que es muy importante pues ese será el fundamento del gobierno de facto, y es un documento parco y breve. Luego vienen los Decretos cada uno con sus respectivos considerandos, por los cuales se hacen actos de gobierno y por ultimo, esta el procedimiento que se empleara para legitimar el gobierno. Esta gente metía todo eso en un solo saco, haciendo con ello una ensalada indigesta y absurda.

- ¿Cómo fueron recibidas sus críticas al decreto?

Con mucho interés y cortesía. Tomaron notas de lo que se les dijo. Brewer fue muy parco. Cuando les mencionó la Carta Democrática de la OEA suscrita en Lima el pasado 11 de noviembre, se hizo evidente que no habían oído hablar de ella. Cuando se fueron, le comenté a Brewer que ese documento era una m.... El estuvo de acuerdo, hizo un gesto con la mano de desprecio y no los tomó en serio. Yo tampoco. Mi sorpresa fue mayúscula cuando el viernes 12 vi al Dr Romero leer el decreto al cual se le habían añadido unas cuantas cosas en la parte motiva, pero la dispositiva era idéntica. En la historia de Venezuela no ha habido un disparate igual. Es una infamia decir que Brewer tuvo algo que ver con eso. Brewer es el jurista constitucional de más calibre que hay en Venezuela. Ni que me jure de rodillas que el tuvo algo que ver con ese disparate se lo creo.

- ¿Por qué razón y con qué fin considera usted que el presidente de la República, menciona su nombre en el marco de las investigaciones que lleva a cabo la Comisión Especial de la Asamblea Nacional?

Supongo que para demostrar que ese golpe estaba preparado, cosa que no necesita ser demostrada porque eso era y es evidente... aunque en este caso estaba muy mal preparado. Es una lastima que Carmona, que pudo haber consultado a Brewer (y a mi si me hubiera llamado), se puso en manos de Daniel Romero, quien a su vez obedecía a Molina Tamayo y a su patrón, Pérez Recao que son hasta donde he podido averiguar los verdaderos responsables de esa torta

- ¿Por qué cree que el presidente Chávez usa este hecho como un argumento a su favor en relación a su participación en los hechos del pasado mes de abril?

Porque toda su estrategia esta concentrada en distraer la atención sobre su responsabilidad en la masacre del 11 de abril y concentrarla en el fracasado golpe. Lo que sucede es que se limita a los militares. Al prelado y los nueve civiles que firmaron el acta en nombre de la sociedad civil ni los ha tocado.

- ¿El que usted conociera el decreto con anticipación confirma la versión de que los errores del Gobierno transitorio no fueron producto de la improvisación sino intencionales. O más bien responde a un proceso de anticipación por parte de quienes adversan al actual mandatario?.

Esto tomando en cuenta que hacía meses la oposición venía haciendo algunas propuestas de cómo debería llevarse una transición después de "sacar" al presidente Chávez del Gobierno.

No confirma nada. Todo el enjambre de errores que se condensan en el acta-decreto fueron errores graves. La salida de Chávez era previsible pero quienes lo sacaron no tenían nada previsto. Creo que Molina Tamayo, Daniel Romero y Pérez Recao jugaron a decirle a los civiles que eso es lo que querían los militares y a los militares que eso es lo que querían los civiles. En medio de la confusión eso pasó. Por lo que he leído de las interpelaciones, los militares no conocían el texto del Decreto. Lo que si sé es que fueron errores graves que habrían podido ser evitados si quienes recibieron la confianza de los militares hubieran sido menos necios y arrogantes (*El Nacional*, Caracas 04-06-02, p. D-2) **(folios 3 y ss y 9, Pieza V)**.

En sentido similar, Jorge Olavarría respondió al periodista Abelardo Pérez, de la Cadena Capriles, las siguientes preguntas, así:

- ¿Ud. estaba al tanto de esta situación?

Cuando Daniel Romero llegó a mi oficina el miércoles 10 a las 6 de la tarde, ni Brewer ni yo lo conocíamos y yo no recordaba que había figurado como abogado de Molina Tamayo. Cuando nos leyó el proyecto de Decreto, la verdad es que no lo tomamos en serio. Brewer ni siquiera lo leyó. Cuando al día siguiente lo vi leyendo un Decreto muy parecido, yo no salía de mi asombro. Luego me entere de las vinculaciones de Romero con Molina y con Pérez Recao. No puedo entender cómo Carmona, teniendo a su disposición la asesoría de un jurista de la talla de Brewer no le hizo caso y prefirió el disparate de Daniel Romero.

- ¿Cuándo y donde fue hecha esa entrevista?

Ya le dije, el miércoles 10 de abril a las seis de la tarde en mi Oficina. Yo fui el que llamó a Brewer. Cuando Romero y Vásquez llegaron no los conocíamos ni sabíamos que se traían entre manos. Le repito Brewer no los tomó en serio, porque cuando les mencionó la Carta Democrática de la OEA se evidenció que no la conocían. Cuando se fueron le comenté a Brewer "esto es una m...." El estuvo de acuerdo. (*El Mundo* 02-06-02, p. 2; 03-06-02, p. 2; *Ultimas Noticias* 04-06-02, p. 16; *El Nacional,* 04-05-02, p. D-2 y *Panorama,* Maracaibo, 03-06-02, p. 2-6) (**folios 2 y ss., 8 y 10, Pieza V**).

El hecho cierto de esa reunión en la cual unos abogados les leyeron a Jorge Olavarría y a nuestro defendido, un documento que contenía un decreto de gobierno de transición, en ese momento y lugar, al cual no le dieron importancia, no constituye conspiración alguna. En definitiva, Allan R. Brewer-Carías, estuvo presente en una reunión que había acordado con Jorge Olavarría, y luego se presentaron esas personas, pero ni antes ni en dicha reunión ni después, ni Olavarría ni nuestro defendido acordaron ni pactamos absolutamente nada ni entre ellos ni con esas personas, para cambiar violentamente la Constitución. Es más, como lo declararon ampliamente, no le dieron importancia ni al documento ni a sus portadores, y la intervención del Dr. Brewer en esa reunión se limitó a exponer el contenido de la Carta Democrática Interamericana de 11-09-2001, que para ese momento, es cierto, muy pocas personas conocían, la cual además condena internacionalmente cualquier ruptura del hilo constitucional.

Es falaz, por tanto, la deducción y distorsión que hizo el ciudadano Guillermo García Ponce en la entrevista efectuada ante la representación fiscal (**folios 53 y ss., Pieza XXI**), cuando al responder la pregunta que se le hizo sobre "quien le dijo que el D. Brewer-Carías era o intervino en la redacción del decreto de constitución del gobierno de Carmona", contestó: 'Eso es lo que se evidencia de su conducta antes del golpe de Estado, además por-que se corresponde a la filosofía política del Dr. Carías, pues él se reunió en la Oficina de Olavaria con Daniel Romero, y allí cruzaron opiniones sobre el decreto según declaró después el Dr. Jorge Olavarria, además estuvo tanto en Fuerte Tiuna como en Miraflo-res antes de que se leyera"(pregunta 10); y a la pregunta sobre "cuantos días antes del día 11 de abril estuvo Brewer-Carías en actos preparativos como afirma en la página 83 de su li-bro"contestó: "por lo menos sé que estuvo el día 10 de abril junto con Daniel Romero en la oficina del Dr. Olavarría, con el proyecto de decreto que fue leído el 12 de abril" (Pregunta 12) (**Folios 53 y ss., Pieza XXI**).

Aún más falaz y distorsionante es la afirmación hecha ante la representación fiscal por el ciudadano Rodolfo Sanz en su declara-ción de mayo de 2005 (**Folios 227 y ss., Pieza XX**), en la cual al pretender justificar la afirmación que hizo en su libro *Dialéctica de una Victoria*, en el sentido de que "Al constitucionalista Allan Bre-wer-Carías, redactor del mamotreto jurídico apologético del golpe de estado, en nada le tembló el pulso para proponer la proscripción de la ideología bolivariana", señaló entre las fuentes de las cuales se nutrió, insólitamente a las declaraciones del Dr. Olavarría, quien habría afirmado:

> "en programa de televisión en los días posteriores a los sucesos del 11, 12 y 13 de abril… que el ciudadano Allan Brewer-Carías junto con otros destacados juristas y constitucionalistas del país lo habían invitado a corregir y coredactar (sic.) el decreto mediante el cual se disolvieron los poderes públicos y que fuera leído el 12 de abril por el señor Pedro Carmona Estanga. Refiere el doctor Olavarría, que su respuesta fue negativa en virtud de que no avalaba ningún golpe estado y que además el referido documento constituía un mamotre-to y una mamarrachada jurídica" (**Folios 227 y ss., Pieza XXI**).

Al contrario de lo que pretenden falazmente deducir tanto el señor Sanz como el señor García Ponce, el Dr. Olavarría, en efecto lo que corroboró fue que invitó a Brewer a su oficina a reunirse con él, quien no llegó con ningunos abogados a su oficina, que no tenía documento alguno ni que le llevó documento alguno; que el do-cumento en cuestión lo llevaron los abogados mencionados, a quienes no conocían, y que luego de que los antes mencionados abogados leyeron un documento contentivo de un proyecto de decreto de gobierno de transición, Olavarría les hizo una serie de consideraciones históricas sobre las vicisitudes constitucionales en Venezuela, y Allan Brewer por su parte les hizo referencia a la existencia de la Carta Democrática Interamericana de la OEA, que sancionaba internacionalmente las rupturas al hilo constitucional en los países latinoamericanos; pero, en definitiva ni Olavarría ni nuestro defendido tomaron en serio el asunto.

Lo anterior ha sido corroborado por la viuda de Jorge Olavarría, la señora Maria Angela Mileo de Olavaria, en la declaración que hizo ante la Fiscalía el día 16 de septiembre de 2005, en la cual a la pregunta: "2. Diga usted si tiene conocimiento que su difunto esposo en fecha 10 de abril de 2002, en horas de la tarde, recibió en su oficina a los ciudadanos José Gregorio Vásquez y Daniel Romero?"Contestó: "Si tengo conocimiento, ya que yo lo acompañaba esa tarde"; y al preguntársele sobre la duración de la reunión, contestó:

> "Alrededor de una hora, yo los recibí, los hice pasar. Ahí estaba el Dr. Randy Brewer, **estaba antes que ellos llegaran**, él es un viejo amigo de mi marido. **Había llegado recientemente de viaje y quería ponerse al tanto de los acontecimientos, estando ellos reunidos llegaron los otros doctores**, el Dr. Romero y el Dr. Vasquez, y los hice pasar. Ellos habían pedido cita previamente, por teléfono. **No los conocíamos**. Jorge atendía a quien manifestara interés en reunirse con él. Al Dr. Romero lo volví a ver en televisión dos días después leyendo el decreto y al otro doctor no lo volví a ver. Mi marido si me comentó posteriormente que se trataba del hijo de Gladis Vásquez" (**folio 82, Pieza XXVI**).

En definitiva, nuestro defendido Allan R. Brewer-Carías se reunió con Olavarría en su oficina, invitado por él, y sin estar prevenido de antemano, llegaron esas dos personas a quienes él recibió y le pidió a nuestro defendido que estuviera presente. No hay allí conspiración alguna, ni acuerdo o pacto entre las personas presentes en dicha reunión para cambiar violentamente la Constitución.

En todo caso, la declaración de Jorge Olavarría no puede constituir elemento de prueba alguna que pueda involucrar a nuestro defendido en los hechos que se le imputan, es decir, en supuestamente haber participado "en la elaboración, redacción y discusión" del decreto de un gobierno de transición, lo cual es falso; y menos aún en que supuestamente nuestro defendido hubiera o haya podido haber llegado a acuerdo, pacto o concertación alguna, con nadie, para cambiar violentamente la Constitución, lo cual también es completamente falso. Todo lo contrario es lo que resulta de la declaración y Relato de Olavarría que presentó ante el Fiscal José Benigno Rojas: que el documento de decreto de gobierno de transición ya estaba redactado para el 10 de abril, ignoramos por quién o quiénes, por lo que mal pudo nuestro defendido haber redactado algo que ya estaba redactado. El texto del mismo fue consignado en el expediente por el Dr. Olavarría, ya que le dejaron copia (**folios 64 a 69, Pieza VI**), siendo el contenido de dicho decreto básicamente igual y exacto al contenido del decreto que se leyó la tarde del 12 de abril en el Palacio de Miraflores.

Basta poner en paralelo los textos de dichos documentos cuyas copias constan en el expediente, para comprobar su similitud:

TEXTO DEL DOCUMENTO ENTREGADO A J. OLAVARRÍA EL 10-04-2002 (FOLIOS 64-69, PIEZA VI)	TEXTO DEL DOCUMENTO CONSIGNADO CON LA DENUNCIA DE BELLORÍN: (FOLIO 150 AL 163, PIEZA III; ESTA TAMBIÉN EN LOS FOLIOS 49 y ss. y 56 y ss., PIEZA IV)
República de Venezuela **Acta de Constitución del Gobierno de Transición y Unidad Nacional**	**República de Venezuela.** **Acta de Constitución del Gobierno de Transición Democrática y Unidad Nacional**
Nosotros, representantes de todos los sectores organizados de la sociedad democrática nacional, con respaldo de las Fuerzas Armadas, unidos en un Acto Patriótico, de Reafirmación y Recuperación de la institucionalidad restableciendo el hilo constitucional y haciendo uso de nuestros legítimos derechos al invocar lo dispuesto por el artículo 333 en concordancia con el artículo 350 de la Constitución de la República Bolivariana de Venezuela;	El pueblo de Venezuela fiel a su tradición republicana, a su lucha por la independencia, la paz y la libertad, representado por los diversos sectores organizados de la sociedad democrática nacional, con el respaldo de la Fuerza Armada, unido en un acto patriótico de reafirmación y recuperación de la institucionalidad democrática para reestablecer el hilo constitucional y haciendo uso de su legítimo derecho a desconocer cualquier régimen, legislación o autoridad que contraríe los valores, principios y garantías democráticas consagrado en el artículo 350 de la Constitución del 30 de diciembre de 1999.

En concordancia con las bases y principios establecidos en la Carta Democrática Interamericana de fecha 11 de septiembre de 2001, debidamente suscrita por los estados miembros de la Organización de Estados Americanos incluyendo a Venezuela. |

Considerando:
Decretamos:

Considerando:
Decretamos:

Constituir un Gobierno de Transición y Unidad Nacional de la siguiente forma y bajo los siguientes lineamientos jurídicos:

Constituir un Gobierno de transición democrática y unidad nacional de la siguiente forma y bajo los siguientes lineamientos:

Artículo 1. Se designa al ciudadano C.I.   Presidente de la República de Venezuela quien asume en este acto y de forma inmediata la Jefatura del Estado y del Ejecutivo nacional por el periodo establecido en este mismo decreto.

Artículo 1°: Se designa al ciudadano Pedro Carmona Estanga venezolano, mayor de edad, con C.I. N° 1.262.556 Presidente de la República de Venezuela.

Quien asume en este acto y de forma inmediata la jefatura del Estado y del Ejecutivo Nacional por el periodo establecido en este mismo Decreto.

El Presidente de la República en Consejo de Ministros queda facultado para dictar los actos de efectos generales que sean necesarios para la mejor ejecución del presente decreto y la consolidación del gobierno de transición democrática.

Artículo 2. Se disuelve a la Asamblea nacional y se constituye un Consejo Legislativo de Estado que ejercerá las funciones del Poder legislativo nacional por el período establecido en este mismo decreto, incluyendo la reforma de la Constitución Nacional y las leyes vigentes que así lo requieran. El Consejo Legislativo de Estado quedará integrado por 37 miembros principales y sus respectivos suplentes en representación de los diversos sectores de la sociedad y regiones del país. Los miembros   Principales   podrán   separarse temporalmente de sus cargos, sin perder su investidura para ocupar cargos en el Ejecutivo Nacional, Estadal y Municipal y sus fallas temporales y absolutas serán cubiertas por sus suplentes. El Consejo Legislativo de Estado elegirá de su seno un Presidente, dos Vice Presidentes y un secretario que integrarán su Junta de Dirección con idénticas competencias a las establecidas por la Junta Directiva de la Extinta   Asamblea   Nacional.   El   Consejo Legislativo de Estado, funcionará y sesionará en el Palacio federal legislativo y en las dependencias del Poder Legislativo Nacional.

Artículo 3°: Se suspende de sus cargos a los diputados principales y suplentes a la Asamblea Nacional….

Artículo 4°: Se crea un Consejo Consultivo que ejercerá las funciones de orden de consulta del Presiente de la República. El Consejo de Estado quedará integrado por 35 miembros principales y sus respectivos suplentes en representación de los diversos sectores de la sociedad democrática venezolana los miembros principales podrán separarse temporalmente de sus cargos sin perder su investidura para ocupar cargos en el Ejecutivo Nacional, estadal o municipal y sus faltas temporales o absolutas serán cubiertas por sus suplentes.

El Consejo Consultivo elegirá de su seno un presidente, dos vicepresidentes y un secretario.

Se sustituye la representación de Venezuela ante los parlamentos Andino y latinoamericano por una Comisión de representantes Transitoria de no más de cinco (5) miembros por institu-

El Consejo Consultivo estará integrado por los 35 ciudadanos que se identifiquen en el Decreto-Ley a tales efectos se dicte.

ción, quienes serán electos por el Consejo Legislativo de Estado.

El Consejo Legislativo de Estado estará integrado por los siguientes 37 ciudadanos

Nombre y Apellido   C.I.

Artículo 3. El presidente de la República de Venezuela, comunicará las políticas de la transición Nacional a los Ejecutivos regionales y Municipales, y las demás decisiones adoptadas para garantizarla.

Artículo 5°: El Presidente de la República de Venezuela coordinará las políticas de la transición democrática nacional y, las demás decisiones adoptadas para garantizarla con los poderes públicos estadales y municipales.

Artículo 4. A efecto de recuperar la autonomía de los Poderes Públicos y asegurar una transición pacífica y democrática. El Consejo Legislativo de Estado, designará a los ciudadanos que integrarán los Poderes Públicos que se indican:
Fiscal General de la Nación.
Contralor General de la República.
Procurador General de la Nación.
Defensor del pueblo.
Presidente del Poder Electoral y sus miembros.
Presidente del Tribunal Supremo de Justicia y sus miembros.

Artículo 7°: El Presidente de la República en Consejo de Ministros podrá renovar y designar transitoriamente a los titulares de los poderes públicos, nacionales, estadales y municipales para asegurar la institucionalidad democrática y el adecuado funcionamiento del Estado de Derecho; así como a los representantes de Venezuela ante los parlamentos Andino y Latinoamericano.

Artículo 8°: Se decreta la reorganización de los poderes públicos a los efectos de recuperar su autonomía e independencia y asegurar una transición pacífica y democrática, a cuyo efecto se destituyen de sus cargos ilegítimamente ocupados al presidente y demás magistrados del Tribunal Supremo de Justicia, así como al Fiscal General de la República, al Contralor General de la República, al Defensor del Pueblo y a los miembros del Consejo Nacional Electoral.

El Presidente de la República en Consejo de Ministros previa consulta con el Consejo Consultivo designará a la brevedad posible a los ciudadanos que ejercerán transitoriamente esos poderes públicos.

Artículo 5. Se convocará a elecciones generales nacionales en un plazo que no podrá ser mayor a 365 días contados a partir de la presente fecha.

Artículo 3..... Se convoca la celebración de elecciones legislativas nacionales a más tardar para el mes de diciembre de 2002 para elegir a los miembros del Poder Legislativo Nacional, el cual tendrá facultades constituyentes para la reforma general de la Constitución de 1999.

403

Queda entendido, que este Gobierno Transitorio cesará en sus funciones una vez que el nuevo Presidente electo democráticamente asuma su cargo. El Presidente de la República designado en este acto no podrá ser candidato a la presidencia de la República en dicho proceso electoral.

Artículo 6. Se restablece en todo el Territorio Nacional, en el texto constitucional y demás textos legales vigentes el nombre de REPUBLICA DE VENEZUELA el cual comienza de nuevo a identificar nuestra patria desde este mismo instante. Se mantiene en vigencia en todo el Territorio Nacional la Constitución aprobada en referendo Popular el 15 de Diciembre de 1999 y demás leyes y ordenamiento vigentes, salvo en lo que colidan con la presente Acta.

Artículo 7. Se suspende en todo el Territorio Nacional la vigencia de las 48 leyes dictadas por el Presidente saliente de acuerdo a la ley Habilitante. Se instalará una Comisión revisora de las mismas, integrada por un representante del Ejecutivo, un representante de Fedecámaras, un representante de la CTV y un representante de la Sociedad Civil Organizada electo por estos últimos de entre quienes resulten postulados por las diversas organizaciones que la integran.

Artículo 6°: Se convocará a elecciones generales nacionales en un lapso que no excederá a 365 días contados a partir de la presente fecha.

El gobierno de transición democrática cesará en sus funciones una vez que el nuevo presidente electo democráticamente asuma su cargo. El presidente de la república designado en este caso no podrá ser candidato a la presidencia de la república en dicho proceso electoral.

Artículo 11°: El gobierno de transición democrática y unidad nacional entregará sus poderes y rendirá cuenta de sus gestiones a los órdenes del Poder Público que legítimamente se elijan, de acuerdo con lo dispuesto en este decreto y demás disposiciones constitucionales y legales.

Artículo 2°: Se reestablece el nombre de República de Venezuela, con el cual continuará identificándose nuestra patria desde este mismo instante.

Artículo 10°: Se mantiene en plena vigencia el ordenamiento jurídico en cuanto no colida con el presente decreto ni con las disposiciones generales que dicte el nuevo gobierno de transi-ción democrática.

Asimismo se mantienen en vigencia todos los compromisos internacionales, válidamente asumidos por la República de Venezuela.

Artículo 9°: Se suspende la vigencia de los 48 decretos con fuerza de ley, dictados de acuerdo con la Ley Habilitante de fecha 13 de noviembre de 2000.

El Presidente de la República instalará una comisión revisora de dichos decretos-leyes, integrada por representantes de los diversos sectores de la sociedad.

Dicho documento, se insiste, lo tenían los abogados que se identificaron como Romero y Vásquez en la reunión que tuvieron con Olavarría, quienes luego fueron los mismos que lo tenían en la madrugada del día 12 de abril de 2002 en Fuerte Tiuna y cerca de mediodía en el Palacio de Miraflores. La presentación de dicho documento en la madrugada del día 12 de abril a Pedro Carmona, fue precisamente lo que motivó que llamara telefónicamente a nuestro defendido para solicitarle una opinión jurídica sobre el mismo, sin que le hubiera dicho en ese momento quienes le habían presentado el documento ni le hubiera informado sobre las personas que hubieran tenido el documento en Fuerte Tiuna.

En definitiva, los extractos de la entrevista rendida ante el Ministerio Público, en fecha 09 de julio de 2002, por el ciudadano Jorge Olavarría (**folios 62 y 63, Pieza VI**; N° 23 de la imputación, **folios 250 y 252, Pieza XIII**), así como de la comunicación ("relato") que presentó bajo juramento ante el Ministerio Público en la misma fecha (**folio 71 y 72, Pieza VI**) en los cuales, en completa y total coincidencia con lo que nuestro defendido expuso en la entrevista que sostuvo el 03-07-2002 con el Fiscal José Benigno Rojas (**folios 37 a 27, Pieza V**) antes transcrita, así como con el contenido del escrito de fecha 14-01-2005 que consignó en el expediente (**folio, 143 y ss., Pieza XIII**), se narra la entrevista que el Dr. Olavarría tuvo en su oficina con unas personas quienes se identificaron como los abogados Daniel Romero y José Gregorio Vásquez; entrevista sobre cuya realización no nuestro defendido tenía conocimiento, y a la cual Olavarría le pidió que estuviera presente, por lo que llegó con anterioridad a su oficina. Ambos constataron que no conocían a los visitantes; y tuvieron una actitud común el Dr. Olavarría y el Dr, Brewer de no haber tomado en serio lo que esas personas les leyeron. También se confirma en la declaración de Olavarría el hecho de haberles Brewer advertido a los visitantes sobre la existencia de la Carta Democrática Interamericana de la OEA, de septiembre de 2001, que sancionaba internacionalmente cualquier ruptura del hilo constitucional en los países latinoamericanos.

Insistimos, por tanto, en indicar que nada de lo declarado ni dicho por Jorge Olavarría puede constituir elemento de prueba alguna que pueda involucrar a nuestro defendido Allan R. Brewer-Carías en los hechos que se le imputan, es decir, su supuesta "participación en la elaboración, redacción y discusión" del documento de constitución de un gobierno de transición, lo cual como hemos dicho reiteradamente es falso; ni menos aún en que supuestamente haya llegado a acuerdo, pacto o concertación alguna con nadie para cambiar violentamente la Constitución, lo cual también es totalmente falso.

Adicionalmente, destacamos la opinión jurídica del profesor Enrique Gimbernat, de la Universidad Complutense de Madrid sobre este supuesto elemento de convicción, en texto que hacemos nuestro en defensa del Dr. Brewer-Carías:

O.   **Entrevista rendida ante el Ministerio Público, el 9 de julio de 2002, por el ciudadano Jorge Olavarría. Así como el relato consignado ante el Ministerio Público en la misma fecha (elemento probatorio 23)**

1. Al llegar a esta altura del presente Dictamen, quien lo suscribe tiene la impresión de haber entrado en un mundo al revés donde lo que son elementos probatorios de descargo se convierten, para el Ministerio Fiscal, y como por arte de magia, en elementos probatorios de cargo.

En efecto: lo que el Ministerio Público imputa a don Allan R. Brewer-Carías es haber participado "en la redacción y elaboración" del "Acta de Constitución del Gobierno de Transición Democrática de Unidad Nacional", y, sin embargo, lo que manifiesta don Jorge Olavarría es precisamente todo lo contrario: que el señor Brewer-Carías no sólo no redactó ni elaboró dicha "Acta", sino que expresó el más absoluto rechazo de su contenido.

2. Y así, en el relato del señor Olavarría, consignado ante el Ministerio Público el 9 de julio de 2002 (pieza VI, pp. 71/72), y que éste considera que es una prueba de cargo, lo que aquél manifiesta es lo siguiente:

"Comparezco ante usted para rendir testimonio bajo fe de juramento de la constancia que tengo de la injuriosa falsedad que le atribuye al Dr. Allan Randolph Brewer-Carías, de haber sido el autor del acta de constitución del llamado <Gobierno de transición y unidad nacional> instalado en el Palacio de Miraflores la tarde del 12 de abril pasado.

Me consta que el Dr. Brewer no redactó ese documento. Considero mi deber testimoniarlo así, no sólo por la vieja amistad que me une con él, sino porque se trata de uno de los más relevantes juristas venezolanos del presente a quien la envidia y la mezquindad se han complacido en zaherir imputándole la autoría de un documento que, más allá de la valoración política que pueda hacerse de los hechos que lo motivaron, es objetivamente el más absurdo disparate de nuestra rica historia de instrumentos de instalación de gobiernos de facto.

....

En eso estábamos cuando pasadas las seis de la tarde del miércoles 10 de abril, llegaron a mi despacho los abogados Daniel Romero y José Gregorio Vásquez a quienes no conocía. El Dr. Romero leyó lo que pretendía ser un proyecto de instalación para un gobierno de transición. Yo les hice algunas observaciones de carácter histórico y el Dr. Brewer llamó su atención acerca de la Carta Democrática Interamericana, haciéndose evidente para ambos la ignorancia de los abogados en esos temas por lo cual no les dimos mayor importancia. Cuando se marcharon, el Dr. Brewer y yo comentamos la ligereza y banalidad del documento, del cual me dejaron una copia.

....

Supe que el Dr. Brewer-Carías había estado en la madrugada de ese día [12 de abril de 2002] en la Comandancia del Ejército y luego en el Palacio de Miraflores. De allí que corriera la especie de que él había tenido algo que ver con el acta de constitución hecha pública esa tarde. Yo, mejor que nadie, sabe demasiado bien que ello no era cierto. Presumí, que si acaso Brewer fue consultado, sus opiniones no fueron tomadas en cuenta por quienes actuaron con temeraria irresponsabilidad, lo cual me ha sido confirmado posteriormente.

Me complace rendir este testimonio, que exime totalmente al Dr. Allan R. Brewer-Carías de toda injerencia en el lamentable episodio del gobierno de facto de Carmona Estanga".

Es decir: la manifestaciones de don Jorge Olavarría de que es una "injuriosa falsedad" que el señor Brewer-Carías haya "sido el autor del acta de constitución del llamado <Gobierno de transición y unidad nacional>", de que le "consta que el Dr. Brewer no redactó ese documento", de que sólo "la envidia y la mezquindad" han podido imputarle "la autoría [del documento]", de que dicho documento hizo evidente para don Allan R. Brewer-Carías "la ignorancia, ligereza y banalidad" de quienes lo habían redactado, de que "[el señor Olavarría] mejor que nadie sabe demasiado bien que ello no era cierto [que el señor Brewer <había tenido algo que ver con el acta de constitución>]", y de que "[don Jorge Olavarría] exime totalmente al Dr. Allan R. Brewer-Carías de toda injerencia en el lamentable episodio del gobierno de facto de Carmona Estanga", todas estas tajantes afirmaciones del señor Olavarría, por activa y por pasiva, de que don Allan R. Brewer-Carias no es el autor del "Acta de Constitución del Gobierno de Transición Democrática y de Unidad Nacional", le sirven al Ministerio Público como ¡prueba! de que el señor Brewer-Carías sí que ha redactado dicha "Acta": que una argumentación así infringe las más elementales reglas de la lógica y de lo que es razonable, y que, por consiguiente, no es que vulnere, sino que simplemente constituye una burla del derecho a la presunción de inocencia, se entiende por sí mismo (anexo 14).

32°, 33° Y 34° SUPUESTOS "ELEMENTOS DE CONVICCIÓN": ENTREVISTA A LOS PERIODISTAS RAFAEL POLEO Y A PATRICIA POLEO, TEXTO DE RAFAEL POLEO EN EL LIBRO "VENEZUELA LA CRISIS DE ABRIL" Y ENTREVISTA ANTE LA FISCALÍA

La Fiscal agrega como *32° SUPUESTO ELEMENTO DE CONVICCIÓN* para acusar a nuestro defendido:

> 32.   *La afirmación hecha por los periodistas Rafael Poleo y patricia Poleo en el programa Dominio Público, conducido por el periodista Eduardo Rodríguez y trasmitido por Venevisión, el día lunes 22 de abril de 2002 y quienes afirmaron:*
>
> > *Rafael Poleo: ...me entró una llamada de un militar que desde Fuerte Tiuna, anunciaba o nos informaba que estaba ... que Carmona había llegado y estaba encerrado con el General Vásquez Velasco con Brewer-Carías y bajo la dirección de Isaac Pérez Recao, haciendo los decretos de gobierno y nombrando gabinete*
> >
> > *Eduardo Rodríguez: Mucha gente se ha preguntado patricia si tu sabias de esta reunión o de cualquier otra actividad que se estuviese haciendo simultáneamente a los acontecimientos ¿por que no lo informaste en su momento*
> >
> > *Patricia Poleo: Si bueno yo creo que todos los venezolanos sabíamos que estaba pasando algo y que algo estaba por pasar, de hecho yo si por decirlo de alguna manera yo monitoree las reuniones durante 4, 5 meses que se hacían buscando la salida democrática, cerradas ya las vías institucionales como son la Fiscalía general, El Tribunal Supremo, la Asamblea nacional, se buscaba la salida a través del artículo 350 de la Constitución de la República Bolivariana de Venezuela y yoi lo hice de una forma periodística, seguí todas las reuniones y tomé muchas notas y recave muchos datos, por supuesto como yo iba a informar que se estaban haciendo unas reuniones y lo que se estaba diciendo en ellas para abortar una situación que estábamos buscando todos los venezolanos que era la salida democrática, es absurdo que la gente me pida a mi ahora que hubiera hablado antes, por que se hubiera abortado algo que podría haber sido positivo y efectivo ¡!!no!!!.*
> >
> > *Eduardo Rodríguez: ¿La grandes decisiones que contemplaron este decreto provinieron de quien o de quienes?*
> >
> > *Patricia Poleo: Mira ahí como se dice, este vulgarmente se están tirando la pelota unos a otros. ¡!!no!!! Allan Brewer-Carías llegó para hacer el decreto y simplementos le quitaron el papel de las manos...y comenzaron a redactarlo entre Danielo Romero e Isaac Pérez Recao, después Allan Brewer-Carías hizo algunas observaciones..." (Video VHS, identificado en el lomo 34 Patricia Poleo Entrevista.*

En cuanto a la primera parte de este extracto, que se atribuye a una entrevista a Rafael Poleo, como se puede apreciar, se trata de una información referencial dada por el periodista, quien dice que fue informado telefónicamente por un militar desde Fuerte Tiuna (Conforme a la secuencia de la entrevista se puede deducir que Rafael Poleo se encontraba, cuando recibió la llamada, en Venevisión). De dicha conversación telefónica narrada en la entrevista resulta, en todo caso, que Poleo no fue testigo de nada de lo que dijo, por lo que se trata de una afirmación referencial del periodista, la cual, por lo demás, es completamente falsa. El supuesto militar que lo informó, si es que existió, por lo visto, le informó mal.

En forma similar a lo expresado en la entrevista televisiva, la señora Fiscal presenta como **33º SUPUESTO ELEMENTO DE CONVICCIÓN** para acusar a nuestro defendido, lo siguiente:

> 33. De libro "Venezuela: La crisis de abril", Ediciones IESA C.A. de varios autores, entre ellos el ciudadano Rafael Poleo, en su crónica, Un abril en Crisis, en la que señala:
>
> > "...poco después recibí una llamada de un amigo en Fuerte Tiuna, en la cual se me dijo que Carmona estaba encerrado con el general Vásquez Velasco, Isaac Pérez Recao, Allan Brewer-Carías, Daniel Romero y algunas otras personas, redactando los documentos constitutivo de un nuevo gobierno" (Cursa el libro en la pieza 21, en la contraportada).

Debe destacarse, en relación con esta crónica periodística, además, que en la entrevista que le hizo la representación Fiscal al ciudadano Rafael Poleo en día 06-06-2005, en relación con el artículo titulado "Un abril en Crisis", que aparece en el libro mencionado *Venezuela: Crisis del abril,* editado por IESA (**Folio 30, Pieza XX**), (**34º SUPUESTO ELEMENTO DE CONVICCIÓN**) al preguntársele si en el mismo afirma que "...poco después recibí una llamada de un amigo en Fuerte Tiuna, en la cual me dijo que Carmona estaba encerrado con el general Vásquez Velasco, Isaac Pérez Alfonso, Allan Brewer-Carías, Daniel Romero y algunas otras personas, redactando los documentos constitutivo de un nuevo gobierno", simplemente contestó en la siguiente forma, por demás imprecisa: "**Es muy posible que yo haya escrito eso**, porque efectivamente recibí esa llamada y **se me dijo aproximadamente que lo que usted está citando**" (**Folio 24 y ss., Pieza XX**).

Es decir, el Sr. Poleo aparentemente recuerda que se le dijo al "comienzo de las primeras horas del día 12", "aproximadamente" lo que escribió; y cuando la Fiscal le preguntó sobre "el nombre de la persona que lo llamó", se limitó a indicar como periodista que utiliza correctamente sus fuentes, que "Eso no puedo decirlo porque es un secreto de la fuente" (**Folios 24 y ss. Pieza XX**)..

En todo caso, aparte de las imprecisiones sobre lo que alguien le dijo por teléfono, indudablemente mal dicho o mal recordado por el periodista, en relación con lo dicho por Rafael Poleo, debe señalarse que nuestro defendido Allan R. Brewer-Carías nunca en su vida se ha reunido con el general Efraín Vásquez Velasco, y que nunca se reunió con él en Fuerte Tiuna en la madrugada del día 12 de abril, y menos se "encerró" con él, con Carmona, con Pérez Recao y con cualquier otra persona en ninguna parte. Esa supuesta reunión en la cual habrían estado presentes Vásquez Velasco, Carmona, Pérez Recao y nuestro defendido, nunca ocurrió ni tuvo lugar. A dicho general Vásquez Velasco nuestro defendido no lo conocía ni los conoce. A dicho general lo vio de pasada esa madrugada, pero podemos decir que no lo conoce personalmente. Nunca ha hablado ni, por tanto, se ha reunido en forma alguna con él. Con Pérez Recao jamás se ha reunido ni antes del 12 de abril, ni durante el 12 de abril, ni después del 12 de abril de 2002. Es falsa, por tanto, la referencia que hace Rafael Poleo de que nuestro defendido se hubiera "reunido" con esas personas para propósito alguno, y menos para redactar nada, ni para nombrar gabinete de nadie.

Incluso, el General Efraín Vásquez Velázco, en la interpelación que le hizo la Comisión Especial de la Asamblea Nacional el día 17-05-2002, en respuesta a una pregunta que le hizo el diputado Saúl Ortega, sobre si conocía a varios civiles que estuvieron en Fuerte Tiuna esa madrugada, entre ellos a nuestro defendido Allan R. Brewer-Carías, contestó: "lo vi el día 12"… "Yo no sé que hacían allá". El diputado Roger Rondón, por su parte, le preguntó al general Velasco en la misma interpelación lo siguiente: "¿Cuándo se redactó el decreto que instauró el gobierno de facto, donde usted evidentemente participó?". ¿Y qué participación tuvo en ésta, Brewer-Carías y Daniel Romero? En su respuesta, el general Vásquez Velasco dijo: "Yo no participé en esta redacción de este documento, ya participé que esta persona Brewer-Carías y Daniel Romero las conocí fue ese día allá en el Comando General, estuvieron, Daniel, no se cuál de los dos, pero los vi ese día o al día siguiente, no recuero, no los conocía antes" (Véase en la *página web* de Globovisión).

En todo caso, la mencionada opinión del periodista Rafael Poleo, es sólo eso, su opinión o apreciación, producto según dijo de referencias que pudo haber recibido, completamente falsas, la cual no puede constituir "elemento de convicción" alguno que pueda involucrar a nuestro defendido Allan R. Brewer-Carías en los hechos que se le imputan, es decir, en supuestamente haber participado "en la elaboración, redacción y discusión" del decreto de un gobierno de transición, lo cual es falso; en que fuera corredactor del decreto de gobierno de transición y menos aún en que supuestamente hubiera o haya podido haber llegado a acuerdo, pacto o concertación alguna, con nadie, para cambiar violentamente la Constitución, lo cual también es completamente falso.

Sobre este supuesto elemento de convicción, el profesor Enrique Gimbernat también se pronunció, en opinión jurídica que hacemos nuestra en defensa del Dr. Allan R. Brewer-Carías:

K. Entrevista televisiva a don Rafael Poleo (elemento probatorio 15)

1. Tal como consta en el Expediente como Cinta N-39, el 12 de abril de 2002, en el programa "Dominio Público", transmitido por Venevisión, el periodista Rafael Poleo afirmó lo siguiente:

"Entonces me entró una llamada de un militar que desde Fuerte Tiuna que anunció, que nos informaba que Carmona había llegado y que estaba encerrado con el general Vásquez Velasco y con Brewer-Carías, bajo la dirección de Isaac Pérez Alfonso haciendo los decretos de gobierno y nombrando gabinete".

2. a) Según se desprende de su declaración prestada ante el Ministerio Público el 6 de junio de 2005 (pieza XXI, pp. 24 ss.), don Rafael Poleo es un testigo de referencia que, acogiéndose al secreto periodístico, se niega a revelar quien es el militar supuesto testigo presencial que le habría llamado para informarle que don Allan R. Brewer-Carías sería una de las personas que estaba redactando los decretos de gobierno: a la pregunta: "¿Diga usted el nombre de la persona que le llamó?", el señor Poleo contestó: "Eso no puedo decirlo porque es un secreto de la fuente".

b) Como se ha expuesto supra A 4 y 5, la declaración de un testigo de referencia que se niega a identificar cuál es su fuente no puede ser tenida en cuenta como testimonio de cargo, porque ello conculcaría tanto el derecho a la presunción de inocencia como el derecho a la defensa que emana, a su vez, del que toda persona tiene a un proceso justo, debido y con todas las garantías.

Por otra parte, también se ha razonado supra A 4 b aa in fine, que el secreto profesional es uno muy respetable, pero que si un periodista decide acogerse a él, y se niega a facilitar quién es su fuente de información, entonces podrá quedar satisfecho su ethos estamental, pero no por ello dejará de ser un testigo indirecto que no designa quién es el supuesto testigo presencial, por lo que su testimonio seguirá siendo ineficaz para destruir y conculcar los todavía más respetables derechos a la presunción de inocencia y a la defensa (anexo 14).

Por otra parte, en relación con lo expresado por la periodista Patricia Poleo en el mismo programa, en el texto antes trascrito como aparece en el escrito de acusación (**32° SUPUESTO ELEMENTO DE CONVICCIÓN**), la Fiscal malintencionadamente actuando de mala fe, recorta el texto eliminando las partes de las declaraciones de Patricia Poleo que benefician a nuestro defendido, violando el deber que le impone el Código Orgánico Procesal Penal. En efecto, nuestro defendido ha visto y escuchado dicho video el la sede de la Fiscalía 6ª, el día 11-02-2005, y ha copiado a mano su contenido en presencia del funcionario de esa fiscalía, abogado Simón Quiñones, y de ello resulta que en realidad lo que dijo Patricia Poleo en dicha entrevista televisiva, que fue realizada por el periodista Eduardo Rodríguez, fue lo siguiente:

> **Patricia Poleo**: "…y no lo que vimos después, lo que vieron muchos. En la Comandancia General del Ejército que fue este joven (en el diálogo se refiere a Isaac Pérez Recao) y junto con otros más, 2 o 3 personas, diciendo lo que había que hacer, redactándole decreto, etc., mientras Carmona permanecía sentado impasible".
>
> **Pregunta Eduardo Rodríguez**: "Las grandes decisiones que contemplaron ese decreto provinieron de quien o de quienes?
>
> **Respuesta PP**: Mira, ahí como se dice, este, vulgarmente, se están tirando la pelota unos a otros, no. Allan Brewer-Carías llegó para hacer el decreto y simplemente le quitaron el papel de las manos, por decirlo en alguna manera pues fue en computadora que se redactó, y comenzaron a redactarlo entre Daniel Romero e Isaac Pérez Recao, despúes Allan Brewer-Carías hizo algunas acotaciones y *dijo que esto no podía ser, que eso era antidemocrático*…" (**Cinta N-39**).

Es decir, la señora Fiscal en la trascripción que hace, además de ponerla fuera de contexto, omite la expresión de patricia Poleo de que nuestro defendido dio una opinión adversa al decreto, se`naló que eso no podía ser y que era antidemocrático.

Ahora bien, en todo caso debe señalarse que la periodista Poleo en la entrevista que sostuvo ante esta Fiscalía el 28-03-2005 (**folio 228, Pieza XVII**), negó haber estado en Fuerte Tiuna esa madrugada del 12 de abril de 2002, por lo que mal podía hacer las afirmaciones que hizo, las cuales no pueden ser comprobadas.

Pero en todo caso, como se puede apreciar del texto exacto de lo que dijo Patricia Poleo en la entrevista, se trata de una información referencial dada por la periodista, de dos hechos falsos: en primer lugar, que nuestro defendido hubiera llegado a Fuerte Tiuna "para hacer el decreto". Allan R. Brewer-Carías no fue a Fuerte Tiuna a hacer decreto alguno ni hizo decreto alguno; al contrario, fue llamado como abogado a su casa en esa madrugada por Pedro Carmona para que le diera una opinión jurídica sobre el texto de un decreto de un gobierno de transición, que ya estaba redactado; a cuyo efecto lo mandó a buscar con su chofer y automóvil. Es falso, por tanto, que nuestro defendido hubiera llegado a Fuerte Tiuna para hacer tal documento, que además ya estaba hecho.

En segundo lugar, por tanto, es falso que a nuestro defendido alguien le hubiera quitado de la mano algún texto que supuestamente hubiera estado haciendo, o que hubiera tenido documento alguno que alguien le hubiera arrancado de las manos. Cuando llego a Fuerte Tiuna, Pedro Carmona le pidió que viera el documento que tenían los abogados que se habían identificado como Daniel Romero y José Gregorio Vásquez.

En tercer lugar, es falso que en algún momento de la madrugada nuestro defendido hubiera estado realizando alguna tarea común junto con Daniel Romero e Isaac Pérez Recao, con quien jamás en su vida se ha reunido.

La periodista Patricia Poleo, en esta entrevista, en todo caso, cambió la versión que había sugerido en los reportajes escritos que antes se han analizado (Nº 11 de la acusación), y en esta entrevista dijo que nuestro defendido se habría opuesto al texto del documento, por su contenido antidemocrático; lo que en definitiva así fue, pero que sin embargo, la Fiscal no destaca y omite maliciosamente.

En todo caso, la opinión o información referencial de la periodista, de nuevo, es un producto de la imaginación o de referencias que pudo haber recibido, que no puede constituir "elemento de convicción" alguno que pueda involucrar a nuestro defendido en los hechos que se le imputan, es decir, en supuestamente haber participado "en la elaboración, redacción y discusión" del decreto de un gobierno de transición, lo cual es falso; y menos aún en que supuestamente hubiera o haya podido haber llegado a acuerdo, pacto o concertación alguna, con nadie, para cambiar violentamente la Constitución, lo cual también es completamente falso.

35° Y 36° SUPUESTOS "ELEMENTOS DE CONVICCIÓN": ENTREVISTA DE TELEVISIÓN A TEODORO PETKOFF, DIRECTOR DEL VESPERTINO TAL CUAL, Y SU DECLARACIÓN EN LA FISCALÍA

La señora Fiscal, en los supuestos elementos que usó para imputar a nuestro defendido en enero de 2005, indicó falsamente lo siguiente:

16.   *Programa 30 Minutos, transmitido por Televen el 12 de Mayo de 2002, en el que el periodista Cesar Miguel Rondón entrevistó a Teodoro Petkoff quien afirmó:*

"Estamos ante un golpe de estado sui generis, Pedro Carmona, tiene plenos poderes para nombrar alcaldes, gobernadores, se juramentó ante si mismo, destituyó a los Magistrados del Tribunal Supremo de Justicia, al Defensor del Pueblo, Contralor, Fiscal, Asamblea Nacional, tiene poderes dictatoriales. Estamos en presencia de un gobierno de facto, porque no cubre las formas democráticas. Brewer debe explicar ese decreto ante la OEA" **(folios 248 y 249, Pieza XIII).**

El texto anterior, que la Fiscal atribuyó a Teodoro Petkoff en el acta de imputación fiscal, *es falso,* ya que no se corresponde que lo dicho por Petkoff. La ciudadana Fiscal, al hacer la imputación, copió ciegamente el texto trascrito en la denuncia del denunciante Bellorín **(folio 130, Pieza IV)**, sin siquiera verificar la veracidad de lo que copiaba. La Representación fiscal, en esta forma, lesionó el derecho a la defensa de nuestro defendido, al indicar como un supuesto "elemento de convicción" de la imputación que le hizo, un "texto" falso de una supuesta entrevista, que no se corresponde con lo que se ve y se escucha en el video respectivo, que está archivado en el expediente como **Cinta H-30.**

Esta falsedad fue advertida por propio Teodoro Petkoff en la entrevista efectuada ante la Fiscal 6ª, realizada el día 02-02-2005, en relación con el falso "texto" que se le atribuye como perteneciente a la entrevista televisiva, y que fue incluido en la imputación de la Fiscal, cuando indicó:

SÉPTIMA: ¿Diga Usted por que señaló en esa entrevista que Brewer debe explicar ese decreto ante la OEA? CONTESTÓ: **Yo no dije que Brewer debía explicar ese decreto ante la OEA**, dije, ahora que acabo de oír el programa de nuevo, "No se cómo vamos a explicar esta situación ante la OEA", me refería obviamente al golpe de Estado **y no Brewer**. OCTAVA: ¿Diga Usted si tiene conocimiento de quienes elaboraron el decreto que fue leído el día 12 de abril de 2002, en el palacio de Miraflores? CONTESTÓ: No. No estuve allí. **(folio 33, Pieza XIV)**.

La señora Fiscal, ahora pretende enmendar la falsedad en la que incurrió (por ello negó nuestra petición de que se transcribieran los textos respetivos de los videos), y presenta como **35º SUPUESTO ELEMENTO DE CONVICCIÓN** para la acusación, el siguiente texto de la entrevista televisiva a Teodoro Petkoff:

> *"Estamos ante un golpe de estado sui generis, Pedro Carmona, tiene plenos poderes para nombrar alcaldes, gobernadores, se juramentó ante si mismo, destituyó a los Magistrados del Tribunal Supremo de Justicia, al Defensor del Pueblo, Contralor, Fiscal, Asamblea Nacional, tiene poderes dictatoriales. Estamos en presencia de un gobierno de facto, porque no cubre las formas democráticas.*
>
> **Cesar Miguel Rondón: Amén de la misma juramentación de hoy, como se llevó adelante. ¿No?**
>
> **Teodoro Petkoff**: No bueno es que además, yo te voy a decir, **yo no se pues, yo creo adivinar el talento de Randy Brewer detrás de ese decreto que salió hoy**, ¡!!no!!! de Randolf Brewer; pero yo no sé como le vamos a explicar a la OEA esta situación, porque en principio y formalmente hablando desde el punto de vista de la legalidad interamericana, estamos en presencia de un gobierno de facto, con poderes dictatoriales, producto de un golpe de Estado, eso es lo que hay formalmente hablando...(Video VHS identificado en el lomo con la siguiente leyenda: 12 04-02 30 Minutos H 30).

En relación con esta apreciación de Teodoro Petkoff en dicha entrevista, de "creer adivinar" el "talento" de nuestro defendido "detrás de ese decreto", por supuesto, no es más que una apreciación personal de Petkoff, hecha por lo demás, sin base o fundamento alguno; en fin, se trató de **una "inexcusable ligereza"** de su parte, tal y como el mismo Teodoro Petkoff lo calificó en la entrevista que le había hecho el Fiscal José Benigno Rojas el 10-09-02, según consta en el expediente (**folios 158 y 159, Pieza IX; folios 63 a 65, Pieza XV**), y que asombrosamente la señora Fiscal presenta ahora también como **36° SUPUESTO ELEMENTO DE CONVIC-CIÓN,** en la cual declaró:

> NOVENA. Diga usted, si tiene conocimiento del nombre de las personas que presuntamente elaboraron el referido Decreto? CONTESTO: **No tengo ningún conocimiento.**
>
> DÉCIMA. Diga usted, si reconoce el video que a continuación se le pone de vista y manifestó (El despacho deja constancia de haberle puesto de vista y manifiesto al ciudadano entrevistado una entrevista efectuada a su persona por el ciudadano César Miguel Rondón el 12 de abril de 2002 en el programa "30 Minutos" que se trasmite por Televen a las 10:00 de la noche? CONTESTÓ: Si.
>
> DÉCIMA PRIMERA: Diga usted, por que en el mencionado video hace mención al ciudadano Allan Brewer-Carías como una de las personas que presuntamente estructuraron el referido decreto? CONTESTÓ: **La verdad de que esa fue una inexcusable ligereza de mi parte, porque no tenía como no tengo todavía ningún conocimiento fehaciente de quiénes elaboraron ese decreto.** De hecho, en la entrevista con Rondón yo no afirmo que Brewer haya participado, sino que digo algo así como "creo percibir la mano de Randy Brewer en ese decreto", **pero esto desde luego, no sólo no es una afirmación categórica sino de hecho como dije antes, es una ligereza (folio 159, Pieza IX).**

En todo caso, la apreciación u opinión personal del periodista a que se refiere la entrevista televisiva que se pretende configurar como "elemento de convicción" para acusar a nuestro defendido, fue negada por el mismo Teodoro Petkoff, calificando se apreciación como una **inexcusable ligereza de su parte**, producto, por tanto, de su imaginación o suposición, la cual no puede constituir "elemento de convicción" alguno que pueda involucrar a nuestro defendido Allan R. Brewer-Carías en los hechos que se le imputan, es decir, en supuestamente haber participado "en la elaboración, redacción y discusión" del decreto de un gobierno de transición, lo cual es falso; y menos aún en que supuestamente hubiera o haya podido haber llegado a acuerdo, pacto o concertación alguna, con nadie, para cambiar violentamente la Constitución, lo cual también es completamente falso.

Por lo demás, en relación con este supuesto elemento de convicción, el profesor Enrique Gimbernat, de la Universidad Complutense de Madrid, ha expresado lo siguiente, lo que hacemos nuestro en defensa de Allan R. Brewer-Carías:

2. **Sobre este supuesto elemento probatorio 16 hay que decir**:

En primer lugar, que el texto que se recoge en el acta de imputación **no coincide** con lo expresado por el señor Petkoff en su entrevista televisiva: en el acta de imputación se afirma, **falsamente**, **entrecomillándolo**, incumpliendo el Ministerio Fiscal el deber que le incumbe de recoger **fidedignamente** las pruebas –tanto las de cargo como las de descargo-, que lo manifestado por don Teodoro Petkoff habría sido: "Brewer debe explicar ese decreto ante la OEA", cuando lo que **realmente** dijo fue: "yo no sé cómo le vamos a explicar a la OEA esta situación", es decir: que el Ministerio Público cambia el sujeto (Brewer en lugar de [nosotros] vamos) y el complemento directo (decreto en vez de situación) de la oración, con lo cual la frase adquiere un sentido tan distinto como **perjudicial** para don Allan R. Brewer-Carías.

En segundo lugar, que, naturalmente, y aunque esa frase del señor Petkoff **no figura en el acta de imputación** –probablemente porque, a diferencia de en el caso de la señora Pérez Osuna, **el Ministerio Fiscal ya no se atreve a volver a utilizar la "apreciación subjetiva" de una persona como elemento probatorio**-, la manifestación de aquél formulada en la referida entrevista televisiva de que "cree **adivinar** el talento de Randy Brewer detrás de este decreto que salió hoy", carece de cualquier eficacia probatoria, ya que, como se ha expuesto supra J 2 b, si se le atribuyera tal eficacia se estaría vulnerando el derecho a la presunción de inocencia. En cualquier caso, y aunque ello no altere la conclusión de que esas manifestaciones de don Teodoro Petkoff no pueden constituir elemento probatorio alguno, posteriormente, y en su entrevista ante el Ministerio Público de 10 de septiembre de 2002, el señor Petkoff reconoció que, al manifestar esa "sensación" de que don Allan R. Brewer-Carías habría estructurado el decreto, incurrió en "una inexcusable ligereza por mi parte".

Y, finalmente, que, aunque las declaraciones de don Teodoro Petkoff fueran un testimonio incriminatorio –que, como se acaba de argumentar, no lo son-, se trataría de un testigo indirecto que no da cuenta de quién es su supuesto informante testigo presencial, por lo que cualquier toma en consideración de ese testimonio infringiría el derecho a la presunción de inocencia y el de defensa (cfr. supra A 4 y 5) (anexo 14).

37° SUPUESTO "ELEMENTO DE CONVICCIÓN": VIDEO DE GLOBOVISIÓN, PROGRAMA VOCES DE UN PAÍS DEL 28-05-2002

Agrega la señora Fiscal como supuesto elemento de convicción para acusar a nuestro defendido, lo siguiente:

37. Programa Voces de un País, trasmitido por Globovisión, el día 28 de mayo de 2002, donde aparece el imputado ciudadano Allan Randolph Brewer-Carías en la Comandancia General del Ejército, en la Comandancia general del Ejército, Fuerte Tiuna, acompañado de varios oficiales durante la madrugada del día 12 de abril, momento durante los cuales fue redactado el decreto que entró en vigencia el 12 de abril de 2002 (Video VHS, identificado en el lomo con leyenda "31"Programa: Voces de un país"01/05/2002 Globovisión)

Este párrafo, de nuevo, es trascripción parcial de lo expuesto en su denuncia por el denunciante Bellorín (**folio 132, Pieza IV**); y tal como quedó expresado en la acusación es completamente falso en su contenido. **No es cierto que en el dicho Video nuestro defendido Allan R. Brewer-Carías aparezca acompañado de varios oficiales y menos de los que se mencionaron en el acta de imputación fiscal**. En cuanto a nuestro defendido, en el video sólo se ve una escena en la cual aparece presenciando, sin intervenir, una conversación que se estaba llevando a cabo entre Pedro Carmona y Carlos Molina Tamayo, quien tenía uniforme de la Armada. En la imagen del video en la cual aparece nuestro defendido no aparece "acompañado de varios oficiales" ni de ningún oficial.

En realidad, la imagen de dicho video para lo único para lo cual podría servir es para corroborar la presencia de nuestro defendido en Fuerte Tiuna en la madrugada del 12 de abril, lo cual es un hecho admitido por él, porque es cierto, como lo ha dicho en la entrevista del 02-07-2002 con el Fiscal José Benigno Rojas (**folios 37 a 27, Pieza V**) antes transcrita, lo ha declarado en la prensa en multitud de veces, lo ha escrito tanto en su libro *La Crisis de la democracia en Venezuela. La Carta Democrática Interamericana y los sucesos de abril de 2002* (p. 101), así como en el escrito de fecha 14-01-2005 consignado en el expediente (**folio, 143 y ss., Pieza XIII**). Pieza), y lo ha reconocido el propio Dr. Carmona en su libro *Mi Testimonio ante la Historia* (**Pieza XIII**, p. 107 y 108). Él mandó buscar a nuestro defendido a su casa de habitación esa madrugada con su chofer y carro, para que le diera una opinión jurídica en relación con el proyecto de decreto de gobierno de transición que le habían presentado en ese lugar, esa madrugada; opinión que le dio al fin del día en forma adversa al mismo.

Es decir, lo único que evidenciaría ese video es la presencia en ese lugar. Pero la sola presencia en Fuerte Tiuna no constituye delito, ni significa que se le pueda atribuir ningún hecho concreto y menos la redacción de un decreto que ya estaba redactado. Insistimos, la presencia de nuestro defendido en ese lugar fue porque como abogado se lo llamó, y a efecto de conocer su opinión jurídica se lo fue a buscar a su casa para que la diera sobre un documento que ya estaba redactado. El video, en todo caso, en forma alguna puede configurarse en "elemento de convicción" alguno de los hechos que se le imputan a nuestro defendido, es decir, en supuestamente haber participado "en la elaboración, redacción y discusión" del decreto de un gobierno de transición, lo cual es falso; y menos aún en que supuestamente hubiera o haya podido haber llegado a acuerdo, pacto o concertación alguna, con nadie, para cambiar violentamente la Constitución, lo cual también es completamente falso.

Sobre este elemento de convicción, además, el profesor Enrique Gimbernat, de la Universidad Complutense de Madrid, ha expuesto lo siguiente, que hacemos nuestro en defensa de Allan R. Brewer-Carías:

N. **Programa "Voces de un País", transmitido por Globovisión el 28 de mayo de 2002, en donde está presente don Allan R. Brewer-Carías en la Comandancia General del Ejército en una escena en la que figura presenciando, sin intervenir, una conversación que se estaba llevando a cabo entre don Pedro Carmona Estanga y don Carlos Molina Tamayo (elemento probatorio 21)**

> Este supuesto elemento probatorio de cargo, para imputar a don Allan R. Brewer-Carías su participación en la redacción y elaboración del "Acta de Constitución del Gobierno de Transición Democrática y Unidad Nacional", se hace derivar de la mera presencia de aquél en Fuerte Tiuna, presencia que el señor Brewer-Carías ha explicado y justificado reiteradamente ante el Ministerio Fiscal: fue llamado a ese lugar por don Pedro Carmona Estanga para que emitiera su opinión de experto sobre un documento ya redactado por otros de decreto de gobierno de transición, opinión que, en efecto, manifestó el señor Brewer-Carías, descalificando jurídicamente dicho documento.

Para demostrar por qué la simple presencia de don Allan R. Brewer-Carías carece de cualquier eficacia probatoria de cargo sobre los hechos que se le imputan me remito *in toto* a lo expuesto supra B, donde me he ocupado del artículo periodístico de doña Laura Weffer Cifuentes, en el que ésta refiere igualmente que el señor Brewer-Carías se encontraba en Fuerte Tiuna, testimonio del cual el Ministerio Público hace seguir igualmente un elemento probatorio (el núm. 3) en el acta de imputación. Como ya se ha argumentado ampliamente supra B, aunque el "Acta" se hubiera redactado efectivamente en Fuerte Tiuna, y no, previamente, en un sitio distinto –extremo éste que no está acreditado-, deducir de la mera presencia de una persona en el lugar de los hechos que ha intervenido en los mismos supone una flagrante conculcación de su derecho a la presunción de inocencia (anexo 14).

APRECIACIÓN GENERAL FORMULADA POR EL PROFESOR ENRIQUE GIMBERNAT SOBRE LOS SUPUESTOS ELEMENTOS DE CONVICCIÓN ANTES ANALIZADOS, QUE COINCIDEN CON LOS QUE FORMULÓ EL MINISTERIO PÚBLICO EN LA IMPUTACIÓN

El profesor Enrique Gimbernat, de la Universidad Complutense de Madrid, en su dictamen rendido a solicitud nuestra sobre los supuestos elementos probatorios que adujo el Ministerio Público para la imputación de enero de 2005, y que coinciden en su mayoría con los que ha repetido la señora Fiscal en la acusación formulada contra el Dr. Allan R. Brewer-Carías, ha formulado en junio de 2005 las siguientes conclusiones, cuyo texto hacemos nuestro, en su defensa:

IV. CONCLUSIONES

Primera.- Los testimonios contenidos en los artículos periodísticos y entrevistas televisivas de dona Patricia Poleo, don Edgar López, doña Mariela León, don Roberto Giusti, don Ricardo Peña, don Francisco Olivares, don Rafael Poleo y don Teodoro Petkoff deberían haber sido rechazados "a limine" por el Ministerio Público, tal como dispone imperativamente el art. 710 de la Ley de Enjuiciamiento Criminal española: "Los testigos expresarán la razón de su dicho y, **si fueren de referencia, precisarán el origen de la noticia, designando con su nombre y apellido, o con las señas con que fuere conocido, a la persona que se la hubiese comunicado**". Ello es así, no sólo porque el testimonio de un testigo de referencia que no identifica a su fuente –con lo que no se puede saber si existe verdaderamente un testigo directo, ni, tampoco, y consiguientemente, si quien se hace pasar por testigo de referencia ostenta realmente esa condición– **es inhábil para enervar la presunción de inocencia**, sino porque darle el valor de prueba de cargo **vulnera, asimismo, el derecho de defensa, como emanación del derecho a un proceso, justo, equitativo y con todas las garantías**, ya que se ha privado a don Allan R. Brewer-Carías de la posibilidad de interrogar a esos supuestos testigos presenciales, y, con ello, de la posibilidad también de fiscalizar la credibilidad de éstos, o ponerla en duda, así como de poder acreditar que son unos testigos hostiles o parciales. A la misma conclusión –vulneración del derecho de defensa– habría que llegar si, aunque esos supuestos testigos de referencia hubieran identificado –lo que no hizo ninguno– a sus presuntos informantes, se le hubiera privado al imputado de la oportunidad de recibirles declaración, ya que el testigo indirecto sólo puede sustituir al directo –sin vulnerarse los derechos de presunción de inocencia y de defensa–, si la declaración del presencial –por fallecimiento o por imposibilidad de localización, por ejemplo– ha devenido objetivamente imposible.

Por lo demás, y al no haber dado razón ninguno de los supuestos testigos de referencia de quién es su fuente de información, se desconoce también si existe un único primer supuesto testigo de referencia, y los restantes, que se hacen pasar como tales, son sólo testigos de referencia de ese primer supuesto primer testigo de referencia.

El acogimiento al secreto profesional para negarse a revelar las presuntas fuentes de información es irrelevante: el periodista en muy libre de acogerse a él, pero lo que no puede pretender es que entonces su supuesta información pueda tener efecto probatorio alguno en un procedimiento penal, porque en ese caso seguirá siendo, jurídicamente, un testigo de referencia que se niega a dar cuenta de sus presuntas fuentes, y porque, naturalmente, el secreto periodístico no está por encima de los derechos humanos fundamentales a la presunción de inocencia y a la defensa.

Segunda.- Todavía sin abandonar el testimonio de esos presuntos testigos de referencia, **y aunque ya ha quedado razonado por qué no pueden ser tenidos en cuenta como prueba de cargo, ya que, si se hiciera, se vulnerarían los derechos a la presunción de inocencia y de defensa**, no obstante, a lo ya dicho hay que añadir, **además**:

Que las numerosas y diversas manifestaciones de la señora Poleo
son tan incompatibles y contradictorias entre sí que, aunque hubiera sido un testigo directo, tampoco podrían haber sido tenidas en
cuenta para fundamentar la imputación del señor Brewer-Carías.
Que don Edgar López, en uno de los pasajes de su artículo periodístico, se limita a reseñar una supuesta opinión positiva de don
Allan R. Brewer-Carías sobre el "Acta de Constitución del Gobierno
de Transición Democrática y Unidad Nacional" –opinión que fue
desmentida por aquél-, y que, en cualquier caso, de una opinión
positiva sobre un determinado texto no se puede inferir razonada y
razonablemente que quien la emite sea el autor de dicho texto. Que
doña Mariela León en ninguna parte de su reseña periodística afirma que don Allan R. Brewer-Carías sea el autor de la mencionada
"Acta", por lo que el Ministerio Público no puede recurrir a esa reseña para imputar a aquél lo que ni siquiera le imputa el supuesto
testigo de referencia. Que, igualmente, don Roberto Giusti no imputa en su artículo periodístico al señor Brewer-Carías que este
haya redactado y elaborado la referida "Acta", por lo que mal puede servir de indicio de que se ha realizado un determinado comportamiento un texto en el que no se atribuye a nadie ese
comportamiento. Que don Ricardo Peña sólo atribuye a don Allan
R. Brewer-Carías el papel de asesor del Decreto, con lo que no sólo
descarta que lo haya redactado, sino que tampoco concreta si dicho
asesoramiento fue favorable o desfavorable al contenido de dicho
Decreto, independientemente de que el auténtico redactor asumiera
o no los consejos que se le daban; y, además, y en relación todavía
con el artículo periodístico del supuesto testigo de referencia don
Ricardo Peña, que lo que éste realmente manifiesta es que el señor
Brewer-Carías **"supuestamente"** habría sido un "asesor", con lo
que el Ministerio Fiscal da por acontecido lo que el señor Peña no
afirma como realmente sucedido, lo cual constituye **una forma específica de ulterior vulneración del derecho a la presunción de
inocencia por infracción del principio "in dubio pro reo"**. Que
don Francisco Olivares, en su artículo publicado en "El Universal"
de 26 de abril de 2002, en ningún momento designa nominalmente
a don Allan R. Brewer-Carías como autor de la tantas veces mencionada "Acta", por lo que no es jurídicamente admisible que el
Ministerio Público pueda imputar a una persona cuando ni siquiera
la imputa el testigo sobre el que se basa para hacerlo, y todo ello
independientemente de que, de esta manera, **el acta de imputación
estaría infringiendo el principio "in dubio pro reo" como derivación del derecho a la presunción de inocencia**. Y, finalmente, y por
lo que se refiere al supuesto testigo de referencia don Teodoro Petkoff, y prescindiendo de que el Ministerio Público, infringiendo su
deber de imparcialidad, tergiversa, en perjuicio del imputado, lo

realmente manifestado por aquél, que, posteriormente, el mismo señor Petkoff atribuyó a "una inexcusable ligereza por [su] parte" el haber manifestado que creía "adivinar el talento" del señor Brewer-Carías detrás del "Acta", intuición que, por otra parte, carece de cualquier eficacia probatoria, ya que una mera intuición en ningún caso puede enervar la presunción de inocencia.

Tercera.- Consignar como elemento probatorio de cargo en el acta de imputación el artículo de doña Laura Weffer Cifuentes, publicado en "El Nacional de 13 de abril de 2002, supone una **ulterior vulneración del derecho de don Allan R. Brewer-Carías a la presunción de inocencia**, pues la **mera presencia** de una persona en el lugar donde presuntamente se habría cometido un hecho punible nunca puede justificar, por sí sola, que aquélla ha tenido intervención en éste, ya que para que "**la presunción de inocencia quede desvirtuada** con una suficiente actividad probatoria de cargo ... es necesario que la prueba practicada evidencie no sólo la comisión de un hecho punible, **sino también todo lo atinente a la participación que en él tuvo el acusado. Pues es la conexión entre ambos elementos la que fundamenta la acusación contra una persona, y, lógicamente, uno y otro han de ser objeto de prueba**". Por los mismos motivos, **y porque sólo se afirma la presencia del señor Brewer-Carías en Fuerte Tiuna** –presencia que, por otra parte, aquél ha justificado y explicado ampliamente: fue llamado como asesor experto, y su opinión sobre el "Decreto" tuvo un signo inequívocamente desfavorable-, la inclusión en el acta de imputación del artículo de doña Nitu Pérez Osuna, publicado en "El Mundo" de 3 de mayo de 2002, **conculca el derecho de don Allan R. Brewer-Carías a la presunción de inocencia**, así como también la consideración como elemento probatorio del programa "Voces de un País", transmitido por Globovisión el 28 de mayo de 2002, donde únicamente se registra la **presencia** del señor Brewer-Carías en dicho lugar.

Cuarta.- El artículo de doña Milagros Socorro en "El Nacional" de 27 de abril de 2002, en el que se atribuye la participación en el "Acta de Constitución del Gobierno de Transición Democrática y Unidad Nacional" a los "mejores constitucionalistas del país", **no constituye prueba de cargo alguna contra el señor Brewer-Carías**: en primer lugar, porque en dicho artículo no se designa nominalmente a don Allan R. Brewer-Carías, por lo que es inadmisible que el Ministerio Fiscal pueda imputar a una persona cuando ni siquiera la imputa el testigo sobre el que se basa para hacerlo; y, en segundo lugar, porque aunque se quisiera admitir erróneamente que el señor Brewer-Carías pudiera ser alguno de esos "constitucionalistas", lo que en cualquier caso está fuera de discusión es que ello, como mucho, no pasa de constituir una probabilidad, **y convertir una probabilidad en certeza infringe el principio "in dubio pro reo" como derivación del derecho a la presunción de inocencia**. Por los mismos motivos carecen del carácter de prueba de cargo, y constituyen una conculcación del derecho a la presunción de inocencia, las declaraciones de don Isaac Pérez Recao ("expertos constitucionalistas") y de don Tarek William Saab ("grupo de constitucionalistas muy respetado").

Quinta.- Las declaraciones de don Jorge Olavarría en las que manifiesta la de ser **"una injuriosa falsedad [la] que le atribuye al Dr. Allan Brewer-Carías, de haber sido el autor del acta de constitución del llamado <Gobierno de transición y unidad nacional> instalado en el Palacio de Miraflores la tarde del pasado 12 de abril"**, que le **"consta que el Dr. Brewer no redactó ese documento"**, **"a quien la envidia y la mezquindad se han complacido en zaherir imputándole la autoría de un documento"**, y que **"de allí que corriera la especie de que él había tenido algo que ver con el acta de constitución hecha pública esa tarde. Yo, mejor que nadie, sabe demasiado bien que ello no era cierto"**, constituyen una inequívoca prueba de descargo que el Ministerio Público considera, incomprensiblemente, una de cargo, **vulnerándose, una vez más, el derecho a la presunción de inocencia de don Allan R. Brewer-Carías, en cuanto que esa inferencia infringe las más elementales reglas de la lógica y de lo que es razonable**.

Igualmente, **se viola ese derecho a la presunción de inocencia**, cuando el Ministerio Público pretende convertir la entrevista rendida ante éste por don Allan R. Brewer-Carías de prueba de descargo, en otra de cargo, pues lo que el señor Brewer-Carías declaró fue, entre otras cosas, **"no haber tenido nada que ver con las decisiones políticas contenidas en el acto que pretendió poner en vigor un nuevo orden político e instalar el llamado Gobierno de Transición; ni con sus orígenes, ni con su desarrollo ni con sus consecuencias"**, contestando, a la pregunta del Ministerio Fiscal de si tenía "conocimiento de qué personas le suministraron el documento del Decreto que tantas veces usted menciona, al ciudadano Pedro Carmona Estanga", que: **"no tengo conocimiento directo, lo que sé es lo que el Dr. Carmona me indicó que el documento se lo había dado al él llegar a Fuerte Tiuna el abogado de apellido Romero"**. Y es que la presunción de inocencia sólo se destruye cuando los elementos probatorios la enervan "a través de un proceso mental razonado y acorde con las reglas del criterio humano, sobre la base de un enlace lógico, preciso y directo". Y se vulnera el derecho a la presunción de inocencia, porque éste exige también que, **"a partir de la existencia de unos indicios plenamente probados"**, se llegue a enervar dicha presunción con "la razonabilidad y co-herencia del proceso de inferencia", siendo preciso que se expli-que "el iter mental a fin de que pueda enjuiciarse la racionalidad y coherencia del proceso mental seguido", es decir: "a través de un proceso mental razonado y acorde con las reglas del criterio humano, sobre la base de un enlace lógico, preciso y directo". Pues bien: no hay modo más irrazonable e irrazonado, contrario a las reglas del criterio humano e ilógico que un iter discursivo, como el seguido por el Ministerio Fiscal, donde, desde las declaraciones del señor Brewer-Carías de que él no ha intervenido en un Decreto, se in-fiera, como hace el acta de imputación, que sí que ha intervenido y que le parecía muy bien la disolución de los Poderes Públicos.

Finalmente, y de la misma manera, ha de **calificarse de concul-cador del derecho a la presunción de inocencia** que el Ministerio Fiscal, en relación al libro de don Pedro Carmona "Mi Testimonio ante la Historia", vuelva a convertir una prueba de descargo en otra de cargo. Porque lo que aquél manifiesta en su obra es que a don Allan R. Brewer-Carías **"no se le [s] pued[e] imputar su redacción [del Decreto de 12 de abril]"**, y que **"el doctor Allan Brewer no tiene responsabilidad alguna, sino la de haber emitido profesio-nalmente algún criterio que, repito, lo comprometa con ninguna acción de esas cortas horas de provisionalidad, o transitoriedad de esos días"**. De acuerdo, **y tal como exige el derecho a la presun-ción de inocencia**, con un iter discursivo razonable y razonado, conforme con las reglas del criterio humano, y sobre la base de un enlace lógico, preciso y directo, lo que se sigue de esas frases del señor Carmona es que al señor Brewer-Carías no se le puede impu-tar la redacción del Decreto.

Sexta.- Por supuesto que el "Acta de Constitución del Gobierno de Transición Democrática y Unidad Nacional", que el Ministerio Fiscal incorpora al acta de imputación como elemento probatorio 1, **tampoco es apto para destruir la presunción de inocencia de don Allan R. Brewer-Carías**, ya que, para enervarla, es preciso poner en conexión el supuesto hecho punible con una determinada persona como autora del mismo. Y ese "Acta" lo único que acredita es la existencia de un supuesto hecho punible, pero no que a éste esté conectada la participación del señor Brewer-Carías.

Por las mismas razones, estimar como elemento probatorio una cinta de VHS en la que se aprecia el desarrollo del acto de 12 de abril de 2002, supone una nueva infracción del derecho a la presun-ción de inocencia de don Allan R. Brewer-Carías, pues tampoco ahí se establece conexión alguna entre el supuesto hecho punible y la intervención en ese hecho de aquél, y mucho menos teniendo en cuenta que en dicho acto no aparece para nada don Allan R. Bre-wer-Carías.

Séptima.- La denuncia de don Alberto Bellorín, que el Ministerio Fiscal considera que constituye también un elemento probatorio de cargo contra el señor Brewer-Carías, se basa sobre **las mismas supuestas pruebas** que se recogen en el acta de imputación como elementos probatorios 3 a 22. Por lo que, por idénticas razones por las que ésta no es apta para destruir la presunción de inocencia del señor Brewer-Carías, tampoco lo es la referida denuncia.

Octava.- La denuncia de don Alberto Bellorín –no así el acta de imputación- afirma que los artículos periodísticos y las entrevistas televisivas constituirían un "hecho notorio comunicacional", en el sentido de la doctrina de la Sala Constitucional del TSJ, de que don Allan R. Brewer-Carías habría intervenido en la redacción y elaboración del "Acta de Constitución del Gobierno de Transición Democrática y Unidad Nacional". Pero sin razón: En primer lugar, porque las informaciones aparecidas en esos medios han sido reiterada y públicamente **desmentidas** en otros medios de comunicación; en segundo lugar, porque la supuesta intervención de don Allan R. Brewer-Carías en la redacción de ese Decreto no integra "noticia" alguna –como lo son, para el TSJ, los "conflictos armados" o los "nombramientos que hace el Congreso"-, con el significado de acontecimiento público presenciado por los propios periodistas o por testigos directos cuya identidad no se oculta, sino que esa imputación es únicamente reconducible a supuestos testigos de referencia de los que ni siquiera se sabe si son testigos de referencia, ya que todos ellos ocultan deliberadamente quiénes habrían sido los supuestos testigos presenciales; y, en tercer lugar, porque la razonable construcción jurisprudencial del "hecho notorio comunicacional" tiene que ser compatible con –y matizada por- los derechos humanos –como el de la presunción de inocencia o de la defensa-reconocidos en la CNRB y en los textos internacionales con jerarquía constitucional.

Novena.- Como resumen de todo lo expuesto, hay que afirmar que el acta de imputación contra don Allan R. Brewer-Carías constituye una **violación masiva de sus derechos humanos fundamentales a la presunción de inocencia y a la defensa**, como emanación este último del derecho a un proceso justo, equitativo y con todas las garantías. Y no sólo porque se basa sobre las declaraciones de **supuestos** testigos de referencia que se niegan a identificar a sus **supuestos** testigos presenciales, sino porque la presunción de inocencia del señor Brewer-Carías también se vulnera con otras sedicentes pruebas en las que se infringe reiteradamente el principio "in dubio pro reo", en las que no se acredita conexión alguna entre el supuesto hecho punible y la participación en éste del imputado, en las que el Ministerio Público atribuye al señor Brewer-Carías lo que el testigo en cuestión de ninguna manera le imputa, y porque, finalmente, dicho Ministerio Fiscal, mediante un proceso discursivo irrazonable e irrazonado, ilógico, incoherente y contrario a las reglas del criterio humano, transforma en pruebas de cargo lo que son inequívocamente pruebas de descargo (anexo 14).

Las anteriores conclusiones y observaciones, por lo demás, se aplican a los otros supuestos elementos de convicción que no estaban en la imputación y que se indican en la acusación, como los que se analizan a continuación.

38° Y 39° SUPUESTOS "ELEMENTOS DE CONVICCIÓN": INTERPELACIÓN Y DECLARACIÓN DE JOSÉ GREGORIO MONTILLA

La señora Fiscal, en el escrito de acusación, indica como **38° SUPUESTO ELEMENTO DE CONVICCIÓN,** lo siguiente:

Interpelación del ciudadano Coronel (Ej) José Gregorio Montilla Pantoja, en fecha 21 de mayo de 2002, ante la Comisión Especial Política que investiga los hechos ocurridos los días 11, 12, 13 y 14 de abril de 2002, quien se desempeñaba como Jefe de Operaciones de la Disip y estaba en la Comandancia General del Ejército, Fuerte Tiuna, durante esos días, en la interpelación expresó:…

La señora Fiscal copia buena parte de dicha interpelación, en la cual las únicas referencias a nuestro defendido Allan R. Brewer-Carías, es que el señor Montilla dijo en su relato, que en la madrugada del 12 de abril de 2002 le llamó poderosamente la atención la presencia en Fuerte Tiuna de un grupo de civiles entre los cuales pudo identificar a nuestro defendido Allan R. Brewer-Carías, agregando lo siguiente:

Sobre el presunto documento donde se decía que había renunciado el presidente quiero comentarles lo siguiente: yo me quedé en el piso 5° de la Comandancia General cumpliendo instrucciones del general García Carneiro, él se retiró y me pidió, Coronel quédese acá para ver que está pasando, logré penetrar a la oficina donde se encontraba en un cubículo el señor Allan Brewer-Carías, quien le revisaba al general de División Medina Gómez un documento que presumo era la renuncia del Presidente, con ese documento, entró el general medina al salón donde se mantenía el señor Presidente de la República, y posteriormente salió y habló con Brewer-Carías de este documento, lo que pude observar no llevaba firma alguna, concluyendo que el presidente no renunció" (folios 90 al 110, pieza 19).

De esta declaración del señor Montilla, la señora Fiscal si bien deduce que "es prueba de que el imputado en la madrugada del 12 de abril de 2002 se encontraba en la Comandancia General del Ejército", Fuerte Tiuna, lo que ha sido afirmado por nuestro defendido; sin embargo, erradamente agrega que nuestro defendido supuestamente se encontraba "elaborando documentos, que serían leídos ese día en el Palacio de Miraflores, para cambiar violentamente la Constitución".

Esa conclusión o deducción de la Fiscal, salvo por lo que se refiere a la presencia de nuestro defendido Allan R. Brewer-Carías en Fuerte Tiuna en horas de la madrugada del 12 de abril de 2002, como se ha dicho infinidad de veces, es completamente errada, pues de lo dicho por el señor Montilla no se deduce que nuestro defendido hubiera estado "elaborando documentos", lo que no se dice en forma alguna, y menos aún documentos que se pudieron haber leído en la tarde de ese día 12 de abril de 2002 en el Palacio de Miraflores, y que según se evidencia del propio Vídeo VHS presentado como supuesto elemento de convicción N° 25, sería el decreto de gobierno de transición.

Por otra parte el señor Montilla lo que afirma es que supuestamente nuestro defendido revisaba un documento que él *presume* era la renuncia del Presidente de la República, documento que estaba en posesión de otra persona, por lo que no pudo ser elaborado por nuestro defendido, como erradamente deduce la señora Fiscal, y que además, entendemos que no fue un documento leído ese día en el palacio de Miraflores. Nada de la interpelación del señor Montilla puede por tanto servir como elemento de convicción alguno de los hechos que se le imputan a nuestro defendido, es decir, en supuestamente haber participado "en la elaboración, redacción y discusión" del decreto de un gobierno de transición, lo cual es falso; y menos aún en que supuestamente hubiera o haya podido haber llegado a acuerdo, pacto o concertación alguna, con nadie, para cambiar violentamente la Constitución, lo cual también es completamente falso.

Pero adicionalmente, la señora Fiscal presentó en la acusación contra nuestro defendido como **39° SUPUESTO ELEMENTO DE CONVICCIÓN**, la declaración del mismo coronel José Gregorio Montilla Partija, quien se desempeñaba como Jefe de Operaciones de la Disip, rendida ante la Fiscalía el 25-05-2005, en la cual, en relación con nuestro defendido Allan R. Brewer-Carías, señaló que recordaba que se encontraba, además de otras personas civiles y militares, en el piso 5° de la Comandancia General del Ejército; que no sabía la hora exacta a la que nuestro defendido había llegado a Fuerte Tiuna, ni si cuando él llegó nuestro defendido se encontraba en ese lugar, pero que había permanecido allí hasta después de las 4 a.m. Luego, a la

Pregunta siete: ¿Diga usted, que hacía el ciudadano Brewer-Carías durante su permanencia en el piso cinco de a Comandancia General del Ejército?

Contestó: Por lo que observé, este ciudadano estaba redactando varios documentos los cuales eran transcriptos por una secretaria bajo la orientación de Brewer-Carías, y creo que uno de ellos fue la renuncia del Presidente de la República, ya que él hizo un documento, como dije anteriormente lo trascribía una persona que hacía de secretaria, y este documento le fue entregado al General Enrique Medina Gómez, quien lo levó al salón donde se encontraba detenido el Sr. Presidente de la República, al poco tiempo salió el mismo general Medina con el documento sin firmar y lo consultó con el Sr. Brewer delante de la secretaria de quien desconozco datos algunos, volvió a entrar donde estaba el señor presidente y salió nuevamente manifestando, que no quiso firmar, por lo que me hace presumir que era la renuncia del presidente.

Pregunta ocho: ¿Diga usted si tiene conocimiento si el ciudadano Brewer-Carías redactó algún otro documento durante su permanencia en Fuerte Tiuna?

Contestó: Mientras estuvo allí, como lo señalé antes, estuvo redactando y reuniéndose con los civiles y militares que allí se encontraban.

Pregunta Nueve: ¿Diga usted a que hora aproximadamente ocurrió la redacción del documento de renuncia al que hace mención?

Contestó: Creo que fue en horas de la madrugada, tres, cuatro, no se exactamente la hora.

Pregunta Diez: ¿Diga usted, si el ciudadano Brewer-Carías estuvo llegó acompañado de alguna persona?

Contestó: No lo vi cuando llegó, pero si lo observé durante la noche y la madrugada, en una especie de cubículo que está en la comandancia, en compañía de una mujer que hacía de secretaria y ella no pertenece a la institución, presumo que llegó en compañía de ella, pero con certeza desconozco ese detalle.

Pregunta once: ¿Diga usted si el ciudadano Brewer-Carías estuvo conversando con el ciudadano Pedro Carmona Estanca, durante su permanencia en el piso cinco de la Comandancia general del Ejército?

Contestó: Si conversaron en varias oportunidades.

Pregunta Doce: ¿Diga usted si las conversaciones fueron en privado?

Contestó: Hablaron delante de todos, y después se reunieron en privado.

Pregunta Trece: Diga usted si recuerda el contenido de las conversaciones entre los ciudadanos Brewer-Carías y Pedro Carmona Estanca?

Contestó: No las oí, pero observé que se reunían varias personas, al señor Carmona, lo abordaba mucha gente, nunca estaba solo, el señor Brewer-Carías habló varias veces con él delante de varias personas, yo no podía oír que estaban hablando y también se reunieron en una sala, en una habitación.

Pregunta Catorce: ¿Diga usted cuanto tiempo duró la reunión que sostuvieron los ciudadanos Brewer-Carías y Pedro Carmona Estanca en privado?

Contestó: Aproximadamente hora y media. (Folios 204 a 208, pieza 20).

De esta declaración del señor Montilla, la señora Fiscal deduce que es prueba de la presencia de nuestro defendido en Fuerte Tiuna "en la noche del 11 de abril de 2002", lo que no solo no se puede deducir de lo declarado por Montilla, quien más bien dijo que no sabía a qué hora había llegado nuestro defendido a ese lugar, sino que en todo caso es falso de toda falsedad, pues nuestro defendido estuvo en su casa de habitación en la noche del 11 de abril, y sólo fue en la madrugada que Carmona lo llamó por teléfono solicitándole que fuera a Fuerte Tiuna, lugar al cual llegó en la misma madrugada del día 12 de abril, cuando fue mandado a buscar a su casa con el chofer y carro de Carmona. Pero la señora Fiscal, además de esta falsedad, pretende igualmente deducir de la declaración de Montilla, otra falsedad, en el sentido de que sería que ello es prueba de que nuestro defendido habría estado "redactando el decreto por el cual se cambió violentamente la Constitución". Basta leer la declaración del señor Montilla para constatar que en ella no hay la más mínima referencia a que supuestamente nuestro defendido hubiera estado redactando nada, y menos aún en dichas declaraciones, hay referencia alguna al decreto de gobierno de transición.

Pero en cuanto al contenido de las declaraciones de Montilla, da pena, vergüenza, constatar que haya militares en servicio activo que declaran falsedades, lo que es impropio respecto de cualquier ser humano y más, de quienes son miembros de la institución castrense.

En efecto, el ciudadano José Gregorio Montilla Pantoja, Primer Comandante de la 35° Brigada de Policía Militar "Libertador José de San Martín", declaró que para los días 11, 12 y 13 de abril de 2002 se encontraba de comisión de servicio en la DISIP como Jefe de Operaciones de dicha entidad policial; que llegó a Fuerte Tiuna a eso de las 11. pm aproximadamente del día 11 de abril; y que en el piso 5 de la Comandancia General del Ejército, "Se encontraban Brewer-Carías, Iván Simonovis, Eugenio Mendoza, Francisco Arias Cárdenas, Marcelo Sanabria, Díaz Paruta, Hernán Rojas, Daniel Romero y Guaicaipuro Lameda entre otros que no recuerdo y que no conocía, creo que también se encontraba el General Polloli Pérez y Pérez Recao" (**Folios 204 y ss., Pieza XX**). Esta declaración del ciudadano Montilla Pantoja, **fue desmentida** por el ciudadano Leonardo Enrique Díaz Paruta, Director de la Policía de Chacao, en declaración rendida ante la representación Fiscal, el día el 02-06-2002 , en la cual a la pregunta de "qué se presentó en las instalaciones de Fuerte Tiuna en horas de la noche del día 11 de abril de 2002": Contestó: "Lo aseguro, lo juro que no estuve en las instalaciones de Fuerte Tiuna, de una forma tajante"; agregando además, que "desearía solicitarle a la Fiscalía profundice las investigaciones con relación a la pregunta N° 5, sobre mi presunta presencia en las instalaciones de Fuerte Tiuna el día 11 de abril de 2002, en horas de la noche, lo cual niego en forma tajante y me pongo a la entera disposición de esta representación Fiscal a fin de colaborar y establecer realmente lo ocurrido. Es todo" (**folio Pieza XX, folio** 202 y ss.).

El señor Montilla Pantoja en su declaración, agregó además, sobre la presencia de nuestro defendido en Fuerte Tiuna en la madrugada del día 12 de abril de 2002, que no recordaba si cuando él llegó, Brewer estaba allí (pregunta 5), y que no podía precisar cuanto tiempo permanecí en ese lugar (pregunta 6). Sin embargo, nuestro defendido, Allan R. Brewer-Carías si ha afirmado sobre su presencia en Fuerte Tiuna, lo que ha reafirmado en la rueda de prensa que dio el día 16-04-2002; en la entrevista de 03-07-2002 ante esta Fiscalía (**folios 34 y ss., Pieza V**), en su libro sobre *La crisis de la democracia en Venezuela. La Carta Democrática Interamericana y los sucesos de abril de 2002*, publicado (Libros El Nacional) en noviembre de 2002, pp. 101 y ss. (**anexo 1**) y en el documento que consignó ante esta Fiscalía en fecha 14-01-2005 (**folio, 143 y ss., Pieza XIII**); permanencia que ocurrió en la madrugada del 12 de abril aproximadamente entre las 3 y las 6 am.

Adicionalmente, el ciudadano Montilla Pantoja, a quien nuestro defendido no conoce ni ha visto en su vida, y con quien nunca ha hablado, afirmó ante esta Fiscalía en su declaración, cuando se le preguntó "qué hacía el ciudadano Brewer-Carías durante su permanencia en el piso 5° de la Comandancia General del Ejército" que supuestamente habría estado:

> "redactando varios documentos los cuales eran transcritos por una secretaria bajo la orientación de Brewer-Carías, **y creo que uno de ellos fue la renuncia del Presidente de la República**, ya que él hizo un documento, como dije anteriormente lo transcribía una persona que hacía de secretaria, y este documento le fue entregado al general Enrique Medina Gómez, quien lo llevó al Salón donde se encontraba detenido el señor Presidente de la República, al poco tiempo salió el mismo general Medina con el documento sin firmar y lo consultó con el señor Brewer-Carías delante de la secretaria de quien desconozco dato alguno, volvió a entrar donde estaba el señor Presidente y salió nuevamente manifestando que no quiso firmar por lo que me hace presumir que era la renuncia del Presidente"(pregunta 7) (**folio 204 y ss., Pieza XX**).

Lo anterior, como se ha dicho al rechazar las afirmaciones de este señor Montilla en la Interpelación que se le hizo ante la Asamblea Nacional, es completamente falso, y basado en imprecisiones (¿"varios documentos" o "un documento"?) y presunciones ("creo que"; "presumo que"). Allan R. Brewer-Carías no estuvo redactado documento alguno, ni estuvo en Fuerte Tiuna con secretaria alguna, que pudiera estar trascribiendo algo. En ese lugar durante esa madrugada nuestro defendido no vio a mujer alguna.

Lo único cierto que puede deducirse de esas declaraciones es la presencia de nuestro defendido en Fuerte Tiuna en la madrugada del 12 de abril de 2002, hecho que ha admitido desde su declaración ante la Fiscalía el 03-07-2002 y lo largo de este escrito, porque fue llamado como abogado para dar una opinión jurídica sobre un documento que ya estaba redactado. Una cosa es leer un documento que ya estaba redactado, y otra cosa es elaborar un documento. El señor Montilla deliberada y maliciosamente confundió lectura con elaboración; o es que quizás no sabe la distinción entre una u otra actividad intelectual.

Sobre las consultas varias, verbales, que en conversaciones varias se le hicieron esa madrugada a nuestro defendido, en los pasillos del sitio donde se encontraba, por diversos oficiales a quienes no conocía, en relación por ejemplo con los requisitos jurídicos de la renuncia de los funcionarios públicos y en particular del Presidente de la República, como lo ha afirmado nuestro defendido en la declaración que rindió ante la Fiscalía el día 03-07-2002, en la cual expuso lo siguiente en relación con su presencia en Fuerte Tiuna:

> "...mientras buscaba hablar con el Dr. CARMONA, en los pasillos se insistía en la renuncia del Presidente de la República, lo que oí por boca de diversos oficiales de la Fuerza Armada, que se encontraban en el lugar, a quienes no conocía personalmente. Alguno cuyo nombre y grado desconozco me preguntó sobre la forma jurídica de una renuncia de funcionario, **limitándome a señalar que el caso del Presidente de la República estaba prevista en el artículo 233 de la Constitución, que la misma debía revestir la forma de Decreto, por así exigirlo la Ley Orgánica de Procedimientos Administrativos y que el Vice-presidente Ejecutivo se encargaba de la Presidencia**". (folio 37 y ss, Pieza V).

Por otra parte, en cuanto a la opinión jurídica que se le había solicitado por Carmona a nuestro defendido, a más nadie que no fuera a dicho señor Carmona es que podía tratar de indicarle sus observaciones. Elementales principios de ética profesional y de seguridad personal, ya que no conocía a los oficiales que estaban en ese lugar, ni jamás los había visto antes, le aconsejaban proceder de esa manera. En ese lugar, no tenía persona conocida y de confianza con quien hablar del asunto, y con tantos militares circundantes cuya identidad desconocía, como fue supuesta y precisamente el caso del señor Montilla que era parte de la política, nuestro defendido estimó que no era prudente ponerse a objetar indiscriminadamente lo que con el documento de decreto de gobierno de transición pretendía en relación con los Poderes Públicos.

Nuestro defendido sólo pudo hablar con Carmona cuando llegó a Fuerte Tiuna. Es falso, por tanto, lo afirmado por el ciudadano José Gregorio Montilla Pantoja, Primer Comandante de la 35°

Brigada de Policía Militar "Libertador José de San Martín en la declaración rendida en mayo de 2005 ante esta Representación fiscal (**folios 204 y ss, Pieza XX**), en el sentido de que Brewer hubiera conversado "en varias oportunidades" con Pedro Carmona (pregunta 11) o que hubiera hablado "varias veces con él delante de varias personas" (pregunta 12); y menos que se hubiera reunido con él "aproximadamente una hora y media" (pregunta 14). Ello, además de falso es imposible: en las escasas horas de la madrugada que nuestro defendido estuvo en Fuerte Tiuna, no más de tres horas, era imposible que hubiera estado "aproximadamente una hora y media" con Carmona, persona que además, como lo dijo el propio señor Montilla, "lo abordaba mucha gente, nunca estaba solo"(pregunta 12). En todo caso, el mencionado ciudadano Montilla Pantoja, es enfático al afirmar ante esta Fiscalía que "no podía oír qué estaban hablando" (pregunta 12); y al responder a la pregunta que se le hizo de si recordaba "el contenido de las conversaciones entre los ciudadanos Brewer-Carías y Pedro Carmona Estanca" también respondió que "No las oí" (pregunta 12).

Ahora bien, la sola presencia en Fuerte Tiuna no constituye delito, ni significa que se le pueda atribuir a nuestro defendido ningún hecho concreto y menos la redacción de un decreto que ya estaba redactado y que el declarante señor Montilla ni siquiera menciona. Insistimos, la presencia de nuestro defendido en ese lugar fue porque como abogado se lo llamó, y a efecto de conocer su opinión jurídica se lo fue a buscar a su casa para que la diera sobre un documento que ya estaba redactado. La declaración del señor Montilla, además, llena de falsedades, en forma alguna puede configurase en "elemento de convicción" alguno de los hechos que se le imputan a nuestro defendido, es decir, en supuestamente haber participado "en la elaboración, redacción y discusión" del decreto de un gobierno de transición, lo cual es falso; y menos aún en que supuestamente hubiera o haya podido haber llegado a acuerdo, pacto o concertación alguna, con nadie, para cambiar violentamente la Constitución, lo cual también es completamente falso.

40° SUPUESTO "ELEMENTO DE CONVICCIÓN": DECLARACIÓN DE JORGE JAVIER PARRA VEGA

La señora Fiscal, agrega como supuesto "elemento de convicción" otra declaración de un militar activo, así:

40. Entrevista rendida ante el despacho fiscal por el ciudadano Jorge Javier Parra Vega, venezolano y titular de la cédula de identidad número 6.483.186, quien durante los días 11, 12 y 13 de abril de 2002, se desempeñaba como Segundo Comandante del batallón Caracas, en la entrevista expresa lo siguiente: …

De las respuestas que el mencionado señor Parra Vega dio a las preguntas dos, tres y cuatro que le formuló el Ministerio Público el día 27-05-2005, en cuanto concierne a nuestro defendido Allan R. Brewer-Carías (**folios 291 y ss., Pieza XX**), debe indicarse que dicho ciudadano Parra refirió, falsamente, que Brewer hubiera estado en Fuerte Tiuna, "a altas horas de la noche" del día 11 de abril de 2002 (pregunta 2), lo que no es cierto; y a la pregunta de "si recuerda que día y qué hora vio usted al ciudadano Brewer-Carías en el piso 5° del Ministerio de la Defensa" habría contestado también falsamente que "Lo vi todo esa noche a altas horas y la madrugada del 12 de abril de 2002" para agregar de seguidas que "**No recuerdo las horas específicas**"(pregunta 3). Estas afirmaciones son totalmente falsas: Brewer-Carías no estuvo en horas de la noche del 11 de abril en Fuerte Tiuna, pues estaba en su casa de habitación; y llegó a Fuerte Tiuna en la madrugada del día 12 de abril, porque se lo fue a buscar a su casa por el chofer de Pedro Carmona acompañado de un oficial.

Pero la falsedad de las afirmaciones del ciudadano Parra Vegas llega al extremo de afirmar que supuestamente Brewer-Carías habría estado "con el general Guaicaipuro Lameda, en un salón contiguo al salón de los espejos. Estaban con una laptop, donde escribía él y Guaicaipuro Lameda, redactaban un documento cuyo contenido desconozco" (pregunta 4). Ello es completamente falso: es falso que Brewer-Carías hubiera estado escribiendo en un laptop; y es igualmente falso que hubiera estado con el ciudadano Guaicaipuro Lameda reunido en salón alguno. Nuestro defendido, Alan R. Brewer-Carías nunca en su vida se ha reunido con el general Lameda en ninguna parte, y menos en Fuerte Tiuna.

Por lo demás, nada de lo dicho, aún falsamente por el señor Parra Vega, de haber sido verdad, que no lo es, permitiría deducir, como lo pretende la señora Fiscal, que ello sería prueba de que nuestro defendido "participó de la redacción del decreto de facto, leído en el Palacio de Miraflores el 12 de abril de 2002". Nada de lo dicho por el señor parra Vega, que todo es falso, se refiere a decreto alguno ni a que nuestro defendido haya participado en la redacción del decreto de gobierno de transición. Por tanto, nada de lo dicho por el señor Parra Vega puede constituirse en "elemento de convicción" alguno que pueda involucrar a nuestro defendido, Allan R. Brewer-Carías, en los hechos que se le imputan; es decir, en supuestamente haber participado "en la elaboración, redacción y discusión" del decreto de un gobierno de transición, lo cual es falso; y menos aún en que supuestamente hubiera o haya podido haber llegado a acuerdo, pacto o concertación alguna, con nadie, para cambiar violentamente la Constitución, lo cual también es completamente falso.

41° SUPUESTO ELEMENTO DE CONVICCIÓN: DECLARACIÓN DE JOSÉ RAFAEL REVENGA EL 09-09-2005

La Señora Fiscal, agregó como supuesto "elemento de convicción" para la acusación contra nuestro defendido, lo siguiente:

41. Entrevista rendida ante el despacho fiscal en fecha 05 de septiembre de 2002, por el ciudadano José Rafael revenga Gorrondona, venezolano y titular de la cédula de identidad número 1713942, quien se encontraba en la Comandancia General del Ejército a altas horas de la noche del día 11 de abril de 2002 y la madrugada del día siguiente, y manifestó en la entrevista lo siguiente:…

El señor Revenga Gorrondona, en la entrevista que copia parcialmente la señora Fiscal, informó a la Fiscalía respecto de su estadía en Fuerte Tiuna en la madrugada del 12 de abril de 2002, que "..a la una de la mañana estando con Eugenio Mendoza decidimos acercarnos a la sede de la comandancia del Ejercito…"y que "...a golpe de 5.oo de la madrugada se crea una situación pasamos al despacho del Comandante General del Ejército, allí estaba 80 a 100 personas entre ellas el Comandante, el Dr. Carmona, el General Poggioli y estaba al lado de él, el Dr. Carlos Aguilera, Director en ejercicio de la Disip, hasta ese momento, el General Guaicaipuro Lameda estaba vestido de civil, había una cámara de televisión era de Venevisión la vi a las 5.oo de la madrugada, Randy Brewer si estaba allí y me lo crucé en la Sala N° 2 pero pasó hablé con él de saludo el estaba trabajando con Carmona, a golpe de 5.00 de la mañana…". Luego, al referirse a su estadía en el palacio de Miraflores, indicó que ".. Se anuncia a las 2 de la tarde en el salón Ayacucho se va a constituir allí el nuevo gobierno, permanezco en Miraflores y vi a Cecilia Sosa se que ella estuvo en Miraflores, y yo no creo que el proyecto definitivo que lo hayan elaborado Brewer-Carías y Cecilia Sosa, pero si ellos contribuyeron, el acto había sido anunciado a las 2:00 pm, el acto inicia como a las 5 de la tarde, yo me rehusé a entrar al salón…"… Luego se le formularon las siguientes preguntas:

1. ¿Diga usted cuando vio al ciudadano Brewer-Carías, con quien estaba acompañado él?

Contestó: Estaba solo;

2. ¿Diga usted a que hora aproximadamente?

Contestó: 3.00 de la mañana.

3.? Diga usted si tiene conocimiento quienes redactaron el decreto que fue leído en Miraflores?

Contestó: No se.

4. ¿Diga usted si oyó cuando el ciudadano Guaicaipro Lameda estaba siendo juramentado por el ciudadano Pedro Carmona?

Contestó: Si, fue una juramentación formal, alzó la mano, fue un acto formal de juramentación y fue detrás del escritorio del general Velasco.

5. Diga usted si durante su permanencia en Miraflores vio a los ciudadanos Daniel Romero y José Gregorio Vásquez?

Contestó: No los vi pero me imagino que estaban reunidos con Carmona.

De esta declaración de José Rafael Revenga, de contenido falso, la señora Fiscal deduce erradamente que nuestro defendido se encontraba en la Comandancia General del Ejército la madrugada del 12 de abril de 2002, trabajando con el presidente de facto Pedro Carmona "en la elaboración del decreto de facto que luego sería leído en el palacio de Miraflores".

En efecto, es falso que como a las 5.00 am del 12 de abril Brewer hubiera "estado trabajando con Carmona" en Fuerte Tiuna, como aparece de una frase aislada de la declaración de José Rafael Revenga Gorrondona rendida el día 05-09-2005 ante la Fiscalía. Como antes se ha indicado, Brewer sólo se pude reunir con Carmona cuando llegó a Fuerte Tiuna, pues él era quien lo había llamado y mandado a buscar, y sólo por breves minutos al pedirle que revisara jurídicamente un documento que le habían presentado en ese lugar. Si a eso es a lo que se refirió Revenga en su declaración, entonces coincide con lo que ha dicho nuestro defendido, pero lo cierto es que ese encuentro no puede calificarse de "estar trabajando con Carmona". En todo caso, aparte de ese breve encuentro, nunca más se pudo reunir Brewer con Carmona, ni en Fuerte Tiuna ni en el Palacio de Miraflores, por lo que es falso que hubiera estado trabajando con Carmona. Como lo indicó Brewer en la entrevista que sostuvo ante la Fiscalía el día el 03-07-2002, la cual consta en los **folios 37 y siguientes de la Pieza V,** efectivamente vió a José Rafael Revenga esa madrugada en Fuerte Tiuna, y sólo se saludaron. Son, por tanto correctas sus respuestas a las preguntas que le fueron formuladas en la entrevista que le hicieron: "Diga usted cuando vio al ciudadano Brewer-Carías, con quien estaba acompañado él?", "Contestó: Estaba sólo; y "Diga usted a que hora aproximadamente?", "Contestó: 3.00 de la mañana" (**folio 97, Pieza XXV**).

En la declaración de Revenga, al referirse a su presencia en el Palacio de Miraflores en la tarde del 12 de abril, señaló lo siguiente: "…. Se anuncia a las 2 de la tarde en el salón Ayacucho se va a constituír allí el nuevo gobierno, permanezco en Miraflores y vi a Cecilia Sosa se que ella estuvo en Miraflores, y yo no creo que el proyecto definitivo que lo hayan elaborado Brewer-Carías y Cecilia Sosa, pero si ellos contribuyeron, el acto había sido anunciado a las 2,00 pm, el acto inicia como a las 5 de la tarde, yo me rehusé a entrar al salón…" (**folio 97, Pieza XXV**). Si "contribuir" supuestamente a la elaboración de un documento, es haber dado una opinión contraria a su contenido, la apreciación de Revenga, aunque inexacta, podría admitirse, pero debe rechazarse si con ello pretendió sugerir que Brewer-Carías hubiera contribuido a la redacción del documento, lo que por lo demás es contradicho por el propio Revenga en su declaración al contestar la pregunta: "Diga usted si tiene conocimiento quienes redactaron el decreto que fue leído en Miraflores?", "Contestó: No se" (**folio 97, Pieza XXV**).

Como se ha dicho anteriormente, Brewer no se pudo reunir con Carmona para expresarle las observaciones al documento ya redactado que le habían mostrado en Fuerte Tiuna, las cuales solo a él se las podía formular. Por ello, en esa situación, la preocupación que Brewer tenía en ese momento, era más bien de cómo salir de Fuerte Tiuna; y en definitiva, sólo pudo salir en la misma camioneta en la cual se lo había ido a buscar. A tal efecto, por indicación de algún asistente de Carmona, nuestro defendido bajó hasta el sótano del edificio y allí esperó que Carmona bajara para poderse ir. Mientras esperaba para abordar la camioneta respectiva, allí vio a la periodista Laura Weffer, con quien habló brevemente.

Por tanto, es falso que nuestro defendido Allan R. haya estado "trabajando" con Carmona en la madrugada del 12 de abril de 2002. Como se ha dicho reiteradamente, nuestro defendido sólo pudo hablar con Carmona cuando llegó a Fuerte Tuna en la madrugada del día 12 de abril, luego de que éste lo llamó para solicitarle opinión sobre el proyecto de decreto de gobierno de transición. Luego de la breve entrevista que tuvieron al llegar nuestro defendido a Fuerte Tiuna, no pudo volverse a reunir con él para expresarle la opinión jurídica que le merecía el proyecto de decreto; opinión que sólo le pudo dar al final de la tarde de ese día, y por teléfono. Revenga declaró que Brewer-Carías estaba solo en Fuerte Tiuna en esa madrugada, es decir, que no estaba con nadie, solo, lo que es cierto, pero es falso de toda falsedad que hubiera estado "trabajando" con Carmona, si con eso se quiere decir, haciendo una tarea en común. Sin embargo, a pesar de la falsedad de la declaración, pues al no haber ocurrido ese "trabajo" en conjunto, Revenga no podía ser testigo de ninguna ocasión en la cual nuestro defendido hubiera estado "trabajando" con Carmona; lo que es definitivo de su declaración es que no dice en qué cosa es que supuestamente estaban trabajando. Por ello no tiene fundamento alguno que la señora Fiscal deduzca de la declaración de Revenga que nuestro defendido supuestamente estaba trabajando con Carmona "en la elaboración del decreto" de gobierno de transición, lo que no fue dicho por Revenga.

Por otra parte, la afirmación de Revenga de que no creía que Cecilia Sosa ni nuestro defendido Brewer-Carías hubieran elaborado el "proyecto definitivo" del decreto de gobierno de transición, es de nuevo una apreciación personal, una creencia sin fundamento alguno, como también es su creencia que supuestamente hubiéramos colaborado. Como esa "colaboración" jamás ocurrió, lo afirmado por Revenga es una suposición, una creencia, que no puede constituirse en "elemento de convicción" alguno que pueda involucrar a nuestro defendido, Allan R. Brewer-Carías, en los hechos que se le imputan; es decir, en supuestamente haber participado "en la elaboración, redacción y discusión" del decreto de un gobierno de transición, lo cual es falso; y menos aún en que supuestamente hubiera o haya podido haber llegado a acuerdo, pacto o concertación alguna, con nadie, para cambiar violentamente la Constitución, lo cual también es completamente falso.

42° SUPUESTO "ELEMENTO DE CONVICCIÓN": ENTREVISTA A GUSTAVO LINARES BENZO EL 01-09-2005

La señora Fiscal agregó como supuesto "elemento de convicción" contra nuestro defendido, la declaración de Gustavo Linares Benzo, en la forma siguiente:

42. Entrevista rendida ante el Ministerio Público, en fecha 01 de septiembre de 2005, por el ciudadano Gustavo José Linares Benzo, venezolano y titular de la cédula de identidad número 6818623, quien estuvo en el palacio de Miraflores, el día 12 de abril de 2002, y en la Comandancia general del Ejército el día 13 de abril de 2002, expresando lo siguiente:

En su escrito de acusación la Fiscal copia íntegramente la declaración de Linares Benzo, y en ella, indica que llegó al Palacio de Miraflores el día 12 de abril de 2002, "entre 11 y 12 de mediodía" se retiró de ese lugar "calculo yo, como a las 4 o 5 de la tarde, en todo caso, poco antes de la lectura del decreto"; y si bien indicó en su declaración que vio a nuestro defendido en el palacio de Miraflores, a la pregunta: ¿"Diga usted cuando vio al ciudadano Allan Brewer-Carías y que estaba haciendo y donde se encontraba?", "Contestó: Estaba en lo que creo que es el despacho del Ministerio de la Secretaría, creo que sólo, lo saludé y no conversamos nada, estaba sólo de pié, esto ocurrió justo a mi llegada a Miraflores, *luego no lo vi más*" (**folio 76, Pieza XXV**).

Esa es toda la referencia que en su larga declaración hace el Dr. Linares Benzo en relación con nuestro defendido, Allan R. Brewer-Carías, por lo que no tiene sentido alguno que de ello deduzca la Fiscal que esa referencia sería "prueba" no sólo de la presencia de Brewer-Carías en el Palacio de Miraflores a mediodía del 12 de abril, hecho que en este caso no requiere prueba, sino "prueba" de "la participación activa que tuvo el mismo en la redacción del decreto" de gobierno de transición. Linares declaró que, habiendo estado en el Palacio de Miraflores durante la tarde del día 12 de abril de 2002 entre 11 y 12 de mediodía y 4 o 5 de la tarde) vio a Brewer-Carías, sólo, de pié. Cómo de eso deducir que tenía una "participación activa" en la redacción de un documento, es un misterio.

En todo caso, la declaración de Linares en la cual sólo dice que vió a nuestro defendido una vez, solo y de pié, en el palacio de Miraflores, no puede constituirse en "elemento de convicción" alguno que pueda involucrar a Allan R. Brewer-Carías, en los hechos que se le imputan; es decir, en supuestamente haber participado "en la elaboración, redacción y discusión" del decreto de un gobierno de transición, lo cual es falso; y menos aún en que supuestamente hubiera o haya podido haber llegado a acuerdo, pacto o concertación alguna, con nadie, para cambiar violentamente la Constitución, lo cual también es completamente falso.

43° SUPUESTO "ELEMENTO DE CONVICCIÓN": DENUNCIA FORMULADA POR DARÍO VIVAS VELASCO, CARLOS DELGADO SILVA, JUAN CARLOS DUGARTE Y REINALDO GARCÍA EL 05-10-2004.

La señora Fiscal agregó como supuesto "elemento de convicción" para fundar su acusación contra nuestro defendido, la denuncia presentada por *Darío Vivas Velasco, Carlos Delgado Silva, Juan Carlos Dugarte y Reinaldo García, así:*

> 43. De la denuncia formulada ante el Ministerio Público en fecha 05 de octubre de 2004, por los ciudadanos Darío Vivas Velasco, Carlos Delgado Silva, Juan Carlos Dugarte Y Reinaldo García, en la cual denuncian:…

De esta denuncia presentada por unas personas contra Allan Brewer-Carías, Carlos Ayala Corao, Cecilia Margarita Sosa y Daniel Romero, en la cual simplemente, copiándose la denuncia que dos años antes había presentado el coronel Bellorín (2° SUPUESTO ELEMENTO DE CONVICCIÓN), afirman ellos serían "los autores intelectuales y materiales en la elaboración, redacción y publicación" del decreto de gobierno de transición, la señora Fiscal deduce que ella sola sería "prueba de la participación de Alan Randolph Brewer-Carías en la redacción del decreto por el cual se cambió violentamente la Constitución".

Es imposible, jurídicamente hablando, que una denuncia pueda constituirse en "prueba" para una acusación; de lo contrario no existiría el procedimiento penal ni su fase preparatoria. Las solas afirmaciones que hagan unos ciudadanos denunciando un supuesto hecho, no puede constituirse en elemento de convicción de nada; y en este caso, menos puede constituirse en "elemento de convicción" alguno que pueda involucrar a nuestro defendido, Allan R. Brewer-Carías, en los hechos que se le imputan; es decir, en supuestamente haber participado "en la elaboración, redacción y discusión" del decreto de un gobierno de transición, lo cual es

falso; y menos aún en que supuestamente hubiera o haya podido haber llegado a acuerdo, pacto o concertación alguna, con nadie, para cambiar violentamente la Constitución, lo cual también es completamente falso.

44º SUPUESTO ELEMENTO DE CONVICCIÓN: DECLARACIÓN DE FREDDY BERNAL DE 24-05-2005

La señora Fiscal, agrega a su elenco de supuestos elementos de convicción para acusar a nuestro defendido, lo siguiente:

> 44. Entrevista rendida ante el Ministerio Público, en fecha 24 de mayo de 2005, por el ciudadano Freddy Alirio Bernal Rosales, venezolano y titular de la cédula de identidad número 5665018, quien expresó:....

En dicha entrevista, en relación con nuestro defendido, el señor Freddy Bernal, Alcalde del Municipio Libertador, afirmó que "hasta el propio dictador Carmona Estanga ha hecho del conocimiento colectivo nacional e internacional que ella (Cecilia Sosa), conjuntamente con Allan R. Brewer-Carías, Carlos Ayala Corao, Daniel Romero, José Gregorio Vásquez y otros juristas fueron los corredactores del decreto que pretendió servir de base legal para el gobierno de transición..." (**folio 112, Pieza XX**).

De esta indicación del señor Bernal, en la cual lo único que afirma es que supuestamente Carmona ha dicho lo que él dice, la señora Fiscal deduce que ello constituye "prueba de que el ciudadano Alan Randolph Brewer-Carías es corredactor del decreto"de gobierno de transición.

El señor Bernal no afirmó nada, pues no fue testigo de nada, sólo dijo que Carmona había dicho algo que no dijo. En ninguna parte del libro de Carmona ni en sus declaraciones, este ha afirmado que alguien haya sido corredactor del decreto referido. Solo ha dicho que se oyó la opinión de varios abogados y respecto de todos ellos, lo que ha dicho y escrito en varias partes, como se ha trascrito y argumentado a lo largo de este escrito, es que a Allan R. Brewer-Carías, precisamente no se le puede atribuir la redacción ni corredacción de dicho decreto y que más bien le dio a Carmona una opinión jurídica adversa al mismo.

Todo lo contrario, por tanto, a las malignas interpretaciones que se pretenden dar a lo afirmado por el Dr. Carmona, pues tanto de lo que expresó en su libro *Mi testimonio ante la Historia*, como se ha reseñado anteriormente, publicado en 2004, como de lo que expresó dos años antes, en mayo de 2002, en la Interpelación ante ante la Asamblea Nacional, lo que resulta es una total y absoluta indicación de su parte de que Allan R. Brewer-Carías no tuvo responsabilidad alguna en la elaboración, redacción y discusión del decreto de un gobierno de transición; y que más bien, lo que tuvo fue una actuación profesional como abogado, a su requerimiento, que concluyó con una opinión adversa al camino elegido.

En efecto, Pedro Carmona en su libro corrobora que un documento de decreto de gobierno de transición ya estaba redactado para cuando él llegó a Fuerte Tiuna en la madrugada del día 12 de abril; que llamó telefónicamente a nuestro defendido para requerir mi opinión jurídica sobre el texto que ya estaba redactado, para lo cual lo mandó a buscar con su chofer y automóvil; que le solicitó analizar dicho documento que ya estaba redactado; que nunca le ha atribuido a nuestro defendido la autoría del decreto, pues sería irresponsable de su parte; que Brewer-Carías tuve diferencias en relación con el camino elegido en el mencionado documento, por lo que discrepó de sus interpretaciones; y que le satisfizo la rectificación posterior que hizo Carmona del decreto, pues atendía la esencia de las preocupaciones expresadas por Brewer, principalmente respecto a la Carta Democrática Interamericana.

Lo que dijo Bernal en la entrevista, por tanto, es falso, ya que Carmona no ha dicho nunca lo que el dice que dijo. Por ello, su declaración no puede constituirse en elemento de convicción de nada; y en este caso, menos puede constituirse en "elemento de convicción" alguno que pueda involucrar a nuestro defendido, Allan R. Brewer-Carías, en los hechos que se le imputan; es decir, en supuestamente haber participado "en la elaboración, redacción y discusión" del decreto de un gobierno de transición, lo cual es falso; y menos aún en que supuestamente hubiera o haya podido haber llegado a acuerdo, pacto o concertación alguna, con nadie, para cambiar violentamente la Constitución, lo cual también es completamente falso.

45° SUPUESTO "ELEMENTO DE CONVICCIÓN": TEXTO DE LA ENTREVISTA DE TELEVISIÓN A ALLAN R. BREWER-CARÍAS EL 11-04-2002

La señora Fiscal, ha agregado como supuesto elemento de convicción de la acusación, lo siguiente:

> 45. Imágenes contenidas en el video de VHS, del programa CMT Noticias, donde es entrevistado el imputado, ciudadano Alan Randolph Brewer Carías, a las 10;35 de la mañana del 11 de abril de 2002, durante el desarrollo de la marcha, en la que expresó lo siguiente:

En global, se trata de una entrevista de televisión en la cual nuestro defendido, Allan R. Brewer-Carías, expuso sus ideas, su opinión, su parecer, su análisis jurídico sobre lo interpretación del artículo 350 de la Constitución.

El análisis y la interpretación constitucional es un derecho ciudadano, y forma parte del derecho a la libre expresión del pensamiento, verbalmente o por escrito que consagra la Constitución. Es cierto que la Sala Constitucional puede establecer interpretaciones vinculantes pero al igual que respecto de una ley, tales interpretaciones pueden ser libremente criticadas por todos los ciudadanos.

En la entrevista televisiva, que es la más auténtica manifestación del derecho de nuestro defendido de expresar su pensamiento como abogado y profesor universitario sobre la Constitución, la señora Fiscal pretende deducir que nuestro defendido supuestamente "pese al conocimiento que tenía el imputado de un proyecto de decreto y de la grave crisis que estaba atravesando el país" no habría colaborado con el "restablecimiento de la efectiva vigencia de la Constitución", cuando la misma que nosotros sepamos no había perdido su vigencia en la mañana del 11 de abril de 2002, ni después; y pretende además deducir de dicha entrevista que nuestro defendido "conspiró participando en la elaboración, discusión y presentación" del decreto de un gobierno de transición; y termina señalando que lo expresado en ejercicio de su libertad de pensamiento "son pruebas de que las afirmaciones hechas por el imputado son exactamente igual al contenido del decreto in comento".

Aparte de que todo ello es completamente falso, ya que nuestro defendido no podía haber tenido conocimiento del decreto de gobierno de transición que se leyó al día siguiente en Miraflores, ni de que se iba a leer en un acto que ocurrió al día siguiente (no es mago ni clarividente), la argumentación sobre la desobediencia civil conforme al artículo 350 de la Constitución formulada en la entrevista de televisión, no está siquiera en el texto del mencionado decreto. En todo caso, para el supuesto negado de que ello hubiera sido así, eso no sería prueba de nada, sino del ejercicio por nuestro defendido de su libertad de expresión del pensamiento que tienen los ciudadanos de acuerdo con la Constitución.

Lo que en realidad parece deducirse de este supuesto "elemento de convicción" es que la Fiscal como que lo que está pretendiendo perseguir en este caso, es precisamente la disidencia, es decir, la libre expresión del pensamiento, conforme a lo cual, cualquiera que pueda haber dado una opinión sobre el artículo 350 de la Constitución, estaría incurriendo en un supuesto delito de opinión, que no existe en Venezuela.

Debe señalarse, que lo que expresó en la entrevista de televisión nuestro defendido, fueron ideas sobre las cuales ya estudiado, analizado y escrito, en un texto sobre "la desobediencia civil" que está incorporado como **apéndice** de un estudio más amplio sobre *La democracia venezolana a la luz de la Carta Democrática Interamericana* (enero 2002) (el texto se trascribe al rechazar más adelante el *51º SUPUESTO ELEMENTO PROBATORIO* de la acusación), **cuyo texto incluso cursa desde julio de 2002, en el expediente que ha llevado la Fiscalía, y que fue consignado por nuestro defendido con ocasión de la entrevista que sostuvo con el Fiscal José Benigno Rojas el 03-07-2002 (folios 160 a 242, Pieza V)**. Dicho estudio, por tanto, reposa desde julio de 2002 en el Expediente que lleva la Fiscalía, y, por supuesto, fue redactado por nuestro defendido en ejercicio de su libertad de expresión como abogado y profesor de derecho público, y buena parte de su texto fue recogido y publicado en su libro *La crisis de la democracia en Venezuela. La Carta Democrática Interamericana y los sucesos de abril de 2002* (**anexo 1**), páginas 41 a 46).

Sobre el tema, por lo demás, se han pronunciado otros profesores y estudiosos del derecho público quienes también han manifestado legítimamente su opinión sobre la interpretación del artículo 350 de la Constitución y el tema de la desobediencia civil, y por supuesto, no han incurrido en delito por ello, como por ejemplo, Jorge Olavarría, "El artículo 350", Columna Historia Viva, *El Nacional*, Caracas 26-02-2002, p. D-5; Pedro Guevara, "El desafortunado 350", *El Nacional,* Caracas 26-06-2002, p. A-9; Ricardo Combellas, "Alcance del artículo 350 de la Constitución Bolivariana", *El Nacional*, Caracas 02-07-2002, p. A-4.

Posteriormente, han escrito sobre el tema de la desobediencia civil y el artículo 350 de la Constitución, entre otros, María L. Álvarez Chamosa y Paola A. A. Yrady, "La desobediencia civil como mecanismo de participación ciudadana", en *Revista de Derecho Constitucional,* N° 7 (Enero-Junio). Editorial Sherwood, Caracas, 2003, pp. 7-21; Andrés A. Mezgravis, "¿Qué es la desobediencia civil?", en *Revista de Derecho Constitucional,* N° 7 (enero-junio), Editorial Sherwood, Caracas, 2003, pp. 189-191; Marie Picard de Orsini, "Consideraciones acerca de la desobediencia civil como instrumento de la democracia", en *El Derecho Público a comienzos del siglo XXI. Estudios homenaje al Profesor Allan R. Brewer-Carías,* Tomo I, Instituto de Derecho Público, UCV, Civitas Ediciones, Madrid, 2003, pp. 535-551; y Eloisa Avellaneda y Luis Salamanca, "El artículo 350 de la Constitución: derecho de rebelión, derecho resistencia o derecho a la desobediencia civil", en *El Derecho Público a comienzos del siglo XXI. Estudios homenaje al Profesor Allan R. Brewer-Carías,* Tomo I, Instituto de Derecho Público, UCV, Civitas Ediciones, Madrid, 2003, pp. 553-583.

Por último, debe mencionarse que sólo fue a comienzos de 2003 que la Sala Constitucional del Tribunal Supremo de Justicia puso término a las consideraciones doctrinales sobre el tema, al establecer una interpretación vinculante del artículo 350 de la Constitución en su sentencia N° 24 del 22-01-2003 (Caso: *Interpretación del artículo 350 de la Constitución*), cuyo texto puede consultarse en *Revista de Derecho Público*, N° 93-96, Editorial Jurídica Venezolana, Caracas 2003, y la cual hace comentado en su obra Allan R. Brewer-Carías, *La Constitución de 1999. Derecho Constitucional venezolano*, Tomo I, Caracas 2004, pp. 136 y ss.

En todo caso, la entrevista de televisión realizada al Dr. Brewer-Carías, y el ejercicio de su libertad de pensamiento al analizar el artículo 250 de la Constitución, incluso en momento de la grave crisis que atravesaba el país, no puede constituirse en "elemento de convicción" alguno que pueda involucrar a nuestro defendido en los hechos que se le imputan; es decir, en supuestamente haber participado "en la elaboración, redacción y discusión" del decreto de un gobierno de transición, lo cual es falso; y menos aún en que supuestamente hubiera o haya podido haber llegado a acuerdo, pacto o concertación alguna, con nadie, para cambiar violentamente la Constitución, lo cual también es completamente falso.

46° SUPUESTO "ELEMENTO DE CONVICCIÓN": ENTREVISTA A MELVIN JOSÉ LÓPEZ HIDALGO EL 28-04-2002

46. De la entrevista rendida ante el Ministerio Público en fecha 28 de abril de 2002, por el ciudadano Melvin José López Hidalgo, venezolano y titular de la cédula de identidad número 3.359.073, quienes se desempeñaba como Jefe del Estado mayor del Ejército, y estuvo presente en la Comandancia general del Ejército durante los días 11, 12 y 13 de abril de 2002, en la entrevista manifestó lo siguiente:

En esta entrevista, el señor López Hidalgo se limitó a indicar que "de las investigaciones realizadas" sobre las personas que estuvieron en Fuerte Tiuna, tuvo conocimiento "de la presencia en las últimas horas del 11 de abril y primeras horas del 12 del mismo mes, del señor Pedro Carmona, de Dr. Allan Brewer-Carías y, de señor Isaac Pérez Recao, entre otros" (folios 48, pieza XX). El señor López, por tanto, no fue testigo de la presencia de nadie en Fuerte Tiuna, y sólo tuvo "conocimiento" como consecuencia de investigaciones realizadas, incluso sin decir por quién.

Por lo que respecta a nuestro defendido, hemos dicho repetidamente que efectivamente estuvo en Fuerte Tiuna en la madrugada del día 12 de abril de 2002, siendo falsa la afirmación referencial que hizo el señor López Hidalgo de que supuestamente nuestro defendido hubiera estado en Fuerte Tiuna "en las últimas horas del 11 de abril", tal como se ha argumentado en este escrito.

Por lo demás, nada dijo el señor Hidalgo sobre las actividades que pudieran haber estando realizando las personas que mencionó en su declaración, ni sobre si ello algo resultó de las investigaciones realizadas" por lo que no tiene fundamento ni sentido alguno que de la declaración de López Hidalgo, la señora Fiscal pretenda deducir que dicha declaración "es prueba" de que nuestro defendido "se reunió con los ciudadanos Pedro Carmona Estanca, José Gregorio Vásquez, entre otros, para redactar el decreto por el cual se conspiró para cambiar violentamente la Constitución".

La declaración de López Hidalgo, por tanto, no puede constituirse en "elemento de convicción" alguno que pueda involucrar a nuestro defendido en los hechos que se le imputan; es decir, en supuestamente haber participado "en la elaboración, redacción y discusión" del decreto de un gobierno de transición, lo cual es

falso; y menos aún en que supuestamente hubiera o haya podido haber llegado a acuerdo, pacto o concertación alguna, con nadie, para cambiar violentamente la Constitución, lo cual también es completamente falso.

47. SUPUESTO "ELEMENTO DE CONVICCIÓN": UNA LLAMADA TELEFÓNICA A LAS 11.08 PM DEL DÍA 12-04-2005

La señora Fiscal, ha incorporado como otro supuesto elemento de convicción en contra de nuestro defendido, Allan R. Brewer-Carías, lo siguiente:

> 47. Comunicación enviada al despacho fiscal por CANTV MO-VILNET, en fecha 31 de agosto de 2005, en la que envían relación de llamadas entrantes y salientes de los teléfonos del ciudadano Allan Randolph Brewer-Carías, en la que se puede apreciar que el día 12 de abril de 2002, siendo las once y ocho minutos de la noche, realizó una llamada al teléfono celular del ciudadano José Gregorio Vázquez López, quien es co redactor del decreto y para ese momento se encontraba en el palacio de Miraflores, luego que fuera leído el Decreto de Constitución de un gobierno de transición democrática y unidad nacional (folios 116 al 118, pieza 25).

No indica, sin embargo, la señora Fiscal, desde cuál número de teléfono y a cuál número de teléfono se hizo la llamada. En el folio que indica el escrito de acusación, a la hora 23.08 pm aparece una llamada desde el teléfono de la casa de habitación de nuestro defendido al Nº 412 8014696.

Nuestro defendido ignora si ese es el teléfono celular del señor Vásquez. Sin embargo, es posible que la llamada telefónica que efectivamente hizo en la noche del 12 de abril para tratar de comunicarse con Pedro Carmona y advertirle sobre las graves reacciones internacionales que ya en la noche del 12 de abril se estaban produciendo por el decreto que había sido adoptado ese día, haya sido hecha al teléfono mencionado de Vásquez, que era el único que tenía para intentar comunicarse con Carmona.

Tal como nuestro defendido lo expresó en su libro *La crisis de la democracia en Venezuela. La Carta Democrática Interamericana y los sucesos de abril de 2002*, Ediciones El Nacional, Caracas 2002:

"En todo caso, en la noche de ese mismo día 12 de abril de 2002, le reiteré telefónicamente a un asistente de Pedro Carmona el error que se había cometido con la decisión de suspender el funcionamiento de la Asamblea, decisión que ya había provocado la reacción de la Comunidad internacional interamericana, según me informaron telefónicamente ciudadanos venezolanos vinculados a organismos internacionales residenciados en Washington y otros funcionarios internacionales residenciados en San José de Costa Rica. Estimé que era imperiosa la necesidad de que se modificara el decreto de constitución del llamado gobierno de transición, restableciéndose el funcionamiento de la Asamblea Nacional" (pp. 123-124) (**anexo 1**).

Por tanto, la llamada efectuada tuvo por objeto alertar a Carmona sobre las graves consecuencias internacionales que el acto instalación del gobierno de transición de la tarde de ese día, estaba produciendo en el mundo interamericano, y que respondían a las objeciones que le había manifestado también telefónicamente a Carmona en la tarde de ese día, antes de que se realizara. Dicha llamada, en todo caso, no es prueba alguna de que nuestro defendido "mantenía relación y contacto con los ciudadanos con los que conjuntamente redactó y perfeccionó el decreto" como falazmente lo indica la señora Fiscal, sino más bien, es prueba de un esfuerzo más que realizó nuestro defendido porque no se rompiera el hilo constitucional, y se restableciera.

En todo caso, esa llamada telefónica no puede constituirse en "elemento de convicción" alguno que pueda involucrar a nuestro defendido en los hechos que se le imputan; es decir, en supuestamente haber participado "en la elaboración, redacción y discusión" del decreto de un gobierno de transición, lo cual es falso; y menos aún en que supuestamente hubiera o haya podido haber llegado a acuerdo, pacto o concertación alguna, con nadie, para cambiar violentamente la Constitución, lo cual también es completamente falso.

48° SUPUESTO "ELEMENTO DE CONVICCIÓN": INFORMACIÓN DEL SEMANARIO QUINTO DÍA DEL 19/26-04-2002

La señora Fiscal agrega como supuesto elemento de convicción para acusar a nuestro defendido, el siguiente:

Información publicada en el Semanario Quinto Día, publicado en la semana del 19 al 26 de abril de 2002, en la página 10, cuyo autor es L. J. Linares, en el que señala:

Brewer-Carías había redactado el decreto de renuncia de Chávez, dijeron a éste periodista dos de los militares (folio 36, pieza 25).

De este texto deduce la señora Fiscal que ello "es prueba de la participación" de nuestro defendido en la redacción del decreto" de constitución del gobierno de transición, lo que es totalmente falso.

El periodista, en realidad, sólo refiere que unos militares supuestamente le dijeron que nuestro defendido habría redactado "el decreto de renuncia de Chávez". Aparte de que se trata de un documento desconocido, porque el Presidente Chávez que se sepa no dictó decreto alguno renunciando, ya que su renuncia fue anunciada por su Jefe del Alto mando Militar, la sola referencia periodística a un desconocido documento no puede constituirse en elemento de convicción" alguno que pueda involucrar a nuestro defendido en los hechos que se le imputan; es decir, en supuestamente haber participado "en la elaboración, redacción y discusión" del decreto de un gobierno de transición, lo cual es falso; y menos aún en que supuestamente hubiera o haya podido haber llegado a acuerdo, pacto o concertación alguna, con nadie, para cambiar violentamente la Constitución, lo cual también es completamente falso.

49° SUPUESTO ELEMENTO PROBATORIO: INFORME DE LA COMISIÓN ESPECIAL

La señora Fiscal, para fundamentar su acusación contra nuestro defendido, agregó como supuesto elemento de convicción, lo siguiente:

49. Informe de la Comisión Parlamentaria Especial para investigar los sucesos de abril de 2002, en sus páginas 37, 38, 122, 125, 276, en la que señala:…

La revelación de estos hechos se manifiesta también mediante declaraciones posteriores al "Golpe de Estado" dadas por el ciudadano Jorge Olavarría quien señala con nombre y apellido que el día 10 de abril fue consultado por Daniel Romero y Allan

Brewer-Carías sobre el texto del decreto ya analizado y en el que se fundamenta en una masacre que los actos del golpe ya sabían con anterioridad...

Como conclusión, el plan del "Golpe de Estado" estaba premeditado, y la masacre era el medio para justificarlo contra el Gobierno, por cuanto con mucha antelación se reunían en la Comandancia General del Ejército, Cecilia Sosa, Allan Brewer-Carías.

Siendo las 10:10 de la noche se inició una reunión en el quinto piso de la Comandancia General del Ejército, notándose la presencia de civiles, entre ellos Pedro Carmona Estanga, José Rafael Revenga, Isaac Pérez Recao, Allan Brewer-Carías, Daniel Romero, Eugenio Mendoza, Marcelo Sanabria y Víctor Manuel García…

Exhortar al poder ciudadano para investigar y determinar responsabilidades del caso, a los siguientes ciudadanos quienes, sin estar investidos de funciones públicas, actuaron en forma activa y concordada en la conspiración y golpe de Estado.

Cuarto: Allan Brewer-Carías **por estar demostrada** su participación en la planificación y ejecución del golpe de Estado del 11, 12, 13 y 14 de abril; por haber actuado en contra de la instauración efectiva de la Constitución y del Estado de Derecho; por omitir las actuaciones necesarias para el restablecimiento pleno del orden constitucional; por haber sido corredactor del decreto de auto proclamación y disolución de todos los poderes públicos (El informe consta en el Anexo B, el cual se abrió de acuerdo al auto que corre al folio 152, de la pieza 21).

De estos párrafos del Informe parlamentario, la señora Fiscal pretende deducir que el mismo "es prueba de la responsabilidad del ciudadano Allan Randolph Brewer-Carías, en los hechos ocurridos durante los días 11 y 12 de abril de 2002, que fue coredactor del decreto por el cual se cambió violentamente la Constitución y se instauró un gobierno de facto".

La verdad es que hay que volver a señalar que en Venezuela, desde 1999, no ha habido cambio violento alguno de la Constitución, y la de 1999 no ha perdido su vigencia, no pudiendo la señora Fiscal pretender cambiar la historia. Por otra parte, parece inverosímil que la señora Fiscal pretenda deducir del mencionado Informe la supuesta "responsabilidad" de nuestro defendido "genéricamente "en los hechos ocurridos durante los días 11 y 12 de abril de 2002". ¿Todos los hechos que ocurrieron?; ¿Sólo algunos? ¿Cuales? ¿Cómo ocurrieron? ¿En que forma se sucedieron?

En particular, del mencionado informe no puede concluirse que pueda ser prueba de que nuestro defendido fue "corredactor" del mencionado decreto de gobierno de transición, pues además de que ello no es cierto, el informe en cuanto a nuestro defendido es un acto nulo de nulidad absoluta por haberse emitido en violación abierta y flagrante de su derecho a la defensa y a ser oído, ya que no fue citado por la referida Comisión; amén de ser contradictorio, como resulta de lo que se indica en las páginas 37 y 14.

En efecto, en las *Recomendaciones* (pp. 272 y ss.) de dicho Informe de la Comisión Parlamentaria Especial para Investigar los sucesos de abril de 2002, emitido en agosto de 2002, el cual se elaboró sin haberse previamente citado ni oído a nuestro defendido y sin habérsele permitido ejercer su derecho a la defensa, lo que lo hace nulo en cuanto a su persona se refiere por inconstitucional (art. 25 de la Constitución), por violación del artículo 49,1 de la Constitución, inconstitucionalidad y nulidad que oponemos formalmente (como lo denunció nuestro defendido en 2002 en su libro *La crisis de la democracia en Venezuela. La Carta Democrática Interamericana y los sucesos de abril de 2002*, Ediciones El Nacional, Caracas 2002, pp. 126 y ss.); entre otras, se acordó "Exhortar al poder ciudadano para investigar y determinar responsabilidades del caso, a los siguientes ciudadanos quienes, sin estar investidos de funciones públicas, actuaron en forma activa y concordada en la conspiración y golpe de Estado", afirmándose lo siguiente:

> *Cuarto:* Allan Brewer-Carías **por estar demostrada** su participación en la planificación y ejecución del golpe de Estado del 11, 12, 13 y 14 de abril; por haber actuado en contra de la instauración efectiva de la Constitución y del Estado de Derecho; por omitir las actuaciones necesarias para el restablecimiento pleno del orden constitucional; por haber sido corredactor del decreto de auto proclamación y disolución de todos los poderes públicos.

Para llegar a esta conclusión, completamente falsa y mal intencionada, de supuesta "demostración" de algo que no está demostrado en ninguna parte del Informe ni de la documentación o interpelaciones que se hicieron previa a su elaboración; es decir, no es cierto que esté demostrado nada en relación con nuestro defendido en las actas de la referida Comisión Especial, de manera que no existen pruebas en el expediente levantado en dicha Comisión ni referidas en el Informe que soporten la afirmación. En efecto, en el extenso *Informe de la Comisión* de 277 páginas, **sólo se hacen las siguientes menciones a nuestro defendido**:

1.   En la página 37 del Informe, se afirmó lo siguiente:

> La revelación de estos hechos se manifiesta también mediante de-
> claraciones posteriores al "Golpe de Estado" dadas por el ciudada-
> no Jorge Olavarría quien señala con nombre y apellido que el día 10
> de abril fue consultado por Daniel Romero y Allan Brewer-Carías
> sobre el texto del decreto ya analizado y en el que se fundamenta
> en una masacre que los actos del golpe ya sabían con anterioridad.

Esta afirmación es falsa, como antes se ha señalado y argumentado por el propio Dr. Olavarría, y se ha probado en la argumentación que hemos hecho en relación con el **31° SUPUESTO
ELEMENTO DE CONVICCIÓN DE LA ACUSACIÓN,** que da-
mos aquí por reproducida. Brewer-Carías no le "consultó" nada, en
forma alguna, ni sólo ni acompañado, a Jorge Olavarría sobre
documento alguno; fue Jorge Olavarría quien invitó a nuestro
defendido a una reunión con él en su oficina y luego de estar ambos reunidos fue que se presentaron dos abogados a quienes no
conocían. El Dr. Jorge Olavarría, como antes se ha dicho y resulta
de la trascripción de su entrevista, por tanto, no manifestó lo que se
afirma en el Informe. Parece, que el Informe se basó en la errada y
lamentablemente tergiversada apreciación periodística de una
entrevista de Olavaria por televisión, como se ha argumentado con
anterioridad.

2.   En la página 38 del Informe, se afirmó lo siguiente:

> Como conclusión, el plan del "Golpe de Estado" estaba premedita-
> do, y la masacre era el medio para justificarlo contra el Gobierno,
> por cuanto con mucha antelación se reunían en la Comandancia
> General del Ejército, Cecilia Sosa, Allan Brewer-Carías, Carlos Or-
> tega, Pedro Carmona Estanga, Alfredo Peña y un minúsculo sector
> del componente militar.

Esta afirmación del Informe, también es totalmente falsa. Nuestro defendido Allan R. Brewer-Carías jamás se reunió en la Comandancia General del Ejército con las personas que allí se indican,
ni con ninguna otra, ni hay prueba alguna de ello en ninguna parte,
pues jamás ocurrieron esas reuniones con la presencia de nuestro
defendido. Nuestro defendido, además, ignora si esas personas se
reunían o no en dicha Comandancia.

La afirmación, por tanto, es completamente falsa en varios sentidos: en primer lugar, en cuanto a que nuestro defendido haya estado con antelación a la madrugada del 11 de abril de 2002 en la Comandancia General del Ejército, lo cual es falso, pues estuvo fuera de Venezuela durante las semanas anteriores al 11 de abril, habiendo llegado al país en la noche del 8 de abril, por lo que nunca estuvo "con antelación" en la Comandancia General del Ejército, habiendo ido a ese lugar sólo en la madrugada del día 12 de abril, y sólo porque se lo requirió para dar una opinión jurídica y se lo mandó a buscar a su casa; y en segundo lugar, en cuanto a que Brewer se habría reunido con las personas indicadas en dicha Comandancia, lo cual es falso. Incluso, debe señalarse que durante las horas de la madrugada del día 12 de abril, la única de las personas señaladas que nuestro defendido vio en Fuerte Tiuna fue a Pedro Carmona con quien, incluso, ni siquiera se pudo reunir. Brewer ignora además, si las demás personas estuvieron o no en dicha Comandancia.

3. En la página 122 del Informe, también se afirmó lo siguiente:

> Siendo las 10:10 de la noche se inició una reunión en el quinto piso de la Comandancia General del Ejército, notándose la presencia de civiles, entre ellos Pedro Carmona Estanga, José Rafael Revenga, Isaac Pérez Recao, Allan Brewer-Carías, Daniel Romero, Eugenio Mendoza, Marcelo Sanabria y Víctor Manuel García

Esta afirmación también es completamente falsa. Brewer llegó al referido quinto piso de la Comandancia General del Ejército pasadas las 2 de la madrugada del día 12 de abril de 2002. Es falso, por tanto, que hubiera estado en reunión alguna a las 10:10 p.m. de la noche del 11 de abril. Brewer ignora, además, si esa reunión se efectuó y, de haberse realizado, ignora si esas u otras personas habrían estado presentes. Nuestro defendido, por tanto, no estuvo en esa reunión ni en reunión alguna con esas personas, ni a esa hora ni antes ni después. De ellas, en todo caso, y dejando aparte a Pedro Carmona con quien no pudo reunirse, Brewer puede decir que conoce de trato y comunicación a algunas (J. R. Revenga, Eugenio Mendoza) a quienes sólo vio en la madrugada del 12 de abril y a quienes, además, no había visto desde hacía muchos meses; y con otras no ha tenido nunca ni trato ni comunicación (Isaac Pérez Recao, Marcelo Sanabria y Víctor Manuel García). Tampoco lo tuvo ni en esa ocasión, ni posteriormente.

Las anteriores son las únicas referencias, falsas todas, que en el *Informe* se hacen de Allan R. Brewer-Carías en relación con los sucesos de abril de 2002. Partiendo de esas afirmaciones falsas, el *Informe* sin embargo concluyó con otras afirmaciones, además de falsas, insólitas, como son las siguientes:

Primero, que supuestamente estaría "demostrada" la "participación (de Brewer) en la planificación y ejecución del golpe de Estado del 11, 12, 13 y 14 de abril". Del testimonio que nuestro defendido ha dado de su actuación esos días, lo que se demuestra, al contrario, es que no participó en planificación alguna de un golpe de Estado ni en ejecución alguna del mismo; estuvo fuera de Venezuela las semanas antes de los eventos del 11 y 12 de abril de 2002, de vacaciones en el Estado de Colorado, en los estados Unidos de América, por lo que mal podía estar participando en la "planificación y ejecución" de golpe de Estado alguno.

Segundo, que supuestamente Brewer habría "actuado en contra de la instauración efectiva de la Constitución y del Estado de Derecho", cuando al contrario, no sólo la Constitución no perdió vigencia, sino que su argumentación ante las personas que tenían el proyecto de decreto del gobierno de transición tanto el 10 de abril como el 12 de abril en la madrugada y en la mañana de ese día, estuvo basada en el contenido de la Carta Democrática Interamericana y en los principios que contiene acordes con el mantenimiento del hilo constitucional y el respecto al Estado de derecho, y contrario a la disolución de los Poderes Públicos. El propio Dr. Carmona así lo que declarado reiteradamente y lo expresa en su libro, como consta en el expediente, en el sentido de que Brewer le dio una opinión adversa a lo que se estaba proponiendo como documento de constitución del gobierno de transición.

Tercero, que supuestamente nuestro defendido habría omitido "las actuaciones necesarias para el restablecimiento pleno del orden constitucional" cuando, en primer lugar, al contrario, le expresó a Pedro Carmona su opinión jurídica adversa a la disolución de la Asamblea Nacional; en segundo lugar, en la noche del 12 de abril y la madrugada del 13 de abril, en contacto con personalidades que se encontraban en el exterior, le insistió a los asistentes de Carmona, vía telefónica, la necesaria modificación del decreto del llamado gobierno de transición, para restablecer los poderes públicos; y en tercer lugar, durante la tarde del día 13 de abril, como muchos ciudadanos, hizo todos los esfuerzos de opinión para que se efectuara la modificación del decreto del llamado gobierno de transición, como efectivamente ocurrió en la tarde de ese día.

Cuarto, que supuestamente, Brewer habría "sido corredactor del decreto de auto proclamación y disolución de todos los poderes públicos", lo cual también es falso, pues el documento de tal decreto y las decisiones que contenía fueron las que unos abogados les leyeron a Jorge Olavarría y a Brewer el día 10 de abril en horas de la tarde; y fueron el mismo texto y las mismas decisiones que estaban en el proyecto de decreto que esos mismos abogados, a solicitud de Pedro Carmona, le mostraron a nuestro defendido (sin saber que ellos mismos eran los que lo tenían) en Fuerte Tiuna en la madrugada del día 12 de abril. El documento con el texto del decreto ya estaba redactado para antes del 10 de abril de 2002, y las decisiones que contenía ya estaban tomadas para esa fecha, antes de que se le hubiera mostrado el documento, por lo que no pudo, por tanto, haber sido "corredactor" de un documento ya redactado ni del texto de decisiones de disolución de todos los poderes públicos, que ya estaba incorporadas en el documento redactado con antelación.

El texto del Informe de la Comisión Parlamentaria, por tanto, no sólo está lleno de afirmaciones falsas, sino que no contiene siquiera prueba alguna de hechos que pudieran sustentarlas. Por lo demás, se afirma que está "demostrada" la participación de Brewer-Carías en la planificación y ejecución del golpe del 11, 12, 13 y 14 con base en afirmaciones falsas y sin siquiera habérselo citado para ser oído, por tanto, en violación flagrante del derecho constitucional al debido proceso y a la defensa que garantiza el artículo 49 de la Constitución que exige, como principio elemental, que se oiga previamente a la persona respecto de la cual se vaya a hacer un pronunciamiento.

En definitiva, la afirmación contenida en el *Informe* de la Comisión Parlamentaria, lo único que ha buscado, como lo indica el voto negativo colectivo al mismo, ha sido difamar, pretender descalificar y ofender a personas de la oposición al gobierno del Presidente Chávez, entre las cuales Brewer-Carías se ha contado desde 1998 y se encuentra.

En consecuencia, la sola indicación, falsa y sin fundamento alguno, en un informe de una Comisión parlamentaria, de que está Comprobada la participación de nuestro defendido en unos hechos, lo cual es falso pues no hay prueba alguna, no puede constituirse en elemento de convicción" alguno que pueda involucrar a nuestro defendido en los hechos que se le imputan; es decir, en supuestamente haber participado "en la elaboración, redacción y discusión" del decreto de un gobierno de transición, lo cual es

falso; y menos aún en que supuestamente hubiera o haya podido haber llegado a acuerdo, pacto o concertación alguna, con nadie, para cambiar violentamente la Constitución, lo cual también es completamente falso.

50° SUPUESTO "ELEMENTO DE CONVICCIÓN": DE-CLARACIONES DE ALLAN R. BREWER-CARIAS, PRO-GRAMA TRIANGULO DE 16-04-2002

La señora Fiscal, para fundamentar su acusación contra nuestro defendido, agrega otro supuesto "elemento de convicción:"consistente en:

50. Video VHS, identificado en el lomo C10"30 minutos"fecha 16-04-02, hora 10 PM, Triángulo fecha 10-05-02 Hora 7 am refe. ABC 058/mayo 038 CERT GRS 065 2005", en el cual esta bragado el programa 30 Minutos del día 16 de abril de 2002, y aparecen imágenes del imputado ciudadano Allan Randolph Brewer-Carías, declarando lo siguiente:

Si un funcionario de la administración pública renuncia, después no puede volver a decir ya yo no renuncié, oímos la explicación del presidente que no había renunciado y que había una equivocación, pero eso lo que puede originar es precisamente una discusión jurídica con fundamento.

Brewer: A mi se me consultó como abogado, de manera que fue actuación profesional, como a muchos otros abogados se le consultó, y di mi opinión, de que no debía disolverse la Asamblea nacional, porque incluso eso nos colocaba al margen de la Carta Democrática Interamericana, no tengo la menor idea quien lo habrá hecho.

De esta declaración de televisión, lo que puede deducirse es lo que dice el texto: primero, que una opinión jurídica sobre la forma y efectos de la renuncia de los funcionarios públicos en general, y del presidente de la república en particular, con la indicación de la discusión jurídica que ello puede implicar. No es delito expresar libremente el pensamiento, y menos aún, a los abogados expresar sus ideas y criterios jurídicos. Segundo, se trata de la indicación sobre cuál fue la actuación de nuestro defendido el 12 de abril de 2002: fue llamado a su casa de habitación en la madrugada para dar una opinión jurídica como propia de la profesión de abogado, y dio dicha opinión, en forma adversa a lo que se pretendía con el documento de decreto, con la precisión de que su opinión consistió en que no debía disolverse la Asamblea Nacional, que ello era contrario a los principios democráticos.

De esas declaraciones de televisión, no hay elemento alguno que permita en derecho a la Fiscal a deducir que "son prueba" de la presunta "participación" de nuestro defendido "en la redacción y elaboración del decreto de facto por el cual se cambió violentamente la Constitución". Aparte de que no hubo cambio violenta de la Constitución, que no perdió su vigencia, del texto de las declaraciones lo que se deduce es lo contrario: que nuestro defendido no participó en la redacción y elaboración del documento, toda vez que objetó lo que en él se proponía.

En consecuencia, las declaraciones de nuestro defendido, expresadas conforme a su derecho a la libre expresión del pensamiento y al libre ejercicio de su profesión de abogado, no pueden constituirse en elemento de convicción" alguno que pueda involucrar a nuestro defendido en los hechos que se le imputan; es decir, en supuestamente haber participado "en la elaboración, redacción y discusión" del decreto de un gobierno de transición, lo cual es falso; y menos aún en que supuestamente hubiera o haya podido haber llegado a acuerdo, pacto o concertación alguna, con nadie, para cambiar violentamente la Constitución, lo cual también es completamente falso.

51° SUPUESTO "ELEMENTO DE CONVICCIÓN": ENTREVISTA A ALLAN R. BREWER-CARÍAS EN TELEVEN EL DÍA 11-04-2002

Por último, la señora Fiscal, en la larga indicación de supuestos elementos de convicción para acusar a nuestro defendido, agrega lo siguiente:

51. Imágenes contenidas en el video de VHS, de programa Televen, donde es entrevistado el imputado, ciudadano Allan Randolph Brewer-Carías, en la mañana del 11 de abril de 2002, durante el desarrollo de la marcha, en dicha entrevista señala lo siguiente:

Yo, yo creo que puede decirse que va a ver una convocatoria de desobediencia civil si hay un estado de excepción, yo creo que ya estamos en una situación de desobediencia civil, el hecho de que se convoque a un paro de empresarios y a una huelga general de trabajadores, ambas cosas están ahora conjugadas, paro

empresarial y huelga de trabajadores convocadas por los organismos que lo dirigen, ese hecho y que sea indefinida ya es una
manifestación de desobediencia civil, estamos ya ante una situación que no sólo reducida a protestar por la forma como el gobierno ha manejado el tema de PDVSA, que es bueno recordarlo,
es la primera empresa del país, la primera empresa de América
Latina, de eso vive Venezuela, de eso dependemos todos los venezolanos..." (C10 Entrevista a Allan Brewer-Carías. Fecha: 11-
04-2002, Hora 10:30 am, ref. ABC 047-7am CERT GRS 076 2005).

De estas declaraciones de nuestro defendido Allan R. Brewer-
Carías en un programa de Televisión, expresada en ejercicio de su
libertad de expresión del pensamiento, la señora Fiscal, de nuevo
por arte de malabarismo jurídico, pretende deducir que ellas "son
prueba de que el imputado conspiró para cambiar violentamente la
Constitución, que es corredactores del decreto, que las afirmaciones hechas por el imputado en el programa televisivo hace referencia precisamente al contenido del decreto por él redactado".

Nada de lo que pretende deducir la señora Fiscal de las declaraciones de nuestro defendido en televisión pueden, en sana lógica,
conducir a lo que ella pretende deducir. Más bien, lo que muestran
de bulto es, quizás, el objetivo real de la acusación, que no es otro
que perseguir a la disidencia, es decir, a la oposición, particularmente perseguir al pensamiento jurídico adverso, al pensamiento
que defiende el Estado de derecho, la separación de poderes y la
democracia, en fin, perseguir a todos los que expresen su criterio,
su opinión, su parecer sobre asuntos constitucionales que pueda
ser contrario al pensamiento oficial.

Lo dicho por nuestro defendido en el programa de televisión
mencionado, en forma alguna son prueba de que nuestro defendido haya conspirado para cambiar violentamente la Constitución; ni
de que sea corredactor del decreto de gobierno de transición; ni de
que las afirmaciones hechas tengan referencia alguna con el contenido de decreto alguno. Todo es imaginación de la señora Fiscal.

Más bien, lo expresado por nuestro defendido en el programa
de televisión responde a lo que había venido trabajando sobre el
tema de la desobediencia civil en Venezuela, en un texto de febrero
de 2002 que está incorporado como **apéndice** de un estudio más
amplio sobre *La democracia venezolana a la luz de la Carta Democrática
Interamericana* (enero 2002), **cuyo texto íntegro cursa desde julio de
2002, en el expediente que ha llevado la Fiscalía, y que fue con-**

signado por nuestro defendido con ocasión de la entrevista que sostuvo con el Fiscal José Benigno Rojas el 03-07-2002 (folios 160 a 242, Pieza V). Dicho estudio, por tanto, reposa desde julio de 2002 en el Expediente que lleva la Fiscalía, y, por supuesto, fue redactado por nuestro defendido en ejercicio de su libertad de expresión del pensamiento que le garantiza la Constitución, como ciudadano, como abogado y como profesor de derecho público, con el siguiente contenido:

APÉNDICE: EL CONFLICTO DEMOCRÁTICO ENTRE EL DEBER DE OBEDIENCIA Y EL DERECHO A LA DESOBEDIENCIA CIVIL

De acuerdo con el artículo 7 de la Constitución, todas las personas y los órganos que ejercen el Poder Público están sujetos a la Constitución. La violación a los principios, valores y garantías democráticas que consagra la Constitución, por tanto, es una violación a la misma.

Por otra parte, los ciudadanos, como integrantes de una sociedad regulada por leyes, tienen el deber de obediencia de la Constitución, de las leyes y demás actos que en ejercicio de sus funciones dicten los órganos del Poder Público (art. 131). Pero no excluye que el Estado tenga, a la vez, la obligación de garantizar el goce y ejercicio irrenunciable, indivisible e interdependiente de los derechos de las personas, conforme al principio de la progresividad y sin discriminación, por lo que el respeto y garantía de los derechos humanos son obligatorios para los órganos del Poder Público (art. 19).

Además, la Constitución declara como nulos todos los actos dictados en ejercicio del Poder Público que violen o menoscaben los derechos que garantiza (art. 25) haciendo responsables en lo penal, civil y administrativo a los funcionarios públicos que ordenen o ejecuten esos actos violatorios.

Pero por ejemplo, los ciudadanos en Venezuela están en presencia de un gobierno que está al margen de la Carta Democrática Interamericana; así como de un conjunto muy importante de leyes inconstitucionales, injustas y nocivas para el país.

Ahora bien, cuando las instituciones del Estado no funcionan para controlar el poder, sin duda, un valioso instrumento de control en una sociedad democrática es la opinión pública formada por la difusión de opiniones, criterios y argumentos a través de los medios de comunicación. Aquella y estos, por tanto, son un mecanismo invalorable de control del poder cuando el poder no controla al poder.

Por supuesto, una de las formas más destacadas de expresión de la opinión pública es a través del ejercicio colectivo del derecho constitucional de manifestar pacíficamente y sin armas (art. 68). En tal sentido, se deben mencionar en relación con la opinión pública de rechazo a las políticas y al gobierno del Presidente Hugo Chávez, el paro cívico nacional efectuado el día 10 de diciembre de 2001.

Al punto de que la Confederación de Trabajadores de Venezuela y todas las organizaciones de la sociedad civil, *El Universal,* Caracas, 11-12-01, p. 1-1. El Presidente de la República quiso contrarrestar los efectos del paro celebrado el día de la Aviación en Caracas, fuera de la sede natural de este componente de la Fuerza Armada (Maracay, y lo que recibió fue un "cacerolazo" muy audible en medio de su discurso militar (*El Nacional,* Caracas, 11-12-01, p. D-1).

Además, debe mencionarse la marcha de la oposición convocada, de nuevo, por todos los sectores de la sociedad civil organizada, partidos políticos y organizaciones empresariales y de trabajadores para conmemorar el aniversario del día 23 de enero de 1958, fecha que marcó el derrocamiento del régimen militar del General Marcos Pérez Jiménez y el inicio del régimen democrático en Venezuela.

La marcha fue calificada por todos los analistas como la más grande que se haya realizado en toda la historia política del país, *El Universal,* Caracas, 24-01-02, p. 1-1; *El Nacional,* Caracas, 24-01-02, p. A-1; *Tal Cual,* Caracas, 24-01-02, p. 1. El Presidente de la República, convocó a una "contramarcha" el mismo día, actuando más como jefe de un partido político, que como jefe de Estado, la misma fue escuálida en comparación con la de la oposición, *El Universal,* Caracas, 25-01-02, p. 1-6.

Pero si bien la opinión pública como instrumento de control democrático expresada gracias a la libertad de expresión, es un fenomenal medio de control de los gobernantes, a veces no es suficiente, cuando el Estado de Derecho no funciona adecuada y democráticamente.

En esos casos se está en presencia de un conflicto democrático, constitucional y ciudadano, entre un gobierno democrático y leyes ilegítimas, inconstitucionales e injustas que los ciudadanos deben rechazar, y la obligación constitucional que tienen de acatarlas y cumplirlas; y sin garantía de que los órganos del Poder Público ejerzan sus funciones constitucionales de balance, contrapeso y control.

¿Cuál es entonces, la solución a ese conflicto?

1. *El derecho ciudadano a la resistencia*

Sin la menor duda, la solución ha ese conflicto está en la resistencia a cumplir y acatar leyes que son ilegítimas, inconstitucionales e injustas, lo que, además, constituye más que un derecho ciudadano, un deber que se consagra expresamente en la Constitución, en una norma que es excepcionalísima en el derecho constitucional comparado, establecida en el artículo 350 que establece que:

> El pueblo de Venezuela, fiel a su tradición republicana, a su lucha por la independencia, la paz y la libertad, *desconocerá* cualquier régimen, legislación o autoridad que contraríe los valores principios y garantías democráticos o menoscabe los derechos humanos.

Este artículo consagra constitucionalmente lo que la filosofía política moderna ha calificado como desobediencia civil, que es una de las formas como se manifiesta el derecho de resistencia, cuyo origen histórico está en el derecho a la insurrección, que tuvo su fuente en la teoría política difundida por John Locke (Véase John Locke, *Two Treaties of Government* (ed. P. Laslett), Cambridge 1967, p. 211). Además, tiene su antecedente constitucional remoto en la Constitución Francesa de 1793 en el último de los artículos de la Declaración de los Derechos del Hombre y del Ciudadano que la precedía, en el cual se estableció que

> *Art. 35.* Cuando el gobierno viole los derechos del pueblo, la insurrección es, para el pueblo y para cada porción del pueblo, el más sagrado de los derechos y el más indispensable de los deberes.

Esta norma, típica de un gobierno revolucionario (como el del Terror), fue anómala y desapareció de los anales del constitucionalismo.

Sin embargo, ello no ha impedido la aparición en las Constituciones de algunas versiones contemporáneas, no del derecho a la insurrección, sino del derecho a la rebelión contra los gobiernos de fuerza, como el consagrado, por ejemplo, en el artículo 333 de nuestra Constitución que establece el deber de "todo ciudadano investido o no de autoridad, de colaborar en el restablecimiento de la efectiva vigencia de la Constitución", si la misma perdiera "su vigencia o dejare de observarse por acto de fuerza o porque fuere derogada por cualquier otro medio distinto al previsto en ella". Es el único caso en el cual una Constitución pacifista como la de 1999, admite que pueda haber un acto de fuerza para reaccionar contra un régimen que por la fuerza haya irrumpido contra la Constitución.

Pero frente a leyes inconstitucionales, ilegítimas e injustas dictadas por los órganos del Poder Público, en realidad, no estamos en presencia de este deber-derecho a la rebelión, sino del derecho a la resistencia y, particularmente, del derecho a la desobediencia civil, que tiene que colocarse en la balanza de la conducta ciudadana junto con el deber constitucional de la obediencia a las leyes.

El tema central en esta materia, por supuesto, es la determinación de cuándo desaparece la obligación de la obediencia a las leyes y cuándo se reemplaza por la también obligación-derecho de desobedecerlas y esto ocurre, en general, cuando la ley es injusta; cuando es ilegítima, porque por ejemplo emana de un órgano que no tiene poder para legislar, o cuando es nula, por violar la Constitución.

2. *Las formas de manifestación del derecho a la resistencia*

La actitud del ciudadano en esta situación de derecho a la desobediencia de la ley, como manifestación del derecho a resistencia, puede expresarse de diversas formas y entre ellas, mediante la *objeción* de *conciencia*, la *desobediencia civil*, y la *resistencia pasiva* o *activa*, todas como manifestaciones no violentas.

La objeción de conciencia es una conducta individual; de carácter omisivo, en el sentido que consiste en *no hacer lo que se ordena*; en forma pública; pacífica; parcial, porque está dirigida al cambio de una norma, y de orden pasivo, porque la resistencia a la norma y el derecho de incumplirla se hace con conciencia de aceptar la pena que se impone por la violación. El derecho a la objeción de conciencia está regulado –mal regulado- en el artículo 61 de la Constitución, que establece que "la objeción de conciencia no puede invocarse para eludir el cumplimiento de la ley o impedir a otros su cumplimiento o el ejercicio de sus derechos", cuando en realidad, lo que debió decir es que no puede invocarse para eludir la aplicación de las sanciones derivadas del incumplimiento de la ley. De lo contrario, no sería tal derecho.

La resistencia pasiva, como la definió el propio Mahatma Gandhi "es un método que consiste en salvaguardar los derechos mediante la aceptación del sufrimiento; es lo contrario de la resistencia mediante las armas" (M. K. Gandhi, *La Civilización occidental y nuestra Independencia*, Buenos Aires, 1959, p. 84 y ss). Consiste en la negativa a obedecer los dictados de la ley, aceptando la sanción punitiva que resulta de la desobediencia, pero con la certidumbre de no estar obligado a obedecer la ley que desaprueba la conciencia (*Idem*, pp. 85-86).

463

En la misma línea se ubica la resistencia activa, la cual también es una conducta no sólo contra la parte perceptiva de una Ley sino contra su parte punitiva; y no sólo de carácter individual sino muchas veces colectiva, como por ejemplo, la conducta comisiva de *hacer lo que la ley prohíbe* y, además, buscando eludir la pena. En todo caso, es de carácter público y parcial. La resistencia activa se materializó, por ejemplo, en los movimientos por los derechos civiles y por la integración racial que liderizó Martín Luther King en la década de los cincuenta a partir de la sentencia de la Corte Suprema de los Estados Unidos, *Brown vs. Topeka Bord of Education,* 1954

3. *Características generales de la desobediencia civil*

La resistencia pasiva o activa, sin embargo, se diferencia de la desobediencia civil en cuanto a que esta es fundamentalmente una manifestación colectiva, que lo que persigue de inmediato es demostrar públicamente la injusticia, la ilegitimidad o la inconstitucionalidad de la ley, con el fin de inducir al legislador a reformarla.

> La expresión desobediencia civil comenzó a difundirse en los Estados Unidos luego del clásico ensayo de Henry David Thoreau, *Civil Disobedience,* 1849. (Véase las referencias en Norberto Bobbio, "Desobediencia Civil" en Norberto Bobbio e Incola Matteucci (directores). *Diccionario de Política,* 1982, Vol. I, p. 535).

La desobediencia civil, por ello, es una acción que se justifica o que debe considerarse licita, debida e, incluso, tolerada, a diferencia de cualquier otra trasgresión o violación de la ley, pues lo que persigue es el restablecimiento de la justicia, de la legitimidad o de la constitucionalidad, mediante una reforma legal. Por ello, la desobediencia civil no se considera destructiva sino innovativa, y quienes la cometen no consideran que realizan un acto de trasgresión del deber ciudadano de cumplir la ley, sino que lo que cumplen es con el deber ciudadano de velar porque las leyes sean justas, legítimas y acorde con la Constitución. La desobediencia civil, por tanto, es una actitud propia de los buenos ciudadanos.

El efecto demostrativo de la desobediencia civil exige, en todo caso, su carácter colectivo y publicitado al máximo.

> Un típico ejemplo del carácter demostrativo de ruptura contra un ordenamiento, fue la ruptura en público de la *Gaceta Oficial* que contenía la Ley de Tierras y Desarrollo Rural, por el Presidente de la Federación de Ganaderos, Dr. José Luis Vetancourt, noviembre 2001; y la ruptura de la boleta electoral en el referendo sindical de diciembre de 2000 por Carlos Melo, *El Universal,* Caracas, 04-12-00, p. 1-8.

EN MI PROPIA DEFENSA

De lo contrario, sería una desobediencia común, que por lo general es secreta, como la que hace el evasor de impuestos. La desobediencia civil, por tanto, tiene que ser expuesta al público, evidenciando que el deber que tiene todo ciudadano de cumplir la ley, sólo puede existir cuando el legislador respete la obligación de sancionar leyes justas y constitucionales.

La desobediencia civil, así, es una acción formalmente ilegal, pero legítima, colectiva, pública y pacífica, es decir, no violenta, que tiene su fundamento, precisamente, como decía Norberto Bobbio ("Desobediencia Civil", *loc. cit.,* pp. 533 y ss.) en "principios éticos superiores para obtener un cambio de las leyes" o en los valores que establece el artículo 350 de la Constitución, cuando se considere que el régimen, la legislación o la autoridad contraríe los valores, principios y garantías democráticos o menoscabe los derechos humanos.

Por ello, en Venezuela, la desobediencia civil no sólo es un tema de filosofía política, sino de derecho constitucional, pues es la propia Constitución la que consagra expresamente el derecho ciudadano a la desobediencia civil, incluso más allá de la sola resistencia a la ley.

4. *Condiciones constitucionales de la desobediencia civil*

Las condiciones para la aplicación del antes mencionado artículo 350 de la Constitución, en todo caso, serían las siguientes:

En *primer lugar*, se establece como un derecho constitucional del "pueblo de Venezuela", es decir, se trata de un derecho de ejercicio colectivo y, consecuencialmente, público. No se puede justificar en esta norma, cualquier violación individual de una ley.

En *segundo lugar*, es un derecho basado en la tradición republicana del pueblo, su lucha por la independencia, la paz y la libertad. Se trata, por tanto, de un derecho ciudadano democrático, de carácter pacífico y no violento. No se pueden justificar en esta norma, acciones violentas que son incompatibles con los principios constitucionales que rigen al Estado, a la sociedad y al ordenamiento jurídico.

En *tercer lugar*, el derecho colectivo a la desobediencia civil ("desconocerá", dice la norma) surge cuando el régimen, la legislación o la autoridad, primero, "contraríe los valores, principios y garantías democráticas"; y segundo, "menoscabe los derechos humanos".

En *cuarto lugar,* la desobediencia civil que tiene su fundamento en el artículo 350 de la Constitución, como derecho ciudadano colectivo, de ejercicio público y pacífico, se puede plantear no sólo respecto de la legislación, sino de "cualquier régimen… o autoridad" que, como se dijo, contraríe los valores, principios y garantías democráticos o menoscabe los derechos humanos.

465

Este derecho constitucional del pueblo, se establece, por tanto, no sólo frente a las leyes (legislación), sino frente a cualquier régimen o autoridad que contraríe los valores, principios y garantías democráticas o menoscabe los derechos humanos, lo que lo amplía considerablemente respecto del tradicional ámbito político institucional de la misma conocido en la ciencia política, que la reduce a la desobediencia de las leyes para lograr su reforma.

La desobediencia civil en la Constitución, por tanto, no sólo tiene el efecto demostrativo de buscar la reforma de leyes injustas, ilegítimas o inconstitucionales, sino de buscar cambiar el régimen o la autoridad que contraríe los valores, principios y garantías democráticos establecidos en la Constitución o los definidos en la Carta Democrática Interamericana; o que menosprecie los derechos humanos enumerados en la Constitución y en los tratados, pactos y convenciones relativas a derechos humanos suscritos y ratificados por Venezuela, los cuales tienen jerarquía constitucional y prevalecen en el orden interno en la medida en que contengan normas sobre su goce y ejercicio más favorables a las establecidas en la Constitución y en las leyes (art. 23).

5. *La desobediencia civil y la sociedad organizada*

En todo caso, tratándose de un derecho constitucional colectivo, del pueblo de Venezuela, la desobediencia civil tiene que ser motorizada por las organizaciones sociales, por los organismos de la sociedad civil, por los sectores de la sociedad, es decir, por toda organización que sea de carácter no estatal. He aquí el gran valor y poder de la sociedad civil organizada, esa que está fuera del alcance del Estado.

El pueblo organizado es la sociedad civil y esta es la organización que se contrapone al Estado. La sociedad civil así, es la esfera de las relaciones entre individuos, entre grupos y entre sectores de la sociedad, que en todo caso se desarrollan fuera de las relaciones de poder que caracterizan a las instituciones estatales. En este ámbito de la sociedad civil, en consecuencia, entre otras están las organizaciones con fines políticos (partidos políticos); las organizaciones religiosas; las organizaciones sociales; las organizaciones ambientales; las organizaciones comunitarias y vecinales; las organizaciones educativas y culturales; las organizaciones para la información (medios de comunicación) y las organizaciones económicas y cooperativas que el Estado, por otra parte, tiene la obligación constitucional de respetar y proteger e, incluso, de estimular, facilitar y promover (arts. 52, 57, 59, 67, 100, 106, 108, 112, 118, 127, 184 y 308).

Estas organizaciones de la sociedad civil son, precisamente, las que en nombre del pueblo pueden motorizar la reacción contra las leyes injustas o inconstitucionales y, en última instancia, ejercer el derecho a la desobediencia civil que regula la Constitución, también, contra el régimen o la autoridad que contraríe los valores, principios y garantías democráticas o menoscabe los derechos humanos.

Este derecho, por supuesto, adquiere cada vez más importancia, porque no sólo se puede ejercer constitucionalmente ante leyes inconstitucionales como las recién dictadas mediante decretos leyes, sino ante el régimen y autoridad que tenemos, que cada vez más contradice los valores, principios y garantías democráticas y menoscaba los derechos humanos. Por ello, incluso, más que un derecho a la desobediencia civil, comenzamos a estar en presencia de un deber ciudadano que debe cumplirse para salvaguardar nuestra democracia y proteger nuestros derechos.

El tema de la desobediencia civil, por tanto, no es nada nuevo en el pensamiento jurídico de nuestro defendido, como no lo es en el pensamiento de todos los que se han ocupado del derecho constitucional en una sociedad en crisis, como ha sido la venezolana. Expresar el pensamiento en Venezuela, hasta ahora no ha sido delito, por lo que no tiene fundamento alguno que se acuse a un ciudadano por sólo expresar su pensamiento en forma distinta, adversa, contraria al pensamiento oficial.

En consecuencia, rechazamos en todas y cada una de sus partes todos los supuestos elementos de convicción que ha aducido la señora Fiscal para acusar a nuestro defendido Allan R. Brewer-Carías de la comisión del delito de conspiración para cambiar violentamente la Constitución. Ninguno de los supuestos elementos de convicción indicados por la señora Fiscal, en efecto, como se ha dicho y argumentado a lo largo de este escrito, no pueden conducir a involucrar a nuestro defendido en los hechos que se le imputan, es decir, en supuestamente haber participado "en la elaboración, redacción y discusión" del decreto de un gobierno de transición, lo cual es falso; y menos aún en que supuestamente hubiera o haya podido haber llegado a acuerdo, pacto o concertación alguna, con nadie, para cambiar violentamente la Constitución, lo cual también es completamente falso.

VII

SOBRE LA ACTUACIÓN DE NUESTRO DEFENDIDO EL DR. ALLAN R. BREWER-CARIAS COMO ABOGADO, DURANTE LOS MESES PRECEDENTES AL 12 DE ABRIL DE 2002, Y DURANTE DICHO DIA, Y DE LAS PRUEBAS DE DICHA ACTUACIÓN

1. TESTIMONIO SOBRE LOS HECHOS DEL 12 DE ABRIL DE 2002

A todos los hechos a los cuales nos hemos referido referido a lo largo de este escrito concernientes a la actuación de nuestro defendido durante los días de la crisis de abril de 2002, no sólo también él se ha referido en la declaración que rindió ante la Fiscalía General de la República, donde acudió después de haber sido citado ante el Fiscal José Benigno Rojas el 03-07-2002 (**folios 37 a 47, Pieza V**), cuyo se ha copiado al inicio de este escrito) y que ha ratificado, sino también en su libro *La Crisis de la democracia en Venezuela. La Carta democrática Interamericana y los sucesos de abril de 2002*, Ediciones Los Libros de El Nacional, Editorial CEC, S.A., Caracas 2002 (pp.101 y ss.) (**anexo 1**), cuyo contenido también damos aquí por reproducido.

2. RELACIÓN DE LOS HECHOS Y PRUEBAS DE LOS MISMOS

Ahora bien, en relación con la actuación de nuestro defendido antes del 12 de abril de 2002 y durante dicho día, se puede hacer el siguiente resumen sobre los hechos y las pruebas:

A. LAS ACTIVIDADES REALIZADAS ANTES DEL 12 DE ABRIL DE 2002

a. *Actividades académicas anteriores al 12 de abril*

1. Redacción del documento: *La democracia venezolana a la luz de la Carta Democrática Interamericana*, enero 2002, cuyo texto cursa en el expediente desde julio de 2002 (**folios 160 a 242, Pieza V.** Una

reseña sobre dicho documento se puede consultar en el trabajo: "Venezuela al margen de la Carta Democrática", por Clodovaldo Hernández, *El Universal*, 05-05-2002, p. 1-2; "La desobediencia civil es legítima mientras se ejerza sin violencia", *El Nacional*, 03-11-2002, p. D-4. También se puede consultar parte de ese documento en el libro de nuestro defendido: *La crisis de la democracia en Venezuela. La Carta Democrática Interamericana y los sucesos de abril de 2002*, Libros El Nacional, Caracas 2002 (**anexo 1**).

2. Fue designado *padrino de la Primera promoción de Abogados, Universidad Antonio José de Sucre*, Anaco 31-01-2002. A tal efecto, tuvo que preparar el discurso respectivo, y viajar a Anaco, Estado Monagas, para asistir al acto de graduación.

3. Charla sobre *Los decretos-leyes de 2001 y reforma de la Ley de Zonas Costeras*, Directorio de Fedecámaras, Caracas, 14/01/02.

4. Conferencia sobre *La Ley de la Libre Competencia de Ecuador*, en la Cámara Ecuatoriana Americana y Comisión del Congreso de Ecuador para la redacción de la Ley, Quito, Ecuador, 4/5-02-2002. A tal efecto, tuvo que viajar a Quito entre los días 3/6-02-2002; tuvo que preparar el estudio respectivo del proyecto de Ley, y dictar la conferencia correspondiente.

5. Charla sobre *Marco constitucional de la Fuerza Armada y los derechos políticos,* en el Foro-Debate sobre *Los alcances constitucionales y legales de la deliberancia militar*, Colegio de Abogados del Distrito Federal, Caracas 22-02-2002. A tal efecto tuvo que preparar la exposición. El evento organizado por el Dr. Rafael Veloz, Presidente de dicho Colegio, fue reseñado en el diario *Tal Cual*, Caracas 22-02-2002 (**anexo 18**)

6. Exposición sobre *El golpe de Estado continuado en Venezuela*, en el *Foro: Crisis política y gobernabilidad democrática* realizado con motivo del Acto de presentación del libro editado por la Universidad Nacional Autónoma de México, de nuestro defendido Allan R. Brewer-Carías, *Golpe de Estado y Proceso Constituyente en Venezuela*, UNAM México 2002. El Foro se celebró en el Ateneo de Caracas, Caracas, 25/02/02; y fue reseñado en *El Nacional*, por la periodista Milagros Socorro, 25-02-2002 (**anexo 19**).

7. Asistencia a las *Jornadas Internacionales de Derecho Administrativo Allan Brewer-Carías*, organizada por la Fundación de Estudios de Derecho Administrativo, FUNEDA, que preside la Dra. Belén Ramírez Landaeta, y que se celebraron en Caracas entre el 5 /7-03-2002. A tal efecto, además de asistir durante toda la semana

del 6 al 8 de marzo de 2002 al evento y atender a los profesores extranjeros invitados, le correspondió a nuestro defendido preparar la conferencia inaugural sobre *Estado, Constitución económica y régimen constitucional de los servicios públicos*; y la conferencia sobre "El régimen constitucional de los servicios públicos". Estas se publicaron en el libro, *El nuevo servicio público. Actividades reservadas y regulación de actividades de interés general (electricidad, gas, telecomunicaciones y radiodifusión) VI Jornadas Internacionales de Derecho Administrativo Allan Randolph Brewer-Carías, Caracas 2002*, Fundación de Estudios de Derecho Administrativo, Caracas 2003, pp. 19-49. Adjuntamos el Tríptico del Programa de las Jornadas (**anexo 20**)

8.   *Discurso de orden*, en el Acto de entrega del Premio Francisco de Venanzi a la trayectoria del investigador universitario de la Universidad Central de Venezuela, realizado en el Paraninfo de la Ciudad Universitaria, el 15-03-02. Quien hizo la propuesta formal para dicho premio fue el Profesor Alfredo Arismendi, Director Instituto de Derecho Público, de la Universidad Central de Venezuela. Del acto dio cuenta el aviso de prensa: Invitación de la Universidad Central de Venezuela para el Acto, *El Nacional*, 10-03-2002.

A tal efecto, le correspondió a nuestro defendido preparar el discurso de orden en nombre de todos los galardonados. La reseña periodística del evento está en: "Ayer otorgaron Premio Francisco De Venanzi. UCV reconoció la trayectoria de tres investigadores", *El Nacional*, 16-03-2002 (**anexo 21**). Además, se publicó otra reseña periodística: "Galardonados con el Premio Francisco De Venanzi. Dedicación al conocimiento", entrevista: "La Constituyente fue un campo de experimentación", periodista Marielba Núñez, *El Nacional*, Caracas, 21-03-02, p. C-1 (**anexo 22**).

El texto del discurso de orden se publicó en el libro de nuestro defendido Allan R. Brewer-Carías, *Constitución, Democracia y Control del Poder*, Universidad de Los Andes, Mérida, 2004, pp.15-23.

9.   Conferencia en la *Sesión Solemne Consejo Legislativo del Estado Yaracuy*, con motivo de los 147 de la Constitución del Estado, San Felipe, Estado Yaracuy, 19-03-2002. A tal efecto, tuvo que redactar el texto del discurso, y viajar a San Felipe.

El texto del discurso se publicó en el libro de nuestro defendido Allan R. Brewer-Carías, *Constitución, Democracia y Control del Poder*, Universidad de Los Andes, Mérida, 2004, pp. 95-109.

La reseña periodística de la sesión solemne y del discurso se publicó en "Es imperativo defender la descentralización...", periodista Esther Quiero, *Yaracuy al día*, San Felipe, 20/03/02, p. 5; **(anexo 23)** "Historia y Federalismo", *Hoy es noticia*, Barquisimeto, 20/03/02, p. 8 **(anexo 24)**

10. Redacción, entre los meses de enero a marzo de 2002, de la Ponencia sobre *La Constitución de Cádiz de 1812. Hacia los orígenes del constitucionalismo iberoamericano y latino*, para el I Simposio sobre la Constitución de Cádiz de 1812 y el Constitucionalismo Iberoamericano, que se celebró entre los días 24 al 26 de abril de 2002. La invitación para tal trabajo, la recibió el 10-01-2002 del Embajador Bernardino Osío (Tríptico **anexo 25**). Quien coordinó los trabajos por Venezuela fue el profesor Asdrúbal Aguiar, a cuyo efecto, viajó a España, el 16-04-2002.

El texto de dicho trabajo cursa en el expediente ante esta Fiscalía **(folios 58 a 159, Pieza V)**; y se publicó en el libro *La Constitución de Cádiz de 1812. Hacia los orígenes del constitucionalismo iberoamericano y latino,* Unión Latina, UCAB, Caracas 2004, pp. 223 a 331

11. Viaje a Nueva York, el 26-03-2002, invitado por el Director de la *Facultad de Arquitectura y Diseño Urbano, Universidad de Columbia,* Richard Plunz para revisar los materiales del trabajo de investigación coordinados por los arquitectos del post grado de esa Universidad, sobre *Soluciones para la reconstrucción del Estado Vargas (con ocasión del deslave de diciembre de 1999)*; y para establecer los términos de la invitación que se le formuló para pasar un año sabático en dicha Universidad entre julio 2002-junio 2003 (Carta decano, **anexo 26)**. Estadía en Nueva York, visitando la Universidad de Columbia, los días 27 al 30-03-2002.

En la pieza XVIII, folio 224 del expediente cursa nuestro escrito de 18-04-2005 solicitando se requiriera de la ONIDEX el movimiento migratorio de nuestro defendido, lo que fue negado por la Fiscal por auto **de 09-05-2005 (folios 147 y ss Pieza XIX).**

b. *Vacaciones antes del 12 de abril*

Entre el 31 de marzo y el 8 de abril de 2002, nuestro defendido disfrutó de vacaciones en la ciudad de Vail, Estado de Colorado, USA, por invitación del Ing. Leopoldo Baptista y su esposa, donde permaneció durante esa semana junto con su esposa.

A tal efecto, viajó de Nueva York a Vail el 31 de marzo; y el 8 de abril regresé desde Vail a Caracas, vía Dallas. Ello consta del pase de abordar Dallas-Caracas, y el registro de los vuelos: hoja de Advantage, **millas (anexo 27).**

Solicitamos la citación del ingeniero Leopoldo Baptista (Folio 117, Pieza XVIII) lo que fue negado por la Fiscal por auto de 21-4-2005 (folios 249 y ss Pieza XVIII)

c.   *Regreso a Caracas 08-04-2002 en la noche*

Nuestro defendido regresó a Caracas el 08-04-2002 después de más de dos semanas de ausencia del país; y de dos meses dedicado a actividades académicas.

Para que se de el tipo penal de conspiración se requiere acuerdo o concierto de voluntades entre un colectivo de personas, las cuales, además, deben resolver ejecutarlo, es decir, deben adoptar colectivamente la resolución firme y decidida de perpetrarlo. No puede haber, por tanto, conspiración alguna, cuando no exista ese convenio o pacto entre varias personas para la comisión de un delito, ni cuando incluso se reúnan varios individuos que puedan tratar y discutan el modo de llevarlo a cabo, si no se deciden a ejecutarlo. Todo ello requiere la necesaria reunión de personas para que haya concierto de voluntades.

En cuanto a nuestro defendido, con anterioridad al 12 de abril no participo en reunión alguna ni con militares (ni activos ni retirados) ni con civiles, en las cuales se hubiese acordado nada o se hubiese pactado, concertado o adoptado decisión alguna sobre el futuro político del país. Por lo demás, es difícil, para no decir imposible, imaginar que estando ausente del país y con la actividad académica que tuvo desde enero hasta comienzos de abril de 2002, alguien pueda conspirar en nada.

d.   *Reunión casual con el Dr. Jorge Olavarría 10-04-2002*

Como se ha dicho anteriormente, nuestro defendido llegó de regreso a Caracas en la noche del día 08-04-2002. Sólo había permanecido un día en el país (09-04-2002) en su casa de habitación, cuando el día 10-04-2002 en la mañana, lo llamó el Dr. Jorge Olavarría con el objeto de invitarlo para que conversaran y le propuso que se reunieran en su oficina en la tarde a las 6 pm. de ese mismo día 10-04-2002. Había estado tan ausente de lo que venía ocurriendo en el país, que le interesaba recibir de una persona como Olavarría, sus impresiones sobre la situación del país.

Nuestro defendido llegó a la oficina de Olavarría en el Edificio la Pirámide, Conjunto Humboldt, en la Urbanización Prados del Este y cuando llegué sólo estaba él y su esposa. Le indicó que recibiría a unas personas que había citado y le pidió que estuviera presente en la reunión. Nuestro defendido desconocía quiénes eran las personas que recibiría.

Efectivamente, luego de estar conversando un rato, llegaron unas personas que se identificaron como abogados con los nombres de Daniel Romero y José Gregorio Vásquez, a quienes nunca antes había visto nuestro defendido.

Los detalles generales de la conversación están explicados en la entrevista hecha a Jorge Olavarría y a nuestro defendido, reseñadas extensamente en este escrito, ante el Fiscal José Benigno Rojas, así como en los recortes de prensa con declaraciones de Olavarría que cursan en el expediente (**folios 37 y ss. Pieza V; y 60 y ss, Pieza VI**). Igualmente consta en el expediente la declaración de la señora viuda de Olavarría, donde explica cómo estando nuestro defendido previamente con Olavarria, llegaron las personas mencionadas.

A los mencionados abogados nuestro defendido no los volvió a ver, y para su sorpresa, los encontró en la madrugada del 12 de abril, en Fuerte Tiuna, a raíz de que Carmona lo llamara para que analizara un documento y darle una opinión jurídica, para lo cual loe mandó a buscar a su casa, sin él saber previamente que esos abogados ya estaban en Fuerte Tiuna y que sería precisamente con ellos, con los que Carmona le pediría que hablara, pues eran ellos los que tenían el documento.

B. PERMANENCIA DE NUESTRO DEFENDIDO EN SU CASA DURANTE EL DÍA 11 DE ABRIL

Durante todo el día 11 de abril, nuestro defendido permaneció en su casa, salvo en cuanto a la participación en programas de opinión de televisión en la mañana de ese día. De ello son testigos su esposa, sus hijos, y toda su familia con quienes habló por teléfono. Estando en su casa, no tuvo reunión con ninguna persona extraña a mi familia.

A comienzos de la tarde del 11 de abril, nuestro defendido sólo salió caminando hasta la sede de PDVSA en Chuao (CCCT), sitio que está cerca de su casa, por unos minutos. Allí se enteró de la afirmación multitudinaria de que la marcha que se había organizado iría hacia el Palacio de Miraflores. Regresó a mi casa preocupado para hablar por teléfono con mis hijos.

C. ATENCIÓN AL REQUERIMIENTO DE ASISTENCIA PROFESIONAL FORMULADO POR P. CARMONA: MI PRESENCIA EN FUERTE TIUNA EN LA MADRUGADA DEL 12-04-2002

a. *Llamada de P. Carmona en horas de la madrugada del 12 de abril*

En la madrugada del día 12 de abril nuestro defendido recibió en su casa, donde había permanecido toda la noche, una llamada telefónica de Pedro Carmona, solicitándome conocer su criterio jurídico y solicitándole se trasladara a Fuerte Tiuna pues requería con urgencia que le diera una opinión jurídica sobre un proyecto de documento, a cuyo efecto, lo mandó a buscar con su chofer.

Carmona no le indicó nombre de persona alguna que pudiera estar presente en Fuerte Tiuna, ni de quien le había suministrado el documento sobre un gobierno de transición, sobre el cual requería la opinión jurídica de nuestro defendido; ni como es obvio, él le preguntó. Su requerimiento era específico para una asesoría jurídica sobre un documento, no para que fuera a reunión alguna.

Cuando nuestro defendido recibió la llamada de Carmona en la madrugada, estaba en su casa, con su esposa y su hijo mayor, quien vivía en el Edificio de al lado y a quien le informó de la llamada, razonándole sobre el deber que consideraba tenía como abogado de atender el requerimiento de asesoría jurídica dada la crisis que todos habíamos estado presenciando por televisión.

A nuestro defendido lo fue a buscar el chofer de Pedro Carmona con una persona vestida de militar, cuyos nombres desconoce. Antes de salir de mi casa en la madrugada del día 12 de abril, nuestro defendido habló brevemente con su socio del Escritorio Baumeister & Brewer, Francisco Zubillaga, quien vive cerca de su casa, y quien se había acercado hasta ella, preocupado sobre la situación general para conversar sobre la misma. Le informó de la llamada que le había hecho Pedro Carmona y del deber que como abogado consideraba que tenía de prestar dicha asesoría jurídica, informándole que iría a Fuerte Tiuna, en el automóvil de Carmona quien lo había mandado a buscar con su chofer.

Este hecho lo corrobora el mismo Carmona en su libro, *Mi testimonio ante la historia*, al indicar:

"Cuando ya se daba como un hecho el anuncio de la renuncia presidencial, se comenzó a analizar en Fuerte Tiuna la orientación que podría asumir un nuevo gobierno, con base en un borrador elaborado por un grupo de abogados, entre ellos, Daniel Romero. Hablé telefónicamente con el Dr. Allan Brewer-Carías, a quien me unía una respetuosa relación profesional. A él le pedí que se trasladara al Fuerte, pues deseaba conocer su criterio. Envié a mi conductor a buscarlo a su residencia y al llegar al lugar, le solicité analizar el papel de trabajo en el cual se encontraban plasmadas varias ideas al respecto (p. 107) (**Pieza XIII**).

Del anterior párrafo resulta claro que el documento que supuestamente serviría para la organización de un "nuevo gobierno" ya estaba redactado antes de que Carmona llamara telefónicamente a nuestro defendido a su casa en la madrugada del día 12 de abril de 2002; y que la llamada telefónica de Carmona fue para conocer su criterio jurídico sobre el mencionado documento, a cuyo efecto lo mandó a buscar con su chofer. La actuación de nuestro defendido fue la de abogado, y no participó en reunión alguna ni antes del 12 de abril ni ese día, ni con civiles ni militares en las cuales se hubiera tomado decisión política alguna en relación con los acontecimientos de ese día, ni se hubiera llegado a pacto, acuerdo o concertación alguna para cambiar violentamente la Constitución. Nuestro defendido fue retornado a su casa en la misma madrugada del 12 de abril, como Carmona lo indica en el libro (p. 110), sin haberle podido dar su opinión sobre el documento.

En la interpelación que se le hizo a Pedro Carmona en la Comisión Especial de la Asamblea Nacional, ratificó en cuanto a nuestro defendido, que lo que había hecho era pedirle una opinión jurídica.

En la reseña periodística de Aryeli Vera, *Así es la Noticia*, 03-05-2002, de dicha interpelación se dijo: "La única relación que admitió fue el vínculo amistoso que mantiene con el constitucionalista Allan Brewer-Carías, a quien responsabilizó sólo de haber dado una opinión jurídica más en torno al decreto" (**anexo 28**).

En la reseña periodística de Cenovia Casas, *El Nacional*, 03-05-2002 sobre la interpelación, se lee: "Reconoció su amistad con Allan Brewer-Carías, pero dijo que, en modo alguno, se le puede endilgar responsabilidad por algunas de las decisiones políticas" (**anexo 29).**

En la reseña periodística de Taynem Hernández, *El Universal*, 03-05-2002, se dice sobre la interpelación: "Rescató sí, a Allan Brewer-Carías y negó que haya sido el autor del decreto, pues su redacción correspondió a un grupo de juristas. Dijo que el constitucionalista no tiene responsabilidad salvo haber emitido algún criterio", p. 1-2. (**anexo 30**)

b. *Permanencia en Fuerte Tiuna en breves horas de la madrugada del 12 de abril*

Nuestro defendido estuvo en Fuerte Tiuna durante la madrugada del 12 de abril de 2002, aproximadamente 3 horas.

Fue una sorpresa para él, y nos imaginamos que para ellos también, el haber encontrado a los mencionados abogados que se habían identificado como Daniel Romero y José Gregorio Vásquez en Fuerte Tiuna, y que Pedro Carmona le haya pedido hablar con ellos, quienes eran los que tenían el documento sobre el cual Carmona requería su opinión jurídica. El documento era básicamente el mismo proyecto de decreto de gobierno de transición que días antes habían llevado a la entrevista que habían tenido con J. Olavarría, y en la cual nuestro defendido estuvo presente a requerimiento de Olavarría. A dicho documento, en la referida entrevista con Olavarría, nuestro defendido no le había prestado mayor importancia e interés, y ni siquiera había conservado copia del mismo.

En esas horas de la madrugada del día 12 de abril, y en medio del desorden general que se advertía en Fuerte Tiuna, nuestro defendido leyó como pudo el documento, y se formó idea de su contenido contrario a la Constitución, sobre lo cual sólo podía hablar con Carmona, quien había sido la persona que lo había llamado y requerido su opinión. Permaneció esas horas en Fuerte Tiuna sin poder hablar con Carmona, y sin poder salir de ese lugar, ya que la salida de allí no dependía de él, pues no tenía automóvil, y dependía de que alguien lo pudiera sacar.

Nuestro defendido, Allan R. Brewer-Carías, no conocía ni conoce personalmente a ninguno de los militares activos ni retirados que circulaban por los pasillos y estaban en Fuerte Tiuna; ni conocía sus nombres (excepto a Arias Cárdenas, a quien con anterioridad sólo había visto y saludado una vez). Como no había estado en Venezuela las semanas anteriores, por haber estado fuera del país, ni siquiera había podido retener como cualquier televidente, los nombres de los mismos por sus eventuales apariciones en programas de televisión.

Nuestro defendido no participó, ni en Fuerte Tiuna ni en ninguna otra parte, en reunión alguna ni con civiles ni militares en la cual se hubieran tomado decisiones políticas de ningún tipo; y menos aún, en las cuales se hubiese llegado a pacto o establecer un concierto alguno de voluntades para cambiar violentamente la Constitución. Nuestro defendido ignora, incluso, si esas reuniones se efectuaron o si hubo concierto de voluntades entre personas para tal fin.

Buscando hablar con Carmona, con quien después de leer el contenido del decreto no había podido discutir el asunto para el cual lo había llamado, nuestro defendido entró a un salón donde se le informó que estaba. Al entrar, según le informaron, hacía poco tiempo que había acabado de anunciarse por televisión que Carmona asumiría un gobierno transitorio; acto que no fue presenciado por Brewer, como tampoco vio el anuncio televisivo; ni estuvo en reunión alguna donde se hubiera tomado esa decisión; ni conversó con nadie sobre ello. Allí pudo ver a Carmona rodeado de muchos militares. Esperó para poder hablarle pero fue imposible, por impedirlo la cantidad de personas que lo rodeaban.

Insistimos en señalar que las observaciones de fondo al proyecto de documento para un gobierno de transición que le habían mostrado en Fuerte Tiuna, nuestro defendido no se la podía dar a más nadie que no fuera el mismo Carmona. Con los abogados que se identificaron como Daniel Romero y José Gregorio Vásquez, a quienes no conocía, como con ellos no tenía ni amistad, ni confianza, ni intimidad, básicamente les comentó sobre el contenido de la Carta Democrática Interamericana, y de lo que la misma establece sobre la democracia. No estimó prudente hacer partícipe de sus objeciones al decreto a las personas que estaban en Fuerte Tiuna, pues no sólo no sabía quién o quienes eran los responsables de la concepción o redacción del documento, sino que tampoco sabía quien o quienes tenían capacidad de decisión política para cambiarlo.

La referencia que hizo la periodista Weffer en su reseña citada por la señora Fiscal (Nº 6 de la acusación) (**folio 10, Pieza XIV**) es correcta, al indicar que en el sótano del edificio de Fuerte Tiuna como a las 6.18 am. nuestro defendido esperaba a Carmona; lo que le faltó agregar con precisión, fue que lo esperaba para poder irse de ese lugar.

En la camioneta en la que pudo montarse nuestro defendido, había nueve (9) personas, muy incómodamente ubicadas, por lo que de nuevo le fue imposible poderle indicar a Carmona sus observaciones sobre el documento. Después de dejar a Carmona en su casa, el chofer dejó a Brewer en su casa. Este hecho lo corrobora el mismo Carmona en su libro al indicar que loe retornó a su casa en la misma madrugada del 12 de abril (p. 110).

c.   *Apreciación fáctica general sobre la presencia en Fuerte Tiuna*

La presencia de nuestro defendido en Fuerte Tiuna la madrugada del día 12 de abril es un hecho admitido por él, en la rueda de prensa que dio el día 16-04-2002; en la entrevista ante la Fiscalía (**folios 34 y ss., Pieza V**), en su libro sobre *La crisis de la democracia en Venezuela. La Carta Democrática Interamericana y los sucesos de abril de 2002*, publicado (Libros El Nacional) en noviembre de 2002, pp. 101 y ss. (**anexo 1**) y en el documento que consignó ante esta Fiscalía en fecha 14-01-2005 (**folio, 143 y ss., Pieza XIII**).

De los supuestos "elementos de convicción" indicados en la imputación, corroboran este hecho que insisto es un hecho admitido, solamente una escena del video del programa *Voces de un país* (Nº 21 de la imputación) y la "noticia" contenida en la reseña de Laura Weffer (*El Nacional*) (Nº 3 de la imputación), quien fue testigo de su presencia en el sótano de Fuerte Tiuna.

Las referencias sobre el hecho de la presencia en Fuerte Tiuna de nuestro defendido esa madrugada, contenida en los comentarios periodísticos de Patricia Poleo, de Roberto Giusti, Francisco Olivares, y de Nitu Pérez Osuna solo son eso, declaraciones referenciales que en relación con este hecho admitido, sólo lo confirmarían. En todo caso, dichos periodistas, en las entrevistas que sostuvieron ante esta Fiscalía el 28-03-2005 (**folios 216 y 228, Pieza XVII**), negaron haber estado en Fuerte Tiuna esa madrugada del 12 de abril de 2002, por lo que mal podían hacer las afirmaciones que hicieron, las cuales no pueden ser comprobadas.

Dichos "elementos de convicción" por tanto no tienen ningún otro valor probatorio, que no sea confirmar un hecho admitido.

La presencia de nuestro defendido en Fuerte Tiuna durante la madrugada del 12 de abril, por tanto, no es ningún hecho notorio o hecho comunicacional, sino que es un hecho cierto, admitido por él persona en la prensa y en el expediente.

> d. *En Fuerte Tiuna no participó en forma alguna en la redacción del decreto de gobierno de transición (ya estaba redactado) ni en reunión alguna*

En Fuerte Tiuna nuestro defendido no redactó decreto alguno de constitución de un gobierno de transición. A él lo llamó Pedro Carmona en su carácter de abogado, para solicitarle una opinión jurídica sobre un documento ya redactado; se le solicitó se trasladara a Fuerte Tiuna, y dada su excusa de lo dificultoso que resultaba ir a ese lugar esa madrugada, se lo fue a buscar para trasladarlo a ese lugar. El requerimiento fue para que diera una opinión jurídica sobre un documento que ya estaba redactado y que le habían presentado, para lo cual obviamente leyó dicho documento. La opinión jurídica que se le solicitó solo se la expresó a quien se la había solicitado. A más nadie podía dársela y menos aún en medio de la confusión y desorden general que observaba con aprehensión en Fuerte Tiuna, donde no conocía a nadie con quien poder hablar libremente sobre los temas jurídicos constitucionales envueltos.

Las afirmaciones referenciales que se hacen en los comentarios periodísticos y en entrevistas televisivas formulados por Patricia Poleo y por Francisco Olivares, formulados como supuestos elementos de convicción para la acusación, sobre la supuesta participación de nuestro defendido en la redacción del decreto del gobierno de transición, lo cual es falso, sólo son eso, declaraciones referenciales de periodistas sobre tal supuesta participación en la redacción del tal decreto, lo cual insistimos, es totalmente falso. Ambos, por lo demás, en las entrevistas que sostuvieron ante esta Fiscalía el 28-03-2005 (**folios 216 y 228, Pieza XVII**), negaron haber estado en Fuerte Tiuna esa madrugada del 12 de abril de 2002, por lo que mal podían hacer las afirmaciones que hicieron, las cuales no pueden ser comprobadas.

Esas apreciaciones y opiniones, incluso las básicamente formuladas por una sola persona (Patricia Poleo), no constituyen ni pueden constituir "hecho notorio" alguno ni "hecho comunicacional";

es decir, no constituyen ni pueden constituir supuesto "elemento de convicción" alguno de nada. Su contenido no se refiere a sucesos, eventos o acaecimientos, es decir, no constituyen "noticias", sobre hechos, sino que son sólo opiniones de los periodistas, cuyo contenido, por lo demás, fue expresamente desmentido por nuestro defendido en rueda de prensa que dio el 16-04-2002, en otras declaraciones de prensa y en su libro *La crisis de la democracia en Venezuela. La Carta Democrática Interamericana y los sucesos de abril de 2002*, páginas 101 y ss. que publicó en Ediciones *El Nacional* en 2002 (**anexo 1**), como se ha indicado.

Por otra parte, en muchas reseñas y crónicas periodísticas sobre los hechos de ese día 12 de abril, al contrario de lo que maliciosamente indicó la periodista Poleo, no se menciona para nada a nuestro defendido en relación con la supuesta elaboración del mencionado decreto. Por ejemplo, el Profesor Robert Carmona-Borjas, profesor de ciencias políticas de la Universidad Simón Bolívar, y quien asesoraba al general Guaicaipuro Lameda según se indica en reseña de prensa del periodista Javier Ignacio Mayorca, "Oficialidad media y subalterna presionó para la renuncia de Carmona", *El Nacional*, 15-04-2002, según esa reseña:

"señaló que la responsabilidad de la elaboración del decreto que disolvía los poderes Legislativos, Judicial, Moral y Electoral fue casi toda del abogado Daniel Romero.

"Romero fue conocido por la colectividad cuando defendió al contralmirante Carlos Molina Tamayo (Jefe de la casa militar de Carmona) durante el Consejo de Investigación que le siguieron por haber pedido en público la renuncia de Chávez.

"Cuando salía de Fuerte Tiuna la madrugada del sábado, Carmona Borjas relató que el decreto comenzó a ser redactado por Romero la noche del jueves en la Comandancia del Ejército. Mientras tanto, recordó, el constitucionalista Allan Brewer elaboraba sus propias propuestas de lo que deberían ser las primeras decisiones del mandatario interino. Por razones que el profesor no se explica, el mandatario recién designado prestó mayor atención a la propuesta de Romero y, de acuerdo con su relato, Brewer-Carías sólo pudo hacer algunas correcciones de estilo", p. D-4 (**anexo 31**).

Por su parte, el señor Jesús Soriano, según relata la periodista Yesmariana Gómez indicó que:

"El día del acto en Miraflores pude leer la disposición, momentos antes de que saliera a la luz pública", cuenta. "Cuando vi su inconstitucionalidad, le pregunté a Carlos Molina Tamayo si estaba consciente de lo que decía, pero él me dijo que no había tenido tiempo de leerlo. Luego hablé con Daniel Romero, que me aseguró haber redactado el decreto con toda la intención; le indiqué la gravedad del asunto, pero no me escuchó" (*El Nacional*, 27-04-2002, p. D-4) (**anexo 32**).

El Presidente del Colegio de Abogados del Distrito Capital, Rafael Veloz, por otra parte, señaló en reportaje de Laura Weffer Cifuentes, ¿Por qué fracasó el golpe?, *El Nacional*, 21-04-2002, que "Sobre el autor del polémico documento, señala que le consta que no fue Allan Brewer-Carías…", p. D-4 (**anexo 33**).

En el reportaje "Las 28 horas de Pedro El Breve", *Revista Primicia*, Edición Especial, N° 233, Abril 2002, el periodista Javier Pereira, señaló:

"La misma madrugada del viernes 12 de abril, Romero se encargó de redactar la versión original del acta constitutiva del Gobierno interino. En ese momento, varios juristas presentes en la Comandancia comenzaron a hacer llamadas a sus conocidos para solicitar asesoría. Entre los que leyeron el borrador se encontraban Robert Carmona Borjas –asesor jurídico de Guaicaipuro Lameda- y el constitucionalista Allan Brewer-Carías, **quien hizo varias objeciones a los decretos, en las que específicamente sugirió modificar las disposiciones que disolvían los poderes públicos**", p. 16 (**anexo 34**).

Hay una entrevista al señor Víctor Manuel García, hecha por el periodista Oscar Medina, en *El Universal*, 22-04-2002, quien como resulta del texto de la misma, aparentemente estuvo en la madrugada en Fuerte Tiuna, junto con Molina Tamayo, en la cual se indica:

"¿Que fue Carmona miope o ambicioso? Creo que él es un hombre bien intencionado. Pero en un segundo juego de otros había una agenda oculta: vieron que Venezuela podía ser su botín. ¿Quiénes manejaban esa agenda oculta? Los ví: Daniel Romero, quien trabajó en el acta y quien, creo, era abogado de Isaac Pérez Recao" (*El Universal*, 22-04-2002, p. 1-4 (**anexo 35**)

D.   *Llegada a su casa, al comenzar la mañana del 12 de abril*

Como hemos señalado, en el alba del 12 de abril de 2002, después de dejar a Pedro Carmona en su casa, la camioneta en la cual lo trasladaban manejada por el mismo chofer que lo había ido a buscar, dejó en su casa a nuestro defendido.

En su casa, leyó detenidamente el documento cuya copia le habían entregado en Fuerte Tiuna; y se acrecentó su alarma al precisar en detalle el contenido del proyecto de decreto, y sobre la ruptura del hilo constitucional que en el mismo se proponía, lo que era contrario a la Constitución y a la Carta Democrática Interamericana.

Estimó su deber como abogado intentar hablar personalmente con Carmona para expresarle sus objeciones, y no había otra posibilidad que no fuera tratar de hablar con él en el Palacio de Miraflores, donde entendía que se encontraba.

En la mañana, habló con algunos amigos sobre sus inquietudes, entre los cuales estaba uno de los suscritos, León Henrique Cottin, en este procedimiento, quien apoyó la idea de que fuera hasta el Palacio de Miraflores para tratar de hablar con Carmona, y advertirle del contenido del documento.

E.   *Visita al palacio de Miraflores cerca de mediodía del 12 de abril*

Nuestro defendido llegó al Palacio de Miraflores antes de mediodía del 12 de abril, y se dirigió hacia la oficina de la Secretaría de la Presidencia que es la oficina clave del Palacio. El había sido Ministro de Estado para la Descentralización y sabía que esa es la oficina central del Palacio de Miraflores.

Allí se encontró, de nuevo, a los mismos abogados que se habían identificado como Daniel Romero y José Gregorio Vásquez, quienes le informaron que tenían posiciones en el nuevo gobierno. Muchas personas pasaron por la Secretaría en el breve tiempo que allí estuvo.

Nuestro defendido fue informado por personas que estaban en los pasillos que no se podía hablar con Carmona, pues estaba reunido con muchas personas. Al constatar que no podía reunirse con Carmona para expresarle sus observaciones jurídicas al proyecto de decreto, al no entender la dirección de los acontecimientos que se estaban sucediendo y captar que las decisiones políticas a las que se refería el proyecto de decreto no serían modificadas, decidió retirarse del Palacio de Miraflores, lo que ocurrió pasado el mediodía del 12 de abril.

Por tanto, nuestro defendido no estuvo en el Palacio de Miraflores durante la tarde del día 12 de abril, ni participó en reunión alguna con actores políticos o militares durante esa tarde, ni asistió al acto de instalación del nuevo gobierno que se efectuó al final de esa tarde, el cual sólo vió por televisión desde su casa.

En todo caso, nuestro defendido sólo estuvo en el Palacio de Miraflores cerca de mediodía del 12 de abril; hecho que ha sido admitido por él, en la rueda de prensa que dio el día 16-04-2002; en la entrevista que sostuvo en la Fiscalía con el Fiscal José Benigno Rojas (**folios 34 y ss., Pieza V**), en su libro sobre *La crisis de la democracia en Venezuela. La Carta Democrática Interamericana y los sucesos de abril de 2002*, p. 115 (**anexo 1**) y en el documento que consignó ante esta Fiscalía en fecha 14-01-2005 (**folio, 143 y ss., Pieza XIII**). No estuvo en el Palacio de Miraflores a ninguna hora de la tarde del día 12 de abril de 2002, ni estuvo presente en el acto de instalación del gobierno de transición.

El Dr. Linares Benzo, declaró ante la Fiscalía, con razón que el llegó a Miraflores entre 11 y 12 del mediodía, que vio a nuestro defendido, que estaba sólo y de pié, y que no lo vio más, a pesar de que él estuvo durante la tarde en el Palacio de Miraflores, y efectivamente inmediatamente después de verlo, nuestro defendido se retiró del Palacio de Miraflores, por lo que después de pasado mediodía de ese día estuvo con el Dr. Nelson Mezerhane, almorzando, y permaneció en su casa toda la tarde de ese día, precisamente mientras se desarrollaban los acontecimientos en el Palacio de Miraflores, de los cuales estuvo totalmente ausente y además, preocupado por el curso que habían tomado los acontecimientos, lo que no compartía. De lo contrario, de haber sido el arquitecto jurídico de la situación y responsable de todos los acontecimientos de ese día, como lo ha dicho la señora Fiscal, hubiera estado en el Palacio de Miraflores.

En todo caso, de los supuestos "elementos de convicción" indicados en la acusación, solo hay referencias al hecho de la presencia de nuestro defendido en el Palacio de Miraflores, que es un hecho admitido, y que aparece entre otros, tanto en las apreciaciones periodísticas de Patricia Poleo como de Francisco Olivares. Ambos, sin embargo, en las entrevistas que sostuvieron ante esta Fiscalía el 28-03-2005 (**folios 216 y 228, Pieza XVII**), negaron haber estado en el Palacio de Miraflores el 12 de abril de 2002, como también lo hicieron los señores Sanz (**folios y ss., Pieza XX**) y. Guillermo García Ponce (**folio 53 y ss., Pieza XXI**) en sus entrevistas, por lo que mal podían hacer las afirmaciones que hicieron, las cuales no pueden ser comprobadas.

En todo caso, lo único que podría considerarse exacto de esas referencias periodísticas, es decir, que nuestro defendido estuvo en el Palacio de Miraflores cerca de mediodía del 12 de abril, siendo el resto de lo que narran un falso producto de su imaginación periodística.

Por lo demás, nada de lo dicho sobre la presencia de nuestro defendido en Miraflores a mediodía del día 12 de abril de 2002 puede constituirse en "elemento de convicción" alguno que pueda involucrarlo en los hechos que se le imputan; es decir, en supuestamente haber participado "en la elaboración, redacción y discusión" del decreto de un gobierno de transición, lo cual es falso; y menos aún en que supuestamente hubiera o haya podido haber llegado a acuerdo, pacto o concertación alguna, con nadie, para cambiar violentamente la Constitución, lo cual también es completamente falso. La sola presencia en un lugar jamás puede considerarse como delito.

F.   *Almuerzo con el Dr. Nelson Mezerhane el 12-04-2002*

Nuestro defendido salió del Palacio de Miraflores después de mediodía del día 12 de abril de 2002, además, para atender un compromiso para almorzar con el Dr. Nelson Mezerhane. Fue hasta su oficina en la sede del Banco Federal, en la Urbanización El Rosal, donde estaba, y allí intercambiaron impresiones sobre lo que estaba ocurriendo. Le comentó su preocupación sobre el curso de los acontecimientos, le narró la solicitud que le había formulado Pedro Carmona en la madrugada para que le diera una opinión jurídica sobre un documento que le habían dado en Fuerte Tiuna sobre un proyecto de decreto de un gobierno de transición; le comentó la imposibilidad que había tenido de hablar con Carmona y expresarle su opinión jurídica adversa al mencionado documento, y su consiguiente decisión de retirarse del Palacio de Miraflores.

Cuando estaba con Mezerhane, vieron muy preocupados en la televisión los atropellos que se comenzaban a cometer contra funcionarios gubernamentales.

Juntos se fueron a almorzar a su casa de habitación, donde siguieron comentando sobre la situación general y las preocupaciones de nuestro defendido por lo que jurídicamente estaba ocurriendo, sobre el proyecto de decreto de gobierno de transición que Carmona le había pedido analizar jurídicamente y sobre su frustración por no haber podido hablar con Carmona personalmente para darle la opinión contraria al mencionado decreto. En el almuerzo comentaron sobre el mal comienzo que podía tener una transición política con los atropellos que según seguían informando los medios televisivos, se cometían contra funcionarios del gobierno, y sobre el efecto negativo que ello tendría.

Nuestro defendido estuvo en la casa del Dr. Mezerhane hasta las 5 pm. aproximadamente, cuando salió para su casa.

Hemos solicitado ante la Fiscalía la citación de Nelson Mezerhane el 05-04-05 (**folio 106 Folio XVIII) lo que sin embargo ha sido negado por la Fiscal por auto de 21-4-2005 (folios 249 y ss Pieza XVIII).**

G.   *Permanencia en su casa durante la noche del día 12 de abril*

a.   *Conversación telefónica con Pedro Carmona expresándole su desacuerdo con el decreto*

Cerca de las 6 pm., más precisamente, antes de que se realizara el acto que tuvo lugar en el Palacio de Miraflores para la constitución de un Gobierno de transición, nuestro defendido recibió en su casa de habitación una llamada telefónica de Pedro Carmona, solicitándole le expresara la opinión jurídica que le había requerido en la madrugada de ese mismo día, sobre el decreto del gobierno de transición que le habían entregado en la madrugada de ese día en Fuerte Tiuna; opinión que no había expresarle personalmente durante todo el día.

Brewer le expresó sus preocupaciones sobre el documento, por no ajustarse a los postulados de la Carta Democrática Interamericana, en vista de que las decisiones políticas que contenía podían conducir a una ruptura del hilo constitucional. Le expresó que si se seguía el camino contenido en el proyecto de decreto que había visto, por la ruptura del hilo constitucional, habría una reacción inmediata de la comunidad interamericana, precisamente por el contenido de la Carta Democrática Interamericana. Le indicó que los Presidentes de los países Latinoamericanos del llamado Grupo de Río estaban precisamente reunidos en San José, Costa Rica, y que estaban atentos al curso de los acontecimientos de Venezuela.

Se trató de una breve conversación entre los dos (no había otros interlocutores en la línea ni altoparlante alguno), y al final de la misma Carmona le dijo a Brewer que pensaría lo que le había expuesto y que, en consecuencia, iba a posponer el acto que tenía programado realizar en el Palacio de Miraflores, sobre el cual nuestro defendido no tenía detalle alguno pues no había estado allí durante esa tarde. Al expresarme Carmona que pensaría las objeciones que le expreso, Brewer se tranquilizó, pues pensó que le había sembrado dudas efectivas sobre el camino elegido en el proyecto de decreto de gobierno de transición. Sin embargo, lamentablemente no fue así, pues al poco tiempo su esposa le advirtió sobre la transmisión televisiva del acto que se estaba iniciando en el Palacio de Miraflores, el cual vio y oyó por televisión, en medio del cansancio que tenía, con honda preocupación. Esa fue la única conversación telefónica que nuestro defendido tuvo con Pedro Carmona en relación con el proyecto de decreto de gobierno de transición en la tarde del día 12 de abril, de manera que completamente falsa la referencia que hizo ante el Ministerio Público, el señor Rafael Arreaza Padilla, tal y como lo hemos manifestado en este escrito y en escrito de fecha 24 de enero de 2005 presentado por nuestro defendido ante la ciudadana Fiscal (**folio 214 y sig., Folio XIII**).

b. *Conversaciones telefónicas al ciudadano Leopoldo Baptista*

En la noche del día 12 de abril de 2002 nuestro defendido tuvo ocasión de hablar telefónicamente desde su casa con el Ingeniero Leopoldo Baptista, sobre los acontecimientos de ese día. Con él había estado días antes de vacaciones y juntos habían regresado al país el 8 de abril de 2002. Le informó sobre la solicitud que le había hecho Pedro Carmona en la madrugada de ese día 12 de abril de 2002 para que fuera a Fuerte Tiuna para dar una opinión jurídica sobre un proyecto de decreto de gobierno de transición que ya estaba redactado; así como sobre la opinión adversa a dicho documento que le había manifestado a Carmona, la cual lamentablemente no fue seguida.

Hemos solicitado la citación del ingeniero Leopoldo Baptista **(folio 117 Folio XVIII) lo que fue negado por la Fiscal por auto de 21-4-2005 (folios 249 y ss Pieza XVIII).**

    c.   *Declaraciones a Edgar López, El Nacional, el día 12-04-2002 y su aclaratoria el día 17-02-2002*

En la noche del 12 de abril, a nuestro defendido lo llamó por teléfono el periodista Edgar López de *El Nacional*, para tener sus apreciaciones sobre lo que estaba ocurriendo. Con frecuencia este periodista como muchos otros, han llamado para conocer las apreciaciones jurídicas de Brewer sobre diversos tópicos. Pidió lo despertaran y la conversación trató sobre temas generales relativos a la Carta Democrática Interamericana y a la regulación constitucional del tema de la desobediencia civil, sobre los cuales nuestro defendido había escrito. Se trató de una entrevista donde expresó opiniones jurídicas tratando de interpretar, como abogado, lo que acababa de ocurrir, tal como lo hicieron otros profesores por la prensa.

Del texto de dicha entrevista, el único hecho que confirma, es el hecho aceptado de que efectivamente, Pedro Carmona le solicitó a nuestro defendido en la madrugada del 12 de abril, opinión jurídica sobre el documento, a lo que accedió para estudiarlo y poder dársela.

En todo caso, para evitar dudas interpretativas respecto de las opiniones jurídicas expresadas libremente a López en la entrevista por teléfono, al poco tiempo nuestro defendido llamó por teléfono al periodista López para reafirmarle su desacuerdo jurídico con las decisiones políticas contenidas en el decreto del gobierno de transición; hecho que el mismo Edgar López aclaró días después en el mismo periódico, cuando reseñó la rueda de prensa que di el 16-04-2002, en *El Nacional*, Caracas, 17/04/02, p. D-2 (**anexo 5**), cuyo texto se ha trascrito anteriormente en este escrito.

    d.   *Declaraciones a Últimas Noticias el 13-04-2002*

Sobre las objeciones jurídicas al decreto de gobierno de transición y su satisfacción por la reforma que se había hecho al mismo el día 13-04-2002 restableciéndose la Asamblea Nacional, nuestro defendido se refirió en declaraciones dadas al diario *Ultimas Noticias*, sobre "Reforma del Decreto [del Gobierno de Transición] se ciñe a Carta Democrática" (declaración a R.M.), que se publicaron en la edición del día siguiente 14/04/02, p. 3, con el siguiente texto:

> "El constitucionalista Allan Brewer-Carías, dijo anoche que, como jurista, *le complace la rectificación que ha hecho el gobierno de transición al restituir a plenitud, el funcionamiento de la Asamblea Nacional, que es la representación popular legítimamente electa.*

> *Me satisface que mi recomendación, así como la de muchas personas interesadas en la institucionalidad democrática se haya acogido,* añadió.

> *Recomendé que no se suspendiera la Asamblea,* porque el gobierno de transición surgió de una rebelión popular apoyada por la sociedad civil y la FAN, para restablecer los principios y valores democráticos, que habían sido lesionados por el gobierno anterior y que, desde su instalación, debía por lo tanto, seguir los principios de la Carta Democrática Interamericana.

> Con la reforma del documento de constitución del gobierno de transición, restablecidos la Asamblea y demás Poderes, el gobierno se adapta a los principios de esa Carta". (**anexo 36**) .

H.   *Entrevista con Nelson Socorro el día 13 de abril*

En la mañana del día 13 de abril, el Dr. Nelson Socorro, fue a la casa de nuestro defendido, permaneció allí toda la mañana. Conversaron y discutieron durante toda esa mañana sobre la situación del país así como sobre la inconstitucionalidad de las decisiones que se habían adoptado el día anterior, particularmente las que eran contrarias al principio democrático. Nuestro defendido le comunicó que esas objeciones se las había expresado a Carmona por teléfono al final de la tarde del día anterior, y que a pesar de que pensó le había sembrado dudas, pues le dijo que lo pensaría, no atendió sus recomendaciones. Coincidieron en tener las mismas objeciones jurídicas respecto del decreto adoptado.

Solicitamos de la Fiscalía la citación de Nelson Socorro (**folio 112 Folio XVIII) lo que también fue negado por auto de 21-4-2005 (folios 249 y ss Pieza XVIII)**

I.   *Entrevista con la periodista Yajaira Andueza el 13 de abril y decisión de organizar una rueda de prensa*

En la noche del 13 de abril la periodista Yajaira Andueza, quien había trabajado con nuestro defendido en los meses de funcionamiento de la Asamblea Nacional Constituyente, y a quien había llamado para requerirle asesoramiento comunicacional, lo visitó en su casa. Conversaron y discutieron la situación del país así como sobre la inconstitucionalidad de las decisiones que se habían adoptado el día anterior, particularmente las que eran contrarias al principio democrático. Nuestro defendido le comunicó que esas objeciones se las había expresado a Carmona por teléfono al final de la tarde del día anterior, y que a pesar de que pensó le había sembrado dudas, pues le dijo que lo pensaría, no atendió sus recomendaciones. La periodista Andueza le informó a nuestro defendido sobre los comentarios que habían comenzado a circular en los medios de comunicación, particularmente en entrevistas de televisión hechas a la periodista Patricia Poleo, achacándole sin razón alguna participación en la elaboración del decreto del gobierno de transición. Alarmado y preocupado por esa noticia, la periodista Andueza le consiguió el teléfono de la periodista Patricia Poleo, a quién llamó, y tuvo ocasión de hablar con ella para desmentirle el hecho. Lo único que le respondió fue que el señor Miguel Ángel Capriles Cannizaro era la persona que le insistía en que yo era responsable del hecho. Allí terminó la conversación, de la cual fue testigo la periodista Andueza.

Hemos solicitado la citación de la periodista Yajaira Andueza **(folio 108 Folio XVIII) pero nuevamente la Fiscal la ha negado por auto de 21-4-2005 (folios 249 y ss Pieza XVIII).**

J.   *Rueda de prensa del 16-04-2002 para desmentir la falsedad*

En vista de la matriz de opinión, totalmente falsa, que se estaba formando con base en los reportajes y entrevistas de la periodista Patricia Poleo, nuestro defendido se apresuró a organizar una rueda de prensa para desmentir la mal intencionada y maliciosa campaña en su contra, que buscaba atribuirle participación en la redacción del decreto del gobierno de transición. La rueda de prensa se efectuó en sus oficinas del Despacho de Abogados Baumeister & Brewer, el día 16-04-2002, la cual se reseñó con los siguientes titulares conforme a los textos ya transcritos en este escrito:

«Allan Brewer-Carías responde a las acusaciones: No redacté el Decreto de Carmona Estanga», <reseña de Ana Damelis Guzmán> *El
Globo*, Caracas, 17/04/02, p. 4 (**anexo 2**);

"Había recomendado preservación de poderes constituidos: Brewer-Carías pide a la OEA evaluar violación de derechos humanos",
<reseña de Edgar López>, *El Nacional*, Caracas, 17/04/02, p. D-2
(**anexo 3**);

"El abogado desmiente haber redactado acta constitutiva de gobierno transitorio; Brewer-Carías se desmarca de Pedro Carmona
Estanga", <reseña por Felipe González Roa> *Notitarde*, Valencia,
17/04/02, p. 13 (**anexo 4**);

"Brewer-Carías: No sé quien redactó el decreto de Carmona", <re-
seña por Jaime Granda> *El Nuevo País*, Caracas, 17/04/02, p. 2
(**anexo 5**);

"Señaló Brewer-Carías; Carta Democrática Interamericana podría
ser aplicada a Chávez Frías", <reseña> *El Siglo*, Maracay, 17/04/02,
p. A-10 (**anexo 6**);

"Brewer-Carías niega haber redactado el decreto", <reseña por Juan
Francisco Alonso> *El Universal*, Caracas, 17/04/02, p. 1-4 (**anexo 7**);

"Constituyente Allan Brewer-Carías: Carta democrática paradójicamente se aplica a los opositores de Chávez y no a su gestión",
<reseña de Eucaris Perdomo>, diario ***2001***, Caracas, 17/04/02, p. 9
(**anexo 8**).

Los textos de esas reseñas, como se dijo, han sido transcritos
anteriormente en este escrito.

Otras reseñas sobre el desmentido que se pueden destacar son:

-Reseña periodística: "Reclaman a Iván Rincón no haber defendido
la Constitución el 12 de abril", Marianela Palacios, *El Nacional*, 03-
05-2002 (**anexo 9**);

- Declaraciones a Ascensión Reyes R., "Asegura que no había razones para dudar de las palabras del general". Brewer-Carías: El
anuncio de Rincón produjo una crisis de gobierno", *El Nacional*, 18-
05-2002, p. D-4:

"El constitucionalista Allan Brewer-Carías negó de nuevo que hubiera redactado el decreto del gobierno de transición de Pedro Carmona
Estanga, mediante el cual se disolvían los poderes públicos.

"Cuando fui consultado como abogado al respecto, me hallaba frente a un texto cuyo contenido ya estaba redactado. Hice todos mis esfuerzos profesionales para que se respetaran los principios de la democracia representativa y el fuero del Parlamento, particularmente a la luz de la Carta Democrática Interamericana, que no sólo regula los elementos esenciales de toda democracia, sino que también sanciona internacionalmente las rupturas del orden democrático y constitucional", dijo Brewer-Carías.

Añadió que "sobre estas decisiones se me señaló que ya estaban tomadas y, por tanto, no sujetas a cambio. En vista de ello, después de haber insistido sobre el punto, cesé mi asistencia profesional y me retiré con desagrado del palacio de Miraflores. Ni siquiera estuve en Miraflores la tarde en que se dictó el decreto y se designó el gobierno transitorio".

Señaló que sus enemigos han querido achacarle la responsabilidad del desafortunado decreto, pero aseguró que quienes lo conocen a él y a su obra saben que no pudo proponer tales decisiones" **(anexo 10)**.

3. OPINIÓN JURÍDICA ADVERSA DE NUESTRO DEFENDI-DO AL DECRETO DE GOBIERNO DE TRANSICIÓN POR SER CONTRARIAS A LA CONSTITUCIÓN

La opinión jurídica adversa de nuestro defendido al contenido del decreto del gobierno de transición del día 12 de abril de 2005, no sólo se la expresó el Dr. Brewer-Carías a Carmona en la tarde de ese día, por teléfono, sino a Nelson Mezerhane, Leopoldo Baptista, Nelson Socorro, Yajaira Andueza 13-04-2002, a quienes hemos pedido se cite para que declaren y la Fiscal ha negado tales citaciones; sino que también la expresó en los medios de comunicación, en particular, como se ha indicado en este escrito, a Edgar López el mismo día 12-04-2002; al diario Ultimas Noticias el 13-04-2002 y en rueda de prensa el día 16-04-2002.

VIII

SOBRE LA INIMPUTABILIDAD DEL ABOGADO POR EL EJERCICIO DE SU PROFESIÓN (ART. 65,1 CÓDIGO PENAL)

Como lo ha dicho nuestro defendido reiteradamente en la entrevista del 03-07-2002 con el Fiscal José Benigno Rojas (**folios 37 a 27, Pieza V**) antes transcrita, lo ha declarado en la prensa en multitud de veces, lo ha escrito tanto en su libro *La crisis de la democracia en Venezuela. La Carta Democrática Interamericana y los sucesos de abril de 2002* (pp.101 y ss), así como en el escrito de fecha 14-01-2005 consignado en el expediente (**folio, 143 y ss., Pieza XIII**). Pieza), lo ha reconocido el propio Dr. Carmona en su libro *Mi Testimonio ante la Historia* (**Pieza XIII**, p. 107 y 108), y lo ha incluso referido la misma propia periodista Patricia Poleo en algunas de sus reportajes y entrevistas (particularmente las referidas en los Nos. 12 y 14 de la acusación); la actuación de nuestro defendido en relación con los sucesos del 12 de abril de 2002 fue como abogado en ejercicio, a quien legítimamente se le requirió una opinión jurídica sobre un documento que ya estaba redactado y sobre el cual, también legítimamente, en ejercicio libre de su profesión de abogado, evacuó la consulta e informó sobre la opinión jurídica que le merecía el documento, a la persona quien le había solicitado la opinión.

Ello no constituye delito alguno, sino el libre ejercicio de la profesión de abogado.

Pero en el supuesto negado y rechazado de que en la actuación de nuestro defendido como abogado pudiera haber cometido un delito –lo cual no es cierto-, en todo caso y a todo evento debe señalarse que el abogado, por el ejercicio legítimo de su profesión de abogado, no puede ser imputado de delito alguno, ni siquiera en caso extremo de haberlo cometido -que, como se dijo, no es el supuesto en este caso, en el cual no ha cometido delito alguno-. A tal efecto, el artículo 65, 1 del Código Penal dispone que:

Art. 65. No es punible:

1°. El que obra en cumplimiento de un deber o en el ejercicio legítimo de un derecho, autoridad, oficio o cargo, sin traspasar los límites legales.

Este es precisamente uno de los supuestos que en la doctrina y legislación penal se considera como "causa de exclusión del delito como hecho punible", en particular, las denominadas "causas de justificación". En efecto, en determinadas circunstancias o situaciones, aún cuando un hecho se ajuste o enmarque en una descripción legal, tal hecho no es punible y no surge por tanto la responsabilidad penal,

"por resultar tal hecho justificado, por ser ese hecho, a pesar de su apariencia delictiva, conforme y no contrario objetivamente a las exigencias de tutela del ordenamiento jurídico…En estos casos nos encontramos ante las denominadas causas de justificación, que hacen que el hecho se considere *secundum ius*, y que derivan de todo el ordenamiento jurídico y no sólo de la ley penal, entendiéndose que cuando concurren, el hecho es lícito para todo el ordenamiento, no pudiendo considerarse un hecho a la vez lícito e incriminado" (Alberto Arteaga, *Derecho Penal Venezolano, Parte General*, Caracas, 1986, p 188).

En cuanto a lo dispuesto en el ordinal 1 del artículo 65 del Código Penal, el profesor Arteaga ha agregado que:

"se justifica el hecho típico cuando es realizado en cumplimiento o en ejecución de la ley, esto es, en ejercicio de un derecho o en cumplimiento de un deber, con lo cual se establece, como principio que responde a una vigencia lógica del sistema, que cuando el derecho autoriza o faculta, impone o exige un determinado comportamiento, éste no puede considerarse penalmente ilícito; de esta manera, si en virtud de cualquier norma jurídica, sea de derecho publico o privado, una conducta es lícita, no puede a la vez ser considerada como ilícita en el ámbito penal"(p. 202).

Agregando en relación con "el ejercicio legítimo de una profesión u oficio" lo siguiente:

De acuerdo a nuestro Código se consideran igualmente justificadas las conductas típicas que se realizan en el ejercicio de una profesión u oficio que confiere determinadas facultades o que impone determinados deberes, siempre y cuando se trate de un ejercicio legítimo, esto es, como lo observa Jiménez de Asúa, a condición de que se realicen los actos en el estricto círculo de derechos y deberes que la profesión faculta e impone (nota 328. Jiménez de Azúa, L., Tratado, Tomo I, *cit.* p. 174).

Principalmente, por los problemas que suscitan nos referiremos aquí al ejercicio de la *medicina* y de la *abogacía*…

Por lo que respecta al *ejercicio de la abogacía,* se plantean asimismo problemas en cuanto a la apreciación como lícitas de determinadas conductas del profesional del derecho al asumir y ejercer la defensa o el patrocinio de causas que le son encomendadas.

Evidentemente, el abogado tiene los más amplios derechos y también los más estrictos deberes en el ejercicio de su profesión y en tal sentido puede y debe realizar todas aquellas gestiones profesionales, que están encaminadas a la defensa de sus clientes y a la salvaguarda de los intereses que tienen a su cargo. Ahora bien, cuando en el ejercicio de tales funciones se lesionan intereses ajenos, como en el caso de imputaciones injuriosas a la parte contraria, no se comete un acto delictivo sino que el hecho se justifica por el ejercicio de la profesión.

Pero, por supuesto, se impone aquí también la referencia a la necesidad, esto es, la exigencia de que los medios que se utilicen sean requeridos a los fines de la defensa y que éstos no sean en sí considerados como delitos como sería el caso de promover testigos o documentos falsos. Asimismo, dada la necesidad, no debe incurrirse en excesos, que serían punibles, al igual que la utilización de medios delictivos (pp. 212 a 214).

Luis Jiménez de Asúa, en su clásico libro *La ley y el delito,* (México, 1954) sobre este mismo tema escribió:

d) Las causas de justificación en especie

Como se ha visto, el primero y más elemental de los sistemas para reconocer la ausencia de antijuricidad es acudir al repertorio de las causas de justificación expresamente consignadas en la ley. En la mayor parte de los Códigos hallamos éstas:

a') Actos legítimos ejecutados en cumplimiento de un deber o en el ejercicio legítimo de un derecho, autoridad, oficio…

…Aquí me limitaré a una breve nota sobre los actos legítimos por ejercicio de ley, de derecho o de deber.

La primera de estas causas, la más normal de todas, es la que está constituida por actos legítimos, ejecutados conforme a la norma expresa y en cumplimiento de un deber o ejercicio de un derecho, profesión, cargo u oficio. Así, cuando un abogado, alegando en estrados, pone de manifiesto los vicios o defectos de la parte contraria, porque le es imprescindible hacerlo para defender a su cliente, no comete acto alguno delictivo ni puede ser acusado de injuria, ya que esas expresiones las ha vertido en el ejercicio legítimo de su derecho de defensor y de su profesión de abogado (pp. 308-309)

El profesor Arteaga, además, en el Dictamen evacuado el 26-07-2002, en relación con mi actuación profesional en este caso, expresó lo siguiente:

3.4.   Ahora bien, en este contexto, cabe ahora hacer referencia a la actuación del Allan R. Brewer-Carías en relación a los hechos ocurridos el 11 de Abril del 2002 y en los días anteriores y posteriores a esa fecha.

Como es verificable, el Dr. Brewer-Carías llegó a Venezuela, de regreso de compromisos internacionales, el día 8 de Abril de 2002 y su relación con los acontecimientos, se limitó a emitir su opinión profesional sobre materias de su competencia, sobre un documento o proyecto de decreto de un sedicente Gobierno de transición.

Esta actuación es absolutamente legítima y ajustada a la ley. En ella no pueden identificarse elementos objetivos ni subjetivos de autoría o participación en una rebelión o conspiración, que no existió en la realidad y que, si se hubiese dado o alguna autoridad pudiese llegar a considerar que tuvo lugar, tampoco pueden identificarse tales elementos; y sus opiniones sobre el asunto que le fue planteado, constituyen la expresión legítima del ejercicio de un derecho y, específicamente, del ejercicio de la profesión de abogado y consultor en materia de Derecho Público, especialidad que ostenta el Dr. Brewer-Carías.

Resulta absurda la simple pretensión de sancionar a quien emite un dictamen o expresa una opinión jurídica, actuación conforme a derecho, de la cual no puede derivar ninguna consecuencia penal y que, sencillamente, es ajena totalmente a las conductas descritas en los tipos aludidos del Código Penal que antes han sido mencionados.

La autoría en materia penal o la coautoría, demanda la adecuación a la conducta descrita en la ley, que no es otra que la realización de actos de rebelión o alzamiento violento contra el Gobierno, o la conspiración con el fin de cambiar violentamente la Constitución; y la participación, a cualquier título, como cooperador, cómplice o auxiliador, exige, no solo la contribución material al hecho incriminado, sino la convergencia en la culpabilidad, por lo cual resulta imprescindible que quede acreditado que el partícipe tenía conciencia de lo que se proponía el autor o los coautores y dirigió su voluntad hacia el hecho objeto del conocimiento.

En el presente caso, no me cabe la menor duda de que no se da elemento alguno que pueda ser calificado como de típico, ilícito o reprochable, por lo que respecta a la conducta del Dr. Allan R. Brewer-Carías, en relación a los sucesos del 11-A y antes o después de esos hechos; y no ha sido desvirtuada, en forma alguna, su versión, confirmada por su retiro de Miraflores, antes de la lectura del cuestionado decreto del sedicente Gobierno de transición, ante su manifiesta opinión contraria al contenido del documento, a la luz de exigencias constitucionales y de la Carta Democrática Interamericana.

El Dr. Allan R. Brewer-Carías, por lo tanto, simplemente se limitó a una actuación estrictamente profesional, de la cual, como lo expresé antes, no puede derivarse consecuencia alguna de naturaleza penal que pueda ser utilizada para su pretendida incriminación, no configurándose la exigencia fundamental de elementos inequívocos de tipicidad en su comportamiento y ajustándose su conducta a sus derechos y deberes como abogado, de cuyo ejercicio legítimo no puede inferirse ninguna consecuencia ilícita generadora de responsabilidad, según el aforismo, *"qui iure suo utitur neminem laedit"* **(Anexo 12).**

El abogado, por tanto, en el ejercicio legítimo de su profesión no puede ser imputado, si no ha traspasado los límites legales, así haya cometido un hecho tipificado como punible. La Ley de Abogados nos impone a los abogados el "deber de ofrecer el concurso de su cultura y técnica jurídica" (art. 15) cuando se nos solicite. Por ello, nuestro defendido consideró su deber atender el llamado que le hizo el Dr. Carmona a su casa, en la madrugada del 12 de abril de 2002, requiriendo su criterio jurídico sobre un asunto.

El Código de Ética profesional de la Abogacía prescribe que el abogado aceptará o rechazará los asuntos sin exponer las razones que tuviere para ello (art. 13). Por ello nuestro defendido se retiró del Palacio de Miraflores pasado el mediodía del día 12 de abril, sin dar explicaciones a nadie, cuando no pudo hablar con Carmona para expresarle su criterio jurídico sobre el asunto que se le había consultado, lo que sólo pudo hacer cuando lo llamó por teléfono a su casa, al final de la tarde del 12 de abril, dándole su opinión adversa al documento consultado.

Conforme al mismo Código de Ética, el abogado tampoco aceptará un asunto en que tuviere que sostener principios contrarios a sus convicciones personales, incluso políticas. Por eso también, al captar nuestro defendido durante su corta estadía en el Palacio de Miraflores cerca de mediodía del día 12 de abril, que lo que se había plasmado en el documento que se había presentado ya redactado en la madrugada del 12 de abril, no tenía posibilidad de ser cambiado, por lo que como abogado no tenía posibilidad alguna de intervenir en el asunto con entera libertad para actuar, se retiró del Palacio de Miraflores, frustrado por lo que estaba ocurriendo, contrario a sus convicciones personales y políticas democráticas.

Su actuación durante el 12 de abril de 2002, por tanto, estuvo en un todo de acuerdo con las normas que rigen el ejercicio de la profesión de abogado, y con sus convicciones personales y políticas democráticas; por lo que lo que haya hecho como abogado no puede encajar en forma alguna en el tipo delictivo de conspiración, es decir, con motivo de la asesoría jurídica que se le solicitó, en forma alguna entró en acuerdo, concertación o pacto alguno con nadie, es decir, con persona alguna, para cambiar violentamente la Constitución ni, por supuesto, tuvo intención alguna de cometer delito alguno por el que pudiera ser castigado (art. 61 Código Penal).

IX

DE LAS PRUEBAS

El día 21 de octubre de 2005 la Fiscal Sexta del Ministerio Público presentó su escrito de acusación y ofreció medios de prueba "con expresa indicación de su necesidad y pertenencia". El artículo 198 del COOP señala que un medio de prueba para ser admitido, debe referirse, directa o indirectamente al objeto de la investigación y ser útil para el descubrimiento de la verdad. Así mismo el numeral 5° del artículo 326 establece, como requisito de la acusación, que el Fiscal al ofrecer la prueba debe indicar su pertinencia o necesidad.

Vamos a examinar los medios de prueba ofrecidos.

I. DE LA OPOSICIÓN A LOS MEDIOS DE PRUEBA OFRECIDOS POR EL MINISTERIO PÚBLICO Y DE LA PROMOCIÓN DE ALGUNOS MEDIOS POR LA DEFENSA

Antes de comenzar a referirnos a la proposición de pruebas testimoniales que ha hecho la Fiscal del Ministerio Público es pertinente observar el criterio que sobre la prueba testimonial tiene el Juzgado Vigésimo Quinto de Primera Instancia en función de control de Circuito Judicial Penal del Área Metropolitana de Caracas. En sentencia de hace algunos días, del 20 de octubre de 2005, de este mismo expediente, y para rechazar la solicitud de prueba anticipada del ciudadano Pedro Carmona Estanga, estableció lo que debe entenderse por testimonio de la siguiente manera:

> "El testimonio se define doctrinariamente como la exposición de una persona acerca de un determinado hecho pasado, sin interés en el proceso en que declara, cuyo conocimiento transmite al Juez como resultado de su percepción sensorial, cuyo presupuesto de legitimidad es que dicho testimonio en la testación o declaración sea rendido por una persona distinta a las partes. En este sentido debe acotar que el Código de Enjuiciamiento Criminal establecía taxativamente, la clasificación de testigos hábiles e inhábiles, no obstante,

el vigente régimen adjetivo penal consagrado en el Código Orgánico Procesal Penal, acoge el principio de la libre convicción y de la sana critica. En este sentido, este jugador en ejercicio de sus atribuciones conferidas en el artículo 282 del Código Orgánico Procesal Penal, que faculta esta jurisdicción a velar, supervisar y ejercer el control constitucional y garantías procesales en el proceso penal, tales como el debido proceso consagrado en el artículo 49 de la Constitución de la República Bolivariana de Venezuela, lo cual implica, sujetar las decisiones de esta jurisdicción a las reglas del proceso consagradas en el ordenamiento objetivo penal, por ende, al hacer un análisis lógico deductivo conforme a las reglas de la sana critica al tenor de lo dispuesto en el artículo 22 del Código Orgánico Procesal Penal".

De tal manera, que no podemos esperar otra cosa del Juzgado Vigésimo Quinto de Primera Instancia en funciones de control lo que ha señalado como

"indefectible observancia para este juzgador acatar los presupuestos o premisas relativas a los requisitos de validez que debe observar la prueba testimonial".

De tal manera que el titular de este tribunal, con acertadísimo criterio, ha desechado, de plano a 1) El testigo interesado y 2) al testigo referencial.

Esperamos que al pronunciarse sobre los medios de prueba ofrecidos por la fiscalía tome en cuenta su criterio e igualmente los principios que hacen halago sobre el respeto al derecho a la defensa.

1.- ÁNGEL ALBERTO BELLORÍN

Ofreció la testimonial del coronel del ejército, activo, Ángel Alberto Bellorín señalando que:

"Su testimonio es pertinente y necesario a los fines de demostrar lo inconstitucional del decreto, que los ciudadanos Allan R., Brewer-Carías, Cecilia Margarita Sosa Gómez y José Gregorio Vásquez López, participaron activamente en la redacción del "Decreto de Constitución de un Gobierno de Transición Democrático y Unidad Nacional", por medio de la cual se cambió violentamente la Constitución de la República Bolivariana de Venezuela, así como cualquier otra circunstancia relacionado (sic) con el presente proceso."

La declaración que puede hacer el Coronel Ángel Alberto Bellorín a "los fines de demostrar lo inconstitucional del decreto" es sobre un asunto de mero derecho, no es un tema fáctico. Los temas de derecho no son objeto de prueba. Al Coronel Bellorín le puede parecer que el decreto o proyecto de decreto es inconstitucional, constitucional, gustarle o no gustarle. Su declaración es manifiestamente impertinente e innecesaria por estar referida a un punto de mero derecho. Es igualmente inadmisible la prueba cuando la Fiscal señala y promueve al Coronel Bellorín para demostrar "así como cualquier otra circunstancia relacionado (sic) con el presente proceso". No es permisible en el proceso penal venezolano la promoción de medios de pruebas en blanco, de pesca, a ver que resulta. Por esa razón el numeral 5 el citado artículo 326 exige la indicación de la pertinencia o necesidades de la prueba. El artículo 198 *ejusdem* establece que las pruebas versan sobre <u>los hechos.</u> Es absolutamente impertinente, repetimos, la opinión que sobre un decreto tenga el Coronel Bellorín y su calificación como constitucional o inconstitucional.

El Coronel Ángel Alberto Bellorín no se ha promovido como experto y aun si así hubiere sido, el resultado es el mismo y la prueba sería ilegal e impertinente pues se refiere a un asunto de derecho.

La mejor y pacifica definición doctrinal de testimonio es la siguiente: "Es la declaración de un tercero ajeno a la controversia sobre hechos que ha percibido por sus sentidos"

El Coronel Ángel Bellorín nunca ha dicho que vio a Allan Brewer-Carías redactar el decreto al cual se refiere su denuncia

El día 11 de julio de 2002 el Fiscal del Ministerio Público ciudadano José Benigno Rojas interrogó al Coronel Bellorín así:

> "1.- ¿Diga ud. por qué motivo señala en su denuncia de forma específica los ciudadanos Allan Brewer-Carías, Carlos Ayala Corao, Cecilia Sosa Gómez y Daniel Romero como las personas autoras del decreto cuestionado?: *Respondió*: en realidad quise colocar en primer lugar a las personas que de las lecturas de todas las evidencias se desprenden como los supuestos autores intelectuales. Yo no los estoy acusando a ellos, yo denuncio lo que se desprende toda la información disponible pública y notoria. Si se observa el documento de la denuncia también solicito que se investigue a todas las demás personas con sus diferentes grado de participación en la comisión del delito".

El Coronel Bellorín no hizo otra cosa que presentar una denuncia, que le escribieron, acompañada de una serie de recortes de prensa.

Al haber señalado el Coronel Bellorín que su denuncia la basó en informaciones de prensa eso significa que no tiene conocimiento de que Allan Brewer-Carías haya "participado activamente en la redacción del decreto de Constitución de un Gobierno de Transición Democrática y Unidad Nacional" al ser totalmente impertinente la prueba ofrecida solicitamos, respetuosamente, que de conformidad con el numeral 9 del artículo 330 decida la ilegalidad e impertinencia de la prueba ofrecida para el juicio oral.

En la promoción de ésta y de todas las pruebas testimoniales la señora Fiscal usa, con ligeras variantes la siguiente muletilla, "así como cualquier otra circunstancia relacionada con el presente proceso". Este es un caso típico de impertinencia. Puede examinarse el libro del hoy magistrado Jesús Eduardo Cabrera Romero titulado *Contradicción y Control de la Prueba Legal y Libre,* Tomo 1, Editorial Jurídica Alba, página 74, dice:

> "7. CAUSAS DE IMPERTINENCIA
>
> A titulo meramente enunciativo, podemos señalar como causas de impertinencia las siguientes: a) la prueba que carece de objeto al momento de su promoción. Estamos en esta hipótesis, ante pruebas impertinentes, ya que es imposible establecer la coincidencia de los hechos objeto de la prueba con los hechos litigiosos, para el instante en que se anuncie el uso del medio. Un caso típico de esta especie, es la coletilla que algunos litigantes imponen a la petición de la inspección ocular o judicial, cual es que la misma versará, además, sobre hechos que se reservan señalar en el momento de la práctica de la prueba".

Por todo lo expuesto solicitamos se declare inadmisible la prueba de testimonio del Coronel Ángel Bellorín.

2.- LAURA WEFFER

En la oportunidad legal la fiscalía del ministerio público ofreció el testimonio de la periodista Laura Weffer Cifuentes con el siguiente objeto:

"Su testimonio es pertinente y necesario ya que con el se pretende probar la presencia del ciudadano ALAN R. BREWER-CARÍAS, en la Comandancia General del Ejército, Fuerte Tiuna, durante los días 11 y 12 de abril de 2002, y cualquier otra circunstancia que sirva para determinar su responsabilidad en la redacción del "Decreto de Constitución de un Gobierno de Transición Democrática y Unidad Nacional".

Nos oponemos a la admisión del testimonio de la ciudadana Laura Weffer Cifuentes en relación a su pertinencia o necesidad para probar la presencia del ciudadano Brewer-Carías en la Comandancia General del Ejército. Brewer ha admitido que en la madrugada del 12 de abril del 2002 si fue a Fuerte Tiuna ante un llamado para evacuar una consulta profesional. Ese es un hecho admitido que no necesita prueba, Brewer compareció el día 2 de julio de 2002 ante el Fiscal del Ministerio Público José Benigno Rojas **(folios 27 a 37, pieza V)** y admitió que estuvo en Fuerte Tiuna donde había sido llamado para evacuar una consulta profesional. También lo ha declarado a la prensa nacional y lo ratificó en escrito consignado en éste expediente en fecha 14 de enero de 2005 **(folios 143 y 55, pieza XIII)**. De manera que la prueba ofrecida es impertinente e innecesaria y solo se ha ofrecido con el objeto de darle bulto a la infundada acusación y hacer aparecer que si hay elementos para haberla presentado. Pedimos por las razones expuestas no se admita el testimonio propuesto de la ciudadana Laura Weffer.

Además, es ostensiblemente ilícito, ilegal e impertinente que se promueva la prueba del testimonio de Laura Weffer para demostrar "cualquier otra circunstancia que sirva para determinar su responsabilidad en la redacción del "Decreto de Constitución de un Gobierno de Transición Democrática y Unidad Nacional". Esta solicitud es abiertamente ilegal pues no se señala que otras circunstancias va a determinar el testimonio de Laura Weffer en relación a la responsabilidad penal de Brewer-Carías. El sistema procesal penal obliga al señalamiento del objeto de la prueba señalando su pertinencia y necesidad para el esclarecimiento de la verdad. Si no se señala cual es el objeto de la prueba se está violando el derecho de la defensa consagrado en el artículo 49 Constitucional. Es razón, adicional, por la cual debe ser declarada inadmisible la prueba ofrecida en la parte que señalamos.

3.- FREDDY ALIRIO BERNAL ROSALES

Nos oponemos a la admisión de la testimonial de Freddy Alirio Bernal Rosales, ofrecida por la Fiscalía del Ministerio Público con el objeto de demostrar que Allan R. Brewer-Carías, Cecilia Margarita Sosa Gómez y José Gregorio Vásquez López:

> "Son co-redactores del "Decreto de Constitución de un Gobierno de Transición Democrática y Unidad Nacional", así como cualquier otra circunstancia que sirva para determinar que conspiraron para cambiar violentamente la Constitución".

En la pieza XX folio 112 consta la entrevista hecha por la Fiscalía Sexta del Ministerio Público al ciudadano Freddy Bernal y al contestar la tercera pregunta dijo:

> "Si bien es cierto que la abogada Cecilia Sosa expresó lo que dije en la Asamblea Nacional, correspondería entonces investigar o esclarecer que día lo dijo porque tampoco podemos desconocer que hasta el propio dictador Carmona Estanga ha hecho del conocimiento colectivo nacional e internacional que ella, conjuntamente con Allan R., Brewer- Carías, Carlos Ayala Corao, Daniel Romero, José Gregorio Vásquez y otros juristas fueron los co-redactores del decreto".

La declaración de Freddy Alirio Bernal Rosales es absolutamente referencial en relación a la redacción del decreto por parte de Allan R., Brewer- Carías.

El testigo es un tercero ajeno a la controversia que declara sobre hechos que ha percibido directamente por sus sentidos. Se requiere que el testigo sea presencial de los hechos a los cuales se refiere o que refiriéndose al dicho de alguien éste alguien sea citado y es que realmente quien podría aportar el testimonio.

Freddy Bernal no es un tercero ajeno a la controversia, el ciudadano Freddy Alirio Bernal Rosales es un militante del Movimiento Quinta República, es un líder de ese movimiento, es un activista y pieza fundamental del engranaje de eso que llaman "El Proceso", es un incondicional del señor Presidente Hugo Rafael Chávez Frías, quien se entregó en Fuerte Tiuna luego de instruir al Comandante General del Ejército que había renunciado y que lo comunicara al mundo. No está demás expresar que al propio señor Presidente Hugo Chávez en declaración del 4 de mayo de 2002 rendida ante los Fiscales Rosa María España, Fiscal Quinta ante la

Sala de Casación y Constitucional del Tribunal Supremo de Justicia, y Claudia Mujica, Fiscal Nacional comisionada y ante el propio Fiscal General de la República, quien estuvo presente, camuflajeado, pero la locuacidad del Presidente lo descubrió. En esa oportunidad el señor Presidente admitió

> "(Lucas Rincón) me llama a ver si yo he aceptado la renuncia, para él proceder en consecuencia, yo le digo bueno sí, bueno diles allá Lucas que para evitar enfrentamientos y pasar situación más grave, yo en el marco de esas condiciones que ya ellos conocen, yo acepto esa renuncia, bueno luego él sale, seguía bajo presión, sale el alto mando y dijo lo que dijo, el Presidente ha aceptado la renuncia. Bueno fíjense entonces, es allí cuando en ese marco de cosas, cuando Lucas hace su aparición, incluso yo le dije que la renuncia mía es la de él y la del Alto Mando".

El ciudadano Freddy Alirio Bernal Rosales está incurso en circunstancias generales que hacen presumir, de manera absoluta, su parcialidad a favor de la acusación de Allan Brewer-Carías.

Es bien sabido que es el Alcalde del Municipio Libertador, que tiene interés en las resultas de este procedimiento y que, quizás, lo más importante, no le consta que Allan Brewer-Carías sea co-redactor del decreto en cuestión. Todo lo contrario. Dice que eso lo dice "el propio dictador Carmona Estanga", cuando ni siquiera ello es cierto. Al ser simplemente referencial su declaración no tiene ningún efecto ni validez en el juicio, razón por la cual no debe ser admitida la prueba ofrecida. Por otra parte, incurre la señora Fiscal en la misma falta de técnica, que hemos destacado, cuando promueve al testigo con el siguiente objeto: "Así como cualquier otra circunstancia que sirva para determinar que conspiraron para cambiar violentamente la Constitución". Aquí la señora Fiscal no promueve a Freddy Bernal para demostrar la co-redacción del decreto; lo hace abiertamente, sin señalar la indicación de su pertinencia y necesidad, en forma abierta "cualquier otra circunstancia" en este caso para determinar "que conspiraron" en abierta violación al derecho a la defensa.

El testimonio de Freddy Alirio Bernal ha sido ofrecido con el objeto de tratar de vestir la desnuda acusación que se ha propuesto. La Fiscal sabe que no tiene fundamento, que nada ha logrado en la fase de investigación y que los supuestos "elementos de convicción" señalados en la imputación se desvanecieron uno a uno.

Claro, promueve al activista Bernal porque dice que otro dice y ello es, indiscutiblemente, inadmisible. Solicitamos, respetuosamente, el Tribunal inadmita la prueba por las razones antes aducidas.

4.- TEODORO PETKOFF MALEC

Se promueve al ciudadano Petkoff "para demostrar que el decreto fue redactado, entre otros por el imputado (sic) ALLAN RANDOLPH BREWER-CARIAS, así como para demostrar cualquier otra circunstancia que sirva para determinar que conspiró para cambiar violentamente la constitución:"

No entendemos el propósito de la fiscal de rellenar su acusación y de promover pruebas con lo que parece ser su único propósito que es la persecución de ALLAN BREWER-CARÍAS.

Teodoro Petkoff rindió declaración en este expediente según consta en los folios 158 y 159 de la pieza 9 y a los folios 63 al 65 de la pieza 15 en la cual declaro:

"NOVENA. Diga usted, si tiene conocimiento del nombre de las personas que presuntamente elaboraron el referido decreto" CONTESTÓ: No tengo ningún conocimiento.

DÉCIMA. ¿Diga usted, si reconoce el video que a continuación se le pone de vista y manifiesto "el despacho deja constar de haberle expuesto de vista y manifiesto al ciudadano entrevistado una entrevista efectuada a su persona por el ciudadano Cesar Miguel Rondón el 12 de abril de 2002 en el programa "30 minutos" que se transmite por Televen a las 10:00 de la noche? CONTESTO: Si.

DÉCIMA PRIMERA: ¿Diga usted, porqué en el mencionado video hace mención al ciudadano Allan Brewer-Carías como una de las personas que presuntamente estructuraron el referido decreto? CONTESTÓ: La verdad de que esa fue una inexcusable ligereza de mi parte, porque no tenía como no tengo todavía ningún conocimiento fehaciente de quienes elaboraron ese decreto. De hecho, en la entrevista con Rondón yo no afirmo que Brewer haya participado, sino que digo algo así como "creo percibir la mano de RANDY BREWER en ese decreto", pero este desde luego no solo no es una afirmación categórica sino de hecho como dije antes, es una ligereza (Folio 159 pieza 9)".

De tal manera que al promover como testigo al ciudadano Teodoro Petkoff Malec la prueba es manifiestamente impertinente e innecesaria ya que ante la propia fiscalía el señor Petkoff contestó categóricamente que no tiene conocimiento de quién elaboró o redacto el decreto.

En sus declaraciones Teodoro Petkoff dice que no sabe si Brewer redactó el decreto: "PREGUNTA: NOVENA: ¿Diga usted, si tiene conocimiento el nombre de las personas que presuntamente elaboraron el referido decreto? CONTESTO: No tengo ningún conocimiento". Si ya el ciudadano Teodoro Petkoff declaró ante la fiscal que no tiene ningún conocimiento sobre quién redactó el decreto, entonces ¿por qué la fiscal lo promueve, "para demostrar que el decreto fué redactado entre otros por el imputado Allan Randolph Brewer-Carías".

¿Será que la señora Fiscal espera que el espectáculo del juicio oral torture e intimide a Petkoff para que cambie su declaración y diga una mentira?

Es difícil explicar por que sabiendo la Fiscal que el ciudadano Petkoff ha dicho y vuelto a decir que no sabe quien redactó el decreto, lo promueve para demostrar que fue supuestamente redactado por BREWER.

La fiscal no busca otra cosa que vestir su desnuda acusación y rellenarla con ofrecimientos de prueba que ya probaron en contra de su propósito inicial. La fiscal había decidido, cumpliendo, desde el primer día que tuvo el expediente en sus manos acusar a BREWER-CARIAS. Desplegó una desenfrenada actividad, sin observar la garantía de defensa, ni ser objetiva y equilibrada, para torcer la verdad, buscando, sin haberlo logrado, una verdad oficial. Por esa razón actuó complacientemente y contrastando con su actitud con otros declarantes, con el General en Jefe Lucas Rincón. Lo esperó meses, no insistió en su citación, permitió que por sorpresa "contestara" de 3,30 a 4 p.m. más de 60 preguntas. Las respuestas fueron incomprensibles, retadoras, impertinentes, evasivas y la valiente y aguerrida fiscal Luisa Ortega Díaz impúdicamente conservó la más paciente y complaciente actitud. ¿Será que la cohibió la magnitud del General en Jefe? Puede ser que se achicopale frente a altos militares y permita que le falten el respeto en contraste con lo estricta y distante que aparece con quienes no son jefes, generales o altos.

Solicitamos, respetuosamente, no se admita la prueba ofrecida del testimonio del ciudadano Teodoro Petkoff.

5. JOSÉ GREGORIO MONTILLA PANTOJA.

La Fiscal del Ministerio Público ofreció el testimonio de José Gregorio Montilla Pantoja con el siguiente objeto:

"Con él se pretende probar que el ciudadano ALAN R., BREWER-CARÍAS estuvo en la Comandancia General del Ejército, Fuerte Tiuna en el piso 5, con el ciudadano PEDRO CARMONA ESTANGA, redactando el decreto, de facto, que fue leído en el Salón Ayacucho del Palacio de Miraflores el 11 de abril de 2002 y siendo consultado sobre todos los aspectos jurídicos de los documentos que servirían de base al gobierno de facto, por medio del cual se cambió violentamente la constitución, así como cualquier otra circunstancia que sirva para determinar su responsabilidad en los hechos de la presente acusación".

En la pieza XX del expediente al folio 204 cursa el contenido del acta de entrevista a José Gregorio Montilla Pantoja, Coronel del Ejército en servicio activo, Comandante de la 35° Brigada de la Policía Militar, Fuerte Tiuna.

En el interrogatorio hecho a este funcionario del ejército a pesar de la insistencia y la persuasión de la Fiscal del Ministerio Público para que dijera lo que ella quería, el Coronel Montilla Pantoja dice que no vio llegar a Brewer-Carías "pero si lo observé durante la noche y la madrugada en una especie de cubículo que está en la Comandancia en compañía de una mujer que hacía de secretaria y ella no pertenece a la Institución, presumo que llegó en compañía de ella, pero con certeza desconozco ese detalle". El Coronel Pantoja no dice, ni por asomo que Brewer-Carías estaba "redactando el decreto de facto que fue leído en el Salón Ayacucho del Palacio de Miraflores". Al contestar la pregunta 13 formulada por la Fiscal del Ministerio Público:

"(13) ¿Diga usted si recuerda el contenido de las conversaciones entre los ciudadanos Brewer-Carías y Pedro Carmona Estanga?. No la oí, pero observé que reunían varias personas, el señor Carmona lo abordaba mucha gente, nunca estaba solo, el señor Brewer-Carías habló varias veces con él delante de varias personas, yo no podía oír lo que estaban hablando y también se reunieron en una sala en una habitación".

El Coronel José Gregorio Montilla no oyó nada de lo que supuestamente habló Brewer-Carías. En su declaración dice que él cree que Brewer redactó la renuncia del Presidente de la República. El Coronel lo único que dice es que el vio a Brewer-Carías en Fuerte Tiuna, hecho admitido por Brewer. El resto de su declaración es producto de su imaginación y de su manifiesto claro y notorio interés en las resultas de esta investigación lo cual lo invalida para deponer como testigo, pedimos así se declare.

6.- JAVIER PARRA VEGAS

La señora fiscal del ministerio público promovió como testigo al ciudadano Jorge Javier Parra Vegas, militar activo, otra vez, en servicios en Fuerte Mara, como militar activo.

Consta en la pieza XX folio 291 que el 27 de mayo del 2005 la Fiscalía Sexta del Ministerio Público interrogó al militar José Javier Parra Vegas. La Fiscal lo promueve para demostrar que Allan R., Brewer-Carías "estuvo redactando y haciendo correcciones al decreto de facto en la Comandancia General del Ejército Fuerte Tiuna". Pero al contestar la pregunta 4 formulada por la Fiscalía el militar declara que Brewer-Carías estaba con Guaicaipuro Lameda y "redactaban un documento cuyo contenido desconozco".

La Fiscalía promueve al militar José Javier Parra Vegas para demostrar que Brewer "estuvo redactando y haciendo correcciones al decreto de facto en la Comandancia General del Ejército Fuerte Tiuna". Pero atendiendo al llamado que la propia Fiscal hizo al referido José Javier Parra Vegas este declaró "redactaban un documento cuyo contenido desconozco".

¿Será que la Fiscal piensa que logrará torcer, en la audiencia oral, lo que ya declaró José Javier Parra Vegas?.

Por lo expuesto y al ser impertinente e inútil la prueba ofrecida pedimos que no se admita de conformidad con el numeral 9 del artículo 330 del COPP.

7.- JOSÉ RAFAEL REVENGA

En el escrito de acusación la fiscal ha ofrecido como prueba el testimonio de José Rafael Revenga Gorrondona señalando la siguiente pertinencia y necesidad:

"Su testimonio es pertinente y necesario ya que el estuvo en la Comandancia General del Ejercito, Fuerte Tiuna, en la madrugada del 12 de abril de 2002, y con el se pretende probar la presencia (sic) de los imputados CECILIA MARGARITA SOSA GÓMEZ y ALLAN RANDOLPH BREWER-CARÍAS en el Palacio de Miraflores el día 12 de abril de 2002, así como la presencia de éste último en la Comandancia General del Ejercito en la madrugada del mismo día y de la participación de ambos en la redacción y corrección del decreto de facto por el cual se conspiró para cambiar violentamente la constitución".

En la pieza 25 al folio 97 y siguientes consta el acta de entrevista del 5 de septiembre a José Rafael Revenga en la sede de la Fiscalía Sexta del Ministerio Público. En esa oportunidad la fiscalía, le formuló las siguientes preguntas:

"1.- ¿Diga usted cuándo vio al ciudadano Brewer-Carías con quién estaba acompañado él?. *Contestó*: Estaba solo.

2.- ¿Diga usted a que hora aproximadamente?. *Contestó*: a las 3 de la mañana.

3.- ¿Diga usted si tiene conocimiento quiénes redactaron el decreto que fue leído en Miraflores?. *Contestó:* No se".

Es un hecho admitido por Brewer-Carías que estuvo en Fuerte Tiuna en la madrugada del 12 de abril de 2002 y que también estuvo en Miraflores cerca del mediodía, por escasos minutos, el mismo 12 de abril de 2002, de manera que la proposición del testimonio de José Rafael Revenga Gorrondona para demostrar esos hechos es absolutamente innecesaria. Pedimos que así se declare.

Por otra parte también se ha promovido el testimonio de José Rafael Revenga Gorrondona para demostrar "la participación de ambos en la redacción y corrección del decreto de facto por el cual se conspiró para cambiar violentamente la constitución". José Rafael Revenga ha declarado, al contestar la pregunta 3 formulada por la fiscalía, que no sabe "quienes redactaron el decreto que fue leído en Miraflores". De tal manera que el ofrecimiento del testimonio de José Rafael Revenga es absolutamente innecesario pues ya, de antemano, declaró ante la propia fiscal que no sabe quién o quiénes redactaron el decreto.

8.- GUSTAVO JOSÉ LINARES BENZO

La señora Fiscal en el capítulo 4 de su escrito ofreció, bajo el numeral 10, la declaración de Gustavo José Linares Benzo señalando lo siguiente pertinencia y necesidad:

> "Su testimonio es pertinente y necesario porque con el se pretende probar la presencia de los imputados CECILIA MARGARITA SO-SA GÓMEZ y ALLAN RANDOLPH BREWER-CARÍAS en el Palacio de Miraflores el día 12 de abril de 2002 y su participación durante ese día en la elaboración y corrección del decreto de facto por el cual se conspiró para cambiar violentamente la constitución. Así mismo se pretende probar que el imputado ALLAN RAN-DOLPH BREWER-CARÍAS, estuvo en Comandancia General del Ejército el día 12 de abril de 2002, elaborando, el antes mencionado decreto".

Consta en folio 76 de la pieza 25 de este expediente que el día x de 2005 declaró ante la Fiscalía Sexta del Ministerio Público el ciudadano Gustavo José Linares Benzo. En esa oportunidad la única pregunta referente a Allan Brewer-Carías, hecha por la fiscalía, fue la siguiente:

> "11.- Diga usted cuándo vio al ciudadano Allan Brewer- Carías y que estaba haciendo y donde se encontraba?. *Contesto*: Estaba en lo que creo que era el despacho del Ministerio de la Secretaria, creo que solo, lo salude y no conversamos nada, estaba solo de pie, esto ocurrió justo a mi llegada a Miraflores, luego no lo vi más"

La presencia de Allan Brewer-Carias, por pocos minutos, en el Palacio de Miraflores a mediodía de día 12 de abril de 2002 no es hecho controvertido. Es un hecho admitido por Brewer, así como también lo es que fue llamado en horas de la madrugada del día 12 de abril a dar su opinión sobre un decreto que ya estaba elaborado y redactado y que en razón de que no pudo darle su opinión a Carmona en esa madrugada fue a horas de medio día en el Palacio de Miraflores sitio en el cual tampoco pudo entrevistarse con Carmona. De tal manera que la prueba ofrecida del testimonio de Gustavo José Linares Benzo para demostrar que Brewer-Carias estuvo en Miraflores el 12 de abril es impertinente e innecesaria. Pedimos que así se declare.

De otra parte también se ha promovido el testimonio de Gustavo José Linares Benzo para "probar que el imputado ALLAN RANDOLPH BREWER-CARÍAS estuvo en la Comandancia General del Ejercito el día 12 de abril de 2002, elaborando el antes mencionado decreto". Es un hecho admitido por Brewer-Carías que estuvo en Fuerte Tiuna y Gustavo José Linares Benzo no se ha referido en su declaración a que él hubiera estado en Fuerte Tiuna en la madrugada del 12 de abril. Hecho por cierto impertinente e innecesario de demostrar pues Brewer-Carías lo ha admitido.

Gustavo José Linares Benzo en ningún momento de su declaración se ha referido a que ha visto a Brewer redactando, elaborando o discutiendo sobre el decreto de constitución del gobierno provisional de transición democrática ni que haya estado en Fuerte Tiuna, ni que haya visto a Cecilia Margarita Sosa Gómez con Brewer. Todo lo contrario dijo que vio a Brewer sólo en Miraflores.

De tal manera que la oferta a su testimonio sólo busca abultar la infundada acusación y no se refiere a hechos pertinentes ni necesarios. Por estas razones solicitamos se deseche la proposición que se ha hecho del testimonio de Gustavo José Linares Benzo.

9.- PATRICIA POLEO

La Fiscal del Ministerio Público promovió la declaración de Patricia Poleo con el siguiente objeto:

"Con su testimonio se pretende probar que los ciudadanos ALLAN RANDOLPH BREWER-CARÍAS, CECILIA MARGARITA SOSA GÓMEZ y JOSÉ GREGORIO VÁSQUEZ LÓPEZ, fueron los co-redactores del decreto de facto leído en el Palacio de Miraflores el día 12 de abril de 2002, por medio del cual se cambió violentamente la constitución, así como cualquier otra circunstancia pertinente para demostrar los hechos de la presente acusación"

Por cierto también ofrece dos escritos en el periódico El Nuevo País de la periodista Patricia Poleo publicado en la columna "Factores de Poder, correspondiente al martes 16 y miércoles 17 de abril de 2002; también promueve dos veces, bajo los numerales 15 y 22 la interpelación de la ciudadana Patricia Poleo en fecha 10 de mayo de 2002 ante la comisión especial política que investigó los hechos ocurridos los días 11, 12, 13 y 14 de abril de 2002 y también ofrece conforme al artículo 198 del Código Orgánico Procesal Penal, relativo a la libertad de prueba, cuatro videos distinguidos con los números 1, 2, 4, 5, y 6, en las cuales aparece Patricia Poleo con su versión, modelada, de los hechos. Es decir la prueba estelar de la

Fiscal, señora abogada Luisa Ortega Díaz, es el dicho de la periodista señora Patricia Poleo, la Fiscal la usa cuando Patricia Poleo escribe, habla, y se la ve y habla. Por fortuna para el doctor Brewer la señora Poleo no habló, escribió, se interpeló o audiovisualmente salió más pues la fiscal señora Ortega la hubiera utilizado más y efectuado más relleno no sanitario.

En el folio 228 y siguientes de la pieza 16 de este expediente, consta la declaración de la periodista Patricia Poleo.

A la periodista Patricia Poleo se le preguntó:

> "*Primera*: ¿Diga usted si estuvo en algún momento, en Fuerte Tiuna (en la Comandancia General del Ejercito) el día 12 de abril de 2002 entre las 2 de la mañana y las 6 de la mañana?. *Contestó:* No.
>
> *Segunda:* ¿Diga si usted vio en Fuerte Tiuna a Allan Brewer-Carías redactar el decreto de gobierno de transición del 12 de abril de 2002? *Contestó*: No.
>
> *Tercera:* ¿Diga si usted oyó en Fuerte Tiuna (Comandancia General del Ejercito) el día 12 de febrero de 2002 entre las 2 y 6 de la mañana a Allan Brewer-Carías diciendo: "no importa la renuncia. Ya Lucas la va anunciar por televisión y eso será mas que suficiente?. *Contesto:* No.
>
> *Cuarta*: ¿Diga si conoce al ciudadano Isaac Pérez Recao?. *Contestó:* No.
>
> *Quinta*: ¿Diga si alguna vez ha visto a Allan Brewer-Carías abrazando a Isacc Pérez Recao?. *Contesto*: No
>
> *Sexta*: ¿Diga si alguna vez ha visto u oído al ciudadano Isaac Pérez Recao y a Daniel Romero dictándole algo a Allan Brewer-Carías?. *Contestó*: No.
>
> *Décima Sexta*: ¿Diga si a alguna hora del 12 de abril de 2002, usted vió a Allan Brewer-Carías en el Palacio de Miraflores junto a la Dra. Cecilia Sosa o conversando con ella?. *Contestó*: No porque cuando yo llegue ya se había ido.

Es inadmisible la prueba testimonial para demostrar con el dicho de Patricia Poleo que Allan Brewer-Carías fue co-redactor "del decreto de facto leído en el Palacio de Miraflores el día 12 de abril de 2002".

No es posible que la periodista Patricia Poleo rinda el testimonio ofrecido y esa declaración llegue a demostrar que Brewer hizo el decreto. Ya ha declarado la señora Poleo clara enfática y categóricamente que todo lo que escribió por el periódico o declaró a los distintos medios de comunicación es producto de su oficio. Es conveniente, una vez más, acatar lo que dijo el titular del Juzgado Vigésimo Quinto el 20 de octubre de 2005 sobre el testimonio "la exposición de una persona a un determinado hecho pasado, sin interés en el proceso en que declare, cuyo conocimiento transmite al juez como resultado de su percepción sensorial". Es decir que haya visto, oído, sentido u olido directamente el hecho al cual se refiere su testimonio.

Pareciera que esa frenética escribidera y declaradera en contra de Brewer de la señora Patricia Poleo, sin que nada le constare se hizo con el sólo y único propósito de ocultar que estuvo en el Palacio de Miraflores, junto con el ciudadano Pedro Carmona Estanga, con quien Brewer no logró hablar y ella si; y lo acompañó a la recepción de connotadas personalidades y además hasta oferta de un alto puesto en el nuevo gobierno recibió.

La promoción del testimonio de Patricia Poleo, de sus escritos y de las cintas en donde aparece declarando la misma fábula repetida muchas veces y en distintos tonos y escenarios, es utilizada por la señora Fiscal del Ministerio Público para rellenar y tratar de vestir su desnuda acusación que carece de todo elemento probatorio. La señora Fiscal, sabiendo que Patricia Poleo está invalidada como testigo de cualquier hecho relacionado con la "investigación" insiste y la promueve para que, en cumplimiento de órdenes, parezca verosímil la acusación que ha presentado.

Pero además debe ser desechada la propuesta o el ofrecimiento de la prueba testimonial de Patricia Poleo no solo por que no ha sido un testigo presencial, ella misma admite que no lo es, sino porque su testimonio es tan contradictorio y las afirmaciones que expresa tan incompatibles entre si, que tampoco entonces podría haber sido considerada como testigo de cargo en contra de Allan Brewer-Carías. Patricia Poleo en sus declaraciones dice, al mismo tiempo, que Brewer-Carías fue redactor del decreto, y que no lo fue, que no se podía cambiar el nombre del país ni disolver la Asamblea, mientras que, por otra parte, la misma periodista asegura que Brewer consideraba esa decisión "antidemocrática", "que no estuvo de acuerdo en disolver la Asamblea Nacional, y se los dijo", que "por supuesto... no estuvo de acuerdo en cambiar inmediatamente el nombre de Venezuela", y que "como buen jurista" que es, le explicó que "esto (la eliminación de la Asamblea y el cambio del nombre del país) no podía ser".

Por todo ello y aunque Patricia Poleo hubiera sido un testigo directo, su testimonio no puede servir de base para formular acusación alguna en contra de Allan Brewer-Carías, porque de ese testimonio no se deduce como más allá de cualquier duda razonable, que aquel participara en la redacción y elaboración del decreto, ni mucho menos aún que estuviera de acuerdo con la disolución de los poderes públicos y el cambio de la denominación de Venezuela.

El testimonio referencial de Patricia Poleo –repetimos condición que ella misma se atribuye- solo podría admitirse como prueba para la acusación, sin vulnerar el derecho a la presunción de inocencia de Brewer, si ella, Poleo, hubiera identificado y especificado quienes eran los testigos presenciales –si es que realmente hubieran existido- que les habrían facilitado las supuestas informaciones de que Allan Brewer-Carías había redactado y elaborado el decreto de constitución del gobierno.

Solicitamos, respetuosamente, por las razones aducidas, no sea admitida la prueba ofrecida del testimonio de Patricia Poleo.

Por otra parte, nuevamente incurre la fiscal del Ministerio Público en violentar el derecho a la defensa y el sistema orgánico procesal penal venezolano al promover a Patricia Poleo para demostrar "cualquier otra circunstancia pertinente para demostrar los hechos de la presente acusación". Esta es una "pertinencia en blanco" y que debe igualmente ser inadmisible por las razones que hemos expresado a lo largo de este escrito.

10.- RAFAEL POLEO.

La Fiscal Sexta del Ministerio Público ofreció la testimonial de Rafael Poleo a los fines de demostrar "que el imputado (sic) ALLAN RANDOLPH BREWER-CARÍAS fue uno de los redactores del decreto por el cual se cambio violentamente la constitución".

Consta en la pieza 21 folio 24 y siguientes que el día 6 de junio de 2005 compareció a la fiscalía el ciudadano Rafael Poleo quien declaró:

1. ¿Diga usted, es el autor del artículo un abril en crisis, que aparece en el Libro Venezuela: Crisis de Abril, Editado por IESA, el cual se le pone a la vista?. *Contestó*: No puedo precisar si la pieza que se me

entrega, el Libro Venezuela; La Crisis de Abril, Editado por el IESA, corresponde exactamente a un artículo que yo había publicado donde regularmente escribo que es la revista ZETA y el diario El Nuevo País, pero como veo aquí marcado algún párrafo sobre el cual se me quiere preguntar, si estoy en capacidad de hacer memoria sobre ese especifico punto.

2. ¿Diga usted si en el mismo afirma lo siguiente: "...poco después recibí la llamada de un amigo en Fuerte Tiuna, en la cual me dijo que Carmona estaba encerrado con el General Vásquez Velasco, Isaac Pérez Alfonso, Allan Brewer-Carías, Daniel Romero, y algunas otras personas, redactando los documentos constitutivos de un nuevo gobierno?. *Contestó*: Es muy posible que yo haya escrito eso, porque efectivamente recibí esa llamada y se me dijo aproximadamente lo que usted esta citando.

5. ¿Diga usted el nombre de la persona que lo llamo?. *Contestó*: Eso no puedo decirlo porque es un secreto de la fuente"

Por cierto, la señora Fiscal también promueve, como prueba "documental" el libro *Venezuela: Crisis de Abril*, Ediciones IESA, C.A. haciendo referencia a un artículo de Rafael Poleo para probar la participación de Allan Brewer-Carías en la redacción del decreto.

El ciudadano Fiscal de la República Isaías Rodríguez Publicó su libro autobiográfico *"Abril Comienza en Octubre"* en septiembre de 2005 y se reservó los derechos de autor. Que casualidad que en ese libro el Fiscal, miembro del poder ciudadano con el mayor abuso, impudicia y descaro cita la declaración de Rafael Poleo que se acaba de citar, en contra del doctor Allan Brewer-Carías y la califica de "agudeza" de Poleo.

Si el Fiscal General de la República cumpliera con lo que establece la Constitución y la ley que rige los deberes de su cargo se debió haber inhibido de manejar la instrucción en contra del Doctor Brewer-Carías por el solo hecho que le atribuyen la autoría, redacción y responsabilidad de un decreto en el cual se le destituía de su cargo.

El Fiscal General de la República al no haber cumplido con los deberes inherentes a su cargo, con la ética elemental que debería tener por ser un miembro del Poder Ciudadano, ha conducido una investigación sin respetar los derechos de Brewer-Carías, sin permitirle evacuar diligencias y con el solo propósito de acusarlo, como efectivamente lo ha hecho.

Rafael Poleo no estaba en Fuerte Tiuna, Rafael Poleo dice que alguien le dijo pero no dice quien fue que le dijo, esto es un rumor sobre un rumor, una bola sobre una bola y no tiene ningún valor probatorio en el derecho venezolano.

Rafael Poleo no es un testigo directo. Es un testigo referencial de, a su vez, otro referencial. El periodista Rafael Poleo se ha negado a dar el nombre del testigo directo, que en este caso, repetimos no es directo sino referencial, él dice que alguien lo llamó y le dijo. El periodista Rafael Poleo tiene derecho a acogerse al secreto profesional pero no por ello se puede vulnerar un derecho de mayor jerarquía constitucional como es el derecho a la defensa y la presunción de inocencia, emanación del derecho a un proceso justo, equitativo y con toda la garantía ya que se privaría a Brewer-Carías de interrogar a los supuestos testigos presenciales y con ello de las posibilidades de fiscalizar la credibilidad de estos o ponerla en duda.

El testimonio del señor Rafael Poleo, un testigo referencial de otro referencial, cuya identidad no suministró, carece de total validez, razón por la cual pedimos que se niegue el ofrecimiento.

11.- ANA BEATRIZ PÉREZ DE PETIT

La Fiscalía del Ministerio Público ofreció la testimonial de Ana Beatriz Pérez de Petit para "con ella se pretende probar la presencia de ALLAN RANDOLPH BREWER-CARÍAS en Fuerte Tiuna en la Comandancia General del Ejército, momento en que distintas personas admiten que lo vieron dando los últimos toques al decreto por medio del cual se cambió violentamente la constitución".

No podemos dejar de destacar que resulta sorprendente la impúdica afirmación de la Fiscal del Ministerio Público Luisa Ortega Díaz en la oferta de testimonio de la periodista Ana Beatriz Pérez de Petit **"para demostrar que distintas personas admiten que lo vieron dando los últimos toques al decreto por medio del cual se cambió violentamente la constitución"** (negrillas nuestras). Nadie, ni una sola persona de las que se han promovido para que declare y de las que la fiscalía ha citado, interesadamente, que han comparecido, salvo el general Lucas Rincón quien aparentemente no compareció ni la fiscalía se constituyó en su sede pues no lo dice el acta de declaración, ha asomado ni remotamente que vio a Brewer-Carías dándole "los últimos toques al decreto" por medio del cual presuntamente se cambio violentamente la Constitución.

Ana Beatriz Pérez de Petit fue promovida por Allan Brewer-Carías para desvirtuar la utilización que de un reportaje de ella hizo la Fiscalía para imputarlo.

Consta en la pieza 21 folio 9 y siguientes que el día 9 de junio de 2005 se le tomó declaración a Ana Beatriz Pérez de Petit.

No podemos dejar de destacar la ventaja, prepotencia y amedrentamiento con que la Fiscal trató a las personas promovidas por Allan Brewer-Carías a declarar y su notable contraste y actitud de cordero degollado que tuvo frente al altísimo General en Jefe de ella, Lucas Rincón. En efecto, al comparecer Ana Beatriz Pérez de Petit la señora abogado Luisa Ortega Díaz Fiscal Sexta la engañó, dolosamente cuando después de identificarla le dijo: "**DE INMEDIATO EL MINISTERIO PÚBLICO PASA A FORMULARLE LAS PREGUNTAS SOLICITADAS POR LOS ABOGADOS DEFENSORES DEL CIUDADANO ALAN BREWER-CARÍAS**" (todo esto está en el acta en mayúsculas y negrillas). Eso es mentira: las preguntas de la 2 a la 10 son de la Fiscal. Solamente 5 preguntas la 1, 11, 12, 13 y 14 fueron propuestas por Brewer-Carías.

Lo cierto es que a la periodista Ana Beatriz Pérez de Petit se le formularon las siguientes preguntas:

> 11. ¿Diga usted si estuvo presente en algún momento de la madrugada del 12 de abril de 2002 en Fuerte Tiuna (Comandancia General del Ejército)?. *Contestó:* No.
>
> 12. ¿Diga si usted vio a Allan Brewer-Carías en Fuerte Tiuna Participando en alguna reunión o redactando algún decreto en esa madrugada del 12 de abril de 2002?. *Contestó*: No.
>
> 13. ¿Diga usted si la frase "la presencia inequívoca en Fuerte Tiuna del abogado <u>Brewer-Carías</u> (subrayado Brewer-Carías) quien no aparecía en son de consulta sino en animo de participante muy activo del entorno militar revolucionario aquel día." Obedece a haberlo visto usted en labores de redacción del documento de constitución de gobierno a Pedro Carmona Estanga, o más bien es una opinión suya como parte del texto que reseña?. *Contestó:* 1.- Yo no puse revolucionario sino revolucionado, 2. No estaba en Fuerte Tiuna, no lo pude haber visto en labores de redacción de ningún decreto; 3. Cuando digo muy activo es por que todos lo que están en es video están muy activos. (ninguno está dormido, la critica situación del país era para estar en actividad, esto es mi análisis).

14.- ¿Diga usted si obtuvo de alguna de sus fuentes información de haber visto a Alan Brewer-Carías redactando el documento de constitución del Gobierno de Pedro Carmona Estanga?. *Conestó:* No

También la Fiscal promovió como documental identificada con el N° 14 artículo del Diario El Mundo de fecha 3 de mayo de 2002 columna "desde las gradas" de la ciudadana Nitu Pérez Osuna la Fiscal afirma:

"El video de Chávez retenido con el que se pretende probar la presencia del ciudadano Alan R. Brewer-Carías en Fuerte Tiuna en la madrugada del 12 abril de 2002"

No se entiende si la Fiscal está promoviendo además del artículo del diario El Mundo, el video de Chávez retenido, ya que no lo hace en las cintas o videos que acompaña como "prueba libre". Más adelante, en este escrito analizaremos el artículo de Ana Beatriz Pérez Osuna publicado en El Mundo, si es que es lo que quiso promover la Fiscal.

La oferta del testimonio de Ana Beatriz Pérez de Petit no va a conducir a nada, nada va a probar, porque ella ha declarado clara, categórica y enfáticamente que no estuvo en ningún momento, en la madrugada del 12 de abril de 2002 en Fuerte Tiuna, que no vio a Brewer redactando el decreto y que ninguna de sus fuentes de información le informó que había visto a Brewer-Carías redactando el documento de constitución del nuevo gobierno en Fuerte Tiuna. De manera tal que no es pertinente ni necesario el testimonio de Ana Beatriz Pérez de Petit. Es inútil. La Fiscal la ha propuesto como testigo con el solo propósito de hacer aparecer que su acusación es seria, es grande, tiene muchas páginas y muchos medios de prueba.

Ya Ana Beatriz Pérez de Petit ha declarado que no estuvo en Fuerte Tiuna, que no vio a Brewer redactando el decreto y que ninguna de sus fuentes de información le dijo haber visto a Brewer-Carías redactando el decreto. Entones nos preguntamos ¿cómo es posible que la Fiscal promueva a la periodista Ana Beatriz Pérez de Petit "para demostrar que distintas personas admiten que lo vieron dando los últimos toques al decreto por medio del cual se cambió violentamente la Constitución". Eso es simplemente una barbaridad que atenta contra el principio constitucional que establece:

"**Artículo 257. El proceso constituye un instrumento fundamental para la realización de la justicia**".

La Fiscalía pretende utilizar el proceso como un instrumento de venganza, de vejamen y aplicarle al ciudadano Allan Brewer-Carías la pena del banquillo.

Al ser la periodista Ana Beatriz Pérez de Petit completamente referencial es impertinente e inútil su ofrecimiento como testigo y así pedimos se declare.

12.- ROBERTO ANTONIO GIUSTI.

La señora Fiscal ofrece la testimonial de Roberto Antonio Giusti, en este caso no dice que es pertinente y necesaria pero la promueve diciendo lo siguiente:

"que entrevistó al ciudadano NÉSTOR GONZÁLEZ GONZÁLEZ, por el Diario el Universal, en fecha 18 de abril de 2002, y con él se pretende probar la participación del ciudadano ALLAN RANDOLPH BREWER-CARÍAS en la redacción del decreto por el cual se cambio violentamente la constitución, así como para demostrar cualquier otra circunstancia pertinente con los hechos de la acusación".

Resulta incomprensible y esto llega al sumun de la pretensión y obsesión de la titular de la Fiscalía Sexta y de su irracional proceder y deseo de acusar a Allan Brewer-Carías. Promueve a Roberto Giusti porque "entrevistó a Néstor González González y con él se pretende probar la participación del ciudadano Allan Brewer-Carías en la redacción del decreto" Esto es incomprensible ¿porqué la Fiscal no promovió la declaración de Néstor González González?

Roberto Giusti en ningún momento se refiere a que el doctor Brewer-Carías haya redactado el decreto que tanto mortifica a la Fiscal y sorprendentemente para nada la mortifica la declaración de su General en Jefe Lucas Rincón diciendo que el Presidente Chávez había renunciado, solicitado asilo en Cuba y que se había ido por sus propios medios a Fuerte Tiuna.

Roberto Giusti compareció el 8 de junio de 2005 ante la Fiscalía según consta en la pieza XXI del folio 42 y siguientes en la cual declaró:

EN MI PROPIA DEFENSA

"8. ¿Diga Ud si el ciudadano Nestor González respondió a una de las preguntas hechas lo siguiente "allí se encontraban <u>Brewer Carías</u> (subrayado en el original) y sobre la base de su criterio tomando en cuenta que hubo derramamiento de sangre, y que dejan ir al Presidente podía comprometer el prestigio de la institución, tomaron la decisión que ya se conoce. A. Brewer le consultaron también la legalidad de esa situación y el le manifestó que con la declaración del General Lucas Rincón, ya no había alto mando, y que la voluntad manifiesta, expresada por el Presidente, de renunciar, se producía un vacío de poder, y por lo tanto ,no se requerían documentos firmados..." *Contestó*: Si, como podría desmentirme a mi mismo".

El periodista Roberto Giusti dice que a él le dijeron y el que le dijo dice que oyó. Esto no tiene ningún valor en el derecho venezolano. Podría tener algún valor si Nestor González González comparece y dice que él le preguntó a Brewer-Carías su opinión sobre un tema y Brewer-Carías se la dio. Ni Giusti ni Néstor González afirman que Brewer participó en la redacción del decreto.

La Fiscal pretende con la oferta de pruebas sobre el testimonio de Roberto Giusti que éste diga que a Néstor González González le dijeron. Es la referencia de la referencia que hizo alguien referido. Esto no tiene ningún valor en el derecho venezolano; atenta contra el control de la prueba, contra el debido proceso, contra la garantía del derecho a la defensa, contra la presunción de inocencia, contra el principio constitucional de que el proceso es un instrumento de justicia.

Pero por el solo hecho de la forma en que se ha ofrecido la prueba sin señalar pertinencia ni necesidad el tribunal debe desecharla. Repetimos la forma en que se ha ofrecido "que entrevisto al ciudadano Néstor González González, por el Diario El Universal en fecha 18 de abril de 2002, y con el se pretende probar la participación del ciudadano ALLAN RANDOLPH BREWER-CARÍAS en la redacción del decreto", lo que le faltó decir a la fiscal es que Roberto Giusti entrevisto a Allan Brewer y que este admitió la redacción del decreto. Observamos, respetuosamente, que la Fiscal ni siquiera ha señalado que esta prueba es pertinente y necesaria y por esa sola razón debe ser desechada.

13.- EDGAR JOSÉ LÓPEZ ALBUJAS.

La Fiscal del Ministerio Público promovió el testimonio del periodista Edgar José López Albujas con el siguiente objeto:

"Con el se pretende probar que el imputado ALLAN RANDOLPH BREWER-CARÍAS redactó el decreto por el cual se cambió violentamente la constitución; así como para demostrar cualquier otra circunstancia pertinente con los hechos de la acusación".

También la fiscalía acompañó como prueba "documental, una entrevista periodística hecha por Edgar López a Allan Brewer el día sábado 13 de abril de 2002 y que aparece identificada con el Número 7.

Consta en la pieza XIII, folio 259 y siguientes que el 21 de abril de 2005 el ciudadano Edgar José López Albujas compareció ante la Fiscalía para responder un extenso cuestionario, el cual en la parte pertinente a la redacción del decreto que la fiscal pretende demostrar con el testimonio de Edgar López, tiene el siguiente contenido:

"¿Diga usted, a que se debe o de quién escucho la frase de que Brewer-Carías fué el arquitecto jurídico del nuevo régimen?. *Contesto:* Yo refiero en mi nota que en medios judiciales esa es una forma de preservar mi fuente.

11.- ¿Diga usted si en esa llamada Allan Brewer-Carías le manifestó que no estaba de acuerdo con la disolución de la Asamblea Nacional, ni con la destitución de los Magistrados del Tribunal Supremo ni con ninguna otra decisión que significara la ruptura del hilo constitucional?. *Contesto*: Si

15.- ¿Diga si usted tuvo en algún momento, en Fuerte Tiuna en la Comandancia General del Ejercito, en la madrugada del día 12 de abril de 2002?. *Contestó*: No

17.- ¿Diga usted en que "medios judiciales se comentaba que Allan Brewer-Carías fue el arquitecto jurídico del nuevo régimen", según lo afirmó su reseña del día 13 de abril de 2002? *Contestó*: no puedo contestar eso por la reserva de mi fuente.

18.- ¿Diga usted si su fuente le informó que hubiera visto a Allan Brewer-Carías redactar el decreto del gobierno de transición?. *Contestó*: No. Además son fuentes judiciales".

Es evidente que el testimonio ofrecido por la Fiscal de Edgar José López Albujas para "con el se pretende probar que el imputado (sic) ALLAN RANDOLPH BREWER-CARÍAS, redactó el decreto por el cual se cambió violentamente la constitución" no podrá dar ningún resultado y por lo tanto es impertinente e innecesaria. Ya en la investigación dirigida por la ciudadana fiscal Luisa Ortega Díaz, Edgar José López Albujas declaró clara enfática y categóricamente que no estuvo en Fuerte Tiuna y que la versión de que Allan Brewer era el arquitecto jurídico del nuevo régimen carece de todo fundamento, no guarda relación ni con la verdad ni con los hechos y provino de un "chisme judicial".

La Fiscal ha ofrecido el testimonio de Edgar José López Albujas pues "con él se pretende probar que el imputado ALLAN RANDOLPH BREWER-CARÍAS, redactor del decreto por el cual se cambió violentamente la Constitución". Nunca Edgar López dijo, ni por aproximación, que Brewer había sido el redactor del decreto. En una reseña publicada en El Nacional el día 13 de abril de 2002 Edgar López dijo: que en medios judiciales se comentaba que Allan Brewer-Carías habría sido el arquitecto jurídico del nuevo régimen. Edgar López no es ni siquiera un testigo de referencia de un testimonio directo. Edgar López es un presunto testigo de referencia de supuestos testigos de referencias de presunto testigo directo, ya que según ha declarado el 21 de abril de 2005 ante la Fiscalía del Ministerio Público en ningún momento de la madrugada del 12 de abril de 2002 estuvo en Fuerte Tiuna, que la frase de que el señor Brewer-Carías fue el "arquitecto jurídico del nuevo régimen" la escuchó en medios judiciales y que, a su vez esas fuentes judiciales tampoco habían visto que el señor Brewer-Carías redactara el decreto de gobierno de transición: así lo declaró al contestar la pregunta 18 "¿ Diga usted si su fuente le informó que hubiera visto a Alan Brewer-Carias redactar el decreto del gobierno de transición?, Contestó: No. Además son fuentes judiciales" De esto se infiere que, por su parte, esas "fuentes judiciales" son testigos de referencia, no se sabe si de otros supuestos testigos de referencia o, por fin de alguno o algunos de los testigos directos.

Por otra parte admitir el testimonio de Edgar López como prueba de la acusación constituiría una abierta vulneración tanto al derecho a la presunción de inocencia como al derecho de defensa pues se trata de una referencia que no identifica a los testigos directos, no podría ni siquiera Edgar López precisar quienes son esos supuestos testigos directos sino, con mucho una cadena –cuyo final se desconoce- de ulteriores y presuntos testigos de referencia y ello constituye, repetimos una abierta vulneración al derecho a la defensa al no poder Brewer-Carías controlar el "chisme judicial".

Edgar López es muy libre de acogerse al secreto profesional para como dijo en el interrogatorio, "preservar mi fuente". Pero si se niega a revelar esa fuente no por ello el testimonio de referencia sin indicación de testigo directo deja de serlo, y, por consiguiente, tampoco deja de ser un testimonio de nulo valor probatorio.

En los testimonios de los periodistas que alegan preservar su fuente que han sido utilizados por la fiscal tales como Patricia Poleo, Rafael Poleo, Edgar López y Francisco Olivares debemos decir lo siguiente:

Un abogado, un sacerdote, un policía y un periodista tienen derecho, y a veces obligación de acogerse al secreto profesional para ocultar un hecho o la identidad de una persona. En el caso de los periodistas ellos tienen derecho a no revelar quienes habrían sido sus supuestos informantes, presuntos testigos directos. Ese secreto es respetable y, si no quieren quebrantarlo, son muy libres de no hacerlo; pero lo que no pueden pretender ni los unos ni los otros es que entonces y a pesar de ellos, sus testimonios de referencia pudieran servir –quebrantando también el todavía mas respetable (porque es un derecho humano fundamental) derecho a la presunción de inocencia, para **burlar** el principio de que toda persona será reputada inocente mientras no se acredite lo contrario en virtud de una prueba valida para una acusación y una condena.

La acusación fundamentada en el dicho de unos periodistas que hicieron afirmaciones, en muchos casos absolutamente irresponsables, y en todo caso falsas no pueden fundamentar una acusación. Todas esas declaraciones de periodistas que pretende utilizar y ha ofrecido el testimonio de ello la fiscalía del Ministerio Público carecen de valor, vulneran la garantía constitucional del debido proceso, del proceso como instrumento de justicia y la presunción de inocencia. No es posible acusar, enjuiciar y mucho menos condenar a alguien porque un periodista dijo algo como una opinión, un criterio; no es que el periodista está dando la noticia de un siniestro, de un incendio, de un huracán. El periodista está emitiendo un juicio de valor y dice fundamentarse en algo pero no dice en que se fundamenta. ¿Como puede el ciudadano a quien acusan, con esos chismes expuestos en papel periódico, defenderse?.

Solicitamos respetuosamente no se admita el ofrecimiento de prueba testimonial del ciudadano Edgar José López Albujas por cuanto ya en la investigación se demuestra que su testimonio es impertinente e innecesario. Pedimos que así se declare.

Nuevamente la fiscal incurre en la coletilla de promover un testimonio para demostrar cualquier otra circunstancia. Repetimos los argumentos expresado para que, además, por esa sola circunstancia sea inadmitida la prueba.

14.- FRANCISCO OLIVARES

La fiscalía en el capítulo 4 de su escrito, bajo el N° 16, ha ofrecido la testimonial del señor Francisco Olivares señalando las siguientes pertinencia y necesidad:

"Con su testimonio se pretende probar la presencia del imputado ALLAN RANDOLPH BREWER-CARÍAS, así mismo se pretende probar la participación de éste en la redacción del decreto de facto por medio del cual se cambó violentamente la constitución"

En su velocidad y en su deseo de rellenar la fábula que contiene la acusación, el Ministerio Público no ha dicho cual presencia de Allan Brewer, a quien todavía llama imputado olvidándose de que ya lo ha acusado. ¿Se pretende probar la presencia de Brewer dónde?.

La fiscal no ha señalado ni la necesidad ni la pertinencia de la prueba.

Pero sigue señalando la fiscal: "así mismo se pretende probar la participación de éste en la redacción del decreto de facto mediante el cual se cambió violentamente la constitución".

Consta en la pieza 17 folio 216 y siguientes que el día 28 de marzo de 2005 el ciudadano Francisco Olivares fue interrogado en la Fiscalía Sexta del Ministerio Público de la siguiente manera:

"1.- ¿Diga usted si ajo su firma apareció publicada en el Diario El Universal del domingo 28 de abril de 2002 una crónica denominada "El Segundo Decreto"?. *Contestó*: Si.

2.- ¿Diga si usted estuvo en algún momento, en Fuerte Tiuna (en la Comandancia General del Ejercito), en la madrugada del día 12 de abril de 2002?. *Contestó*: No estuve, estuve ese día en la redacción del periódico El Universal donde laboro cubriendo y haciéndole seguimiento a los sucesos de esa noche, estuve allí hasta la madrugada, no recuerdo la hora.

3.- ¿Diga si usted vio llegar esa madrugada a Fuerte Tiuna a Allan Brewer-Carías?. *Contestó*: No, no lo vi porque no estuve allí.

4.- ¿Diga si usted vio en Fuerte Tiuna a Allan Brewer-Carías redactar el decreto del gobierno de transición del 12 de abril de 2002?. *Contestó*: No.

5.- ¿Diga si usted oyó las alocución del general Lucas Rincón en la madrugada del 12 de abril de 2002 anunciando la solicitud de renuncia del presidente Hugo Chávez, la cual aceptó?. *Contestó*: Si la escuche.

6.- ¿Diga si usted tuvo en algún momento, en el Palacio de Miraflores durante el día 12 de abril de 2002, particularmente entre las 10:00 a.m. y las 12:00 p.m.?. *Contestó*: No.

7.- ¿Diga si usted vió llegar esa mañana al Palacio de Miraflores a Alan Brewer-Carías?. *Contestó*: No.

8.- ¿Diga si usted vio en el Palacio de Miraflores el 12 de abril de 2002 a Allan Brewer-Carías "dándole los últimos toques al decreto"?. *Contestó*: No.

9.- ¿Diga si usted vio en el Palacio de Miraflores el 12 de abril de 2002, a Allan Brewer-Carías "llevar a Pedro Carmona algún documento o decreto"?. *Contestó*: No.

10.- ¿Diga si usted vio en el Palacio de Miraflores a Allan Brewer-Carías coordinando con otras personas algún decreto de gobierno de transición?. *Contestó*: No.

11.- ¿Diga usted si tiene algo más que agregar a la presente entrevista?. *Contestó:* No."

El resultado de este interrogatorio de Francisco Olivares es que declara que en ningún momento estuvo en Fuerte Tiuna en la madrugada del 12 de abril de 2002. Que en razón de no haber estado allí no vio llegar de madrugada a Brewer-Carías a Fuerte Tiuna y que naturalmente tampoco lo vio redactar el decreto: Admite Francisco Olivares que el día 12 de abril de 2002 no estuvo en ningún momento en el Palacio de Miraflores ni tampoco vió llegar a dicho Palacio a Allan Brewer-Carías, ni, mucho menos aun presenció como este supuestamente daba en este edificio "los últimos toques al decreto". También declara que nunca vio que Allan Brewer-Carías llevara "a Pedro Carmona Estanga algún documento o decreto" el día 12 de abril de 2002.

Es imposible probar la presencia del imputado en Fuerte Tiuna o en el Palacio de Miraflores a través del testimonio de Francisco Olivares, quien ha declarado clara, enfática y categóricamente que no estuvo ni en Fuerte Tiuna ni en el Palacio de Miraflores, razón por la cual el ofrecimiento de prueba es impertinente e innecesario.

15.- JORGE JAVIER PARRA VEGA

La fiscal del Ministerio Público promueve la testimonial del ciudadano Jorge Javier Parra con el siguiente objeto:

Con el se pretende probar que el imputado ALLAN RAN-DOLPH BREWER-CARÍAS estuvo redactando y haciendo correcciones al decreto de facto en la Comandancia General del Ejercito Fuerte Tiuna, durante la madrugada del 2 de abril de 2002.

Jorge Javier Parra Vegas es un militar en servicio activo que fué citado por la Fiscalía Sexta del Ministerio Público y cuya declaración rindió el 27 de mayo de 2005 y que consta al folio 291 y siguientes de la pieza 20 de este escrito.

Parece que el militar Jorge Javier Parra Vegas es un mentiroso profesional o sufre de alguna enfermedad mental que le impide retener lo que dice que vio.

El militar Jorge Javier Parra Vegas declara lo siguiente:

3.- ¿Diga usted si recuerda que día y que (sic) hora vio usted al ciudadano Brewer-Carías en el piso 5 del Ministerio de la defensa?. *Contestó*: Lo vi toda esa noche a altas horas y la madrugada del 12 de abril de 2002. No recuerdo las horas especificas.

4.- ¿Diga usted si recuerda que hacía el ciudadano Brewer-Carías durante la permanencia en ese lugar?. *Contestó*: Hablaba con oficiales, generales y almirantes, era consultado continuamente por estos oficiales. Recuerdo que el ciudadano Brewer-Carías estuvo con el general Guaicaipuro Lameda, en un salón contiguo al salón de los espejos. Estaban con una laptop donde escribía él y Guaicaipuro Lameda redactaban un documento cuyo contenido desconozco.

De manera que el propio militar llevado a la fiscalía a declarar dice que no sabe qué estaba redactando Brewer-Carías. Por otra parte es falso que estuviera redactando nada y falso también que estuviera con Guaicaipuro Lameda. El militar dice "redactaban un documento cuyo contenido desconozco. No entendemos como la señora Fiscal la promueve para demostrar que Brewer hizo o "estuvo redactando o haciendo correcciones al decreto de facto" y que eso lo va a demostrar con el dicho del oficial Parra Vegas quien ha dicho que no sabe que es lo que redactaba Brewer, hecho por cierto absolutamente falso.

Por lo expuesto solicitamos sea rechazada la admisión del testimonio propuesto de Jorge Javier Parra Vegas ya que es innecesario, impertinente e inútil pues se ha inhabilitado anticipadamente.

II. DE OTRAS PRUEBAS OFRECIDAS POR EL MINISTERIO PÚBLICO Y DE LA PROMOCIÓN DE ALGUNOS MEDIOS DE PRUEBA POR PARTE DE LA DEFENSA

La fiscalía del Ministerio Público pretendió promover unos documentales y lo que promovió fue una experticia. En efecto, escribió textualmente:

"De conformidad con lo establecido en el artículo 237 del Código Orgánico Procesal Penal, en relación con el artículo 339, numeral 2 *ejusdem,* se solicita la incorporación por su lectura en el debate de los siguientes instrumentos".

El artículo 237 del Código Orgánico Procesal Penal, se refiere a la prueba de experticia. Pretendió la Fiscal ofrecer 25 elementos como prueba de experticia y al no haberle señalado el Ministerio Público a los peritos los aspectos más relevantes que deben ser objeto de la peritación, de conformidad con el artículo que alega, el 237 del COPP, la proposición de experticia debe ser declarada inadmisible.

En el supuesto de que se entienda que la fiscalía ofreció promover otra cosa en lugar de la experticia que promovió vamos a examinar lo que dijo:

1.- Contenido del "Decreto de Constitución de un Gobierno de Transición Democrática y Unidad Nacional" leído y puesto en vigencia el 12 de abril de 2002, dentro de las instalaciones del Palacio de Miraflores, la cual es pertinente y necesario (sic), por ser el documento mediante el cual se cambió violentamente la constitución....". Esos papeles que la fiscal llama documentos no pueden ser atribuidos a Allan Brewer-Carías pues nada consta en los anexos folios 150 al 163 de la pieza tercera que le puede atribuir autoría a Allan Brewer-Carías. Ese decreto, por otra parte nunca estuvo en vigencia. Esa acta de constitución del Gobierno de Transición Democrática y Unidad Nacional sería el objeto material del supuesto delito. Pero, obviamente es carga de la fiscalía poner en conexión el hecho punible con una determinada persona, autora del mismo, en este caso, y para enervar la presunción de inocencia de Brewer-Carías, sería necesario que de éste elemento resultara que había sido redactado por Brewer, hecho que no está demostrado. El acta, como tal, solo acredita que éste existe, pero no a que persona o personas es reconducible su elaboración. El haberse incorporado a esa acta el expediente, sin más, como elemento probatorio, sin acreditar la conexión de Brewer con aquel papel produce como consecuencia la violación a su presunción de inocencia.

2.- Se ha ofrecido como prueba "comunicación suscrita por el ciudadano Isaac Pérez Recao recibido (sic) en el Hotel Four Seasons en fecha 25 de abril de 2002... porque ella se pretende probar la participación de los ciudadanos ALLAN RANDOLPH BREWER-CARÍAS y JOSÉ GREGORIO VÁSQUEZ LÓPEZ en la conspiración para cambiar violentamente la constitución, que amos estuvieron en la Comandancia General del Ejercito durante los días 11 y 12 de abril de 2002..." No es cierto que Brewer-Carías estuviera en la Comandancia General del Ejército el día 11 de abril de 2002. No es un hecho controvertido que Brewer estuvo, por haber sido llamado para evacuar una consulta profesional, en la Comandancia General del Ejército en la madrugada del 12 de abril. Brewer fue llamado como abogado para dar una opinión sobre un documento que se sometió a su consideración.

No consta de manera indubitable que la supuesta comunicación aquí ofrecida provenga del ciudadano ISAAC PÉREZ RECAO. La misma no ha sido reconocida por él y por tanto no tiene ningún valor probatorio.

Adicionalmente, la presunta comunicación contiene un testimonio, el cual no ha pasado por el tamiz del control de la prueba por parte de la defensa. Los testimonios no pueden incorporarse por su lectura conforme a lo establecido en el artículo 339 del COPP.

Debe promover la Fiscal al presunto autor de la comunicación para que comparezca al juicio y rinda su declaración, dando a todas las partes la oportunidad de repreguntarlo.

No cumple la prueba ofrecida con los requisitos para su admisión y por tanto debe ser desechada.

En todo caso, de conformidad con el numeral 7 del artículo 328 promovemos la declaración del ciudadano Isacc Pérez Recao a los fines de interrogarlo sobre el contenido de la comunicación que acompaña la fiscalía distinguida con el número 2 y que consta en la página 141 del escrito acusatorio. La necesidad y pertinencia de esta prueba es evidente. La fiscalía la ha propuesto como un elemento para demostrar la participación de Allan Brewer-Carias en la conspiración para cambiar violentamente la constitución. Es clarísimo el derecho de Allan Brewer de controlar el contenido de la comunicación cuya suscripción le atribuye la fiscal al ciudadano Isacc Pérez Recao y por lo tanto su comparecencia a juicio para ser interrogado sobre el contenido de esa acta, razón por la cual promovemos la testimonial de Isacc Pérez Recao, plenamente identificado en autos.

3.- La fiscal propone la interpelación del ciudadano Coronel del Ejercito José Gregorio Montilla Pantoja rendida en fecha 21 de mayo de 2002 ante la comisión especial política que investigó los hechos ocurridos los días 11, 12 , 13 y 14 de abril de 2002 "con ella se pretende probar la presencia del ciudadano ALLAN RANDOLPH BREWER-CARÍAS en el piso 5 de la Comandancia General de Ejercito durante los días 11 y 12 de abril de 2002 redactando y corrigiendo el decreto que fuera leído dentro del Palacio de Miraflores el día 12 de abril de 2002". La fiscalía ofreció la declaración de José Gregorio Montilla Pantoja, en el número 7, página 135 del escrito acusatorio, como testigo y ya nos opusimos a su admisión con las razone que quedaron expresadas en este escrito.

La interpelación promovida contiene un testimonio que no ha sido obtenido mediante el procedimiento de prueba anticipada y por tanto no puede ser incorporado al juicio por su lectura por prohibirlo expresamente el artículo 339 del COPP. Si se llegara a admitir, se le cercenaría a la defensa la oportunidad de ejercer el control de la prueba. Por tanto, es ilegal su promoción y debe ser rechazada.

Sin embargo, promovemos la declaración del coronel José Gregorio Montilla Pantoja, venezolano, titular de la cédula de identidad 7.607.905, quien puede ser ubicado en la 35 Brigada de Policía Militar, ubicado en el Fuerte Tiuna, El Valle, Caracas, para interrogarlo en relación a lo que narra en la interpelación ante la comisión especial que investiga los hechos ocurridos los días 11, 12, 13 y 14 de abril de 2002, interpelación ocurrida el 21 de mayo de 2002 y que cursa a los folios 90 al 110 de la pieza 19 de este expediente. La pertinencia y necesidad de la declaración del Coronel José Gregorio Montilla es evidente pues es la única manera de controlar los hechos narrados por el Coronel José Gregorio Montilla el 21 de mayo de 2002.

4.- Bajo el número 4, en la página 141 del escrito acusatorio la fiscalía ofrece como prueba "informe sobre los hechos ocurridos los días 11, 12 y 13 de abril de 2002 en el Fuerte Tiuna, elaborado por el ciudadano MELVIN JOSÉ LÓPEZ HIDALGO, su lectura es pertinente y necesaria por que (sic) con ese informe se pretende probar la responsabilidad de los imputados en la redacción de decreto por medio del cual se cambió violentamente la constitución".

El informe promovido contiene un testimonio que no ha sido obtenido mediante el procedimiento de prueba anticipada y por tanto no puede ser incorporado al juicio por su lectura por prohibirlo expresamente el artículo 339 del COPP. Si se llegara a admitir, se le cercenaría a la defensa la oportunidad de ejercer el control de la prueba. Por tanto, es ilegal su promoción y debe ser rechazada.

Con la finalidad de controlar el contenido del testimonio inserto en la interpelación promovemos la declaración del ciudadano Melvin José López Hidalgo a fin de que declare sobre los hechos a que se refiere esa interpelación, que por cierto para nada nombra a Allan Brewer-Carías.

La necesidad y pertinencia de la prueba es absoluta por cuanto se ha pretendido utilizar ese informe porque "su lectura es pertinente y necesaria por que (sic) con este informe se pretende probar la responsabilidad de los imputados en la redacción del decreto". Ese papel, esa supuesta interpelación nada probaría por si sola y no se le permite al acusado el derecho de controlar los hechos a los que se refiere el ciudadano Melvin José López Hidalgo, por esa sola razón es pertinente y necesaria su declaración. Además, en la pieza 10, folio 45 y siguientes consta la entrevista efectuada el 22 de abril del 2003 ante la fiscalía al ciudadano Melvin José López Hidalgo en la cual declaró:

> "¿Diga usted si tiene conocimiento de la participación de algún personal civil en los hechos suscitados entre el 11 al 13 de abril de 2002, que condijeron a la instauración del gobierno provisional, presidido por el ciudadano Pedro Carmona Estanga?. *CONTESTÓ:* Fundamentalmente tuve conocimiento a través de las investigaciones realizadas de la presencia en las últimas horas del 11 de abril y primeras horas del 12 del mismo mes el señor Pedro Carmona Es-

tanga, el doctor Allan Brewer-Carías, el señor Isacc Pérez Recao, entre otros, pero en la lista de consignar se encuentra detalladas las personas que se encontraban en ese recinto en esa fecha y hora. Igualmente el personal militar que mencioné en mi declaración permaneció en la sede de la Comandancia General del Ejercito durante todo el tiempo que duró la presencia del personal extraño a la Comandancia General y podrán suministrar información de primera mano a ese despacho".

Es imprescindible, pertinente y necesario interrogar al ciudadano Melvin López Hidalgo ya que realmente dice que no le consta de manera personal "la responsabilidad de los imputados en la redacción del decreto por medio del cual se cambió violentamente la constitución".

Al ser necesaria y pertinente la declaración de Melvin López Hidalgo promovemos su testimonio.

5.A- Bajo el número 5 la fiscal ha promovido el libro "*Mi Testimonio ante la Historia*" de Pedro Carmona Estanga pues "con ello se pretende demostrar la participación de los ciudadanos imputados ALAN RANDOLPH BREWER-CARÍAS, CECILIA MARGARITA SOSA GÓMEZ y JOSÉ GREGORIO VÁSQUEZ LÓPEZ en la redacción del decreto que fue leído en el Salón Ayacucho del Palacio de Miraflores el día 12 de abril de 2002 en horas de la tarde, por medio del cual se cambió violentamente la constitución".

El Ministerio Público faltando a su deber de imparcialidad no recoge algunos pasajes del libro ni otras declaraciones del señor Carmona que constituyen elementos de descargo a favor de Allan Brewer-Carías. Así, y en primer lugar, en las páginas 107 y 8 del referido libro, que la Fiscal omite citar se puede leer lo siguiente:

"Cuando ya se daba como un hecho el anuncio de la renuncia presidencial, se comenzó a analizar en Fuerte Tiuna la orientación que podría asumir un nuevo gobierno, con base a un borrador elaborado por un grupo de abogados, entre ellos la Daniel Romero. Hablé telefónicamente con el doctor Allan Brewer-Carías a quien me unía respetuosa relación profesional. **Envíe a mi conductor a buscarlo a su residencia y al llegar al lugar, le solicite analizar el papel del trabajo en el cual se encontraban plasmadas varias ideas al respecto. Pero es justo puntualizar, como lo hice ante la Asamblea Nacional, que nunca he atribuido al doctor Brewer-Carías la autoría del decreto, pues sería irresponsable, como lo hicieron luego representantes del oficialismo para inculparlo, respeto incluso las** diferencias que el doctor Brewer expresara en relación con el camino elegido y las constancias que dejo en las actas de la entrevista que le hiciese la Fiscalía General de la República, aun cuando discrepo de alguna de sus interpretaciones. Pero el mismo dijo que se alegró con la rectificación posterior al decreto (que restablecía la representación popular de la asamblea), pues atendía la esencia de sus preocupaciones, principalmente respecto a la carta interamericana".

También el Ministerio Público silencia que en la interpelación, la cual alude en el libro del señor Pedro Carmona, que se le hizo a este en la comisión especial de la Asamblea Nacional el día 2 de mayo de 2002, manifestó lo siguiente:

"Al doctor Allan Brewer-Carías me une una larga y respetuosa amistad y lo considero uno de los juristas y constitucionalistas de mayor valía que existen en Venezuela, de manera que a él me une una larga amistad, **pero en forma alguna puedo señalar, porque sería irresponsable de mi parte, que cualquier indicación, aporte, acuerdo, desacuerdos con las decisiones tomadas lo comprometan en formas alguna"**

Él es una personalidad conocida por toda la nación fue miembro de la Asamblea Constituyente y desde luego un reconocido jurista, investigador, autor que no merece presentación alguna, salvo el nexo entonces de amistad. **El doctor Allan Brewer-Carías no tiene responsabilidad alguna, sino la de haber emitido profesionalmente algún criterio que, repito, lo compromete con ninguna acción de esas cortas horas de provisionalidad, o transitoriedad de estos días.**

Resulta desconcertante, no se entiende como es posible que el Ministerio Público transforme el contenido del libro de Pedro Carmona que descarga de toda responsabilidad a Brewer-Carías en un elemento en su contra.

Por lo que se refiere al pasaje del libro de Pedro Carmona "*Mi Testimonio ante la Historia*", citado por la fiscalía, lo que en él se dice en referencia a Brewer-Carías es que "no puede decirse que se les pueda imputar su redacción (del decreto del 12 de abril)". De acuerdo, y tal como lo exige el derecho a la presunción de inocencia, con un iter discursivo razonable y razonado, conforme con las reglas del criterio humano, y sobre la base de un enlace lógico, preciso y directo, lo que se sigue de esa frase de Pedro Carmona es, pleonásticamente, que a Brewer-Carías no se le puede imputar la redacción del decreto. Que el Ministerio Público deduzca de ese pasaje, en cambio, que a Brewer-Carías si se le puede imputar la redacción del decreto, desborda lo que es jurídico democráticamente tolerable.

Por otra parte, oportunamente y con suficiente antelación, solicitamos a este tribunal de control ordenar tomar declaración al ciudadano Pedro Carmona Estanga a través del procedimiento de prueba anticipada. Por cierto, solicitud que fue decidida horas antes de que la señora Fiscal presentara su escrito de acusación. Ninguno de los argumentos esbozados por el juez de control en su decisión del 20 de octubre de 2005 tiene fundamento jurídico. No hay normas en el derecho venezolano que prohíban al imputado rendir declaración testimonial. El imputado tiene derecho a declarar cuantas veces quiera y también es su derecho no declarar. Es un derecho del imputado, no es un derecho del tribunal decir que el imputado no puede declarar y que "carece de capacidad para rendir testimonio, por cuanto los imputados de un mismo hecho punible no podrán ser al mismo tiempo testigos del propio hecho" y aplicar la "teoría del árbol envenenado". El testimonio de Pedro Carmona Estanga es pertinente y necesario en este proceso. El fué quien llamó a Allan Brewer–Carías en la madrugada del 12 de abril de 2002 para hacerle una consulta profesional. El, aparentemente, fué quien escribió el libro "*Mi testimonio ante la Historia*" que es utilizado o pretende ser utilizado por la fiscalía como elemento en contra de Allan Brewer-Carias.

Promovemos la testimonial del ciudadano Pedro Carmona Estanga, venezolano, mayor de edad, domiciliado en la República de Colombia, por haber hecho una solicitud de asilo político, la cual le fué concedida y el gobierno venezolano autorizó su viaje, y domiciliado en Santa Fe de Bogotá, Avenida 15, Nº 126-A.32, apartamento 401, Edificio El Portal del Country, República de Colombia, para que rinda declaración respecto a los hechos atribuidos a él por la Fiscalía General de la República en su libro "*Mi Testimonio ante la Historia*".

Promovemos la prueba fundamentándonos en lo establecido en la sentencia de la Sala Constitucional del Tribunal Supremo de Justicia de fecha 22 de agosto de 2001 que estableció:

> "La recepción de los medios de prueba ofrecidos debe hacerse en audiencia publica (con las excepciones legales), en presencia del juez que va a sentenciar, a menos que por no tener este último competencia territorial en el lugar donde se evacuará la prueba, es-

ta deba ser recibida por otro juez. Pero en estos casos, e indudablemente para mantener la presencia del sentenciador en alguna forma sobre la recepción de la prueba, el artículo 342 (hoy 340) del Código Orgánico Procesal Penal, por ejemplo establece un procedimiento que lo reputa a esta sala un sub-principio en la materia, cual es que se ordena la reproducción cinematográfica de otra especie (de videos, por ejemplo de los actos probatorios, de manera de crear una inmediación de segundo grado, lo que abre la prueba a este tipo de inmediación.

Considera la Sala, que el principio de inmediación, en su fase clásica:

1.- Presencia del sentenciador en la incorporación (evacuación) de la prueba, puede tener dos manifestaciones o grados....

2.- Que el juez no presencie personalmente *in situ* la evacuación de la prueba, pero si la dirige de una manera inmediata utilizando técnicas y aparatos de control remoto que le permitan aprehender personalmente los hechos mediante pantalla, sensores, monitores o aparatos semejantes (video conferencias, por ejemplo), coetáneamente a su ocurrencia.

No atentarían contra la inmediación, inspecciones judiciales o experimentos que realiza el juez sobre un lugar, utilizando aparatos de video o similares que transmitan o retransmitan imágenes y sonidos, o sólo lo que fueren necesario para la prueba, desde el sitio de los acontecimientos al local del tribunal. Tampoco atentaría contra dicho principio, el que puede recibir en la sala de audiencia informaciones directas transmitidas por aparatos allí presentes, facilitados por las partes o por el sistema de justicia.

La presencia de las partes en el tribunal y en el lugar de los hechos, mediante apoderado, garantiza el principio de control de la prueba, por lo que el derecho de defensa tiene la posibilidad de ejercerse cabalmente, se trata de una forma de implementar la libertad de medios.

3.- Que al juez, ambas partes quienes así han controlado en igualdad de circunstancias la práctica de la prueba, presente a la audiencia pública reproducciones de sonidos e imágenes, a fin de que el sentenciador aprehenda los hechos mediante estas reproducciones.

Tales representaciones serían exhibidas en el tribunal, en la audiencia oral o en el debate oral probatorio, después que sucedieron, y se captaron, y contendrían la evacuación de un medio de prueba que las partes controlarían con su presencia, en el acto reproducido.

En cierta forma, de este tipo son las contempladas en el artículo 342 (hoy 340) del Código Orgánico Procesal Penal cuando reza:

"Imposibilidad de existencia. Los órganos de prueba que no puedan concurrir al debate por un impedimento justificado, serán examinados en el lugar donde se hallen por el juez profesional. Si se encuentra en el lugar distinto al del juicio o se trata de personas que no tienen el deber de concurrir o prestar declaración el juez presidente avisará sin demora al juez de aquel lugar, quien los examinará. En ambos casos se ordenará la reproducción cinematográfica o de otra especie del acto y las partes podrán participar en él....

Si los medios a reproducirse son legales y pertinentes, no considera esta sala que rompa el principio de inmediación en estos casos y bajo estas condiciones, por lo que pueden ser utilizados en los procesos regidos por la inmediación, y también en el presente caso.

De esta manera se distiende el formalismo exagerado que impide declaraciones de testigos por no llegar a tiempo al acto procesal; o que atenta contra la colaboración del testigo que se siente fuera de ambiente en un tribunal, en público, bajo reglas de juego que desconoce, y con ritualismo excesivo que lo cohíbe.

La juramentación del testigo puede realizarse dentro del acto privado aprehendido por los medios audiovisuales, al igual que los requisitos para el desarrollo del acto, que podrían coronarse con una acta suscrita por los intervinientes. Es más, hasta un árbitro en el papel de juez garante de la igualdad procesal, podrían crear las partes a estos fines.

Tratándose de un ciudadano venezolano, domiciliado en el extranjero, a quien un país amigo le ha concedido el derecho al asilo y el gobierno de Venezuela le otorgó el placet para viajar fuera del país, razón por la cual hay un obstáculo difícil de superar para su comparecencia ante la sede del Tribunal de Juicio, promovemos, de acuerdo con el criterio de la Sala Constitucional asentado en la sentencia transcrita, la declaración del ciudadano PEDRO CARMONA ESTANGA, la cual deberá realizarse dentro de la oportunidad del debate probatorio en la fecha que fije el Tribunal de Juicio, mediante la transmisión directa del acto a través de medios audiovisuales como lo sería una video conferencia realizada en vivo.

En la evacuación de la presente prueba deberán respetarse al declarante sus derechos constitucionales, así como el derecho de todas las partes a ejercer el control de la prueba.

En todo caso, si el Tribunal lo considerare procedente, también podrá evacuarse la declaración solicitada aplicando los convenios que válidamente tiene suscritos la República de Venezuela, tal como la Convención Interamericana sobre Asistencia Mutua en Materia Penal, que es ley de la República en razón de haberse suscrito en fecha 27 de agosto de 1992 aprobado por el Congreso de la República el 4 de julio de 1995 y publicada en la Gaceta Oficial Extraordinaria Nº 4999 de fecha 3 de noviembre de 1995 en lo adelante "La Convención". A estos efectos y los fines de dar cumplimiento a lo establecido en la Convención señalamos lo siguiente:

A) Se solicita la declaración del ciudadano venezolano Pedro Carmona Estanga, titular de la cédula de identidad venezolana Nº 1.262.556 domiciliado en Santa Fe de Bogotá, Avenida 15, Nº 126-A.32, apartamento 401, Edificio El Portal del Country, República de Colombia. El informe resumido del caso es el siguiente: 1) El día 27 de enero de 2005 la ciudadana doctora Luisa Ortega Díaz, Fiscal Sexta a Nivel nacional con competencia plena imputó al ciudadano Allan Brewer-Carías "por su participación en la redacción y elaboración del "Acta de constitución del gobierno de transición democrática y Unidad Nacional", leído por el ciudadano Daniel Romero el día 12 de abril de 2002 dentro de las instalaciones del Palacio de Miraflores... Con su participación en la discusión, elaboración, y redacción del decreto conspiró para cambiar violentamente la Constitución... conspiró participando en la elaboración, discusión y presentación del Acta de Constitución del "gobierno de transición democrática y unidad nacional"... y el contenido del libro *Mi Testimonio ante la Historia,* páginas 79, 81, 107, 108, 111, 119 y 123, cuyo autor es el ciudadano Pedro Carmona Estanga, así como su amistad y reuniones con el Presidente de facto. Conducta ésta que está enmarcada como delito en el Código Penal Venezolano como garantía de vigencia de la constitución al establecer en su artículo 144 el delito de conspiración para cambiar violentamente la Constitución".

2) En la oportunidad de la imputación la Fiscal del Ministerio Público señaló "los elementos de convicción iniciales en que se funda la representación fiscal de su participación en la comisión del delito identificado anteriormente emergen de los siguientes elementos probatorios:...

25. Del contenido del libro *Mi testimonio ante la Historia* del ciudadano Pedro Carmona Estanga, Editorial Actum, en el que narra los hechos ocurridos el 11, 12 y 13 de abril de 2002 y entre los que señala en sus páginas 123,124 y 125 lo siguiente:

No fue sencilla la tarea de preparación del controvertido Decreto del 12 de abril, mediante el cual se instaló el Gobierno de Transición y de Unidad Democrática. Mucho se ha especulado sobre su origen y se le ha analizado en forma prejuiciada o maliciosa. Ante esa pregunta, manifesté en la interpelación parlamentaria y lo confirmo: no hubo autorías únicas. Fueron numerosas las opiniones recibidas. Se escuchó a juristas civiles y militares, entre ellos a los Doctores Allan Brewer-Carías, Carlos Ayala Corao, Cecilia Sosa, Daniel Romero, Juan Raffalli, Gustavo Linares Benzo, José Gregorio Vásquez, al Coronel Julio Rodríguez Salas y a numerosos actores políticos, pero no puede decirse que sus opiniones fueron plasmadas plenamente o que se les pueda imputar su redacción. De ellos, Daniel Romero actuó como un relator.

El criterio que prevaleció como premisa fue el de la confluencia en ese día de razones válidas para invocar los artículos 350 y 333 de la Constitución, ante el vacío de poder, la deslegitimación de un régimen -no solo de un Presidente- la continua violación del ordenamiento jurídico y de los derechos humanos, todo ello con miras a convocar a una consulta popular en breve plazo. Y en el fondo, ¿qué otra opción podía ser más legítima en circunstancias tan complejas que llamar al pueblo, depositario del Poder Constituyente originario, para que en limpios comicios procediese a la relegitimación de los Poderes?. Era claro, como ha quedado reafirmado en el tiempo, que una maquinaria que ha asaltado a los Órganos del Poder Público en aras de un proyecto político, que los ha subordinado y ha logrado imponer en forma ilegítima a sus integrantes al margen de la Constitución, difícilmente podía ser garantía de una transición para la celebración de nuevas elecciones. Júzguese la actitud asumida por el régimen de Chávez respecto a la convocatoria a un referéndum consultivo el 2 de febrero del 2003, ya aceptado por el Consejo Nacional Electoral y posteriormente ante la iniciativa del referéndum revocatorio, que ha sido objeto de manipulaciones y tácticas dilatorias para burlarla o ganar tiempo y las amenazas que el Presidente transmite al país de empuñar las armas y promover la guerra si es sacado del poder por vías constitucionales. Igual consideración cabe respecto al papel del TSJ y de la Asamblea Nacional para allanar el camino a la legalización de la dictadura, vale decir la utilización de mecanismos democráticos para conculcar el régimen de libertades y los valores fundamentales del sistema.

El objetivo era a no dudar, abrir un brevísimo período de facto, respetuoso de los derechos ciudadanos, para convocar a los noventa días a una primera elección, la parlamentaria, vale decir en julio de 2002 y seis meses después, en diciembre, la presidencial, para hacer entrega del poder en enero del 2003 a las autoridades que fuesen electas, apenas ocho meses después de instalado el gobierno de transición. En otras palabras, mediante la suspensión de un régimen deslegitimado en su desempeño, que ha conducido al país a la más grave crisis de la historia y registra un amplio prontuario de atropellos a la Constitución, a las leyes y a la Carta Democrática Interamericana, hechos documentados en estudios de los mejores juristas del país, entre ellos el sólido análisis del ex ministro Asdrúbal Aguiar de enero del 2003 titulado: "Los golpes a la Constitución en Venezuela y a la Carta Democrática Interamericana", que es de obligatoria lectura, así como el ensayo "Democracia y Desobediencia Civil" del Dr. Allan Brewer-Carías, del año 2001 **(Pieza 13).**

Luego la Fiscal Sexta utiliza como evidencia nuevamente el mencionado libro en su escrito de acusación contra del Dr. Brewer-Carías por la presunta comisión del delito de CONSPIRACIÓN PARA CAMBIAR VIOLENTAMENTE LA CONSTITUCIÓN.

De tal manera que la Fiscal ha considerado como un elemento esencial de su imputación y acusación contra nuestro defendido, el dicho del ciudadano Pedro Carmona Estanga.

B) El trámite y cumplimiento de la solicitud de asistencia y su costo, en caso de haberlo, correrá por cuenta de quienes hemos formulado la solicitud, a pesar de que en el título 29 de la Convención se establece que ningún gasto habrá para la República Bolivariana de Venezuela

C) Solicitamos que la solicitud se haga por ante la Autoridad Central (artículo 3 de la Convención).

D) El artículo 7 de la Convención establece en su literal c) que es posible notificar testigos a fin que rindan testimonio.

Los trámites que deben seguirse para la evacuación del testimonio, siempre que no contravenga la legislación del Estado requerido son los siguientes:

a) De conformidad con el artículo 184 del Código Orgánico Procesal Penal Venezolano el testigo puede ser citado por medio de la policía o por el Alguacil del Tribunal del Estado requerido mediante boleta de citación en la cual deberá indicarse la mención del proceso a que se refiere, lugar, fecha y hora de comparecencia.

b) De conformidad con el artículo 222 del Código Orgánico Procesal Penal Venezolano se le debe señalar al testigo el deber que tiene de concurrir a la citación a fin de que preste declaración testimonial y declare la verdad de cuanto sepa y le sea preguntado;

del deber de no ocultar hechos circunstancias o elementos sobre el contenido de su declaración.

c)   De acuerdo a lo previsto en el artículo 222, *ejusdem,* no hay convenio o acuerdo internacional suscrito por la República, que establezca excepción a las reglas del deber de comparecer y de decir la verdad, salvo el derecho constitucional a abstenerse de contestar las preguntas que considere inapropiadas.

d)   El testigo debe ser identificado y manifestar que declarará la verdad de cuanto sepa y le sea preguntado sobre el objeto de la investigación, y de no ocultar hechos, circunstancias o elementos sobre el contenido de su declaración.

E)   Solicitamos que el ciudadano Pedro Carmona Estanga, ya identificado, rinda declaración sobre el interrogatorio siguiente, de conformidad con el artículo 23 de la Convención:

1) ¿Diga si es autor del Libro *Mi testimonio ante la Historia*, publicado por el Editorial Actum, impreso durante el mes de junio del año 2004 en los talleres tipográficos de Miguel Ángel García e hijo en la ciudad de Caracas?

2) ¿Diga si en la madrugada del 12 de abril de 2002 usted hizo llamar al doctor Allan Brewer-Carías a su casa de habitación pidiéndole que fuese a Fuerte Tiuna a los fines de formularle una consulta profesional en materia legal de su especialidad?

3) Diga usted si mandó a llamar al doctor Allan Brewer-Carías para pedirle opinión sobre un documento que le habían presentado a usted como decreto de constitución de un Gobierno de Transición Democrática?

4) Diga usted si para cuando usted mandó a llamar al doctor Allan Brewer-Carías, el proyecto de documento de constitución de un Gobierno de Transición que usted quería que él analizara, ya estaba redactado?

5) ¿Diga si usted tuvo oportunidad de reunirse con el doctor Allan Brewer-Carías en la madrugada 12 de abril en Fuerte Tiuna para oír su opinión sobre el Proyecto de Decreto que se había sometido a su consideración?

6) ¿Diga si usted recuerda haberse reunido en privado con el doctor Allan Brewer-Carías en Fuerte Tiuna en la madrugada del 12 de abril de 2002?.

7) ¿Diga si usted en alguna oportunidad del año 2002 se reunió personalmente o habló por teléfono con doctor Allan Brewer-Carías sobre la constitución de algún gobierno de transición?

8) ¿Diga si usted le pidió al doctor Allan Brewer-Carías que redactara el decreto de constitución e instalación del Gobierno de Transición y Unidad Democrática?

9) ¿Diga si tuvo oportunidad en la madrugada del 12 de abril de 2002 de oír la opinión del doctor Allan Brewer-Carías sobre el proyecto de decreto que se había sometido a la opinión del Brewer-Carías en razón de la consulta profesional por usted requerida?

10) ¿Diga si a alguna hora del día 12 de abril de 2002 usted habló con el doctor Allan Brewer-Carías, personalmente, en el Palacio de Miraflores para escuchar su opinión sobre el decreto mediante el cual se instalaría el Gobierno de Transición y Unidad Democrática?.

11) ¿Diga si en la tarde del 12 de abril de 2002, antes de su alocución al país, oportunidad en la cual se leyó el contenido del decreto, usted hizo llamar telefónicamente al doctor Allan Brewer-Carías para oír su opinión sobre el proyecto de decreto que se le había consultado en la madrugada de ese día?

12) ¿Diga usted cuál fue la opinión del doctor Allan Brewer-Carías sobre el referido decreto?

13) ¿Diga usted si el doctor Allan Brewer-Carías le expresó sus diferencias en relación con el camino que se había elegido en el decreto de Gobierno de Transición?

14) ¿Diga usted si el doctor Allan Brewer-Carías le expresó su opinión discrepante sobre la disolución de la Asamblea Nacional como camino que se había elegido en el proyecto de decreto de Gobierno de Transición el cual consideraba contrario a la Carta Democrática interamericana?

15) ¿Diga si usted dice en alguna parte de su libro *"Mi Testimonio ante la Historia"* que el doctor Allan Brewer-Carías es el autor y responsable de la elaboración, discusión y presentación del decreto del Gobierno de Transición y Unidad Democrática leído por el ciudadano Daniel Romero, el día 12 de Abril de 2002 dentro de las instalaciones del Palacio de Miraflores?

16) ¿Diga si fue entrevistado en Santa Fé de Bogotá, República de Colombia por la periodista Sebastiana Barraez, entrevista que apareció publicada en el Diario Quinto Día correspondiente del 11

al 18 de marzo del 2005 y, entrevista en la cual usted confirma que en cuanto al decreto se escuchó a juristas civiles y militares entre ellos al doctor Allan Brewer-Carías, Carlos Ayala Corao, Cecilia Sosa, Daniel Romero, Juan Raffalli, Gustavo Linares Benzo, José, Gregorio Vásquez, Coronel Julio Rodríguez Salas y a numerosos actores políticos, pero no puede decirse que sus opiniones fueron plasmadas plenamente o que se les pueda imputar su redacción"?

17) ¿Diga si en las páginas 107 y 108 de su libro "*Mi Testimonio ante la Historia* usted afirma:

> Cuando ya se dejaba como un hecho el anuncio de la renuncia presidencial, se comenzó analizar en fuerte Tiuna la orientación que podría asumir un nuevo gobierno, con base en un borrador elaborado por un grupo de abogados, entre ellos Daniel Romero. Hablé telefónicamente con doctor Allan Brewer-Carías, con quien me unía una respetuosa relación profesional. A él le pedí que se trasladara a Fuerte Tiuna, pues deseaba conocer su criterio. Envié a mi conductor a buscarlo a su residencia y al llegar al lugar, le solicité analizar el papel de trabajo en el cual se encontraban plasmadas varias ideas al respecto. Pero es justo puntualizar, como lo hice ante la Asamblea Nacional, que nunca he atribuido al doctor Allan Brewer-Carías la autoría del decreto, pues sería irresponsable, como lo hicieron luego representantes del oficialismo para inculparlo. Respeto incluso la diferencia que el doctor Allan Brewer-Carías expresara con relación con el camino elegido y la constancia que dejó en la acta de entrevista que le hiciera la Fiscalía General de la República, aún cuando discrepo de algunas de sus interpretaciones pero él mismo dijo que se alegró con la rectificación posterior del decreto pues atendía a la esencia de su preocupaciones, principalmente respecto a la carta Democrática Interamericana".

De conformidad con el artículo 27 de la Convención esta solicitud y todos los documentos que emanen del Tribunal están dispensados de legalización o autenticación.

La prueba promovida es pertinente y necesaria por varias razones, la primera de ellas obedece a que el declarante deberá reconocer o no su autoría en la redacción del mencionado libro "*Mi Testimonio ante la Historia*" el cual ha sido utilizado como elemento de convicción contra nuestro representado.

La segunda porque el ciudadano Pedro Carmona Estanga fue quien le pidió a nuestro defendido que se trasladara a la sede de Fuerte Tiuna y luego lo mandó a buscar a fin de que le evacuara una consulta profesional sobre un documento que ya estaba redactado y que resultó ser el mismo cuya autoría pretende atribuirle la Fiscal al Dr. Brewer-Carías y por el cual lo ha acusado de la presunta comisión del delito de CONSPIRACIÓN PARA CAMBIAR VIOLENTAMENTE LA CONSTITUCIÓN.

Con esta prueba quedará demostrado fehacientemente la certeza de la afirmación de nuestro defendido en el sentido de que no fue el redactor del mencionado documento denominado "DECRETO DE CONSTITUCIÓN DEL GOBIERNO DE TRANSICIÓN DEMOCRÁTICA Y UNIDAD NACIONAL" y que mas bien él se opuso al contenido del mismo, todo lo cual conducirá a su exclusión de responsabilidad criminal.

5-B.- Se promueve la declaración del ciudadano Iván Rincón Urdaneta, actual embajador de la República Bolivariana de Venezuela ante el Vaticano, situado en la República de Italia. La prueba deberá evacuarse de la misma forma señalada en el numeral 5-A y en razón de su imposibilidad de estar presente en el debate oral por el cargo que ocupa. La pertinencia y necesidad de la declaración del ciudadano Iván Rincón Urdaneta obedece a que para el día 12 de abril de 2002 ejercía el cargo judicial más alto del país y era representante del poder judicial como presidente del Tribunal Supremo de Justicia y de la Sala Constitucional. La declaración del ciudadano Iván Rincón Urdaneta es pertinente y necesaria pues ante los hechos ocurridos y la lectura del decreto de constitución del gobierno de Pedro Carmona puso su cargo a la orden, renunció, para "facilitar la transición democrática" y además, en otras declaraciones ha manifestado que incluso se le ofreció el cargo de Presidente de la República y también es pertinente y necesaria su declaración ya que a la Sala Constitucional por él presidida estaba en la obligación de asegurar la integridad de la Constitución y declarar la nulidad de los actos que la contraríen (artículo 334 constitucional) y también le correspondía al Tribunal Supremo de Justicia garantizar la supremacía y efectividad de las normas y principios constitucionales (artículo 335 constitucional) y además, declarar de oficio la nulidad de los actos que colidan con la constitución (artículo 333 constitucional) entonces mas que pertinente y necesaria la declaración de Iván Rincón Urdaneta sobre el decreto calificado de inconstitucional por la acusación y que con él, según la Fiscal Sexta, nuestro defendido presuntamente cambió en forma violenta la Constitución de 1999.

III. DEL OFRECIMIENTO DE MEDIOS DE PRUEBA POR PARTE DE LA DEFENSA

PROMOCIÓN DE TESTIMONIALES

1) Promovemos la testimonial del ciudadano Lucas Enrique Rincón Romero, titular de la cédula de identidad N° 3.849.399 domiciliado en Colinas de Santa Mónica, Avenida Intervecinal, Ramal 4, Quinta Maruvalpa, teléfono celular 0416-5206003 a los fines de que declare sobre los hechos a que se refirió en su declaración ante la Fiscalía Sexta el día miércoles 5 de octubre de 2005 e igualmente que se le exhiba la cinta VHS que CONATEL la remitió a la ciudadana señora Luisa Ortega Díaz por oficio identificado N° AR-001982 de fecha 28 de marzo de 2005 y que llegó a la Fiscalía el 29 de marzo de 2005 tal como consta al folio 255 de la pieza 17. En esa cinta o vídeo consta la alocución del General en Jefe Lucas Rincón dirigida al país y al mundo anunciando la renuncia del Presidente de la República ciudadano Hugo Chávez Frías. La cinta está engrapada en la carátula de la pieza 17 de este expediente con la siguiente leyenda: "Cinta VHS remitida por CONATEL identificada en la etiqueta como "C.33.12.4.2, 3'00 a.m. Alocución del General en Jefe Lucas Rincón, Jefe del alto mando militar. Ref. abr 44.C.rt.AYR-027 2005 (folio 255). Edwin. La necesidad y pertinencia de esta prueba es clarísima por cuanto es el origen y comienzo de toda la investigación. El decreto o proyecto de decreto cuya redacción se le atribuye a nuestro representado no hubiera existido; el señor Presidente Hugo Chávez Frías no se hubiera presentado por sus propios medios en Fuerte Tiuna; el alto mando militar no hubiera puesto sus cargos a la orden de las nuevas autoridades; el Presidente del Tribunal Supremo de Justicia doctor Iván Rincón no habría presentado su renuncia para "facilitar la transición democrática"; Pedro Carmona Estanga no hubiera ido al Palacio de Miraflores a mediodía, del 12 de abril de 2002 si no es por la clara, categórica y trascendente información transmitida al país y al mundo por el General en Jefe del alto mando militar del Presidente Hugo Chávez Frías General Lucas Enrique Rincón Romero. Esas son las razones que hacen pertinente y necesaria la comparecencia del ciudadano Lucas Rincón.

2) Promovemos la testimonial del ciudadano Diosdado Cabello, venezolano, mayor de edad, actualmente en ejercicio de la Gobernación del Estado Miranda. Pedimos que su citación se

efectúe en el domicilio que señale el Registro de Electores del Consejo Nacional Electoral o la Oficina Nacional de Identificación y Extranjería adscrita el Ministerio del Interior y Justicia. También podría ser citado en la sede del Gobierno Regional del Estado Miranda. La necesidad y pertinencia de la declaración del ciudadano Diosdado Cabello es obvia, era el Vicepresidente de la República, nombrado por el señor Presidente Hugo Chávez Frías, para el 12 de abril de 2002, quien de acuerdo con los artículos 233 y 234 de la Constitución de la República Bolivariana de Venezuela se le atribuye el deber de sustituir, en el ejercicio de su cargo, al señor Presidente de la República. La necesidad y pertinencia de la declaración del ciudadano Diosdado Cabello es evidente y obvia por cuanto se desconoció su paradero durante los hechos ocurridos en la República Bolivariana de Venezuela el 12 de abril y sólo el mundo vió, con sorpresa, cuando el día 13 de abril se juramentó, ante las cámaras de televisión, como Presidente Encargado de la República en juramento prestado ante el Presidente, a la postre, de la Asamblea Nacional ciudadano Willian Lara, y en presencia, entre otros, del ciudadano Fiscal de la República doctor Isaías Rodríguez quien lucía vistosa camisa colorada por fuera de su pantalón. También es necesaria y pertinente la declaración del ciudadano Diosdado Cabello pues es él quien remite a este expediente el supuesto decreto cuya paternidad se atribuye a nuestro representado. Consta en autos esa remisión efectuada por el ciudadano Diosdado Cabello quien, por cierto, ha certificado, sin tener ninguna autoridad para hacerlo, certificado de mera relación, que ese fue el decreto leído por el ciudadano Daniel Romero y acompaña hojas sueltas con firmas de varias personas. Ese decreto ha sido pieza fundamental de la acusación en cuanto a nuestro representado y por si fuera poco acompañada como la evidencia número 1 en el escrito acusatorio presentado el 21 de octubre de 2005 en contra de nuestro representado.

3) Promovemos la declaración testimonial del ciudadano Rafael Arreaza, cédula de identidad N° 5.565,351, domiciliado en la Avenida Central, Quinta Los Cascarones, La Lagunita, El Hatillo, Caracas, teléfono 9637059, de profesión u oficio médico quien ha declarado varias veces en este expediente, según consta de la pieza 5, folio 100 y de la pieza 11, folios 6 al 14. La necesidad y pertinencia de la declaración de Rafael Arreaza se deriva, por una parte, porque ha sido promovido en la acusación por la Fiscalía y, por la otra, Rafael Arreaza declaró que a las dos de la tarde del 12 de abril

de 2002 Pedro Carmona llamó a Allan Brewer-Carías sobre el decreto y que éste supuestamente le dijo que debía disolver la Asamblea Nacional y le dijo "ni un paso atrás" y que esa conversación la presenciaron entre otros, el doctor Nelson Socorro.

4) Promovemos la testimonial del ciudadano Nelson Socorro, venezolano, mayor de edad, domiciliado en Caracas, cuya dirección es el Cubo Negro, Torre A, piso 2, oficina A-22, Avenida La Estancia, Chuao. El testimonio del doctor Nelson Socorro es necesario y pertinente pues el doctor Rafael Arreaza como se ha dicho, refiere que en su presencia Pedro Carmona llamó a Allan Brewer consultándole sobre el decreto y éste supuestamente le dijo que debía disolver la Asamblea Nacional y que "ni un paso atrás". Observamos, respetuosamente, de nuevo, que en la imputación, la Fiscal del Ministerio Público señora Luisa Ortega no utilizó el testimonio de Rafael Arreaza para imputar a nuestro defendido y nuestro defendido promovió la declaración de Nelson Socorro previniendo que la Fiscal usara el testimonio de Arreaza o el dicho de Arreaza para fundamentar su acusación, como arteramente lo hizo.

5) Promovemos el testimonio del ciudadano Hugo Chávez Frías, Presidente de la República, quien puede ser citado en la sede del Poder Ejecutivo Palacio de Miraflores, en Caracas a los fines de que declare como testigo. La pertinencia y necesidad del testimonio de Hugo Chávez Frías es clave a lo efectos de esta investigación y de la acusación de conspiración a nuestro defendido Allan Brewer-Carías de cambiar violentamente la Constitución, delito previsto y sancionado en el artículo 143, numeral 2 del Código Penal vigente (artículo 144, numeral 2 para la fecha de la comisión de los hechos). El delito de conspiración, del cual se acusa a nuestro representado presuntamente ocurrió, según entrevista sostenida con el ciudadano Presidente de la República señor Hugo Chávez Frías en la sede Palacios de Miraflores, el 4 de mayo de 2002, en presencia de Rose Marie España, Fiscal Quinta ante la Sala de Casación y Sala Constitucional del Tribunal Supremo de Justicia, Claudia Mújica, Fiscal Nacional Comisionada y también del Fiscal General de la República Isaías Rodríguez quien estuvo camuflado durante toda la entrevista y cuya presencia fue revelada por la locuacidad del Presidente. En esa entrevista ante la primera pregunta "¿Presidente qué pasó en Venezuela los días 11, 12 y 13 de abril?".

El Presidente al responder se refiere ampliamente a un golpe de estado y a una conspiración gestada mucho antes del 11 de abril. Al contestar la pregunta "¿qué pasó el día 12 a primera hora de la mañana?" El Presidente da una larga versión de lo que pasó al contestar esa pregunta. Más adelante se le pregunta ¿Le mencionaron quiénes eran esas personas que exigían su renuncia? Al responder el Presidente se refiere a sus conversaciones con el General en Jefe Lucas Rincón "El Presidente contestó entre otras cosas, lo siguiente:

> "Que acepto la posibilidad de la renuncia, siempre y cuando se cumplan varias condiciones, comienzo yo con el equipo que estaba conmigo, pues, a desarrollarlas, la primera: el respeto la vida (sic), la integridad física de todos los compañeros, la familia; segunda condición: que se siguiera exactamente todo lo ordenado y señalado por la Constitución Nacional, incluso recuerdo que le dije a Willian Lara, bueno es hora de comenzar a si es (sic) que se va a dar esta situación de renuncia o de toma de poder, como lo señala la Constitución como una falta absoluta por muerte o dimisión, con el poder reconocido por su puesto (sic), José Vicente y Willian comenzaron a llamar a los partidos políticos, para ir tratando de convocar la Asamblea para el día siguiente, para darle forma constitucional a la transición que estaba ya en puerta, a todas estas yo estaba en un profundo dilema aquí, porque yo he podido atrincherarme aquí en el palacio, o moverme incluso, moverme del palacio a algún sector de Caracas o del interior del país o tratar de hacerlo, o sea, de moverme o quedarme aquí, resistiendo porque teníamos el regimiento de la Guardia de Honor y a un grupo de guardias nacionales, pero claro eso significaba pues violencia, gente que estaba fuera, gente de seguridad, civiles que gritan allá afuera, entonces lo que sentía por ese lado, de resistir aquí o movernos con armas, con gente armada, era bueno dar un paso que a lo mejor no tenía retorno, era la posibilidad de una acción armada, y yo decidí cerrar esa posibilidad porque creo que hubiese sido un paso que hubiera desatado a lo mejor una guerra civil y además una masacre de nosotros, así que entonces decido considerar la petición de aquella gente, pero bajo un cuadro de condiciones, la integridad física, la Constitución, dirigirme al país, porque llamé a la gente del Canal 8 y la señal se veía, para informar lo que pasa dirigirme al país para explicarle al país la situación y cuarto, salir del país con un grupo de aquellos de mis compañeros que quisieran acompañarme, irse conmigo a cualquier país".

Más adelante, al contestar otra pregunta el Presidente dice:

> "Y había que darle salida, yo les decía mira díganles que se apuren, debemos solucionar esto, vamos a buscar los mediadores para garantizar los (sic) condiciones, y que de verdad se cumplan, con un

documento donde se comprometan además de eso con la Asamblea Nacional, por esa vía política, al aceptar la renuncia, buscar al Vicepresidente, porque querían que también yo lo destituyera, entonces lo llamé el general (sic) Diosdado ya estaba por ahí enconchado a esa hora, entonces no pude hablar más con él, pero yo estaba dispuesto también a eso al firmar ese decreto, porque tampoco lo iban a aceptar a él, así que había que aceptar una salida política a esas alturas, yo estaba dispuesto, si que sin Vicepresidente la Asamblea Nacional debería haber designado a un Presidente provisional por el tiempo que está establecido en la constitución hasta llamar a nuevas elecciones..."

La acusación a nuestro defendido se refiere a que además de redactar el decreto redactó otros documentos de constitución del nuevo gobierno y al referirse el Presidente Chávez a decretos y documentos de constitución del nuevo gobierno que él debía firmar, se hace pertinente y necesaria su declaración en este procedimiento para esclarecer si recibió algún documento de proyecto de renuncia o decreto hecho por nuestro defendido Brewer-Carías.

6) Solicitamos la declaración del señor Guaicaipuro Lameda, quien es venezolano, mayor de edad, y que puede ser citado en la dirección que al efecto suministre el Consejo Nacional Electoral o la Oficina Nacional de Identificación y Extranjería adscrita al Ministerio de Interior y Justicia, a cuyos efectos solicitamos les sea requerida,

El testimonio del señor Guaicaipuro Lameda es necesario y pertinente por cuanto la Fiscal, como se dijo ha invocado el testimonio del coronel José Gregorio Montilla Pantoja y del militar Jorge Javier Parra Vegas, quienes dijeron que nuestro defendido, el doctor Brewer-Carías, se encontraba en la madrugada del 12 de abril, e incluso en la noche del 11, en Fuerte Tiuna, dictándole al general Guaicapuro Lameda quien tenía un laptop. No puede negarse la admisión de esta prueba con el argumento de que Guaicaipuro Lameda está imputado en este proceso. El imputado puede declarar en el juicio cuantas veces quiera, es su derecho, no hay inhabilidad prevista en el COPP para que un imputado deponga como testigo; hay un régimen de libertad de pruebas establecido en el COPP y el artículo 49 de la Constitución Nacional establece un amplísimo derecho a la defensa y le da rango de garantía constitucional. Por otra parte no podemos dejar de señalar que el propio Tribunal 25° en sentencia fecha 1° de noviembre de 2005 para privar de la libertad a los ciudadanos Daniel Romero e Isaac Pérez Recao se fundamentó en la declaración del imputado y ya acusado para esa fecha Allan Brewer-Carías.

7) Promovemos la testimonial del ciudadano Ismael Eliécer Hurtado Soucre, cédula de identidad N° 3.626.217, residenciado en la Urbanización Parque El Retiro, Calle 3 E, Casa N° E 38 (Quinta San Judas Tadeo) San Antonio de Los Altos, Municipio Los Salias, Estado Miranda, quien rindió declaración el 26 de abril de 2002 ante las fiscales del Ministerio Público, ciudadanas abogados Luisa Elena Monsalve Casado, Ana María Padilla Villalba, Rose Marie España Viladams, Fiscales Tercera, Cuarta y Quinta ante la Salas de Casación y Constitucional del Tribunal Supremo de Justicia, Claudia Valentina Mujica Añez, Fiscal Décima Sexta a nivel nacional en relación a los hechos acontecidos los días 11, 12 y 13 de abril de 2002, quien declaró que se trasladó en la madrugada del 12 de abril varias veces a Fuerte Tiuna, a dialogar, en representación del señor Presidente de la República. Su testimonio es necesario y pertinente a los fines de determinar si recibió de parte de Allan Brewer-Carías el proyecto de decreto de renuncia del señor Presidente de la República ciudadano Hugo Chávez y de la destitución del Vicepresidente señor Diosdado Cabello, ya que la acusación le ha atribuido a nuestro representado, doctor Brewer-Carias la elaboración de este y otros documentos, así como el testimonio del coronel José Gregorio Montilla.

8) Promovemos la declaración del ciudadano Julián Ysaias Rodríguez Díaz quien puede ser ubicado en el Pent House del Edificio de la Fiscalía General de la República ubicado en la Avenida Universidad de Caracas. La promoción de esta prueba es pertinente y necesaria a los fines de que reconozca la autoría del libro "*Abril comienza en Octubre*", en el cual hace una cita de Rafael Poleo a quien califica, de agudo periodista, y afirma lo siguiente: "poco después por una llamada de un amigo, Rafael Poleo supo que Carmona estaba encerrado en Fuerte Tiuna con el General Efraín Vásquez Velasco, Isaac Pérez Recao, Allan Brewer-Carías y Daniel Romero, redactando los documentos constitutivos del nuevo gobierno".

Esta prueba es pertinente y necesaria porque hay que determinar de donde sacó el ciudadano Julian Ysaías Rodríguez Díaz esa versión que publica en su autobiografía o cuando se la contó Rafael Poleo ya que comienza "cuenta Rafael Poleo que ...." Es necesario y pertinente determinar por qué en su libro autobiográfico el Fiscal hace una cita que le atribuye a nuestro defendido la redacción de los documentos constitutivos del nuevo gobierno. En autos consta el libro *"Abril comienza en Octubre"* cuyos derechos de autor son reservados por Julián Ysaías Rodríguez D.

9) Promovemos la declaración de María Angela Mileo de Olavarria, venezolana, mayor de edad, la dirección de la señora Mileo de Olavarría, es la siguiente: calle Loma Larga, Quinta La Guayabita del Perú, Urbanización Los Guayabitos, Municipio Baruta. La declaración de María Angela Mileo viuda de Olavarría, es pertinente e importante por cuanto se refiere a los hechos narrados por Allan Brewer-Carías, con ocasión de una reunión celebrada en la oficina del doctor Olavarría, supuestamente con unas personas que se identificaron como José Gregorio Vásquez y Daniel Romero el día 10 de abril de 2002, en la que el doctor Allan Brewer-Carías y el señor Olavarría rechazaron el documento que leyeron dichos ciudadanos contentivos de un proyecto de decreto de constitución de gobierno. Por otra parte la pertinencia y necesidad de esta prueba la ha destacado la propia fiscalía por cuanto la ha promovido, bajo el numeral 19, como testimonio, en el escrito acusatorio.

10) Promovemos la declaración de la ciudadana Yajaira Andueza, quien puede ser ubicada en el Centro Comercial Caroní, C.A. Modulo A, Oficina A-15, Urbanización Colinas de Bello Monte, Caracas, declaración que promovimos en diligencia que solicitamos el 6 de abril de 2005 a la Fiscal Sexta del Ministerio Público y que, sin ningún fundamento negó. La declaración de la ciudadana Yajaira Andueza es necesaria y pertinente, toda vez en horas de la noche del 13 de abril de 2002 estuvo reunida con nuestro defendido y presenció una llamada telefónica hecha por éste a Patricia Poleo reclamándole las falsas informaciones que sobre la autoría del decreto estaba haciendo en relación a nuestro defendido.

11) Promovemos la testimonial del ingeniero Leopoldo Baptista, quien puede ser ubicado en el edificio Torrosa, Pent House, avenida Orinoco, Urbanización Las Mercedes, Caracas. La declaración del ingeniero Leopoldo Baptista es pertinente y necesaria dado que en su casa de habitación, en la ciudad de Vail, Estado Colorado, U.S.A. estuvo Allan Brewer-Carias entre los días 1 y 8 de abril de 2002, razón por la cual no pudo estar conspirando para cambiar violentamente la constitución, tal como ha alegado la señora Fiscal en su escrito acusatorio.

12) Solicitamos respetuosamente, se solicite a la Oficina Nacional de Identificación y Extranjería, (ONIDEX) el movimiento migratorio del acusado Allan Brewer-Carias, cédula de identidad N° 1.861.982 entre las fechas marzo de 2001 y mayo de 2002. Solicitud que hicimos oportunamente a la señora Luisa Ortega Díaz y que negó sin ningún fundamento.

La pertinencia y necesidad de esta prueba es para demostrar que nuestro defendido salió más de 20 veces del país y en todas las ocasiones fue para atender invitaciones académicas y profesionales, dando conferencias, en foros internacionales en materias de su especialidad tales como constitucionalismo y derechos humanos.

13) Solicitamos respetuosamente se solicite al Ministerio de Interior y Justicia la constancia de antecedentes que pueda registrar el ciudadano Allan Brewer-Carias, venezolano, mayor de edad, titular de la cédula de identidad N° 1.861.982.

14) Promovemos la declaración del periodista Eduardo Rodríguez, quien condujo el programa Dominio Público transmitido por Venevisión "el día lunes 22 de abril de 2002" en el cual entrevistó a los periodistas Rafael Poleo y Patricia Poleo en el Programa Dominio Público. El ciudadano Eduardo Rodríguez deberá ser citado en la dirección que suministren al efecto el Consejo Nacional Electoral o la Oficina Nacional de Identificación y Extranjería adscrito al Ministerio de Relaciones Interiores y Justicia y solicitamos que al efecto se requiera a ese organismo su dirección. La pertinencia y necesidad de esta prueba se deriva de que la acusación, en el capitulo denominado "conforme al artículo 198 del Código Orgánico Procesal Penal, relativo a la libertad de prueba ofreció la referida cinta de vídeo, en la página 148 del escrito acusatorio bajo el N° 2.

15) De conformidad con lo establecido en el artículo 198 del COPP solicitamos que se ordene la trascripción por medio de un experto o perito designado por el tribunal, a nuestro costo, de la cinta de vídeo, que se ha ofrecido por la fiscalía en su escrito de acusación identificada con el número 2 referente al programa Dominio Público conducido por el periodista Eduardo Rodríguez en la cual entrevistó a los periodistas Rafael Poleo y Patricia Poleo solo en las partes en que se refieran a nuestro defendido Allan Brewer-Carías. Ese vídeo lo acompañó la Fiscal identificado de la siguiente manera: "(Vídeo VHS, identificado en el lomo 34 PATRICIA POLEO ENTREVISTA "N")". La necesidad y pertinencia de esta prueba es para demostrar que el vídeo no dice lo que dice la de-

nuncia, ni lo que dijo el imputación, ni lo que dijeron los entrevistados, ni lo que dice la Fiscal en el Capítulo III de la acusación. Observamos respetuosamente que dice "fundamentos de la imputación" en la página 17 del escrito acusatorio y que los elementos de convicción que emergen de la investigación no son los que la Fiscal pone como contenido de las cintas de VHS.

16) Promovemos la declaración del periodista César Miguel Rondón, que debe ser citado en el domicilio que señale el Consejo Nacional Electoral o la Oficina Nacional de Identificación y Extranjería adscrito al Ministerio de Relaciones Interiores y Justicia y solicitamos se oficie a ese organismo requiriéndole al efecto, la dirección del periodista César Miguel Rondón. La necesidad y pertinencia de la declaración del periodista César Miguel Rondón se hace evidente por cuanto la fiscalía dice que en el programa 30 minutos transmitido por Televen el viernes 12 de abril de 2002 entrevistó al ciudadano Teodoro Petkoff y la acusación acompaña en el número 3 de la página 148 la referida cinta VHS. A los fines de demostrar la participación de nuestro defendido en la redacción del decreto.

17) de conformidad con lo establecido en el artículo 198 del COPP promovemos expertica, que se podrá realizar con un solo perito, a nuestro costo, designado por el tribunal, a los fines de que transcriba el contenido del programa 30 minutos transmitido por Televen el día viernes 12 de abril de 2002 en el cual el periodista César Miguel Rondón entrevistó al ciudadano Teodoro Petkoff. La transcripción deberá efectuarse solamente en la parte que se refiera a nuestro defendido Allan Brewer-Carías. El vídeo en cuestión fue acompañado por la Fiscal y está identificado así: "(Vídeo VHS, identificado en el lomo con la siguiente leyenda "12 04 02 30 minutos H 30) "

18) Promovemos la declaración del periodista Domingo Blanco, que podrá ser citado en la dirección que al efecto señale el Consejo Nacional Electoral o la Oficina Nacional de Identificación y Extranjería adscrito al Ministerio de Interior y Justicia y solicitamos sea al efecto requerida. La pertinencia y necesidad de la prueba de la declaración del periodista Domingo Blanco deriva de que en el escrito acusatorio, en la página 148, distinguido con el número 4, la señora Fiscal acusadora dice que allí aparece la periodista Patricia Poleo en el programa Primera Página transmitido por Globovisión el día jueves 18 de abril de 2002 conducido por el

periodista Domingo Blanco y que con ella se pretende probar la participación de nuestro defendido en la redacción del decreto.

19) de conformidad con lo establecido en el artículo 198 del COPP promovemos experticia para que, con un solo perito, se transcriba a nuestro costo, designado por el tribunal, el contenido de la cinta de vídeo VHS referida en el número 4, página 148 de la acusación que contiene el programa Primera Página transmitido por Globovisión el día jueves 18 de abril de 2002 conducido por el periodista Domingo Blanco en el cual entrevista a la periodista Patricia Poleo. La transcripción sólo se deberá efectuar en las partes pertinentes o relacionadas con nuestro defendido Allan Brewer-Carías. Ese vídeo fue acompañado por la fiscalía, como se dijo, en el número 4 de la página 148 del escrito acusatorio identificado de la siguiente manera: "(Vídeo VHS, identificado en el lomo como PATRICIA POLEO G 29)". La necesidad y pertinencia de esta prueba obedece a que la fiscalía le da un contenido falso para fundamentar la acusación, que ella llama imputación, en contra de nuestro defendido Allan Brewer-Carías, el video no dice lo que la señora Fiscal dice que dice.

20) Promovemos, de conformidad con lo establecido en el artículo 198 del COPP experticia para que un perito designado por el tribunal a nuestro costo, transcriba el contenido del programa 30 minutos, transmitido por Televen el 17 de abril de 2002, contentivo de las afirmaciones hechas por la periodista Patricia Poleo. La trascripción del perito debe hacerse solamente de las referencias que en ese programa se haga de nuestro defendido Brewer-Carías. Ese vídeo fue acompañado bajo el número 5, de la página 149 del escrito acusatorio y se hizo "a los fines de demostrar la participación de los imputados en la redacción del decreto". La fiscalía identificó el vídeo así: "(Vídeo VHS, identificado en el lomo como PATRICIA POLEO G 29)". La necesidad y pertinencia de esta prueba deriva del hecho de que la Fiscal en el escrito acusatorio le atribuye un contenido distinto al que realmente tiene y la única manera de demostrarlo es con la trascripción que el perito haga y la comparación con lo afirmado por la Fiscal en el libelo acusatorio.

21) Solicitamos la declaración de los ciudadanos Ana Virginia Escobar y Carlos Omobono, periodistas, que deben ser citados en la dirección que al efecto suministre el Consejo Nacional Electoral o la Oficina Nacional de Identificación y Extranjería adscrita al Ministerio del Interior y Justicia, a cuyo efecto solicitamos el requerimiento. La razón de esa declaración es que el Fiscal del Ministerio

Público ha promovido bajo el N° 6, de la página 149 del escrito acusatorio, una cinta de VHS en donde aparentemente esos señores entrevistaron a la periodista Patricia Poleo el 16 de abril de 2002 y la Fiscal utiliza el contenido del video para demostrar nuestro defendido participó "en la redacción del decreto por medio del cual se cambió violentamente la Constitución".

22) De conformidad con lo contenido en el artículo 198 del COP promovemos experticia, a los fines de que un perito designado por el tribunal, a nuestro costo transcriba el contenido e la cita VHS promovida por la Fiscalía bajo el N° 6 de la página 149 del escrito acusatorio. Ese video se refiere al programa "La Entrevista" transmitido por Radio Caracas Televisión el día 16 de abril de 2002 por medio del cual los periodistas Ana Virginia Escobar y Carlos Omobono entrevistan a la ciudadana Patricia Poleo. Ese video fue identificado por la Fiscal de la siguiente manera: "(Video VSH, identificado en el lomo como PATRICIA POLEO G 29)". La necesidad y pertinencia de la trascripción obedece a que en el escrito acusatorio la Fiscal se refiere al contenido de esa cinta en una forma falsa y no es fiel con lo realmente dicho por Patricia Poleo. Advertimos, respetuosamente al Tribunal que la transcripción solicitada se referirá exclusivamente a la parte pertinente en la cual los periodistas y Patricia Poleo se refieren a nuestro defendido Allan Brewer-Carías.

23) De conformidad con el artículo 198 del COPP solicitamos experticia, que debe ser evacuada por un solo perito, a nuestro costo, designado por el tribunal, para que se transcriba el contenido, únicamente en las partes referidas a nuestro defendido, Allan Brewer-Carías. Según ese video acompañado por la Fiscalía se demuestra la participación de Brewer en la redacción del decreto de facto. La Fiscalía acompañó el video identificado así "Video VHS, identificado en el lomo con la leyenda "31 "P" PROGRAMA: "Voces de un País" 01-05-2002 GLOBOVISION".

La necesidad y pertinencia de esta prueba deriva en que no es cierto el contenido que la Fiscal le atribuye y mucho menos cierto que en ese programa Voces de un País aparezca nuestro defendido el doctor Brewer-Carías redactando ningún decreto ni ningún papel.

24) De conformidad con el artículo 198 del COPP promovemos experticia para que un perito designado por el tribunal, a nuestro costo, transcriba el contenido del Programa "Televen" donde es

entrevistado el ciudadano Allan Randolph Brewer-Carías, en la mañana del 11 de abril de 2002, "durante el desarrollo de la marcha", promovido bajo el N° 8 en la página 150 del escrito acusatorio. La Fiscal, al promover esa cinta dice que se pretende probar que Brewer conspiró para cambiar la Constitución y que es coredactor del decreto y que en ese programa hace afirmaciones al contenido del decreto "por él redactado". El video aparece identificado por la Fiscalía de la siguiente manera: "(Consta en video, identificado en el lomo con: "C 10. Entrevista a ALLAN BREWER-CARÍAS fecha: 11-04-02. Hora: 10:30 a.m. Ref. ABR 042-7 a.m. CERT GRF 076 2005)".

La pertinencia y necesidad de esta prueba deriva de que no es verdad que Brewer-Carías conspiró y que lo hizo como consta en ese programa de Televen y mucho menos que hizo las declaraciones que la Fiscalía le atribuye.

25) De conformidad con el contenido del artículo 198 del COPP promovemos expertica para que, a través de un perito, designado por el tribunal y a nuestro costo, se transcriba el contenido del programa CMT Noticias donde el entrevistado Allan Brewer-Carías en la mañana del 11 de abril de 2002. La transcripción debe estar referida sólo a las intervenciones de nuestro defendido Brewer-Carías. Esa cinta fue promovida por la Fiscal y consta en el N° 9 de la página 150 del libelo acusatorio. La cinta se identificó de la siguiente manera: "(Consta en video, HECHO TRANSMITIDO POR CMT (Canal 51) DURANTE EL 11-04-02 18)".

La necesidad y pertinencia de esa transcripción deriva del hecho que no es verdad que Brewer-Carías haya conspirado en el programa CMT Noticias, para cambiar violentamente la Constitución y que allí haya admitido que fue uno de los coredactores del decreto. Es falsa la afirmación que sobre el contenido de ese video hace la Fiscal en el escrito acusatorio.

26) De conformidad con el artículo 198 del COPP promovemos expertica para que, con un perito, designado por el tribunal, a nuestro costo, se transcriba el contenido de la cinta de video VHS, acompañado por la Fiscalía en su escrito acusatorio, bajo el N° 12 de la página 151 en donde según ella "aparecen las afirmaciones hechas por el ciudadano Allan Randolph Brewer-Carías, el día 16 de abril de 2002, sobre su participación en la redacción del decreto de facto". Esa cinta de video la identificó el Fiscal de la siguiente manera "Cinta de video VHS, distinguida en el lomo como "C 10 "

30 min" Fecha: 16-04-02. Hora: 10 p.m. "TRIÁNGULO" Fecha 10-05-02. Hora 7 a.m. REF. ABR 058/may 038.CERT GRS 05 2005". La transcripción solo debe hacerse en las partes referidas a nuestro defendido Allan Brewer-Carías.

La pertinencia y necesidad de esta prueba deriva del hecho que no es cierto, tal como afirma la Fiscalía en el libelo acusatorio que en ese programa aparezca Allan Brewer-Carías afirmando que participó en la redacción del decreto que cambió violentamente la Constitución.

27) Promovemos la declaración testimonial de los ciudadanos Vicealmirante Bernabé Carrero Cuberos, quien era para el 12 de abril de 2002 Jefe de estado mayor conjunto; la declaración del Vicealmirante Jorge Sierralta Zavarce, quien era para el 12 de abril de 2002 comandante de la armada; del General Efraín Vásquez Velasco quien era para el 12 de abril de 2002, comandante del ejército; del General Francisco Belisario Landis, quien era para el 12 de abril de 2002, Comandante de la Guardia Nacional; del General Régulo Anselmi Espin, quien era el Comandante de la Fuerza Aérea, quienes conjuntamente con el ya promovido testimonio del General en Jefe Lucas Rincón, formaban el alto mando militar. Los referidos ciudadanos deben ser citados en la dirección que al efecto provea el Consejo Nacional Electoral o la Oficina Nacional de Identificación y Extranjería del Ministerio del Interior y Justicia, a cuyo efecto solicitamos le sean requeridas. La necesidad y pertinencia de la declaración de los referidos ciudadanos obedece a que en la madrugada del 12 de abril de 2003 el General en Jefe Lucas Rincón además de poner su cargo a la orden de las nuevas autoridades puso también los del alto mando militar. Por otra parte muchas de las declaraciones que constan en el expediente se refieren a alguno de estos oficiales como presentes en Fuerte Tiuna en la madrugada del 12 de abril de 2002 y es necesario y pertinente interrogarlos a ver si alguno de ellos habló con nuestro defendido el doctor Allan Brewer-Carías y si lo vieron redactando el decreto de constitución del gobierno, por el cual ha sido acusado.

28) De conformidad con lo establecido en el artículo 198 del COPP, promovemos experticia lingüística o gramatical a fin de determinar si el Dr. Allan R. Brewer-Carías fue el redactor del siguiente texto: "DECRETAMOS: Constituir un Gobierno de Transición Democrática y de Unidad Nacional de la siguiente forma y lineamientos: **ARTÍCULO 1.-** Se designa al ciudadano PEDRO CARMONA ESTANGA, venezolano, mayor de edad, con cédula

de identidad Número 1.262.556, Presidente de la República de Venezuela quien asume en este acto y de forma inmediata, la Jefatura del Estado y del Ejecutivo Nacional por el período establecido en este mismo decreto. El Presidente de la República en Consejo de Ministros queda facultado para dictar los actos de efectos generales que sean necesarios para la mejor ejecución del presente decreto y la consolidación del Gobierno de Transición Democrática. **ARTÍCULO 2.-** Se restablece el nombre de REPUBLICA DE VENEZUELA con el cual continuará identificándose nuestra patria desde este mismo instante. **ARTÍCULO 3.-** Se suspende de sus cargos a los diputados principales y suplentes de la Asamblea Nacional y se convoca la celebración de elecciones legislativas nacionales a más tardar para el mes de Diciembre para elegir a los miembros del Poder Legislativo Nacional, el cual tendrá facultades constituyentes para la reforma general de la Constitución de 1999. **ARTÍCULO 4.-** Se crea un Consejo Consultivo que ejercerá las funciones de órgano de consulta del Presidente de la República. El Consejo de Estado quedará integrado por 35 miembros principales y sus respectivos suplentes en representación de los diversos sectores de la sociedad democrática venezolana. Los miembros Principales podrán separarse temporalmente de sus cargos sin perder su investidura para ocupar cargos en el Ejecutivo Nacional, Estadal o Municipal y sus faltas temporales o absolutas serán cubiertas por sus suplentes. El Consejo Consultivo elegirá de su seno un Presidente, dos Vice Presidentes y un Secretario. El Consejo Consultivo estará integrado por los 35 ciudadanos que se identifiquen en el Decreto Ley que al efecto se dicte. **ARTÍCULO 5.-** El Presidente de la República de Venezuela, coordinará las políticas de la transición democrática nacional y, las demás decisiones adoptadas para garantizarla con los poderes públicos estadales y municipales. **ARTÍCULO 6.-** Se convocará a elecciones generales nacionales en un lapso que no excederá a 365 días contados a partir de la presente fecha. El Gobierno de Transición Democrática cesará en sus funciones una vez que el nuevo Presidente electo democráticamente asuma su cargo. El Presidente de la República designado en este caso no podrá ser candidato a la Presidencia de la República en dicho proceso electoral. **ARTÍCULO 7.-** El Presidente de la República en Consejo de Ministros, podrá remover y designar transitoriamente a los titulares de los órganos de los poderes públicos, nacionales, estadales y municipales para asegurar la institucionalidad democrática y el adecuado funcionamiento del Estado de derecho, así como a los representantes de Venezuela ante los Parlamentos Andino y Latinoamericano. **ARTÍCULO 8.-** Se decreta la reorganización de los poderes públicos a los efectos de recuperar su autonomía e independencia y asegurar una transición pacífica y democrática, a cuyo efecto se destituyen de sus cargos ilegítimamente ocupados, al Presidente y demás Magistrados del Tribunal Supremo de Justicia, al Fiscal General de la República, al Contralor General de la República, al Defensor del Pueblo y a los miembros del Consejo Nacional Electoral. El Presidente de la República en Consejo de Ministros, previa consulta con el Consejo Consultivo, designará a la brevedad posible a los ciudadanos que ejercerán transitoriamente esos poderes públicos. **ARTÍCULO 9.-** Se suspende la vigencia de los 48 decretos con fuerza y valor de Ley, dictados de acuerdo con la Ley Habilitante de 13 de noviembre de 2000. El Presidente de la República instalará una Comisión Revisora de dichos decretos leyes, integrada por representantes de los diversos sectores de la sociedad. **ARTÍCULO 10.-** Se mantiene en plena vigencia el ordenamiento jurídico, en cuanto no colida con el presente Decreto, ni con las disposiciones generales que dicte el nuevo Gobierno de Transición Democrática. Así mismo, se mantienen en vigencia todos los compromisos internacionales válidamente asumidos por la República de Venezuela. **ARTÍCULO 11.-** El Gobierno de Transición Democrática y Unidad Nacional entregará sus poderes y rendirá cuenta de sus gestiones a los órganos del Poder Público que legítimamente se elijan de acuerdo con lo dispuesto en este Decreto y demás disposiciones constitucionales y legales. Dado en el Palacio de Miraflores en la ciudad de Caracas el día Doce del mes de Abril de 2002. Años 191 de la Independencia y 142 de la Federación. (L.S.) ", contenido en el documento denominado "Decreto de Constitución de un Gobierno de Transición Democrática y Unidad Nacional" cuya autoría le atribuye a nuestro defendido la Fiscal Sexta Nacional con Competencia Plena y que reposa, según afirma la Fiscal Sexta del Ministerio Público en su escrito de acusación, a los folios 150 al 163, pieza 3 del expediente.

La experticia deberá realizarse mediante la comparación del texto transcrito, con el contenido de las siguientes obras que con carácter indubitado consignamos anexas al presente escrito marcadas 37 y 38, respectivamente, cuyo autor es el Dr. Allan R. Brewer-Carías: 1) *"Reflexiones Sobre el Constitucionalismo en América"*, Editorial Jurídica Venezolana, 2001" y *"Mecanismos Nacionales de Protección de los Derechos Humanos"* impreso por orden del Instituto Interamericano de Derechos Humanos, Impresión: Mundo Gráfico S.A, San José, Costa Rica 2005.

El estudio deberá contener el análisis de los elementos formales propios del lenguaje, incluyendo el significado y la variabilidad en las estructuras especiales de las frases, considerando el valor semántico de las palabras, la fonología, la sintaxis, la analogía y diferencias de las lenguas, sus estilos y sus reglas, la ideología y cualquier otra circunstancia de interés, todo ello a fin de establecer el origen de producción de los textos, desde el punto de vista de la fuente intelectual y determinar si los textos analizados provienen de una misma fuente.

La experticia promovida es pertinente y necesaria porque con ella se determinará que el Dr. Allan R. Brewer-Carías no fue el redactor del mencionado, "Decreto de Constitución de un Gobierno de Transición Democrática y Unidad Nacional" por cuya supuesta autoría la Fiscal Sexta ha procedido a acusarlo del delito de Conspiración Para Cambiar Violentamente la Constitución.

A los efectos de la práctica de la prueba solicitamos del Tribunal se designen y juramenten tres expertos en lingüística que podrían ser solicitados, a juicio del Tribunal, de la Academia de la Lengua, ubicaba en el Palacio de las Academias, Esquina de San Francisco, Caracas, o del Centro de Investigaciones Lingüísticas y Literarias de la Universidad Católica Andrés Bello, ubicada en la Parroquia La Vega, Caracas.

Los promoventes de la experticia nos obligamos a proveer al Tribunal los emolumentos que se fijen como honorarios profesionales de los expertos designados.

X
PETITORIO FINAL

En razón de las consideraciones anteriores solicitamos de ese honorable Tribunal: PRIMERO: Se declare la nulidad de todas las actuaciones que conforman la investigación adelantada por el Ministerio Público, así como del acto conclusivo de acusación formulada contra nuestro defendido el doctor Allan R. Brewer-Carías en virtud de la violación sistemática y masiva de sus derechos y garantías constitucionales y legales denunciadas en el presente escrito. SEGUNDO: Subsidiariamente solicitamos se declaren con lugar las excepciones opuestas contra la acusación formulada contra nuestro defendido, declarándose el sobreseimiento de la causa. TERCERO: Subsidiariamente, para el caso que la acusación sea admitida, pedimos sean rechazadas las pruebas ofrecidas por el Ministerio Público, conforme a lo narrado en el presente escrito. CUARTO: Subsidiariamente para el caso que la acusación sea admitida, solicitamos sean admitidas todas las pruebas que hemos ofrecido en el presente escrito. QUINTO: Subsidiariamente para el caso que la acusación sea admitida, solicitamos que el enjuiciamiento de nuestro defendido se haga en absoluta libertad conforme lo ordena el artículo 44, ordinal 1 de la Constitución.

Es justicia que esperamos en la ciudad de Caracas a los ocho días del mes de noviembre del año dos mil cinco.

APÉNDICES

1. CARTA DEL DR. ALLAN R. BREWER-CARÍAS
   AL FISCAL GENERAL DE LA REPÚBLICA
   DE 28-09-2005

2. ESCRITO DEL 01-03-2006, DE CONSIGNACIÓN
   DE LA DECLARACIÓN DEL DR. PEDRO
   CARMONA ESTANGA EN BOGOTÁ EL 23-02-2006

1. CARTA DEL DR. ALLAN R. BREWER-CARÍAS AL FISCAL GENERAL DE LA REPÚBLICA DE 28-09-2005

Caracas, 28 de septiembre de 2005

Ciudadano
Isaías Rodríguez
Fiscal General de la República
Su Despacho

Quien suscribe Allan R. Brewer-Carías, venezolano, abogado, mayor de edad, de este domicilio, titular de la cédula de identidad N° 1.861.982, en mi carácter de imputado en el expediente N° C-43 que lleva la Fiscalía Sexta del Ministerio Público con competencia nacional, ante usted ocurro para exponer lo que a continuación escribo, con motivo de la publicación reciente (septiembre de 2005) del libro de su autoría, editado por Grabados Nacionales, C.A., Derechos Reservados por Julio Isaías Rodríguez D., con el título *Abril comienza en Octubre.*

I

La República de Venezuela se ha construido, constitucional-mente hablando, con base en el principio fundamental de la división de poderes, a cuyo efecto, además de la clásica división entre el poder ejecutivo, el legislativo y el judicial, la nueva Constitución a cuya redacción colaboramos ambos, en nuestro carácter de Constituyentes en 1999, poniéndose a tono con los principios del constitucionalismo moderno, creó con el mismo rango, como parte de poder público nacional al poder electoral y al poder ciudadano.

La exposición de motivos de la Constitución, en cuanto al poder ciudadano, dice así:

Capitulo IV. Del Poder Ciudadano

Adaptando a nuestro tiempo las ideas inmortales del Libertador Simón Bolívar, la Constitución rompe con la clásica división de los poderes públicos y crea los poderes ciudadanos y electoral. El primero de ellos se inspira, en parte, en el poder moral propuesto por el Libertador en su proyecto de constitución presentado al Congreso de Angostura el 15 de febrero de 1819. El poder electoral por su parte encuentra su inspiración en el proyecto de constitución que el Libertador redactó para Bolivia en 1.826.

El Libertador concibió el poder moral como la institución que tendría a su cargo la conciencia nacional, velando por la formación de ciudadanos a fin de que pudiera purificarse "lo que se haya corrompido en la República; que acuse la ingratitud, el egoísmo, la frialdad del amor a la patria, el ocio, la negligencia de los ciudadanos". Con ello, Simón Bolívar quería fundar una República con base a un pueblo que amara a la patria, a las leyes, a los magistrados, porque esas son las nobles pasiones que deben absorber exclusivamente el alma de un republicano

El poder moral del Libertador tenía entre sus misiones velar por la educación de los ciudadanos en cuyo proceso se debía sembrar el respeto y el amor a la Constitución y a las instituciones republicanas, sobre la base de que "si no hay un respeto sagrado por la patria, por la leyes y por las autoridades, sociedad es una confusión, un abismo" inspirada en esas ideas y adaptándolas a nuestro tiempo, la Constitución crea el poder ciudadano, el cual se ejercerá por el consejo moral republicano integrado por el defensor del pueblo, el fiscal general de la república y el contralor general de la república.

El poder ciudadano es independiente de los demás poderes públicos y sus órganos gozan de autonomía funcional, financiera y administrativa, para lo que se les asignará una partida anual variable dentro del presupuesto general del estado.

En general, los órganos que ejercen el poder ciudadano tienen a su cargo la prevención, investigación y sanción de los hechos que atenten contra la ética pública y la moral administrativa......

Al Ministerio Público se le atribuyen todas aquellas funciones necesarias para el cumplimiento de los fines que deben gestionar ante la administración de justicia, tales como garantizar en los procesos judiciales el respeto de los derechos y garantías constituciones, garantizar la celeridad y buena marcha de la administración de justicia, el juicio previo y el debido proceso

II

Usted, como Fiscal General de la República, debe garantizar en los procesos judiciales el respeto a los derechos y garantías constitucionales (artículo 285,1 Constitución), entre los cuales está la garantía de que "toda persona se presume inocente mientras no se pruebe lo contrario" (artículo 49,2 Constitución).

Según el artículo 257 constitucional el proceso constituye un instrumento fundamental para la realización de la justicia en razón de que, entre de los principios fundamentales establecidos en la Constitución, Venezuela se constituye en un estado democrático y social de derecho y de justicia (artículo 2).

La Ley Orgánica del Ministerio Público que rige sus actuaciones, establece que el Ministerio Público debe velar por la exacta observancia de la Constitución y las leyes (art. 1); que en el proceso penal se debe ceñir estrictamente a criterios de objetividad (art. 4); que debe cumplir sus funciones con objetividad, diligencia y prontitud, respetando y protegiendo la dignidad humana (art. 11,3); que los fiscales del Ministerio Público se deben de abstener de adelantar opinión respecto de los asuntos que están llamados a conocer (art. 73); que los fiscales y demás personal del Ministerio Público deben guardar secreto sobre los asuntos de que conozcan en razón de sus funciones; y que se les prohíbe conservar para sí, tomar o publicar copias de papeles, documentos o expedientes del archivo de los despachos respectivos (art. 94)

El titular de la acción penal, según el derecho vigente en la República, estado democrático social de derecho y de justicia, es el Ministerio Público. Así, el artículo 11 del Código Orgánico Procesal Penal (COOP) establece:

Artículo 11. Titularidad de la acción penal. La acción penal corresponde al Estado a través de Ministerio Público, quien está obligado a ejercerla, salvo las excepciones legales.

El propio Código adjetivo establece, también entre sus normas fundamentales, en el título preliminar "Principios y Garantías Procesales" la presunción de inocencia, en una forma categórica, así:

> *Artículo 8*. Presunción de Inocencia. Cualquiera a quien se le impute la comisión de un hecho punible tiene derecho a que se le presuma inocente y a que se le trate como tal, mientras no se establezca su culpabilidad mediante sentencia firme".

También establece el COOPP (artículo 10), el principio del respeto a la dignidad humana y que en el proceso penal toda persona debe ser tratada con el debido respeto a la dignidad inherente al ser humano, con protección de los derechos que de ella derivan. Siguiendo los principios constitucionales, el Código adjetivo también establece que la defensa es un derecho inviolable en todo estado y grado del proceso (artículo 12) y que la finalidad del proceso es establecer la verdad de los hechos por las vías jurídicas y la justicia en la aplicación del derecho (artículo 13).

III

Uno de los prologuistas escogidos por usted, el Fiscal General de la República, como autor del libro *Abril Comienza en Octubre*, dice:

> Isaías Rodríguez se propuso un proyecto intelectual lleno de riesgos; escribir los recientes acontecimientos históricos del país y, en forma paralela y simultánea, su historia personal.

Y para finalizar el prologuista dice:

> Es éste de Isaías Rodríguez uno de los libros más hondos, auténticos y reveladores que he leído sobre el proceso revolucionario que vive el pueblo venezolano. Es el viaje a sí mismo de un protagonista de primera línea y es, sin lugar a dudas, la historia necesaria de estos días.

IV

El día 27 de enero de 2005, la Fiscalía General de la República, entidad la cual integra el Consejo Moral Republicano, me imputó la comisión del delito de rebelión tipificado en el artículo 144,2 del Código Penal, señalando entre otras cosas que :

Los elementos de convicción iniciales en que se funda la representación fiscal de su participación en la comisión del delito identificado anteriormente emergen de los siguientes elementos probatorios:

15. Programa Dominio Público transmitido por Venevisión, el día 12 de abril de 2002 en el cual entrevistaron al periodista Rafael Poleo, quien afirmó:

Carmona estaba encerrado con Brewer-Carías, el general Velasco y Pérez Recao, redactando los decretos".

Ese elemento de convicción identificado con el número 15 por la Fiscalía General de la República, programa *Dominio Público*, no contiene la afirmación que le atribuye la Fiscalía al periodista Rafael Poleo, ya que fue copiado textualmente y dada como cierta, de la denuncia presentada por el Coronel Ángel Bellorín que encabeza las actuaciones del expediente. Lo que realmente afirmó Rafael Poleo y que si consta del expediente, en la cinta identificada N-39, es lo siguiente:

"Entonces me entró una llamada de un militar que desde Fuerte Tiuna anunció que nos informaba que Carmona había llegado y que estaba encerrado con el general Vásquez Velasco y con Brewer-Carías bajo la dirección de Isaac Pérez Alfonzo (sic) haciendo los decretos de gobierno y nombrando gabinete".

Es obvio y se desprende del texto exacto de lo que dijo Rafael Poleo en la entrevista, que se trataba de una información referencial; en la que afirma que supuestamente fue informado telefónicamente por un militar desde Fuerte Tiuna.

Rafael Poleo, por tanto, no fue testigo de nada de lo que dijo y, por otra parte, su afirmación referencial es complemente falsa. El supuesto militar que supuestamente le informó, por lo visto, le informó mal o él entendió mal lo que supuestamente le dijo el supuesto militar confidente.

Es de destacarse, además, que en la entrevista que le hizo la representación fiscal al mismo ciudadano Rafael Poleo el día 6 de junio de 2005 en relación con un artículo titulado "Un abril en crisis", que aparece en el libro *"Venezuela: crisis de abril"*, editado por IESA y que cursa al folio 30 pieza 20 del expediente que lleva la Fiscalía, al preguntársele si en el mismo afirma que "poco después recibí una llamada de un amigo en Fuerte Tiuna en la cual me dijo que Carmona estaba encerrado con el general Vásquez Velasco, Isaac Pérez Alfonso (sic), Allan Brewer-Carías, Daniel Romero y algunas otra personas, redactando los documentos constitutivos de un nuevo gobierno", simplemente contestó en la siguiente forma, por demás imprecisa:

"Es muy posible que yo haya escrito eso, porque efectivamente recibí esa llamada y se me dijo aproximadamente lo que usted está citando" (folio 24 y ss., pieza 20).

Es decir, el señor Poleo recuerda que supuestamente se le dijo algo, al "comienzo de las primeras horas del día 12", con un contenido "aproximadamente" cercano a lo que escribió; y cuando el Ministerio Público le preguntó sobre "el nombre de la persona que lo llamó" supuestamente por teléfono, se limitó a indicar, como periodista que utiliza correctamente sus fuentes, que "eso no puedo decirlo porque es un secreto de la fuente" (folios 24 y ss., pieza XX).

Puede ser muy loable que el ciudadano Poleo, fundamentándose en el secreto profesional del periodista, se abstenga de revelar una fuente, pero es absolutamente repugnante que, entonces, se tenga en derecho como cierto lo que dice (dogma de infabilidad) y se violente la garantía de presunción de inocencia de una ciudadano y con base en eso, de que "me lo dijeron pero no puedo decir quien", se haya imputado a un ciudadano. Eso es tanto como imputar a alguien por un chisme, o porque lo soñó el Fiscal, o porque se lo comunicó alguien docto en ciencias ocultas, o porque lo dijo un periodista.

Son evidentes las imprecisiones en que incurre Rafael Poleo sobre lo que alguien, que no dice quién, supuestamente le dijo por teléfono.

Quien suscribe, Allan R. Brewer-Carías nunca se reunió ni se ha reunido, ni antes del 12 de abril, ni ese día, ni después del 12 de abril con el general Efraín Vásquez Velasco, y nunca se reunió con él en Fuerte Tiuna la madrugada del 12 de abril de 2002 y menos "se encerró" con él, con Pedro Carmona o, con quien llaman Pérez Alfonso con propósito alguno. A dicho general Vásquez Velasco, ni lo conocía ni lo conozco, nunca ha hablado con él ni, por tanto, nunca me ha reunido en forma alguna con él. Con Isaac Pérez Recao a quien suponemos llaman "Pérez Alfonso", jamás me he reunido ni antes del 12 de abril, ni durante el 12 de abril, ni después del 12 de abril de 2002. Es falso, por tanto, la referencia que hace Rafael Poleo de que yo me hubiera "reunido" o estuviese "encerrado" con esas personas para propósito alguno, y menos para redactar nada, ni para nombrar Gabinete de nadie. El señor Rafael Poleo es referencial de una referencia, ha repetido lo que supuesta y "aproximadamente" alguien le dijo, y, además, se ha amparado en el secreto para no identificar a quien supuestamente le refirió algo.

En todo caso, la mencionada opinión del periodista Rafael Poleo, por más "agudeza" que le atribuya el Fiscal General de la República en su libro (pág. 195), es sólo eso, su opinión o su apreciación, producto, según dijo, de referencias que pudo haber recibido, de las que se recuerda "aproximadamente"; o de su imaginación; completamente falsas, por lo demás, lo cual no puede constituir "elemento probatorio" alguno que pueda involucrarme en los hechos que se le imputan, es decir, en supuestamente haber participado "en la elaboración, redacción, discusión y presentación" del decreto de un gobierno de transición, lo cual es falso.

Como lo he dicho repetidamente por escrito en libros y declaraciones, que constan en el expediente que lleva esa Fiscalía a su cargo, estuve de vacaciones fuera de Venezuela hasta el día 10 de abril de 2002, nunca me he reunido con los militares involucrados en los hechos de abril de 2002, a quienes no conozco, fui llamado como abogado para dar una opinión jurídica sobre un documento de decreto de gobierno de transición que ya estaba redactado, y la opinión jurídica que di como abogado a quien me la pidió, fue adversa a dicho documento.

Conforme al Código Orgánico Procesal Penal y a los principios constitucionales que rigen el proceso penal, la carga de la prueba de los hechos imputados corresponde íntegramente a quien formula la imputación; la culpabilidad no se presume; lo que se presume es la inocencia, y es la representación fiscal la que tiene la carga de la prueba.

V

Lo grave de todo esto, es que usted, ciudadano Isaías Rodríguez, Fiscal General de la República, miembro del Consejo Moral

Republicano, garante del cumplimiento de las garantías constitu-cionales del proceso, de por cierto los dichos falsos de Rafael Poleo, al punto de que convierte tales dichos en palabras suyas propias. Es decir, al describir usted como historiador los dichos narrados da por cierta –desde el momento en que lo incluye en su libro como "recientes acontecimientos históricos del país"– la falsedad dicha o escrita por Rafael Poleo. Esa es una conducta impropia, no sólo de un historiador que no verifica las fuentes que utiliza, sino de un Fiscal General de la República, Jefe del Ministerio Público, quien, quizás por la vanidad de convertirse en paladín de la revolución, viola repugnantemente los deberes de su cargo, convirtiéndose en paladín del irrespeto a la Constitución, a la Ley y los ciudadanos.

Usted mismo, ciudadano Fiscal, sabe lo que es responder a "una infamia que se ha puesto a correr". Afirma usted, en efecto, en su propio libro, en el Capítulo "Topamos con la iglesia" en relación con una entrevista con un representante de la Iglesia, que:

"Por supuesto que mi intención era responder a una infamia que se había puesto a correr, no se si con la complicidad del arzobispo, so-bre unos hechos que nunca fueron como él o los medios los conta-ron" (pág. 120).

Pues quien suscribe, Allan R. Brewer-Carías, desde el mismo día de los acontecimientos, me he dedicado a responder la infamia que pusieron a correr Rafael Poleo y su hija Patricia Poleo, sobre unos hechos que nunca fueron como ellos y los medios dirigidos por ellos, o a los que ellos acudieron, contaron; y, en cambio, usted como Fiscal General de la República que debería ser imparcial, "lo que implica -como usted mismo lo afirma en su propio libro- "que no debo sacrificar la justicia frente a mis convicciones personales y debo ser objetivo y equitativo ante los asuntos que me competen por las atribuciones que la Constitución y la ley me confieren" (pág. 131); pues, usted, en vez de ser imparcial, se parcializa con la infamia que se puso a correr, y que yo he desmentido una y otra vez en declaraciones de prensa (Rueda de prensa del 16-04-2002) y en libros (entre otros, *La Crisis de la democracia en Venezuela. Los sucesos de abril y la Carta Democrática Interamericana*, Ediciones Li-bros El Nacional, Caracas 2002); y hace suya la infamia. ¿Por qué usted, ciudadano Fiscal General de la República, historiador, no consultó las otras fuentes de información y el desmentido que sobre las infamias yo he hecho públicamente, y se parcializó por la infamia?

Es decir, usted, el Fiscal General de la República, el jefe del Ministerio Público en Venezuela, en su libro, da por sentado, admite, afirma –al hacer suyos los dichos de Rafael Poleo–, que quien suscribe supuestamente habría estado en una reunión, donde no estuvo, y que habría estado "encerrado" redactando junto con otras personas, con quienes nunca se ha reunido, un documento que no redactó.

VI

La publicación y referencia respecto de quien suscribe, Allan R. Brewer-Carías, respecto de un caso en el cual la Fiscalía lo ha imputado–, que usted hace ciudadano Fiscal General de la República en su libro *Abril comienza en Octubre*, constituye una clara y flagrante violación de mi derecho a la presunción de inocencia, así como de todos los principios del proceso penal acusatorio que usted mismo, Fiscal General de la República, ciudadano Isaías Rodríguez, reconoce en su libro, al afirmar:

"El sistema inquisitivo había sido sustituido por el acusatorio y la presunción de inocencia, la afirmación de la libertad y del respeto a la dignidad humana entre otros principios, pasaban a ser las bases fundamentales de un nuevo sistema judicial". (pág. 122).

Y los violenta al publicar:

"Cuenta Rafael Poleo que, entre los asistentes a la convocatoria de Luis Miquilena estaban, entre otros, el Presidente de Fedecámaras, el Presidente de la CTV, varios dueños de medios privados de comunicación; el Presidente de la Conferencia Episcopal, Baltasar Porras, Gustavo Cisneros y unos cuantos dirigentes de algunas organizaciones civiles y de otros muchos factores de la oposición.

Estaban en una gran sala con televisores que mostraban todos los canales audiovisuales del país para seguir el curso de los acontecimientos.

La casa sirvió bebidas y pasapalos.

Pedro Carmona pidió suspender la reunión por exceso de fatiga y, cuenta Poleo, que le preguntó: "¿Si dormiría en su casa?"

Me voy al Four Seasons (hotel de lujo ubicado en el este de la ciudad de Caracas) a ducharme y a cambiarme, le respondió el Presidente de Fedecámaras.

Y, con esa agudeza que caracteriza a Poleo, repreguntó de nuevo: ¿Y vas a dormir vestido?

El ascensor se abrió y no hubo respuesta.

Poco después de la llamada de un amigo Rafael Poleo supo que Carmona estaba encerrado en Fuerte Tiuna con el general Efraín Vásquez Velasco, Isaac Pérez Recao, Allan Brewer-Carías y Daniel Romero, redactando los documentos constitutivos del nuevo gobierno". (págs. 194 y 195).

VII

La publicación y la reserva de los derechos de autoría del libro *Abril comienza en Octubre* por parte de usted, ciudadano Fiscal General de la República, con el contenido que se ha analizado en éste escrito, trae como consecuencia la nulidad de lo actuado por el órgano del Poder Ciudadano que usted dirige.

Lo escrito por usted, Fiscal General de la República, en su libro, en efecto, ha violentado mi derecho y garantía a la presunción de inocencia. Usted, ciudadano Fiscal, simplemente se ha olvidado de sus obligaciones constitucionales y legales, violando abierta y groseramente el derecho constitucional a la presunción de inocencia que garantiza a todas las personas el artículo 49,2 de la Constitución y el artículo 8 del Código Orgánico Procesal Penal, y ello es imperdonable, pues la violación a la Constitución que implican las actuaciones de la representación fiscal, hace que todas las actuaciones que se han realizado en relación con quien suscribe en el Expediente C-43, estén viciadas de nulidad absoluta conforme a lo que dispone el artículo 25 de la propia Constitución, no pudiendo ser convalidadas.

La Declaración de los Derechos y Deberes del Hombre, (1948, artículo XXVI), la Convención Americana sobre Derechos Humanos "Pacto de San José de Costa Rica", artículo 8,2 y nuestra Constitución de la República de 1999, ordenan que los ciudadanos sean considerados inocentes y deben tenerse como tales hasta que se establezca su culpabilidad mediante sentencia firme. Firme y dictada en un proceso que haya sido debido.

Por si alguna duda hay de la aplicación en la República Bolivariana de Venezuela de la Declaración de los Derechos y Deberes del Hombre y del Pacto de San José, le recuerdo el texto del artículo 23 constitucional, cuya inclusión al texto constitucional yo propuse ante la Asamblea Nacional Constituyente en 1999, como usted posiblemente recordará, establece:

> *Artículo 23.* Los tratados, pactos y convenciones relativos a derechos humanos, suscritos y ratificados por Venezuela, tienen jerarquía constitucional y prevalecen en el orden interno, en la medida en que contengan normas sobre su goce y ejercicio más favorable a las establecidas en esta Constitución y en las leyes de la República, y son de aplicación inmediata y directa por los tribunales y demás órganos del Poder Público.

Por su parte, el artículo 8 del mismo Código Orgánico Procesal Penal dispone que: "Cualquiera a quien se le impute la comisión de un hecho punible *tiene derecho a que se le presuma inocente y a que se le trate como tal, mientras no se establezca su culpabilidad mediante sentencia firme".* Esta norma que consagra la presunción de inocencia, responde a la garantía constitucional establecida en el artículo 49,2 de la Constitución, que también señala que *"Toda persona se presume inocente mientras no se pruebe lo contrario"* y al contenido de tratados y convenios ratificados por Venezuela.

Ello responde a uno de los principios fundamentales del proceso penal, siendo la consecuencia más elemental del mismo que si la fase preparatoria del proceso penal se inicia con una denuncia, la función del Ministerio Público, por tanto, es comprobar lo denunciado, a los efectos de determinar la existencia de un supuesto delito y de establecer las personas supuestamente participantes en el mismo. La función del Ministerio Público no es creer lo que dicen los periodistas en opiniones o apreciaciones personales; y menos aún hacer suyas las opiniones (no noticias) de periodistas contenidas en artículos de opinión (recortes de prensa), que contienen historias falsas, y que el Ministerio Público ha considerado que son "elementos de convicción" del delito de conspiración.

El Ministerio Público, conforme lo ordena el Código Orgánico Procesal Penal, tiene a su cargo la realización de *"la investigación de la verdad y la recolección de todos los elementos de convicción* que permitieran fundar la acusación del fiscal y la defensa del imputado" (art. 280 Código Orgánico Procesal Penal); a cuyo efecto, en el curso de la investigación debía haber hecho *"constar no sólo los hechos y circunstancias útiles para fundar la inculpación del imputado, sino también aquellos que sirvan para exculparle".* Incluso, "en este último caso, está obligado a facilitar al imputado los datos que lo favorezcan" (art. 281 Código Orgánico Procesal Penal).

Lamentablemente, usted, ciudadano Fiscal General de la República, en su libro, no sólo ha omitido esta obligación legal y se ha cuidado de ignorar las fuentes que indican lo contrario a lo que ha afirmado, sino que opta por hacer suyas las afirmaciones infames de periodistas que por lo demás han sido desmentidas, en libro y declaraciones que he formulado a lo lardo de los últimos tres años.

Como se ha dicho, además, el artículo 8 del mismo Código Orgánico Procesal Penal, conforme a la garantía constitucional establecida en el artículo 49,2 de la Constitución, dispone que cualquiera a quien se le impute la comisión de un hecho punible *tiene derecho a que se lo presuma inocente y a que se le trate como tal*, mientras no se establezca su culpabilidad mediante sentencia firme.

Por ello es que corresponde al Ministerio Público probar la culpabilidad del imputado, de manera que incluso éste no esta obligado legalmente a probar su inocencia. Ésta se presume, por lo que la carga de la prueba en el proceso penal corresponde íntegramente al Ministerio Público, quien debe probar sus imputaciones y para ello tiene necesariamente que aportar las pruebas pertinentes.

El Fiscal General de la República, en cambio, ahora da por sentado en su libro que quien suscribe habría estado en la madrugada del 12 de abril de 2002 en alguna forma reunido o "encerrado" con las personas que mencionó en su libro, redactando" un decreto de gobierno de transición, lo cual es completamente falso. Pero es usted, el Fiscal General de la República, quien lo afirma, lo que implica que parcializadamente ya me ha declarado culpable, violando abiertamente mi derecho a que se me considere inocente.

Dispone el artículo 190 del Código Orgánico Procesal Penal

> *Artículo 190. Principio.* No podrán ser apreciados para fundar una decisión judicial, ni utilizados como presupuestos de ella, los actos cumplidos en contravención o con inobservancia de las formas y condiciones previstas en este Código, la Constitución de la República, las leyes, tratados, convenios y acuerdos internacionales suscritos por la República, salvo que el defecto haya sido subsanado o convalidado.

Al escribir usted, ciudadano Fiscal General de la República, en su libro, que quien suscribe estaba supuestamente encerrado redactando con las personas que menciona un decreto de constitución de un gobierno de transición, lo cual es completamente falso, es usted, el propio Jefe del Ministerio Público venezolano, el que ha pretendido *trasladarme a mi, como imputado y a mis abogados defensores, la carga de probar que soy inocente y que no estuve en forma alguna reunido con las personas que dice el Fiscal General ni estuve redactando documento alguno de gobierno de transición con esas personas; cuando es al Estado, a través del Ministerio Público, al que le corresponde probar que pueda ser culpable de acuerdo con el principio del debido proceso.*

En consecuencia, en vista de la confesión que usted ha hecho, ciudadano Fiscal General de la República, en el sentido de que no ha respetado ni respetará mi derecho a la presunción de inocencia, lo cual implica la violación flagrante del artículo 49,2 constitucional, le recuerdo a usted, como ya lo advertido mis abogados defensores ante el Juez de Control, que todas las actuaciones de investigación adelantadas por el Ministerio Público en este proceso en mi contra, están viciadas de nulidad absoluta y que de continuar así, el proceso estará arrastrando esas actuaciones viciadas que, conforme al citado artículo 190 del Código Orgánico Procesal Penal, no podrán ser apreciadas para fundar una decisión judicial en contra de ningún imputado, ni utilizadas como presupuestos de ella, por haber sido cumplidas en contravención o con inobservancia de los principios previstos en dicho Código, la Constitución de la República y los tratados suscritos por la República, defectos éstos que son inconvalidables.

La manera contradictoria e incongruente en que ha sido dirigida la investigación conlleva una imposibilidad absoluta para quien suscribe, Allan R. Brewer-Carías, como imputado, de defenderme pues, por una parte, el Ministerio Público ya me ha dado por culpable al haber afirmado que he realizado determinadas actuaciones sin probarlas, ya que como no ocurrieron no puede hacerlo, y por otra parte, ha invertido la carga de la prueba, imponiéndome demostrar mi inocencia, obligándome a probar hechos negativos, cuando no estoy obligado a ello. Estamos, sencillamente, ante una situación absurda e incomprensible, que conllevará, indefectiblemente, a la nulidad de todo lo actuado.

Sería ingenuo que usted, el Fiscal General de la República, se amparara y excusara de su inaceptable conducta sosteniendo que lo que aparece publicado bajo su firma es una referencia a lo que dice Rafael Poleo. Quien ha publicado el libro que contiene afirmaciones en mi contra es Isaías Rodríguez, el ciudadano Fiscal General de la República, que sin recato ni pudor alguno, irrespeta las atribuciones y deberes de su alto cargo dañando dolosamente a quien tiene procesado

VIII

Dispone el artículo 3 de la Ley Orgánica del Ministerio Público, que rige sus actuaciones como Fiscal General de la República, que el Ministerio Público es único e indivisible y debe ejercer sus funciones a través de los órganos establecidos por la ley. Los fiscales señalados en esa ley lo representan íntegramente.

Como se ha indicado, el máximo representante del Ministerio Público, esto es, usted como el Fiscal General de la República, ha procedido a emitir su opinión públicamente a través del mencionado libro de su propia autoría, antes de que la institución que usted preside haya dictado el acto conclusivo de investigación a que está obligado conforme al Capítulo IV, Título I, Libro Segundo del COPP.

Ello significa que estando aún dentro de la fase de investigación, y encontrándose pendiente la evacuación de una serie de diligencias solicitadas por mis abogados defensores para lograr el total esclarecimiento de los hechos, así como para establecer la real participación circunstancial que tuve en ellos, como abogado, a quien sólo se le pidió una opinión jurídica sobre un documento que ya estaba redactado cuando se le mostró, actuación que fue absolutamente lícita; usted, ciudadano Fiscal General de la República, quien debe garantizar los derechos de todos los ciudadanos sin ninguna distinción, ha procedido a emitir públicamente su errado criterio de que quien suscribe supuestamente hubiera estado redactando con las personas que indica, en la madrugada del 12 de abril de 2002, lo que han llamado el acta de constitución de un gobierno provisional, lo cual es absolutamente falso.

Por lo demás, le pregunto ciudadano Fiscal General de la República:

¿Cómo queda la norma prevista en el artículo 304 del COPP que prohíbe la divulgación del contenido de las actas de la investigación?

¿Cómo queda la norma prevista en el artículo 94 de la Ley Orgánica del Ministerio Público que dispone que los fiscales y demás personal del Ministerio Público guardarán secreto sobre los asuntos de que conozcan en razón de sus funciones y les prohíbe conservar para sí, tomar o publicar copias de papeles, documentos o expedientes del archivo de los despachos respectivos?

¿Es que la majestad del cargo de Fiscal General de la República le permite a usted violar flagrantemente la ley sin que pase absolutamente nada?

Y me sigo preguntando:

¿Cuál puede ser la intención o el objetivo de la publicación de su libro, por usted, como Fiscal General de la República?

Ignorancia no es porque, pues que se sepa, usted no es un advenedizo en la materia. Al contrario, recuerdo como hace poco tiempo se publicaron en la prensa declaraciones suyas como Fiscal General en las que se vanagloriaba de tener sobrada experiencia en la vida, en los menesteres jurídicos y principalmente en la política, negándole algunas de esas virtudes a quien fue General en Jefe, Lucas Rincón, y quien en esa misma madrugada del 12 de abril de 2002 anunció al país y a mundo la renuncia del Presidente de la República, aceptada por ellos, los jefes militares, y a la vez anunció la propia renuncia de los mismos jefes militares.

¿Será una respuesta válida a mis interrogantes, que usted, ciudadano Fiscal General de la República, pretende crear de antemano en el público una matriz de opinión desfavorable a quien suscribe, a sabiendas de que los tribunales con competencia para decidir los juicios por hechos como el investigado, deben integrarse con dos escabinos, es decir, dos ciudadanos comunes, del público en general?

¿Y como quedan también el principio de presunción de inocencia, el del debido proceso y el del derecho a la defensa?

¿O es que usted, ciudadano Fiscal General de la República, procedió de esa manera para crear una causal de inhibición o recusación en el presente caso?

La única respuesta válida es que usted, ciudadano Fiscal General de la República se ha burlado de todos aquellos principios a que hemos hecho referencia, y que ambos contribuimos a incorporar en el texto constitucional cuando fuimos Constituyentes; usted, ciudadano Fiscal General de la República ha pisoteado la Constitución cuya exacta observancia ahora nadie más como usted está llamado a velar y garantizar; la cual usted, incluso, ha llegado a calificar en su libro como "un esquema de vida, una forma de existir" (pagina 102).

La publicación de su libro antes mencionado no sólo invalida la actuación del Ministerio Público en el presente caso, sino que debería ser causal de su separación del cargo de Fiscal General de la República, pues se trata de un desliz absolutamente impropio e imperdonable del representante de tan alto cargo en la organización del Estado Venezolano.

Lo cierto es que la investigación del presente caso ha sido adelantada por un ente cuyo máximo jerarca está absolutamente parcializado; por personas que tienen un criterio formado y fijado en mi contra desde un principio.

Ahora sí entiendo porqué se ha impedido a toda costa que se practiquen muchas de las diligencias que en cabal ejercicio del derecho a la defensa han solicitado mis abogados defensores.

Con su actuación, ciudadano Fiscal General de la República, insisto, usted ha violado las siguientes disposiciones:

El Artículo 285 de la Constitución, que en sus ordinales 1 y 2, dispone:

> *Artículo 285.* Son atribuciones del Ministerio Público:
>
> 1. Garantizar en los procesos judiciales el respeto a los derechos y garantías constitucionales, así como a los tratados, convenios y acuerdos internacionales suscritos por la República.
>
> 2. Garantizar la celeridad y buena marcha de la administración de justicia, el juicio previo y el debido proceso.

Tampoco respetó usted, ciudadano Fiscal General de la República, el artículo 7 de la misma Constitución, que dice:

> *Artículo 7.* La Constitución es la norma suprema y el fundamento del ordenamiento jurídico. Todas las personas y los órganos que ejercen el Poder Público están sujetos a esta Constitución.

Usted desconoció igualmente ciudadano Fiscal general de la República, el artículo 11 de la Ley Orgánica del Ministerio Público, que dice:

> *Artículo 11.* Son deberes y atribuciones del Ministerio Público:

Velar por la observancia de la Constitución, de las leyes y de las libertades fundamentales, sin discriminación alguna.

Vigilar, a través de los fiscales que determina esta Ley, por el respeto de los derechos y garantías constitucionales; y por la celeridad y buena marcha de la administración de justicia en todos los procesos en que estén interesados el orden público y las buenas costumbres.

Cumplir sus funciones con objetividad, diligencia y prontitud, respetando y protegiendo la dignidad humana y los derechos y libertades fundamentales, sin discriminación alguna."

Creo, ciudadano Isaías Rodríguez, Fiscal General de la República que usted al menos parece estar consiente de las obligaciones inherentes a su cargo. En la obra suya, que tantas veces he citado, *Abril comienza en octubre*, como antes he indicado, en la página 131 usted afirma:

"La imparcialidad implica que no debo sacrificar la justicia frente a mis consideraciones personales y debo ser objetivo y equitativo ante los asuntos que me competen por las atribuciones que la Constitución y la Ley me confieren. Por lo demás, la imparcialidad no obliga al funcionario individual y personalmente sino, simplemente, como órgano del Estado".

Por más que usted, ciudadano Isaías Rodríguez quiera aparentar su imparcialidad, la realidad es que los hechos lo delatan. Y no se le puede exigir otra conducta cuando sabemos que pasó del cargo de Vicepresidente de la República al de Fiscal General de la República en el mismo período gubernamental.

En este caso, y quizás por ello, en relación con mi persona, usted, ciudadano Fiscal general de la Republica, ha actuado con parcialidad, sacrificando la justicia frente a lo que parecía ser su convicción; no ha sido ni objetivo ni equitativo respecto de mi persona en los asuntos que le competen, y se ha olvidado, como usted mismo escribió, que la imparcialidad no sólo lo obligaba a usted como funcionario individual y personalmente sino también como titular de un órgano del Estado.

Las violaciones en las que usted ha incurrido como jefe del Ministerio Público, en todo caso, acarrean la nulidad absoluta de todas las actuaciones realizadas en relación con mi persona, pues se trata de infracciones a los derechos y garantías constitucionales de un ciudadano, tal y como lo prevé el artículo 191 del COPP que dispone:

Artículo 191. Nulidades absolutas. Serán consideradas nulidades absolutas aquellas concernientes a la intervención, asistencia y representación del imputado, en los casos y formas que este Código establezca, o las que impliquen inobservancia o violación de derechos y garantías previstos en este Código, la Constitución de la República, las leyes y los tratados, convenios o acuerdos internacionales suscritos por la República.

Han sido violados mis derechos a la defensa, el de presunción de inocencia y al del proceso debido, todos de rango constitucional, lo que produce como consecuencia la nulidad de todos los actos adelantados por el Ministerio Público subjetivo y parcializado que usted dirige, que ha actuado al margen de la Constitución y las leyes.

Allan R. Brewer-Carías

2. ESCRITO DEL 01-03-2006, DE CONSIGNACIÓN DE LA DECLARACIÓN DEL DR. PEDRO CARMONA ESTANGA EN BOGOTÁ DEL 23-02-2006

Ciudadano
Juez Vigésimo Quinto de Primera Instancia en Funciones de Control del Circuito Judicial Penal del Área Metropolitana de Caracas.
Su Despacho.

Nosotros, **León Henrique Cottin** y **José Rafael Odreman L.**, abogados en ejercicio, de este domicilio, titulares de las cédulas de identidad Nos. 2.940.917 y 5.149.054, respectivamente, abogados en ejercicio, domiciliados en Caracas e inscritos en el Instituto de Previsión Social del Abogado bajo los Nos. 7.135 y 18.101, actuando con el carácter de defensores del Dr. **Allan R. Brewer-Carías**, venezolano, abogado, mayor de edad, de este domicilio, titular de la cédula de identidad Nº 1.861.982, en el expediente **No. 1183** nomenclatura de ese Honorable Tribunal ante Usted respetuosamente ocurrimos a fin de exponer:

La ciudadana Luisa Ortega Díaz, Fiscal Sexta del Ministerio Público a Nivel Nacional con Competencia Plena presentó ante Usted en fecha 21 de octubre de 2005, escrito de acusación contra nuestro defendido en el que le atribuye "la comisión del delito de **CONSPIRACIÓN PARA CAMBIAR VIOLENTAMENTE LA CONSTITUCIÓN** previsto y sancionado en el artículo 143, numeral 2 del Código Penal Vigente (artículo 144, numeral 2 para la fecha de la comisión de los hechos")", por haber supuestamente participado "en la discusión, elaboración, redacción y presentación" del decreto del gobierno de transición que juramentó al ciudadano Pedro Carmona Estanga el 12 de abril de 2002.

Dentro de la oportunidad legal presentamos escrito de contestación a la acusación formulada, en el que rechazamos todos los alegatos, argumentos y supuestas pruebas en ella contenidos, así como también solicitamos la nulidad de la totalidad de la investigación, por la violación sistemática y masiva de los derechos y garantías constitucionales y legales de nuestro representado.

De igual manera opusimos excepciones y propusimos las pruebas que consideramos pertinentes para desvirtuar la descabellada versión que presenta el Ministerio Público sobre los hechos.

Es menester acotar que en la fase de investigación habíamos solicitado de ese Tribunal de Control, que mediante el procedimiento de prueba anticipada, se le tomara declaración al ciudadano Pedro Carmona Estanga a fin de demostrar que nuestro defendido no participó en la "elaboración, redacción y presentación" del decreto cuya autoría le atribuyó la Fiscal Sexta del Ministerio Público a Nivel Nacional con Competencia Plena, en el acto de imputación.

Nuestra solicitud obedecía principalmente al hecho de haber utilizado la Fiscal en el acto de imputación, como elemento de convicción en contra de nuestro representado, textos entresacados y tergiversados por la Fiscal, del libro *Mi Testimonio Ante La Historia* cuyo autor es el mencionado ciudadano Pedro Carmona Estanga.

La solicitud de prueba anticipada fue negada por el Tribunal a su cargo y al día siguiente la mencionada Fiscal procedió a acusar a nuestro defendido, utilizando nuevamente los textos tergiversados a que hicimos referencia.

Luego de ello procedimos, paralelamente, a ejercer el recurso de apelación contra la decisión negativa de la prueba anticipada, y a introducir el escrito de contestación a la acusación, en el cual promovimos nuevamente la declaración del ciudadano Pedro Carmona Estanga, puesto que la Fiscal insiste en utilizar erróneamente como elemento de convicción en contra de nuestro defendido, el libro de dicho ciudadano titulado *Mi Testimonio Ante La Historia.*

La Sala Sexta de la Corte de Apelaciones de este Circuito Judicial conoció de nuestra apelación y con respecto al punto concreto de la prueba anticipada dijo que no procedía la revocatoria de la decisión apelada puesto que habíamos propuesto nuevamente la declaración del ciudadano Pedro Carmona Estanga en nuestro escrito de contestación a la acusación.

Ahora bien, en fecha posterior a nuestro escrito de contestación a la acusación, obtuvimos una prueba sobrevenida consistente en una declaración que ha hecho ante Notario Público el ciudadano Pedro Carmona Estanga, la cual consignamos en original en este acto, debidamente apostillada, marcada "A".

En ella, el ciudadano Pedro Carmona Estanga ratifica el contenido de su libro, haciendo especial énfasis en que no puede atribuirse a nuestro defendido la autoría del decreto del gobierno de transición del 12 de abril de 2002 sino que mas bien el Dr. Allan Brewer-Carías fue buscado y trasladado a Fuerte Tiuna por orden del Sr. Carmona para solicitar su opinión jurídica sobre el mencionado decreto, que ya se encontraba redactado, y sobre el cual nuestro defendido manifestó su opinión discrepante.

La cita textual del documento a que hacemos referencia, es la siguiente:

En Bogotá D.C., Departamento de Cundinamarca, República de Colombia, siendo el día veintitres (23) de febrero del año dos mil seis (2006), ante mí OSCAR ALARCÓN NÚÑEZ Notario Cuarenta y Seis (46) del Círculo de Bogotá compareció PEDRO CARMONA ESTANGA, identificado con la cédula de extranjería Colombiana Nº 312753. ANTE ESTE DESPACHO Y BAJO LA GRAVEDAD DEL JURAMENTO Y DE CONFORMIDAD CON EL DECRETO 1557 DE 1989 DECLARO:

PRIMERO: Me llamo como queda escrito, mayor de edad, vecino y domiciliado en Bogotá D.C., de estado civil: casado con sociedad conyugal vigente, de ocupación: Economista:

SEGUNDO: Por medio de esta declaración y bajo la gravedad del juramento manifiesto que he tenido conocimiento, a través de informaciones transmitidas por los medios de comunicación, que entre los elementos de convicción que el Ministerio Público de Venezuela esgrimió para acusar en noviembre del 2005 al Dr. Allan R. Brewer-Carías por el presunto delito de conspiración "para cambiar violentamente la Constitución" con ocasión de los hechos del 12 de abril de 2002, se encuentran algunos textos entresacados de mi libro "*Mi Testimonio ante la Historia*".

El Ministerio Público habría deducido que yo encomendé a destacados juristas la redacción del decreto de constitución del gobierno de transición el 12 de abril de 2002, y que el contenido de mi libro sería una supuesta prueba de la participación del Dr. Allan R. Brewer-Carías en la redacción del mencionado decreto, lo cual no es cierto.

En las páginas 107 y 108 de mi libro, expresé que: "cuando ya se daba como un hecho el anuncio de la renuncia presidencial, se comenzó a analizar en Fuerte Tiuna la orientación que podía asumir un nuevo gobierno, con base en un borrador elaborado por un grupo de abogados, entre ellos, Daniel Romero". Agrego en mi libro, que tras mi llegada a Fuerte Tiuna, "hablé telefónicamente con el Dr. Allan Brewer-Carías [y] le pedí que se trasladara al Fuerte, pues deseaba conocer su criterio" (pág. 108), y luego digo: "Pero es justo puntualizar, como lo hice ante la Asamblea Nacional, que nunca he atribuido al Dr. Brewer-Carías la autoría del Decreto, pues (ello) sería irresponsable, como lo hicieron luego los representantes del oficialismo para inculparlo. Respeto incluso las diferencias que el Dr. Brewer expresara en relación con el camino elegido y las constancias que dejó en las actas de la entrevista que le hiciese la Fiscalía General de la República, aún cuando discrepo de algunas de sus interpretaciones". Más adelante (pág. 123) expreso: "Fueron numerosas las opiniones recibidas. Se escuchó a juristas civiles y militares... entre ellos al Dr. Allan R. Brewer-Carías... y a numerosos actores políticos", pero "no puede decirse que sus opiniones fueron plasmadas plenamente o que se les pueda imputar su redacción".

Puedo afirmar por tanto, que el Dr. Allan R. Brewer-Carías no estaba presente en Fuerte Tiuna en el momento en que yo llegué a ese sitio en la madrugada del 12 de abril de 2002, ni cuando se decidió iniciar el análisis de un borrador de documento para la formación un gobierno de transición, ante el inminente anuncio de la renuncia del Presidente de la República, comunicado por fuentes gubernamentales. De lo manifestado en mi libro, ratifico que decidí llamar al Dr. Brewer-Carías en la madrugada del día 12 de abril de 2002 a su casa de habitación, y le pedí que se trasladara a Fuerte Tiuna, a cuyo efecto lo mandé a buscar con mi automóvil y chofer, desde donde luego fue retornado a su domicilio (pág. 111).

La llamada telefónica que le hice al Dr. Brewer-Carías tuvo como propósito solicitar su criterio, en su condición de abogado en ejercicio, sobre el mencionado borrador de documento, el cual a su llegada a Fuerte Tiuna estaba redactado como tal, es decir, como un papel de trabajo. No había visto ni hablado con el Dr. Brewer-Carías en las semanas anteriores al día 12 de abril de 2002. Por tanto, de mi libro no puede resultar elemento de prueba alguna de que el Dr. Brewer-Carías hubiera conspirado ni participado en la redacción del mencionado borrador del decreto de gobierno de transición, más cuando, por el contrario, sobre el mismo me expresó luego una opinión discrepante. (págs. 107 y 108).

Dije además en mi libro y lo ratifico: de las opiniones que se escucharon de juristas civiles o militares, "no puede decirse que sus opiniones fueron plasmadas plenamente o que se les pueda imputar su redacción". Y más específicamente, respecto al Dr. Brewer-Carías, expresé lo siguiente:

"Cuando ya se daba como un hecho el anuncio de la renuncia presidencial, se comenzó a analizar en Fuerte Tiuna la orientación que podría asumir un nuevo gobierno, con base en un borrador elaborado por un grupo de abogados, entre ellos, Daniel Romero. *Hablé telefónicamente con el Dr. Allan Brewer-Carías*, a quien me unía una respetuosa relación profesional. *A él le pedí que se trasladara al Fuerte, pues deseaba conocer su criterio. Envié a mi conductor a buscarlo a su residencia y al llegar al lugar, le solicité analizar el papel de trabajo en el cual se encontraban plasmadas varias ideas al respecto*. Pero es justo puntualizar, como lo hice ante la Asamblea Nacional, *que nunca he atribuido al Dr. Brewer-Carías la autoría del Decreto, pues sería irresponsable*, como lo hicieron luego representantes del oficialismo para inculparlo. *Respeto incluso las diferencias que el Dr. Brewer expresara en relación con el camino elegido* y las constancias que dejó en las actas de la entrevista que le hiciese la Fiscalía General de la República, aun cuando discrepo de algunas de sus interpretaciones. Pero *él mismo dijo que se alegró con la rectificación posterior del Decreto, pues atendía la esencia de sus preocupaciones, principalmente respecto a la Carta Democrática Interamericana*" (páginas 107 y 108).

De lo anteriormente expuesto se deduce con claridad lo siguiente:

En primer lugar, que el borrador de documento que podría orientar la formación de un nuevo gobierno existía como papel de trabajo cuando yo llamé telefónicamente al Dr. Brewer-Carías a su habitación en la madrugada del día 12 de abril de 2002. Por tanto, reafirmo que el Dr. Brewer-Carías no redactó dicho documento y que de mi libro no surge afirmación alguna en ese sentido.

En segundo lugar, que la llamada telefónica que le hice al Dr. Brewer-Carías y su traslado a Fuerte Tiuna fue para conocer el criterio jurídico que como abogado en ejercicio le pudiera merecer el mencionado borrador que me fuera presentado a mi llegada a dicho Fuerte. El Dr. Brewer-Carías no participó en reunión alguna en la cual se hubieran considerado decisiones políticas al respecto, ni mucho menos opciones que pudieran significar "cambiar violentamente la Constitución".

Lamentablemente, por las circunstancias críticas de la madrugada del 12 de abril de 2002, después de haberle hecho al Dr. Brewer-Carías el requerimiento de su opinión a su llegada a Fuerte Tiuna sobre el borrador en cuestión, no me pude reunir más con él, ni a solas ni acompañado en la madrugada de ese día ni en el Palacio de Miraflores durante el resto del día 12 de abril de 2002. Por esa razón, no le fue posible transmitirme la opinión que le había solicitado.

El Dr. Brewer-Carías fue retornado a su casa de habitación en la misma madrugada del 12 de abril, después de haber permanecido durante esas horas de la madrugada en Fuerte Tiuna, por no disponer de vehículo propio, tal como lo manifesté en mi libro (pág. 110),

En consecuencia, la opinión jurídica del Dr. Brewer-Carías sobre el mencionado documento sólo me la pudo proporcionar por vía telefónica desde su casa de habitación, donde lo llamé de nuevo al final de la tarde del 12 de abril de 2002. Esa fue la única ocasión que tuve de hablar con el Dr. Brewer-Carías sobre el tema, pues él no concurrió al Palacio de Miraflores durante la tarde de ese día 12 de abril, ni asistió al acto allí realizado en la tarde de ese día, lo cual queda confirmado por el hecho de nuestra conversación telefónica ocurrió minutos antes del inicio del acto.

En tercer lugar, de mi libro queda claramente expuesto que el criterio profesional que el Dr. Brewer-Carías me dio telefónicamente fue divergente con las orientaciones incluidas en el borrador de documento de decreto. Por ello, en mi libro me refiero a las "**diferencias**" del Dr. Brewer-Carías "**en relación con el camino elegido**", donde señalé además que yo discrepaba de sus interpretaciones.

Agregué en mi libro que el Dr. Brewer-Carías, con quien volví a hablar telefónicamente en la tarde del día 13 de abril de 2002, se satisfizo con la "rectificación posterior" del decreto, de acuerdo con la decisión que tomé el día 13 de abril de restablecer el funcionamiento de la Asamblea Nacional. En mi libro hago también referencia a que en la noche del 12 de abril, un colaborador me había solicitado que hablara con el Dr. Brewer-Carías, para conocer sus observaciones al decreto (pág. 148).

Además, confirmo que en la interpelación que me hiciera la Comisión Especial de la Asamblea Nacional el día 2 de mayo de 2002 expresé lo siguiente:

"Al doctor Allan Brewer-Carías, me une una larga y respetuosa amistad, y lo considero uno de los juristas y constitucionalistas de mayor valía que existe en Venezuela, de manera que, a él me une una larga amistad, pero en forma alguna puedo señalar porque sería irresponsable de mi parte, que cualquier indicación, aporte, acuerdos, desacuerdos con las decisiones tomadas, lo comprometen en forma alguna.

"El es una personalidad conocida por toda la nación, fue miembro de la Asamblea Constituyente y desde luego un reconocido jurista, investigador, autor, que no merece presentación alguna, salvo el nexo entonces de amistad el doctor Allan Brewer-Carías, **no tiene responsabilidad alguna, sino la de haber emitido profesionalmente algún criterio que, repito lo comprometa con ninguna acción de esas cortas horas de la provisionalidad, o transitoriedad de esos días**".

En definitiva, lo recogido en mi libro es que: "se escuchó a juristas civiles y militares" y a actores políticos, entre los cuales cité los nombres de los Dres. Allan R. Brewer-Carías, Carlos Ayala Corao, Cecilia Sosa, Daniel Romero, Juan Raffalli, Gustavo Linares Benzo, José Gregorio Vásquez y al Coronel Julio Rodríguez Salas. Pero nunca señalé que dichas opiniones hayan sido favorables, pues afirmé: "no puede decirse que sus opiniones fueron plasmadas plenamente o que se les pueda imputar su redacción" (p. 123). Por ello, de mis afirmaciones no se evidencia elemento alguno que pueda servir para imputar a las personas mencionadas por la supuesta participación en la elaboración, redacción y presentación del mencionado decreto de formación de un gobierno de transición, y concretamente al Dr. Brewer-Carías.

En relación con dicho jurista, lo único que quedó expresado en el libro es que le solicité una opinión profesional sobre el mencionado borrador de decreto, que ésta fue discrepante con el mismo y que la misma me fue expresada, como lo he ratificado en esta declaración, por teléfono, y en ningún caso personalmente, ni junto con ninguna de las personas mencionadas."

Como se puede observar, ciudadano Juez, el Sr. Pedro Carmona Estanga ha sido enfático al señalar que nuestro defendido no fue el autor del decreto cuya autoría le atribuye el Ministerio Público y que más bien el Dr. Brewer fue de opinión contraria al mencionado decreto.

El documento que consignamos es una prueba fehaciente y contundente de que nuestro defendido es inocente de los hechos por los que se le acusa y por ello solicitamos que en la oportunidad de la audiencia preliminar se sirva Usted decretar el sobreseimiento de la causa considerando que el hecho objeto del proceso no puede ser atribuido al Dr. Allan Brewer-Carías, todo de conformidad con lo establecido en los artículos 330, numeral 3, en concordancia con el 318, numeral 1°, ambos del Código Orgánico Procesal Penal.

Subsidiariamente, para el supuesto negado de que Usted llegase a considerar que esta solicitud es una cuestión propia del juicio oral y público y que en consecuencia no puede ser decidida en la audiencia preliminar, solicitamos que la prueba que consignamos sea admitida por ser pertinente, útil y necesaria, ya que de ella se desprende en forma contundente que nuestro defendido no fue el redactor ni presentador del decreto de constitución del gobierno de transición del 12 de abril de 2002, y que adicionalmente, la misma sirva de base y fundamento para la admisión de la prueba de declaración del ciudadano Pedro Carmona Estanga, en los términos y condiciones especificados en la promoción que de ella hicimos en nuestro escrito de contestación a la acusación formulada por el Ministerio Público.

Es Justicia que esperamos en la ciudad de Caracas, al primer día del mes de marzo de dos mil seis.

ÍNDICE GENERAL

VII

SOBRE LA ACTUACIÓN DE NUESTRO DEFENDIDO EL DR. ALLAN R. BREWER-CARIAS, COMO ABOGADO, DURANTE LOS MESES PRECEDENTES AL 12 DE ABRIL DE 2002, Y DURANTE DICHO DIA, Y DE LAS PRUEBAS DE DICHA ACTUACIÓN

www.ingramcontent.com/pod-product-compliance
Lightning Source LLC
Chambersburg PA
CBHW021022210326
41598CB00016B/889